iHuman
新民説

成为更好的人

晚清稀见中外关系史料丛书

丛书主编 周振鹤

苏精 辑著

林则徐看见的世界

《澳门新闻纸》的原文与译文

GUANGXI NORMAL UNIVERSITY PRESS
广西师范大学出版社
·桂林·

LIN ZEXU KANJIAN DE SHIJIE
林则徐看见的世界

图书在版编目（CIP）数据

林则徐看见的世界：《澳门新闻纸》的原文与译文 / 苏精辑著. —桂林：广西师范大学出版社，2017.10
（2018.3 重印）
（晚清稀见中外关系史料丛书 / 周振鹤主编）
ISBN 978-7-5495-9997-4

Ⅰ. ①林… Ⅱ. ①苏… Ⅲ. ①报刊－翻译－中国－1839-1840 Ⅳ. ①G219.294.9

中国版本图书馆 CIP 数据核字（2017）第 183069 号

广西师范大学出版社出版发行
（广西桂林市五里店路 9 号 邮政编码：541004
网址：http://www.bbtpress.com）
出版人：张艺兵
全国新华书店经销
长沙鸿发印务实业有限公司印刷
（湖南省长沙县黄花镇黄垅村黄花工业园 3 号 邮政编码：410137）
开本：710 mm × 1 010 mm 1/16
印张：34.25 字数：538 千字
2017 年 10 月第 1 版 2018 年 3 月第 2 次印刷
定价：198.00 元

《晚清稀见中外关系史料丛书》序

周振鹤

虽然史料不是史学，但无史料却成就不了史学。一切以论代史的著作自然遭人鄙弃，即使以论带史的思路也依然不是一条正确的治史途径。一切能推动历史学发展的著述无不以历史真正面貌的追索为最基本的要求，然而历史真面貌的呈现又无不以丰富真实的原始史料为基础，离开史实，历史无由存在。但通常，史实的追求是很不容易的。历史研究者容易为表面现象所迷惑，为歪曲了的史实所导引，进而作出错误的判断。但这种现象的产生有时并不都是历史研究者主观的错误，而可能是客观上的原因。就像看戏一样，我们只能看到台前的表演，看不到幕后的化装，我们只注意于主角的活动，而忽视配角甚至龙套的表现。即使我们很注意所有角色的表演，但我们总以为那就是历史的真实，而未意识到这原是他们在导演说戏之下的表演，说白了，他们是在做给摄影机拍摄的，而不是给观众表演的。即使戏剧是直接演给观众看的，但依然有两派表演理论的冲突，一派是本色的，一派是表演的。历史现象的发生有时也往往如此，我们只注意到各色历史人物的台前的表演，看不到他们在幕后的举止，不是我们不愿意看到他们的真面目，而是舞台限制了我们。因此历史的研究不能不注意于搜集台前之外的幕后史料，主角之外的配角表演，政治军事外交以外的经济文化往来，正式使节会谈之外的私人交往与接触，典籍公文记载以外的私人信函日记，冠冕堂皇演说背后的流言蜚语，只要有助于历史真相的披露，就无一不是可用的史料，就无一不可以用来使历史显露其本来的真相。本丛书所要展示的正是这一目的，以稀见的，但又不失为关键的史料的披露为范围，不论文献的语种，但以外文为主要对象。这些文献或以手稿形式存在，或虽已出版而被查禁，或未被查禁但却流传不广，或在外部世界虽有流传，而国人却少有所闻，尽量为之网罗。然主编者与出版社囿于所闻，见识未广，亟希望史学界内外有同好者加以推荐或自荐，以使本丛书能够臻于充实，至于有用，则编者幸甚，读者幸甚。

晚清历史之重要中外于今已有共识，身在其中之人，已深感其为三千年未有之变局，身在今天之人或曰没有晚清哪来五四，或曰晚清乃中国现代化的准备期。然虽晚清去今未远，而资料之丧失或未曾开发者仍为数甚多。或者因当事者有所忌讳，不欲公刊；或者因有关当局以利益关系，一开始就被列为禁书；或者当时未显其为要闻，而在后世今日看来乃是解决历史疑案之锁钥。所有这些都应该尽量发掘，刊布于世，既充实史料之大库，复使历史真相更趋于明晰，甚或改变原来的历史定论。本社前已出版两种相关的丛书，一是《来华基督教传教士传记丛书》，一是《晚清驻华外交官传记丛书》，目的都是为了使历史的面貌更加丰满真实。本丛书则更为直接，采用的尽量是未曾加工或相对原始或基础的史料，其于历史研究的作用恐怕对比以上两种丛书有过之而无不及。首批推出的两种材料都是法文原版，一是加略利有关中法黄埔条约谈判的日记，一是伯希和进入敦煌藏经洞的笔记。加略利恐怕一般人不大晓得，但他却以译员的身份掌握了中法谈判的最机密的材料，所以他关于此次谈判的日记甫一出版就被禁行，为的是避免泄漏法国侵略外交的核心机密，所以此日记存世者不过十部而已。今天的读者自然会批判性地进行阅读，以为了解彼段历史的参考，复对其中的关键人物如耆英有中文资料以外的新认识。至于伯希和，虽然在中国是无人不识，但他的敦煌藏经洞笔记却在生前从来没有准备刊行。原因不言自明，他不愿被人看成是小偷强盗。而即使是在给自己备忘的笔记中，他也留了一手，始终不透露他付给王道士多少钱。一百年后的2008年，这本笔记的原版通过掌握不同语种的三位人士的努力才得以整理印行法文版，但如果不加以汉译，相信许多读者是难以一亲其芳泽的。另外，他于义和团运动时正在北京公干，也留下一本分量不大的日记，同样具有参考价值。这三种书是首批要给大家介绍的。类似的外文著述为数不少，我们希望能够一部一部推荐给大家，步子不会快，但希望能一直走下去。是为序。

目 录

自序

林则徐主持翻译的《澳门新闻纸》和《华事夷言》是近代中国的历史性译作，历来关于这两种文献的研究论著很多。不过，很特别的是，这两者的英文原本一直隐晦不明，也因而局限了研究的成果。如今我竟得以将这两种底本一举搜齐还原，并与译文并列公诸于世，实在是出于偶然的机缘，而终底于成则是幸运所致。

2004 年前后，我正撰写《中国，开门！——马礼逊及相关人物研究》一书，包含为马礼逊施洗过的四名华人基督徒各撰一文，其中之一是《林则徐的翻译梁进德》，为此我略微涉猎了《澳门新闻纸》和《华事夷言》等文献，也晓得了这两种文献的底本不为人知的事。正巧我在检读《广州纪事报》(*The Canton Register*) 和《广州新闻报》(*The Canton Press*) 两种英文报时，无意间发觉其中一二则新闻正是《澳门新闻纸》的内容，于是隐隐感到这似乎有可为之处，便在自己以传教士为主轴的研究之外，利用一部分时间，先熟读了《澳门新闻纸》的译文，接着仔细阅览《广州纪事报》和《广州新闻报》，试图在大海中捞针找出中文译本和英文报纸对应的内容，结果《澳门新闻纸》和《华事夷言》的出处，竟然就在这种相当笨拙的寻寻觅觅下，一点一滴逐渐对照显现了出来。至于《澳门新闻纸》内容出自《新加坡自由报》(*The Singapore Free Press*) 的部分，承新加坡的好友庄钦永博士协助我购得该报的缩微胶卷，再以同样的方式解决。先后费了四年功夫，终于在 2008 年全部还原了《澳门新闻纸》和《华事夷言》的底本。

译本与底本搜集齐全了，我却接连撰写《基督教与新加坡华人1819—1846》和《铸以代刻：传教士与中文印刷变局》两本书稿，一时无法分心整理《澳门新闻纸》和《华事夷言》的底本，只能将这些始于偶然而成于幸运的史料暂且束诸高阁。直到 2013 年底我写完《铸以代刻》的书稿后，整理凌乱堆积的书架，又翻出了尘封淡忘的这些史料，摩挲浏览之余，觉得以往世人关于《澳门新闻纸》和《华事夷言》的误会、猜测和根本不知的一些问题，很可能由于英文底本的还原而获得解决或纠正，从而有助关于林则徐和魏源、翻译史、新闻史、中外关系史、汉语新词等领域的研究，因此有意整理公开出版这些史料，有些同道也鼓励我进行此事。

意外的是我在整理后却发觉中译本有不少的问题，和前人一致推崇称赞《澳门新闻纸》和《华事夷言》的说法有明显差异。这不免让我心生犹豫，唯恐贸然出版后，不仅我可能遭人批评标新立异，不尊重林则徐等历史人物，也不尊重学术前辈的研究成果，甚至连累出版社也被批评波及；况且除我自己以外，所有鼓励我的同道、主编与出版社都不曾见过英文底本的内容，因此这些史料究竟是否值得出版也待进一步确定。几经考虑，我决定先自费试印一百部，分请前辈同道指教，如果确系有相当价值的史料，再寻求出版社出书传播的机会。

我要感谢在编撰本书的过程中大力协助的两位资深图书馆专家。一位是香港浸会大学图书馆特藏组主任黄淑薇女士，给我阅览该馆资料的诸多方便。另一位是南京图书馆研究部主任徐忆农女士，热忱代我联系并亲自接待，我才有幸在南京图书馆目睹很可能是世间孤本的《澳门新闻纸》抄校本，并且校阅一过，也因此完成编纂本书最后一项必要的工作，我衷心感谢她们。

我也要谢谢鼎力相助编辑出版本书的严嘉云小姐和提供一些重要史料让我顺利撰写导论的刘毓欣小姐。

蘇精

2015 年 6 月 17 日于台北斯福斋

壹

澳门新闻纸

导论
《澳门新闻纸》的版本、底本、译者与翻译*

绪言

从1839年至1840年，林则徐在广东禁烟抗英期间，主持一项翻译英文图书报纸的活动，以期“探访夷情，知其虚实，始可以定控制之方”[1]。这项翻译活动的主要成果之一，是就当时英文报纸内容译成的《澳门新闻纸》。林则徐很满意《澳门新闻纸》的实效，认为“其中所得夷情实为不少，制御准备之方，多由此出”[2]。因此他除了自己利用《澳门新闻纸》，也抄送广东同僚与他省督抚官员参阅[3]，还曾将部分内容附折奏呈道光皇帝御览[4]。

在中外激烈冲撞之际产生的这部英文中译作品，是出于钦差大臣主动而为的结果，象征唯我独尊的天朝中国终于开始探索与了解世界了，因此是历史意涵极为丰富的文献，也成为近代中国翻译史、新闻史、中外关系史及鸦片战争等研究的重要论题。不过，林则徐自用的和抄送其他官员的《澳门

---

* 本文第一部分“《澳门新闻纸》的版本”内容，以《南京图书馆藏〈澳门新闻纸〉考订》的篇名，刊登于南京图书馆编印之《新世纪图书馆》2015年第4期（总第224期），页82-85。又，本文全文以《〈澳门新闻纸〉的版本、底本、译者与翻译》的篇名，刊登于香港中文大学中国文化研究所翻译研究中心主办之《翻译史研究》第5辑（2015.12），页99-144。

1 中国第一历史档案馆编《鸦片战争档案史料》（天津：天津古籍出版社，1992），第2册，页29-30，“两广总督林则徐奏为责令澳门葡人驱逐英人情形片”。

2 魏源：《海国图志》（古微堂，1844），卷48，《筹海总论》下，叶24-31，“答奕将军防御粤省六条”，第六条：“夷情叵测，宜周密探报也。”

3 林则徐全集编辑委员会编《林则徐全集》（福州：海峡文艺出版社，2002），第7册，页171，“致豫堃”，道光十九年(1839)3、4月于虎门；页187，“致怡良”，道光十九年12月14日于广州；页191，“致怡良”，道光二十年(1840)正月30日于广州；页213，“致怡良”，道光二十年6月初于广州。

4 中国第一历史档案馆编《鸦片战争档案史料》，第2册，页29-30，“两广总督林则徐奏为责令澳门葡人驱逐英人情形片”。林则徐全集编辑委员会编《林则徐全集》，第3册，页289-294，“责令澳门葡人驱逐英人情形片（附抄译信六）”。

新闻纸》，迄今都没有再现人间，研究者大多依据南京图书馆所藏此书抄校本的重排本或缩印本进行论述[5]，更严重的是几乎无人见过《澳门新闻纸》的英文底本，因此无从全面而深入地探讨这部中国人所为的初期英文中译作品。本文经查阅1839与1840这两年相关的英文报纸，并全部还原出南京图书馆所藏《澳门新闻纸》的英文底本后，据以就版本、底本、译者及其翻译等四个面向讨论这部历史性的作品[6]。

壹、《澳门新闻纸》的版本

南京图书馆所藏的《澳门新闻纸》抄校本，是此书已知存世的孤本，具有独特珍贵的史料价值，因此应该先探究这部抄校本的来历与递藏经过、其内容的完整性与批注文字的作者，以及与《澳门月报》的关系和差异等问题。

一、版本与收藏历程

这部抄校本的封面无题签，书中夹签题名《澳门新闻纸摘抄》，内文则题为“几月几日澳门新闻纸”或“澳门几年几月几日新闻纸”，或只题为“澳门新闻纸”等等，写法不一。书共六册，线装，高25.4厘米、宽15.1厘米。本书抄于毛泰纸上[7]，未编叶次，每半叶八行，每行二十字，遇皇帝、钦差、天朝、奉旨等抬头。全书校改处不少，抄手不只一人，以墨笔抄写；校者朱笔，或直接改在字面上，或在字旁行间。书中藏印有“江苏省立第一图书馆藏书”及“南京图书馆藏”两方阳文朱印。

南京图书馆这部《澳门新闻纸》并非林则徐自用或当时抄送其他官员

5　重排本如中国史学会编《鸦片战争》(上海：神州国光社，1954)，第2册，页365-522，“澳门新闻纸”；缩印本如南京图书馆编《澳门问题史料集》(北京：中华全国图书馆文献缩微复制中心，1998)，上册，页3-194，“澳门新闻纸”，每页含原书两叶或四叶。

6　南京图书馆藏《澳门新闻纸》的内容，每则虽注有底本的中西历年月日，但未编号，引用说明时相当不便，而且有几则的年月日混淆错误，笔者经考订后予以编号，本文引用时只提第几则，请读者对照本书《澳门新闻纸》的各则编号查检。

7　此项用纸为2014年9月20日笔者在南京图书馆阅览本书时，承该馆退休馆员沈燮元先生指教。

的本子之一，而是后来的抄校本，因为书后有藏书家邓邦述记于丁巳年 (民国六年，1917) 正月的三篇跋文，但并非邓氏亲笔，而是和内文抄手相同的笔迹，可知跋文为过录，再按邓氏于1930年刻印其《寒瘦山房鬻存善本书目》，收录有《澳门新闻纸》的跋文，所记年份也和抄校本同样是丁巳年[8]，这些都足以证明这部《澳门新闻纸》为1917年或以后的抄校本。

关于这部《澳门新闻纸》抄校本的来历，研究者向来都说是邓邦述的收藏本，有人更进一步认为是邓邦述的曾祖父、林则徐在广东时的两广总督邓廷桢家传本，也就是当时林则徐抄送邓廷桢的本子。[9] 这两种说法都有疑问。先就所谓邓氏家传本而言，邓邦述在跋文中说："余收此书，亦以与余家有关耳。"[10]这已清楚表示此书为邓邦述自己收购庋藏，若是其曾祖父递藏下来的家传本，邓邦述不可能会写出这样的文字和语气。

其次，南京图书馆这部《澳门新闻纸》是否邓邦述本人的收藏本？他以三天的功夫为此书各写一篇跋文，显示非常珍重这部和先人有关的书，但书上并没有他的藏书印记，这和一般藏书家的做法不同，已经不寻常；更可疑的是，其跋文有如上述为抄手过录而非亲笔，而且文中有八个分别以朱笔和墨笔涂点校改的错字讹笔，其中"吏""亚"两字甚至留白，再由校者以朱笔填上。若是邓邦述收藏之本，则他是传统读书人出身的进士、翰林，又是清末民初有数的大藏书家，对于涉及先人的文献没有亲笔题跋，还让人将自己的跋文抄录校改成这副模样，也没有重新誊写，这种情形实在过于不合常理，因此这部抄校本很有可能不是邓邦述的藏本，而是他人就其藏本抄校而成的。但是，如此则邓邦述的原藏本何处去是个疑问，他在辛亥革命后的三十年间，因为生计缘故而陆续出售藏书，《澳门新闻纸》并不在两次大举

---

8 邓邦述：《群碧楼善本书录六卷、寒瘦山房鬻存善本书目七卷》(台北：广文书局，1967，影印本)，《寒瘦山房鬻存善本书目七卷》卷4，叶9，"澳门新闻纸"。

9 陈胜粦：《林则徐"开眼看世界"的珍贵记录——林氏〈洋事杂录〉评介》，《中山大学学报》1986年第3期，页1-14；吴乾兑、陈匡时：《林译〈澳门月报〉及其它》，《近代史研究》1980年第3期，页264-277。

10 南京图书馆藏《澳门新闻纸》校抄本，第6册，邓邦述跋；南京图书馆编《澳门问题史料集》，上册，页194；邓邦述：《寒瘦山房鬻存善本书目七卷》卷4，叶9，"澳门新闻纸"。
邓氏《寒瘦山房鬻存善本书目》中的《澳门新闻纸》跋文，全篇文字较南京图书馆校抄本跋文更动颇多，但此处"余收此书，亦以与余家有关耳"则相同。

售书之内[11]，以致下落不明，难以追踪。

南京图书馆这部抄校本不论是否邓邦述原藏，因书中有“江苏省立第一图书馆藏书”印记，而江苏省立第一图书馆的名称存在期间为1919年至1927年[12]，再对照前文所述邓邦述跋文作于1917年，则这部《澳门新闻纸》应是1917年以后传抄，而于1919年至1927年之间入藏江苏省立第一图书馆，再递藏于南京图书馆至今。

二、内容与批注的考辨

由于林则徐当年的《澳门新闻纸》本子都已存亡难卜，南京图书馆这部可能是人间孤本的抄校本就极为珍贵重要。不过，这部抄校本是否包含了当年林则徐的译者翻译的全部内容？这部抄校本的夹签题名为《澳门新闻纸摘抄》，“摘抄”两字很引人注目，图书馆的编目人员是否有见于内文出自不同报纸，详略不一，日期又不连贯，所以如此题名，或者另有所据，已无从知道。但是，下文所述却可以解答这部抄校本是否包含当年译报所有内容的疑问：

第一，1840年1月25日的英文《广州新闻报》(*The Canton Press*)，刊登英国在华商务监督义律 (Charles Elliot) 与葡澳总督宾多 (A. A. da Silveira Pinto) 的两封往来书信；同年2月8日的《广州新闻报》又刊登英国海军炮舰“窝拉疑号”(the Volage) 指挥官士密 (H. Smith) 与宾多往来的七封信及两项文件。这些信件经林则徐的译者翻译后，林则徐先和广东巡抚怡良商量是否将其中六封信奏上道光皇帝[13]，随后决定作为“责令澳门葡人驱逐英人情形”一折的附件抄呈御览[14]。由此可见林则徐的译者至少译出六封信，但是在《澳门

11 邓氏藏书于1927年与1940年两度大批售于中央研究院与中央图书馆。关于邓邦述的藏书与售书，参见《群碧楼善本书录六卷、寒瘦山房鬻存善本书目七卷》，《序》；苏精：《近代藏书三十家》(台北：传记文学出版社，1983；北京：中华书局，2009增订本)，《邓邦述群碧楼》。

12 江苏省立第一图书馆原为1908年创立的江南图书馆，屡经更名，至1919年改称江苏省立第一图书馆，至1927年再改为第四中山大学国学图书馆，此后又几度更名，最终并入南京图书馆。

13 林则徐全集编辑委员会：《林则徐全集》，第7册，页196，第243号，“致怡良”。

14 《林则徐全集》，第3册，页289-294，第737号，“责令澳门葡人驱逐英人情形片 (附

新闻纸》中只收录了2月8日《广州新闻报》所刊七封信中的两封而已[15]。

第二，1840年6月20日《广州新闻报》刊登该报主编的评论，表示在上星期取得林则徐的译者所译一些该报内容的中文译本，包含5月30日报道的海盗攻击“希尔拉士号”船 (the Hellas)、5月2日刊登的一篇读者来函，以及一些主编没有指明的该报内容等等[16]；结果《澳门新闻纸》的确收录了“希尔拉士号”被袭事件[17]，但是那篇读者来函 (描述一位中国官员拜访一名西人的经过) 却不见了踪影。

以上这两件事足以说明，《澳门新闻纸》抄校本的篇幅虽然约十万三千字有余，并未包含当时译报的全部内容。但这究竟是这部抄校本漏抄未收，或者林则徐当年的《澳门新闻纸》就没有收入译报的全部内容，已经难以查知。不论如何，这部抄校本的确是到目前为止研究《澳门新闻纸》唯一可以依据的文本。

在《澳门新闻纸》抄校本中，有十一则内容之后附有批注文字，研究者向来都说这些批注出于林则徐之手。由于《澳门新闻纸》本来就为林则徐而译，此说自然言之成理。但是，仔细阅读这些批注后，至少有两则的文字值得商榷：第112则 (1840年4月25日) 与第148则 (1840年7月25日)。第112则谓谣传林则徐有意拆除广州城外房屋，以保障城池，批注：“何不筑外郭将关厢民居圈围在内？”广州是大城，要兴建能圈围关厢居民又有防御功能的外郭是何等大事，此种质疑语气不似正在广州城内主持大局的当事人林则徐所说，却像是事不关己的第三者读后感，尤其是《澳门新闻纸》抄校本中此句文字的笔迹，和第112则以及此本所有文字的抄手与校者的书法完全不同，因此这应该是抄校本完成后，自以为旁观者清的某位读者加上的批语。

至于第148则批注，是在论述俄国在中亚地区积极与英国争霸的各种作为后，进一步在地图上研讨从比特革 (俄国京城圣彼得堡，St. Petersburg) 到印度的走法。很重要的是，批注者说自己“按着《地理志》之图，并夷字大

抄译信六)”；中国第一历史档案馆编《鸦片战争档案史料》，第2册，页29-30，“两广总督林则徐奏为责令澳门葡人驱逐英人情形片”。

15　即《澳门新闻纸》第82则收录的两封信。

16　*The Canton Press*, 30 May 1840.

17　即《澳门新闻纸》第122则 (1840年5月30日)。

图参考”，他根据的《地理志》应该就是《四洲志》底本慕瑞 (Hugh Murray) 的《地理百科全书》*(The Encyclopædia of Geography)*[18]，并且加上英文 (夷字) 地图作为参考，因此这则批注肯定不是出于林则徐之手，而是负责翻译的梁进德译完后，进一步补充说明译文的内容，再一并送呈林则徐阅览的。和此则类似的情形是第37则 (1839年11月2日)，在关于船只保险广告的译文之后，很有可能是为了让林则徐更为了解起见，补充了一位名为“安平”的人说明西方船险的做法，补充的文字还远多于译文本身。

三、和《澳门月报》的关系与差异

考订《澳门新闻纸》，不能不涉及魏源《海国图志》书中的《澳门月报》，因为《澳门月报》总共五十四段文字，包含论中国、茶叶、禁烟、用兵、各国夷情等五个主题，全部都出自《澳门新闻纸》的内容。既然如此，动手选择与编辑《澳门月报》的人会是谁呢？

几乎所有的研究者都说是林则徐。[19] 但是，道光二十四年 (1844) 魏源排印的《海国图志》，卷四十九“附录”的卷首“夷情备采”标题下方，清楚标注有“原无，今补辑”五个小字，这显然是魏源自己表示在排印《海国图志》时，从林则徐给他的《澳门新闻纸》中选择部分内容，编成《澳门月报》作为《海国图志》的附录。此种情形正和同在此卷的《华事夷言录要》一样，本来是称为《华事夷言》，到了魏源排印时加以编辑，大量删减了内容并加上“录要”两字[20]。

《澳门月报》的五十四段文字出自《澳门新闻纸》的六十九则内容，其中有十四段文字是就《澳门新闻纸》两则以上的内容重组合并而成，甚至论禁烟的第五段与第十三段，都是各撷取《澳门新闻纸》五则内容的片段拼凑

18 Hugh Murray, *The Encyclopædia of Geography*. Philadelphia: Carey, Lea, and Blanchard, 1837(?). 3 vols.

19 例如陈原《林则徐译书》，《人民日报》1961年5月4日第7版；齐思和《鸦片战争书目解题》，中国史学会编《中国近代史资料丛刊》，第6册，页464；以及吴乾兑、陈匡时《林译〈澳门月报〉及其它》等等。

20 参见本书“贰、《华事夷言》”，“《华事夷言》的底本与翻译”。

而成。[21] 同时，魏源在编辑《澳门月报》的过程中又予以删减、修改、重组、挪动、增添等等加工手段，导致《澳门月报》的内容具有明显的中国人政治立场与民族意识，和所从出的《澳门新闻纸》有所差别；而《澳门新闻纸》的许多译文和英文报纸原文已有不少歧异与错误，再经过魏源加工编辑而成的《澳门月报》，和英文报纸原貌与内涵的距离就更为遥远了。以下两例足以说明这种现象：

第一是《澳门新闻纸》第18则（1839年9月14日）与对应的《澳门月报》论用兵第五段文字，内容是中国人在海上围攻并烧毁西班牙船"墨尔咩那号"(the Bilbaino) 的事。《澳门新闻纸》的译文虽然有些错误和省略，大致没有偏离底本《广州新闻报》的原文；到了魏源编辑《澳门月报》时，不仅全部删除《澳门新闻纸》中解释"墨尔咩那"船无辜受害的说法，以及中国人苛待被俘西班牙船员的内容，还进一步添加该船是鸦片趸船的文字，并指称"此趸船被逐未回国者"，意图坐实该船违法在先，被烧毁是咎由自取。

第二是《澳门新闻纸》第122则（1840年5月30日）与对应的《澳门月报》论用兵第十一段文字，内容是中国船只围攻"希尔拉士号"的经过。《澳门新闻纸》的译文虽然直白不文，也有些错误和省略，但仍可算是接近《广州新闻报》报道的原文；而魏源编辑的《澳门月报》记载双方的战斗，完全省略中方兵士的大量伤亡，只描述对方受伤惨重，等等。

对以上这两次战事的描述，《澳门新闻纸》的译者文字比较芜杂，但显然尽力对应于原文；而《澳门月报》的文字较为简练雅驯，只因编辑者魏源有预设的立场，《澳门月报》呈现的是不同的战况与结果。尽管魏源这么做或是出于用心良苦，却已使得《澳门新闻纸》和《澳门月报》的史料价值高下有别，而《澳门新闻纸》全书的译文虽然经常出错，问题也不少，但是至少在翻译这两次海战报道的态度是客观可取的。

---

21 第五段撷取《澳门新闻纸》第12、14、15、19与39等五则的内容片段拼凑而成，第十三段则是撷取第39、66、72、125与127等五则的内容片段拼凑而成。

贰、《澳门新闻纸》的底本

一、确定底本的必要

《澳门新闻纸》是近代中国人开眼看世界的历史性译作，因此从各个面向探讨这部作品的论著很多。但是，始终没能厘清的一个基本问题是《澳门新闻纸》的内容究竟译自何处？不知原文的翻译作品是很难进行研究的，虽说翻译也是一种创造性的活动，但只就译文探讨有如凭空而论，难以避免偏离或错误，所以关于《澳门新闻纸》的研究应该先解决底本的问题，否则连一些基础性的事实都无法正确掌握，又如何进一步深入讨论？

一个简单而根本的问题是《澳门新闻纸》究竟有多少则内容？已有的说法从150多则到171则都有[22]，相去十余则之多。但是，笔者在还原出全部的底本后，发现从《澳门新闻纸》抄校本上逐一计算则数并无法得出满意的答案，因为有的是将底本的一则内容拆开分译成两则甚至三则，这共涉及九则底本原文与二十则译文[23]，还有的是反过来将底本两则合并成一则译文，这共涉及六则原文与四则译文[24]。拆开分译的原因虽然不明，但在分拆后的每则译文前头都加上了“又”字，并且另起一段写起，这显示译者确实是特意分成二或三则翻译，因此后人也应予以尊重，分别计为二或三则。但是合并的情形不同，这些由两则底本原文并成一则的译文，其内容各不相同，而且在底本上的字段也有明显的区隔，因此不太可能是译者特意并成一则的，尤其是第123、124两则，各自从中拆开再并成内容不搭调的两则译文，这毫无疑问是誊抄或装订的错误所致，所以这些合并的译文应该分开计算才是。如此计算的结果，《澳门新闻纸》共有177则译文。

还原底本的原文后可以解决许多问题。最简单直接的好处是有助于理

22　前者如宫爱东“澳门问题史料集影印前言”，《澳门问题史料集》，上册，页3-8；后者如陈胜粦《〈澳门新闻纸〉的翻译与林则徐走向“近代”的开端（上）》，《中山大学学报》1990年第2期，页60-67。

23　将底本一则内容分拆译成两则的，如第10和11则、第20和22则、第88和89则、第90和91则、第136和137则、第162和163则，以及第171和172则等；将一则分拆成三则的，如第14、15与16则，以及第129、130与131则等。

24　将底本两则并成一则的，如第45、46则，第66、67则，以及第123、124则。

解或句读《澳门新闻纸》中许多晦涩难懂的文字，例如第2则列举欧洲各国兵力，在奥匈帝国及普鲁士两国都有“兰威阿兵”，这究竟何所指涉？原来是后备部队 (Landwehr) 的音译。又如在第22与23两则中反复出现吗哟仁呢啦尔、没哩咭打、立地难哥啰呢尔等令人费解的字词，分别指的是陆军少将 (major general)、准将 (brigadier) 与中校 (lieutenant colonel)。再如第24则开头有“噎文摩啦刊”五个字，也令人找不着头绪，原来此则是出自当天的《广州新闻报》，而“噎文摩啦”是这份报纸的出版者兼主编 Edmund Moller 姓名的音译。又如第104则谓中国铸有大炮，一门可敌英国人之大炮四十八门，当时中国火力竟然如此强大，可以一当四十八？结果原文说的是中国也有如英国能发射四十八磅重炮弹的大炮。再如第111则：“俄罗斯之皇帝底西阿仁，于一千八百年曾经有谕，唤醒满洲各人前时之勇猛”，何以俄国皇帝竟要唤醒中国满人的勇猛精神？这实在不合常理，其实“底西阿仁”的原文拼音 Dziazzin，指的不是俄国皇帝而是嘉庆皇帝。《澳门新闻纸》中诸如此类的问题非常多，如果没有底本对照，实在无法卒读。

还原底本原文不仅能解决疑难字词的问题，也可以在全面掌握了《澳门新闻纸》的译文与原文后，进一步有助于这部历史性文献的研究，例如林则徐或其译者究竟决定要译什么？译者如何进行译事？他们又译得如何？包括译材内容的选择去取、译者彼此的分工合作、译文的质量技巧高下，以及《澳门新闻纸》中的汉语新词研究等等课题，都可以比以往有较为具体深入的探讨。

二、三种底本的确定

究竟《澳门新闻纸》的内容都译自何处？在华外国人从1820年代后期开始编印英文报刊，到1830年代结束前此起彼落，英文报刊有六种之多，但其中三种在1834年以前停刊[25]，三种则从1835年起直到鸦片战争期间继续出版：《广州纪事报》(*The Canton Register*) 和《广州新闻报》两种周报，以

25 这三种是：1831至1832年间由英国东印度公司广州商馆人员编印的月刊*The Canton Miscellany*，1831至1833年间美国人伍德 (William W. Wood) 编印的周刊*Chinese Courier and Canton Gazette*，以及1833年马礼逊 (Robert Morrison) 编印的不定期刊*The Evangelist and Miscellanea Sinica*。

及《中华丛论》(*The Chinese Repository*，或译《中国丛报》) 一种月刊。此外，新加坡在1839年时只有《新加坡自由报》(*The Singapore Free Press and Mercantile Advertiser*) 一种周报。

《广州纪事报》于1827年11月8日创刊，为在华英商马地臣 (James Matheson) 主办，而由伍德 (William W. Wood) 及基亭 (Arthur S. Keating) 相继主编后，从1834年初起由司雷德 (John Slade) 主编，直到1844年为止。1839年，因为林则徐勒令外国人缴烟，中方又包围十三行，情势非常紧张，这年6月25日《广州纪事报》出版在广州的最后一期 (第12卷第26期) 后，报社和大多数外国人一样都撤往澳门，在同年7月2日出版在澳门的第一期 (第12卷第27期)；同年8月27日出版第12卷第35期后，因为英人全部撤离澳门上船而停刊一个月，至9月30日补印第36至第39四期合刊，自同年10月1日第40期起才正常出版。

《广州新闻报》于1835年9月27日创刊，由原英国东印度公司广州商馆职员James N. Daniell主办，随即被在华汉堡商人噎文摩啦接办并自任主编，此后直到1844年停刊为止，都在摩啦手中。《广州新闻报》于1839年6月11日出版广州最后一期 (总第195期或第4卷第39期) 后撤往澳门，在同年7月6日出版在澳门的第一期 (总第196期或第4卷第40期)。

《中华丛论》于1832年5月创刊，由美国美部会传教士裨治文 (Elijah C. Bridgman) 主编，1834年起由同会传教士卫三畏 (Samuel W. Williams) 来华协助，到1851年时停刊。在1839年十三行地区情势紧张时，裨治文于5月下旬将大部分印刷机具运到澳门重新装设，《中华丛论》也改在澳门印刷。

《新加坡自由报》于1835年10月1日创刊，由当地律师 William Napier、工程师 G. D. Coleman、商人 Edward Boustead 和 Walter S. Lorrain 等人合办，并由 Napier 主编至1846年止。

在以上这四种报刊以外，是否还有其他可能是《澳门新闻纸》底本的报刊呢？查《澳门新闻纸》的内容，包括新闻报道、评论 (含社论与读者投书)、行情及广告等等，每一则的开头都先交代其来源，如几年几月几日的澳门新闻纸或是新奇坡 (新加坡) 新闻纸，接着另起一段开始译文内容；若是和前一则属于同一来源，则仅以“又”字作为代表。只有第100至102这三则来源的著录显得特殊，分别是兰顿 (伦敦)、孟买与孟阿拉 (孟加拉) 三地的新闻纸，因此有人便主张《澳门新闻纸》也译自这三地的报纸。可是在比对英文底本后，便知道这种主张是错误的。事实上，这三则都是1840年3月21日的《广州新闻报》转载上述三地报纸的内容，《广州新闻报》也都注明了转载自何处，其中第102则甚至是先刊登于1839年12月4日加尔各答报纸*Bengal Hurkaru*的伦敦号外，经1840年2月20日的《新加坡自由报》转载，再经《广州新闻报》转载自《新加坡自由报》后，才由林则徐的译者译自《广州新闻报》而收入《澳门新闻纸》的。所以伦敦、孟买与孟加拉三地的报纸，只能算是《澳门新闻纸》内容的间接来源。至于第157至159等三则发现南极的报道，在译文中已显示是转载，而其底本《广州新闻报》更是清楚交代了转载自何报，这些当然也只能算是《澳门新闻纸》的间接来源。

既然伦敦、孟买与孟加拉三地的报纸都不是《澳门新闻纸》的底本，那么新加坡的报纸呢？《澳门新闻纸》有很多则译文一开头都交代来自新加坡新闻纸，如此《新加坡自由报》是否即是《澳门新闻纸》的底本？答案是肯定的，举一个例子便足以说明这种情形，《澳门新闻纸》的第6则是孟买的鸦片英商上英国枢密院的陈情书，译文交代是译自1839年7月4日新加坡报纸。经查当天的《新加坡自由报》的确在第二版刊有此件陈情书，主编并在第三版明白表示这是转载自1839年6月5日的孟买报纸*Colonial Gazette*。另一方面，《广州新闻报》并未刊登这件陈情书，而《广州纪事报》虽然在1839年7月23日第一版刊登陈情书，主编却在第四版表示，当时只收到1839年6月27日为止的《新加坡自由报》和6月5日为止的孟买各报。可知《广州纪事报》刊登的陈情书不可能是转载自7月4日的《新加坡自由报》，而是较早的孟买报纸；也就是说，《澳门新闻纸》所收的这件陈情书底本是《新加坡自由报》，而非《广州纪事报》。

《新加坡自由报》可以肯定是《澳门新闻纸》的底本之一，但还有《广州纪事报》《广州新闻报》和《中华丛论》三种报刊有待确认。前两者不会有疑问，《澳门新闻纸》的内容大部分译自《广州新闻报》，这很容易便可以比对出来；而译自《广州纪事报》的则数虽远少于《广州新闻报》，却也不难比对确认是《澳门新闻纸》的底本。

但是，《中华丛论》却大有问题。迄今为止大部分的研究者认为，《中华丛论》也是《澳门新闻纸》的底本，主要理由是《澳门新闻纸》中确实三次出现了《中华丛论》的内容：第27则论茶树与茶叶，第72则论英国遣使来华，以及第176则的英人在白河行动纪实。可是，经比对英文底本后便显示出，原来这三则都是先由《广州新闻报》转载自《中华丛论》[26]，再由林则徐的译者从《广州新闻报》译成中文而收入《澳门新闻纸》，这三则译文开头交代的也是《广州新闻报》转载的日期，而非《中华丛论》出版的日期，因此《中华丛论》也只能算是《澳门新闻纸》的间接来源而已[27]。再进一步比对后还发现，第27则论茶树与茶叶一文是由《广州新闻报》分六期连载，自1839年9月7日起，经9月14日、21日、28日、10月5日陆续刊登，直到10月19日才完毕，而收入《澳门新闻纸》的正是最后的完结篇。

除了上述这三则间接译自《中华丛论》以外，《澳门新闻纸》的第88和89两则也和《中华丛论》有关。这两则内容是1840年2月22日的《广州新闻报》针对上个月《中华丛论》刊登美国商人金恩 (C. W. King) 所撰商讨中英争论与美国人处境一文而发表的评论[28]，但林则徐的译者在翻译这篇评论后，不知何故却分为第88和89两则而收入《澳门新闻纸》。以上这些情形，若不找出《澳门新闻纸》内容的底本出处并加以比对，根本无从知道其中的曲折所在，而且认为《中华丛论》是《澳门新闻纸》底本之一的错误也会持续下去。

从以上分析得到结论，《澳门新闻纸》的底本就是《广州纪事报》《广州新闻报》和《新加坡自由报》三者，其他如《中华丛论》或伦敦、孟买、孟加拉与其他地方的报纸与书籍，都不是《澳门新闻纸》的底本，或者只能说是间接的来源。

---

26 第27则内容见*The Chinese Repository*, 8:3(July 1839), pp. 160-164, 'Description of the Tea Plant'，转载于1839年10月19日《广州新闻报》。第72则出自*The Chinese Repository*, 5:11(March 1837), pp. 520-524, 'Embassies to China'，转载于1840年2月1日《广州新闻报》。第176则出自*The Chinese Repository*, 9:6(October 1840), pp. 410-421, 'Journal of Occurrences'，转载于1840年11月7日《广州新闻报》。

27 早在1980年时，吴乾兑与陈匡时两位研究者虽然没有见到《广州新闻报》原文，却已能推断《中华丛论》不是《澳门新闻纸》的底本 (吴乾兑、陈匡时：《林译〈澳门月报〉及其它》)，只是他们的推断似乎没有获得后来的研究者重视。

28 《广州新闻报》这篇评论的题目是'Difficulties between the English & Chinese'，而金恩一文则是*The Chinese Repository*, 8:9(January 1840), pp. 446-478, 'Progress of the Difficulties between the English & Chinese'。

三、大量转载的现象

底本问题解决后，若要对《澳门新闻纸》有更深入的了解，就不能不探讨前文经常提到的各家报纸间大量转载的现象。这种现象不是《广州纪事报》《广州新闻报》和《新加坡自由报》三家报纸才有的特殊情形，而是当时全球各地报纸的普遍做法。19世纪前期还没有供应新闻的专业通讯社，各报除了采访本地的新闻外，外国与外地的消息只能转载自外国与外地报纸的内容，而当时的广州与澳门处于全球新闻链的末端，从伦敦经好望角、孟买、马德拉斯、加尔各答、新加坡(海峡殖民地)或巴达维亚(荷属东印度)，最后才到中国，这条新闻链上的每个地方报纸也依次转载前一地或数地报纸的内容；反过来也一样，广州与澳门报纸关于本地的新闻，也会陆续被新加坡、印度、英国的报纸转载。

当时的报纸主编经常会在每期中说明最新收到的外埠报纸名称、日期与带来的船名，同时转载这些报纸的部分内容，无法转载的也会择要摘述。处于全球新闻链末端的《广州纪事报》和《广州新闻报》，非常依赖转载各报内容来充实与填补自家的篇幅，有如美国《纽约客》(*The New Yorker*)周报的主编在其1839年10月26日的报纸中说："在6月11日的《广州纪事报》中，大多数篇幅都是欧洲的消息，我们将唯一值得注意的一篇转载如下。"[29]《纽约客》的主编说得没错，当天的《广州纪事报》四页篇幅中，前三页是广告和转载的欧美各地新闻，第四页才是主编报告和本地的船期、婚礼短讯、粤海关监督告示的英译本，以及主编从海关告示引申的评论。难怪《纽约客》的主编除了最后这篇评论以外，真是找不到美国读者会有兴趣而值得转载的内容了。

在《澳门新闻纸》的内容中，至少有64则(36%)是其底本转载自其他的消息来源。所谓其他的消息来源，主要的自然是报刊，从日报、周报到月刊都有，还有一种转载自英国的《评论季刊》(*Quarterly Review*)，即第149则；甚至有两则是转载自两种书的内容：第79则转载1830年英国国会下院东印度公司中国贸易专案委员会报告(*Report from the Select Committee on the Affairs*

29 *The New Yorker*, 8:6 (26 October 1839), p. 92, 'Later from Canton.'《纽约客》转载的一篇，是对于英国商务监督义律向林则徐请求准许英商改在澳门进行贸易的评论。

of the East India Company[China Trade])[30]，另一是第147则转载传教士麦都思 (Walter H. Medhurst) 的《中国：现状与展望》(*China: Its State and Prospect*) 一书[31]。

《广州纪事报》《广州新闻报》和《新加坡自由报》三者之间经常相互转载，因此在《澳门新闻纸》中也不乏这种现象，例如第122则中国海盗攻击鸦片船“希拉尔士号”事件，原载于1840年5月30日的《广州新闻报》，被转载于同年6月2日的《广州纪事报》，又被转载于同年7月9日的《新加坡自由报》，而《广州纪事报》和《新加坡自由报》转载时也都注明来源是 《广州新闻报》。 一个特殊的情形是《澳门新闻纸》的第12则，关于在华英商上书英外相巴麦尊 (Lord Palmerston) 陈情内容，原载于1839年5月25日的《广州新闻报》，同年7月18日的《新加坡自由报》刊登此文时，注明是转载自《广州新闻报》，但是《澳门新闻纸》的第12则却是译自晚了将近两个月才转载的《新加坡自由报》，这种舍先就后、 舍近求远的不寻常做法，应该是因为《广州新闻报》于1839年5月间刊登这件陈情书时，《澳门新闻纸》的翻译工作尚未开始或还不完备，才会迟至7月间译自《新加坡自由报》。

《澳门新闻纸》的底本转载其他报刊的内容，不乏又是其他报刊转载的消息，例如第57则以英国禁酒比喻中国禁烟，是译自1839年12月28日的《广州新闻报》，这是该报转载1839年9月25日《孟买时报》(*Bombay Times*) 的文章，而《孟买时报》又是转载自1839年8月3日的伦敦《旁观者》(*Spectator*)。不过，《广州新闻报》偶尔也有直接转载伦敦报纸的机会，例如《澳门新闻纸》第53则关于英国国会辩论中国贸易一事，是译自1839年12月21日的《广州新闻报》，这是该报直接转载自同年8月2日的《泰晤士报》(*The Times*)，原来是这天从伦敦启航来华的 ***Eliza Stewart*** 号船，有人就携着当日的《泰晤士报》上船，抵达中国下船后即被《 广州新闻报》主编借来转载，主编也明白说明其事[32]。

30 *Report from the Select Committee on the Affairs of the East India Company (China Trade), Ordered by the House of Commons*, to be printed, 8 July 1830, pp. 10-11.

31 Walter H. Medhurst, *China: Its State and Prospects* (London: John Snow, 1838), pp. 534-537.

32 The Canton Press, 21 December 1839, p. 1, ‘China News in England.’

四、底本的分布

《澳门新闻纸》的177则内容来自三种底本，其分布如下：译自《广州新闻报》者141则，约占全部的80%，占绝大部分；译自《广州纪事报》者21则，约占12%，译自《新加坡自由报》者15则，约占8%。

译自《广州新闻报》的则数远多于另外两种底本，尤其和同在广州、澳门出版的《广州纪事报》相比，多寡非常悬殊，前者几乎是后者的七倍。再进一步以年份而言，林则徐、他的幕僚或译者等人选译报纸的对象有明显的转变。从1839年7月到这年底止，选译三家报纸的多寡虽然有别，但还不算极端的畸轻畸重：《广州纪事报》有8天、16则，《广州新闻报》有14天、38则，《新加坡自由报》有3天、12则。但是，从1840年1月起，极为明显地变成《广州新闻报》一枝独秀，而其他两报只是偶尔陪衬的现象：《广州纪事报》只有3天、5则，《广州新闻报》却多达33天、103则，而《新加坡自由报》更少到仅有1天、3则而已。

这种非常着重翻译《广州新闻报》的情形，应当不是偶然的现象，但是目前尚缺乏直接史料可以明确解释个中缘故，推论其原因很可能如下：

首先，《广州新闻报》不是英国人所办，言论立场和英国人编印的《广州纪事报》有别，有时会批评英国商人、英国东印度公司以及英国政府的政策与行动，而两报主编和英美两国读者不时还会发表看法相左甚至针锋相对的言论，在《澳门新闻纸》中就不乏此种意见对立的情形，例如第1、31、49、116、171、172、175则，等等。正在抗英的林则徐可能从译者或其他人获知这种现象，而认为《广州新闻报》比《广州纪事报》较为公正自由开放，可以从中搜集到较为确实有用的夷情，于是随着中英局势的发展，以及经过半年时间译报的经验，林则徐等人觉得《广州新闻报》的内容较可信赖。

其次，《广州新闻报》和《广州纪事报》对于中国及林则徐的态度确实有别。《广州新闻报》的态度显然比较温和，至少在1839年底以前，屡次表示中国的禁烟有理，见于《澳门新闻纸》中的第14、19、31、49等则，对于林则徐也有褒有贬，甚至是褒多于贬，如第15、16、41、43、45、48等则。相对于此，《广州纪事报》持续批判中国和林则徐，竟责怪中国的软弱与禁烟不力是导致鸦片危害中国的主因，如第76、78、80等则，又屡次刊登不利于林则徐声誉的报道，如第1、50、51、73等则，尤其是1839年12月17日的《广州纪事报》，以多达两千三百字的大篇幅刊登十八首讽刺林则徐的中文诗英译，还特地征求英文诗的高手按音节韵律改译以飨读者，也刊登官府悬赏两千两银捉拿中文诗作者的消息；而《澳门新闻纸》的译者也照译 (第50、51则)，第50则谓：“上文译出之十八首诗，严谕钦差……外国人一见自然欢喜。”林则徐或其幕僚阅后可能感到不悦而停止翻译《广州纪事报》[33]，在这两则之后中断了五个月之久，林则徐的译者才又间歇性地从《广州纪事报》选译内容，但也不过三天共五则而已。

在《澳门新闻纸》的内容中，有141则来自47天的《广州新闻报》，21则来自11天的《广州纪事报》，还有15则来自4天的《新加坡自由报》。合计177则内容共来自62天的这三种底本报纸。在一天的报纸中，所译的则数从一则至八则不等，最多的是1840年8月1日《广州新闻报》的八则 (第153–160则)，包含英军占领舟山近况两则、广州封港情形、捉拿英人赏格告示等消息，也有中英之争的评论，其间还穿插选译了内容性质迥然不同的南极探险的三则报道，显得相当特别。

以这些底本报纸出版的日期而言，最早的是1839年7月4日的《新加坡自由报》，最晚的是1840年11月7日的《广州新闻报》，前后相距一年四个月，其间1840年的10月未译任何一报。不过，最早的1839年7月4日《新加坡自由报》运到中国再转入译者手中，应该已是当月20日或更晚的事，因此其译文在《澳门新闻纸》中排在第6–11则，而第1–5则是出版日期较晚的《广州纪事报》与《广州新闻报》。更值得注意是最后所译的1840年11月7日《广州新闻报》两则，显示当时林则徐虽已被谴去职一个多月，但他主持的翻译工作并未全部告停，至少译报方面是如此。

林则徐主持翻译的目的，如前文所述在探访夷情，知其虚实，以定控制之方。而裨治文在1839年7月间公开报道，有四名翻译为林则徐服务[34]，不

33 南京图书馆的《澳门新闻纸》抄校本并没有附这十八首中文诗，但也可能是省略未抄的。

34 *The Canton Register*, 16 July 1839, pp. 127-129, 'Memoranda of a visit to Chunhow, [...] postscript;' *Chinese Repository*, 8:2 (June 1839), pp. 70-77, 'Destruction of the Opium at Chunhow (Chinkow), postscript.'

过裨治文在报道中并没有提到翻译报纸的事。1839年12月14日《广州新闻报》有一则没有标题的评论[35]，也说林则徐的几名译者负责翻译买到的英文书，但仍然没有提到译报。所以，作为《澳门新闻纸》底本的这三家报纸主编，是否知道自己成为林则徐了解夷情的媒介呢？《广州纪事报》与《广州新闻报》两家关于这件事有如下的报道：

1839年7月30日的《广州纪事报》刊登一则没有标题的消息，提到林则徐的委员在上星期离开澳门时，随身带了三份过期的该报，主编认为这很清楚地显示林则徐的幕中有能阅读英文的人。[36]《广州纪事报》这则消息很含糊，只说林则徐的手下有人能阅读英文，所以买了三份过期的旧报带回广州，并没说是为了翻译，那名购报的委员恐怕也不会透露译报的事。不过，《澳门新闻纸》的第1则和第2则内容，正是分别译自1839年7月16日与23日的《广州纪事报》，显然就是林则徐这次派人到澳门购买的报纸了。

1840年6月20日《广州新闻报》一篇也是没有标题的评论就更确定了。该报主编先表示，虽然经常听说广东当局很熟悉澳门各英文报纸的内容，他却对此相当怀疑，因为自大的中国官员不可能理会夷人对他们的各种看法。然而，主编在上星期获得一些该报的中文译本，为广东当局的译者所译，其中包含5月30日该报报道海盗攻击"希尔拉士号"船的内容，经主编请一位朋友将这些中文译本的此项报道内容再回译成英文后，却意外发现几乎和该报原来的报道内容完全一样，主编因此认为广东当局译者的英文能力是出乎想象的高强，他并特地刊登回译的英文作为佐证[37]。

关于中国官方购买《广州纪事报》以及《广州新闻报》掌握中文译本这两件事，一方面印证了林则徐在"答奕将军防御粤省六条"的第六条"夷情叵测，宜周密探报"所说的：

> 澳门地方……尤须密派精干稳实之人，暗中坐探，则夷情虚实自可先得。又有夷人刊印之新闻纸……因而辗转购得新闻纸，密为译出，其中所得

35　即《澳门新闻纸》第48则。

36　*The Canton Register*, 30 July 1839.

37　*The Canton Press*, 30 May 1840.

夷情实为不少。[38]

但是，另一方面也显示了林则徐精心策划的暗中坐探、辗转购得与密为译出等等布置，其手下人在执行时都没有尽力务实达成，才会被这两家报纸的主编知悉与掌握，再经报纸公开刊登，更是尽人皆知，这肯定不是林则徐始料能及的结果了。

在澳门出版的《广州纪事报》与《广州新闻报》两种报纸，林则徐的人不难买到，但他们又是如何获得远在海外编印的《新加坡自由报》？ 在《澳门新闻纸》中只有零星散布的四天、十五则内容译自《新加坡自由报》，不太可能是直接订购的，那么会是来自行商或者要求往新加坡的中国贸易船买回的吗？ 这是个有待解决却似乎难有答案的谜题。

叁、《澳门新闻纸》的译者

林则徐在广州期间用了四名专任的译者，他们在林则徐搜集情报、认识世界的活动中，是不可或缺的关键人物，但是在林则徐及当时相关的中文史料中，却没有出现过他们的名字。 所幸这四人都和西方的传教士有关，当时的传教士记下了他们的姓名和活动，一百余年后再经传教士的研究介绍，引起世人的注意，林则徐的这四名译者才不至于从近代中国史的舞台上消失无踪。

一、史料与变异

当年记下四名译者活动的是美部会 (American Board of Commissioners for Foreign Missions) 和伦敦会 (London Missionary Society) 的传教士。 1839年7月4日，美部会的伯驾 (Peter Parker) 代表该会中国 (广州) 布道站撰写上半年报告 (general letter)，全文长约三千五百字，内容除布道站工作外，也包含中国局势，尤其是林则徐到广州禁烟和中英间的紧张关系，其中提到林则徐的四名翻译：

---

38 魏源：《海国图志》，卷48，“筹海总论”下，叶24-31，“答奕将军防御粤省六条”。

> 钦差大臣林则徐正十分积极地以各种方式，搜集世界其他国家的兵力、财富、领土、风俗习惯、法律和商业等等；确切地说，他雇有四名熟悉英文的中国人：阿曼 (Âmân)，曾在雪兰坡 (Serampore) 的马煦曼 (Joshua Marshman) 博士处；小德 (Shaou Tih)，曾在马六甲接受教育，此后在北京的俄罗斯代表团担任拉丁文翻译；阿伦 (Alum)，曾在美国康乃迪克州 (Connecticut) 的康沃尔 (Cornwall)；最后一位但不是最差的一位是梁发的儿子与裨治文的学生阿德 (Atih)，他肯定是当前中国英文最好的一名学生。[39]

在伯驾的这封报告稍后，1839年7月16日的《广州纪事报》刊登也是美部会传教士的裨治文一篇题为“镇口访问纪实”(Memoranda of a Visit to Chunhow) 的长文，叙述上个月他和美国商人金恩前往镇口实地参观林则徐销烟的经过，并在文章最后附笔提到林则徐的译者：

> 钦差大臣有四名在英文方面都有些能力的中国人协助：第一位是个青年，在槟榔屿和马六甲受教育，并在北京的中国政府工作了数年；第二位是个老人，在雪兰坡受教育；第三位是曾就读美国康乃迪克州康沃尔学校的青年；第四位是个年轻小伙子，在中国受教育，可以相当轻易、正确而流畅地阅读与翻译各种一般性的文件。[40]

《广州纪事报》同时刊出裨治文的一封附信，说明此文本来要在他主编的《中华丛论》上出版，由于有些耽误，因此先送给《广州纪事报》发表[41]。此文稍后的确以另一篇名刊登在《中华丛论》上[42]，卷期是1839年6月号，其实是在7月16日《广州纪事报》之后才出版的，而研究者向来不知道有此一段

---

39 ABCFM/Unit 3/ABC 16.3.8., vol. 1A, Peter Parker to Rufus Anderson, Macao, July 4, 1839. 伯驾说小德 (袁德辉) 在北京的俄罗斯代表团工作，显然是错误的。

40 *The Canton Register*, July 16, 1839, pp. 127-129, ‘Memoranda of a Visit to Chunhow, [...] June 17th 1839.’ 《广州纪事报》刊出裨治文此文后四日，1839年7月20日的《广州新闻报》予以转载。

41 同上。裨治文未说明耽搁的原因，但应该就是林则徐下令外人缴烟后，又封锁十三行，美部会的印刷所不得不从广州迁移到澳门而导致一些困难与不便。

42 *The Chinese Repository*, 8:2 (June 1839)，pp. 70-77, ‘Destruction of the Opium at Chunhow (Chinkow).’

延迟的波折，仍照《中华丛论》封面刊载的时间记为6月出版，变成先于《广州纪事报》。

以上伯驾和裨治文的两份报道，内容有些出入，但大致相同，主要的差别是伯驾记载了四位译者的名字，而裨治文则没有。但是，裨治文的文章因为两度公开出版而广为后人所知，而伯驾的报告虽然由美部会的机关刊物《传教先锋》(*The Missionary Herald*) 摘要刊登[43]，却没有包含译者这部分的内容，以致湮没无闻。直到一百多年后，才由传教士转为史学家的施其乐 (Carl T. Smith) 从美部会档案中发掘出这份被人遗忘的史料，撰成论文《林钦差的译者》(*Commissioner Lin's Translators*) 于1967年出版[44]，此文又收入施其乐于1985年出版的香港早期华人基督教史名著 *Chinese Christians: Élites, Middlemen, and the Church in Hong Kong* 书中[45]，从此林则徐的译者之名普遍为研究者所知，而西方学者的相关论著也都注明是来自施其乐的研究。

至于以中文写作的关于林则徐译者的研究，是很不一样的景象。1985年出版的林永俣《论林则徐组织的迻译工作》一文[46]，被称为中国第一篇认真讨论林则徐译者的文章，最具权威性，而且和此课题相关的所有中文论著几乎都出自林文，等等[47]。但是，林文存在着许多问题，在译者部分也加注了不少英美传教会的档号或文献等出处，却没有说明是转引自施其乐或他人的文章，在学术写作规范上，这么做表示都是林永俣亲自查考西方档案和文献写成的，当然也是其权威性和影响力所自，却有不少疑点，举例如下：

第一，关于美部会中国 (广州) 布道站的1839年上半年度报告，执笔者如上所述是伯驾，但施其乐的文章中并未说出此点，而林文作者却说是裨治文

---

43 *The Missionary Herald,* 36:3 (March 1840), pp. 81-82. 但刊登时将写信日期1839年7月4日误为14日。

44 Carl T. Smith, ‘Commissioner Lin's Translators.’ *Chung Chi Bulletin*, 42 (June 1967), pp. 29-36.

45 Carl T. Smith, *Chinese Christians: Élites, Middlemen, and the Church in Hong Kong* (Hong Kong: Oxford University Press, 1985), pp. 52-62.

46 福建社会科学院历史研究所编《林则徐与鸦片战争研究论文集》(福州：福建人民出版社，1985)，页118-137，林永俣：《论林则徐组织的迻译工作》。

47 王宏志：《第一次鸦片战争中的译者》，《翻译史研究》第1辑 (2011)，页82-113。此处引用的文字出自页87注6与页88-89。

(页121、124)。如果林永俣确实看到了这篇报告，有可能将伯驾的笔迹看成书法完全不同的裨治文吗？何况报告上还有伯驾的亲笔签名。

第二，这件报告是置于美部会档案ABC 16.3.8 (华南站) 的第1A册内，但施其乐误记为16.3.3 (厦门站与部分婆罗尼洲、广州与暹罗等站) 的第1册，而林文竟然也有和施其乐同样的误记 (页132 注1)，如果林永俣亲自查考了档案而非引自施文，则此种连错误都一样的现象，未免是过份巧合了。

第三，裨治文在1830年5月1日的日志中提到阿曼，表示他的英文不太好 (rather indifferently)[48]。裨治文并没有提到另外三人，1830年时的裨氏当然不可能预知九年后会有林则徐雇用这些翻译的事。但是，林永俣不但更改了裨治文日志的日期，从1830年5月1日挪后十年成为1840年5月1日，又进一步为裨氏的日志添加虚构的内容，说是据裨氏报道，亚孟 (即阿曼) 的英文阅读和写作能力，"比起其他三人，略微差点" (页121)。

第四，林文谈论袁德辉在马六甲英华书院的内容 (页121–122)，说是根据韩特 (William C. Hunter) 的《古中国拾零》(即《旧中国杂记》，*Bits of Old China*) 一书。此书在页260至263谈论袁德辉，但林永俣却列举了页141、178、190、193、200、215–216、260等八页出处 (页121注4)，这是怎么回事？林文又表示，韩特说袁德辉在马六甲编印了一部大学用书，又说袁德辉因加入三合会而被迫离开马六甲 (页122)，可是韩特书中根本没有这两件事，倒是出现在施其乐从伦敦会档案发掘史料而写成的文章内，但林文就是通篇不提施其乐。

第五，林文说林则徐的第三名译者亚林 (Alum，即本文的阿伦)，音译为林阿适 (Liaou Ahsee)，英文姓名为威廉・波特尔和 (William Botelho) (页123)。其实Alum的英文姓名为William Alum，而Liaou Ahsee则另有其人[49]，

48 裨治文并未写下此人名字，但从内容可以判断就是阿曼，施其乐也是如此认定。

49 Liaou Ahsee 和阿伦都是康沃尔"外国传教学校" (Foreign Mission School) 的学生，但Ahsee在1822年3月间入学，阿伦则在一年多以后的1823年6月间入学。1823年9月1日的该校学生名单有三名中国学生：Ahsee (William Botelho)、Alum (William Alum) 与Alan (Henry Martyn Alan)，此份名单刊于*The Christian Herald*, 10:14 (December 6, 1823) 的页438，而在页439则有三人各自写的三封信，都署英文姓名，收信人是一位叫Truair的牧师，Ahsee的信中说自己是在一年四个月以前入学的，也欢迎Alum与Alan两位同胞成为同学。

林永俣应该是将施其乐和白瑞华 (Roswell S. Britton)《中国报纸》(*The Chinese Periodical Press 1800–1912*) 的说法混为一谈，将 Alum 和 Ahsee 两人合为一人，其实白瑞华并没有提到Alum，但林文却注明引用白瑞华的书[50]，而不提施其乐。

第六，林文说林则徐被贬后有意将梁进德介绍给两江总督耆英，还附注了伦敦会华南区档案的档号与日期，表示有根有据 (页125)。其实，伦敦会那件档案说得很清楚[51]，林则徐是想将梁进德介绍给继任的两广总督琦善，但是施其乐将 Keshen (琦善) 抄成了 Keahin，而林永俣进一步将 Keahin 音译为耆英。梁进德后来的确曾于1844年为耆英服务，但那是由广东官商两栖的潘仕成推荐的。

以上所举只是林文的一部分疑点，应该已足以显示中国第一篇认真讨论林则徐译者与最具权威性文章的问题所在，而三十年来在其影响力笼罩下的许多研究者追随其后，不断复制其错误的说法，也随意加注西方档案文献的出处，可说是一篇文章造成一个课题的研究长期停滞不前。

下文按照伯驾报道的顺序讨论林则徐的四名专任译者。

二、阿曼 (Âmân)

关于阿曼的文献极少，后人只能重述伯驾和裨治文两人书信中关于他的点滴记载。[52] 伯驾说他曾在印度雪兰坡的英国浸信传教会 (Baptist Missionary Society) 传教士马煦曼处；裨治文1830年5月1日的日记则有稍多关于阿曼的描述，是当时在广州的美国人韩特告诉裨治文的讯息，说阿曼出生于雪兰坡，父亲是中国人，母亲则是孟加拉土著，阿曼在雪兰坡的英国浸信会布道站学校受教超过十年，是马煦曼的学生；到1830年时，阿曼到广州已经八或十年，也继续说和写英文，只是程度并不太好，他生活贫困，社会地位也低

50　白瑞华的资料是引自George H. Danton, *The Cultural Contacts of the Unites States and China* (New York: Columbia University Press, 1931), pp. 102-103，而且Danton清楚表明Alum和Ahsee是不同的两人，白瑞华则没有提及Alum。

51　这件档案是伦敦会传教士美魏茶 (William C. Miline) 于1840年12月5日写给该会秘书William Ellis的信，内容谈及梁进德与袁德辉两人。

52　笔者曾查阅英国浸信传教会相关档案，但没有能获得关于阿曼的记载。

下，但具有基督教知识，裨治文希望这能有助于阿曼获得信仰上的启发 。[53] 以上这些就是已知关于阿曼的所有讯息，至于他何以会在1820至1822年间从印度移居广州，在广州又如何维持生活，他的年纪究竟多大，以及他成为林则徐译者的经过等问题，都有待更多的史料出现才能解答。

三、袁德辉 (Shaou Tih)

林则徐的第二名译者是小德，也就是袁德辉。 研究者关于他的讨论大都根据韩特的书，其实在伦敦会档案中有更多的史料，却少有人钻研利用。 袁德辉最早出现在伦敦会档案中，是1823年6月13日马六甲传教士韩福瑞 (James Humphreys) 和柯利 (David Collie) 联名写的信上。 他们说在一个月前雇用一名曾在槟榔屿天主教总修院 (College General, Penang) 学习三年拉丁文的华人，将司托奇 (Christiani Stockii) 的希伯来文与拉丁文对照的圣经词汇 (*Clavis Linguæ Sanctæ Novi Testimenti*) 译成中文 [54]。

韩、柯两人写这封信时，书院的创办人马礼逊正好就在马六甲 [55]，雇用袁德辉译书有可能是出于马礼逊的主意，至少是获得他的同意。 在这封信之后一个月，由马礼逊、韩福瑞和柯利共同署名的一份印刷品中又出现了袁德辉，说他籍贯四川，曾受天主教教育，正由英华书院支持生活并翻译圣经词汇一书，完成后可获得100英镑 (400银元) 的酬劳 [56]。 在1824年1月至1825年6月的英华书院和马六甲布道站共同报告中，提到词汇一书已经译成 [57]，而1827年的书院年报也记载付了翻译词汇的酬劳一事 [58]，但是不知何故，在书院的相关文献和传教士的书信中，并没有这部译本出版的记载。

---

53 ABCFM/Unit 3/ABC 16.3.8, vol. 1, Elijah C. Bridgman's Journal, 1 May 1830.

54 LMS [London Missionary Society]/UG [Ultra-Ganges]/MA [Malacca], 2.3.B. [box 2, folder 3, jacket B], James Humphreys and David Collie to the Directors of the LMS, Malacca, 13 June 1823.

55 马礼逊于1823年2月4日抵达马六甲，至同年7月18日才离开马六甲回华。

56 LMS/UG/MA, 2.3.B., 'To the Christian Public, 10 July 1823.'

57 *Report of the Anglo-Chinese College and Chinese Mission at Malacca* (Malacca: [Printed at the Mission Press], 1825), p. 9.

58 *The Fifth Annual Report of the Anglo-Chinese College* (Malacca: Printed at the Mission Press, 1827), p. 17.

袁德辉肯定是熟谙拉丁文，传教士才会付钱请他翻译圣经词汇，而当时在书院的一位英国学生穆尔（J. H. Moore），也曾在1825年9月写信给伦敦会秘书，说袁德辉译完词汇后，正和自己一起研读拉丁文的欧几里得几何学，两人也经常一起阅读拉丁文的圣经及其他著作[59]。

不过，袁德辉令人关切的还是他的英文。韩特表示自己和袁德辉、穆尔在英华书院相处的十六个月期间，袁德辉深入学习英文，到韩特于1826年8、9月间离马六甲回广州时，袁德辉的英文已有惊人的进步，人人都佩服他用功学习的态度[60]。称赞袁德辉英文的不只韩特而已，1826年的书院年报记载：

> 由书院基金负责的学生中，有两人来自中国，年纪都是二十一岁。其中一人是个能力优秀的青年，他在十二个月稍多的时间里学到的英文知识，已让他可以轻易而正确地进行翻译，他也已将凯斯 (Thomas Keith) 关于地球的书译成中文，由于他熟谙中文，很快就能正确地译出任何一位英文作者的中文版本。[61]

袁德辉学习英文一年稍多就能从事翻译工作，除了是用功所致，他原有的拉丁文能力应该也有帮助。上述年报中提到袁德辉所译关于地球的第二种书，但是这部书也和圣经词汇一样，不知何故没有出版的记载。

所幸他的第三种书总算问世了，就是1826年的《英文与中文学生辅助读本》(*The English and Chinese Student's Assistant*)[62]。这是传教士为增进书院学生的英文阅读能力，选择生活、道德、宗教、史地、科学，以及书信等主题，每个主题由传教士撰写几句英文对话，请袁德辉逐句加上对应的口语中文对照而成，但书信部分只有中文或英文而无对照。非常特别的是，当时伦敦会在马六甲有三名传教士，但本书没有显示英文作者姓名[63]，却在封面上

---

59 LMS/UG/MA, 2.4.B., J. H. Moore to J. Arundel, Malacca, 20 September 1825.

60 William C. Hunter, Bits of Old China (London: Kegan Paul, Trench &Co.,1885) ,p.261.

61 *The Fourth Annual Report of the Anglo-Chinese College* (Malacca: Printed at the Mission Press, 1826), p. 3.

62 The English and Chinese Student’s Assistant, or Colloquial Phrases, Letters & c,in English and Chinese.The Chinese by Shaou Tih.Malacca:Printed at the Mission Press,1826.

63 这三名传教士是韩福瑞、柯利以及新到不久的吉德 (Samuel Kidd)，由于1824年的书院年报中已经表示编印这部书，因此吉德不可能是编者。哈理森 (Brian Harrison) 在其

标明中文部分的作者是袁德辉。施其乐因此认为本书作者就是袁德辉，林永俣甚至说他编写出版了一部“大学用书”[64]。其实，曾任英华书院院长数年的传教士理雅各（James Legge）自己说过，该书院就是小学的水平[65]，因此本书绝对不是大学用书，而袁德辉也只是中文部分的作者，必须清楚分辨本书的内容性质与袁德辉在这部书中的角色，才不致过份高估了他的英文程度，以致无法解释他后来翻译林则徐文件的不通与错误。

同样必须辨明的是袁德辉和三合会的关系。施其乐的文章模糊地提到，因为三合会的活动，袁德辉和一位中国同伴在1827年被迫离开马六甲回华。[66]到了林永俣的文章中，进一步将施其乐的说法变成：“由于他加入三合会秘密组织活动，为当地政府所不容，被迫离马迁至广州定居。”[67]此后至今的研究者也都追随林永俣的说法。

事实完全相反，袁德辉是因为拒绝加入三合会而被迫离开马六甲，和当地政府无关。1827年的英华书院年报，说明了袁德辉和同伴未完成第二年修业便退学的经过，他们因为协助被三合会索命的一名朋友逃离马六甲而得罪该会，但该会以两人各具武艺和英文能力之长，转而要求他们入会，他们拒绝后遭到死亡恐吓，住屋被人侵入，财物被取走，人也被打伤。两人请求传教士保护，住进书院中，结果仍因恐惧生命危险而离开马六甲。[68]年报中又表示：“其中一人拥有超卓的能力，其英文知识足以正确而轻易地将几乎任何英文书译成中文。”[69]英华书院学生的修业期限通常为六年，袁德辉读不满两年就退学，以他用功学习英文的态度若能读满六年，造诣应该会远在后来的表现之上。

《等待中国》(*Waiting for China: The Anglo-Chinese College at Malacca, 1818-1843, and Early Nineteenth-Century Missions*. Hong Kong: Hong Kong University Press, 1979)说，本书作者是柯利 (p. 196)。

64 林永俣：《论林则徐组织的遂译工作》，页122。

65 LMS/UG/MA[Malacca], 3.4.D., J. Legge to A. Tidman, Malacca, 23 October 1840.

66 Carl T. Smith, ‘Commissioner Lin’s Translators,’ p. 31.

67 林永俣：《论林则徐组织的遂译工作》，页122。

68 *The Fifth Annual Report of the Anglo-Chinese College* (Malacca: Printed at the Mission Press, 1827), pp. 4-5.

69 Ibid., p. 5.

1827年上半年袁德辉回到广州后，曾经和担任东印度公司翻译的马礼逊联系。马礼逊透过韩特回复袁德辉的信却有些客气而冷淡，表示对袁德辉离开英华书院没有意见，又说如果是袁德辉让传教士柯利生气所致，那是袁德辉咎由自取，因为柯利是个很好的人。[70]

袁德辉在广州待了两年半左右，才如韩特所说，在1829年8、9月间两广总督李鸿宾受命为北京寻觅翻译人才时，由韩特将袁德辉介绍给行商浩官，转推荐给李鸿宾，经拉丁文试验合格后送往北京理藩院任职。[71] 韩特又说袁德辉北上后，曾在1830和1838年两度短暂回广州。很有意思的是，1838年那次回广州，袁德辉曾和马礼逊的儿子马儒翰 (John R. Morrison) 见过面，马儒翰描述袁德辉如下：

> 他不乏才智，但是我觉得他欠缺思想概念 (conception)，有着粗鲁而有些愚笨的外貌，是个见闻闭塞 (ill-informed) 的青年。他有些英文知识，但更熟悉拉丁文。他说自己是天主教徒。[72]

马儒翰写这封信一年多以后的1839年，袁德辉再度随着林则徐到广州，在中英前所未有的剧烈碰撞中，担任中方的首席 (senior) 翻译[73]，而马儒翰则是英方的首席翻译，遗憾的是，在双方首席翻译第一次见面中，袁德辉留给对手的印象却是负面远大于正面。

据韩特的描述，1839年袁德辉是作为林则徐的随员来到广州[74]，因此在林的四名译者中，按在职先后而论，袁德辉是第一位，而且他又是四人中唯一有官职在身者，因此裨治文等人认为他是林则徐的首席译者自有道理。只是，袁德辉的英文能力确实不好，先将林则徐为重开贸易要求英船具结入港

---

70 LMS/CH [China]/General/Personal, box 2, R. Morrison to Mr. Shaoutih, care of Mr. Hunter, Macao, 21 June 1827.

71 W. C. Hunter, *Bits of Old China*, pp. 261-262; *The Canton Register*, 3 October 1829, pp. 85-86.

72 LMS/CH/SC [South China], 3.3.A., J. R. Morrison to W. Ellis, Canton, 19 December 1837.

73 中文文献从未见将林则徐的四名翻译排序，此处是依据《中华丛论》编者的说法，见*The Chinese Repository*, 8:3 (July 1839), p. 168。

74 W. C. Hunter, *Bits of Old China*, p. 262.

的示谕英译成不知所云，也不使用标点符号[75]，又将《澳门新闻纸》的第54则 (1839年12月21日) 译得错误连连[76]，显示他虽能理解英文简单直述句的意义，但面对文法稍为复杂的句子和惯用语时无法应付。可是，早年英华书院的传教士一再报道，他的英文能力足以将任何英文书籍翻译成中文，这又如何解释？若不是传教士言过其实，也许只能说袁德辉离开马六甲后缺乏英文的环境，自己也没有继续认真研读和应用，经过十几年后，将学不满两年的英文遗忘了许多，所以卫三畏才会在1842年时严厉批评袁德辉的拉丁文和英文都很差，"只能理解最简单粗浅的一些大意而已"[77]。

林则徐被贬后，袁德辉也失去了踪影，再也不见他以英文知识为国效力的记载，应该是回北京的理藩院供职了，已知他最后的讯息是1848年6月初，裨治文在上海接待了意外来访的袁德辉，他表示自己获得分发浙江候补知县，正路经上海前往杭州报到。[78] 但他是否补上实缺仍有待进一步的考察。

四、阿伦 (Alum)

阿伦是广东人，他有相当曲折的外国经历。1821年，阿伦获得一艘开往

---

75 *The Canton Register*, 30 July 1839; *The Canton Press*, 3 &10 August 1839;*The Chinese Repository*, 8:3(July 1839), pp. 167-168,'Great Imperial Commissionary's Governor's of Two Kwang Province Lieutenant Governor's of Canton.Earnest Proclamation to foreigners again issued.'

76 此则和《澳门新闻纸》所有译文一样，都没有译者署名，但是此则内容引用罗马诗人呵威 (Ovid, 即Publius Ovidius Naso, 43B.C. – 18A.D.，通称奥维德) 的拉丁文诗九行，《澳门新闻纸》也翻成了中文，经比对呵威诗的英译 (Frank Justus Miller, *Ovid Metamorphoses, with an English Translation* [Cambridge, Mass.: Harvard University Press, 1951], vol. 1, p. 64)，中译应该还算可以，至少意义大致符合；除这首诗以外，第54则中还有五个拉丁文字词，也译出了四个。在林则徐的四名译者中，阿曼就读于英国传教士在印度办的布道站学校，阿伦则就读美国美部会办的外国传教学校 (Foreign Mission School)，两者都是基础性的学校，有英文课程而不可能有拉丁文课程，梁进德在裨治文教导下主要是学习英文，也学了一些希伯来文，准备翻译圣经之用，但裨治文并未教他拉丁文，四人中就只有袁德辉有相当的拉丁文造诣，可以推定第54则是他的译作。

77 Samuel W. Williams, 'A Chinese Chrestomathy in the Canton Dialect, by E. C. Bridgman.' *The Chinese Repository*, 11:3 (March 1842), pp. 157-161. 卫三畏批评袁德辉的部分在页160。

78 *The Chinese Repository*, 17:6 (June 1848), p. 318, 'Journal of Occurrence.'

荷兰的船的货监 (supercargo) 同意，上船抵达阿姆斯特丹；到1823年初，阿伦又获得一艘从阿姆斯特丹开往美国的船的货监同意让他上船，1823年2月抵达美国后依靠货监生活并住在费城，当时阿伦十九岁。[79]

有天阿伦在费城街上偶然遇见一名广东同乡阿兰 (Alan)[80]。阿兰是黄埔人，当年二十一岁，由一艘美国船的船长或货监带他上船，在1823年4月抵达费城，自制小玩具沿街叫卖为生。[81] 一个多月后，阿兰引起到费城参加美国长老会总会年度大会的司密斯 (David M. Smith) 牧师注意，两人比手划脚沟通，司密斯确认阿兰愿意接受学校教育，也知道了阿伦的同样意愿后，认为两人是在上帝的旨意下到达美国，决定协助他们。

司密斯立即诉诸基督徒公众的力量进行其事，1823年5月底就在长老会年会期间，费城的基督徒集会成立"教育异教徒青年费城妇女协会" (Philadelphia Female Society for Educating Heathen Youth)，当场募得300元作为阿兰和阿伦的生活与教育费用，两人也出现在这协会的成立会中 。[82] 接着纽约也成立了"纽约妇女外国传教学校协会" (The Female Foreign Mission School Society of New York) 为两人募款 [83]。这时阿伦和阿兰的前途也决定了，他们将被送往美部会设于康乃迪克州康沃尔的"外国传教学校" (Foreign Mission School) 就读，这是1816年成立的小型住宿学校，收容从太平洋沿岸各国和岛屿来到美国的青年以及美国本土的印第安青年，希望他们受教后成为文明的基督徒，并回到自己的本土担任传播文明与基督教的教师、医生、译者等等。[84]

---

79 *Christian Secretary*, 2:73 (21 June 1823), p. 87, 'Chinese Youth.'

80 阿兰的中文姓名为胡兰，见 *American Quarterly*, 59:2 (June 2007), pp. 301-339, Karen Sánchez-Eppler, 'Coping and Conversion: An 1824 Friendship Album "from a Chinese Youth." '

81 *Religious Remembrancer*, 10: 41 (31 May 1823), p. 164, 'Heathen Youth.'

82 同上。

83 *The Christian Herald*, 10:14 (December 6, 1823), p. 437.

84 关于外国传教学校的起源与设立，参见*The Panoplist and Missionary Magazine*, 12:7 &8(July & August 1816), pp. 297-302, 352-362, 'On Educating Heathen Youth in Our Own Country'; *Report of the American Board of Commissioners for Foreign Missions*(1816), pp. 3-4; *ibid.*,(1817), pp. 18-19, 'Foreign Mission School'; pp. 23-27, 'Extracts from the Report of the Agents of the Foreign Mission School.'

1823年6月中下旬，阿伦和阿兰在前往康沃尔的途中，又经历了在温莎 (Windsor) 和哈特福 (Hartford) 两地的募款活动。[85] 当地的报纸较详细地报道了19日在哈特福的那场，主办者张贴公告表示这是一场“展览”(exhibition)，为满足观众的好奇心，阿伦和阿兰将穿着中式衣服出场，并当众朗读马礼逊翻译的中文圣经。[86] 在活动中，两人站在牧师讲坛旁特别打造的台上面对群众，由牧师检视两人的衣服，并高声向群众转告各样细节，又高举其中一人当场脱下的鞋子议论一番，还展示他们随身携带的一尊木雕神像，这些举动和言语激起会场群众的高昂情绪，纷纷掏出荷包捐款。会后有哈特福的报纸批评主办者要两个不懂英文的华人让群众尽情地品头评足，朗读他们不懂内容意义而观众更不知所云的中文圣经，只为了炒热现场气氛，增加捐款收入，此种手法让这场展览成为可鄙的 (despicable) 活动，为识者不值。[87]

19世纪初年的美国基督教界，洋溢着传教的热情，认为向异教徒传播基督教福音是“天命”，尽管参加上述“展览”的人和美国其他基督徒同样，都不了解他们心目中神秘的中国，但他们认为将上帝送到美国的阿伦和阿兰教育成文明的基督徒，并进一步让两人成为使中国基督教化的种子，这是身为美国基督徒应尽的一份责任，因此在这种好奇结合热情的气氛中，到场的基督徒奉献了为数可观的捐款。[88]

阿伦和阿兰对于自己成为“展览品”的感想如何，是否觉得被消费甚至受辱，或者认为这比起寄人篱下或赚取蝇头小利要容易得多，又或觉得这些都是他们随带供奉的神明所定等等，都已无从考察，但他们在异乡美国既然没有其他较好的生活条件，却还想要接受学校教育，则除了接受牧师的安排和基督徒捐助以外，恐怕也没有什么选择的余地了。

离开哈特福后，阿伦和阿兰就前往康沃尔，在外国传教学校中分别以

---

85 *Christian Secretary,* 2:73 (21 June 1823), p. 87, ‘Chinese Youth;’ *Boston Recorder,* 8:26 (28 June 1823), p. 102, ‘Chinese Youth.’

86 *The Religious Inquirer,* 2:17 (28 June 1823), p. 132, ‘Clerical Ingenuity Displayed.’

87 同上。

88 *Christian Secretary,* 2:73 (21 June 1823), p. 87, ‘Chinese Youth.’

William Alum 和 Henry Martyn Alan 之名展开学生生活。[89]康沃尔是康州西北部丽曲菲德郡 (Litchfield County) 的一个偏远村庄，四周丘陵环绕，外国传教学校有一栋兼做教室与寝室的两层楼房，有校长兼教师的住宅，以及广达八十英亩的农田林地，学生除了学习知识性的课程，参加日常各样礼拜活动，也以部分时间从事农耕种植的劳作。从创校起，知识性课程就包含英文拼字、阅读、写作和文法，以及算术、地理等一般学科，全部由校长兼教师一人负责教学。[90] 1821年，布朗大学 (Brown University) 毕业的校长戴杰特 (Herman Daggett)牧师表示，学生已读过地理、修辞、测量、历史、文学，正在学习科学。[91]

不过，才入学的阿伦和阿兰还是得从基础的英文学起，戴杰特对两人的印象不错，称赞他们"显得是有前途的青年，在学习上也有良好的进步"[92]。两人在1823年6月20日或稍后入学，同年7月10日即能写信向帮助过他们的人道谢并报告近况[93]，虽然只是简短几句、七十个字左右而已，内容文法却都通顺可读，若两人入学前没有读过英文，则这样的学习效果过于迅速惊人，应该是经过戴杰特的润饰修改[94]。

阿伦和阿兰入学半年后，在1823年12月又各自写了一封信向外界报告学习的近况，这次《费城记录报》(*Philadelphia Recorder*) 的编辑只选登阿兰一人的信，不过编辑的评论将两人并提，称赞两人的信展现出学习上的巨大进步，也相信他们有未来发展的能力。这么说应该可以显示阿伦与阿兰的英文能力是在伯仲之间，只有在谈及基督教信仰时，编辑才说两人之一显得特别

---

89 两人的英文名字不知何人给予，阿伦的William之名不知有何典故，阿兰的Henry Martyn则显然是为了纪念英国在印度的著名传教士Henry Martyn (1781-1812)。

90 *The Panoplist and Missionary Magazine*, 13:2 (February 1817), pp. 80-81, 'Constitution of a School for the Education of Heathen Youth.'

91 Jedidiah Morse, *A Report to the Secretary of War of the United States, on the Indian Affairs* (New Haven: printed by S. Converse, 1822, pp. 272-273, 'Letter from Rev. Mr. Daggett.'

92 *The Christian Herald*, 10:14 (December 6, 1823), pp. 438-439.

93 Ibid., p. 439.

94 戴杰特在1821年报告学生课业并附送学生作业样本的一封信中，曾说明各样本由他协助修改的情形（J. Morse, *A Report to the Secretary of War of the United States*, pp. 272-273)。

虔诚而令人鼓舞[95]，而这很可能就是编辑选择刊登阿兰信件的原因。

1824年暑假期间，就读外国传教学校已满一年的阿伦和阿兰前往费城小住[96]，当地《基督徒报》(*Christian Gazette*) 的编辑曾和两人面谈，当然是以英文进行的，而编辑随后在报道中对于两人知识上的进步大表惊讶与满意，有趣的是，其中一人还告诉编辑，已经收到父亲从中国的来信，对于美国竟有人如此慷慨协助其子表示难以置信，还质问其子："谁来还这些债？"[97]

1824年11月，《基督徒报》又刊登了阿伦写给费城人士的一封信[98]，篇幅有四百余字，内容主要在讨论基督教信仰，并希望美国能派遣传教士拯救拜偶像的中国人，他自己也愿意在学成后回国传布福音，等等。这封信和前文所述入学之初于1823年7月10日所写的短信相比，不但篇幅长达六倍，而且他的写作不再只是简单浅短的直述句子，多的是英文惯用的复杂造句，说理时还能引经据典，尽管这仍应该是老师修改增添而成，但多少可以验证一年五个月期间学校教育的显著成果。

从上述可知，到1824年底为止，阿伦和阿兰在外国传教学校过得相当顺利，知识方面收获丰富。不料1825年却大为转变，尤其是外国传教学校竟面临关闭的危机。原来是在1824和1825两年中，两度发生康沃尔当地白人少女和学校中的印第安青年相爱而结婚的事件，导致当地及邻近地区民众一片哗然。对19世纪初年新英格兰地区保守的美国民众而言，向异教徒传播基督教福音并教育他们成为文明的基督徒是一回事，而白人和有色人种异教徒通婚又是另一回事，两者根本无法相提并论，因此大部分民众改变了原来支持赞助外国传教学校的态度，转为反对与排斥，而设立这所学校的美部会也不得不在1826年决议，以异教徒的教育最好还是在其本地而非在美国办理为由，停办了外国传教学校。[99]

---

95 *Philadelphia Recorder*, 1:44 (31 January 1824), p. 178, 'Chinese Youth.' 阿兰这封信注明1823年12月20日写于康沃尔外国传教学校。

96 林永俣的文章说，1824年阿伦转学至费城另一所学校云云 (页123)，这完全是林永俣利用施其乐文章却又错误理解所致。

97 引自*Philadelphia Recorder*, 2:67 (10 July 1824), p. 267, 'Chinese Youth.' 据施其乐文，1824年7月3日的《纽约观察家报》(*The New York Observer*) 也登载此件消息。

98 转引自*Zion's Herald*, 2:48 (24 November 1824), p.2, 'William Alum - The Chinese Youth.'

99 关于这两次通婚事件引起的争议与外国传教学校关闭，参见*The Religious*

从通婚事件引起争议，到学校停办的约两年期间，外国传教学校的声誉和活动大受影响，外界的金钱与衣物捐献减少，美部会先是下令学校不再收受新生，接着又个别安排既有学生的去向[100]，阿伦和阿兰也在1825或1826年离开了康沃尔。在舆论反对学校的声浪中，报刊也不像从前那么热衷报道两人的讯息，已知他们最后一次出现在报刊中，是1825年初的学校教职员和学生名单。[101] 此后他们在何时及如何离开学校成了疑问，1930年代的研究者George H. Danton 认为，两人在1825年因行为不检 (misconduct) 遭到退学[102]；1940年代的 Thomas La Fargue 则说，两人在学校停办前不久私自离校 (run away)[103]；而1960年代的施其乐也沿用私自离校的说法。但是，不论遭到退学或私自离校对于阿伦和阿兰都是严重的负面说法，应该加注其依据才是，而 Danton、La Fargue 和施其乐三人都没有任何交代[104]，因此阿伦和阿兰离校的确切时间和经过，还需要进一步的史料才能证实。

阿伦和阿兰离开学校后的行踪，就如同断了线的风筝一样没了音讯，不过他们既然在语言和知识上都和入学前大不相同了，在美国社会中谋生肯定比以前容易得多。

令人非常关切的一个问题是他们究竟在何时回到了中国？前文所述伯驾撰写的1839年上半年美部会中国 (广州) 布道站报告给了一些答案。伯驾在介绍林则徐的四名译者之前，先谈到中国人对他开设的医院观感时提及阿伦：

Intelligencer, 8:45 (10 April 1824), p. 714, 'Marriage at Cornwall;' *The Missionary Herald*, 21:10 (October 1825), pp. 334-335; ibid., 21:12 (December 1825), pp. 395-396; ibid., 23:1(January 1827), pp. 24-26; *Report of the American Board for Foreign Missions* (Boston, 1826), pp. 103-109, 'Foreign Mission School.'

100 *Report of the American Board for Foreign Missions* (Boston, 1827), pp. 150-151, 'Foreign Mission School.'

101 *The Religious Intelligencer*, 9:34 (22 January 1825), p. 538, 'The Foreign Mission School, Cornwall, Connecticut.'

102 George H. Danton, *The Culture Contacts of the United States and China* (New York: Columbia University Press, 1931), p. 102.

103 Thomas La Fargue, 'Some Early Chinese Visitors to the United States,' *T'ien Hsia Monthly*, 11:2 (October-November 1940), pp. 128-139.

104 La Fargue和施其乐直接引述外国传教学校校长的话，批评两人习于安逸的生活，却彼此经常意见不合而争吵。但这些批评同样没有出处。

> 几天前，一名曾在美国七年的华人阿伦说，林钦差特别询问了关于美国人的习俗，得知美国二十四州都有为穷人病人设立的医院；钦差又问那些医院是如何维持的？ 当他获知都仰赖慈善捐助及善心人士的遗产时，大表赞同。[105]

在这段文字中，伯驾说阿伦在美国为期七年，如前文所述他抵达美国的时间是1823年2月，因此他应该是在1830年回到中国的。[106] 伯驾这段记载是已知关于阿伦回国后仅有的音讯，至于他回国后作何营生，如何进入林则徐幕下，林则徐被贬后去向又如何等等，都难以追踪了。

事情却还有一些波折。 伯驾的报告中这段文字所写的阿伦名字，被人画去改为阿兰，删改的笔迹出于卫三畏之手，这应是伯驾写完报告后送给其他传教士传阅时，由卫三畏所改的。 在此以前，卫三畏自己写给母会秘书的信中两度提到阿兰，第一次是在1834年5月说自己见过了阿兰，他是不属于十三行的"行外商人"(outside shop men)："他的英文说得相当顺口，而且还教夷馆内的中国仆役们英文……他的姓名是亨利·马丁·阿兰 (Henry Martyn Alan)。"[107]过了两年半以后，卫三畏于1836年11月再度提到阿兰时却是噩耗："我以前的信中提过的华人阿兰已经过世了……他死在1836年1月。"[108] 因此卫氏将伯驾报告中的阿伦删改为阿兰，是前后自我矛盾的错误，并不可信。

五、梁进德[109]

梁进德是广东高明人，出生于1820年，他的父亲梁发是中国第一位基督教传道人，梁进德则于1823年11月20日由马礼逊施洗成为基督徒。

---

105 ABCFM/Unit 3/ABC 16.3.8., vol. 1A, P. Parker to R. Anderson, Macao, July 4, 1839.

106 施其乐遗漏了伯驾报告中关于阿伦的这段报道，所以施氏只能模糊地说阿伦和阿兰最终还是回到广州，而没有提到阿伦在美七年的事。

107 ABCFM/Unit 3/ABC 16.3.8, vol. 1, S. W. Williams to R. Anderson, Canton, 18 May 1834.

108 同上, S. W. Williams to R. Anderson, Macao, 29 November 1836.

109 下文关于梁进德的部分，主要是就笔者《中国，开门！——马礼逊及相关人物研究》(香港：基督教中国文化研究社，2005)，页219-239，《林则徐的翻译梁进德》一文修订而成。

1830年初，美国第一位来华传教士裨治文抵达广州，十个月后决定收留一些中国少年读英文[110]，梁进德是裨治文最早的学生之一，1830年11月1日裨治文的日志写着："梁发来访。他希望我收留他十岁的小孩。他希望儿子学习英文并能熟悉英文圣经，以便日后协助修订中文圣经。"[111]

由于梁发送儿子读书是为了协助修订圣经，因此裨氏对进德的期望显然高于其他学生，进德学习的内容不只英文，裨氏日志中也频频提到他，1832年5月裨氏说进德已开始学习希伯来文法。[112]同年12月又说进德已经熟谙希伯来文字母，并准备开始学希腊文。[113]1833年4月，进德已经练习翻译了新约全部，并继续读希伯来文法等等。[114]

梁进德跟随裨治文读了三年多的书后，遇到中外关系自1834年8月起产生变革，英国首位驻华商务监督律劳卑坚持要和中方平等往来，双方僵持紧张之际，梁发竟还带着人在广州城内向乡试考生大量散发传教书刊，引发当局不满而开始追捕，梁发父子在裨治文和马儒翰协助下搭船逃往新加坡。

1835年6月梁进德独自返回广州，没想到当局仍在搜捕去年分发书刊的人，进德只能匿居在裨治文家中，到1836年3月才又前往新加坡。[115]在他匿居期间，伦敦传教会在巴达维亚的传教士麦都思来到中国考察形势，也会见了包含梁进德在内的一些华人基督徒，麦都思对他的印象是：

> 他的英文还可以，同时也继续读中文，他很安静、专心和服从。一旦他能获得大家的认可，也具备了传教的精神，将对我们的事业大有贡献，有朝一日还能成为修订中文圣经的得力助手。裨治文先生就是因此而教他希伯来文，并将继续教以充分的古典教育。目前他完全困在裨治文家

110 ABCFM/Unit 3/ABC 16.3.8/vol. 1, E. C. Bridgman to Jeremiah E. Evarts, Canton, China, 27 January 1831.

111 ABCFM/Unit 3/ABC 16.3.8/vol. 1, E. C. Bridgman's journal, 23 October 1830. Eliza J. Gillett Bridgman, *The Life and Labors of Elijah Coleman Bridgman* (New York: Anson D. F. Randolph, 1864), p. 55.

112 Ibid., 5 May 1831.

113 Ibid., 31 December 1832. 裨治文日志将年份误记为1833。

114 Ibid., 5 April 1833.

115 *Glimpses of Canton: The Diary of Elijah C. Bridgman 1834–1838* (New Haven, Conn.: Yale University School Library, 1998), 23 June 1835 & 17 March 1836.

中，生活上很不舒服。[116]

当时的梁进德十五岁，接受传教士的教养已经五年，从麦都思的描述看来，进德的学习态度和成果都不错，可塑性很大。1836年3月梁进德又到新加坡，很快在同年10月底再度回中国，短期停留一个月后仍到新加坡，1837年10月又回到广州依裨治文生活与读书。[117] 1838年7月裨治文报道，进德已经再度将希伯来文法温习一遍，并抄完一部教科书上的动词和名词例句。[118] 同年10月初卫三畏又报道，进德正在研读希伯来文和英文文法、算术与中文。[119]

裨治文肯定想不到他费了多年功夫培育，准备献给中国传教事业的梁进德，却成了为林则徐开眼看世界的译者。林则徐及其属下如何得知有梁进德其人，尚无可考。只知道林则徐到广州后，1839年3月紧张局势升高，梁进德也离开广州前往澳门，住在美国商人金恩家中。两个月后林则徐差人上门，说服他担任林则徐的口头与书面翻译 (interpreter and translator)。[120] 进入钦差幕下后，他得到林则徐的善待与优厚报酬，并获得较好的中文学习环境。[121]

对于还不满二十岁的梁进德而言，为钦差大臣工作有难以抗拒的吸引力。他与众不同的成长与教育经验，在过去一直是沉重的负担，如今却成为发挥才能的有利条件，何况获得钦差青睐，还能提升自己的社会与经济地位。从1839年5月底入幕到1840年10月林则徐卸职，梁进德担任一年七个月左右的翻译，林则徐甚至在离任后，仍私人雇用梁进德一段时间，并曾打算

116 W. H. Medhurst, *China*, pp. 298-299.

117 ABCFM/Unit 3/ABC 16.3.11, vol. 1, Minutes, 'Records of the Mission of the American Board of Commissioners for Foreign Missions, Boston, in China,' p. 42 , October 31, 1836; p. 43, December 3, 1836; p. 59, October 24, 1837.

118 ABCFM/Unit 3/ABC 16.3.8, vol. 1A, E. C. Bridgman to ? [suppose R. Anderson], Canton, 24 July 1838.

119 Ibid., S. W. Williams to R. Anderson, Canton, Oct 5, 1838.

120 Ibid., a printed circular, dated Macao, 7 September 1839; ABCFM/Unit 3/ABC 16.3.11, vol. 1, Minutes, 'Records of the Mission of the American Board of Commissioners for Foreign Missions, Boston, in China,' p. 72, March 24 & May 20,1839.没有史料显示梁进德曾实际担任口译工作。

121 *The Chinese Repository*, vol. 10, no. 10 (October 1841), pp. 564-587, 'The Third Annual Report of the Morrison Education Society.' 此处引自pp. 576-577.

将进德介绍给新任钦差大臣琦善[122]，可见林则徐对于协助自己大开眼界的梁进德是相当赏识的。

梁进德等人为林则徐译成的《澳门新闻纸》等作品，都没有各人署名，又很可能经过林则徐或他人的润饰整理，甚至直接题名为林则徐所译，以致不易区别或比较各人的作品。 不过，梁进德自己还是留下了一些翻译工作的轮廓。 1841年11月，他从澳门写信给在英国的马礼逊遗孀，提到过去两年自己为林则徐翻译了《广州新闻报》、《番鬼在中国》(*The Fan-Qui in China*)一书，以及一部百科全书的部分 (即《四洲志》)[123]。 梁进德写这封信的同一月间，伦敦会传教士美魏茶 (William C. Miline) 和他见过面，梁进德表示林则徐对英文报纸的内容深感兴趣，读过《四洲志》译稿后也很高兴，还打算出版让全体中国人共享这项新知 。[124]

裨治文并不愿意进德为林则徐工作而与自己分离，但在知道进德正翻译《四洲志》后，裨氏也承认这是个好预兆，中国当局将会见识到让年轻人学习英文的好处。[125] 1841年马礼逊教育会的年报除了登载类似的看法，还说林则徐将梁进德的译作奏呈皇帝，也打算予以出版。[126]

除了将英文中译，梁进德也将中文英译并出版。 裨治文主编的《中华丛论》英文月刊，先后刊登梁进德的三篇作品[127]。 首先是1843年对《粤东同官录》一书的评介[128]，其次是1845年译自《大清会典》礼部主客清吏司的职掌

122 LMS/CH/SC, 4.1.C., William C. Miline to W. Ellis, Macao, 5 December 1840.

123 *The Evangelical Magazine*, June 1842, pp. 295-296, ‘Letter from the Son of Leang Afa, the Chinese Evangelist, to Mrs. Morrison, Macao, 4 November 1841.’

124 LMS/CH/SC, 4.1.C., W. C. Miline to W. Ellis, Macao, 5 December 1840.

125 ABCFM/Unit 3/ABC 16.3.8/vol. 1A, a printed circular, dated Macao, 1 January 1840.

126 *The Chinese Repository*, vol. 10, no. 10 (October 1841), ‘The Third Annual Report of the Morrison Education Society,’ p. 577. 马礼逊教育会此次年报中提到林则徐雇用一名青年担任翻译，许多研究者没有仔细阅读内容，都误指这名青年是马礼逊纪念学校的一名学生，其实年报说的便是梁进德。

127 这三篇出版时分别署名为‘a Chinese student’、‘a Chinese’、‘L.T.T.’，但裨治文与卫三畏合编的*General Index of Subjects Contained in the Twenty Volumes of the Chinese Repository* (Tokyo: Maruzen Co., n. d., reprint.) 清楚地注明是梁进德所撰。

128 *The Chinese Repository*,12: 10 (October 1843) , pp. 505-513, ‘*Yuetung Tung Kwan Lu*粤东同官录, or a Catalogue of the Officers in the Province of Kwangtung or Canton.’令人惊异的是，林则徐卒于1850年，梁进德此文却说是1843年， 还英译了林死后皇帝赐下的

内容[129]。第三是1848年的长江口崇明岛居民岁末谢神的《答天酬愿文疏》英译[130]。梁进德这些英文作品出版时很可能经过裨治文的润饰修改，但梁进德能直接以英文写作总不是简单的事。

林则徐被罢免后，裨治文和进德于1840年11月底在澳门见面并报道：

> 我亲爱的孩子进德最近来看我，他已经长成大人了，他为林则徐工作期间，继续求取知识，我也相信他仍然是虔诚的。他是个非常和善、聪明、有前途的青年，而且比以往更汲汲于读书，至少看起来是如此。[131]

到这时为止，裨治文教养进德已经长达十年之久，对待进德就像自己的孩子一般。[132] 梁进德离开林则徐后，由裨治文和马儒翰共同负担相当于林则徐给他的酬劳每月12银元[133]，并代为安排乡下的住所，在一名母舅指导下读中文，裨治文还供给他充裕的英文与希伯来文书籍[134]。

尽管裨治文尽力呵护中国基督教这株成长中的苗树，但是已经浅尝名利滋味的梁进德不再是从前的单纯少年了。鸦片战争以后，这对情同父子的美国传教士和中国青年彼此辛苦地适应迁就，只因为进德的心一直犹豫在专志读书与追求名利之间，卫三畏形容进德："他摇摆得很。" (He weaves well.)[135] 本来乡居读书的进德，在1842年7月前往香港担任月薪50元的警察署翻译，还投资买土地。不久，他辞去翻译工作，仍留在香港由裨氏负担他的生活，裨

谕旨！

129 *The Chinese Repository*, 14: 4 (April 1845), pp. 153-156, 'Embassies to the court of Peking, Indicating the Way They Come, the Period of Time, and the Number of Persons Composing Them.'

130 Ibid., 17: 7 (July 1848), pp. 365-36 'A Perspicuous Form of Prayer, Returning Thanks to Heaven in Fulfillment of Vows, 答天酬愿文疏.'

131 ABCFM/Unit 3/ABC 16.3.8/vol. 1A, E. C. Bridgman to Rufus Anderson, Macao, 29 November 1840.

132 ABCFM/Unit 3/ABC 16.3.8/vol. 1A, E. C. Bridgman to R. Anderson, Macao, 1 March 1841.

133 Ibid., 11 July 1841.

134 Ibid., E. C. Bridgman to R. Anderson, Canton, 5 April 1841; Ibid., Macao, 1 July 1841; Ibid., Macao, 11 July 1841; LMS/CH/SC, 4.2.A., John Robert Morrison, William Lockhart, Benjamin Hobson and W. C. Miline to the Directors, Macao, 22 March 1841.

135 Ibid., S. W. Williams to R. Anderson, Canton, 13 October 1841.

氏在1844年4月报道："在林则徐的诱惑下，进德几乎毁了，现在我也不敢说对他仍有把握。"[136]同年7月进德离开裨治文，受雇于广州官商两栖的潘仕成[137]。潘氏又将他推荐给钦差大臣、两广总督耆英，几次应召接受耆英询问外国事务[138]，1846年梁进德离开服务耆英的工作，他这第二度入幕没有留下翻译上的成就。

梁进德随后在广州跟着裨治文读书，1847年6月陪同裨氏前往上海参与修订中文圣经。这项修订由英美两国传教士推选代表共同进行，每次会议时，每位代表分别提出自己事先准备的版本，共同讨论后定稿。裨治文准备的版本是由梁进德先从英文本圣经译出初稿，经裨氏以希腊文本校对正误后，交给他的中文教师邱泰仁 (Keu Taijen) 润饰文字，再由裨氏、梁进德和邱泰仁共同以前人的译本和注释逐字考校而成。[139] 这项工作显示，十余年前梁发请求裨治文教进德英文的初衷，总算是实现了一些。

1854年至1859年间，梁进德三度随裨治文陪同美国驻华公使进行交涉和签订《天津条约》，1859年美国公使入京互换《天津条约》时，他以梁植之名担任随员，头衔是"钦差行台汉帮办传译"[140]。1850年代后期梁进德进入海关，1864年时曾从任职的汕头海关写信给卫三畏问候。[141]

在以上这四名译者中，阿曼在孟加拉学习英文的情况不明，但有如前述裨治文记载他的英文能力不算好。袁德辉在马六甲只学了两年不到的英文，

---

136 Ibid., E. C. Bridgman to R. Anderson, Victoria, 14 February 1844.

137 Ibid., E. C. Bridgman to R. Anderson, Hong Kong, 26 May 1845; Ibid., Canton, 25 December 1845. 潘仕成是同文洋行与同孚洋行的族人，1844年由耆英奏调办理洋务，曾任两广与浙江盐运使。参见梁鼎芬等修、丁仁昌等纂《番禺县续志》(台北：成文出版社，1967年影印1931年刊本)，卷19"人物"，叶29-30。

138 ABCFM/Unit 3/ABC 16.3.8/vol. 1A, E. C. Bridgman to R. Anderson, Hong Kong, 26 May 1845; Ibid., Canton, 25 December 1845. George Smith, *A Narrative of an Exploratory Visit to Each of the Consular Cities of China* (London: Seeley, Burnside & Seeley, 1847), p.52.

139 ABCFM/Unit 3/ABC 16.3.8/vol. 3, E. C. Bridgman to R. Anderson, Shanghai, 25 August 1848.

140 "中央研究院"近代史研究所编《四国新档》(台北：编者，1966)，第四册，页173，"咪夷进京人数衔名清单"。

141 顾钧、宫泽真一编《美国耶鲁大学图书馆藏卫三畏未刊往来书信集》(桂林：广西师范大学出版社，2012)，第8册，页286-288，T. W. C. Liang to S. W. Williams, Swatow, March 17, 1864。

又被卫三畏批评程度很差。阿伦在康沃尔则顶多学了三年，美国报纸刊登他的信件内容都很通顺，但应该是都经过他的校长修改才能如此。至于四人中年纪最轻的梁进德，学习英文的时间很长，扣除逃亡在新加坡期间，他在为林则徐工作前至少已经学了六七年之久，裨治文也如前述说他有能力翻译各种一般性的文件，而伯驾更肯定表示他是当时中国英文最好的人。如此看来，四人中至少有两人甚或三人的英文能力有些问题，而且他们虽然都有三数年甚至更长的外国生活经验，以四人的社会经济地位和条件能了解多少西方世界同样也是问题，因此他们能否善尽为林则徐开眼看世界的翻译任务是不无可疑的，但是这四人恐怕已是林则徐当时所能网罗到的译才之最了！

肆、《澳门新闻纸》的翻译

林则徐的四名专职译者组成近代中国第一个英文笔译的队伍，有别于原来十三行负责口译的通事。一个饶富意义的问题是：这个笔译队伍是如何进行工作的？遗憾的是迄今没有发现相关的直接记载，只能从他们译成的《澳门新闻纸》内容与底本报纸的记载，归纳推论他们译什么、怎么译，以及译得如何。

一、译什么——内容的选择与决定

全部篇幅超过十万字的《澳门新闻纸》内容非常广泛，所译遍及底本三种报纸的新闻、评论、行情、广告等栏，这些也是近现代报纸的主要内容。不过，《澳门新闻纸》毕竟只就其底本报纸选择一部分内容摘译而非全译，于是就涉及了一个关键性的问题：由谁来选择以及如何决定翻译的内容？

林则徐及其幕僚都不识英文，或者说其英文程度不可能从英文报纸中具体择定要翻译的内容[142]，因此也许是他们先指示了一些主题范围，例如关于中国的报道、在华夷人及其本国的动静、鸦片与茶叶买卖的消息等等，再由四名译者据此选择内容译出；又或许是译者将一天的报纸每则内容主题译出

142 有研究者认为从林则徐拥有《洋事杂录》抄本一事，可见他积极学习英国语文（陈胜粦：《林则徐“开眼看世界”的珍贵记录——林氏〈洋事杂录〉评介》一文，特别是页4-6）。

整理后，再由林则徐或其幕僚圈出要译的内容；当然也不无可能是完全交由四名译者自行选择，译出内容后上呈林则徐批阅。

不论这项选择与决定的过程如何，译成的《澳门新闻纸》内容确实包罗广泛，其中大都是肩负禁烟抗英重任的林则徐亟需知己知彼的信息，却也有不少看来并非紧要夷务或军情的内容，例如英国女王宫中女官名单与薪水、菲律宾农业、秘鲁设公司招股、彩色地图印法、麻打 (Malta) 报业情况、南北极探险，甚至还有两则从《广州新闻报》的广告栏译出的船只保险广告等等，这些非紧要的内容至少有十五六则，接近《澳门新闻纸》全部则数的十分之一。

再进一步检视刊登船只保险广告的1839年11月2日《广州新闻报》，在一共六页的内容中，被译入《澳门新闻纸》的有七则，除了两则船只保险广告，还有四则关于中英争执的新闻报道与评论，以及一则英国女王宫中女官的名单与薪水。此外，这天的《广州新闻报》未译的内容还有西班牙亚洲殖民地考述，美国反黑奴协会与其他宗教博爱协会报道，中英双方冲突及中方要求英船具结单等 (四则)，林则徐及以下官员示谕的英译文 (四则)，以及三则简短外国消息、船期、各类广告等。其中，林则徐等人示谕的英译、外国简讯、船期及广告不必论了，林则徐的译者并没有选译中英冲突及要求英船具结等即时的四则新闻与评论，反而译出船险广告和宫中女官等比较不急的事务。

上述1839年11月2日《广州新闻报》译此舍彼的情形并不是唯一的特例，在全部《澳门新闻纸》中不乏类似的现象，单以前述刊登菲律宾农业 (1840年2月8日)、秘鲁公司招股 (1840年4月18日)、地图印法与麻打报业 (1840年7月25日)、南极探险 (1840年8月1日) 与北极探险 (1840年8月15日) 这几天的《广州新闻报》而言，其内容都还有未译的中国或中英关系的一些新闻与评论。

《澳门新闻纸》会有此种缓急兼具的内容，有时甚至宁舍当前时事而译其他事务的现象，而且数量约近全部的十分之一，很有可能这是出于林则徐的要求而译，至少他是同意与接受的，否则不会在对抗英人的紧张局势中，还容许译者再三译出这些一时不急也用不上的内容，这应该可以解释为林则徐开眼急于想看遍西方世界，所以他关注的不只是当前局面相关的事务而已，还要进一步从整体战略的观点，希望能尽快全盘了解掌握各国的情势与背景。

内容的选择不只是翻译这则或不译那则而已，还包括每则内容的取舍。在《澳门新闻纸》的177则中，只有将近一半算是全译了原文的内容，而有超过一半是选译的，这些从译出大部分内容到只译一句的都有，可说选译或节译的现象相当普遍，何以会如此的原因不明，但此种现象应该和林则徐或其幕僚没有直接的关系，而是四名译者造成的结果，因为只有他们才知道每则原文的内容和长度，尤其许多跳跃式的选译更是只有译者才做得到。

《澳门新闻纸》选译的现象五花八门，以下只是几则实例：

第14则论述中外关系的鸦片问题。底本原文第二段内容在说明鸦片贸易进行的方式，译文也随着此段第一句说要“将此等贸易兴旺之源特为而详言之”，事实根本未译长约五百字的此段内容，即跳译第三段。

第38则描述揭开鸦片战争的第一次战役穿鼻海战。《澳门新闻纸》的译者就战役过程经常跳跃式选译，尤其中方失利的部分更是避重就轻并加以神勇化，而此则原文的结尾表示经过此役教训后，相信中国人的态度将会温和许多，不料译文却扭曲颠倒成“再难望中国好待我也”。

第51则为广州官府悬赏捉拿写诗讽刺林则徐的人。译文只有一句，其实原文附有十八首讽刺诗的英译与注释，长达两千三百余字全部未译，这也是《澳门新闻纸》的译文与原文在篇幅上差距最为悬殊的一则。

第147则出自《广州新闻报》转载传教士麦都思《中国：现状与展望》一书内容，麦氏讨论派遣传教医生来华的可能性与对传教的益处，因此原文中传教与医学两个主题交互参迭并行，但是林则徐的译者完全剔除了传教的内容，只就医学部分翻译，而且译者还远不只如此选择而已，他从开头就自行添加许多内容，并刻意模仿外人的语气：“中国之人民，平常尽皆恨恶我等，不与我等往来，况又有官府之严禁，致我等虽用尽法子，欲解除中国人恨恶我等之心，惟总不能得之。”译者的选择策略与添加操弄是如此刻意，以致不知情的林则徐读到的是译者就原文改写而成的另一篇文章，不论其目的、性质、内容与文字都和原文大为不同了。

二、怎么译——译事的进行

《澳门新闻纸》是集体翻译的作品，四名身份家世、生活经历、英文背景各不相同的译者，在林则徐的主持下，从1839年7月到1840年11月间，工作约一年四个多月后的成果。这种情形必然产生一个问题：他们的翻译活动是如何进行的？令人遗憾的是，在关于《澳门新闻纸》的各项问题中，这是史料非常欠缺而答案也相当模糊的一项。

集体完成的作品都会涉及彼此间的分工与合作，只是《澳门新闻纸》四名译者的分工方式已无从知道，全部的译文也都没有署名，实在难以分辨四人各自负责哪几则的翻译，却有五则译文因为有些线索得以推论其译者：

第一，第19则是加尔各答鸦片英商的陈情书，译文中说明孟加拉鸦片出产地，一在叭哒拿（Patna），一在默拿（Benares）。但是前者在底本原文中是Behar而非Patna，而Behar是当时印度的自治土邦之一，其首府即是Patna，《澳门新闻纸》的译者能将Behar直接改译为Patna，显示他相当熟悉当地情势，所以此则译文有可能是在孟加拉成长居住多年的阿曼所译。

第二，本文前已述及，在四名译者中只有袁德辉熟识拉丁文，所以含有拉丁文诗的第54则译文应该就是袁德辉的作品。不仅如此，袁德辉还进一步展现自己的拉丁文知识，在这则译文中添加原文没有的这首诗的作者罗马诗人呵威（Publius Ovidius Naso）及其创作年代，又在此则最后提到另一名罗马诗人味吉尔（Virgil）时，为他冠上也是原文所无的“诗翁”称号。

第三，论述俄国在中亚地区与英国争霸的第148则很可能是梁进德所译。本文在前述讨论《澳门新闻纸》的批注文字时，已依据批注者说自己“按着《地理志》之图，并夷字大图参考”，推断此则为梁进德所译并加注。

第四与第五，因为林则徐被谪后仍然留用梁进德一段时间，所以日期在林则徐被谪以后的最后两则（第176、177则）应该是出于梁进德所译。梁进德在1841年11月4日从澳门写一封英文信给在英国的马礼逊遗孀，信中提到自己每周固定为林则徐翻译《广州新闻报》[143]，所以他翻译的数量应该很多，但除了上述这三则外都难以分辨了。

在合作方面，可以从《澳门新闻纸》的体例来讨论。这项译事既由四人分译，又是译自三家底本报纸，而报纸的内容又分新闻、评论（含主编评论

143 *The Evangelical Magazine*, June 1842, pp. 295-296, ‘Letter from the Son of Leang Afa, the Chinese Evangelist, to Mrs. Morrison, Macao, 4 November 1841.’

与读者投书)、行情、广告等类别，每一类各有不同的性质、立场、诉求和写法，因此四名译者势必需要一些共同的体例作为规范，完成的译文才能有比较一致的形式与内容，便于阅读利用。 但是，《澳门新闻纸》的体例除了交代每则的日期和来源地以外，看不出还有其他规范准绳可言，每一则译文都不说明其内容的类别属性，甚至可能连译者自己也没有意识到报纸的内容是类别分明的，他们也经常不译出新闻或评论的标题，又经常就一则新闻或评论的内容跳跃式选择一个或多个片段译出后拼凑成篇。

例如第12则是在华英商联名上英国外相巴麦尊的陈情书，请求英国政府赔补他们因呈缴鸦片给义律转交中方销毁的损失。 《澳门新闻纸》的译文完全不提这是一份陈情书，也不交代其目的和来龙去脉，也不译标题，只是从陈情书内容跳跃式摘译了一小部分，也没有译出具名陈情的英商名单。 全篇两百余字的译文，林则徐读来绝不可能了解这是什么性质、立场、诉求和完整内容的文献，而《澳门新闻纸》整体说来经常就是如此，林则徐不太可能知觉自己读到的一则译文是客观事实的新闻报道，或是代表报社立场的主编评论，或是一位读者投书的个人意见，又或是鸦片买卖的行情市价与招徕客户的船险广告。

体例的问题还可以译名的一致性为例进一步讨论。 《澳门新闻纸》在称谓与人名、地名与国名、其他事物等基本的译名上，显示相当程度的歧异现象。 例如在称谓上，当时的英国维多利亚 (Victoria) 女王在《澳门新闻纸》至少出现在十六则当中，却有四种称谓：王后六则、国王也有六则、女王两则、王两则。 至于人名，拿破仑先后有那波厘稳、拿波利稳与拏波连三种译名；元世祖忽必烈汗有咕没哩坎与姑布列坎两种译名；而一位英国商船船长A. J. Douglas也有哆额辣吐与得忌喇吐两个译名。

关于地名与国名的翻译也颇为纷歧，例如美国，有二十六则译为米利坚，也有十则使用咪唎坚，花旗则见于四则，再加上育奈士跌四则、由乃斯跌与育乃士跌各一则，就更为复杂了。 地名如阿富汗国都喀布尔有五种译法：咖嘛尔一则、咖㖔尔两则、加㖔尔两则、加武尔一则，以及加模尔一则等。 至于西洋一词，在《澳门新闻纸》中只有一则是泛指西方，其他至少十三则指的是葡萄牙，但另有三则译为大西洋 (仍指葡萄牙)，却有一则音译成彼嘟呀尔。 在《澳门新闻纸》中，用来泛指西方的译名是西边一词，至少九则是如此译法[144]。

《澳门新闻纸》不时在同一则内容中出现一名两译的现象，例如第27则中的德国汉堡 (Hamburg) 地名，先是译为寒脉，随后又译为寒麻，在第19则又将汉堡另译成陷麦；第44则中的阿富汗叛军首领啰吐嘛和篾 (Dost Mohammed) 出现两次后，第三次却变成了哪士嘛含威；第148则中亚的Tartary 也是挞挞里和打打里两个译名几次交互出现。这种经常出现译名不一致的情形，显示《澳门新闻纸》的四名译者很可能在翻译时是各自进行，译成后也分别上呈林则徐，彼此间并没有互相参照观摩讨论的机会，而林则徐或其幕僚也不曾想到或要求译名应该一致才是；不过，他确曾如下质疑过译名的歧异似乎造成了问题。

林则徐质疑的是第39则，译者将 Christianity 译为克力士顿教，Catholics 为加特力教 (天主教)，接着又将 Protestants 也译为克力士顿教，可说是两名一译而夹缠不清，林则徐便下了批语："似以利马窦出入中国所传之耶苏教为加特[力]教，而以南怀仁后所续传之耶苏教为克力斯顿教，不然何以是一是二？"在四名译者中，袁德辉是天主教徒，梁进德是基督教徒，阿曼与阿伦两人和基督教也关系密切，照理说不论由谁翻译第39则，应该都不致于分不清 Christianity、Catholics 和 Protestants 三者，结果还是混淆了。这种情形难免令人怀疑有如前述出自麦都思论传教与医药关系的第147则，只译医药而排除传教内容的操弄一般，第39则的译者是故意将 Protestants 也译为克力士顿教，不料手法不够细腻，引起仔细阅读译文的林则徐质疑。

三、译得如何——翻译的质量与问题

《澳门新闻纸》是近代开风气之先的中国人英文中译作品，无疑深具历史意义，不过若论翻译质量与技巧，后人却不能对这部历史性的文献有太高

144 在魏源编辑的《澳门月报》中，西边、西洋、西方三个词的用法指涉比《澳门新闻纸》更含糊笼统，既以西洋或西方取代《澳门新闻纸》中的西边一词 (如论中国第一、五、七段，论夷情第九段)，但又在论禁烟的第四段保留西边一词；魏源有时也添加《澳门新闻纸》中本来没有的西洋或西方一词 (如论中国第二、六、八段，论禁烟第三段)，同时又保留以西洋专指葡萄牙的用法 (如论中国第五段，论茶叶第二段，论夷情第二、八段)，甚至在论中国的第五段中，西洋一词既泛指西方，又专指葡萄牙。

的期待与评价。林则徐再是如何高瞻远瞩，对译成的结果只能接受并从中观看他原本所不知的世界，即使他偶一质疑译名有些问题，却也只能达到这一地步了。

至于共同完成这部译作的四名译者，他们的中文显得直白不文，也不尽通畅，而尽管他们都到过外国也学了英文，袁德辉与梁进德两人先前还有些笔译的经验，他们对于为钦差大人服务的工作也很可能跃跃欲试，但是从《澳门新闻纸》的翻译成果看来，四名译者的能力谈不上胜任这项史无前例的翻译任务，恐怕连勉强应付也有些为难，在《澳门新闻纸》中，至少有八则内容共出现十一处注明“未谙文义未译”、“字典上无此字”、“不认识”、“不晓得”、“不识其意”等句，这是译者诚实面对自己能力的表示；却也有译者竟然将第27则的$6.94译成“银六员至九员、四员不等”，也有如第40则的译者，因为不用也不知西方星期一至星期日的名称而接连译错。如果连此种基本的中英语文对应转换都力有不及，则译错一些英文惯用语也就见怪不怪了，例如第15则，将“in the eleventh hour”(最后一刻)直译为“十一点之时刻”；又如第59则，将“hangs a tale”(其中大有文章)译成令人瞠目结舌的“将古典挂起来”。

《澳门新闻纸》中随处可见错误、颠倒原文意义或不知所云的译文，以下是其中几例。错误者如第140则英人论珠江口的宽度，从最东边的虎门向西南延伸不下七八十英里，译文是：“珠江河之最大河口，多系在虎门东边，大约有七八十里长。”又如第170则谓中国水师在厦门对抗英船失利，中方连夜在海滩赶建防御工事，译文是：“连夜将师船驶至沙滩之上。”至于译文颠倒原意者，如第85则原文评论曾任两江总督的林则徐调任两广总督有失体面，因此表示不便庆贺他的新职，而译文却是：“我等现在可以互相庆贺矣！”又如第169则舟山来信表示诸事不顺，译成“舟山付来之信虽系甚好”。还有不少不知所云的译文，例如第8则批评义律的作为让林则徐认为他抗拒禁烟行动，却译成“我等不知钦差如何能令义律帮助呈缴鸦片”。又如第94则论百年前英国禁酒失败的前车之鉴，值得主张提高酒税者仔细一读，译文是“凡读此例者尽皆满身流汗”。再如第103则论中国兵士几乎都是结了婚的，译文竟然是“一经当兵，好似嫁出婆家一样”。原文接着又说因为待遇很差，兵士还得自行设法张罗生活，译文则是“不得已而当兵，是以时常更换”。甚至还有如第56则论中国军费问题、第91则英伦金融市场状况，以及第163则评论英国下院投票结果等等，几乎都是整则译文令人莫名其妙。

《澳门新闻纸》的翻译问题太多，错误、删减增添、扭曲模糊等现象俯拾即是，本文无法一一列举，以下只以前述推论可能是阿曼、袁德辉与梁进德所译的五则译文为例，应该已足以显示他们翻译的问题。

首先是可能由阿曼所译的第19则，是在印度加尔各答的鸦片英商上英国枢密院 (Privy Council) 的陈情书，列举十二条理由请求英国政府赔补他们的鸦片遭到中国销毁的损失。原文一千九百余字，译文一千一百余字，前六条理由的内容以意译为主，后六条或仅译一小部分或完全不译。前六条不仅意译，还经常跳跃式选译，也有些错译，例如第一条理由最后从“若是公司之鸦片”起的五六句是连串的错译。至于此则译文的结尾：“至日后与中国或讲和、贸易，或与打仗，亦祈示知，此乃我等所切求。”是译者将第十条理由的后半移来，并且将陈情者要求早日落实赔补的原文，错译成要求政府告知将来是要和中国讲和、贸易或打仗。

其次，应该是袁德辉翻译的第54则，是一位读者的投书，内容在批评义律的作为，原文长约三千七百字，袁德辉截头去尾省略约七八百字未译，而译文长约两千八百字，和对应的原文相当，也不是意译。此则原文是论辩批判的性质，和事实报道性质的前述阿曼第19则与下文梁进德第148、176、177等则比较，此则翻译的难度确实较高，也有一些典故掺杂文中，但袁德辉的翻译质量实在很差，错误随处可见，经常是关于一件事的几句甚至整段都错，例如原文作者批评义律多言惹事，但愿他曾在古代希腊哲人毕达哥拉斯 (Pythagoras) 设于格罗多拿 (Crotona) 的学校学过沉默之道才好，袁德辉却译成“领事义律亦曾在格罗多拿书馆中教授，何不能谨守其笔，又不能谨其语”。又如原文批评义律总是借口英国外务部规定严格守密的一段，而袁德辉不但一再将英国外务部译为中国官府，整段内容也译得不知所云，等等。

接着，应该是梁进德所译的第148则。此则论述俄国与英国争夺中亚霸权的形势。除了两小部分以外，梁进德几乎全文都译，也利用慕瑞的《地理百科全书》在译文中加入许多注释。此则译文没有如袁德辉前例的连串文句或整段都错，但也有不少问题，例如将本为地理区域的挞挞里译为国家，尼泊尔译成缅甸，英俄之间缓冲的一些独立王国译为英俄的属国，将扶植阿富汗的啰吐嘛和篾争夺王位的俄国人误成英国人，又将俄国人正在从黄海到黑海的广大区域建构其影响力的行动，译成“各俄罗斯人曾见此等兵威，攻得自黄海至黑海一带地方”等等。

最后，应该也是梁进德所译的第176和177两则，内容分别是英国舰队北上白河口递交文书经过的纪实与《广州新闻报》主编对时事的评论，原文都是平铺直叙，相对也容易翻译，而梁进德全文直译的结果，也比阿曼和袁德辉所译正确而通顺得多，虽然仍有些未译、有些未尽贴切和一二错译的问题，还不算严重。不过，梁进德的译文采取中国为主、为尊的语气，英方递交的文书译为“禀”，中方供应牛羊牲口给英方船只为“赐”，英方“恳求”中方十日内答复，英方文书的内容为“请求”，而中方的答复自然就是“批回”了。当时还不满二十岁的梁进德，即使跟着传教士生活和受教多年，一旦进入中国传统官场氛围，很快地就融入与适应了中国人向来对外人的态度和语言，并在其译文中对应转换，运用自如。只是，原文是出自立场和中国人相对的“他者”笔下，梁进德却执意要译成中国人熟悉的“我者”话语，于是他的译文中出现了一些怪异突兀的场景，例如船坚炮利进出中国海域如入无人之境的英军，还得向中国有所“恳求”，而束手无策却放不下虚矫身段的中国官员，竟然带着牛羊牲口要“赏赐”给对手！

伍、结语

从翻译史的角度说，《澳门新闻纸》是具有丰富历史意义与价值的文献，中国人所为的这第一部英文中译作品，是在中外互动紧张的关键时刻，出于身负重任的林则徐亟欲开眼看世界的用心，而成于临时征调雇用组成的四名译者之手，其内容涵盖当时军情夷务与时势百态，而其结果则有如林则徐预期发挥了效用，所以他相当重视这部译作，不但制订禁烟抗英策略时多方参考，也主动送予广东同僚和他省督抚分享，还将一部分内容进呈道光皇帝御览。

不过，若从翻译的质量而言，通过底本原文与译文对照后的《澳门新闻纸》，呈现出来的却是问题颇多而错误不少的一部译作，这是无法讳言的事实。考虑此书翻译的时代环境和译者的个人条件,《澳门新闻纸》是一部来之不易但不成熟而粗糙的翻译作品,即使译者之一是当时中国英文最好的人,也不能避免译文出现错误缺失。在天朝唯我独尊时代的文化霸权与市场需求之下,总是比较容易出现精通中国语文的外人,却很难有熟习外国语文的天朝子民,即使有也只偶然见于社会的底层边缘地带,袁德辉若非通晓拉丁文也不可能供职于理藩院,因此林则徐四名译者的局限不足与错误,甚至有意的操弄译文,多少是情有可原而难以苛责;只是,这些局限不足、错误与操弄,导致林则徐虽然睁开了眼,看到的却是笼罩着一层薄雾也有些扭曲变形的世界!

《澳门新闻纸》的原文与译文

说明：一、译文的人名与地名等加口旁而计算机无字者省略口部。

二、译文段落尽量对应原文。

三、原文篇幅过长并与译文无关部分予以省略。

四、方括号[ ]及其中文字为辑者所加。

第一册

1839年7月16日至1839年10月10日

ꕥ 1 ꕥ

七月十六澳门新闻纸 即中国五月二十五日

我同手艺印新闻纸之人，其纸上所说，钦差、总督、抚院行文与英国王后，其书上之说多是夸骄之语，英国官府岂肯为他们传送？

The Canton Register, 16 July 1839.

Our contemporary of the Canton Press, in his remarks of the impertinent paper which the imperial commissioner, the governor, and lieut. governor, term a communication to the Queen of England, says that he believes that Captain Elliot said that if the above officers would use the character 奏 *tsou*, as when reporting to their own sovereign, instead of 回 *Huay* as when addressing an equal, he (Captain Elliot) *would be very happy to forward it for them.*

Of course we are ignorant of the source whence our contemporary obtained the information on which he grounds his belief, but we doubt very much, if Capt. Elliot ever said any such thing.

Is the refusal of governor Loo to receive a communication from lord Napier, so soon forgotten? – And when the insolent tenor of the whole paper is considered, is it to be supposed that a British officer would undertake to forward it to the Foreign office – all he could

又，英国王后二字，宜用皇字，非王字。盖在中国之字义，王字不过为尊贵之称，皇帝常以王封皇亲国戚。

依欧罗巴之规矩，王才能与王平行书信，盖上下之分，言语不同也。

若皇帝写书与英国王后，书中之语相宜者，英国领事自然为他们传送，但若书中所论大黄及钦差等之上好等事，以压管西边美丽清洁之女子，又以恭顺及君临万国等语，必无英国官府肯为他们传送。

虽然钦差禁止制造鸦片，并非鄙贱之事，我等亦常赞其善，惟只可行凡尔所欲人行与尔之事。

do. Moreover, the title of the Queen of England in Chinese is 皇后 *Hwang How* - not 王 *Wang*: which is a merely honorary title in China, and is conferred on many of the imperial kindred.

In European diplomacy crowned heads only correspond with crowned heads; and when a sovereign writes an autograph letter to a subject, it is written under some very peculiar circumstances.

The British Superintendent would, no doubt, forward a letter from the Emperor of China to the Queen of England, if it were properly addressed, and contained nothing derogatory; but we think that to forward a paper that prates about 'rhubarb,' and 'subduing the heart of that Fair vestal, throned by the west by the extreme of goodness' of the high commissioner and his colleagues, - and of 'respect & submission,' and of the 'subjection of the ten thousand kingdoms of the earth' – is an office that no British officer would undertake.

However, although the commissioner's arguments for the reasonableness of ceasing the manufacture of opium are not based on facts, we give him full credit for preaching well on the sacred injunction – do as ye would be done unto.

说明

《广州新闻报》(*The Canton Press*) 于1839年7月13日刊登林则徐致英国女王信并加以评论，谓义律表示此信若为奏折形式则将乐于转达。三天后《广州纪事报》(*The Canton Register*) 于7月16日刊登此文，怀疑义律会有此种表示，并进一步讨论相关问题。

2

澳门七月二十三日新闻纸 即中国六月十三日

本年欧罗巴洲各大国兵丁战船之多寡，当以俄罗斯为最多。俄罗斯户口五千万，战船一百三十只，兵一百余万，内有一半在各处防守边疆以及在属国。其次即算欧色特厘阿，户口三千三百万，兵四十万，另有兰威阿兵在外。弗兰西户口三千二百万，战船共二百二十只，兵三十五万，另有国家各处防守兵在外。英吉利连爱伦户口二千四百万，战船五百三十只，兵十万，另印度各属国之兵在外，所有战船共载大炮二万三千门。普鲁社户口比以上各国更少，兵只有二十五万，连兰威阿兵共有三十五万，乃耕种之国，并无战船。

The Canton Register, 23 July 1839.

MILITARY STATISTICS OF THE PRINCIPAL POWERS OF EUROPE.

In the *Almanach de Gotha* for 1839, a publication of great authority and circulation on the Continent, there appears a very detailed and apparently correct statistical table of the military and naval forces of all the powers of Europe, which, in the present rather momentous state of affairs, may not be without its value. According to this table the preponderance of military strength lies decidedly in favour of Russia, which, with a population of 50,000,000 and in addition to keeping a fleet of 130 sail, maintains a standing army of upwards of 1,000,000 of men; nearly one-half of whom, however, are distributed along the frontiers of the empire, with a view of overawing the different tribes which that power has from time to time incorporated in her dominion. Next in the scale of numerical military strength comes Austria, which country, with a total population of 33,000,000, maintains a regular army of 400,000 men, exclusive of a Landwehr, or militia, of nearly equal number. France, with a population of 32,000,000, has a regular military force of 350,000, exclusive of the National Guards, and in addition possesses a fleet of 220 sail, of which more than 100 are in commission. The military force of the kingdom of Great Britain and Ireland, with a population of 24,000,000, is set down at 100,000 men, exclusive of the East India Company's forces, while the navy, is rated at 530 sail, either in commission or in ordinary, and mounted with 23,000 guns. Prussia, with a population infinitely smaller than that of any other of the leading states of Europe, maintains, however, a very strong military force, the army being calculated at 250, 000 men, with a Landwehr or reserve of 350,000. Being, however, a purely agricultural country, she possesses no navy.

– *Colonial Gazette*, March 2, 1839.

ᘓ 3 ᘐ

澳门八月十七日新闻纸 即中国七月初九日

The Canton Press, 17 August 1839.

LORD PALMERSTON'S LETTER.

Macao, 15th August 1839.

The enclosed is an extract from a dispatch from Viscount Palmerston dated on the 27th February last, which I request you will be pleased to communicate to the British mercantile community.

In fulfilling the duty imposed upon me of impressing His Lordship's concluding observations upon the British merchants resident in China, I may remark that the paramount seriousness of the present crisis will fix upon all Her Majesty's subjects the necessity of leaving to the Queen's Government the unembarrassed adjustment of the British trade and intercourse with this Empire upon a secure and honourable basis.

I have the honour &c, &c.

(Signed) Charles Elliot, Chief Superintendent.

To James Matheson, Esq., Chairman of the British Chamber of Commerce.

EXTRACT FROM DESPATCH NO. 1 DATED FOREIGN OFFICE, FEBRUARY 27th, 1839.

前十月十二日接到尔三月二十九日封来之文书，内有英国客商禀呈，恳求国王与中国定夺章程，比不能还债之洋商所立之章程与总督定夺者更公道。

Your dispatch No.11 of the 29th of March last, including a Copy of the memorial of the British merchants interested in this matter, was received here on the 12th October last. In this memorial the merchants prayed for the interference of Her Majesty's Government with that of China to obtain a settlement of their claims upon more equitable terms than that which had been proposed by the insolvent Hong, and which had been sanctioned by the Governor of Canton. But on the other hand it appears from Canton Newspapers lately received in England that about the time when your dispatch was received at this Office, the British merchants at Canton had effected an arrangement upon terms not very different from those against which they had, in their memorial, protested.

I request that you will inform me whether this statement is true, and if it is, I have further to instruct you to impress upon the merchants resident in China, that it is of great importance to their own interests, as well as to the character of this country, that they should not, on any future occasion, hastily apply to the British Government to found a representation to the Chinese Government in their behalf upon principles which they themselves may be disposed to abandon before such representation could reach the Chinese authorities.

I am &c. &c.

(Signed) PALMERSTON.

Certified true Extract. EDWARD ELMSLIE, Secretary and treasurer to the Superintendents.

[批注]

自上年十二月二十九日义律发信之日起，扣至信到兰顿日止，共计一百九十八日。

又义律于八月十五日接到兰顿二月二十七日发来之文，计一百七十日。

说明

原文为义律发给在华英国商会主席马地臣(J. Matheson)公函，并附英国外相巴麦尊(H. J. T. Palmerston)回复义律公函。

ཌ 4 ད

[澳门八月十七日新闻纸 即中国七月初九日]
又

辽东本省并无水上贸易，但彼处现放着其本地之肥美富盛，只等待别处机巧之人，到彼贸易。惟其港口之浅，及其在海岸之暗中危险，大阻碍水上来往。虽然如此，其本省与别省之贸易，亦见日增。因其地乃是客商聚集之大市头，故其港常有船只停泊在彼处。

在吉林海岸直至黑龙江并无港口，其中许多地方我等不能知之，惟尽我等智识所及，彼处并无贸易，因彼处地方所产，乃是皮草人参贵重之物，致中国官府恐怕有人走私，遂禁止不准有水上贸易。又因彼处地方鄙陋，并无机巧之汉人在彼居住，以尽力做贸易。

我今抄出此纸，有一中国水师提督论及东边贸易，有云：各处岸边海贼虽多，惟从来不踰山东地面，因彼处地方水上贸易之微少，固皆以为不堪到彼处。此数语已写了有一百年之久，大约近年以来已经改变，亦有数只本地贸易之船，带各样货物至天津等处内地。至乾隆年间，即大施恩惠，减彼处贸易之税饷，遂有广东、福建海船到彼处做买卖，自此贸易日增。近来二十年，即为贸易灵巧获利之处，惟路途艰险，故中国人以为一得平安到天津，即可保其利息。中国人行船时，若至山尖险要之处，即停止不行，以等待顺风；即若起行，他们亦以为迟延两天等好日，不宜于不好日起行。无论他们

The Canton Press, 17 August 1839.

MARITIME TRADE OF CHINA. From a Correspondent.

[...] Leaou tung has no maritime trade of its own, but rich in its own resources waits the arrival of foreign craft. The shallowness of its harbours, and the hidden dangers of the coast prove a great drawback upon navigation, yet the trade with every maritime province is extremely brisk, and the gulph is entered with fleets destined for its emporiums.

Along the whole coast of Kirin, a very extensive province up to the Hih lung keang, there is neither harbour, as far as our knowledge extends, nor trade in any shape. The fear of seeing the rich furs and the valuable ginseng of this district smuggled, suggested perhaps to the Chinese court the precaution of never permitting there a maritime trade. The country is moreover very scantily inhabited, and there are no industrious sons of Han settled to give vigor to the commerce.

We quote here a remark of a Chinese Admiral respecting the western trade – He says: 'The pirates range all along the coast, but go not beyond the promontory of Shangtung, because the commerce is there so trifling as to make it scarcely worth their while to visit those quarters.' This was written more than one hundred years ago. Since then things have materially changed. The port of Teen tsin was then visited by a few solitary vessels, and the principal articles were sent through the interior. But Keen lung afforded greater facilities to this traffic by reducing the duties on merchandise, and thus encouraging the junks from Canton and Fokeen to repair to the port. It has even grown during the last twenty years, and is now one of the most flourishing and profitable branches of industry. Whosoever can reach Teen tsin in safety, makes sure of gain; but the

如此多避忌，算是精巧，而每年所坏贸易之船亦复不少，间或不合风色，而被吹至南边地面。

voyage is in the estimation of the Chinese beset with perils. Having reached certain points, they refuse to start, unless the wind blows from the right quarter, and they would rather forfeit solid advantages, than start on an unlucky day. Notwithstanding all these precautions however, and what can be more prudent than to consult fate, a great number of vessels are lost, whilst others not being able to reach the port in due season, bear away for one of the southern ports.

说明

《广州新闻报》自1839年8月3日起至24日止刊登题为《中国海上贸易》(*Maritime Trade of China*)系列文章，共四篇，此为第三篇，论直隶、山东与辽东三地，但林则徐的译者只译最后的辽东部分。

ᘓ 5 ᘐ

澳门八月二十四日新闻纸 即中国七月十六日

加尔吉打 即孟啊啦 于六月二十七 即五月十七日 数日内，接着朋友数封信，通知印度兵马之事。有自干啦哈寄来，有自归打寄来，其日子不同，来之地方亦不同，其中所言之事皆甚相同。俱言兵马虽好，总怕要败，纵然不败亡，此等地方路径，兵马全不熟悉，不过系游人潦草记载，而官府遂依赖之，究竟兵马行走亦甚艰难。据我朋友所见之事，我等可以说，倘嘛兰设一队小兵拒住，先就难过。又于哥呀山地方亦设一队小兵阻拦，即哥呀山亦就难过。此兵真运气，自起身去后，尚未见血，已足其意。我等时常留神陈说此路之艰难，造反之人沙打吐，可以拦阻我等兵马之进路，然伊等疏略，并未拦阻。

今我等闻兵马到干啦哈之景况，不过在路上遭了艰苦。读者试想，兵马行至疑利吐、咖嘛尔两处地方，能得完全否?

国王第十六号长鎗兵，约有五十人无了马，其余牲口皆疲困。

第二号轻快马兵，全不利于用，一日死马五十匹。

The Canton Press, 24 August 1839.

Calcutta. (From the *Englishman*, June 27)

Within the last few days we have received several communications from our friends with the '*Army of Indus*.' These letters bear different dates and come from different divisions of the Army, some being from Candahar and some from Queta. There is however, a painful resemblance in their contents: - they all speak of a fine army sadly broken up, if not nearly ruined, by its tedious march through a country, the natural difficulties of which were almost unknown, or have been imperfectly described by those travelers, on whose accounts the Government relied. Looking at the *facts* accumulated by our correspondents, we should say that had our army been opposed by a small and determined force, it could scarcely have made its way through the first pass – the Bolan, - and *certainly* could not have hoped to have got through that of Kojuck. But Fortune smiled on the expedition, and in addition to the advantage of effecting its objects (as yet) without bloodshed it has satisfactorily ascertained for us that nothing is ever to be apprehended from any force that may hereafter dream of *invading India* by the same route, always providing that we and our allies offer those obstacles to its progress which the 'Rebel Sirdars' so singularly omitted to oppose to *our* advance.

As a proof of the great difficulties which the Army has had to encounter, we offer, on excellent authority, the following statement of the condition in which some of the corps were upon their arrival at Candahar, and we leave our readers to guess in what a state they *will be* when the marches to Girisk and Cabul have been accomplished.

H. M.'s 16th Lancers. – About fifty men without horses. The cattle generally in wretched condition.

2nd Light Cavalry. – Quite unfit for service, 50 horses died in one day!

第三号轻快马兵，仍然平安。

欧罗巴马炮兵，其牲口极疲困。

本地马炮兵，仅可平安。

骆驼炮，尚可用，然牲口困弱，因过于劳苦饥饿。

第十三号步兵，只有四百人可用，有七十人患病。

欧罗巴兵，四百人可用，有七十人患病。

第十六号兵

第三十七号兵

第四十八号兵

以上三队兵，每队约有四十人患病，皆因过于劳苦，又饮食不足，所饮之水亦不好。

论干啦哈之粮食、天气、出产，其说尚多，我等难以详记，只摘掌理炮火官所记载数条，虽不紧要，聊备新闻。

四月二十七日，叙跛兵在干啦哈每日领呵打一棒，别样本地人每日领呵打半棒，官府不给呵打，即给唠碑。割草人每月约领唠碑二十五个，叙跛兵每个月领唠碑三十三四个不等。我等之沙文全彼，遇有呵打出卖，即用一个唠碑而买两写 写谅系秤斗之属 之呵打，运至别处，一写之呵打可卖一唠碑。

彼处天气甚异，在哥呀山之时，天气凉爽，由哥呀山顶而至干啦哈，程途只有八十里，所吹之风觉得甚热。

传言吧社人在唏啦帮助甘兰人，我等之主意即容伊等在彼，不欲其有兵马过来干啦哈与我等相遇。因我等在此处之兵马甚少，不欲与敌人对仗。又以干啦哈至唏啦有天然之阻拦，所以我等亦不

3rd Light Cavalry. – Still in good order.

European Horse Artillery. – The cattle in the worst condition.

Native troop of Horse Artillery. – In tolerable order.

Camel Battery. – In serviceable order, but the cattle evidently sinking under starvation and hard work.

H. M.'s 13th Light Infantry. – 400 men only fit for duty, 70 sick.

European Regiment. – 400 men fit for duty. About 70 sick.

16th Regt. N. I.

37th Regt. N. I.

48th Regt. N. I.

About 40 men sick in each corps, and suffering from hard work, no food and bad water.

So Much has been said about the prices of grain, the climate, and productions of the country, that we need not enter into further descriptions here; but content ourselves with an extract from the letter of an officer of Artillery mentioning a few facts, which, though not very important, are new, and may be turned to account hereafter: –

"*Candahar 27th*, *April*. – Sepoys receive one pound of otta, and other natives half pound daily. Compensation is given for otta not issued, and a grass cutter here costs Government about 25 rupees a month. A sepoy from 32 to 34. The extra expence averages 2 lacs per diem. Our servants greedily purchase otta at two seers per rupee, when any is procurable, and I frequently see it sold at one rupee per seer.

The climate of this country varies according to your position in it. At the Khojuck Pass the air was delightfully cool. Here, only eighteen miles from the top of the range, we have decided hot winds.

The Persians are said to be in Herat as allies of Kamran. Our plan is to *leave them* there. No army will ever cross this country in any condition to meet us beyond the passes. Here is our small force without seeing an enemy, quite *hors de combat* owing to *natural* obstacles. We *cannot* go to Herat. We have neither legs nor provisions to

能去；如须前去，兵无小腿，亦无粮草，何以能到？

我等只计自哥呀山至干啦哈途中扎营之程途：

自哥呀山至啦地俄例，计程十四里，道路甚易，敌人断绝水道，营中大苦于水。

自顿地俄例至啊底啦，计程十里，系大路，敌人如前绝断水道。

自啊底啦至咪拉曼打，计程十三里，路道最不好，又最害牲口，水多而且好。

自咪啦曼打至利啦摩佐挠，计程十五里半，道路最不好，有呵礼尔河水微黑。

自利啦摩佐挠至地辖治，计程八里，道路极好，水多而且好。

自地辖治至咕萨，计程十三里，水多而且好，遍地粮食皆已成熟，道路极好。

自咕萨至干啦哈，计五里。

共计有七十八里半。又自归打到走文至哥呀山之南扎营处所，计程七十里。统计自归打至干啦哈，共计有一百五十里半。闻彼全处营已成错乱之戏文，官府受人大骗，诸事所费之钱不值三分之一。即如干啦哈城，系肥美之地，穿城一里半，城周围有园，粮食忽然甚贵，在官府一个唠碑只买四写之粮食，而官府发给军兵之粮食，须得十五写始准折一唠碑。

take us there.

The stages from the Khojuck Pass to this place are thus:

1. Dundi Goolai – 14 miles – road pretty easy – water cut off by the enemy – great distress for it in camp.

2. Uttela – 10 miles – road capital – water cut off as yesterday.

3. Melamanda – 13 miles – road execrable and most trying to cattle – water excellent and abundant.

4. Near Leila Mujnow - 15¼ miles – road execrable – Orel river – water slightly brackish.

5. Deh Hadje – 8 miles – road excellent – water plentiful and good.

6. Near Kooshaub – 13 miles – water excellent and plentiful – country covered with crops in full car – road excellent.

7. Kandahar – 5 miles, From Quetta to the –

Total - 78¼ miles, camp at Chaumun on this side the Khojuck Pass is about 70 miles – so that the distance from Quetta to Khandahar is very close upon 150 instead of 112, as our best information stated. But this whole campaign has been a Tragi Comedy of errors, and has cost about one-third more than it should have done had not Government been grossly deceived on every material point connected with it. ***** Khandahar is in a fine valley; town a regular oblong, about 1½ by ½ mile – surrounded by orchards. Grain still very dear, only 4 seers per rupee as yet procurable. There is, however, plenty of it and Government must purchase at any price and sell at 15 seers."

Sing. Free Press, 25th July.

说明

《广州新闻报》此文转载自1839年7月25日《新加坡自由报》(*The Singapore Free Press*)，而《新加坡自由报》又转载自同年6月27日加尔各答(Calcutta)《英吉利人报》(*The Englishman*)。

☙ 6 ❧

新奇坡七月初四日新闻纸 即中国五月二十四日

The Singapore Free Press, 4 July 1839.

To the Right Honourable the Lords of Her Majesty's Most Hon'ble Privy Council.

The humble Prayer of the undersigned British Merchants Residents at Bombay in the East Indies.

Sheweth.

That your Petitioners are the Owners of a large quantity of Opium in China.

鸦片乃印度各官养成，后又得巴厘满甘文好司示谕允准。

[...] That the trade in opium has been encouraged and promoted by the Indian government under the express sanction and authority latterly of the British government and Parliament, and with the full knowledge also, as appears from the detailed evidence before the House of Commons on the renewal of the last Charter, that the trade in it was confined to China, and was contraband and illegal.

而印度之官利其税饷，于二十年间每年有七百五十万员税饷，近来数年已至一千余万之多。英吉利属国中，此方算是赀财之源。

That it has proved a source of immense profit to the Indian Government, netting to them a Revenue, during the last 20 years, of from Half a million Sterling annually, to latterly Two million Sterling per Annum, nor can the prosperity at the Revenue of India be considered as of less importance in a national point of view, than that of the more immediate resources of the mother Country.

自在中国公司散后，其公司之人即做鸦片买卖，又将卖鸦片之银，买茶叶回英国，而英国之茶叶饷亦甚大。

That since the abolition of the East India Company's Monopoly of the Tea trade in China, it has been greatly owing to the Opium trade that the East India Company have be enabled to receive so regularly, and on such favorable terms, their large annual Territorial Remittances for the Home Charges from India, and that the British Merchants have been enabled to purchase so readily and extensively the quantities of Teas imported into England, which has thus annually secured to the British Government the very important Revenue derived from the Tea Trade.

故国中所受鸦片之利益不少。

While your Petitioners therefore take

今我等做鸦片买卖之人，忽然折了如此大本，望大人开恩赔补。

leave to bring to the notice of Her Majesty's Government some of the most important advantages the British Government has derived from the Opium Trade, they would also beg to state that these have been gained through the exertions, capital, and enterprise of your Petitioners and others who have traded in this article, nor, do they feel assured, will these benefits, nor the means by which they have been secured to the state, be overlooked by Her Majesty's Government, in deciding on the speedy adjustment of the very heavy and sudden loss of property, to which they have now been subjected.

An early payment to account of the Claims, your Petitioners have taken leave to suggest, would be the most important relief to them, but if this be deemed impracticable, an early declaration on the part of the Brit. Government of their intention to adjust such without delay, are the measures for which your Petitioners would now humbly pray; and as the distress and loss of property is great, so to be effectual should the relief be speedy, and your Petitioners are therefore induced humbly and earnestly to intreat the immediate attention and consideration to their case of Her Majesty's Government.

And as in duty pound your Petitioners shall ever pray.

Bombay, 1st June 1839.

说明

原文为孟买鸦片商人上英国枢密院陈情书。《广州纪事报》1839年7月23日亦刊登此文，但《澳门新闻纸》注明系译自《新加坡自由报》。

《澳门新闻纸》只选译陈情书后段不到三分之一的内容。

∞ 7 ∞

[新奇坡七月初四日新闻纸]
又

格粒巴罗洼船带来鸦片二百三十五[二百〇五]箱，在新奇坡埠头囤积售卖。今新奇坡现有叭哒拏烟一千四百三十箱，上等烟值噜碑二百七十五个，扣洋银一百三十七员半。下等烟值噜碑二百二十个，扣洋银一百一十员。默拏烟九百七十五箱，上等烟值噜碑二百二十个，扣洋银一百一十员。下等烟值噜碑一百九十个，扣洋银九十五员。

麻尔洼烟有二十箱，约值洋银二百八十员。

The Singapore Free Press Price Current, 4 July 1839.

'OPIUM. Bengal. – On Monday last the clipper *Rover* arrived from Calcutta, bringing 205 chests for this market and accounts of the result of the 4th sale, of which the following are particulars: -

	Chests	Highest	Lowest	Average
Patna	1,430	275	220	235.6.8 Cos. Rs. *p.* chest
Benares	975	220	190	196.5.4

Before the *Rover's* arrival there was scarcely a chest of the Bengal drug left in the market, and sales of a chest or two at a time were making at $190 *a* 195 cash, and $200, 2 months, but since then about 120 *a* 130 chests of *Benares* have been sold @ $120 *a* 125, cash, and @ $120 *a* 130, 2 months. If we have no further arrivals for a fortnight, prices may be expected to improve, but as the *Tenaserim*, *Sylph* and other vessels are looked for in a few days, with further considerable supplies, and as the 5th sale, consisting of about 4,500 chests, to take place on the 1st instant, was not expected to average more than 150 Rs. per chest, holders are anxious to realize.

MALAWA – In very limited demand. About 20 chests have been sold during the week at about $280.

说明

本则译自1839年7月4日《新加坡自由报》“物价行情表”(Price Current)。

1839年7月20日《广州新闻报》转载《新加坡自由报》此文，但缺最后Malawa一段。

꧁ 8 ꧂

[新奇坡七月初四日新闻纸 即中国五月二十四日]

又

我等意见与在孟啊拉之人又有不同，因他们说此等事情乃是连累义律。又说义律是官，与鸦片买卖之事无涉。

The Singapore Free Press, 4 July 1839.

The Calcutta journals contain, as was to be expected, a great deal of discussion with regard to the surrender of the Opium in China to the Imperial Commissioner; and in the selections we now make from them our readers will have an opportunity of seeing what opinion the Bengal Press entertains of the prospects of the owners receiving compensation from the British or India governments under Captain Elliot's promise of indemnity. [...]

We cannot join with those of our Bengal contemporaries who call out for 'coercing' the Chinese, and 'teaching them a lesson' on account of the national insult involved in their treatment of Captain Elliot, as 'a public officer wholly unconnected with the illegal traffic in Opium.' In the first place we would ask, have the Chinese authorities been taught to establish a distinction between the 'trade and commerce of British subjects to China' which, under authority of an Act of Parliament, Captain Elliot is appointed to preside over, & the contraband traffic in Opium? If not, and as more than one half of the British trade to the port of Canton consists of Opium, how can the Chinese be said to have regularly *accredited*, as the representatives of British commercial interests in China, a public officer sent to superintend a trade of which the largest branch is carried on in an article prohibited by their laws? Or, if they are left to regard him as authorised to superintend & regulate this contraband traffic, what degree of respect can they be required to pay him? This question it appears to us meets us at the very outset. It seems to us, however, that without making it necessary to get over this difficulty before we proceed to coerce the Chinese, and starve provinces into rebellion, by way of obtaining reparation for the alleged outrage, the conduct of Captain Elliot not only

我等观义律于钦命初出谕之时，义律即吩咐各鸦片趸船聚集在香港，后又到省，在第一个贩卖鸦片之人颠地屋内居住，保护颠地，如此焉能说他是官，与鸦片无涉？ 只可说他是与钦差相斗。 不过被钦差围着时，义律与颠地即欲逃走。 观此等情节，义律岂不是包庇做鸦片不法买卖之人？ 但我等不知钦差如何能令义律帮助呈缴鸦片。

excuses but justifies the treatment to which he has been subjected. In the very teeth of the Imperial Commissioner's Edict his first act was to issue a circular calling upon the Opium store-ships to assemble at Hong Kong to resist 'aggression' on the part of the Chinese, and his next act, on landing at Canton, is to repair to the house of Mr. Dent, one of the most extensive foreign Opium-dealers, and obnoxious to the authorities on that account, and to take that gentleman to live under his especial protection at his official place of residence in Canton! Can it under these circumstances be said that Capt. Elliot acted as a public officer *wholly unconnected* with the illegal trade in Opium – and that he did not rather place himself in the breach, to 'try conclusions' with the Imperial Commissioner? That later functionary has indeed already said in one of his Edicts that it was on account of Captain Elliot's supposed intention to escape with Mr. Dent, that such extremes of personal restraint were resorted to. – In thus to all outward appearance, giving his countenance and support to the contraband trade in Opium we cannot help thinking that the Commissioner was justified in treating the Superintendent as one who exercised such authority as he possessed among foreigners to counteract his plans and exertions for the extinction of the Opium traffic.

说明

原文为《新加坡自由报》评论孟加拉报纸所刊英商要求英国政府赔补解缴鸦片损失的言论。

《澳门新闻纸》只选译原文一小部分内容。

☙ 9 ❧

[新奇坡七月初四日新闻纸 即中国五月二十四日]
又

中国官府平常本是怕事，于今所出之事最奇，从来并未见过有如此权能之人。今缴钦差大人销毁之二万余箱鸦片烟土，义律应承赔补，果然如此，则英国岂不破费一千二百五十万员？

此刻我等可为贩卖鸦片之人贺喜，缘鸦片贸易原是一件就要崩倒极危险之事，久在其头上，西边之善人、老实人，久已为之痛哭，兹竟如此收场，平安脱离此厄，在他们实系意想不到，故我等为其喜不可言。

The Singapore Free Press, 4 July 1839.

By the Schooner Rover from Singapore, we have received intelligence of the most momentous nature & importance from China, full details of which our readers will be put in possession of on perusing the following letter, and further particulars from an Extra from the Singapore Free Press, dated the 27th ultimo, which we give in another part of this evening's paper.

These most extraordinary and altogether unlooked-for proceedings of the authorities in China, send to the winds the long cherished notions as to the *pusillanimity* of the Chinese Government, entertained by the best informed regarding that remarkable people, and the power of their rules; - and, taking the average value of the 20,000 chests of Opium delivered over to the Commissioner, Lin, to be destroyed, the extent of Captain Elliot's guarantee to the owners, on behalf of Her Majesty's Government, will be found to be no lass than 2½ Millions Sterling.

Whilst we congratulate the parties engaged in the Opium Trade of late from this unexpected, and we hope *perfect* relief from impending ruinous embarrassment so long hanging over their heads, - we cannot express how much satisfaction we feel in seeing an end put to a traffic, the existence of which has been long deplored by many '*good men and true*,' both here and in the West.

We presume the refund of the cost and charges on all unshipped Opium now in Bengal, by this Government, will immediately follow as a matter of course, whichever Government, Her Majesty's or the Company's, should have to defray the cost and charges of the large stock destroyed by the Chinese authorities.

— *Calcutta Courier*, May 13.

说明

译自1839年7月4日《新加坡自由报》，《新加坡自由报》则转载自同年5月13日《加尔各答信使报》(*Calcutta Courier*)。

꧁ 10 ꧂

[新奇坡七月初四日新闻纸]
又

在英吉利的官，若能暂时不收茶叶税饷，及上、中两等之人，亦可暂时不用茶叶，而中国亦无变乱，就是最好与中国理论的一个机会。中国人与欧罗巴人通商，只务平静。中国之兵皆似雄壮，中国的财源在乎海上之贸易，我等不需出一兵，不用一只格粒巴船，只给我等些少水师，在七洲洋杜绝外国不与沿海各省通商，则中国摇动。中国人于今骄傲，到那时即谦卑。然皇帝可以发二[二十]万兵，入孟啊啦驱我等出海。若缅甸在我等手下，我等可以看中国皇帝有队伍的兵马，此等事或有或无，然胜负亦未可知。

The Singapore Free Press, 4 July 1839.

(*from the Friend of India*, May 23.)

The vital interests of the British empires in the East, are now in the hands of the British Ministry at home, whose firmness, unhappily, the public has had too much reason to question. It is greatly to be feared, that in the view they may take of this affair, they will be influenced rather by the domestic, than the imperial interests of England; and that they will rather patch up the matter, and entail a long train of embarrassments on their successors, than put in jeopardy the tea duties for a twelve month. If, however, the Ministry could be induced to look at the question in all its bearings; if the revenue arising from tea could be dispensed with for a brief period; if the upper and middling ranks of society could be put on a short allowance of tea for a while, without a revolution, here is a golden opportunity for giving the Chinese a lesson, which will tend to smoothe the intercourse of the European family with them for a quarter of a century to come. The Chinese, like all bullies, are cowards. We need not land a single soldier, or even invest a single clipper with letters of marque. A small naval force will give us at once the command of the China seas, and the interruption of all intercourse between the maritime provinces of the empire: and the detention of all Chinese property found on the high sea, would shake the Tartar throne, and render the Chinese as humble as they are now arrogant. It is possible that in case of a rupture, the Emperor may order two hundred thousand troops to enter Bengal and drive us into the sea. He has assurance enough for such a step. In the Nepaulese war, he did issue such a mandate, and the troops were put in motion; but, unfortunately, it was countermanded before we could meet them in the field. If the attempt should be repeated, Nepaul and Burmah would immediately be on our hands; they would follow the footsteps of the Lord Paramount and we might see the Emperor of China marshalling the forces of the East against us. Such a contingency is not altogether improbable, but the issue of the contest cannot be doubtful.

说明

译自《新加坡自由报》，该报则转载自1839年5月23日《印度之友》(*Friend of India*)。1839年8月10日《广州新闻报》也刊登此则消息，注为转载自《印度之友》，其内容较《新加坡自由报》长得多，可知《澳门新闻纸》并非转载自《新加坡自由报》。

꧁ 11 ꧂

[新奇坡七月初四日新闻纸]
又

义律既不做官，他前许之钱今与国中无涉，各官岂敢向巴利满讨千余万银，给回与尔等贩卖鸦片的人？我想英国人亦未必肯给还与你。此等买卖必不可做，乃中国屡屡所禁，新近六个月内谆谆警戒。按此情节，我想各官必不肯赔补与尔等，故劝尔等修心，从今不可再做此等买卖。

The Singapore Free Press, 4 July 1839.

There remains to be considered the pounds, shillings, and pence question. Will the British Government at home consider itself bound, by the promise made by Capt. Elliot when he had ceased to be a free agent? Will the Ministry venture to ask Parliament for two millions to reimburse the smugglers; and will the people of England submit to pay it? We concur with both our morning contemporaries in thinking not. Considering all the circumstances of the case, the contraband nature of the traffic; the repeated prohibitions of the Chinese Government; the loud warnings which have been given the merchants within the last six months; and the condition to which this contraband trade had reduced our representative, we think the Ministry will lack neither will nor argument to reject the guarantee. As to demanding payment of the Company, the merchants may as well demand it of the Insurance Offices. The sooner those engaged in this trade can make up their minds to pocket the loss occasioned by this catastrophe, the better for their repose.

说明

此则紧接第10则之后，在底本为同一文的前后两段。

∞ 12 ∞

新奇坡七月十八日新闻纸 即中国六月初八日

前在一千七百三十七年 乾隆三年戊午，带来鸦片不过四千余箱。至一千八百三十七年，已多至三万余箱。各官虽知，惟贪钱不理。

前时鸦片准纳饷进口，至一千七百九十六年 嘉庆元年丙辰 才止。一千八百三十六年 道光十六年丙申，又欲如前纳饷进口，可见中国法律不定。从前禁止外国人带鸦片到中国之法律亦不甚严，即于钦差三月初八日之告示，亦说前禁鸦片之法律未甚綦严，系外国人由远方而来，不知鸦片例禁之严。

于贸易之中，惟鸦片为最大，一千八百三十年 道光十年庚寅，甘文好司亦已深知，因见此事乃公司包揽之生意，又是税饷之本源，所以不能止众人而不业此。

The Singapore Free Press, 18 July 1839.

To the Right Honorable Lord Viscount Palmerston, Secretary of State for Foreign Affairs.

We the undersigned British Merchants, trading at Canton, consider it our duty to address Your Lordship regarding the recent acts of aggression on the part of the Chinese Government.

[...] We may be permitted to state that all foreigners reside in Canton on sufferance; they have no means of ascertaining the laws except from the acts of the Provincial Government; and that the Opium Trade has steadily increased from an Import of 4,100 chests in 1796, to upwards of 30,000 chests in 1837, with the open and undisguised connivance of the local authorities.

The importation of Opium into China was at one time allowed on payment of a Duty, but discontinued in 1796. Its admission was again strongly recommended to the Imperial Government in 1836. No penalties have ever been enforced against foreigners bringing it to China, and the prohibitory Laws have never been a rule to the functionaries of the Chinese Empire, who should have administered them, nor to the Chinese people on whom they were intended to operate, which facts are openly admitted in the recent Edicts of the Imperial Commissioner, under date the 8th[18th] March last, in which he states: ‘that the prohibitions formerly enacted by the Celestial Court against Opium were comparatively lax,’ and that ‘the foreigners are men from distant lands and have not before been aware that the prohibition of Opium is so severe.’

We may further state that the peculiar character of the Opium Trade was distinctly recognized in the Report of the Select Committee of the House of Commons in 1830, and that in the subsequent Report in 1832, the Committee express their opinion: ‘that it does not seem advisable to abandon so important a source of

故兴贩鸦片亦算是甘文好司早已允准，况每年税饷亦有七百五十余万员之多。

Revenue as the East India Company's monopoly of Opium in Bengal.'

We conceive it will therefore be admitted that British subjects have carried on this Trade with the sanction, implied, if not openly expressed, of their own Government; and at the same time with an advantage to the Revenue of British India, varying of late years from one to one and a half Millions Sterling.

[...] In conclusion it only remains for us again to urge upon your Lordship and Her Majesty's Government the great importance of an early recognition of our claims on account of the Opium surrendered for Her Majesty's Service; and the pressing and paramount necessity of placing the General Trade of British Subjects upon a secure and permanent Basis.

Canton, 23rd May, 1839.

Dent & Co. Lindsay & Co. Bell & Co. Macvicar & Co. Dirom & Co. Gibb Livingston & Co. Charles S. Compton, D. and M. Rustomjee, Jamieson & How, W. & T. Gemmell & Co. Bibby, Adam & Co. Turner & Co. Robert Wise Holliday & Co. Heerjeebhoy Rustomjee, Hormasjee Framjee, Shawuxshaw Rustomjee. Cowasjee, Pallonjee, Bomanjee Hosonjee, Plaonjee Nesservanjee, Cowasjee Eduljee, Cowasjee Shapoorjee Taback, Burjorjee Manuckjee, Daniell & Co. Framjee Dadabhow, Bomanjee Maneckjee, Sackhusson Budwoden, Burjorjee Sanabjee, Nesservanjee Dorabjee, Nesservanjee Bomanjee Mody, Dossabhoy Hormusjee, Pestonjee Ruttonjee Saroff, Abadin and Sumsoodin, Framjee Jamsetjee, Cooverjee Jeevasjee, Pestonjee Nowrojee, Jamsetjee Rustomjee, Hormuzjee Byramjee, Cursetjee Shapoorjee, Jemsetjee Eduljee, Cowasjee Sapoorjee L. for myself and partners.

— *Canton Press*, May 25.

说明

此文为在华英商上巴麦尊的陈情书，刊登于1839年5月25日《广州新闻报》，将近两个月后《新加坡自由时报》转载，也注明来自5月25日的《广州新闻报》，但《澳门新闻纸》注明系译自《新加坡自由时报》。《澳门新闻纸》只选译陈情书不到四分之一的内容。

꧁ 13 ꧂

[新奇坡七月十八日新闻纸]
又

奇洼支花麻里 船名 由中国至新奇坡云：二万零二百八十三箱鸦片，俱已缴足，并已销毁，只在外边海岛卖了数箱，甚好价钱。

现在新奇坡叭哒挐 上等公班 每箱价银一百三十五元，默挐 次等公班 每箱价银一百三十五员，嘛尔洼 白皮每箱价银二百三十五员。

The Singapore Free Press, 18 July 1839.

Opium. Benares. – The *Cowasjee* Family from China the 11th ult., arrived here on the 11th inst., bringing accounts of the whole of the 20,283 chests having been delivered to the Chinese authorities, who had commenced destroying it, and that sales of a few chests had been effected among the islands outside at high prices. These accounts being accompanied with some small orders from China, and there being at same time some demand for boats and vessels under dispatch to the Eastward, prices have advanced since our last from $125, cash, to $135 a 140, cash, at which latter rates the very few remaining chests in the market have been sold.

Opium, Patna, Chest, 135 *a* 140, Cash, Saleable.

Benares, Chest, 135 *a* 140, Cash, Saleable.

Malwa, Chest, 235, Cash, Dull.

14

[澳门八月二十四日新闻纸]

近来印度印新闻纸之人，论广东省城新近之事甚多，我等甚异伊等多讥责领事人之法度，以英国官府不应赔补鸦片业主之钱，因鸦片系被中国逼伊等交与领事人之手，领事人始得转交中国。又以鸦片系不法之贸易，中国官府理应禁止，因禁鸦片烟尽其所能而行，所事皆事[是]合理公正之事。故英吉利之人在此禁绝不法贸易之时所失之钱，英国官府自当不应赔还。

我等今且不论印度印新闻纸之人意是否允协，我等先将此等贸易兴旺之源特为而详言之。

The Canton Press, 24 August 1839.

Foreign Relations with China. –

Much has of late been said by the Indian Press on the late occurrences at Canton, and we are surprised to see that many of them, in censuring the Chief Superintendent's measures, deny also to the owners of the Opium forced from them by the Chinese into the hands of the Superintendent and by him delivered over, the right of compensation from the British Government. The reason upon which our contemporaries mostly ground their denial to the right of compensation is that the Opium trade was illegal, and that as such the Chinese Government was perfectly justified in suppressing it by what means were available, and that its proceedings to that effect being justifiable, the British Government cannot become answerable for the losses incurred by its subjects in the prosecution of an illegal trade.

But let us, before we weigh the justice of this opinion of the Indian Press, consider the manner in which this enormous trade was carried on. We grant that as far as the letter of the law goes, the introduction of Opium was strictly prohibited; but it must never be forgotten that foreigners trading to this empire have no means of appeal to the Supreme government; all they are allowed to know of the measures of the government as respects their treatment and trade, is, with a few exceptions of late, communicated to them through the Hong merchants, men who may be thought not to be impartial, having interests of their own to promote, which frequently are at variance with those of the foreign trade; beside, it is a notorious fact, that these hong merchants are looked upon by their own government, if not with suspicion, certainly with contempt, as is sufficiently proved by the ignominious treatment they are at all times made to suffer, so as even to extend to bodily chastisement. Accustomed, therefore, as foreigners have been, to receive the commands of the Chinese authorities, (the Provincial Government of Kwang tung) through a medium which that government itself takes every means to degrade, it cannot be a matter of wonder that little attention was paid to the many edicts against the Opium trade which from time to time were by the Hong merchants communicated to foreigners; some purporting to be Imperial rescripts and others emanating from the Government of the Province; the disregard to these edicts was naturally augmented by seeing that they had no effect whatever on the native population who carried on the smuggling of Opium as actively as ever, protected therein by the local authorities, from the highest officer to the lowest tide waiter, who made enormous profits from the bribes, or fees they received. The fees paid to the authorities for their connivance were reduced into a regular system, and their rate periodically altered as best suited the views of the officers. The proceeds there is every reason to believe were distributed among the Government officers according to a certain scale, and they had long been accustomed to look upon the income arising from this trade as part of their regular perquisites of office, the salary of which is in almost all cases so very inconsiderable that to enable them to live and keep up the appearances of their station, mandarins must contrive to find out other means of obtaining money. The Opium trade protected by the Provincial Government, under whose regulations the whole foreign trade exclusively was, was thus carried on, subject, it is true, to temporary suspensions, which were generally traced to be caused by the inordinate rapacity of mandarins in raising the fees; and it has now subsisted to this manner upwards of 70 years increasing steadily, until it grew to such enormous extent, that it at last materially in impoverish the empire, and to demoralize the people.

By many the Opium-trade has been called

是以鸦片贸易系明知之贸易，在外洋交土之单亦系明知之单，在伶仃之鸦片单，算是在贸易中最好而妥当者，如欧罗巴之官府单，凡有银局以及本地银铺皆重其单，无有一点思疑。今在中国之鸦片单，实无异于此。若有鸦片单，便是妥当，胜于鸦片土，又胜于鸦片船担保，鸦片贸易系如此做法。除黄埔新近才有之鸦片贸易外，只为正经买卖，不算是违禁走私。鸦片趸船所泊之处，中国人谓之外洋。外国人自己未尝带有鸦片进口，系中国走私船，执其所买之鸦片单，驶至趸船，外国人只凭单交土。所以带鸦片进内地者系中国人，用大帮银两贿赂官府，求其佯为不知者，亦系中国人，而外国人未尝亲自贿赂官府，且无一条可行之路带鸦片入口，只单是鸦片近海岸。

one of smuggling, and the foreign importers smugglers; but we have already shewn that it enjoyed the protection of the local government, which is the only Chinese authority with whom foreign merchants can come in contact, and as to the foreign importers being smugglers, it is well known that this trade was carried on, as regards orders for delivery out-sale and payment, as openly as any other. Opium orders on Lintin, were considered good commercial security, and were as negociable as any Government paper in Europe. The shroff, or native bankers, advanced out them without hesitation, nor was a remittance from India to China deemed more safe than in the shape either of the drug itself, or by its hypothecation. The manner also in which the trade was carried on was (excepting at Whampoa and that was of very recent growth) not exactly smuggling. The Opium store ships lay, in what the Chinese call the outer waters; foreigners never themselves introduced the Opium into the country; they merely delivered the drug to Chinese boatmen who came alongside their ship, producing an order for the quantity they had purchased. It was the Chinese who introduced it into the country, it was they who regulated with the mandarins the amount of fees to be paid for connivance. Foreigners themselves never bribed the officers, nor were in any way instrumented in introducing the Opium into the country except by bringing it near the coast.

说明

《澳门新闻纸》未注明此文出处，仅有“又”字，似是如上一则出自同一天《新加坡自由报》，其实是出自1839年8月24日的《广州新闻报》。该报自同年7月13日起，以“Foreign Relations with China”为题发表长篇论说，接连刊登于7月20日、7月27日，及8月24日，检讨以鸦片为中心的中外关系。

此则以下紧接第15与16则，三者同属8月24日一文。

꩜ 15 ꩜

[澳门八月二十四日新闻纸]

又

伶仃之贸易，堪与先日佛兰西那波厘稳王封港之时，在唏厘俄兰海所做之贸易相比。在封港时，海洋即变成英吉利工作货物之市，亦系走私人运载货物到其附近地方，常用使费贿赂官府，求其佯为不知，保全妥当。故在伶仃海湾泊，与在唏厘俄兰海湾泊交易实无二样也。伶仃直系一块好处所，惟未免陷其本地人大犯其国中之律例，亏空其国中之钱财，伤败其国中之风俗。

我等断不可以鸦片系公道贸易。我等诚心而论，用各法全行禁绝，并除此害人恶根。今日之鸦片，已令数百万人于醉害中求快乐。近来钦差之法度，其恐吓人必至败亡之例，我等见得并无有一条道理可以驳之，说其不着。先日禁止鸦片非始不严，然亦不过十一点之时刻，今败亡之日已到，即顺遂常做之贸易亦已停住。又闻各处亦皆咒骂鸦片，故于今百姓俱知鸦片是可怕之恶行，我国做鸦片买卖中，每年充裕孟阿拉官府有五百万员饷税之人，在鸦片贸易平安之时，称为大客商，今系只有走私之恶名，并监犯之恶名矣。

The Canton Press, 24 August 1839.

The Lintin trade may very properly be compared to that which during Napoleon's continental system, was carried on at Heligoland, which, while that system lasted, became the emporium for British manufactures, whence by means of smugglers they were introduced into the adjacent countries, often in spite of douceurs but more often with their connivance secured by bribes. Like Heligoland the anchorage of Lintin, taking the sea to be such, is friendly ground, and on the natives falls the greatest onus of breaking the laws of their country, and of impoverishing and demoralizing it.

We by no means wish to be thought friendly to the Opium trade, we sincerely hope that measures may be taken so as entirely to suppress it and to eradicate the infatuation which now makes so many millions seek their only solace and delight in hurtful intoxication; but we see no reason for denying justice to those whom the late measures of the Imperial commissioner threaten to involve in ruin. As is so often the case, now only, in the eleventh hour, when ruin is likely to overtake a trade hitherto beyond example prosperous, do we hear it decried on all sides, now only do people find out its shocking immorality, and now only are those engaged in it, and who by means of it furnished the Bengal Government with a revenue of upwards of a Million of Sterling annually, stigmatized as smugglers, poisoners, etc.; whilst in the halcyon days of this trade the same people were styled princely merchants, etc.

༄ 16 ༄

[澳门八月二十四日新闻纸]

又

钦差到此之时，有许多惊人之告示，并非鄙薄凌辱在省城之众夷人。在三月十八日 即二月初四日，洋商将钦差示谕交与夷人，一张系晓谕夷人，一张系晓谕各洋商，若三日内不交出泊在洋面之鸦片，以收监恐吓洋商，以处死恐吓夷人。且澳门与黄埔信息亦皆隔绝不通。钦差又命在广东之大客商，须要交出一人。当此之时，我等详细商过，不但不交鸦片，并不肯容颠地进城，因想颠地系一个紧要人，又关乎众夷人之平安。到三月二十四日即二月初十日，中国仍想颠地自己情愿进城，老洋商颈上挂着锁炼，似乎不遵钦命之令交出颠地，即要受法情形。中国人此时尚未用武，不过想颠地自愿交上，或自行投案，或同乡将其交出，即以此为治罪之明据，得以任意所为，如其所欲，此等情节，众人皆知。因六十年前，弗连囚在前山三年，与此事相仿佛，故同心合意不容颠地进城，若再固执，中国人必至用武，以为众夷人并无保护，又无好器械，我等想来，定必与中国兵差相斗，生出可畏之事。先前义律到省城，即将英吉利之旗而保护颠地，有谓义律到省城，自己不应置身于中国人权下；然我等非但不能责之，并且要感谢义律之便捷慷慨。义律是本国一大官，与其所属共在危险之中，一到省城即不闻有要颠地之谕，即此可见义

The Canton Press, 24 August 1839.

Let us now consider whether those who lost their property by the commissioner's proceedings have no claim for compensation from their Government for having obeyed the injunctions of the Chief Superintendent to deliver to him all the Opium under their control at the time in the China Seas. We need not now refer to the circumstances which preceded the Commissioner's arrival; the many threatening edicts, nor to the humiliations and insults offered to the foreign community at Canton. Suffice it to say that on the 18th of March the Hong merchants delivered to the foreigners the Commissioner's edicts, one addressed to the former, and another in the latter, threatening these with imprisonment, and those with death, if within three days all the Opium then in the outside anchorages was not given up. All communication with Macao and even with Whampoa was cut off, and more over the Commissioner demanded the person of one of the most influential merchants at Canton to be given up. We have at the time circumstantially related all these occurrences, and how the foreign community not only refused to give the order for the delivery to the Chinese of their Opium, but also that they, considering the demand of Mr. Dent's person, not one only of personal importance to that gentleman, but affecting the safety of the whole community, opposed Mr. Dent's going into the City. Until Sunday the 24th of March the Chinese were untiring in their efforts by persuasion to obtain Mr. Dent's consent to go into the City, and to render their eloquence more persuasive the senior Hong merchants appeared with chains round their necks, typical of the punishment that awaited them should the Commissioner's demand not be complied with. The Chinese had hitherto abstained from using force, though it more than probable that they would soon have resorted to it, but that they preferred the voluntary surrender of Dr. Dent, of whose person

律到省城有益。然沙文皆散去，不准卖饮食，将义律勉强羁留在省城，因此遂令英吉利人将自己所有之鸦片尽行交出，并说我系首领事，今日实心代英王办事，已担承赔补，自应将鸦片交出，以便转交中国官府。又有谓义律不在其中，断不致失如此之多，各商人自己与中国人办理，更为停当。此论即大谬矣。如各鸦片客自行办理，自然决意不肯将一点鸦片交出中国，必如我等所闻，在省城之众夷人定遭危险，且必停住英吉利平日最紧要之大买卖。

in such case, as having been delivered over by his own countrymen which the Chinese would construe into a proof of his guilt, they would then believe themselves to be at liberty to dispose as they liked. That under such circumstance, and knowing that in a similar manner 60 years ago Mr. Flint was detained a prisoner in Casa Branca during three years, the refusal of the foreign community to permit of Mr. Dent's going into the City, was unanimous, need not be wondered at, but this obstinacy as the Chinese considered it could not fail if longer persisted in, to produce personal violence, and totally unprotected as the foreign community were, and badly armed, we entertain no doubt that an actual collision with the Chinese military or Police would have been attended with the most dreadful consequences. Every moment might produce this catastrophe, when in the evening of this day Capt. Elliot arrived, and immediately took Mr. Dent under the protection of the British flag. Capt. Elliot's going to Canton has been blamed as unnecessarily placing himself within the power of the Chinese, but we cannot but consider the whole foreign community as deeply indebted to him for the promptness and gallantry evinced on this occasion, and cannot but think that his post as the superior officer of his nation, was with his fellow subjects when in danger. The advantages of his arrival were soon apparent; the demand for Mr. Dent's person was no longer heard, but all servants were withdrawn and food refused to be sold. Under these circumstances, Capt. Elliot being forcibly detained at Canton demanded from all British subjects the delivering over to him their Opium, giving the following pledge: '*And I, the said Chief Superintendent, do now, in the most full and unreserved manner, hold myself responsible for and as the behalf of Her Britannic Majesty's Government, to all and each of Her Majesty's subjects surrendering the said British owned Opium into my hands to be delivered over to the Chinese Government.*' Whether Capt. Elliot exceeded his powers in thus conferring the responsibility to his own government, we need not consider: that is a question between him and the home government; but that the latter is pledged by the solemn assurance of its agent, to reimburse those that, trusting to his assurance delivered over their property, we can have no doubt. It may be objected that a sacrifice, and that without Capt. Elliot's interference, the merchants themselves would have made an arrangement with the Chinese on more favorable terms; that is possible, but there on the other hand a probability that the owners of the Opium refusing to deliver any part of it, as indeed we heard was the firm resolution of many, would thereby have exposed the whole foreign community at Canton to imminent danger, and thus have prevented for a great length of time the reestablishment of the general trade which to England is of the greatest importance.

英国官府不必认领事人所担承之账。

The arguments why the British Government is bound to recognize the liabilities contracted in it's name by the Chief Superintendent, are very ably stated in a letter signed Nomen which we recopied from the *Bengal Hurkaru* into our paper of 3rd August, and we therefore refer our readers to it having nothing to add on the subject, and though we entertain no doubt that the Government will acknowledge the claims of the Opium-owners as lawfully bound thereto, it may not be out of place to recall to mind the obligations they owe to these dealers in Opium, which may possible render the refunding part of the profits derived from this trade less unpalatable.

上六十年在孟啊啦栽种制造鸦片，系官府包揽独市贸易，所纳税饷按中国所销烟土之多少而增加。直到近来，公司虽未亲自携带烟土至中国发卖，而所到中国之鸦片皆公司之鸦片，每年中所收利息亦至五百余万员之多。在公司系以本图利，尚犹可说，若孟啊啦官府等，亦欲如公司领事人，在巴利满官府前，以中国鸦片贸易事情诿为不知，此节似又难说，何也？船只装鸦片系由孟啊啦、孟买装载纳税至中国，系由官准，伊等安能如

It is notorious that for upwards of 60 years the growth and manufactury of Opium in Bengal was a strict government monopoly, and that the revenue raised by means of that trade increased gradually as the use of the drug became more widely spread in China, until at last the profits annually accruing to the Company exceeded a Million of Sterling. It is true the Company never send the drug to China on their own account, but we can hardly suppose the Bengal government as ignorant as the Company's Supracargoes professed to be before the Committee of Parliament, on the subject of the Opium trade in China. They allowed vessels laden with Opium to clear out for China both from Calcutta and Bombay, and

公司而用此等可怜之支吾？ 若按伊等本分，即不应干预贸易之事，孟啊啦官府皆贪此款贸易，带鸦片到中国，故于其所属出产兴旺者，每年尤复奖励之。 近因中国所消[销]鸦片独甚兴旺，做鸦片贸易者设法多多收买，公司亦速加添栽种，且有鸦片亦不多运于市，恐多运于市必至减值。 虽然如此，亦有减值之时，然亦不过一时，间或有之。 公司算定中国节年增长之瘾，能消[销]多少鸦片，又寄托卖鸦片之人，无论多少烟土，皆能尽力售卖，所以孟啊啦官府所得税饷，大半系在鸦片贸易。 鸦片贸易原本无害中国之人，以近来论之，运到中国者，从古以来实无多过于今日，总因孟啊啦官府贪心所致。 然于今事已改变，我等今知英吉利官府与印度官府不肯与无赖走私人亲近，因虽每年有纳五百万员之税饷，因此时走私即属无耻而犯天朝律例。

therefore they cannot even avail themselves of the miserable subterfuge of the Company's servants, that they officially knew nothing about the trade. The Bengal Government by bringing forward at their regular public sales the annual produce of their Opium districts encouraged its subjects to speculate therein, and these took it to the only market, China, in which there was a demand for that article. The enterprise and management of the dealers in Opium soon procured them the means of disposing of increased quantities, and the Company was not slow in producing, nay, they even anticipated the demand, by bringing into market such large quantities, that prices were sensibly affected; but this depreciation was only momentary; the Company calculated justly that the appetite of the Chinese would increase in proportion to their ability to gratify it, and that the enterprising dealers would leave no means untried to dispose of whatever large quantities were thrust upon them. To these latter therefore the Bengal Government is beholden for a very considerable part of its revenue, and it is probable that the Opium trade would never have drawn upon itself the fatal notice from the Imperial Government, had not the quantities brought to market been so prodigiously increased; in fact the cupidity of the Bengal Government has 'killed the goose that laid the golden eggs.' The Indian Government which derived these vast advantages should, in part at least, make good the engagements entered into by Capt. Elliot on behalf of the British Government; This latter is as much implicated in the Opium trade; for having control over India affairs, it sanctioned the Opium monopoly, nor do we believe that two or three years ago, any statesman either in England or India would have been unwilling to take the responsibility of the Opium-monopoly upon his shoulders. Now, however, things are changed, and we are told that neither the Government at home or of India have anything to do with a set of desperate smugglers who unblushingly break the laws of the Celestial Empire by procuring to them an annual revenue of upwards of a Million of Sterling.

꧁ 17 ꧂

澳门九月初一至三十日新闻纸 即中国七月二十四日至八月二十三日止

接到尖沙嘴来信，内云：

七月初七日 即中国五月二十七日 闻林维喜身死，义律即吩咐各人不可远离船只。又令三板二只，每夜巡视。又令多额辣吐船周围巡视。

至十二日出赏帖，有能捉出杀死林维喜的凶手，赏银二百棒 一千圆，报信者赏银一百棒 五百圆。又令人上岸查访。

至八月二十七日 即七月十九日 又去[出]告白，凡英吉利管下之人，不论男女老幼，系他保护之本分。此事本系文官之事，现他能为文武之领事。

The Canton Register, 1-30 September 1839.

A few lines respecting the proceedings at Hongkong bay since the 7th of July, may not be unacceptable to our readers.

It is generally known that captain Douglas, of the armed ship the Cambridge, was appointed by captain Elliot to take a protecting charge of the shipping at Hongkong.

After the fatal affray of the 7th of July, in which the Chinese Lin Weihe lost his life, orders were issued by captain Elliot, enjoining the necessity of extreme circumspection in the relations with the Chinese authorities and natives; to put the ships in a proper posture of defence; officers and men were directed not to straggle out of sight of the shipping; ship-visiting amongst officers and men was to cease entirely; to muster at quarters and row guard by two boats every night &c.

Captain Douglas issued circulars enforcing captain Elliot's orders.

On the 12th July, by a Public Notice to the commanders, officers, and crews of the British vessels at Hongkong, a reward of £200 was promised to any person who should adduce evidence leading to the conviction of any other person or persons (being a subject or subjects of H.M.) for the murder of Lin Weihe; and a reward of £100 to any person who should adduce evidence leading to the conviction of any other person &c., as chief instigator or ringleader in the riot on shore at Hongkong on the 7th of July. – The notice ended with a severe reprimand to the commanders and commanding officers of British ships who had permitted their seamen to go on shore on liberty.

On the 27th of August, by a general memo., captain Elliot gave notice that, - as the lives and property of all H.M.'s subjects in China (men, women, and children), are menaced by the government of this country, it is the duty of the chief superintendent to provide, as far as he can, against the calamity and intolerable disgrace of a surprise of the valuable British fleet in Hongkong bay; therefore, in the absence of any military authority in commission, he would assume the military as well as civil superintendence.

于九月初四早 即七月二十七日，义律并吐篾会同三板几只，往九龙取火食。义律叫各船俱升英吉利旗号，中国之水师船必定避开，若不准取火食，即攻打水师船。是日火食已到岸上，官府不准交与英吉利人，及至午后二、三点之间，义律即攻打战船，约开有三四十炮后，即回尖沙嘴，

On the 4th of Sept. in the forenoon captains Elliot and Smith, in H.M.'s cutter Louisa, accompanied by the sch. Pearl, and some boats, belonging to the Cambridge and other ships, proceeded to the village of Kowloon to procure provisions. In the absence of any official report of this little affair, we can only detail the information we have heard on the subject. – It is said Capt. Elliot hoisted a flag, and gave notice to the Chinese war Junks that it should be kept flying for a certain time, and if provisions were not brought when that time expired, the flag would be hauled down and the attack on the junks commenced. Provisions were brought to the shore, but the Chinese officers would not allow them to be delivered to the English; consequently, between 2 and 3 p.m. captain Elliot attacked the Junks; we suppose about 30 or 40 guns might have been fired – or rather the report of so many reached the shipping in Hong Kong bay.

向活威林船取火药。又传说其小兵船之火药皆用尽。中国战船三只俱已上岸，只杀死中国一武官，又二人。次日，多额辣吐带三板二只直至九龙，欲毁九龙之炮台，仍回尖沙嘴，并无静动。

The Cutter expended all her powder, and signals from the Fort William were made to send boats to Captain Elliot's assistance; H.M.'s ship then weighed and ran down to Kowloon. The result, we believe, was, that the three Junks were driven on shore, and a Chinese petty officer and two men killed. Captain Douglas and two of his boat's crew were slightly wounded. The next morning many of the boats of the fleet pulled down to Cowloon, with the intention, it was said, to destroy the fort; different counsels prevailed, and the British force returned to Hong Kong bay, without effecting any further damage to the fort and village of Kowloon.

说明

义律于1839年8月27日下令，为策安全，所有英人上船撤离澳门，《广州纪事报》也随之停刊，复刊后所出报纸为四期合刊，日期则记为1839年9月1日至30日。

∞ 18 ∞

澳门九月十四日新闻纸 即中国八月初七日

在此六、七日间，有大吕宋墨尔咩哪两枝桅船，湾泊在潭仔。于九月十二日清早五点钟时，被中国数船拢近，似是兵船。墨尔咩哪船上水手即扯起旗号。不久即见有两火船驶来，并无人在船上，水手即放碇链以避火势。后又有大艇两只，一在船头，一在船尾，纵火大烧时，又见有许多小兵船拢来，满船面俱是手执军器之人。各人惊慌，即跳下水，又被中国人捞起。众人遂搜取船上物件，连水手衣服、伙长路程图尽皆取去，割下旗号，复放火烧船，共约值银二万余员。又将大伙长以链锁其颈带去，并将管三板水手及尚有五人在船者，亦被一同带至近澳门之海岛中。又将捞起十三人放在并无桨橹大三板船上，后有炮台三板到去，才带他们上岸。其在岛上之水手，乃西洋兵头命关税官带回澳门，共计失去水手四人，不知是中国带去，抑或跳水淹死，亦未可定。

The Canton Press, 14 September 1839.

A singular and altogether unprovoked outrage has during the week been committed by the Chinese upon a Spanish vessel lying in the Typa, where by property to the amount of more than $20,000 has been destroyed, apparently for no object.

The following are the particulars of the case: The crew of the Spanish brig Bilbaino which vessel being in ballast lay anchored in the Typa, saw at about 5 o'clock in the morning of the 12th of this month, several Chinese boats come towards them, and, making them out to be warboats, they hoisted their flag; a little afterwards it was observed that the Chinese detached two boats without people in them, and seeing that they were on fire and came upon the brig, the crew paid out more chain and thus avoided their vessel being set on fire. Immediately after this large boats came close to the brig two by the head and two by the stern, and began firing with cannon, and at same time a number of boats with many oars came to the sides, and the deck was in a moment filled with a multitude of men, armed with matchlochs, swords, halfmoons and pikes. Seeing this, the crew, without attempting any resistance, all jumped overboard, and were most of them picked up by the Chinese. These after having rifled the vessel of all she contained, even of the clothes of the sailors, the officer's charts and instruments, chronometers etc., and after having cut away the flag, which also they took with them, set fire to the vessel, then left her, taking along with them the Chief officer (a native of Spain) with a chain round his neck. The boatswain and five others of the crew were set ashore by the Chinese on an island near Macao, and thirteen others were left in the ship's longboat without oars or rudder to find their way to Macao as best they might. These were brought on shore by the boat belonging to the bar-fort, and the other six were taken off the island and brought to Macao by a customhouse officer (the practico mayor) who that morning had gone to the Typa by order of the Governor of Macao. Two sailors are missing, and it is not known whether they have been drowned in attempting to save themselves, or whether they have, like the chief officer, been made prisoners by the Chinese.

We had several days previous to this occurrence observed a great number of Chinese boat near the Typa, and had been told that they contained combustibles and soldiers to set against Hongkong; but the attack and destruction of a perfectly defenceless vessel, belonging to a friendly nation, quietly at anchor in a spot to which the Portuguese jurisdiction has hitherto been supposed to extend, was a fact more congenial to these 'braves.' This brig was one of the Spanish vessels regularly authorized by a Chinese passport, in which the number four was given her, to trade with Macao, and it is as yet not known with any degree of certainty what can possibly have been the object of the Chinese authorities in her destruction. The vessel was not by any means engaged in the Opium trade, Spanish vessels being prohibited to carry the drug either to or from Manila; she was not carrying on any other illicit trade in the Typa, being in ballast and about returning, we believe, to Manila. The Chinese could not have mistaken the vessel for an English one, she being well known as Spanish and her Commander, who at the time of the catastrophe happening was on shore, being ill, having ordered that the Spanish flag should be hoisted whenever mandarin boats were seen near the vessel, and this was accordingly done. It is probable that the Chinese suspected the Bilbaino of the intention of carrying provisions to the fleet at Hongkong, and as shown in many instances, suspicion with the Chinese is equivalent to conviction they destroyed the vessel, though the finding her perfectly empty, was a proof of the vessel's innocence.

墨尔咩哪原是大吕宋船，未回小吕宋，中国官府曾给有牌，准他在澳贸易，从未贩卖鸦片，不知因何忽然将其船只烧毁。凡往来小吕宋之船只，俱不准带此物，中国人亦必能分别英国同大吕宋之船，况其船主在岸，曾吩咐水手，遇有官船拢近，即扯起旗号，以备辨别。今中国竟烧其船，或者疑他此船曾运火食至尖沙嘴，送给各船，故放火烧之。但此船乃是空船，并无货物。在此数日，我等又见许多船在潭仔，闻说是兵与火器。

☙ 19 ❧

澳门九月二十八日 即中国八月二十一日

具禀人加尔吉打 即孟呵拉首部落 鸦片客商，禀上英国悖来非冈色尔台下：

我等系住加尔吉打在中国贸易鸦片之人。缘鸦片出产孟呵拉，故此处之官得受利益不少，鸦片原是中国严禁之物，但因中国人嗜好，遂致如此兴旺。而出产制造一在叭哒拿，一在默拿。孟啊啦各官总是思想法子，欲令中国人嗜好此物。若是公司之鸦片，明是下等，到中国亦卖得好价钱；若不经公司之手，虽是好烟，亦卖不得好价钱。

在加尔吉打税部上，即可查出鸦片之兴旺，多少到中国，多少到别处，无不列明。近来六年间，有七万九千四百四十六箱出孟啊啦，内有六万七千零三十三箱到中

The Canton Press, 14 September 1839.

CALCUTTA. – THE RIGHT HONORABLE THE LORDS OF HER MAJESTY'S MOST HONORABLE PRIVY COUNCIL.

The Humble Prayer of the undersigned British Merchants, reside at Calcutta, in the East Indies.

Sheweth,

1. That your Petitioners have been engaged or are otherwise interested in the Opium Trade between Calcutta and China – and that the British Government of Bengal are the sole producers of opium for that trade throughout its dependences, and have for years been the parties most deeply interested in encouraging it. That the Opium trade, although always known to be prohibited by the Chinese government, was eagerly sought after by the Chinese people, and has been fostered into its recent magnitude by every means that ingenuity could devise on the part of the British Government of India – who are the sole producers and manufacturers of Behar and Benares Opium – who have consulted on every occasion the wants and wishes of Chinese consumers – who afforded compensation when the opium on reaching China, was found by the Chinese to be inferior to the standard guaranteed by the State, - and who even on occasions made direct consignments to agents in China, that they might practically learn, whether consignments packed in new forms would be acceptable to the people of that Empire. In one case, the Opium was not approved, and did not sell for the amount expected, which led to a draft being drawn for a balance on the East India Company, which draft was duly honored and paid.

2. The extent to which the trade has been carried on will be understood from the undermentioned extract from the Custom House Books of Calcutta, where the proportion of Opium shipped to China direct, and that sent to all other places whatever, is separately specified.

国，故鸦片乃是中国最消流之物。我等今将其数目开列，求贵人详察：

一千八百三十二、三年，中国七千五百九十八箱、各处一千八百一十箱。

三十四年，中国一万零二百零六[一十六]箱、各处一千七百九十箱。

三十五年，中国九千四百八十五箱、各处一千五百一十箱。

三十六年，中国一万三千零九十四箱、各处一千七百五十七箱。

三十七年，中国一万零三百九十三箱、各处二千二百一十三箱。

三十八年，中国一万六千二百九十七箱、各处三千三百零三箱。

It appears from this table, that of an aggregate of 79,446 chests actually dispatched from Calcutta in six years, 67,083 chests were exported to China direct. The correctness of this statement will be borne out by the records of the Government Custom House, through which the vessels laden with Opium were cleared expressly for China; and it cannot therefore be asserted, either that Government were not perfectly aware of the existence of the Opium Trade with China, or that they did not in fact look to that direct trade, as the principal source of consumption. It is important that this fact should be borne especially in mind, with reference to the prayer of this memorial.

Years	China	All other places	Total
1832-33	7,598	1,810	9,408
1833-34	10,216	1,790	12,006
1834-35	9,485	1,510	10,995
1835-36	13,094	1,757	14,851
1836-37	10,393	2,213	12,606
1837-38	16,297	3,303	19,600
Total	67,083	12,383	79,446

鸦片买卖不独英国官府知道，即吧厘满亦俱知道，每年在印度官所收鸦片税饷，自五百万至一千万员不等，故吧厘满遂以印度为属国中之第一。

3. Neither should it be forgotten that the Opium Trade has been distinctly recognized by the Government of Great Britain, and by the Imperial Parliament – that the net profits of this trade have yielded to the Indian Government an enormous Revenue varying from 1 to 2 millions sterling per annum – and that by this Revenue in fact, have the Proprietors of East India Stock been hitherto enabled to receive the very high dividend guaranteed by Parliament in the new Charter – and 4 William IV, Chap. 85.

鸦片一物乃中国所严禁，如中国之绉纱、佛兰西之小带及烟叶，为英国所禁；又如英国之疋头，为陷麦所禁 在耶麻呢。中国皇帝禁止鸦片之事，犹如前时佛兰西拿波利稳禁止英国人不准至本地贸易一样，虽是严禁，皆不能行。中国禁止鸦片，不收鸦片税饷，遂把鸦片之税饷，俱归入走私人之囊内。

4. The sale of Opium in China, has always been contraband, but it was a contraband trade, which like that in Chinese Crape, or French Lace or Tobacco in Great Britain, - or in British Piece Goods at Hamburg, during the war – has flourishing through the connivance of Government Officers; while the edicts of the Emperor proved as unavailing in China, as the celebrated Berlin decree of Napoleon on the continent of Europe. In fact, by prohibiting the trade, the Chinese Government have lost a certain Custom Revenue,

纹银出口亦是违禁，犯者治以死罪，然中国人尤常以纹银买鸦片。在中国官府以为纹银出口乃是耗财，故出告示严禁，即洋银亦不准出口。但中国银矿不少，官府遵皇帝主意，不肯多开，皆有定额。缘银矿出产，虽是无穷，中国尤恐取尽，禁止纹银不准出洋，如英国禁止以铁铺车路，用火烟烘动制造器具消轮之类，一则恐费铁斤，一则恐耗煤炭。因恐外国以鸦片易换纹银，又必多开银矿，致竭中国之财源。中国乃天下生齿繁盛、出产最丰之国，若以鸦片易纹银，犹如拔取其国中之精华。英国之船多有载货至印度，故此处港口贸易，较之孟买尤大，计算所纳税饷，多于地租，每年解至英国之银，约六十三万九千棒 合三百一十五万圆，连存留在印度以及各官所用之银，大约有二百万棒合一千万员。

which has been in consequence transferred to the pockets of Chinese smugglers and mandarins; or, as has been generally supposed, that Government may have knowingly closed the extortions of those Mandarins as a means of economizing in the salaries of functionaries, whom, they are but too glad to have an excuse for paying inadequately.

5. The export of Sycee Silver, is also contraband in China – and as Bullion was always received in payment for Opium, it is to this fact that the recent violent proceedings of that Government may be chiefly attributed the export of silver, by the law of China, is death. Like other half civilized nations, which understand not the principles of political economy, the Chinese consider the export of Bullion as injurious to their well-being – and thunder edicts against the 'leakage of sycee' and 'the oozing out of dollars,' as though such exports were actually a loss to the State. It is necessary to say but little in proof of this fallacy. China possesses Silver Mines of immense value, but which are worked only to a limited extent; and the circulation of whose products the Government would fain restrict exclusively to the Imperial domain. Those mines are exhaustless, save in the fear of their Government, whose proceedings in prohibiting the export of Bullion are truly lamentable. As reasonable would it be for the British Government to prohibit rail roads, and the steam vane, because the one might exhaust the iron – the other the coal mines of Great Britain; The Export of Opium from India, which has thus defeated the restrictive policy of the Chinese Government, and which has caused the mines of that Empire to be wrought far more extensively, than would otherwise have been the case, in order to replace the vacuum in circulation created by the continued Export of Sycee from China, has thus been of essential benefit to Commerce; for it has drawn forth the resources of the most fertile and populous Empire in the world, and the Bullion, thus brought back in exchange for opium has covered vast tracts of British India with smiling fields and a flourishing population – it has enormously

extended the import of British Manufactures throughout Hindoostan – has increased largely the Shipping and General Commerce of these Seas – has brought into the British Indian Treasury a Revenue exceeding the land Revenue of an Entire Presidency, that of Bombay – and has thus paid in London the dividends of the Proprietors of Indian Stock, amounting to £639,000 per annum, if not indeed the whole surplus of two millions sterling required for the expence for the Home Government of India.

此乃系我等禀求贵人赔补之道理。

6. We trust, therefore, that we have some right to expect at the hands of your Lordships the fullest consideration of the urgent claims preferred on the present occasion.

今中国事情俱在贵人台下，贵人可以不必细思，只求赔补我等前日被领事人传集趸船，将船中鸦片一齐全买，缴与中国官府鸦片价值。

7. The proceedings in China are so fully before your Lordships from other sources, that it is unnecessary to enter into detail here, beyond the most brief summary. Suffice it therefore to say, that in order to save the lives and property to all Europeans residing at Canton – then placed in imminent peril by the outrageous proceedings of a Commissioner, armed, as he himself states, with irresponsible power, - H. M's Superintendent in China purchased, on behalf of Her Britannic Majesty, the whole of the Opium then on board the several receiving ships and other vessels moored at the several outer anchorages of Hong Kong, Lintin, &c. or that had proceeded to more distant stations up the Coast. The Opium H. M's Superintendent subsequently delivered to the Chinese Government, and the trade of Canton has since been reopened and all Foreigners released from peril, we believe, but solely upon the sacrifice of so large a property purchased from the holders for H. M.'s Service.

8. It will be obvious to your Right Honorable Lordships that this measure though arising from momentous necessity, and as the only means of saving British inhabitants, in China, from a repetition of rapine and massacre similar to the horrors of Amboyns, Japan, Calcutta and Manila, has been productive of serious injury and loss, in all whose property has thus been delivered to the Chinese Government; and although, we

祈贵人将此项早日给发我等，万勿迟延。

rely with the most entire confidence, on the honor and responsibility of H. M's Government, to unreservedly recognize the act of H.M.'s Superintendent, yet we must be pardoned for expressing our earned anxiety for the earliest settlement, that the finances of Government will afford, and should circumstances unfortunately render immediate payment impracticable, we trust that no delay may occur in the acknowledgment of these claims, and that some specific dates may be assigned, by public proclamation through the London Gazette, at which the instalments may be severally paid.

9. As the means of most readily meeting the wants of your Petitioners, we would beg most respectfully to point out, that the channel through which these claims may be most conveniently liquidated, would be the Treasury of the East India Company at Calcutta. An arrangement, that should repay the amount of these claims in Calcutta, leaving the adjustment in England to be made between the East India Company and H. M. Government, must, we would suggest, be of manifest advantage to all parties, since it would materially assist in remitting a portion of the amount annually required for the expenses of the Home Government. But even, if otherwise, should such immediate payment to the East India Company on the part of H. M's Government be inconvenient, we must respectfully submit that the East India Company should still be required to pay our demands at once, which we contend, would in fact be un-rely the refund of certain Revenues, virtually advanced of late years to Government by individuals, - on the faith of then existing relations with China – and on delivery of the Opium to parties for shipment; but which Opium has since been purchased by H. M.'s Superintendent on behalf of Her Majesty and delivered to the Chinese Government, May we not also urge that in the total subversion of those relations, the holders have become as between Her Majesty and the East India Company a mere intermediate party, upon whom the loss should not be allowed to fall, for having conveyed that

Opium to China upon which so large a profit has been actually realized by the Bengal Government.

10. We trust that the equity of this proposition will be readily admitted by your Right Honorable Lordships – and however the question of peace or war, or the future relations with China may be determined, that the settlement of the claims herein preferred, based as they are on the acknowledged good faith and honor of the British nation, may be effected at the earliest possible date.

11. We should not here omit to state, that while the profits of Opium shippers have seldom exceeded from 5 to 15 per cent, on the Government Sale price; those of the Opium manufactures, viz. the British Government of India, have usually varied from 200 up to the enormous amount of 500 per cent, on the cost of manufacture!

12. We trust, therefore, that H. M.'s Government will be graciously pleased to direct, either that the amount of these respective claims be paid through the East India Company's Treasury at Calcutta, at such rate per chest as may be resolved on by Government – or that the Hon'ble East India Company be directed to refund the amount paid to Government at Calcutta for every chest of Opium brought forward at Auction in the years 1837, 1838 and 1839, that may have been delivered up to H. M.'s Superintendent in China – together with interest on the same at the of 5 per cent per annum from the date on which the cost of each chest was paid into the Government Treasury at Calcutta, besides all charges of shipping and transport to Canton.

And your Memorialists will ever pray.

再，此项应是鸦片公司给还，因公司每年所得我们税饷之利，今求贵人令鸦片公司给发，至少亦必照一千八百三十七年、三十八年、三十九年之箱数、本钱给还，至日后与中国或讲和贸易，或与打仗，亦祈示知，此乃我等所切求。

说明

此文《广州新闻报》转载自1839年8月15日《新加坡自由报》。

《广州新闻报》于1839年9月14日刊登此文，但译文开头误称“澳门九月二十八日 即中国八月二十一日”。

∞ 20 ∞

[新奇坡十月初十日新闻纸]

昨日攻打得呀吐呢城，已经顺利完成此扬名之事，见得我做了四十五年之官，行游四方，今日才得此造化。

此事非但啊咁尔颜国难攻，即通阿细阿洲之国，我见得亦难攻。兼以啊咁尔颜国又系天然坚固之地方，人力又是勇猛，虽有我们之官集写之图形并注解之难处，与我今所见大不相同。

我亦奇异其城之上又造有墙，约有三丈五尺之高，墙外周围有濠。又城北之高处有炮火，并有许多炮台。此皆不甚紧要，惟有城门前复修一重墙，濠内满水，甚事[是]难过，在河之右岸又修一墙防护此河。

有此重叠保障，今已得此，更可显我军之威容，啊咁尔颜人真出其意外。盖此城修已有三十年之久，年年有加，况有啰吐嘛和蔑之太子嘛和篾嗨打坎在此镇守，领有许多将官，

The Singapore Free Press, 10 October 1839.

CALCUTTA. CAPTURE OF GHUZNEE.

(From the *Englishman*, of August 30.)

(Copies)

Head Quarters, Camp Ghuznee. 24th July, 1839.

My Lord, -

I have the satisfaction to acquaint your Lordship that the Army under my command have succeeded in performing one of the most brilliant acts it has ever been my lot to witness, during my service of 45 years in the four quarters of the globe, in the capture by storm of the strong and important Fortress and Citadel of Ghuznee yesterday.

It is not only, that the Afghan nation, and I understand Asia generally, have looked upon it as impregnable, but it is in reality a place of great strength both by nature and art; far more so than I had reason to suppose, from any description that I had received of it, although some are from officers in our own service, who had seen it in their travels.

I was surprised to find a high rampart in good repair built on a scarped mound, about 35 feet high, flanked by numerous towers and surrounded by a Fausse Braye and a wet ditch, whilst the height of the Citadel covered the interior from the commanding fire of the Hills from the North, rendering it nugatory. In addition to this screen, walls had been built before the gates, the ditch was filled with water and unfordable, and an outwork built on the right bank of the river, so as to command the bed of it.

It is, therefore, the more honorable to the troops and must appear to the enemy out of all calculation extraordinary, that a Fortress and a Citadel to the strength of which, for the last 30 years, they had been adding something each year, and which had a Garrison of 3,500 Afghan

并三千五百兵丁，又有许多炮，其军器粮食皆有余裕。虽有如此之坚固，以我等英咭唎人之才能，只攻打二点钟之久，连将兵丁城廓皆归于我手。

Soldiers, commanded by Prince Mahomed Hyder, the son of Dost Mahomed Khan, the Ruler of the Country, with a commanding number of Guns and abundance of Ammunition, and other Stores, Provisions, &c. for a regular Siege, should have taken by British science and British valor, in less than two hours from the time the attack was made, and the whole, including the Governor and Garrison, should fall into our hands.

说明

本则原文以下紧接 第22则，两者同属一文。

《澳门新闻纸》未载明本则译自何处，经查与第21则同为1839年10月10日的《新加坡自由报》。

❧ 21 ☙

新奇坡十月初十日新闻纸 即中国九月初四日

加尔吉打印新闻纸人于一千八百三十九年八月三十日 即中国七月二十二日 接英咭唎人来信，内开昨日接到呀吐呢 小部落名 已投降于英咭唎军之实信。沙几呢 即英夷领兵之副兵头 说：呀吐呢系啊咐尔颜国至坚固之地方，大用猛力方才取到，在此得胜，并无有失一将官，只有一枝兵略有受伤，吗哟吧循 小兵头 亦略有受伤，总计英咭唎兵被伤被杀者一百九十一人，惟住孟啊啦之英吉利兵 系欧罗巴人 受伤最多。系管大炮官名吗哟担循用火药攻开呀吐呢炮台门，啊咐尔颜国人齐集大兵死力拒敌，然终投降于英咭唎之军，啊咐尔颜王啰吐嘛和箆之子被英人所擒。

The Singapore Free Press, 10 October 1839.
CALCUTTA. CAPTURE OF GHUZNEE.
(From the *Englishman*, of August 30.)

Authentic intelligence was received yesterday evening, of the surrender of Ghizni [Ghuznee] to the British arms. The place, which Sir John Keane declares is the strongest he ever saw, was taken by storm in the most gallant manner. No officers were killed, but Brigadier Sale (ever in the van on these occasions,) slightly wounded, as was Major Parsons of the Commissariat. One hundred and ninety-one British troops were either killed or wounded, the Bengal European Regiment suffering in the greatest degree. Major Thomson of the Engineers blew open the gates of the fortress with gunpowder. The Afghans who had assembled in great force, offered a most determined resistance, but were obliged ultimately to surrender to British prowess. Dost Mahomed's son has been taken prisoner.

说明

此文《新加坡自由报》转载自1839年8月30日《英吉利人报》。

ೱ 22 ೲ

[新奇坡十月初十日新闻纸 即中国九月初四日]

又

印度副兵头几呢信稿

一千八百三十九年七月二十四日 即中国六月十四日 在呀吐呢城札营，我今足以知会尔贵人，我所带之军马，于八[七]月二十日 即中国七月十二日[六月十日] 在哪呢地方，我寄一封信与尔贵人，即可知沙苏野呜尔嘆王并吗哟仁呢啦尔威尔社，领有孟买军来合兵，真合我意。于次日早晨，我们行有十二里，即到呀吐呢城，就在平宽之处札下营盘。以我之所分发局势，虽立即有敌军前来攻击，亦足以对阵抵御。因啊咐尔颜人总不见出战，我们始行进兵。将近其炮台，他即开炮打我军兵，墙后各处同时开炮。及他们整兵出敌，我们已进兵到濠外墙下矣。吗哟仁呢啦尔沙果吨领十六号并四十八号之本地兵，又没哩咭打西尔领英国人第十三号之兵，奋力追赶炮台墙下之啊咐尔颜兵。我又令没哩咭打吐地呡循督率马炮、骆驼炮、步兵炮三枝兵，攻打城及炮台，又令开放天炮打进城内。在我之意见，欲观此处之人并其炮火，以及别样情形如何，果然顺利。此炮一进城内，即打坏许多人，我兵即向他们札兵之处开炮，打了半点钟，我即令停止，即在其处札兵。甲必丹担臣系管炮将官，甲必丹哔系孟买管炮将官，又有吗哟呀彝，系孟啊啦之副官兵，领第十六号之

The Singapore Free Press, 10 October 1839.

CALCUTTA. CAPTURE OF GHUZNEE.

(From the *Englishman*, of August 30.)

My despatch of the 20th instant from Nanee, will have made known to your Lordship, that the Camps of His Majesty Shah Sooja ool Moolk and of Major General Wiltshire, with the Bombay Troops, had there joined me in accordance with my desire, and the following morning we made our march of 12 miles to Ghuznee, the line of march being over a fine plain; the Troops were disposed in a manner that would have enabled me at any moment, had we been attacked, as was probable from the large bodies of Troops moving on each side of us, to have placed them in a position to receive the enemy. They did not however appear, but on our coming within range of the Guns of the Citadel and Fortress of Ghuznee, a sharp Cannonade was opened on our Leading column, together with a heavy fire of Masquetry from behind garden walls, and temporary field-works thrown up, as well as the strong out-work I have already alluded to, which commanded the bed of the River. From all but the out-work, the enemy were driven in, under the walls of the Fort, in a spirited manner, by parties thrown forward by Major General Sir W. Cotton of the 16th and 48th Bengal Native Infantry, and Her Majesty's 13th Light Infantry under Brigadier Sale. I ordered forward three Troops of Horse Artillery the Camel Battery and one Foot Battery to open upon the Citadel and Fortress by throwing Shrapnell Shells, which was done in a masterly style under the direction of Brigadier Stevenson. My object in this was to make the enemy show their strength in Guns, and in other respects, which completely succeeded, and our Shells must have done great execution and occasioned great consternation. Being perfectly satisfied on the point of their strength, in the course of half an hour I ordered the fire to cease, and placed the

英国人长鎗兵，又有领第十三号英国人之轻步兵，四处攻打，已经取得其地方。甲必丹担臣之报亦甚明白，与我之意皆相同，他亦知道此处之炮台坚固，所以不停兵，就到就攻打。是以先到之兵已与啊咐颜接阵，打了好久。于是我即令兵过濠，分开两边围住，又令一枝兵把守加啼尔之路。啰吐嘛和箎王即令其长子嘛和箎压苏尔坎，带领强壮之兵，由加啼尔到呀吐呢帮助其兄长，在墙外札营。我兵一到，他即退开数里札营。伊又带有疑尔时头目之压嘟尔啦文并咭尔嘛唎箎坎，两个系有才能，亦带有一千五百马兵并三千步兵，由特抹来与嘛和箎压苏尔坎合兵，并带有行军大旗，声喊打仗。不久我兵被他们围住。于二十二日又下山来攻打，被帮助我们之沙苏野王即率本部兵打退，并杀死许多敌兵，又擒着执大旗之人。

Troops in Bivouac. A close reconnaissance of the place all round was then undertaken by Captain Thomson, the Chief engineer, & Captain Peat, of the Bombay Engineers, accompanied by Major Garden, the Deputy Quarter Master General of the Bengal Army, supported by a strong party of Her Majesty's 16th lancers, and one from Her Majesty's 13th Light Infantry. On this party a steady fire was kept up and some casualties occurred. Captain Thomson's report was very clear, (he found the Fortification equally strong all around) and as my own opinion coincided with his, I did not hesitate a moment as to the manner in which our approach and attack upon the place should be made. Notwithstanding the march the Troops had performed in the morning, and their having been a considerable time engaged with the enemy, I ordered the whole to move across the River which runs close under the Fort walls in columns to the right and left of the Town, and they were placed in position on the North side, on more commanding ground, and securing the Cabool Road. I had Information that a night attack upon the Camp was intended from without. Mahomed Abzul Khan, the eldest son of Dost Mahomed Khan, had been sent by his father with a strong body of troops from Cabool to the brother's assistance at Ghuznee, and was encamped outside the walls, but abandoned his position on our approach, keeping however at the distance of a few miles from us. The two Rebel Chiefs of the Guilzie tribe, men of great influence, viz., Abdool Ruhman and Gool Mahomed Khan had joined him with 1,500 Horse, and also a body of about 3,000 Ghayur from Zimat, under a mixture of Chiefs and Moolahs carrying banners, and who had been assembled on the cry of a religious war. In short, we were in all directions surrounded by enemies. These last actually came down the Hills on the 22nd, and attacked the part of the Camp occupied by His Majesty Shah Shooja and his own troops, but were driven back with considerable loss and their banners taken.

于二十二日早，我即领管炮将官并盂啊啦督兵将官，察看呀吐呢

At day-light on the 22nd, I reconnoitered Ghuznee in company with the Chief Engineer

之地方，以便行兵攻打。当日就看完了。但见其城门甚是难进，甲必丹担臣即献计用火药攻其城门，甲必丹哔系孟买之管炮将官，并立地难嘟兰、嚜格纬系孟买啦[孟啊啦]之管炮将官，又有许多将官亦帮助攻打。我想此计必顺利，于是下令攻打。

and the Brigadier Commanding the Artillery, with the Adjutant and Quarter Master General of the Bengal Army, for the purpose of making all arrangements for carrying the place by Storm, and these were completed in the course of the day. – Instead of the tedious process of breaching, for which we were ill prepared, Captain Thomson undertook, with the assistance of Captain Peat of the Bombay Engineers, Lieutenants Durrand and McCloed of the Bengal Engineers, and other officers under him, (Captain Thomson) to blow in the Cabool Gate, (the weakest point) with Gunpowder, and so much fai[th] did I place in the success of this operation, that my plans for the Assault were immediately laid down and the orders given.

即出令与马炮军、骆驼炮军并各步军，于是夜十二点钟之时，不出声张，进到所定约之处，只离墙有六十丈之远。是时各军亦依令齐到所定约之处，于早上三点钟之前，即放炮以表各军顺利齐到。孟买之管炮官甲必丹哔被炮震倒，不久亦自苏醒，于是放起号炮，各军进兵攻打城门。没哩咭打吐地岷循所领孟啊啦之马炮军，又甲必丹啊抹领骆驼炮军，又甲必丹吗定并葛额啦领孟买马炮军兼孟买步炮军，皆一起向着城内放炮攻打。大约敌军亦颇惊恐。

The different troops of Horse Artillery, the Camel and Foot Batteries moved off their ground at 12 o'clock that night, without the slightest noise, as had been directed, and in most correct manner took up the position assigned them about 250 yards from the walls. In like manner, and with the same silence, the Infantry soon after moved from their ground, and all were at their post at the proper time. A few minutes before 3 o'clock in the morning, the explosion took place and proved completely successful – Captain Peat of the Bombay Engineers was thrown down and stunned by it, but shortly after recovered his senses and feeling. On hearing the advance sounded by the Bugle, (being the signal for the gate having been blown in) the Artillery, under the able directions of Brigadier Stevenson, consisting of Captain Grant's Troop of Bengal Horse Artillery, the Camel Battery under Captain Abbot, both superintended by Major Pew, Captains Martin and Cotgrave's Troops of Bombay Horse Artillery, and Captain Lloyd's Battery of Bombay Foot Artillery, all opened a terrific fire upon the Citadel and Ramparts of the Fort, and in a certain degree paralysed the enemy.

甲必丹担臣所领哥啰呢尔连呢，并领有英国第十三号、第十四号、第十七号、第二号之轻步兵，

Under the guidance of Captain Thomson of the Bengal Engineers, the Chief of the Department, Colonel Dennie, of Her Majesty's 13th Light Infantry, Commanding the Advance, consisting

又有孟啊啦之欧罗巴兵前进攻打城门。各将兵不能分开乱进，均按号令步进。没哩咭打西尔一枝军，我信其勇壮，所有攻击打仗，半是靠此军之力，其部下吗哟加啦打领英国第二号之兵，立地难哥啰呢尔呵渣领孟啊啦之欧罗巴兵、吗哟特啰循领第十三号之英国兵、立地难哥啰呢尔格啰加领英国第十七号之兵，于攻城之时，城内之敌兵，火炮鎗刀以及各样军器，奋力死战以拒我军，但以英兵之勇壮，又有没哩咭打西尔之能战，不久敌军之下层炮已无声矣。城内敌兵皆弃城逃走，亦有由高处跳下逃命，于是没哩咭打西尔转向攻打城门，立地难哥啰呢尔格啰加督第十七号之英国兵先攻进城门，第十三号之英国兵继之，及至天亮五点钟之时，此两枝军之旗已竖在呀吐呢城上矣！众将官皆极喜悦，又保护城内之妇女，并嘛和篾嗨打坎以及守城兵头之家眷，又点兵看守军器仓。没哩咭打西尔又报曰，甚得甲必丹加瘦督英国第十三号轻步兵之力，攻战甚是敢勇。

吗哟仁呢啦尔沙果顿领我之令，办事甚合我意，其部下没哩咭打啰密督本部兵、立地难哥啰呢尔

of the Light Companies of Her Majesty's 2nd and 17th Foot, and of the Bengal European Regiment, with one Company of Her Majesty's 13th Light Infantry, proceeded to the Gate, and, with great difficulty from the rubbish thrown down, and determined opposition offered by the enemy, effected an entrance and established themselves within the Gateway, closely followed by the Main Column led in a spirit of great gallantry by the Brigadier Sale, to whom I had entrusted the important post of commanding the Storming Party, consisting (with the advance above mentioned) of Her Majesty's 2nd Foot under Major Carruthers, the Bengal European Regiment under Lieutenant Colonel Orchard, followed by Her Majesty's 13th Light Infantry under Major Troson, and Her Majesty's 17th Regiment, under Lieutenant Colonel Croker. The struggle within the Fort was desperate for a considerable time. In addition to the heavy fire kept up, our Troops were assailed by the enemy sword in hand and with dagger, pistols, &c., but British courage, perseverance and fortitude, overcame all opposition, and the fire of the enemy in the lower area of the Fort being near silenced, Brigadier Sale turned towards the Citadel, from which could now be seen men abandoning the Guns, running in all directions, throwing themselves down from immense heights, endeavouring to make their escape, and on reaching the gate with Her Majesty's 17th under Lientenant Colonel Croker, followed by the 13th, forced it open; at 5 o'clock in the morning the Colors of Her Majesty's 13th and 17th were planted on the Citadel of Ghuznee amidst the cheers of all ranks. Instant protection was granted to the women found in the Citadel, (among whom were those of Mahomed Hyder, the Governor,) and Sentries placed over the Magazine for its security. Brigadier Sale reports having received much assistance from Captain Kershaw of Her Majesty's 13th Light Infantry, throughout the whole of the service of the storming.

Major General Sir Willoughby Cotton executed in a manner much to my satisfaction the orders he had received. The Major General

文跌督本部第三十五号本地兵、吗哟墨格啦顿督本部第十六号之本地兵、立地难哥啰呢尔威啦督本部第四十八号之本地兵，进城攻打各处，所到之处无有不克，所遇敌人皆被此兵擒捉。进城之时，各处皆有未服之人放火烧杀，因此我兵有受伤及被杀死者，亦已擒拿行法矣。但我不得不说明，甲必丹奚所领三营三十五号之本地步兵，督率虚攻其城之南，使城内敌兵分敌，此计亦甚合我意。

followed closely the Assaulting Party into the Fort with the Reserve, namely, Brigadier Roberts with the only available Regiment of his Brigade, the 35th Native Infantry under Lieutenant Colonel Monteath, part of Brigadier Sale's Brigade, the 16th Native Infantry under Major MacLaren, and 48th Native Infantry under Lieutenant Colonel Wheeler, and they immediately occupied the Ramparts, putting down opposition whenever they met any, and making prisoners until the place was completely in our position. A desultory fire was kept up in the town long after the Citadel was in our hands, from those who had taken shelter in houses and in desperation kept firing on all that approached them. In this way several of our men were wounded and some killed, but the aggressors paid dearly for their bad conduct in not surrendering when the place was completely ours. I must not omit to mention that three Companies of the 35th Native Infantry under Captain Bay, ordered to the Sou th side of the Fort to begin with a false attack, to attract attention to that side, performed that Service at the proper time, and greatly to my satisfaction.

我又恐有别处之兵来帮助呀吐呢城，我即令立地难哥罗尔吐琢加领第十九号之孟买本地兵镇守加咘尔之要路，兼可接应礼威臣之马军，但此军镇守要路，并未逢敌兵。

As we were threatened with an attack for the relief of the Garrison, I ordered the 19th Bombay Native Infantry, under the Command of Lieutenant Colonel Stalker, to guard the Cabool Road, and to be in support of the Cavalry Division. This might have proved an important position to occupy, but, as it was, no enemy appeared.

又令吗哟仁呢拉尔特歪尔率领礼威臣马军，巡视城外之四处以防敌兵，并防守敌人逃走。没哩咭叮阿娜尔其病甚险，吐血甚多，此日不能乘马，言之可伤。其部下系第十六号之英国长鎗军，即交给立地难哥罗尔吧西代领，其部下将官有吗哟墨多歪尔并吗哟加喱吨，其功甚大，亦甚能干，又能帮礼威臣马军。又立地难哥啰呢尔吐密率领其第三号马军，并领吗哟沙尔打督第二号马军，把守南、西二

The Cavalry Division under Major General Thackwell, in addition to watching the approach of the enemy, had directions to surround Ghuzness, and to sweep the plain, preventing the escape of runaways from the Garrison. Brigadier Arnold's Brigade (the Brigadier himself I deeply regret to say, was laboring under very severe illness, having shortly before burst a blood vessel internally, which rendered it wholly impossible for him to mount a horse that day,) consisting of Her Majesty's 16th Lancern under Lieutenant Colonel Persse (momentarily Commanding the Brigade) and Major MacDowell, the Junior Major of the Regiment, (the Senior Major of the

方。没哩咭打吐咭率领吗哟咧哩督英国第四号之轻步军，立地难哥啰呢尔瘦威治督孟买第一号之马军，把守东、北二方并加咘尔之路。此法甚是合我意见，如此攻打亦将近全功矣。我又同沙苏野呜尔嗼王，并为副之英国人墨哪啶，绕城巡视。行将及半，沙苏野呜尔谟王忽奇异曰，我们起兵有二日才到此处，况此城之坚固，势必难攻，如何于二点钟之间即取得此城，亦奇也！及全功之后，即带嘛和篾嗨打坎到帐前，我即对沙苏野呜尔嗼王曰，我已许不伤害嘛和篾嗨打坎之命。沙苏野呜尔嗼王即对嘛和篾嗨打坎曰，他们于今已赦尔作乱之罪，并不伤害尔以及尔之全家性命。

16th Lancers, Major Cureton, an Officer of great merit, being actively engaged in the execution of his duties as Assistant Adjutant General to the Cavalry Division,) the 2nd Cavalry under Major Salter, and the 3rd under Lieutenant Colonel Smith, were ordered to watch the South and West sides. Brigadier Scott's Brigade were placed on the Cabool Road, consisting of H. M's. 4th Light Dragoons under Major Daly, and of the 1st Bombay Cavalry under Lieutenant Colonel Saudwitch, to watch the North and East Side. This duty was performed in a manner greatly to my satisfaction. After the Storming, and that quiet was in some degree restored within, I conducted His Majesty Shah Shoojah Ool Moolk, and the British Envoy and Minister Mr. Macnaghten round the Citadel, and a great part of the Fortress. The King was perfectly astonished at our having made ourselves master of a place conceived to be impregnable when defended, in the short space of two hours, and in less than 48 hours after we came before it. His Majesty was of course greatly delighted at the result. When I afterwards in the course of the day, took Mahomed Hyder Khan the Governor, first to the British Minister and then to the King to make his submission, I informed his Majesty, that I had made a promise that his life should not be touched, and the King in very handsome terms assented and informed Mahomed Hyder in my presence, that although he and his family had been Rebels, yet he was willing to forget and forgive all.

随即吩咐曰，已被我擒在营中，可交沙啊叻山打嘛呢看守。如此办理甚是相宜。

Prince Mahomed Hyder, the Governor of Ghuznee, is a Prisoner of War in my Camp, and under the surveillance of Sir Alexander Burnes, an arrangement very agreeable to the former.

吗哟仁呢啦尔沙果吨领孟啊啦第一号步兵，我甚得其帮助，在此次打仗，他竭力显荣我等之国。

From Major General Sir Willoughby Cotton, Commanding the 1st Infantry Division (of the Bengal Army) I have invariably received the strongest support, and on this occasion his exertions were manifest in support of the honor of the profession and of our country.

吗哟仁呢啦尔威尔赛阿领孟啊啦第二枝步兵，交锋打仗，诸事灵

I have likewise at all times received able assistance from Major General Wiltshire, Commanding the 2nd Infantry Division (of the

变，皆得其帮助，凡我所命者，无不行之，我甚感激。

Bombay Army) which it was found expedient on that day to break up, some for the Storming Party and some for other duties; the Major General as directed, was in attendance upon myself.

没哩咭打西尔之雄勇，我甚信赖，所有攻打城池以及得城之后调度各事，均得其力，面上虽曾受伤，所行之事并未有歇息，直至事情完结。是以我因此机会将没哩咭打西尔所行之事禀知尔贵人。

To Brigadier Sale, I feel deeply indebted for the Gallant and Soldier-like manner in which he conducted the responsible and arduous duty entrusted to him in command of the Storming party, and for the arrangements he made in the Citadel, immediately after taking possession of it; the Sabre would which he received in the face, did not prevent his continuing to direct his Column, until every thing was secure; and I am happy in the opportunity of bringing to your Lordship's notice the excellent conduct of Brigadier Sale on this occasion.

我所派管炮兵之没哩咭打吐地哏循对我说，他亦甚得没哩咭吗哟北好司同壳兰二人之帮助，凡没哩咭打吐地哏循所做之事及所管之兵，都说他办事甚好。

Brigadier Stevenson, in the command of the Artillery was all I could wish, and he reports that Brigade Major Backhouse and Coghlan able assisted him; his arrangements were good, and the execution done by the Arm he commands, was such as cannot be forgotten by those of the enemy, who have witnessed and survived it.

没哩咭打立密同哥啰呢尔连呢二人，及其手下各官各兵丁，俱极尽力，亦应禀明。

To Brigadier Roberts, to Colonel Dennie (who commanded the Advance) and to the different Officers Commanding Regiments already mentioned, as well to the other officers and gallant soldiers under them, who so nobly maintained the honor and reputation of our country, my best acknowledgements are due.

孟啊啦之管炮官担臣，在此一次大事，大半系他管理。缘此城原甚坚固，从前并无一人敢攻打，今用担臣以智谋取之，其功劳之大，我不能评议。上文所说各官府帮助，在此搬运火药之官，亦须施以恩惠以鼓舞人心。

To Captain Thomson of the Bengal Engineers, the Chief of the Department with me, much of the credit of the success of this brilliant Coup-de-main is due – a place of the same streng[th] and by such simple means as this highly talented and scientific Officer recommended to be tried, has perhaps never before been taken, and I fell I cannot do sufficient justice to Captain Thomson's merits for his conduct throughout. In the execution, he was ably supported by the Officer already mentioned, and so eager were the other Officers of the Engineers of bo[th] Presidencies for the honor of carrying the Powder Bags, that the Point could only be decided by seniority, which shews the fine feeling by which they are animated.

我又再禀尔贵人知，于进兵时，已预先伏定一枝孟啊啦兵在晓尔谷，有得吗哟格咧疑同吗哟呀领两人做开路官，故得一直进兵。凡各官所行本份之事俱合我意。我观各官皆是欲得高官，凡是各官本份应为之事，无不用心出力。

又有领孟买兵之吗哟咭、吗哟监没尔二人，在此处统领部下各官，亦俱十分勇猛用力，亦合禀明。

急吨啊力山打带领孟啊啦马兵，吗哟干咛含领救应马兵，各皆竭力打仗。

在军中医生之咖呢地、阿吟臣二人，于未打仗之时，即条理药材，所医之伤俱得痊愈。

吗哟吧臣虽不识此处地利情形，亦甚留心接济兵丁，受苦不少。

我甚感激墨哆拿，系孟买总兵官，同急吨啵威尔系吧社传话人及开路等官，此处正在用人之时，不能着发开路官送信，本欲俟至心啦地方时方得寄信，因恐尔悬望，故着人送投此信。

I must now inform your Lordship, that since I joined the Bengal Column in the Valley of Shawl, I have continued my march with the Advance, and it has been my good fortune to have had the assistance of two most efficient Staff Officers, in Major Craigie, Deputy Adjutant General, and Major Garden, Deputy Quarter Master General. It is but justice to those Officers, that I should state to your Lordship, the high satisfaction I have derived from the manner in which all their duties have been performed up to this day, and that I look upon them as promising Officers, to fill the higher ranks. To the other Officers of both Departments I am also much indebted for the correct performance of all duties appertaining to their situations.

To Major Keith, the Deputy adjutant General, and to Major Campbell, the Deputy Quarter Master General of the Bombay Army, and to all the other Officers of both Departments under them, my acknowledgements are also due, for the manner in which their duties have been performed during this Campaign.

Captain Alexander, Commanding the 4th Bengal Local Horse, and Major Cunningham, Commanding the Pooua Auxiliary Horse, with the men under their orders, have been of essential service to the Army in this Campaign.

The arrangements made by Superintending Surgeons Kennedy and Atkinson previous to the Storming, for affording assistance and comfort to the wounded, met with my approval.

Major Parsons, the Deputy Commissary General in charge of the Department in the Field, has been unremitting in his attention to keep the Troops supplied, although much difficulty is experienced, and he is occasionally thwarted by the nature of the country and its inhabitants.

I have throughout this service, received the utmost assistance I could desire from Lieutenant Colonel Macdonald, my Officiating Military Secretary, and Deputy Adjutant General of Her Majesty's Forces, Bombay, from Captain Powell, my Persian Interpreter, and the other Officers of my Personal Staff. The nature of the country in which we are serving, prevents the possibility of my sending a single Staff Officer to deliver this to you Lordship, otherwise, I should have asked my Aid-de-Camp Lieutenant Keane, to proceed to Simla to deliver this Dispatch into your hands, and to have afforded any further information that your Lordship could have desired.

现在我所领勇壮之兵略施威武，即得此大胜，令啊咐尔颜人知道敬重英国之兵威。

The brilliant triumph we have obtained, the cool courage displayed, and the gallant bearing of the Troops I have the honor to command, will have taught such a lesson to our enemies in the Afghan nation, as well make them hereafter respect the name of a British Soldier.

我军被杀者不过二百人，除已死兵丁之外，尚有受伤者，及各官之中亦有受伤，俱已调治好些。此外，尚得有许多马匹。

至敌军损折甚多，现在我令人代为埋葬，即有五百人矣。

Our loss is wonderfully small, considering the occasion; the Casualties in killed and wounded, amount to about 200.

The loss of the enemy is immense – we have already buried of their dead nearly 500, together with an immense number of horses.

I enclose a list of the killed, wounded and missing; I am happy to say, that although the wounds of some of the Officers are severe, they are all doing well.

我意欲设立兵丁在此镇守，并设一医馆以治病人并受伤之人后，即起兵至加唏尔地方。

It is my intention, after selecting a Garrison for this place, and establishing a General Hospital, to continue my march to Cabool forthwith.

I have, &c.

(Signed) John Keane, Lieut.- General.

ꕥ 23 ꕥ

[新奇坡十月初十日新闻纸]

印度副兵头寄大兵头之信。

今我禀知尔贵人，我之军兵于前月三十、三十一等日，自呀吐呢分作两路前进咖啼尔，沙苏野呜尔谟王带领其部下之兵为第二队。

直抵咖啼尔，我所领之第一队兵，于本月初一日到嗨打格尔地方，即闻得啰吐嘛和篾带领火炮兵丁出咖啼尔城，在离城三十六里之咪领札营。我军沙苏野呜尔嘆王令吗哟仁呢啦尔威尔赛阿带领第二队兵，等候第一队兵到，即会合攻打啰吐嘛和篾。当据探报，啰吐嘛和篾即令其子嘛和篾沃嘛由疑啦啦叭领兵回来，会合保守格嘛关。闻其父子两处之兵会齐，大约有一万三千人。

啰吐嘛和篾布置次早即与我等攻仗。是晚又据探报，啰吐嘛和篾之官兵人等，皆不愿与我等交锋，啰吐嘛和篾遂带领马兵三百人逃往嘛免地方。

The Singapore Free Press, 10 October 1839.

OCCUPATION OF CABUL.

(From the *Englishman*, of 7th September.)

TO THE RIGHT HONORABLE LORD AUCKLAND, G. C. B., &c. &c. &c.

My Lord. – We have the honor to acquaint your Lordship that the Army marched from Ghuznee on route to Cabool, in two columns, on the 30th and 31st ult., His Majesty Shah Shooja-ool-Moolk, with his own Troops, forming part of the second columns.

On the arrival of the Commander-in-chief with the 1st column at Hyder Khail, on the 1st instant, information reached him, and the same reached the Envoy and Minister at Haft Asaya, that Dost Mahomed with his Army and Artillery were advancing from Cabool, and would probably take up a position at Urghamdee or Midan (the former 24, the latter 36 miles from Cabool). Upon this, it was arranged that His Majesty, with the 2nd column under Major General Wiltshire, should join the 1st column here, and advance together, to attack Dost Mahomed, whose son, Mahomed Ukhbar, had been recalled from Jelalabad, with the troops guarding the Khyber Pass, and had formed a junction with his Father, their joind forces, according to our information, amounting to about 13,000 men.

Every arrangement was made for the King and the Army marching in a body from hence tomorrow, but in the course of the night messengers arrived, and since (this morning) a great many Chiefs and their followers, announcing the dissolution of Dost Mahomed's Army by the refusal of the greater part to advance against us with him, and that he had, in consequence, fled with a party of 300 horsemen, in the direction of Bameean, leaving his Guns behind him, in position as they were placed at Urghandee.

沙苏野呜尔嘆王当遣强勇之官同领英国第十六号长鎗官兵，吗哟咖吨带领火炮官兵二百名，前去抢夺遗落咖咘尔之火炮粮食等物，旋即下令安民。

His Majesty Shah Shooja has sent forward a confidential Officer, with whom has been associated Major Cureton, of Her Majesty's 16th Lancers, taking with him a party of 200 men and an Officers of Artillery to proceed direct to take possession of those Guns, and afterwards such other Guns, and public Stores, as may be found in Cabool and the Balla Hissar, in the name of, and for His Majesty Shah Shooja-oll-Mook, and the King's orders will be carried by his own Officer with this party, for preserving the tranquillity of the City of Cabool.

又遣精巧之兵前去追赶啰吐嘛和箧，我等明日即起程到咖咘尔。

A strong party has been detached in pursuit of Dost Mahomed under some of our most active Officers. We continue our march upon Cabool, tomorrow, and will reach it on the 3rd day.

一千八百三十九年八月初三日即中国六月二十四日，几呢印此。

We have, &c.
(Signed) John Keane, Lt. Gl.
Commander-in-Chief.
W. H. Macnaghten,
Envoy and Minister.
Head quarters, Camp Shikarbad,
3rd August, 1839.
(True copy)
(Signed) T. H. Maddock, Offg. Secy. to Govt. of India, with the Govr. General.

印度副兵头寄大兵头之信。

Extract from a Letter from His Excellency Lieutenant General Sir John Keane, K. C. B. and G. C. H., dated Head-quarters, Cam-Cabool, 8 August, 1839.

我今甚欢喜，特禀知尔贵人，我于前日同开路官领第四号轻龙兵、第十六号长鎗官兵，及领火炮马兵官急吨吗啶等，于前日下午已到咖咘尔，遂即进城，历各街道而至宫殿。沙苏野呜尔嘆王放炮庆贺，又照阿付尔颜风俗施放骆驼炮，我等亦庆贺沙苏野呜尔嘆王杀败敌人，复得祖宗之国，登回王位。后沙苏野呜尔莫王请留下英咭唎兵、兴都斯顿兵，并新降之阿尔颜兵，在此听候遣用。我

It gives me infinite pleasure to be able to address my Despatch to your Lordship from this Capital, the vicinity of which His Majesty Shah Shooja-ool-Moolk, and the Army under my command reached the day before yesterday afternoon, accompanied by the British Envoy and Minister and the Gentlemen of the Mission, and by myself, the Generals and Staff Officers of this Army, and escorted by a squadron of Her Majesty's 4th Light Dragoons, and one of Her Majesty's 16th Lancers, with Captain Martin's Troop of Horse Artillery. His Majesty had expressed a wish that British Troops

等辞别沙苏野呜尔嗼王，而回至我等之营。

should be present on the occasion and a very small party only of his own Hindoostanee and Afghan Troops. After the animating scene of traversing the streets, and reaching the Palace in the Balla Hissar, a Royal Salute was fired, and an additional Salvo, in the Afghan style, from small Guns resembling wall pieces, named Gingalls, and carried on Camels. We heartily congratulated His Majesty on being in possession of the Throne and Kingdom of his ancestors, and upon the overthrow of his enemies; and, after taking leave of His Majesty, we returned to our Camp.

I trust we have thus accomplished all the objects which your lordship had in contemplation when you planned and formed the Army of the Indus, and the expedition into Afghanistan.

前蒙贵人顾爱我，今我统领欧罗巴兵及本地兵俱十分雄壮，少有伤折。在呀吐呢与敌人打仗之时，其勇力更加。

The conduct of the Army, both European and Native, which your Lordship did me the honor to place under my orders, has been admirable throughout, and notwithstanding the severe marching and privations they have gone through, their appearance and discipline have suffered nothing, and the opportunity afforded them at Ghuznee of meeting and conquering their enemy, has added greatly to their good spirits.

我等官军未起程以前，尔贵人指画之事，我等均已完结。至八月初三日之禀所说，啰吐嘛和篾父子在咪领会合时，共领一万三千兵、炮三十门，预备次日交战，以其部下官兵皆不愿与我军交锋，丢弃粮草火炮，带领马兵逃往嘛免地方。

The joint desptach addressed by Mr. Macnaghten and myself to your lordship on the 3rd instant, from Shikarbad, will have informed you that at the moment we had made every preparation to attack (on the following day) Dost Mahomed Khan in his position at Urghandee, where after his son Mahomed Akbar had joined him from Jellalabad, he had an army amounting to 13,000 men, well armed and appointed, and thirty pieces of Artillery, we suddenly learnt that he abandoned them all and fled with a party of horsemen on the road to Bameean, leaving his Guns in position as he had placed them to receive our attack.

啰吐嘛和篾之兵皆倾心归服，沙苏野呜尔嗼王即收部内。

It appears that a great part of his Army, which was hourly becoming disorganized, refused to stand by him in position, to receive

我等今用新法攻得呀吐呢、咖咘尔二城，人心亦甚悦服。啰吐嘛和篾不能再望复管此地，故将其家眷及贵重物件带到嘛免。即如初二日晚上，啰吐嘛和篾欲带兵拒敌我军，伊军多有背逃，因此料其更无指望。至领十六号长鎗兵官之吗哟咖吨，带兵二百人，于初三日在其札营之处取得铜炮二十三门，俱满贮火药；离此不远，又有两门；又在至嘛免路上取得三门，共得炮二十八门，并放炮所需之物，现在已将各炮俱交沙苏野呜尔嗼王。

our attack, and that it soon became in a state of dissolution. The great bulk immediately came over to Shah Shooja, rendering their allegiance, and I believe His Majesty will take most of them into his pay.

It seems, that the news of the quick and determined manner in which we took their stronghold Ghuznee, had such an effect upon the population of Cabool, and perhaps also upon the Enemy's Army, that Dost Mahomed from that moment began to lose hope of retaining his rule for even a short time longer, and sent off his family and valuable property towards Bameean, but marched out of Cabool with his Army and Artillery keeping a bold front towards us, until the evening of the 2nd, when all his hopes were at an end, by a division in his own Camp and one part of his Army abandoning him. So precipitate was his flight, that he left in position his Guns with their Ammunition and Waggons, and the greater part of the cattle by which they were drawn. Major Cureton, of Her Majesty's 16th Lancers, with his party of 200 men, pushed forward on the 3rd, and took possession of those Guns, &c. There were 23 Brass Guns in position and loaded, two more at a little distance, which they attempted to take away, and since then, three more abandoned still further off on the Bameean road. Thus leaving in our possession 28 pieces of Cannon with all the material belonging to them, which are now handed over to Shah Shooja-ool-Moolk.

(True Extract.)
(Signed) T. H. Maddock.
Off Secy. to Govt. of India.
with the Governor General.
(True copy.)
H. T. Prinsep, Secy. to the Govt.

说明

此则包含两信，第一封由“副兵头”几呢和英国特使W. H. Macnaghten共同署名，但《澳门新闻纸》的译者省略了英国特使之名；第二封为几呢的信。

第二册

1839年10月12日至1839年11月30日

ঌ 24 ଓ

澳门十月十二日新闻纸 即中国九月初六日 噎文摩啦刊

The Canton Press, 5:2 (no. 210), 12 October 1839.

'To the Editor of the Canton Press.'

Dear Mr. Editor,

览律因近事而思索中国与英人有争战之衅，已想有数款如何始可获益。细思此等紧要之事又如此之多，于未行险以前须求其事详而当，信其理必中与准，或者可以得免此难。

As it is very possible, nay very probable, that hostilities may ensue between Great Britain and China in consequence of late events, I have proposed to myself the following question: how ought these hostilities to be conducted on our part, so as to ensure the most beneficial results to us?

Before venturing to discuss such a delicate question, I beg to lay down a few observations, which I trust will be admitted as so many axioms, on which the conclusion arrived at in the following may be safely based: - these are

我们专司买卖，并非欲得中国之地方，因英咭唎已开新市，并寻新路倍消出产货物。

1st. That our object is Trade, not Conquest, not the getting into our possession so many provinces or departments of the Celestial Empire, but to open new markets to British enterprize, and find new vents for our redundant manufactures.

我等贸易业经行开，允宜信实和好，时寻善事。近虽因事抗违官府，而第一要着，在照顾亲爱中国之民人，不可使其受苦，

2ndly. That Trade being our object, and mutual confidence and friendship being necessary for the carrying on of Trade, whatever measures we may find it necessary to take against the Chinese government, we must make it our first object to protect, cherish, and refrain from injuring the Chinese *people*.

当以缓议慢行，厚厚结交本地人，此系我们之法度。

3rdly. That our plans be laid with that cool deliberation, and carried into effect with that attention to moderation, justice and regard to the public and private rights of others, that we may give no third state a pretence for interfering.

我国之兵以及水师战船，所到之

4th. That in putting any of our military or naval plans in execution, we employ such

处，无不取胜，如此细思，定使中国不能得点便宜。因事太多，虽亦详细，然已失造化于九龙。我们推算，就以二十个而对中国一个，仍是中国赢了我们，自始至终，事情尽皆输了。

numbers and such *moyens militaires* as always to make victory *certain*, so that on no occasion may we allow the Chinese the slightest pretext for claiming the smallest advantage over us, as was too much the case at the unfortunate affair of Kowlung. Unless we attend most particularly to this, if we permit the Chinese to beat us even if the odds be twenty to one, still if they *beat* us, our *prestige* of superiority is gone, and our cause lost, even before we have well begun it.

各人辩论数法。

Hoping that these will be admitted, nem. con., I proceed to discuss the various ways in which the Chinese Territory may be attacked.

或有云："提带兵十万，由旱路自印度走加武尔或加斯米里，向东北而行，进至伊犁或耶问[间]，直至回回蒙古，经过沙漠，若无兵阻拦，有六个月可到万里长城，由河间行一百里至北京。"

但未知十万兵之中，能有几多可以打仗者？兼有三四千里崎岖之大山，拖大炮者有谁人？搬运兵饷者有谁人？沙漠之地运水来饮者又有谁人？此是小孩子之想、愚人之思，何益于事？

又有人云："若提兵由俄加过泥波尔之大山，经西藏入达达里，至甘肃、陕西或四川之北，由东北大路直至北京。"

我们之军颇似相宜，但有谁人引导带路？又谁人搬运大炮过此崎岖之大山？恍如拏波连提兵过压大山，真是童子之戏。

阿森之下边尚有一路，我前未详此路如何，近有欧罗[巴]人始寻出此路，即选人领兵前进。无奈英兵皆是衣冠礼貌之人，从未经过如此大林野兽之地，并有半多臣 即六数 崎岖之大山，整个月之路程 指兵不停步而言，更难受此劳苦。由此而至四川，

1st. By land, suppose an army of 100,000 men were to march from Hindostan – follow partly the route of our present army of Indus and on getting to Cabool or Cashmere, steer N.E. for either Ele or Yarkand, take these, march thro' the Chinese mahommedan Territory, the Country of the Mongols, cross the Sha mo or great sandy desert – why in six month's time they might (if they met no opposition) reach that part of the great wall at Halgan within 100 miles of Peking. But how many of the 100,000 men would be in fighting condition? Who would drag their artillery, baggage, and ammunition for 3 to 4,000 miles over mountain, valley and forest? And who would find them water in the sandy desert? The wandering of the Children of Israel in the wilderness would be nothing to theirs! This route may therefore at once be declared *impossible*. Suppose then we try the following. March our army thro' the Ghorka territory, across the Nepaul mountains, thro' Thibet, and debouch in Tartary, Kansuh, Shense, or the North of Szechuen, just as we may find the road most agreeable, then steer E. by N. for Peking? But who is to march our army and transport our artillery over these stupendous mountains? Why, Napoleon's or Hannibal's march over the Alps would be mere boy's play to that of the brave British across a ridge of the Himalayas! Let us try it then thro' our Assam territory a little further down. I am not aware

向东北前进，行一千二百里即是北京。此路比前二条更易行者，设有不信，我敢以十赌一。设或我们由阿森一路进击北京，又恐俄罗斯亦必由阿飞呀呢士旦来取加尔古打 即孟啊啦。

有云："可以试走缅甸乎？"我亦深知此路而至云南，颇为妥贴。闻中国之兵常由此至缅甸，并无阻碍。英咭唎之兵何以不能由缅甸而入中国？据我看来，缅甸系由中国护卫，皇帝系其上司，断不助我英国。以正理而论，则缅甸于两边都该不应诺为是，然又惧其两边都不应诺，又似寒牙里王款待困穷之啤打及其水手一样。即使缅甸允助我等，亦不过令其察看地方，则由彼到中国边界，尚约行一千五百里，我乃疑其不知果可助我考察地方否乎？总而言之，事必不行，凡出此主意者，我以为此人心必不正，且系疯狂之人。我再推思，若我等如今走阿付牙呢土旦一路，则英咭唎及印度之人未免皆要受病。

陆路已有许多难处，莫若由海程

if anything in the shape of a *road* has yet been found there by Europeans. We would require to march our army ever deserts where the foot of civilized man never yet trod, thro' jungle the abode of wild beasts, and swamps the abode of sickness and pestilence, and after quieting some half a dozen tribes of savage mountaineers, within a month (that is to say if the army could only live without food for so long) we should find ourselves on the borders of Szechuen, and a march of just 1,200 miles more nearly N. E. would about take us to Peking. Tho' perhaps somewhat easier than the two former routes, yet it does not look very inviting, and I would bet on to one that the Russians would sooner reach Calcutta via Afghanistan, than we should reach Peking via Assam. Shall we try Birmah then? I know very well that a pretty good road exists from Birmah into Yunnan, and as a Chinese army has frequently been marched into Birmah, I know of no natural impediment why an Anglo-Burmese army might not be marched into China. But it seems to me that the Burmese would like much better to defend their feudal superior, the Emperor of China, than to aid us in attacking him. Were they to promise to be neutral, I fear their neutrality would be somewhat like that of the King of Hungary towards poor Peter the Hermit and his crew; but still, allowing them to aid and abet us, I doubt even with their assistance our ability to survey the diagonal of China proper, which is a pretty interesting little promenade somewhat above 1,500 miles. In one word, I believe the undertaking *impossible*, and I believe that the man who would seriously propose such a scheme, could not be in his right mind. The madness of our forefathers the crusaders were wisdom itself, compared with any attempt we might make to invade China by land! And I rather think that our present expedition into Afghanistan has sickened both the Home and Indian authorities of such undertakings for some time at least.

2ndly. By sea. Supposing we determined

前进，不过多用战船兵丁即可攻打中国，然而北京岂是攻打之地方？

我今解讯去攻北京道路，有许多阻拦之难。北京天气，一至冬季最为寒冻，叙跛兵生长印度和暖之地，经此严寒岂不冻死？即如英咭唎兵，在印度居住日久，到此亦必冻死。两处之兵均不合式，必须用欧罗巴强壮红面兵丁，方可当此地之寒冻。红面兵虽云是强壮狗，于其甫到天津，尚未攻打有二百万人民之城，先已就有功夫之不死尽战、不胜不休、最勇最强之中国人与满洲之人，层层阻挡、节节拒敌。自天津起行，约程一百三十里始到北京，必须随行随战，随战随走。但他们非独男人拼力死战，即女人、小孩子亦来帮助死拒。我等红面兵又要走路，又要冲锋交战，总怕就有许多打破头脑，因离家路远，折损兵丁，一时何能有人充补？以上之事，细来推想，可许带五万强兵去攻打北京，用船装载这些红甲兵，过一万五千里之海程，须要一二万强壮红面之水手，水陆之兵全军到去。守海口须船十只，水师兵船又要二十只，装运粮饷船约要一百只，火船十二只装载大炮火药，以及平底驳船，只要足用，未计数目。若将此等费用开列一单，呈递英国国王，定必惊骇。设如兵已到岸，而船只不致被火延烧，需如哈兰哥底士 人名 在威拉格辣 地名 之故事，船只离天津远远湾泊，岸上兵与水上兵声势相通，然天津洋面，欧罗巴难知详细，海中多暴风、多暗浅、多流沙，以及各样海境，皆为可虑。今以胜败论之，倘我等军兵一败，必无一人可能回来报信。若云得胜，我等岂真能将英咭唎之旗高竖于北京之城上？我想，中国地方断不肯为英咭利之省分，而人民

to attack China with a large fleet and army, I presume that Peking would be the point of attack? To attack any other point were useless or worse than useless; even if we over-run a province or two, their system of government would still go on as before, they would pour army, upon army until the invaders sank under overwhelming numbers, whereas the fall of Peking would probably dissolve the present Tartaro-Chinese dynasty. But let us examine the obstacles in the way of taking Peking. The climate of Peking is dreadfully cold in winter. A sepoy army would be frozen to death there, as also would the white soldiers who have live many years in India; so we must have fresh, hale, jolly, red-cheeked soldiers from Europe for a job of this kind in a place as cold as the North pole. Well considering that these jolly bull-dogs have got the task before them of storming a City of two millions of inhabitants, defended by the best and bravest of China and Tartary, all of whom are sworn to conquer or die; that they must effect a landing amid great opposition; that they must march about 130 miles with man, woman, and child in deadly opposition, (from Teen tsin) before they reach Peking; that, in the landing and march, a good many of them would perhaps get knocked on the head, and being a long way from home their loss could not be supplied in a moment; I say, taking all these things into consideration, surely you will grant me at the very least 50,000 of these hale strong fellows for the storming of Peking. To convey this number of red costs some 15,000 odd miles, we must have at least from 15 to 20,000 jolly red-cheeked British tars, and the transport the whole armament thither, would be required at the least, ten ships of the line, twenty frigates, a hundred transports, a dozen steamers with a number of bomb ketches, rocket-boats and flat bottomed boats for disembarkation. By the time the bill of fare for this costly entertainment came to be made out, it's total would astonish the most prodigal ministry that ever swayed the destinies of the British Empire! But the

亦断不愿见英人王于朝，虽得北京，其中亦无甚大有利益，况以毋须两月之久，百姓定必死力逐出英国之人，如此必有谓所费多、所得少，有何益处？是何意思？

若因中国谓我等国小无能，说即国王即有恭顺之语，轻视我国，所以我等扰其首城，以明其错，以报我辱，此岂不是小事而用大费？是由海程攻打中国，亦如旱路受许多无穷之灾难，及非常之费用，因此亦断断不能。

difficulties don't end here. I presume that on landing at Teen-tsin we should not set fire to this splendid fleet of ours, as Hernan Cortez did to his at Vera Cruz; thus then they must lay off Teentsin, so that a communication may be kept up between the fleet and army, in a sea scarcely known to Europeans or known only to be dreaded, as it is liable to frequent storms and abounds in shoals, quicksands, counter currents and all the etceteras that the mariner views with horror! But if our army should get defeated? If this should happen, why we need not go further in our speculations, as not a man would probably return to tell the tale; but could we really succeed in hoisting the English flag on the walls of Peking, I do certainly think that, from that moment, the present dynasty would cease to reign. But let me not be misunderstood. Altho' I believe, that on the fall of Peking the whole Empire would be thrown into confusion and most probably the Tartars would be expelled from China, yet let it not be supposed that I mean to infer that China would become a British province, or that the people would ever consent to see a British King upon the throne. Quite the reverse. Though Peking might fall and tho' the present Government might be over-thrown in consequence, yet we should be no gainers thereby. Under the most favorable circumstances the British could not hold Peking for a couple of months, for the people would expel them with more fatal certainty and in a much shorter space of time than they would the Tartars. If then it be asked me, if we are to gain so little by such a very costly expedition, pray what benefit can be derived from it at all? or what is the object of it? I reply, the Chinese have insulted us by calling our country paltry and powerless and our sovereign submissive and obedient; by taking his Capital we convince him of his mistake and get satisfaction for the insult. But if it again be asked, is not this going to an enormous expense for such a small object? and could not the same result be attained at a much cheaper rate? I reply, that I think it could,

惟有封中国之海岸，是为最便宜之事，然其中亦有许多艰难之处，欲全封中国之岸海，非但断不严紧，即别国亦不遵行，犹如佛兰西王海面并无一只师船，而欲封英咭唎国之港。我等于今只能封一二港口，中国人即开第三港口，与咪唎坚人交易，其利息仍旧一样。我等若将咪唎坚赶开，严守海口，不许进来，不待半年，咪唎坚必与英国口角，即佛兰西以及各国亦然。封港系招祸之由，大险事也。先日佛兰西封密士干港口，以致与英咭唎、咪唎坚成仇。由此观之，一经封港，在咪唎坚、佛兰西等国，以被[彼]之买卖而被我等断绝，必大忿怒，与中国连合，步步攻打我们，遂令我等之事又属枉然。佛兰西封密士干港口，不过一二处耳，余皆瘠瘦人稀之处，皆未封禁。今中国沿海地方皆系利市之港口，本地船有数千只，强壮渔人有数百万之多，如此看来，英咭唎封中国港口，岂是容易之事？定必不似佛兰西封密士干之易。若封中国港口，势必将其计[许]多船只设法击沉擒烧，后又毁其数处城池村乡，屠戮其数千老幼男女。

and will endeavor to show how hereafter. But when looking over the immense difficulties and prodigious cost attending an attack on China by sea, if I do not pronounce it utterly *impossible* as in the case of the supposed attack by land, yet consider it so very *impracticable* that it will most likely *never be attempted.*

3rdly. By a blockade of the Chinese Coast. This being the cheapest, and to a naval power like ourselves, the most obvious way of inflicting an injury upon an enemy, is very probably the plan that will be adopted. And yet there are many and strong objections to it. It is impossible for us to institute a *rigid* blockade over the whole coast of China; - were we therefore to proclaim a blockade of the whole coast, foreign powers would no more respect it, than they did Buonaparte's blockade of the British Islands when he had not a ship to send to sea. Were we only to blockade one or two ports of the coast, then the Chinese would open a second or third port to the Americans, and their interests being one and the same, we would by our own acts drive them into a league offensive and defensive, and the chances would be that ere our blockade had lasted six months, we should have got ourselves into as nice a little quarrel with the United States, if not with France also, as any one could wish to see. A Blockade is a dangerous manner of making war, the time required for it's operation being so long and it's results being so uncertain. I may only refer to the late blockade of the Mexican ports by the French: - altho' 'notified' in the most formal way, yet it caused great dissatisfaction both in England and the United States, and had it last much longer, it might have involved France in hostilities with both these powerful countries. Of course we cannot expect but that France and America will feel strongly disgusted at seeing their trade with China stopped by us, and consequently, leagued with the Chinese, they will take all the steps they can to thwart us, and render futile our attempts. But France in blockading Mexico had only one or two ports to blockade, the rest of the coast was devoid of harbour, barren, rocky, thinly peopled and the population supported by agriculture. Now the Chinese coast abounds in good harbours, these are crowded with native shipping which may be numbered by the thousand, and teem with millions of strong and hardy fishermen. The consequence of this is, that Great Britain will not find it quite so easy to blockade the Chinese coast as France found it to blockade that of Mexico. In the course of the blockade it would no doubt be necessary to sink, seize and burn a good many junks, to destroy several towns and villages, to butcher a few thousand men women and children in *terrorem*. –

'Shed blood enough old Renault! How thou charm est me!'

and this done as effectually as possible, we must circulate a few printed papers to tell them, that 'we come from England the most civilized point in the world, that the men who have committed these very questionable acts of kindness are Englishmen, "of men the chief," that we worship a being who all his lifetime preached "peace on earth and good will towards our fellow men" and who "went about continually doing good" that the fundamental principle of our Holy Religion is, not merely to love our friends (which even the pagan Chinese do) but to love our very enemies, and as a practical illustration of how closely we add here to the tenets of our Blessed Master, we are come to blockade the ports of you poor Chinese people who never did us an harm, to sink your ships and slay your people if they attempt to go in quest of food, or to starve you, your wives and your little ones until so many millions of you die of hunger, and until you suffer such an amount of hardship that your cries of horror may at length reach your Emperor's ears and compel him to pay for two millions pounds' worth of the healthful and exhilarating Drug Opium, which the High Commissioner Lin got out of us, and in order that you may buy our Woolen and Cotton manufactures in

设若可行，当即印纸告白，布散通知："我等由天下第一斯文地方而来，施恩与人，莫如英咭唎为最，凡人一生安静者，我当敬重，按我等之道理好意待人，到处行善。尔等中国之穷民，未尝有害于我等，而我等今来封尔等之港口，沉坏尔等之船，饥饿尔等大小数百万之生命，今尔等所受之苦，遍地号泣，达于尔等皇帝耳内，就可发回由钦差在我等手中取去之鸦片烟价银二百万棒，那时尔等能买我等之大呢、疋头、洋布，可以多过平时。"

此是所定封港告白之法，作此告白并无文采修饰，措词命意无非是寻常口头话语，所虑未能详出，中国何能见我等之意？又何能知我等所行之事？即使知之，岂肯以我等即为上等之人乎？又岂肯信我等之道理为仁人君子之行事乎？尤必反以我等行为行同海盗、性类猎犬，劫夺扰害，毫无仁者之心。然我等来此原为贸易，并非求胜，所以我等必须结交朋友，尤重信实，以图交易，洵为本分。若如上说之事而行，欲得中国人之信实朋情，能乎？否乎？则必佥曰："不能。"我想非仅不能，尤令中国人动辄詈咒，指我等英人之名，定成永远咒詈之话头、暴虐之国政。我曾想过，若积灾难于贫穷无辜之人民，此系麻麻里、都呢斯之行为，非我等英国之政事。尤可思疑者，在我等国中之贤官水手，恐怕亦未必即肯往装火炮，此等无名之事，无异夺取妇人小儿之糕饼，致使人皆战栗，岂不正宜英咭唎水手之声名乎？

larger quantities than you have hitherto done.' Now were we to institute a blockade, our manifestoes, stripping them of all the garnish and tinsel of diplomatic phrase, would merely amount to the above declaration reduced into plain English. And how would the Chinese view sentiments like these? conduct such as that we have described? Would they really grant that we were 'of men the chief,' and that we afforded by the gentleness and benevolence of our conduct, excellent practical proof of the Holiness of the Religion of the Cross? Or is it more likely that they would confound us and our deeds with the cruel robbers and pirates who have so often ravaged their country, only looking upon us as hell-hounds more strong and fierce in as much as our cruelty would appear to them more remorseless and methodical! But we said at the outset that our object here is *Trade* not *Conquest* and that for the carrying on of Trade mutual friendship and confidence were necessary. And should we gain the friendship and confidence of the Chinese by means such as those? oh no! I rather think that we and our's would be the object of their curses and that the name of an Englishman would be coupled with an execration for ever! I have always looked upon the policy of hitting a government by the mass of misery we can heap upon the poor unoffending people, as a policy more becoming the States of Barbary and Tunis than the Empire of Great Britain. Moreover, among ourselves I doubt not there are many gallant officers and seamen who would not wince when marching up to a loaded cannon, who would yet shudder at the idea of being employed on such a degrading service as the depriving of women and children of their little meals. Is it not much more congenial to the character of the British Tar, to give his last sixpence to a starving female, than to wring the scanty loaf from such helpless victims as those?

有论暂取沿岸各海岛之事，我想此事甚属易行，此计似乎胜过前谋。

4thly. By taking temporary possession of several islands along the coast. This appears to me to be by far the easiest, the most feasible,

设如我等取得广东海之磨咕岛，屯兵镇守坚固，将各船湾泊在尖沙嘴，小心紧守；一面再进取惠州、潮州、南澳、厦门、泉州、福州、台州、宁波、上海、洋子江口、黄河口、山东、天津各处对面海岛，依次占得，密设壮兵驻劄坚守，竖起英国旗号以张兵威，以表许多慷慨，环绕中国各海岸，兵不劫杀中国不危害之人民，只可以引诱伊等前来归附，厚待之以恩。彼时中国官府见此光景，定必战栗倒地。

果能如此，就应了许乃济、直隶总督琦善密奏皇帝本章内云："攻取海岛甚为可惧"之语。然中国人必定尽力攻夺我等所得之岛，我等在坚固之处最容易拒敌，一可以当百，我想每岛于壮兵驻札之外，另设保护战船二三只，以我等海上之强猛、炮手之善用，则天朝之强兵亦不足畏，纵有百万之众，前后左右齐来攻打，我等亦不能败。即使虽有山民夜来扰害，狭窄险道，久战瘟疫，我等亦皆不能败。所虑者全不知地理情形，虽善用兵，亦何益之有?

and likely to prove the most effective mode of all. Suppose for instance we took possession of the little island of Kuangtung at the Bogue and strongly fortified it, that we also fortified the anchorage of Hongkong, that we took up another small insular position opposite Hwuy-chow, another opposite Chaou chou foo, another at Namo, another at Amoy, another at Chinshew, another opposite Fuchowfoo, another at Taychow, another of Ningpo, another at Shanghin, another opposite the mouth of the Yangtszekiang, another opposite the mouth of the Hwangho, another off the point of the promontory of Shantung, and another right opposite Teen tsin itself; I say that were we thus to squat down and encircle as it were the whole coast of China with a chain of fortified posts, hoist the British English and declare each and all so many free ports, instead of robbing and killing the inoffensive people of China, allure them if possible to our standard with offers of protection and with the kindest of treatment, the Chinese government would think that their end was near and tremble at the prospect of their downfall. It so happens that in the secret memorials addressed to the Emperor by Heunaetze and Keshen, Viceroy of Pechele, *the seizing and fortifying of their own islands is the very thing that they are most afraid of!* This would therefore be what is vulgarly called, *hitting them on the raw.* No doubt the Chinese would strain every nerve to dispossess us of our strongholds, but in our fortified positions we should be able to repulse them with the utmost ease, even if they were a hundred to one! Ensconced in a little island as I have imagined, and each post attended by two or three small vessels of war, such is our immense superiority by sea, and our skill in gunnery and fortification when compared with the Chinese, that a mere handful of European troops, need not fear the strongest army that the Celestials could lead against them. We should not thus be liable to be overwhelmed by a million of men attacking us in front, flank and rear at once, or have our camp stormed by a night attack, or annoyed by hardy and active mountaineers, attacked in defiles, worn out by long marches, affected by sickness and pestilence, cut up by detail, or, in one word, exposed to all or any of those evils to which an invading army is subject, and where their superiority of military skill would weigh but little against their total ignorance of the country, and the catalogue of dangers which I have just enumerated. No! we should await the enemy quietly and coolly in our insular positions, and when he might venture to dispossess us, give him such a reception as would convince him that we are not quite so ignorant of the military art as he supposes. Instead of killing and starving the people by blockade, as we have already shown to be most impolitic, by our kind treatment of them, we would find no difficulty of always getting timely notice of the intentions of the enemy, while by keeping one or two steamboats on the spot, we might have almost daily communication from one extreme post to another. It may be argued that the Chinese government would compel all their subjects to retire from the sea shore, as Kanghe did, to suppress the piracies of Koxinga. I reply that circumstances are now widely different from the time of Kanghe, and it is quite impossible for a Chinese Emperor now a days to compel all his people, several tens of millions, to leave the sea shore and retire inland. Again it may be argued, they would starve us out. I reply, they could not, or it would be our own fault if they could. Let the worst come to the worst, each position consisting of only a few hundred men, what difficulty should, we find in victualling them? but our measures being wholly defensive, occupying only a few barren inlands and repulsing the mandarins when they ventured to attack us, while we protected and encouraged the common people, I certainly think that after the first month was over, we should find no difficulty in getting Chinese fishermen to fish for us and Chinese farmers to supply us with

非也，我等一得海岛，即在其间静候，敌人前来夺回，即需接战，得胜一阵，俾其知我等不是不熟习兵法之人。

按上所说封港饥饿人民之法，实非仁义之事，若以恩待，亦不为难，欲常知敌人之动静，当用火船一两只探听虚实，以通知各处驻扎兵丁。有谓如此办法，即可逼令中国官府，使百姓退离海岛，如康熙年间平郑国盛海贼一样。我答曰，现今事情大异于康熙年间，盖今日之时势，皇帝亦不能逼数千万人弃离海岸而移居别处，何况我等人乎？又有意谓，伊等可能绝断我等之粮食否乎？答曰：不能，即使能断，亦我等自己之过，是不幸又不幸之事。然中国每处只有数百人，我等之法皆可以拒敌，又何难而求粮食？以我等所占之海岛，不过数处瘠瘦之地，若官府前来攻打，我等亦可以退敌。岛中之人民，我等好好照顾，不须一月之后，渔人就可替我等打鱼，并有人替我等包办粮食。欲行此法，不能即时可以见效，如修罗问城非一日之可成功也。虽可从容好好行去，我亦尤有点思疑。

我想仍有一法似乎可行，有深识中国之书史及熟习中国政事之人，得知中国尊皇帝为天下主之道理，即如加特力教尊罗问一样 天主教尊意大里亚国为上国，中国现以佛兰西、英咭唎以及各国之王，好似奉其恩命而为天下偏僻之王，此不过是中国百姓之意见，而官府亦遂以为实。除此法之外，尚有何法可开中国人之眼目乎？我等设能得其海岛，中国必尽力驱逐我等，而我等谨慎小心，伊等必败。

既败之后，中国仍旧回想贸易之事，乃曰：汝等何必保固这些地方？岂不大耗费用，重累尔等？然尔等可以毁离海岛，来宁波、上海、厦门等处，做个太平贸易，岂不美哉？于今须要记得，我等所仰望者，两边和好如同先前，我等不要中国之地方以及所占坚固之海岛，不过只要伊等说出

provisions. As Rome was not built in a day, so neither do I mean to assert that the good effects of this system would be seen *immediately*, but there is little doubt that the plan would ultimately work well. The following is the way in which it is likely to operate. Any person well versed in Chinese History, or acquainted with the theory of the Chinese government, must be aware that just as Roman Catholics look up to the Pope of Rome as their spiritual superior, so do all true Chinese look up to their Emperor as King of all the Earth, and that the sovereigns of France, England &c. &c. are merely so many petty princes who govern so many nooks and corners of the globe by His gracious permission. It is this idea, so admirable calculated *ad caplandum vulgus*, that holds the Chinese Empire together, and the heads of their government are quite aware that such is the fact: - dissolve this spell, I say, and the huge overgrown fabric would probably of itself tumble to pieces. And what way so likely to open the eyes of the Chinese as the plan I have proposed? 'What!' would they exclaim 'and is it come to this, that our Emperor is so weak that a few handful of despised foreigners can hem him in – can establish themselves on his sea-board, making their posts so many rendezvous for all the disaffected of the Empire, *and yet with all* his efforts he cannot expel them! surely our Emperor is not so *very* powerful as we have been taught to consider him!' Now, if there is one thing more than another that the Emperor and his mandarins dread, it is, *lest sentiments of this kind get current among the people. This is the real cause of the exclusive policy of the Chinese.* Accordingly, after having made several efforts to dislodge us and having failed (as fail they must if we only take prudent precautions) they would probably have recourse to negociations, and say, 'Why keep these fortified places? They must be a great burden to you! A very great expense! How much better for you to demolish them and come and trade peacefully at Ningpo, Shanghai, Amoy

这几句实在之话而已。各英咭唎人亦只望开各处港口，一心做正经贸易，我想中国官府再不为钦差所为之事，封港拘留我等，须待所命之事皆以清楚才肯罢手。中国官府亦知道再有此事，海边要动兵戈，并且知道我等能以驻兵，容易拒敌，我等再没有想到，用此微小之事，中国官府就即卑下，伊等之兵一败，就知我等比别国来得觉有分寸，就认得欧罗巴之军善于用兵，此最妥当，可以免将来之凌逼。所有港口皆开，即可消我等之出产，与我等交易之人民，必款待我等如好朋友，非是坏心仇人，岂不心愿？

以上之事固是我等所深望，若我等不情愿洗净鸦片贸易之手，这些法子亦如别样法子，仍旧枉然无益。

欲知后此机会，俟有时再为告知。

&c., &c., &c., *and two side be all good friend same same before!*' Now be it remembered, *this is the very point we are driving at*: we do not want their territory, neither their fortified places, except as a means to an end. All any Englishman of good feeling and common sense can want, is *to open their ports for the extension of our lawful and honorable Trade*. The Chinese government would not again try the experiment of the Yumchae, I mean the shutting of us up, and the keeping of our persons in durance till we gave into his terms, knowing by experience that such a course of conduct would be followed by the military occupation of their sea coast: and having felt with what ease we could repel them from our chain of posts, they would not feel desirous of increasing their acquaintance with us on the field of battle. Thus then by a simple process would the Chinese government be humbled and taught our importance in the scale of nations; their military would be defeated and made to confess the superiority of European discipline; and excellent security would be afforded against oppression in future; the ports of China would be thrown open to our manufactures, and above all, the *people* with whom we were thus to trade on an extended scale, would, it is to be hoped, meet us as kind friends, not as rancorous enemies. This is a 'consummation devoutly to be wished,' *still, unless we consent to wash our hands of the Opium Trade, these as well as all our other efforts must prove vain.'*

I may again have occasion to address you on this subject, meantime remain,

Yours,

RAMROD.

Hongkong, 3rd October 1839.

说明

译文开头的"嗱文摩啦"，指《广州新闻报》的编者与出版者Edmund Moller。"览律"指本则投书的读者Ramrod。

∞ 25 ∞

[澳门十月十二日新闻纸]

又

提督告示已经译出两个礼拜，于今我等能得观看者，系我朋友之情。此张告示出来已有三个礼拜。提督系关夫子后裔，尚抱着有关夫子之仁慈，可感他容留船只在尖沙嘴，没有扰害，此系仁慈柔远之意。在欧罗巴洲，有好多世家嫉妒中国此提督有此长久族谱，胜过我等世家族谱。我等族谱最久远者不过一千年，或者除非依达里人有数家系羊皮族谱，内载罗问 国名 英雄帝王名字，才能有此长远。

The Canton Press, 12 October 1839.

The kindness of a friend enables us to lay before our readers the translation of the Admiral's proclamation, which we referred to a fortnight since. It seems that though three weeks have nearly gone by since the date of that document, the patience of the descendant of Kwan-foo-tsze is not yet exhausted, and his compassion still moves him to leave the fleet undisturbed at Hong-kong. These motives of compassion and tenderness have probably received additional strength from the return to her anchorage at Hongkong of the *Volage* frigate, and the arrival of H. M. *Sloop* of war, *Hyacinth* from Singapore. (We supposed in our last this ship of war to be the *Herald*; that vessel had arrived at Singapore, but proceeded to India instead of coming on here.) Many nobles in Europe will envy the Chinese Admiral his length of Pedigree, which exceeds that of their own, even where most ancient, at least by a thousand years, except perhaps in the case of some Italian families, who have found means to grace their parchments with the names of Roman heroes and emperors.

说明

《广州新闻报》本日同页刊有道光十九年8月16日(1839年9月23日)广东水师提督关天培告示英译。告示中关天培提及自己出身河东，为关帝之后。

ꕤ 26 ꕤ

[澳门十月十二日新闻纸]

又

目前中国与英人之事，见得艰难，两国尚未定夺如何了结之道理。若与此处打仗，攻打者恐有艰难不利之事。我等思想，打仗只利攻打首城，但中国宽大，有好几省地方可以攻打，然皆离省城路远，即攻打这些地方，亦不能令北京为难。我等亦不能夸扬自己熟习兵法，即如攻打中国，必须起大兵，此是一件实事，然中国海陆皆宽大，此又是一件难事，我等已不知内地如何情形，又不知其如何办理拒敌，若径[迳]去攻打，是为最危险之事。

英国封港口之事，揽律亦经推求细思，封港则本地人未免受艰苦，及犯海上别国之忿怒，亦是危险，不见有利，则封港、攻打两事，均系受驳不可行。又设想沿海各岸驻劄，英兵不多，费用亦不足。如此而逼中国讲和，复开贸易，此等意见亦大受驳，如览律驳封港一样。按，驻札兵丁与封港相同，中国断不能无拒敌，岂肯容夷人屯驻兵丁，扰害其海岸？故必

The Canton Press, 12 October 1839.

We beg to direct our readers' attention to the communication from 'Ramrod.' We are as desirous as our correspondent to see the present difficulties between the English and Chinese arranged without resorting to the 'ultima ratio regum,' nor can we help being impressed with the difficulties which a war with this country would oppose to the attacking party. We are however not of our correspondent's opinion that in case of war, the attack can advantageously only be directed upon the Capital; we may here remind him that though Paris of old could not knock Achilles on the head, yet he shot him in the heel; so wide an Empire as China must be assailable and vulnerable in many of its Provinces, remote from the seat of the principal government, nor can we suppose, that an attack upon them would give no uneasiness to the Government of Peking. We cannot boast of any knowledge of the art of war, but our correspondent's remark that an invasion of China would require an immense armament, and consequently an enormous expenditure, is obviously true; the great distance of this Empire either by land or sea, opposes another obstacle; and the very imperfect knowledge we posses of its interior administration, and its means of defence, would render an invasion an extremely hazardous experiment. A Blockade of the ports is next considered by 'Ramrod,' but its expediency not acknowledged, by reason of the hardship to which it would subject the natives, and the danger of being resented by other maritime powers. Having thus rejected the practicability and policy of invasion and blockade, our correspondent recommends the occupation of a number of posts among the coast, which in his opinion may be maintained with small garrisons, and at an inconsiderable expense, and by these means to force the

有极力保护，恐怕难免流血。英兵驻札地方，相距路远，又必须要好多兵船保护，如此之费用即属不少，与岸上带兵无异。

Chinese Empire into a treaty of amity and commerce. To this project we discover the very same objections which Ramrod starts against a blockade, for, in possession of these ports, a rigorous surveillance equal to a blockade would become necessary for their protection, and blood would flow, for it cannot be believed that the Chinese will allow foreigners, without resistance, to fortify themselves in posts when they would be able to command and harass their coasts whenever they should be so inclined. Besides it would require an enormous navy to protect all these isolated posts, at such great distance from each other, and be as expensive, we believe, as landing an army on the coasts. For obvious reasons we cannot enter more at length into this matter, but must leave our readers to judge for themselves of the merits of 'Ramrod's' suggestions.

27

澳门十月十九日新闻纸 即中国九月十三日

The Canton Press, 19 October 1839.

Art. V. 'Description of the tea plant; its name; cultivation; mode of curing the leaves; transportation to Canton; sale and foreign consumption; endeavors to raise the shrub in other countries.' – From the *Chinese Repository* for July. [Continued from No. 1.]

英咭唎之外，咪唎坚消用绿茶最多，难以详计其所消之细数，因有许多茶叶已载进口，又复装载出口，前赴别岸售卖。即如一千八百三十二年装进口之茶叶，有九百九十零六万六千零六棒，后又装出一百二十七万九千四百六十二棒到寒脉、咕麻等处消售。在兵戈之后，消用茶叶渐渐增加，以每人一年用十一两茶叶而计，咪唎坚每年总共需要装一千二百[万]棒进口，方足敷用。前时倍增税饷一半，在一千八百三十三年已免去所增之饷。一千八百三十三、四两年，咪唎坚船只由中国装去之茶叶，不下一千八百六十八万八千五百三十三棒，从前并无上至此数也。

Next to England, the United States consume the greatest quantity principally green teas. It is impossible to arrive at the exact consumption, for much that is carried there is reexported. In 1832, 9,906,606 lbs. were imported, of which 1,279,462 lbs. were reexported, to Hamburgh, Cuba, &c. The use of it has gradually increased since the revolution, and the average consumption for each individual is now about 11 *oz.* av., per annum. At present the importations may be stated at about twelve millions of pounds annually, being an increase of nearly one half since the duties were taken off in 1833. In the season of 1833-34, no less than 18,688,533 lbs. were exported from China in American vessels, but it has not since again reached that amount.

欧罗巴内地消用茶叶，以荷兰、俄罗斯两国为最，荷兰每年要消二百八十万棒，应纳税饷不等，自一个半[四分之一]边里起，至四个半边里止。耶嘛呢 即今之欧色特厘阿等国 每年所消之茶叶，由寒麻埠头进口装去，每年亦销用一百八十万棒或二百万棒。佛兰西吃茶今亦加增，佛兰西船只在广东出口之茶叶箱数虽多，及至佛兰西进口之时，茶叶之数即已减少，在一千八百三十二年只消二十五万棒，然只用之以作医胆经之药材，因佛兰西酒多便宜，故

The consumption of tea on the continent of Europe is principally confined to Holland and Russia. That in Holland amounts to about 2,800,000 lbs. a year; the duty on it varies from 1¼ d. to 4½ d. per lb. The tea consumed in Germany is entered at the port of Hamburg, and amounts to from 1,800,000 lbs. to 2,000,000 lbs. annually.* (*The importation into Hamburg of fine Pekoe tea has of late years considerably increased, to supply the demand for Turkey, where the consumption seems to be fast spreading; the Turkey merchants supply themselves with it at the annual fairs at Leipzic. – Ed. C. P.) The use of it in France appears to be on the increase from the table just given though the whole exportation from Canton in French ships is much more than the importation into

不甚消中国之茶叶。俄罗斯茶叶，据地咪吐由西北厘阿寄来之信，俄罗斯去茶叶有六万六千箱，计重五百万棒；在一千八百三十年，去五百五十六万三千四百四十四棒；在三十二年，去六百四十六万一千零六十四棒，皆系黑茶，由旱路自喀克图运到担色，担色有两条路，一条水路，一条旱路，均是运到娜窝额罗。黄旗船常至黄埔，绥领船、普鲁社船亦常到黄埔，然我等不能知其装载出口之货物有多少，

France. Up to 1832, the consumption barely equaled 250,000 lbs.; but a notion that it was an antidote to cholera is said to have made it more fashionable. The comparative cheapness and great use of wine in France must ever present an obstacle to the consumption of the Chinese beverage. Russia, as we have already seen, is supplied through Kiakhta. Mr. Davis informs us that a letter written from Siberia in 1819 stated the quantity annually carried to Russia was about 66,000 chests, containing upwards of five millions of pounds. In 1830, the imports are said to have been 5,563,444 lbs.; in 1832, they were 6,461,064 lbs. The teas, which are mostly of the black sorts, are carried from Kiakhta, overland to Tomsk, and thence partly by land and partly by water, to Novogorod. A Danish ship now and then arrives at Whampoa; and Swedish and Prussian ships come at intervals, but what proportion of their export cargoes is tea we have not been able to ascertain.

却亦有些茶叶，载到监札加、山为治海岛、比鲁、嘛萨兰、密斯果、治厘、匿斯闷、特列吐底消售，此数处所消茶叶，总不如我等消用之多，亦不如我等肯在各海岸贸易生意，是以消售最少。印度纽叟歪尔、阿支比拉俄 东边各海岸总名 各埠头，近来消用茶叶增长，系英咭唎于每年由中国装载茶叶五、六、七船前去售卖。在阿支比拉俄各岛中消用茶叶，系中国本地人装出贩卖，由来已久，所以至今茶叶贸易，仍有一大半在中国福建商人之手中，中国人海船放到苏禄、路哥尼阿、文来、新奇坡，以及附近等处，系顺着西北风驶去，不只装茶，并有别样货物。中国人装茶叶到新奇坡贩卖，英咭唎人在新奇坡亦有与中国人买回英咭唎消用，因系中国人所带去之茶叶，均是上等的。阿支比拉俄各岛中所消之茶叶，皆系在彼住下之中国人消用，现在中国住下各

Small quantities of tea are also carried to Kamtschatka, Sandwich Islands, Peru, Mazatlan, in Mexico, Chili, Lisbon, and Trieste, but the mention of these places does but little more than impress upon us the universality of its consumption, and the untrammeled character of the commerce of the present age, for the use of it in all of them is extremely limited. The exportation, from China to New South Wales, to various ports in the Archipelago, and to India, is for the most part carried on in British vessels. The first mentioned trade employs five to seven vessels annually, and the consumption is increasing; which remark is also true when applied to India. The native trade in this article, between China and the islands of the Archipelago, is of a very ancient date, and a good share of it is at present in the hands of Chinese merchants from Fuhkeen. Their junks leave in the north west monsoon, proceed to the Sulu Archipelago, to Luçonia, Borneo, Singapore, and the interjacent places, carrying not only tea but other commodities. We have no means of knowing their exportations, but

岛之人数，每年加增，故中国各船带去茶叶之贸易，亦每年加增。我等不能知其出口茶叶多少数目，总而言之，伊等所装之茶，不及先前之多，因大吕宋、荷兰、英咭唎各船只，装茶叶到其各所属地方贩卖之故。

conclude that in tea they are not as great as formerly, from the importations by Spanish, Dutch, and English vessels, to the respective colonies of those nations.* (*The conclusion at which the writer arrives seems not to be borne out by fact. The archipelago is, for the use of the Chinese settlers, supplied with tea by the Junks only, and from the annually increasing numbers of the settlers this branch of trade is also on the increase it may be conjectured. Some of the teas taken by the Junks to Singapore even find their way thence to England, and have been found not to be inferior to similar descriptions of Tea shipped at Canton. – Ed. C. P.)

茶叶一款，总而言之，中国每年出口之茶叶，有七[六]千万棒至七[六]千五百万棒，所得之价值亦无定准。一千八百三十七年，英咭唎、咪唎坚两国船只，共装出茶叶五千六百七十五万一千一百三十三棒，按货单计值一千九百九十二万八千零五十二员。三十八年，两国船只共装出茶叶五千二百二十万零二千五百三十三棒，按货单计值一千三百五十三万五千零二十六员。一千八百三十七年，中国人消去鸦片计值一千三百五十五万四千零三十员；三十八年消去鸦片计值一千九百七十二万七千二百五十九员。以此计之，茶叶与鸦片贸易可以抵对。

It thus appears, from the most authentic data that we have seen, that the annual amount of exports from China, in the article of tea alone, is between sixty and sixty-five millions of pounds. The price paid to the Chinese for it cannot be so nearly ascertained. In 1837, there were 56,751,433 lbs. exported in British and American vessels, at the cost of 19,928,032 dollars; in 1838, only 52,202,533 lbs. were exported by the same nations, at an invoice cost of 13,535,026 dollars. It might be added here, as a commercial antithesis, that the sale price of opium to the Chinese for 1837, was 13,554,040 dollars, and for 1838, it was 19,727,259 dollars.

贸易中之货物，能利于人并利于税饷，舍茶叶之外，断无再有胜于此者。中国官府于每担茶叶出口，徵收税银二两五钱；又洋行会馆各项费用，每担抽银六员至九员、四员不等。先日公司与洋商交易之时，每担茶叶纳饷并费，皆系六两七钱，比今减少。想以公司系大贸易之故，除省城税饷以外，沿途尚有关口七、八处，亦需俱纳税饷；俟到英咭唎国，每棒税饷又纳

Few articles ministering to the happiness of man have been more the object of taxation than tea. The Chinese government levies an export tax upon it of two and a half taels per pecul, which is doubled to five taels ($6.94) by several consoo and other charges. Under the E. I. Company's monopoly, when the system of making advances to the hong merchants was practiced, the export charges were six taels and seven mace, showing a reduction under the free trade. Besides the charges in Canton, we have already seen how it is obliged to pass through seven or eight excise-houses on the

时吟两个、边厘一个 每时吟一钱八分、每边厘一分五厘核计，每棒茶叶纳饷三钱七分五厘，统计茶叶纳饷，较之原值已经加倍，再加水脚以及办事、保船各款费用，运至英国卖价而与武夷山买价比较，岂止加至数倍耶？况欧罗巴各埠，于茶叶一款皆起税饷，茶价无不昂贵，惟咪利坚税饷减少，是以各埠茶价较贱耳。

茶叶销用极广，又极兴旺，所以我等在各处尽心栽种，以敌中国独行之买卖。阿山地方原有出产茶叶，为数颇多，足敷本地用度。后经没鲁吐在阿山上边地方，寻出共有五十五块，俱已栽种茶树，近来所收之茶已有出口，所有培植茶树俱交印度官府保护。一千八百三十九年四月初二日，兰吨已有阿山茶叶到去，均以为奇。其茶小种有三种，白毫有五种，各经纪争买，致得高价。经好茶师考察，以此茶有伤原性，致有烟气苦味，皆由工人制造之不善也。我等尤须留心讲求，需得尽用中国工人栽种，尤须福建之人曾经种过茶叶者经理其事方可，其即与武彝无异。此时所以不能胜于中国茶叶者，因为短少栽种之人。

road hither, and those fees are all ultimately paid by the foreign purchaser. On the arrival of a cargo in England, it is again taxed 2*s.* 1*d.* per *lb.*, which, on the cheapest kinds, is often 100 per cent, upon prime cost.* (*On Bohea, low Congous and other cheap teas, the duty is equal to 200, 250 and even 300 per cent on Canton shipping prices. – Ed. C. P.) These heavy cargos, combined with the other necessary ones of freight, commission, insurance, &c., make the price of tea to the consumer in England about 400 per cent, above the price in its native hills of Wooe. In the various ports on the continent of Europe, the duties are levied, generally *ad valorem*; but in the ports of the United States it is admitted free, on the reasonable ground that its introduction does not interfere with any domestic manufacture.

The great consumption of this leaf, and the steady demand for it, have suggested the attempts to cultivate it in other places in order to supersede the monopoly of the Chinese. Heretofore, these experiments have met with only partial success; but the plantations recently laid out under the protection of the Indian government in Upper Assam, where the shrub is indigenous, appear likely in time to produce so large a supply as seriously to affect the exportations from this port. Fifty-five tracts, of greater or less extent, have been discovered in Upper Assam by Mr. Bruce; and the cultivation of the tea, and curing of the leaf, can be extended as far as the demand requires. The first sale of Assam teas took place in London, April 2nd, 1839, and excited a good deal of curiosity and competition among the brokers. There were three lots of souchong, and five lots of pekoe, all of which sold at high prices; and it was the opinion of good judges on that occasion, that the unskilfulness of the workmen had spoiled the quality of the tea, as it had a smoky and strong flavor. We may reasonably look for an improvement in this respect, inasmuch as there are Chinese workmen employed on the plantation there, who have been procured from Fuhkeen itself, who will soon rival their countrymen in the Bohea and Sunglo hills in workmanship, if they cannot excel them as cultivators.

近来数年，荷兰在属下噶啦吧地方亦用力栽种，以敌中国之茶叶，一千八百三十八年已有两种茶叶由噶啦吧运往荷兰售卖。噶啦吧所种之茶树，多系官府招觅在各岛住下之中国人，其中福建者居其大半，故噶啦吧茶树蓄茂美好，必满谋此事人之心意。各处地方均曾用力栽种，如新埠、嘛底呢厥、散爹里、流耶呢罗等处，均皆徒劳无功，今已陆续废弃不种。在没拉济尔 属西洋 亦用心栽种，望其生长，费用许多银钱，亦不中用，亦已照样弃去。其所以不能长成者，或因地方不同，或因地土不宜，或因地热，或因潮湿，或是因人全不谙于培植收摘之故。若数者兼备，断无有不生长蕃美如中国也。

The Dutch in Java have within the last few years made considerable efforts to supersede the necessity of resorting to China for their tea, and the exports already amount to two cargoes, which left Batavia for Holland in 1838. The government there called in the assistances of Chinese, settled upon the island, many of whom were from Fuhkeen; and the plantations bid fair, we believe, to answer the expectations of the projectors of the enterprise. Attempts have at one time and another been made in Penang, Martinique, St. Helena, and Rio Janeiro, to cultivate the tea plant; but the undertakings were successively abandoned, or suffered to fall into neglect. In Brazil, sanguine hopes were entertained of success, and heavy initiatory expenses incurred, but the whole has sunk into comparative neglect, leaving a few hot-house shrubs to tell the tale of their exile. These disappointments may all be ascribed to various opposing causes – as difference of climate and unfitness of soil, excess of best and moisture, and above all ignorance of the manipulations in curing the leaf – combining to produce the result.

绿茶、黑茶在英咭唎系置于火房培植，领纽士始带生茶树到欧罗巴，尚未知有许多难种之事。至一千七百六十三年，领纽士即令依格嘛船主，在中国开船之时，即将新鲜茶子栽于盘中，带回压色尔，即已长出茶秧，移种乾燥松土之地，不用火气燻烘，自然生长，摘其嫩叶，愈摘愈茂，后亦结子，却不宜种在园中也。栽种绿茶比黑茶尤难，在英咭唎需要常在火房中，若在露天，即周年开花矣。

Both green and black tea are known as hot-house plants in England. Linnæus had the honor of introducing the first living plant into Europe, though not until he had experienced many disappointments. He advised captain Eckeburg to sow fresh seeds in pots as soon as he left China; this plan succeeded, and the growing plants were safely brought to Upsal in 1763. They are cultivated in a loamy soil, or in loam and peat well drained, and do not need a fire heat. They are increased by layings, or cuttings of the young branches, when the seeds begin to ripen. The treatment, in almost all respects, resembles that of its congener, the Camellia; but the Thea is not so well naturalized as the former, nor its flower so great a favorite

考之医生记载，茶有药材之性，茶叶系通用之物，天下之人每日饮者何可计数，绝无伤害之性，茶叶之盛行，普遍天下，如阿细阿、欧罗巴、阿墨利加诸洲，未有不好茶也。然饮之太过或偶然妄饮，亦能伤人。今略引数条，以明饮茶有伤。凡饮茶过度，必有损坏，因其减人心志，故有此损。我等近来又看长寿平安录，引地咪吐所著之《中国事务》国[衍文]，以警戒饮茶之人，即如论及广东省城栈房，做雨前茶搀假等事，此系著书人只言中国造茶常有作弊之法，其实于茶性伤人何涉，所引殊为不贴。

with florists. The green tea plant, being hardier than the other, is more frequently met with in hot-houses; and in England, it flourishes the whole year in the open air.

We were about adding a paragraph upon the medicinal and chemical qualities of tea, but for the recorded opinions of physicians upon its use, we refer our readers to their works. The Materia Medicale of Merat and De Lens contains a synopsis of the medical properties of tea, and a chemical analysis of it, which probably combines nearly all that is known. A leaf, that is in general use as an every day beverage by more than four hundred millions of people, cannot possess any noxious properties in a very high degree: notwithstanding its occasional abuse may serve to show that it is capable of injuring those who take it to excess. Its widely extended diffusion in Asia, Europe, and America, is an argument in its favor that appeals to the common-sense of mankind; and he who undertakes, as we have seen attempted, to prove by a few instances of injury resulting from its use, that taken in any degree it is deleterious, only runs the risk of bringing down his dogmas upon his own head. We were lately much amused with the endeavor made in a 'Journal of Health and Longevity,' to terrify tea-drinkers by quoting from Davis' *Chinese*, the account he gives of adulterating and manufacturing young-hyson in the pack-houses at Canton; which that author only gives as an instance of fraud, but which, as in isolated quotation, conveyed the impression that this is a common mode of curing tea in China.

Note. In preparing this article, free use has been made of all the authors within our reach, both native and foreign, but the principal object was to furnish our readers with information derived from the former; and the great part has therefore been translated from the manuscript spoken of on page 137, for the use of which we are indebted to a friend. Nearly all the extracts from it are included in quotations, but we have selected whatever was to our purpose. The *Cha King* or 'Memoir on Tea' is the most elaborate native work on this subject which we have yet seen, and has been referred to occasionally. It is in six octavo volumes, printed in a most beautiful type, and adorned with cuts of many of the utensils used in curing tea. The present edition, which is an enlargement of a smaller treatise published about A.D. 780, is the work of Luh Manting of Fuhchow in the province of Fuhkeen, and issued from the press during the reign of Yungching. It probably tells us all that is known about the tea as a matter of history, but it is not a practical treatise. Mr. Davis' *China* contains such notices of the tea as an article of commerce, as we should expect from his pen, and many of the facts on his pages have been transferred to our own. For details of the consumption of tea abroad, especially in England, Macculloch's Dictionary is the best authority, and we have not made many remarks on this point, as his work is so easily accessible. Mr. Royle, in the fourth part of the 'Illustrations of the Botany of the Himalaya Mountains,' has devoted several pages to the discussion of the identity of the plants which respectively afford the green and black tea, and to his work we refer those who are desirous of ascertaining all that is known upon this part of the subject. He inclines to the opinion that there are two distinct species, but we still think that both black and green tea can be, in fact they often are, manufactured from the same shrub.

说明

此则译自《广州新闻报》转载《中华丛论》(*The Chinese Repository*)第8卷第3期(July 1839)页160-164之内容。《中华丛论》原文在页132-164，《广州新闻报》分六次转载，自1839年9月7日开始刊出，9月14日、21日、28日，10月5日陆续登载，直到1839年10月19日此则全文登完。

❧ 28 ☙

[澳门十月十九日新闻纸]

又

闻说义律已接到上年十二月寄回国中，论禁止内河黄埔等处鸦片贸易回信，义律信中所说之事，样样俱准。

[批注]

自上年十二月发信之日起，扣至今年九月十三回信到日止，往返共计二百八十七日。

The Canton Press, 19 October 1839.

Despatches have, we hear, been received by Capt. Elliot, from the foreign Office approving of every thing he did in December last to suppress the Opium-trade at Whampoa and in the river generally.

∞ 29 ∞

[澳门十月十九日新闻纸]

又

下文之禀，乃义律递与中国官府之原稿，系论及在尖沙嘴所得水手之尸，与前礼拜所说，除最要之处，余俱大同小异。盖中国官府问义律，欲知此死尸是否杀死林维喜之凶手。而义律所答，又非所问。盖领事所答并不用可怜之话，只由通事阿东 即蔡刚 回说，亦是无用。阿东又给咪唎坚朋友抄出一稿，已译出分派，见得义律并不是答中国人所问，真是奇异。因此事乃文书上最紧要之处，必要说明，因何反压着？

十日前浮在尖沙嘴之尸，细查后知系已开身回英咭唎之吐哪哩由船船上水手，查验身上并无伤痕，即当同英国巡船船主吐蔑、副领事参逊、中国数人及外国人，当面埋葬。今义律晓得或者此人即是杀死林维喜之凶手，但未知是否，因毫不知此事，又曾数次说明，已依本国规矩严查凶手，现尚未查出。

The Canton Press, 19 October 1839.

The following is an authentic copy of the answer given by Capt. Elliot to the Chinese authorities, regarding the body of a sailor, found some weeks since at Hongkong. We gave a translation of it last week which nearly agrees with this, except in the very important point, that it did not appear as an answer to a leading question from the Chinese, who seem to have been desirous to obtain an acknowledgement from Capt. Elliot that this dead man had been the murderer of Lin Weihe; The answer of the Superintendent, who does not lend himself to this pitiful subterfuge, was therefore returned as useless through the Linguist Atom, who allowed Copies to be taken of it by his American friends, the translations of which were circulated, and, as it did not appear from them that Capt. Elliot's letter was an answer to an enquiry from the Chinese, caused considerable astonishment and dissatisfaction. Why so very important a part of the document should have been suppressed requires explanation.

'Answer to an Inquiry Regarding a Seaman found Dead at Hong-kong.'

It is true that the Corpse of a Seamen was found floating about the Harbor of Hongkong above ten days since, and upon investigation it appeared that he belonged to an English vessel (the Snarley-yow) which had departed. There were no marks of violence on the body, and it was examined and buried in the presence of Captain Smith of the English Cruizer, and Johnston the Deputy Superintendent, in the view of several persons, foreign as well as Chinese, close to the landing place.

Now Elliot understands that it has been supposed this person was the murderer of Lin Weihe. Upon that point he is not able to speak, because he knows nothing. But he again and again declares that he has most faithfully

	investigated according to the customs of his Country, which are severe and searching concerning the apprehension of murderers, and has not yet found a culprit.
义律印此。	(Signed) CHARLES ELLIOT

说明

《澳门新闻纸》译者将《广州新闻报》评论义律递禀一事与禀文内容两者合为一则。

∞ 30 ∞

澳门十月二十六日新闻纸 即中国九月二十日

The Canton Press, 26 October 1839.

'Memo. of the negotiations which passed between the imperial commissioner and H. M's Superintendent.'

Four propositions or conditions of amicable arrangement forwarded in the name of the commissioner and viceroy.

1st. – Captain Elliot is accused of keeping the vessels outside for the purpose of smuggling; but now appearing desirous of establishing a permanent and honorable trade, he must collect all the opium and deliver it up. If it be still retained on board the ships it will only remain to set fire to the whole.

2ndly. – It is asked if captain Elliot is unable to detect the murderer of Lin Weihe, among the persons found guilty of riot and assault in the late affray? What is to prevent their being sent for trial by the Chinese officers, one only to be kept to answer for the crime?

3rdly. – The immediate departure of the store ships, and the rest of the proscribed, is required; and in the event of disobedience, the ships are to be burnt, and the proscribed seized and brought to trial.

4thly. – To the assemblage of British ships at Hongkong, is attributed the renewal of the opium traffic; the homicide of Lin Weihe, and to captain Elliot, the attack and defeat at Cowloong. Captain Elliot has stated that he must wait his sovereign's commands. It is enquired when the dispatch left, and when a reply may be expected? And then a modified arrangement will not be difficult to determine upon, if captain Elliot acts obediently upon each of the propositions.

义律禀覆钦差、总督四款事情，内云："我已经出严法，不应有一斤鸦片在各船上，英咭唎国王之旗飘动，非是保护犯法之贸易。若船上有鸦片者，义律即小心遣官，同中国官府一同查验，倘经查

Captain Elliot, in reply to the conditions of the commissioner and viceroy.

Having already taken severe measures, there ought not to be one catty of opium in the fleet, nor does H. M's flag fly in the protection of a traffic declared illegal by the emperor, and therefore, whenever a vessel is suspected of having opium on

出有鸦片在船，不敢阻挡，必将货物入官，坐庄客若知其船上有鸦片，不早对义律说明，被查出时，即将此坐庄客赶逐出境。当分别合法与不合法之贸易，并不许人在省城做贸易之事。须候义律禀明中国大官，以及替递各人签名之禀，其中必云无做鸦片贸易，以及所用之人亦无做鸦片贸易，若查出有此等情，立即赶逐出境。若有船到，其船上并坐庄客当一同出结，并无带鸦片来中国，船上又无鸦片，又无接收鸦片。若不出此结，即不准在此做贸易。”义律之意，以为如此即可能分别好歹之贸易。又论及杀林维喜之凶手，义律禀钦差云：“已经查察，因英咭唎之水手人众，并咪唎坚之水手亦在岸上，故此难查。”又禀云：“将两国之规矩会同查办，今已出赏格严查，倘若查出之时，将犯交中国官府台前，依英国法律审判。”

义律之意想，若过数日北风一起，各趸船以及所赶逐之人，即应离此地矣；惟孖地臣同轩拿里平时并无做鸦片贸易，因此禀明中国官府，免逐回国。

board, captain Elliot will take care that the officers of his establishment shall accompany the Chinese officers in their search, and that, if, after strict investigation, opium shall be found, he will offer no objection to the seizure and confiscation of the cargo. Again, if the consignee of a vessel profit by opium on board of her, and does not declare the same to him, that it may be reported, he will offer no appeal if the firm be expelled from the empire. He proposes that to separate the lawful from the unlawful trade, no firm shall be allowed to reside or trade in China, until he, captain Elliot, shall have forwarded to the high officers a declaration signed by each member of it, solemnly declaring they have no concern, direct or indirect, with opium, neither will they permit any one under their control to have anything to do with the drug, and that they be made aware that detection will cause their immediate expulsion, and he further proposes that unless the commander and consignee of every vessel, on the day of arrival, hand in to him a solemn declaration, in Chinese and English, that she has brought no opium to China; has none on board, neither will receive any, she shall not be allowed to trade. Captain Elliot believes that this would effectually separate the lawful from the lawless trade here. With references to the murder of Lin Weihe, Captain Elliot assures the commissioner that every investigation was made to detect the murderer, but there having been many American and English sailors on shore, it was impossible to detect him. Hereafter he proposes that a joint investigation be determined on, congenial with the customs of both notions [*sic.*]. The most severe search shall be continued after the murderer of Lin Weihe, and a reward offered for him and, if found, he shall be placed on his trial according to the laws of his own country, before the Honorable (Chinese) officers.

Captain Elliot thinks it right H. E's wishes should be complied with as regards the receiving ships, and the proscribed, as soon as the first northerly wind sets in, which will be in a few days; he appeals, however, in favour of Mr. Donald Matheson and Mr. Henry, they not having been concerned in the drug.

义律望国王之命，四月即可回来。必待接到回信，方准船只进黄埔，卖去数只趸船。义律以为此船在此日久，不堪往来的，并求在澳居住六日后即离此地。论及在尖沙嘴淹死者，原系英咭唎船上之人，但身上并无伤痕，又不知是否系杀死林维喜之凶手。

义律末后递与在省官府之禀，乃留地步倚赖他们。

Captain Elliot expects the commands of his sovereign in four months, and until their receipt it will be impossible for ships to proceed to Whampoa. He suggests it may be necessary to sell some of the receiving ships, several being old and unfit for sea, and requests six days residence at Macao for the proscribed, previous to their departure. Regarding the man found drowned at Hongkong, he did belong to a British ship. There were no marks of violence upon him, nor can captain Elliot say he was concerned in the death of Lin Weihe.

Captain Elliot appeals to his past intercourse with the Canton authorities as affording grounds for their reposing confidence in him.

From the commissioner and viceroy, in reply to captain Elliot's propositions.

1st. Proof has been given that there is opium in the fleet, and captain Elliot is ordered to collect and make immediate delivery of it. Should any be stealthily removed and hereafter seized, all parties concerned shall suffer death according to the law. If opium be taken on the coast, the vessel shall be taken and destroyed, and her crew put to death. So soon as the opium now in the fleet has been delivered up, officers shall be sent to examine the ships. A modified arrangement for carrying on the British trade outside the Bogue may then be made, but not thro' Macao. Captain Elliot is required to make known that all vessels must obey the new law against opium, and that its violation is death.

2ndly. The murderer of Lin Weihe must be delivered up in ten days. Delay may draw down measures of extermination.

3rdly. The opium ships must leave immediately; leave is granted to the proscribed to return to Macao for six days, previous to their departure, but other foreigners must wait pending arrangements before returning to Macao.

4th. All the Chinese in the fleet are commanded to be given up.

Captain Elliot's reply is to be sent through the Keunminfoo.

∞ 31 ∞

澳门十一月初二日新闻纸 即中国九月二十七日

于前礼拜之新闻纸，所出钦差与义律定夺各英咭唎船在穿鼻起落货物之章程，今又被钦差失信不准行。我等之先见，若照此章程而行，则有许多不便之处。

有人以为，在洋听人查验，大失英国体面，同时之人以为不便，我等若不指出与读者，即不见我新闻之正。

若中国无可称之水师，在大洋搜查，不但有湾泊在穿鼻非大洋，穿鼻距岸约有二三里，差不多即在虎门炮台内，又系即是进省城之河口，周围皆山环绕，英咭唎船只暂时在此湾泊贸易之章程，实属合例。英咭唎船只俱在此起落货物，若照从前有鸦片买卖，以为中国人不能阻拦，然中国人必须查过船上并无一点鸦片，方准在此贸易，岂肯听不法之贸易，在此一

The Canton Press, 2 November 1839.

When last week we published the particulars of the arrangement entered into between the Commissioner and Capt. Elliot, for the British Ships to discharge at Chuenpee, and which has since been so faithlessly disavowed by the former, we were aware of the many inconveniences which henceforth would accompany its execution, and we enumerated them, such as they occurred to us, stating at same time that, for a *temporary* arrangement, Capt. Elliot and the Committee had but the choice of evils, and that it was their part of these to choose the least, which we considered they had done by entering into the above named arrangement. Among the objections, however, which we discovered there certainly was not the one which our brother Editor of the *Canton Register* exhibits them with so much acrimony, namely the loss of honor to the British Flag for submitting to search on the high seas. If we have not before pointed out to our readers this very serious consequence when the already mentioned arrangement would involve, it was merely because the thing never occurred to us; but now being led to it by the observations of our Contemporary, we have given the subject due attention but cannot find that the *Register* is justified, in the promises, to come to his conclusion. We admit that to concede to the Chinese without a navy to speak of, the right of search on the high seas would be not only derogatory to the national dignity, but highly ridiculous; but we differ altogether from the *Register* to consider the anchorage between Chuenpee and Anunghoy as the High Seas. Independently of this anchorage being but two or three miles from the shore, *almost* within the reach of the batteries of the Bogue-forts, and of its being situated within the estuary of the Canton river, and surrounded by Chinese

同湾泊贸易乎？

按，查出船上有鸦片，货船入官一事，此是中国所定之例，即今所定暂时章程，虽要遵守此例，胜过其不便之结，又胜过全不做贸易。此时英咭唎之买卖，而借咪唎坚旗号进去贸易，还是一样危险，己要受死，即身家亦不能保。我等同时印新闻纸之人，欲言货物入官之法为不公。用咪唎坚之旗号而保护英咭唎之身家，咪唎坚之旗号岂真能胜过英咭唎之旗号乎？按，我等之同时人论及，各船主说船上并无鸦片为非，须记得在中国埠头，中国人有例禁止入口货物，然其所禁之贸易，不论合英咭唎之例禁与否。我等今再论所定之章程，中国人未背却所约之言，此暂时之章程立得极好，亦颇相宜，在英咭唎官府裁夺取用。

land in all directions, this anchorage had by this arrangement *protempore* become the legal port for the British trade, where British ships were ordered to discharge and take in Cargo. Under these circumstances, and situated as the British trade at present, with the Opium smuggling-trade going on as lively as ever, there surely could be no objection to the Chinese assuring themselves by watch that the vessels there allowed to trade, had none of the drug on board; or is it expected that the Chinese should have allowed Chuenpee to become a new anchorage for the illicit trade to gather? As regards the confiscation of vessel and cargo, should Opium be found on board, this is a law which the Chinese have prescribed, and which, by this temporary arrangement was agreed to, rather than sign the objectionable bond, or not trade at all. The very same risk coupled with penalty of death attends the whole of the British trade now carried on under the American flag – this thing therefore is, as regards property only, the same, and does our Brother Editor mean to say that in case of unjust confiscation, British property is more likely to be protected under American than under the British flag? As to our Contemporary's remarks concerning the illegality of the declaration of the ship's captains that they have not nor will have any Opium on board, he must recollect that in a Chinese port, the Chinese have the right to prohibit the importation of what articles they may object to be they of legal trade by English law or not. We rejoin again that the intended arrangement, had the Chinese not broken their plighted word, was, under the circumstances, the most favorable that could be made, nor can a temporary settlement of this kind interfere in any manner with the measures the British Government may eventually see fit to take.

说明

1839年10月29日《广州纪事报》刊登反对义律与林则徐协议英船暂在穿鼻装卸货等章程的言论(即第75则)，《广州新闻报》随于本日发表此则相对的看法。

ဢ 32 ဢ

[澳门十一月初二日新闻纸]

又

钦差总督有印，约定在港外贸易。今日背约，定要杀死林维喜之凶手，又要各船于三日内出结，候中国官府验明进口；三日之外，即须离此海岸。首领事今问英咭唎之各船主，并将此字读与众水手听之，随即豫备出海，往铜鼓海去湾泊，若仍在尖沙嘴湾泊，必遭火船战船。

一千八百三十九年十月二十六日，首领事义律在澳亲手印此 即中国九月二十日。

The Canton Press, 2 November 1839.

PUBLIC NOTICE.

The high commissioner and the governor of these provinces having this day violated their engagements, made under their signets to conduct the trade outside of the port of Canton; having peremptorily demanded the murderer of Lin Weihe, and the entrance of the ships within the port of Canton, with the signature of a bond of consent by the commanders to trial by Chinese officers declared to be capital, or the departure of the ships from these coasts in three days; the whole under menaces of destruction. The chief superintendent has now to require all commanders of British ships to read this paper to their crews, and forthwith to prepare for sea and proceed to Toongkoo bay; the anchorage at Hongkong being liable to surprise by fire ships and war boats.

Given under my hand at Macao, this 26th day of October, in the year 1839.

(Signed) CHARLES ELLIOT.
Chief Superintendent.

∞ 33 ∞

[澳门十一月初二日新闻纸]

又

于今我等说定约之事，钦差还未定准，洋商俱在香山，接着钦差示谕，深责委员洋商立约准英咭唎船在穿鼻卸货。钦差已经改意，并催促英咭唎船只速即出具印结进黄埔，若三日内不遵新令，即用火用剑毁灭尖沙嘴之船只。钦差见噶船情愿具结进黄埔，以为暂时之约可以不立，遂要尖沙嘴之英咭唎各船，照其样速进黄埔，俱在杈下。

The Canton Press, 2 November 1839.

We stated last week that the Hong-merchants had after a short absence returned to Macao, and that the agreement entered into between them and a Weiyuen from the Commissioner on one side and Capt. Elliot, and a Committee of British merchants on the other, had not been sanctioned by the Commissioner. It appears that at Heang-shan the Hong-merchants were met by a Messenger from the Commissioner, who upbraided them and the Weiyuen for having entered into the agreement of permitting the discharge of British ships at Chuenpee. H. E. having since altered his mind, and insisting now on the British ships proceeding immediately to Whampoa and signing the new bond (of which Copy will be found in another part of this paper) threatening with destruction by fire and sword the shipping at Hongkong, if, in three days, these new orders were not complied with. The Hong-merchants were ordered to convey this to Capt. Elliot and the Committee of British merchants, and returned to Macao on Friday last week, with the exception of Howqua, who proceeded to Canton. They accordingly made their calls of duty, and entreated such of the Committee as had not left for Hongkong to consent to their ships proceeding to Whampoa, and received, of course, an answer in the negative. From the tenor of the official documents translated by Mr. Morrison, and of which only the two first have yet been received. Mr. Morrison having accompanied Capt. Elliot to the Bogue, it will be seen that the *Thomas Coutts* having submitted to the signing of the bond and proceeded to Whampoa, made the Commissioner believe that by annulling the temporary arrangement entered into with his consent, the British shipping at Hongkong would follow her example, and that he would soon have the whole of the ships in

我等心想，少有人敢如此行，然亦难说。于前礼拜二，又有英咭唎罗压尔色臣船，船主当，载米由加拉巴来，递禀要引水人带进虎门，又具禀请准其带妻子入埔。未承允准，即将妻子留在澳门，央地方格外庇佑。我等已知道船主当具六张结，好似遵钦差六件事，此结将来定必寄上北京。

遂出告示，令英咭唎船只或速进黄埔，或速回本国。在前礼拜，因立约信实，各沙文皆回澳门。今中国复令散去，封火食，约有二百人在关闸札营开帐房。传言有四百多人在前山，不知为何故动此新兵？大概为澳门官府出告示，赶逐自尖沙嘴来的三个英咭唎女人，令其三日内速离澳门，如敢抗违，即用八百人驱逐之。

his power at Whampoa, but we hope that few will be found bold enough to do so, though we regret to say that another English vessel the *Royal Saxon*, Capt. Towns, with a Cargo of Rice from Batavia has since applied for, and obtained a Pilot, and left the roads of Macao for the Bogue on Tuesday last. The Captain of this ship applied, we hear, for leave to take his wife to Whampoa, this was not granted, but he was directed to leave her at Macao, where she would be under the special protection of the Chinese authorities. Capt. Towns has, we understand, signed SIX Copies of the bond which will not doubt be sent up to Peking as six several compliances with the Commissioner's orders. Meanwhile a Chop has been placarded ordering the English to proceed immediately either to Whampoa or to their own Country; all servants that were with such of the English as had returned to Macao on the faith of the settlement agreed to last week were again ordered to leave, and the Chinese prohibited from supplying them with provisions. About two hundred men are encamped at the barrier in tents, four hundred more are said to be in Casa-branca, and more are expected. For what purpose this new demonstration of force has been made, we cannot guess at, unless it be to enforce the Chop from one of the Macao authorities, ordering three English ladies, that lately returned from Hongkong, to leave Macao again within three days, failing which to be driven hence by 800 men!

ᘓ 34 ᘐ

[澳门十一月初二日新闻纸]
又

我才接到钦差、总督有印之约，准在广东外面贸易，然今日又接到委员同军民官府之谕，内中已经背约。

定必要交出杀死林维喜之凶手，又限三日内出具结进埔贸易，否则即要离此海岸，并有毁灭惊恐之语。

明明是以噶船进口，以为得有质当，可以挟制我等。此事不合英咭唎之厚道，又不利于英咭唎王臣民之平安。

因有这些情节，我遂恳求尔即速打算，阻拦各英咭唎船前进，内有官府无数大危险。

按，我今早与尔所谈之事，即须要各船远离到铜鼓，我今封此信与尔，一到尖沙嘴，立即遍行告知各船。

The Canton Press, 2 November 1839.
[To Captain Smith, H. M. S. Volage.]

Macao, 26th October 1839.

Sir, I have the honor to acquaint you that I have this day received a communication from the Wei-yuen and Keuminfoo, containing the violation of the agreement to conduct the trade outside of the port of Canton, lately submitted directly to me under the signets of the high commissioner and governor.

Their excellencies now peremptorily require the delivery of the murderer of Lin Weihe, and the entrance of the ships into Whampoa, with the signature of the bond of consent; or their departure from these coasts in three days, under menaces of destruction.

This shameless proceeding of the government is obviously attributable to the entrance of the ship 'Thomas Coutts' and the belief of the mandarins that their possession of hostages will enable them to constrain as into the acceptance of conditions incompatible with the honor of the British crown, and the safety of the Queen's subjects.

Under these circumstances, Sir, I anxiously conjure you to take such immediate steps as may seem to you to be best calculated to prevent the future entrance of British shipping within the grasp of the government, to the incalculably serious aggravation of all these dangers & difficulties.

Having reference to our conversation of this morning, upon the necessity of the immediate removal of the ships to Toongkoo, I take the liberty to inclose a memorandum which I request you will be pleased to circulate on your arrival at Hongkong.

I have &c.
(Signed) Charles Elliot.
Chief Superintendent

一千八百三十九年十月二十六日，义律寄与窝拉疑兵船主士蔑 即中国九月二十日。

The undersigned coincides in opium [opinion] with the chief superintendent, and as Her Majesty's naval office in command in China, he warns all captains, officers, and crews of British ships against the danger of entering the Bogue and putting themselves and property in the power of the Chinese authorities.

Dated on board H. M. S Volage, Hongkong, 27th October, 1839.

(Signed) H. Smith.

Captain of H. M. S. Volage.

ꕥ 35 ꕥ

[澳门十一月初二日新闻纸]

又

英咭唎女王宫内现设女官并俸银数目：

头等女官娜曼米部落嘛左呢士 官名 俸银二千五百圆；没力阿敏部落嘛左呢士 官名 俸银二千五百圆；打威士毒部落嘛左呢士 官名 俸银二千五百圆；渣尔问部落加稳底士 官名 俸银二千五百圆；麻领顿部落加稳底士 官名 俸银二千五百圆、悖满 官名 俸银二千五百圆、里底顿 官名 俸银二千五百圆、麻陷 官名 俸银二千五百圆。

次等女官哔 人名、呢伦 人名、谷人名 加咏呢士 人名、吧疑 人名、麻厘人名、力士打 人名、士比宁来士 人名、麻领顿 人名、格来付 人名、哥悖例 人名、威士加稳底夥密士 人名、没兰 人名、呀啦 人名、感悖尔 人名。以上女官每人俸银一千五百圆，统共俸银四万一千五百圆。

The Canton Press, 2 November 1839.

HER MAJESTY'S HOUSEHOLD. – The following is the list of the ladies comprising her Majesty's present household, with the amount of their salaries annexed: -

Principal Lady of the Bedchamer, Marchioness of Normanby, £500.

Ladies of the Bedchamber. – Marchioness of Breadalbane, £500; Marchioness of Tavistock, £500; Countess of Charlemont, £500; Countess of Burlington, £500; Lady Portman, £500; Lady Littleton, £500; Lady Barham, £500.

Maids of Honour – Hon. H. Pitt, £300; Hon. M. Dillon, £300; Hon. Miss Cock, £300; Hon. Miss Cavendish £300; Hon. M. Paget, £300; Miss Murray, £300; Miss Lister, £300; Miss Spring Rice, £300.

Bedchamber Women – Lady C. Barrington, £300; Lady H. Cave, £300; Lady C. Copley, £300; Viscountess Forbes, £300; Hon. Mrs. Brand £300; Lady Gardner, £300; Hon. Mrs. J. Campbell, £300.

Total £8,300 sterling. – (Dublin E. Mail)

36

[澳门十一月初二日新闻纸]

又

一千八百三十八年正月初四日，花旗滑麼合夥保通海面船只，有五处：一在广东、一在兰吨、一在孟啊啦、一在孟买、一在曼达啦萨。所保之船如有失事，保家于得信一月之后，将银赔足，每百扣回五分。

The Canton Press, 2 November 1839.

UNIVERSAL MARINE INSURANCE COMPANY.

The Subscribers are duly constituted and appointed Agents for this Company, and can grant Policies payable in London, Calcutta, Canton, Bombay, Madras, and elsewhere, parties contributing business to the office, will be entitled to a return of five per cent on the amount of premium actually paid in.

Canton, January 4th, 1838. WETMORE & CO.

说明

本则为广告。

37

[澳门十一月初二日新闻纸]
又

一千八百三十八年十一月初九日，丹耶喱合夥保阿细阿海面船只，有四处：一在孟啊啦，理事人系花呀臣没拉打；一在兰吨，理事人和密吐；一在噶啦吧，理事人威哩臣吐密；一在广东，理事人丹耶厘。章程同前。

[批注]

安平口述：夷人保船馆，系各处埠头坐庄客，约合数人，合夥保船。系保其在途中有无失事，以博输赢；并非在官保其有无为非作歹、夹带违禁货物也。其保船之章程，船只装足货物，将要开身，即至保船馆，问明保家，保货值若干，船中所装货物，或值银十万，只保一、二万，系听保家之便。如经议定保一万圆，即写字签名为定，船主即付保家银三百圆，沿途平稳无事，保家赢其先交之银，设遇途中有被劫夺损失等事，保家即照所保之银数，于一月后兑付船主，兑时每万扣银五百。在广东保船馆所保之船，如往兰吨途中有失，俟到兰吨埠头，兰吨保船馆即照保字付银，余系仿此。

The Canton Press, 2 November 1839.

Asiatic Marine Insurance Office.

The undersigned are authorized to grant Policies payable in Calcutta, London, Batavia and Canton. A cash payment of five per cent on the amount of premium per each risk, will be made to all parties giving risks to this office, and Policies are made payable at 30 days when the premium is paid in cash at a *pro rate* exchange, and at two months and longer periods when paid by a Bill on the same terms at which the Policy is payable.

Daniell & Co.

Agents in China, Asiatic Marine Ins. Office.

Secretaries in Calcutta Messrs. Fergusson Brothers & Co.

Agents in London Messrs. Forbes, Forbes & Co.

Agents in Batavia Messrs Wilson Smiths & Co.

Canton, 9th November, 1838.

说明

本则为广告。

꧁ 38 ꧂

十一月初九日新闻纸 即中国十月初四日

英咭唎窝拉疑、海阿新两只兵船，于十月二十八日 即九月二十二日 自澳门洋面起椗至虎门，因被风阻，延至十一月初二日早上才到 即十[九]月二十七日，吐密一到穿鼻，即递禀帖，求钦差不要烧毁在尖沙嘴湾泊之船只，容留在彼等候国中回信，或另设法卸货。递禀以后，退出约有三里，听候批示。

及至次日早晨 即二十八日，提督发回，并未启视，吩谕速即交出杀死林维喜之凶手。旋见提督师船出洋，将近英国兵船，窝拉疑之船主吐密先放大炮，向着提督船后攻打，提督船上并另有师船四只，一同放炮回击。当此之时，都不能避。自十二点钟打至十一[一]点钟，看见提督师船已经受伤，因官府显其大勇，扶持船只，致未大伤。又有师船一只，忽然起火焚烧，将要沉水。我们海阿新之哗伦船上，被提督船上放炮打伤船头并绳索等件，人亦受伤，速即退出。于六点钟即到澳门洋面湾泊。

The Canton Press, 9 November 1839.

We stated last week that the ships of war, the *Volage* and *Hyacinth* had left the Macao roads on the 28th October, and proceeded to the Bogue. Strong northerly winds delayed their arrival there until Saturday morning the 2nd November, when Capt. Smith sent a despatch to the Commissioner at Chuenpee the purport of which was a demand that the Commissioner should withdraw his often repeated threats of burning and destroying the English merchant fleet now at Hongkong, and allow them to remain there unmolested until the orders of the home government had been received, or until other arrangements for the discharge of their cargoes had been made; that, if these threats were not withdrawn, he, Capt. Smith, would be obliged, in defence of the lives and property of his countrymen, which it was his duty to protect, to take effectual measures for their safety. This chop, having been delivered, the Chinese requested the ships of war to remove some way farther away from the Bogue, and Capt. Smith complied with their wish and dropped down about three miles, waiting for the reply. On the following morning the despatch was returned, unopened, we believe, and without an answer, and twenty nine war-junks were seen coming down upon the two ships, when Capt Smith sent again a letter to the Chinese Admiral warning him not to come too near as he would be obliged to fire on him in self-defence. To this the Admiral returned an answer that he should proceed as he thought proper, and again demanded the immediate surrender of the murderer of Lin Weihe. Upon this, the junks coming very near with a fair wind and tide, the Volage we believe fired a shot across the bows of the Admiral's ship, which was immediately answered with four from the Chinese. An action was now inevitable, and in

律[义]律、吐密、吗礼臣，即上澳门，告知在澳门暂住之英咭唎人，随即下船前赴尖沙嘴，因怕中国要去攻船，所以赶紧回去保护。吐密之船先走，哔伦之船在后，所有在澳之英咭唎人，次日早晨亦即离澳门，赶回尖沙嘴去了。听说中国师船官兵亦有受伤，却不知道死了多少。在前个礼拜，我等曾听说过，有四五百兵劄在关闸，至今仍有帐房在彼。又有些谣言，传说有许多兵由香山至澳门，我等不知道此传言是真是假。

less than an hour's time, between twelve and one o'clock, the whole of the 29 Junks were disabled – three had been sunk, one was blown up, several others drifted on shore in a sinking state, and of many the whole crews had jumped overboard to save themselves by swimming, leaving their vessels at the mercy of wind and tide. The junk in which the Admiral was, has been so roughly handled that that officer, who is represented to have displayed considerable personal courage, left her when sinking, for another Junk, some say badly wounded. The Chinese, though they displayed courage, seem to be very bad gunners, few of their shot having told, and only done some slight damage to the rigging of the Hyacinth. The English had only one man very slightly wounded, and though the loss of the Chinese is not known to a certainty, it cannot have fallen short of between four or five hundred men. Six hours after this engagement the Frigates anchored in the roads here, and Captains Elliot and Smith and Mr. Morrison came on shore; immediately after which the event was made known to the English residents here, about forty or fifty in number, with a recommendation to embark immediately, there being some probability that the Chinese in revenge for the defeat might secure their persons. All the English with a few exceptions, accordingly left Macao early the following morning, for Hongkong, whither the Volage also proceeded, leaving the Hyacinth in the roads, whence she said for Hongkong on Thursday last. The Chinese have hitherto observed an impenetrable silence on this affair; the troops, about 500 men, at the barrier, whose presence we noticed last week, still remain quietly in their tents; there are still some rumours of more soldiers moving from Heangshan towards Macao, but we know not whether they deserve any credit.

It is difficult to understand what can have led the Chinese to the attack on these two English ships of war, except it be a total misconception or ignorance of their strength,

又前次有比啊尔、郡吐咖打两只小船往九龙地方，与中国师船三只并炮台上官兵打仗，自午后打至晚上。英咭唎因系小船，只剩数团火药、数颗弹子，中国之人力量大增，是以退回尖沙嘴。中国官府即已禀报钦差，传言在九龙之领兵官，业经得了大品级，红顶孔雀翎。又传言提督向钦差说，英咭唎兵船上之力量甚是虚假，英国之炮虽然是大而且好，驶风又胜中国人，惟船上水手懈怠，整日在舱板或睡卧、或吃烟，亦是毫不中用。以中国两只师船而擒英国一只船，亦是易事。每边用师船一只夹攻，一上夷船，即砍船桅，即缚水手，水手只欲求生，即可毁其船只。

and that they relied for success on their great superiority of numbers. It is possible that in the report sent to the Commissioner of the little affair at Kowloon in which the Queen's cutter and the small schooner Pearl were engaged against three Junks and the fort, and which was undecisive either way, the small English vessels having only a few rounds of powder and shot, that their strength has been much overrated by the mandarins whose interest it was to report the affair as much more formidable than it was; it is even said that the report to the Yumchae said that the three junks and fort had been engaged the whole afternoon with the two English frigates which they succeeded at length in driving away as night came on. The officer in command of Kowloon has in consequence, it is said, been rewarded with a higher rank (a red button and peacock's feather). It is also rumoured that the Admiral gave to the Commissioner a very false estimate of the strength of British ships of war; he is said to have reported that, though it was true that the English had large and very good guns, and that though in point of sailing the English had the advantage over the Chinese, yet, that their crews were lazy and good for nothing, lying on deck the whole day either sleeping or smoking, and that it would be an easy thing for two Chinese junks to take one English ship; the Junks had only to go alongside, one on each side, then board the ship, immediately cut down her masts, make the crew prisoners, who would only be too glad to beg for their lives, and then destroy the ship.

前时船主吐密远退出河外，中国即以为是害怕他们。缘中国是顺风顺水，直来奔击英船，彷佛就要全毁我等船只。吐密等因为在炮台下打仗，恐有危险，我等不能退步，所以及早退出。九龙炮台新近俱已修整坚固，又添建新炮台一座，排列一行可畏的大炮。又传言钦差出令，多出师船。有些师船有炮十六门，其余俱是八

The compliance of Capt. Smith on the previous day with the desire of the Chinese that he should move farther down the river, may probably also have been by them construed into fear, and was possibly one of the causes of the total destruction of the fleet, which came down on the English ships with a fair wind and tide, and could therefore, when in danger, not retreat under the batteries of the forts, which have lately been much strengthened, and a new one built with a formidable row of

门，每船各有水手自一百以至二百不等。其主意明是要围两只兵船，待湾泊着，即向着放火。并闻现有船只已装满引火之物。

cannon. Upon such accounts and surmises the Commissioner is said to have proceeded in ordering the attack on the *Volage* and *Hyacinth*, and to be quite certain of success, sent the great number of Junks we have mentioned, some of which mounted as many as sixteen guns, and none, we believe, less than eight: their crews may have numbered between 100 and 200 men each. It was evidently their intention to have surrounded the two ships, and to have driven fire ships against them whilst they were at anchor, some of the Junks it is said being filled with combustibles for that purpose.

又闻说在穿鼻打仗之处，即对着阿娘鞋海面极南之炮台，放炮之时，有许多人民至海边各炮台围墙上站满观看。

An American ship the *Mores*, passed through the Bogue during the engagement, and was spectator of the fight; her passenger represents the destruction of the Chinese flotilla as complete. The firing had brought forth immense numbers of the inhabitants to the sea shore, and the battlements of the Bogue forts were filled with spectators. The engagement took place just opposite the small fort at the southernmost point of Anson's bay.

现在已有此等情节，再难望中国好待我也。

It is difficult to foresee how this action may affect the disposition of the Chinese towards and arrangement with the English; we almost believe that they will become more tractable.

∞ 39 ∞

澳门十一月十六日新闻纸 即中国十月十一日

在中国做鸦片贸易罪过论，系地尔洼尔于一千八百三十九年在兰吨所作，以为鸦片贸易不只坏中国人之品行风俗，并且令中国人猜忌英咭唎之人，又令两国今日通商甚属有根[限]。人言此通商甚好，可以行克力士顿教，若无鸦片贸易，英咭唎之人即不致受中国人之猜忌。所送与中国人礼物不至于惊骇，以为来得洁净。

因中国每年有数千人偷出外国，少有回本乡者，因系都知道私出外国必受本国律例之罚。又中国人禁止克力士顿教之猜疑更甚。再者，按中国人之教养性情，断不可指望其有行善之意，尚有别样情节，令克力士顿教更难，甚于现今所说之理。前传加特力教之人，算是极顺遂，劝化许多人，官府虽然看顾克力士顿教，皇帝亦曾留几个传教人在自己身边，但日久就惊讶百姓跟随新道，背去古法，所有克力士顿教徒亦禁止，而加特教在那时即就不行了，所行于中国不过数省，又极少尽为官府所经。传加特力之人若再冒危险行入内地，就有性命之忧，并有许多大阻难。故克力士顿教至今不行，中国人不欲闻经典之故，非因鸦片贸易之故。

[批注]似以利马窦出入中国所传之耶苏教为加特教，而以南怀

The Canton Press, 16 November 1839.
The Iniquities of the Opium Trade with China. – By the Rev. A. S. Thelwall. London 1839.

[...] Upon these the author founds his exordium against the traffic, and his chief argument for a discontinuance of it is, besides the demoralization of the Chinese nation, that the Opium traffic has been the chief cause of the jealousy with which the English have hitherto been looked upon by the Chinese, and the limited intercourse now existing between the two nations, which he says would by this time be on a much better footing, and even Christianity have been introduced, had not the Opium trade made the characters of the English suspected, and deterred the Chinese from receiving a boon that was offered them from so polluted a source. [...]

As an instance of this jealousy of foreign influence, we may mention that but very few of the thousands of Chinese who annually emigrate ever return to their country, and these do so by stealth, for were it to become known that they had sojourned in foreign countries they would be exposed to the resentment of their own laws. This same jealousy, but only in a greater degree, opposes almost insurmountable obstacles to the Christianizing of the Chinese; and to this may be added the natural character of the Chinese which together with his educations and all the habits of his life render him a very unpromising subject for violent moral or spiritual impressions. Another circumstance which cannot fail to render the spreading of Christianity even more difficult than it is at present for the just named reasons is, that it has already been tried, and that for a time the Catholic missionaries were very successful in their endeavours; indeed the number of their converts became so great, that, though the Chinese government is represented

仁后所续传之耶苏教为克力斯顿教，不然何以是一是二？

to have looked upon the Christian religion, if not with favor, at least with indifference, and, though the Emperors even retained several missionaries near their persons, yet at length they became alarmed at the innovations which naturally followed the new creed in the habits of the people, and trembled for their much cherished ancient usages; the Christian religion was consequently suppressed, nor have all the efforts made since and which are still being made had more effect than to preserve the knowledge and influence of the Roman Catholic religion in small communities, scattered over several provinces of the Empire, ignored or despised by the authorities. If such has been the result of the often repeated and indefatigable labours of the Catholic missionaries, who at the eminent risk of their lives penetrate into the country, it cannot surely be a matter of surprise that the Protestants have hitherto had no success, where the obstacles are so great and where their attempts have been so very slight. These therefore have, in our humble judgment, been the causes of the Chinese remaining deaf to the gospel, and not the opium traffic. [...]

说明

原文长度超过四栏篇幅，《澳门新闻纸》所译只约略多于半栏。

꧁ 40 ꧂

[澳门十一月十六日新闻纸]

又

在礼拜三[二]、礼拜四[三]晚间,中国人向着尖沙嘴之船只开炮,在半夜后半点钟就起手放炮,没有停止,直到三点方停。大约四点钟时复又放炮,直到天明,无有一点损坏,船只虽是靠岸,闻得弹子系由上面过去,是以并未打着船只。是夜天气清明,望见他们之火,见得他们能为大害,所以船只不能离炮行。及至天明,望见岸上兵丁退去甚速,炮皆移去,只剩一空炮台。哔伦船虽在尖沙嘴,众夷船皆不上岸去拆毁其炮台,船只仍留泊一天一夜。在礼拜五[四],一大半船只扬帆去龙鼓洋,到第二日,所有船只皆跟随扬帆,离去尖沙嘴,于今各船尽湾泊在龙鼓洋。中国人必以为是躲避他们之炮火,究竟非也。因系吐蔑先已定下遍示众人,嗣后商船皆要去龙鼓洋面,俾兵船好保护船只之故。各商船之船主皆言在尖沙嘴泊船,好过在龙鼓洋面,共有船上伙长三十五人,求吐密、义律准各船仍在尖沙嘴湾泊,别商船亦照样请行,俱不准行。我等闻得在龙鼓湾泊船只,因潮水甚急,甚难湾泊,船只往来极是不便,却是利于中国人顺流放火烧船,甚于尖沙嘴,因此处水急,尖沙嘴水缓,然我等不知吐密因何故不听人所说,除是他另奉有吗他仑命令,叫他在龙鼓保护船只。

The Canton Press, 16 November 1839.

On the night from Tuesday and Wednesday the Chinese opened their batteries on the shipping at Hongkong. The firing began at about half an hour after midnight and was kept up without intermission until about 3 o'clock in the morning, when it ceased but recommenced at about four and was kept up until daylight, without however doing the slightest damage, not a single ball having hit any of the ships, though some of the shot were heard to pass over the vessels nearest the land. Had their fire been well directed they might have done much mischief, it being perfectly calm at the time, and the ships consequently unable to move out of the range of the guns. At daylight soldiers were seen on the shore removing in great haste, and the guns seemed also to have been removed, nothing but the hastily thrown up breastworks remaining. No attempt was made from the shipping, though the *Hyacinth* was at Hongkong, to land and destroy the forts and batteries, and the fleet remained at anchor at that day and the next night, the weather continuing calm, but on Thursday the greatest part set sail for Tongkoo bay, and were on the next day followed by the remainder, where they are all now anchored. This removal from Hongkong, though it will no doubt be represented by the Chinese as a flight from their cannon, had been previously determined on, in consequence of circulars sent by Capt. Smith of H. M. S. *Volage*, that only at Tungkoo would the merchntships hence forward enjoy the protection of the ships of war. Hongkong is described by the Captains of the merchant fleet as a much better anchorage, and a representation to allow the fleet to remain there signed by 35 masters of ships was addressed to Capt. Smith and also, we believe, to Capt. Elliot, but without effect; several merchants did the same with a like result. The objection to the anchorage at Tungkoo bay arises, we hear, from the strong tides which prevail there, which render all communication between the shipping extremely difficult, and from its open situation, which may render an attempt on the part of the Chinese of firing the fleet more successful than at Hongkong, where there is but a slight current. We know not for what reason Capt. Smith would not listen to the representations made to him, except it be, that he has, as we are told, orders from Admiral Maitland to protect the fleet at Tungkoo.

∞ 41 ∞

[澳门十一月十六日新闻纸]
又

中国官府之习气，凡有危险耗费之争斗，皆躲避之。此系中国向来之例，与此次欲打仗正相反。若再有两人似林之在权位，又如琦善在他本章内说自己勇，保得在[再]无外国敌人，倘一次拔剑，则中国自此扰乱，与西方有无穷之争斗。老道光未曾给大权与暴性并无才智历练之人，先宜止着此关系重大事，一事未完，又一事起，事事皆忙速，此太平之日见得已过去了。

The Canton Press, 16 November 1839.

We have in these evil times heard much about the probable issue of an attack upon the Celestial Empire. There are some things which might render it almost impossible, that China would ever be bold enough to throw down the gauntlet to any civilized nation. A great trade of vital importance to their nation, as late occurrences have fully proved and a habitual desire on the part of this Government to avoid any collision at every risk and cost, that has hitherto marked the measures of this country are diametrically opposite to any warlike enterprise on the part of the Chinese. Yet if two more men such as Lin are put in power, and if the minister Keshen is as brave as he speaks of himself in his memorial, the safeguard from foreign feuds no longer exists, and the sword once drawn, China will henceforth be embroiled in endless strife with the western world. Old Taou Kwang should pause at this memorable moment before he granted plenipotentiary powers to men of violent temper, devoid of principles and statesmanlike experience. Still events upon events are hurrying on and the days of quiet and peace seem to have past.

平常之意见，多以为中国系不可攻之国，其居民不下三千六百万万，皆强壮爱国之人，周围边界皆有山林旷野护着，海岸则有一大半不认得，凡有人与此国交斗，不能见有底止，只有计其耗费而已。这些道理再三说之可赞，然无史事证明。鞑子兵常侵犯此地，立意欲得其内地，皆必如其愿。中国所用之打仗兵器，就是贿赂、出告示、多许赏报，以求敌人中之头目，付卖营盘。此系中国之下等法子，为何不多养兵丁，带到战场？我等想此系国中之钱财，不能各处常养三万兵，又文官之权大

The opinion most generally entertained about the Celestial Empire, is, that it is impregnable. There are no less than 360 millions of inhabitants, strong and patriotic, frontiers guarded by deserts and mountains, and a coast in a great part unknown. Whosoever engages in a struggle with this nation of which the end cannot be foreseen, should well count the cost. These are axioms uttered over and again, they are plausible, but want the confirmation of historical facts. Whenever a set of Tatar bands have invaded this country, and been determined upon the acquisition of territory, they have invariably realized their object. The weapons with which the Chinese fight are bribes to create treason in the camp of an enemy, lofty promises, buying over of chiefs and bolstering up a bad cause by bombastic edicts. The reason why not large standing armies

过武官，我等见新近所出战之兵甚少，皆系文官为首统领，我等林朋友就是文官领兵之证，人虽生长在海边，总不知制造师船。

are kept up and sent into the field, is, that this would derange the fundamental system of the country. The soldiers must either be maintained by the state or live by rapine. For the first, we really believe that the finances of the state are not adequate to maintain even an army of 30,000 men on one spot for any length of time, and to permit the second would be worse than call the Huns into the country and let them live in free quarters. The civil powers must be superior to the military, or China cannot be what it is, and the whole constitution of the country must go to ruin. But to have 30,000 bayonets or pikes, whatever you like at your elbow, with an enterprising general commanding these braves, could you then expect, that they would humbly obey edicts, issued from the harem of Peking and brought by some lawyer with the venerable name of Kin chae? We rather think, that they would carry a message to the palace, that would make the great Emperor tremble. Here we see in all the late martial expeditions that only a very small army takes the field, and that civilians are commanders in chief. Just witness our friend Lin, who though a man born on the sea coast, never understood to manage a junk, yet he is made commander in chief of the naval forces of this province. What a glorious sight it would be to see him leading forth the navy, and to burn granite and diamonds with one broadside. Such are the enemies with which a foreign enemy will have to contend.

在一千五百、六百年间，日本人扰乱海边之时，强兵在何处？全地岂不是皆为日本人所侵犯大恐惧乎？海边之居民或退居寨中，或远搬入内地，又不法之阿保仔敢入内河欺凌他们之时，勇猛提督在何处？

When the Japanese in the 15th and 16th century disturbed the coasts, where were the terrible men of war? Was not the whole country open to their inroads, and was not the dread so great, that the inhabitants of the coast either retired into walled inclosures built on purpose, or removed into the interior? Where were the brave admirals, when the outlawed Apow chae daringly insulted them in the very rivers.

保护一千八百里之海岸免于侵犯，须要二十万人，又要炮台以御围困。然敌人若攻打百姓，焚其村舍，劫其产业，是犹自己伸手入蜂窝，自求苦螫，无论其如何勇，果有一万人刺着他，必须要退。然汝

To protect a coast of 1,800 miles against an inroad would perhaps require a land army of 200,000 men, and fortresses to withstand a regular siege. But supposing the Government were based upon the love of the people, and that they would wield the sword to assist their paternal magistrates, the case would be altered. Yet the nation will never fight for

独申明，官府惟是汝之敌人，又告知百姓，将不伤其头上一发，如此，汝将即知汝之对头弱而可轻。

tyrants that oppress and squeeze the most industrious and meritorious and laugh at their misfortunes. The Chinese government stands alone; even the common friendly intercourse of a Mandarin with the people is forbidden, there exist no ties of affection and mutual interest, and the rulers must fight out their own cause. But the enemy who attacks the people, burns down their villages and robs them of their substance, puts his hand into a beehive, where he will be stung, and how great soever his prowess, he will be obliged to retire, for here are myriads who will be goaded into despair. But once for all declare the government alone your enemy, tell the people, that you will not injure a hair of their heads, and keep religiously your word, and you will soon find that your antagonist is weak and contemptible.

在此时，我等恳求林与其同人悔其前失，而退步于旧例，保全地方平安，已往之事不用记了。若再如拼命赌钱，以行其志，愈更连累地方，毫无所成，不过令其主人速至争斗，而自己将逼出自己之心血而已。林未常[尝]知此灾祸之实情，谋事太傲，不知力量之所负荷。其意之诚，最堪赞美，其欲完结之法，诚可咒骂。

In the mean while we should beseech Lin and all his associates to repent of their former misdeeds and retrace their steps to the ancient policy of the country, that has kept it safe since times immemorial. The man plays a desperate game, instead of accomplishing his design, he more and more involves the country, effects nothing and precipitates his master into a quarrel, that may wring out of him his very hearts blood. It is time to listen to reason, to lower the language of imperious command to entreaty and a desire to come to some understanding. Soon even this opportunity will no longer exist, and Lin will have the merit of having for ever disturbed the equilibrium, that has kept China from falling. When so many interests are at stake, when the lives of myriads are endangered, the officer that is guided by mere whim and acts with utter contempt of all national law, must bear the consequences of crimes to which he himself gave rise. Already now the soldiers grumble at the hardships to which they are exposed, what then will be their complaints, if they have to go through a regular campaign. And for this all they have to thank Lin, a plenipotentiary sent hither to arrange grievous evils, of which he never understood the true nature, too proud to take advice, and too ignorant to carry through his measures with firmness. The sincerity of his intention is worthy of the highest praise, but the means by which he intends to gain his end are execrable.

∞ 42 ∞

澳门十一月二十三日新闻纸 即中国十月十八日

与首领事人义律信。

我等系现在尖沙嘴湾泊之船只之船主，敬求尔准我等愚见所说之道理，宜禁止船只，不要离开现今湾泊之所。

一每年此季之间，必有大风之危险，在春秋分之时尤甚，到十月初间即有大风起。

一尔若吩咐大帮船只湾泊在伶仃洋之南边，是极危险。

一尔若令船只弯泊在龙穴，在我等之愚见，更为危险。在中国人最易置毒井中，又能顺流驶其火筏，又能沉其船只，塞断龙穴之各道路。

据我等所说这些道理，现在湾泊之所胜过他处。我等求你准船只仍泊在此处，用法子保护我等。

十一个船主印此。

The Canton Register, 19 November 1839.
Correspondence.
*No. 1. To Captain Charles Elliot, Chief Superintendent, &c. &c. &c.

Sir, - We the undersigned commanders of merchant ships at present lying at Hongkong, beg most respectfully to submit the following reasons which in our opinions ought to prevent the ships being moved from their present anchorage.

1st. – The great danger from Tyfoons that may be expected at this season of the year, (particularly at the Equinox) until the beginning of October at which time the strongest Tyfoons take place.

2nd. – The very unsafe anchorage to the Southward of Lintin where the large ships are recommended to go.

3rd. – The ships that may anchor at Lankeet are in the opinion of the undersigned in more danger, as it is in the power of the Chinese, to poison the wells, (& they are in running streams), annoy them with fire-rafts, and can cut off their retreat altogether by sinking junks in the channel off Lankeet.

Having stated our reasons for preferring this anchorage to any other at the present time we beg you will allow the ships to remain here and take the necessary measures for our protection. We have the honor &c.

(Signed)

W. Morgan	Scaleby Castle
Thomas Wills	Charles Forbes
J. Page	Sultana
J. Lyon	Sir Chas Malcolm
Wm. Fraser	Good Success
F. Macqueen	Vansittart
James Clarks	Cornwallis
James Scott	Earl of Clare
E. Evans	Shah Allum
W. C. Lagrin	Aliet Rahaman
Chas. Laibachwager	Charlotte

Hongkong, 13th Sept., 1839.

说明

《广州纪事报》本日共刊登六封各船主与义律来往信件，《澳门新闻纸》译者只译此第一封。

∞ 43 ∞

澳门十一月三十日新闻纸 即中国十月二十五日

现在中国与英国相争之事，已日日渐宽，故不必望有平安章程。下文译出林、邓、怡、豫所出之谕，系奉御旨，以尚未具结之夷人，皆永远断绝买卖。此示准予以十二月初六日 即十一月初一日 起，英国人若尚固执不具结，即禁止贸易，赶逐船只。然禁止贸易之事，已定夺于纸上。大抵英国船只并无因此惊恐而进虎门。中国人行如此强霸事，只可大家等候英国回信当如何行。如中国人所行强霸之事，以及各样帐目，不知当如何定夺？然欺负英国官府人民，及洋商欠英人之债，强逼缴烟土之事，三月间停止贸易，各人所失之项，已经吃亏，如洋商欠我等之银，不下四百五十万圆；缴上鸦片之价值，不下一千万圆；此外因停贸易等事，所失亦有数百万圆。中国人若欲断绝英国贸易，必得先还一千七八百万圆与英国之人。其小心行事之中国人，忽有此等冒失强霸之事，大抵皆因钦差性急。盖他以为初时行与外国人之事，骗得甚是顺遂，今亦常欲如此，以禁止鸦片，尤欲收服外国人。在他以为，我等在天朝胡乱行为，比中国官府思疑更甚，然又必不能如其所愿。现在尚有许多船带鸦片至各处海岸，而欲收服外国人之事，在所行之数款事，即已见得不能。虽出有此等示谕，而各样事情仍是如前。自五月间，各英船即已未有进埔，现湾泊铜鼓，亦可免中国搅扰。等候国中回义律之信，大抵第二个月可以到得，至

The Canton Press, 30 November 1839.

As time glides on the breach between the English and Chinese widens, and there can now remain very little hope indeed of an amicable arrangement of existing differences. Our readers will find below a new Edict, with a translation of which we have been favored, containing an imperial order that the trade of such foreigners as shall still continue to refuse signing the bond is to be excluded for ever, and the Commissioner has in consequence issued his commands that on the 6th of the next month of December, if the English continue obstinate, their trade is for ever to cease, and their ships to be driven away. We believe that not English vessels will in consequence of this threat enter the Bogue, and it rests altogether with the home-government what steps are to be taken under these hostile proceedings of the Chinese. That the trade is to cease for ever, is easily decreed on paper, but how will they enforce it: whilst the English have so long an account to settle with them? an account for insults offered to their officers and subjects, and an account of immense debts owing to them partly by the hong-merchants, the authorized commercial agents of this Government, and for the Opium they have forcibly possessed themselves of, besides the losses sustained since March last in consequence of the hostile proceedings of the Chinese. The debts owing by insolvent hong-merchants do not fall short of four and a half millions of dollars; the value of the Opium surrendered is equal to, at least, ten millions, and the losses for demurrage &c., may amount to a few millions more – so that the Chinese before they can claim an, at all times questionable, right to this attempted exclusion, must satisfy the English demands for 17 to 18 millions of dollars, without reckoning the expense the English will be put to in

迟亦不过正月即可以到。当此之时，中国人在铜鼓有事否，尚未可知，闻说中国人亦不准在彼处有买卖。

enforcing payment. The rashness with which the otherwise cautions Chinese have rushed into these violent measures is most singular, and is probably altogether owing to the hasty temper of the Imperial Commissioner, who, deluded by the apparent success of his first act of violence against foreigners, thought that by continuing in the same manner he would not only suppress the Opium trade but also effectually humble foreigners, who, it was feared, were beginning to enjoy greater liberty in the Celestial Empire than was compatible with the jealousy of the Government. In how far he has mistaken the means for the suppression of the Opium trade, may be seen by the many vessels now taking the drug to all parts of the coast; and the latter, future events will show whether he has the power to do or not. The edict above adverted to meantime does not change the actual position of affairs, the English trade having been excluded from Whampoa since May last; the fleet continues at Tungkoo where hitherto it has been free from annoyance from the Chinese, and will await there the answers from the British Government to Captain Elliot's dispatches. These may be received in the next month, or, latest in January. Whether the Chinese will actually interfere with the present transshipping system at Tungkoo, remains to be seen; they threaten to put a stop to that also.

꧁ 44 ꧂

[澳门十一月三十日新闻纸]

又

新到之利地额兰，系于九月十七日离孟买，十月十七日离新奇坡，在小吕宋被打折桅之船，我等今接得孟买、新奇坡新闻纸，现在不暇讲论其中之新闻。沙显哩吩 人名 已攻得呀吐呢城，闻此处城池算是在阿细阿洲中之最坚固者，交锋约两点钟之久，我等虽略有小败，惟杀死罗吐嘛和箯 人名 之兵不少，其子管理城池，亦被拏获。我等之兵不久即至咖啼尔，而罗吐嘛和箯 人名 之兵败散，只有侍从随同逃走。我军虽曾追赶，却赶不上。末后又闻得英人离咖啼尔 地名 一里之地劄营。咖啼尔即沙苏野呜尔嗼王攻得哪士嘛含威 人名 宫殿之处。嘟鲁机 地名 又为衣椇之人所败，于苏尔但嘛模 人名 死信已知时，嘟鲁机 地名 水师官已将其战船交与咪唏密啊哩 人名 并无人攻打，咪唏密啊哩 人名 大约已得为衣椇吧沙 官名 之尊贵。

The Canton Press, 30 November 1839.

The *Lady Grant*, from Singapore Manila and Bombay has at length arrived, with dates from the latter of 17th September and from Singapore of 17th October. She put into Manila having lost her mainmast. By this vessel we have received our files of the *Bombay* Times to 15th September, and of the Singapore Free Press to the 17th October. We have not room to give any extracts of the many interesting political news, which from England are to the 12th July, but which are chiefly interesting from the important news from India and the Levant. The Company's troops under Sir Henry Fane have taken Ghuzuee, supposed to be one of the strongest fortresses of Asia, after an assault which lasted only two hours, with little loss to them, but great numbers of Dost Mahommed's party were killed; his son the commandant of the fortress, was taken prisoner. Soon after the army marched toward Cabul, and Dost Mahommed's army dispersed, he fleeing with a small retinue, and though pursued, has not been taken. By the last accounts the English were encamped at a mile distant from Cabul, where Shah Soojah had taken possession of Dost Mahommed's palace. The Turks have suffered a defeat from the Egyptians, and on the death of Sultan Mahmoud becoming known, the Turkish admiral delivered the whole of the Turkish fleet over into the hands of Mehemet Ali, for which act of almost unheard of treachery he has of course reaped the greatest honors from the Pasha of Egypt.

第三册

1839年12月7日至1839年12月3日

∞ 45 ∞

澳门十二月初七日新闻纸 即中国十一月初二日

英国贸易之人不肯具结，已奏明皇帝，于十二月初六日 即中国十一月初一日 除噶与当二船不禁外，其余英国之贸易俱行停止。盖当船原已具结，被兵阻拦，不准进埔。

观中国之情形，此事必定要行。我等闻有白头鬼并摩罗鬼，中国说是系与英人探听事情，亦要立即驱逐。前日我等所搬驳之货，欲进黄埔，大约此时已进虎门，共船五只，内有三只系米利坚旗号，二只系黄旗旗号，特林咐船、咁咪叻治船、吵嘛尔咁船，均系英船，今已卖与咪唎坚人；湾士哒船系英国船，今已卖与黄旗，改名地旦士公治；仁呢啦尔喱亦系英国船，卖与黄旗人，改名哂鼎。但英国旗号来中国贸易已经二百年，今尽却之，因英国之人不能先知英国官府之意见，为三月在省城并虎门被中国拘困，不要遵中国之法律具结，有违钦差之令，因此而致有禁止之事，此

The Canton Press, 7 December 1839.

We published last week an Edict from the Commissioner, the Governor, Lieutenant Governor, and Hoppo, giving an Imperial order that the trade of such nations as refused to sign the bond was to be cut off for ever, and the above named officers in consequence declared that the port was to be closed for ever on the 6th December against all who refused to sign the bond, and that they, the officers, had reported to the Emperor that the trade with the English was for ever stopped. They make, however, an exception in favor of the *Thomas Coutts*, Capt. Warner, and the *Royal Saxon*, Capt. Towns, the latter of whom, though he has signed the bond, has not entered the river being prevented from so doing by the British ships of war.

It seems to be the general impression among the Chinese that this edict will be acted upon, and we hear that already some few Parsees and Indian Mahometans that were at Canton have been ordered to leave immediately under pretext of their being spies of the English. The last ships that were transshipping Cargoes for Whampoa have hastened to finish their business before yesterday, and are now, we suppose, proceeding to the Bogue. These ships are five, three under American, and two under Danish colors, the British ships *Triumph*, *Cambridge*, and *Charles Malcolm*, having been sold to Americans, and the *Vansittart* (den Danske Kouge) and *General Wood* (Syden) to the Danish. Thus the English flag which, during 200 years, has carried on the principal trade with the Chinese Empire is threatened with, or rather has actually suffered entire exclusion,

皆出于皇帝之主意，今观此事，似有战斗之意。闻又已动兵器，不知真否。钦差骄傲之心，并未知英人之权，以致内地有如战敌，若肯待英国人与待本国之人一样，定必免致有此事。

because the English will not, before knowing what the intention of the British Government concerning their imprisonment in Canton in March last are, venture their persons within the Bogue, and also because they object to signing a bond whereby they give their sanction to an atrocious Chinese law by which their lives and property would be at the mercy of every mercenary informer. This refusal, on the part of the English, to pay implicit obedience to the orders of the Commissioner has produced sentence of eternal exclusion against them, which sentence has been sanctioned by the Emperor. Such a decree is of course tantamount to a declaration of war, and it will now probably have to be decided by arms whether it is to be carried into effect or not. The haughty and unaccommodating spirit of the Imperial Commissioner, and his ignorance of the power of the British thus threaten to involve his country in a way of which the consequences to this empire will probably be dreadful, and which, had he but condescended to treat foreign nations as equals, might easily have been avoided.

说明

《澳门新闻纸》本则结尾原有第46则译文，但第46则在底本中是接在本则之后的另一则新闻，应予分立。

꧁ 46 ꧂

[澳门十二月初七日新闻纸 即中国十一月初二日]

闻得新钦差已到广东省城，帮林办鸦片贸易之事，又云已入界，将到省城。

The Canton Press, 7 December 1839.

It is said that another Imperial Commissioner, to assist Lin in his endeavour against the Opium-trade, has arrived at Canton, or that at least he is in its immediate vicinity.

说明

《澳门新闻纸》将本则并入第45则，其实在底本中是接在第45则后面的另一则新闻，应予分立。

꧁ 47 ꧂

澳门十二月十四日新闻纸 即中国十一月初九日

中国地方无有一件事情，能令我等奇异。然所奇者，就是中国法度。中国之人有天下三分之一，自数千年来，皆遵行此法度，犹如一大家人，在天下诸国之中，或大或小，无有一国能有如此长久之法度。额力士国之梳伦，系与孔子同时之人，各与本国各立法度，然额里西国已经数易其主，法度亦多更变。罗问国亦在孔子之时，当日强盛，打平天下已有一半地方，然今所剩之地方亦甚微少，可见从前所失之地方，已属甚多。阿细阿西边诸国，前曾强盛过，迄今衰败，变为旷野，游人无不指曰，此系当时文人所居之处，于今安在？额里西、罗问两国，相继衰败，而欧罗巴北边极少人民诸国，彼时似若无闻，

The Canton Press, 14 December 1839.

INTERNAL GOVERNMENT OF CHINA. –

Nothing is perhaps more calculated to excite our curiosity than the means by which one third of the human race has been collected under one government, and how the bonds that united the Chinese nation into one immense family have during a great number of centuries been preserved from giving way. No nation on earth, either large or small, gives us a similar instance of the durability of human institutions. Solon and Confutze gave laws to their respective countries at nearly the same time; Greece has since changed masters many times; Rome at the time of Confutze just began to emerge from obscurity; she has since subjugated half the world; but only ruins now remain to attest her lost greatness. The western Empires of Asia, once great and powerful, are desolated, and splendid ruins in deserts now indicate to the traveller the former abode of civilized man.

嗣亦互相递兴立法，而中国人仍遵行其法度，直至今日。现今诸国，皆立国不久，只欲以兵戈相胜，一国欺夺一国也，皆因其法度规矩不定，不遵约束，变乱无穷。

而中国永远如一，非是中国无有内乱，然亦常有相继血战，此不过是一人之私心贪慾，中国暂时受苦，无论有了何等样主人，国中即复原如前。中国也曾为外国人所平服，然仍是暂时之乱，即平服中国之满洲王，定必用中国之风俗律例，此可谓胜中国人以力，而中国反胜之以文。

中国得有如此长久之法度，胜过各国所立之法度，我想此问最不易答，因中国不容纳外国人，有数条缘故，即是以为自己之法度规矩皆好，人民纯善易教，官府又常禁止好奇，中国法律与由斯教之法律相同，与外国人隔别亦有如[由]斯教，中国人又不习以兵火剿灭邻国，只学以为自己系上等之人，由斯教亦自负自己系上等人，而遵守摩西士之法律，严拿外国之人，正与中国相同，这些情节皆是保守自己，免与邻国人混杂之法。

Upon the ruins of the Greek and Roman Empires have risen the northern nations of Europe, a region almost unknown and void of population at a period when the Chinese were already governed by the same laws they obey this day. Even among these modern nations, though their existence has been so short, we witness continual changes, either by one people merging into another, or by conquest or revolution; their institutions and laws are unstable, and the impatience of restraint causes endless change. China alone seems to be destined to remain the same for ever; not that she has not had internal commotions; many and bloody have been the wars of succession; but they were caused by the ambition of individuals, the nation though temporarily suffering, soon returned to its former condition, whoever was ruler. Often has China had to submit to a foreign conqueror – but, again, this was but a temporary struggle. Her Tartar lords invariably adopted the laws and customs of the conquered, and it may be said that the arm that had subjected them, was in its turn conquered by the civilization of the Chinese. Whence then do the Chinese institutions derive a durability superior to that of all other human establishments? is a question which is well worth investigation, but which, we much fear, is not easily solved as long as we are denied less restricted access to this inhospitable nation. We may however venture to ascribe it to several causes, namely the excellence of the institutions themselves; the docile and meek character of the Chinese; and the jealousy with which every succeeding government watches against all innovation. The Chinese laws, it is well known, are, like those of the Jews, a moral code; they are as exclusive, as those of the latter, and though the Chinese are not taught the extermination by fire and sword of their neighbours, they are instructed to believe themselves of a superior kind. This proud assumption of superiority which has preserved the law of Moses pure to the present day, though its followers have had to suffer and partially still

按地理志，中国之地方令人乐得居住，又可以长久，其地无处不肥茂，无有出产不丰，亦算是上天之特恩。中国人之财帛，不同他国之财帛。中国之财帛系出于地上之耕种，自古以来素称多人，无不求利于地上；地方已宽，河道湖泽又多，所以人民安静做事业；人情慷慨，不受外国人之扰乱；又少习驾船之事业，中国周围皆有旷野，阿细阿东边之游民总未过此侵犯，故生齿日渐蕃盛，即立安静之法以保护之，遂成一国，辟地开国，最为久远，无有一书能道其本源也。中国之才艺工作，亦由来已久，其最著者是织造紬缎、烧瓷器与制造各样之糖，灵巧之法，外国不及，今亦流传到西边各国矣。中国人之才艺无不全备，开国长远，故流传亦已长远，我等经历过各国，方能知其原委。

suffer, the cruelest persecutions that ever fell upon a nation, has with the Chinese, under much more favorable circumstances had the same effect, in keeping them free from admixture with surrounding nations. The geographical situation of their country also rendered it easy for them to persist in their isolation, and a vast extent of land inferior to none in fertility nor in every other production of the soil may be deemed an excuse for their claim to the special favor of heaven. Unlike other nations, it is probable that the Chinese from the very earliest period derived their subsistence chiefly from agriculture, a pursuit to which their country, particularly between the degrees of 28 and 36 of northern latitude, where are the earliest peopled districts, seems to be peculiarly adapted. It is an immense plain, intersected by rivers and lakes, inviting the peaceful occupation of the husbandman, who found his toil abundantly rewarded by bountiful nature. Here, undisturbed by foreign influences, for navigation was then but little practised, and the nomadic hordes of eastern Asia had not yet traversed the desert which separates them from China, it may be supposed that the population increased rapidly, and that here, with the growth of the human society, those peaceful laws were successively devised for its own protection, which reacting upon future generations, have formed the character of the nation. The period in which the Chinese first became a nation is so very remote that none but fabulous legends tell of its origin: the same is the case with their arts and manufactures, though we know that they were famous for the weaving of silk and manufacture of porcelain, and probably also the making of sugar even at the time of the Roman Republic, and that samples of their industry even then reached the Empress of the Western world. That the social arts have, in their present degree of perfection, been long practised by the Chinese, there is ample evidence to prove, as also that the nation has for a number of centuries been stationary, without, as the experience of all other nations teaches us, either regressing or

嘛果坡罗在一千三百年间，曾游过中国，所记载中国之书，恰与现在中国地形人情相同。中国人本系耕种土地朴实之人，不知有何感动，遂兴到如此王化之极地，以致胜过天下有王化之人。中国土地广大肥美，出产甚丰，矿厂亦多，所以内地之贸易，自古以来为最大，皆由内地河道通行，近世又有运河通行也。

贸易一事，在各处皆为手艺之根本，外国之人胜了中国，行用律例，不甚猜忌，故能兴此贸易。在一千三百年之末，呫没哩坎相继仅有数王，人民归服不久，而中国之王侯即相继而起，皆因不善保其王位，血战三百年，倏已疲败，致失王位，已经二百余年。

太祖系创立本朝之首王，才能以康熙、乾隆为最著，此两帝管国最久，遂兴起满洲中国权柄之产业，至于极地。传至嘉庆及当今道光皇帝，太平管治此三千万万臣民。我等想内地之法度，系康熙定位全备，乾隆刚强，如用镣铐紧缚在中国人身上。中国人民甚多，天然不喜外人得胜，所

advancing. Many of Marco Polo's descriptions of China and its inhabitants, though he visited this country in the thirteenth century, apply perfectly to the present condition of the country and the habits of the people. At what time then did it reach this high stage of civilization, and by what influence did a nation of simple cultivators of the soil become so immeasurably superior in all the arts of civilized life to every other people then existing on the earth? What can have caused this spirit of investigation and rivalry without which human society is not apt to improve, and which has slept in China ever since the attainment of a certain degree of eminence? The fertility, extent, and various productions agricultural as well as mineral of the country, probably at a very early period produced a very considerable inland commerce, which was greatly facilitated by the noble rivers that intersect the country, and which at a later period was still more assisted by canals. Commerce here as elsewhere, became the mother of arts, and both were fostered by laws which were not then jealously administered by a foreign conqueror. It is probably since the conquest of China by Kublai Khan, at the end of the 13th century that may be dated this stagnation in the genius of the Chinese nation, for though they were not long subject to the successors of this conqueror, the Chinese princes that succeeded them, were many of them but ill secured on the throne, and their weakness and vice were the cause of frequent and bloody wars and revolutions during the space of nearly three centuries, when they were dethroned about 200 years ago by the now reigning Tatsing dynasty. Besides Taetsung, the founder, this dynasty of princes has been distinguished by the talents of Kanghe and of Keenlung, two emperors who during very long reigns raised the power and prosperity of the Tartaro-Chinese nation to its highest point, and assured to their successors Keaking and the now reigning monarch Taoukwang the peaceable sway over upwards of 300 Millions of subjects. We believe that the

以只可治之以极严与极小心之法，不征重税，

中国官府皆选读书有名之人，不准亲戚朋友同在一处做官，又不准在生长之本省为官，并且不准在一处久做官。

正以罗问加特力教内之和尚，终身不娶亲，虔许一生不作差事，努力扶持教法。至耶稣纪年一千年之时，遂令通欧罗巴俱行遵敬此教。罗问教内之和尚所行之规矩亦极严肃，凡有违犯教令，其治罪之律例正与中国律例治罪相同。

present system of internal government, was, if not instituted, at least greatly perfected by Kanghe, and the cruel and suspicious character of Kienlung caused the fetters to be still more securely riveted upon the Chinese nation. That so numerous a people of whom many must naturally be hostile to foreign conquerors, could only be ruled by a system embracing both the greatest vigilance and severity seems evident; that this could not be done effectually by garrisoning the cities with Mantchoo tartars, is equally evident from the scanty numbers of these compared with the Chinese, and the expense a military occupation would entail upon a nation unused to heavy taxation. The government's instruments were consequently chosen from among the vast numbers of aspirants to literary fame which the country annually produces, and to withdraw the Government employees altogether from the influence of kindred and friendship, they are from the very beginning of their official carrier sent into provinces others than those which gave them birth; nor are they allowed to exercise their function long in the same place; every advancement in rank brings with it a change of country in order to guard as much as possible against collusion with the people. An immense body of functionaries thus educated, it may be said, for the sole purposes of the government, and entirely dependent upon it, withdrawn from all influence that might possible divide their attention, or make them prefer the interest of friends to that of the state, may not unaptly be likened to the different orders of churchmen who, detached by the equally effective means of celibacy from the most endearing ties, devoted their lives without swerving, to the establishment and dominion of the church of Rome, and their labours, having but this one culminating point, were attended with singular success, holding Europe in prostrate subjection to the church during nearly ten centuries. The severe discipline to which catholic priests were subject in all that had reference to crimes against the church, is also found in the laws concerning Chinese officers with regard to offences against the state; such as in Europe are considered very venial if at all blameable, begin punishable with death in China. All offices of the state are supposed to be conferred by the Emperor himself – if any high officer should take upon himself to interfere with this Imperial prerogative by bestowing an office, such offence is by law punished with death. Another offence to which the penalty of death is awarded, is the interference by prayer or otherwise of an inferior mandarin in favor of one of higher rank on whom for some crime sentence of death has been passed; we might here mention a number of other instances in which the lives, of mandarins may become victims to the law, but this would extend our remarks beyond their necessary limit, suffice it to observe that to such degree does the state deem its officers its absolute property, that should any one be appointed by the Emperor to fill no matter what office, he must discharge its functions; a refusal exposes him to the degrading punishment of 100 blows, and to be declared for ever after unfit to serve the state. While, however, the law is so severe as regards crimes against the state committed by its own servants, it provides in the most ample manner that the people shall observe due reverence towards its officers. These are exempt from the degrading punishment of the bamboo; if they have incurred any punishment, and these are all, with the exception of the last penalty of the law, regulated by a given number of blows with the bamboo, they, instead, forfeit so many months of their salaries as are, by law, made to correspond to a given number of blows; ten blows being deemed equal to one month's salary, and so on in gradation. If the punishment awarded be seventy blows, they are, instead, degraded one step, but continue to hold their office; the heaviest punishment, 100 blows, is deemed equal to degradation of four steps, and the loss of office.*(*See Staunton's Ta-tsing-leu-lee.) The higher officers besides belong to the privileged classes, and their crimes can only be judged and punished by the Emperor himself. Many are the laws made to insure an impartial administration of justice, but we much fear that their object is defeated by the collusion of mandarins whenever they have been guilty of maladministration or oppression, for from the nature of their education and office they can only feel sympathy for their own class. It is true that the people are told, in case of injustice, to appeal to the Emperor, a privilege which we should think they would but rarely avail themselves of, since they are told that they will be very severely punished should it be found that they had wrongly accused an officer of state, and the latter is always favored by the policy of the government and they sympathy of the judges. Such being the situation of the mandarins with the people, it need not be wondered at, when we also consider the minuteness and prolixity of the Chinese code, and the latitude therein given to the magistrate, that the people fear nothing so much as to come in contact with the mandarins, who, being but inadequately paid by the state, are obliged, by extortion, to obtain the means of a decent livelihood. That every innovation of what kind soever must appear threatening to the continuance of such a state of things is evident, and hence the watchfulness of the officers to preserve every thing as of old and their praise of the good old times. To the industry of the people and natural advantages of the country we may therefore ascribe the astonishing progress the Chinese have made in civilization so much earlier than other nations; and to their political troubles, but chiefly to the iron rule of jealous foreign tyrants is to be attributed their having remained stationary in this civilization, and allowed other nations, naked barbarians at a time when the Chinese formed already a polished nation, far to outrun them in the race of improvement.

中国之律例书亦甚琐碎，官府之权虽大，百姓却亦无忧无虑，不过害怕官府，因国中所给之俸不多，必须勒索以充日用所需，但凡出奇者，皆系恐吓之事，故现在官府只留神遵守古法，并旧时之美名。

观中国人民之灵巧，国中之利益，我等深奇中国人比别国人早得王化，今别国有王化亦有胜于中国，而中国仍以外国王为暴虐之王，皆因中国早已得王化，而视外国尚系赤身蛮夷。

∞ 48 ∞

[澳门十二月十四日新闻纸]
又

中国官府全不知外国之政事，又少有人告知外国事务，故中国官府之才智诚为可疑。中国至今仍旧不知西边，犹如我等至今尚未知阿非厘加内地之事。所最奇者，全不与邻国政事相同，即如日本国人，每年要接一包新闻，其中记载各条事务，系国中官府遍行众看之新闻，考求天下各国并天下名人所载诸事，皆甚留神。安南国亦有一定之记载书，凡海上所游见之峡路，及各处报闻，皆留心载之于书。暹罗国中亦有几个明达之人，虽少地理志之学，然他们至今奋力访求由何条路可以到天下各处地方，所以近来于政事大得利益。咪咖啦系缅甸一个大头目，现今尚在，伊有天球、地球、地理图，深通地理志，他之讲究并非小儿之讲究，他甚奢想多知外国事务，他又甚奢想遇见外国游人，以资访问。在其所拣选之书中，有一套燕西果罗啤呢阿书，其中之意思大概皆已洞悉。缅甸现在之王，亦已熟悉广闻外国著名事务，亦算是不落在人后，他深知有能之国，他亦不让，我等实在难以窥测也。

天朝在各国中，算是大有王化之国，胜于其邻近之国，我等在中国有何所见，只见中国甚无学问而已。中国果欲求切实见闻，亦甚方便，通事、引水人等所知固少，而

The Canton Press, 14 December 1839.

We generally admit, that the Chinese Government is a total stranger to foreign politics. The information respecting other countries is so scanty, the sources from whence it draws its knowledge so questionable, that it always remains as ignorant about the west as we are respecting the events of the interior of Africa. This is a very remarkable circumstance, and by no means in unison with the policy of the surrounding nations. The Japanese for instance receive annually a budget of news, which enters into all particulars, and is widely circulated amongst the officers of Government. They make particular inquiries about the various kingdoms of the world and eminent persons, and note every thing down with great care. The Cochinchinese keep a regular record, and as often as they visit the Straits, they carefully collect all the information within their reach. In Siam are several intelligent men, who, though very confined in their knowledge of geography, still endeavour to find out what is going forward in other parts of the globe, and have lately taken a great interest in political events. Mekara, one of the highest princes in Burmah, if he is still alive – has globe and maps, and is thoroughly conversant with geography. His inquiries are by no means childish, and he is anxious to obtain as much information about foreign matters, as any foreign chance straggler will furnish him. Amongst his select works, there is Rees' encyclopedia; the drift of it in general he seems to understand. The present king is also famous from his knowledge of foreign affairs and for the extensive view he takes of matters. Yet how he after all can be so foolish and irritate a nation of whose power he is fully aware, we are really at a loss to divine. But in the Celestial Empire – amongst a nation more civilized than all its neighbours – a Government that claims the exclusive honor of being civilized, what do we find? Nothing but absolute want of knowledge, which is the more extraordinary, as there are the most ample

浩官 即伍怡和洋商 算是多有历练之人，我等恐本地人究未知道详细，纵有人知道一二，皆系卑微之人，又无官职鼓励，究系他们所知事情比别人较多，反又轻慢之，以为与夷人交易。如在广东省城，有许多大人握大权，不知英吉利人并米利坚人之事情，真与我等不知鼎麻都之王并三摩之王相同。此是骄傲自足，明明轻慢各种蛮夷，不去考究。然林行事全与上相反，他自己先预备几个最善翻译之本地人，他就指点奸细打听事件法子，这些奸细、洋商、通事、引水、二三十位官府，在各方四处打听，皆是有些才能之人，将打听出来之事，写在日记上，按日期呈递，登于簿上。有几个夷人甘心情愿广中国之知识，将英吉利好书卖与中国，俾有繙译人译出大概之事情，有如此考究，并添许多知识，于今有何应验？林系聪明好人，凡有所得，不辞辛苦，常时习用，记在心中。于今观其知会英吉利国王第二封信，好似初学知识之效验，然此信之知识可谓微小，在中国亦算是世上最奇之文，将来若到咏梳衙门，至少亦有半个月之谈论。译出此信，曾否寄去，我等现在尚未知道。

opportunities for procuring correct information. The linguists and pilots have some smattering, and Howkwa may be in possession of a great deal of practical knowledge, but we very much fear, that there is not a single native who is acquainted with the details. But even those who know a little are men in a humble sphere of life, without any political influence, and despised for having had intercourse with foreigners and knowing more about them than their neighbours. As for the great men who hold the reins of Government even at Canton, they know less about the English and Americana as we about the king of Timbuctoo and some other Sambo. It is pride, self sufficiency and utter contempt of the whole tribe of barbarians, that keeps them from inquiry. Lin however has gone quite an opposite way to work. First he provided himself with the best native interpreters that could be obtained. Then he organized a numerous host of inquirers and spies, including hong-merchants, linguists and pilots with perhaps twenty or thirty mandarins, all of them men of some talent, to obtain information in every quarter. These men kept a regular journal, which they delivered at stated times, to the competent authorities to enter the same into a book. Several foreigners were moreover requested to furnish gratuitously information, and good English books were purchased, to give the interpreters an opportunity of translating the leading topics. And what has now been the result of so much investigation and such a valuable stock of information? Well it is all in the possession of Lin, the wise and good, who has taken immense trouble to impress it upon his memory by a frequent perusal. And now behold the second letter addressed to the British Queen as the first fruit of his study – which to say the least is the most wonderful literary production of this age, and will furnish the court of Windsor at least for a fortnight topics of conversation, if it is ever translated and sent, which we still doubt. Then come those extraordinary measures by which the Commissioner wishes to put a stop to the Opium traffic – which according to the rule of contrariety – are quite in accordance with the genius of western nations – and finally – though last but not least, the closing of the port against

British shipping. If a man studied ever to advantage it was Lin, and if he held a council to deliberate by what measures his native country might in the most speedy manner be ruined and the smuggling of opium be revived, he could not have adopted more suitable measures, as has already been shewn, and will be proved more fully in future.

We therefore ask, what are in general the principles that guide this government in its conduct towards foreigners, and we simply reply – principally the records; they find there, that western governments have never taken any serious notice of outrages committed, that threats as well as armaments on the spot have been all put at nought, that thundering edicts and an appeal to reverential obedience of the King of the said nations have been powerful enough to drive the men of war from the shores of the celestial Empire, and that a stoppage of the trade has made the most sturdy chief to cower before the majesty of the Central kingdom. No notice having been taken of the insults offered to Lord Napier, a peer of the realm and an officer of the household, and subsequent events all conspiring to repress the rising pride of barbarians, the just conclusion drawn from these premises is – that China may do whatever she pleases with foreigners that visit her shores. Now on the late occasion when it was required that a bond mast be signed, in which the party promised to expiate with death a transgression against the new customhouse regulations, all but one nation, yielded to this demand – under such circumstances the Mandarins and the great Emperor to boot must be led to believe, that Barbarians who are ready to lay down their lives in the pursuit of gain, may be forced into any concession. It only requires the fiat of Heaven's son or his trusty servant Lin, or even of Howkwa and any legal imposition, will gladly be born by them; yet even the spoiling of their goods and the taking of their very lives will be submitted to without murmuring. We are certain that this impression has generally gained ground, and do no longer wonder at the late arbitrary proceedings, which are based on this assumption.

℘ 49 ☙

澳门十二月十四日新闻纸 即中国十一月初九日

英国之人，未免得罪中国。但中国人之所行，比我等所犯之罪更甚。我等于今若用强法，亦算是公议，不为过分。又，众人有谓，皆因鸦片贸易，遂致中国禁止鸦片贸易之事，亦皆因印度之官府做此贸易，以致各人有犯中国之法律。此事人所共知，虽说亦不以为害，别国之人亦有做鸦片贸易，亦不能推辞其罪过，而米利坚人亦有做此鸦片贸易，此事亦人所共知。米利坚人与英国人又有些分别。英国人离省城，因行有不是之事，故中国人以此罪英国人。米利坚人系恭顺中国，得以照常贸易。此事系外国之人不能和心会合之大害也。于前月间，亦已定暂时在港外贸易之章程，独花旗不与和心。

The Canton Press, 14 December 1839.

We believe our pages afford sufficient proof that we anxiously desire a speedy settlement, and one as advantageous as possible to the English, of the differences now existing between them and the Chinese. We were therefore somewhat astonished to find in the *Register* of the 10th that our 'gratuitous assertions' 'ought to be listened to with much caution' merely because the Editor of this paper does not happen to have been born in England. The 'gratuitous assertion' which the *Register* quotes, states that the English have sinned against the Chinese, and was part of some remarks we have ventured to prove that the provocations the Chinese had given were far greater than the transgression of the English warranted, and that therefore these latter were perfectly justified in obtaining redress by force. No one at all acquainted with affairs here can possible deny that the chief reason of the quarrel with the Chinese is the Opium-trade, fostered by the Indian Government in direct opposition to the laws of this Empire; the thing is so notorious that we can discover no harm in saying so; but the *Register*, though he cannot, we suppose, deny this, tries to lessen the fault of the English, by saying that merchants of other nations have been equally guilty of the Opium-trade. That others, and particularly the Americans, have dealt in Opium to as great an extent as their means and connexions permitted, is perfectly well known, but we cannot perceive how this can affect the question as far as the English are concerned. The difference between the English and Americans is merely this; that the former have resented, by withdrawing from Canton, the ill usage suffered from the Chinese, whilst the latter have preferred quietly to submit to it and to continue their trade, eating their bread like the prophet's of old. This want of unanimity among the foreign community has been the cause of much evil, for we are certain that had all foreigners left Canton in May last, a temporary settlement at least would long ere this have been agreed on.

说明

1839年12月10日《广州纪事报》批评《广州新闻报》与《中华丛论》主编均非英国人，以致有些观点和英国人歧异。《广州新闻报》随即刊登此文反驳《广州纪事报》的批评。

50

澳门十二月十七日新闻纸 即中国十一月十二日

上文译出之十八首诗，严谕钦差，内中文理深奥，我等难已[以]采叠句韵，若可以能采成句韵，外国人一见自然欢喜。今请我等之做诗朋友，将此数诗采叠句韵，给予我等看之。

The Canton Register, 17 December 1839.

In a preceding column will be [found?] a translation of a most singular [此处有字被黑墨遮掩而无法辨识] severe satire on the high imperial commissioner – for which we are endebted to a friend. It is not an easy task to give the full meaning and spirit of such a document; and, probably it would be read with more pleasure by a foreigner, if it were thrown into verse. Perhaps some of our poetical friends will favour us with a metrical version.

说明

所谓上文指第51则，在底本中第50则置于第51则之后。

∞ 51 ∞

[澳门十二月十七日新闻纸]

又

已出二千两银之赏格，挐作诗之人。

The Canton Register, 17 December 1839.

Translation.

A reward of 2,000 Taels to him who discovers the author.

1st Stanza. – We have heard it said, that a minister of the court has, all of a sudden, taken the management of the (provincial) riches; whilst his terrific fame has resounded, like thunder, along the shores of the sea.

Not a few families (A) have been entirely fleeced. Having stumbled upon the silver stream, he hopes to recover what has fallen into it. In order to keep people alive he kills them: in this consists his sacred virtue. He confides in his heroism to work chances, and to do entirely away with profits. This country is ruined and life is scarcely supportable: the more so as for a series of years it has been visited by dire calamities of fire and water.

(A) Here is a play upon words, and it might also be translated 'opium dealers.'

2nd. – The sycee has spread, like a fountain, into the countries of a hundred barbarian nations; and it is evident that along the passes there has been a neglect of vigilance. When I look at the ocean I sigh in vain on account of the silver billows, since the plan for surrounding the sea as with padlocks has proved abortive. Who has sent the sycee to the country of lions? (B) Were there no soldiers stationed at the hill of the tigers gate? (C) Yet year after year the sycee rushed out countless as the sands of rivers. It would be fortunate if there were a brave soldier who would pay back the briber.

(B) Either India or England – alluding to the national arms. (C) The Bogues.

3rd. – The infectious poison of smoke from barbarian realms has spread through custom houses and ferries and though the vapour is light and attenuated, yet its enchanting power is superhuman.

Lin, loquitur. 'The power of rescuing you from it rests with me. I do my work with the axe of the executioner, and on the other hand indulge the people. The effect is certain, and I need not take precautionary measures to embarrass others. The law will remain the same as heretofore and not perplex the virtuous. I have pity for the fishes that swallow the bait, and rouse them to get into the kettle, and there let the scaly tribe swim about. (D)

(D) Here is an allusion to the opium destroyed at the Bogue, which killed the fishes; and to the perfect nonchalance with which he gulls the people.

4th. – How could this foreign article spread through all the emporia, whilst a navy along the coast is watching against traitors?

(Answer). If thirst seizes you and you have nothing to drink, you will covet the water of the fountain. (E) Or otherwise, though (the opium) could fly, it would never have passed Lantaou. The gentleman has money and they have earth (opium) to offer. At present people of cruel disposition are restrained in their inclinations, by the hopes of shedding a ray of light around their heads as brilliant as if a whole vestibule was lighted on all sides. Thus, a hundred wonderful things have taken place in our neighbourhood. (F)

(E) This is the answer: the officers are feud, and greedy after money. (F) Many of the naval officers have purchased a higher rank with their ill-gotten wealth; and have been promoted for having received bribes.

5th. – The towering men of war, that protect by their terror Kwangtung and Kwangse, have been transmuted into the refuse of the oven, and are now embued with the spirit of the Tankea race. Already have they been drawn up in martial array, emitting the rolling thunder; but their most conspicuous merit consists in seizing and squandering the property of the people. When will the imperial house be able to extirpate Hansin? (G) It will be on the day when the brazen hill and the hungry Tang will carry on intercourse between one another. (H) Who would not clear the fountain, when all the mandarins are obliged to join in one common purpose?

(G) A very famous rebel. (H) Alluding to the naval

commander and governor Tang, the hills mentioned exist at some distant from one another.

6th. – These iron war-junks endeavour to promote economy to a great extent, their monthly expenditure being only 36,000 taels, whilst rivers and lakes swarm with robbers, who spread terror every where; and the gaudily dresses dame with her slave are profuse in their praises of the doughty *Tseang*. (I) He (Lin) boasts that he will gain a name, and also make money, but he ought to know when to be lenient and when to seize: still he is a man unsteady as the rolling wave, and under his administration the detestable poison sprouts again along the vast ocean.

(I) The Keuminfoo, who also guard the coast.

7th. – A flock of crows (K) has flown over rivers and brooks, and they accompany each other backwards and forwards, but keep their doings to themselves. On a sudden, however, it is rumoured that this new administration, regarding the dignity of the empire, sucks the fat of the people and hoards up ill gotten gains. Though the licentiousness of opium smoking may have been utterly extirpated from the land, yet how can you stop the leaking out of the cup on rivers and seas? In every place sordid self interest is studied, whilst the laws are transgressed; and those in public stations do not refuse to do the same.

(K) Here is a play of words upon Opium.

8th. – The eagle likes to perch amongst sweet – scented flowers, to embue his body with aromatic odours; (L) in the morning and evening he kills the wasps of the two courts: though throwing away the ashes, (M) they still can scarcely escape death. The houses, towards the north (N) may all be sealed up and in several places the poorer classes of people have closed the market. (O) They dungeons for about a year have hardly been capacious enough; whilst the lower orders will easily be goaded to become desperadoes, from being entirely without work and then we shall see that convulsions will extend through the nine stories. (P)

(L) Lin studying fame. (M) The remainder of the bribes: Lin has put several officers under heavy contributions. (N) By government: the streets of Chinese shops near the foreign factories. (O) Are entirely out of employ. (P) The whole empire: a play upon the words – Teen hea.

9th. – It really resembles children playing hide and seek. (Q) The lamp that burns under the shade is extinguished, (R) and the concern set afloat on the waters. Who in Canton would have supposed that the officers having thrown down their spears, would again go on wounding themselves cruelly? Eager of merits they hasten to clothe themselves with grandeur, whilst their fame is on the wane. (S) Suppose if those egregious culprits had been executed, the praise due to the virtues of this government would have been ascribed to our superiors, and how would the common people then choose to resist the royal ordinances?

(Q) One mandarin takes from another [此处两字无法辨识]. (R) The smuggling was at first under the eye and control of the government, but is now beyond its grasp, - on the wide oceans. (S) New hostile preparations after the repulse of the Chumpe fleet.

10th. – Who is benefited by the imperial commission? Is not pity shown to the guilty? We shall gradually experience that the net of the law is like the wormwood of the autumn (useless). By what contrivance can families escape the evil (of imprisonment), when those who fled the dungeons die of disease before they are sentenced to death. There are buried in the caverns of this country legal instruments, that will cause the very servant girl to appeal to heaven on behalf of the innocent, and against the rancour shown towards good men. The very manes of the people have appeared along the southern seas to implore the demon of the dungeon (the turnkeys), but without effect.

11th. – Sheep and wolves (civilians and military officers) are desirous of frequent lawsuits. The fox lies in ambush and renard burrows in the ground, to turn what is even upside down (distant facts); and the desires of the very menial are so insatiable that a river could not fill them; and though multitudes complain, where can redress be obtained? All families are, on account of this deadly poison, distracted with sorrow and fear. They tremble and dread the false accusations that are constantly afloat. Listen and behold this is a glorious day for the police: they shout while reversing the platter (to pour out the money).

12th. – The inferior orders are afraid to commit crimes, and what need is there to molest them any further? But the military anxious to obtain merit, proceed with restless officiousness. It is they who create calamity, and by false accusations of treason, brought forward against the wealthy classes, bring them often to ruin. They entice men to transgress the law, their cunning being without parallel. Money is their great object and to what will not this lead? If the wild pheasant has no go between, will the male offer herself? Though the law decreeing capital punishment has hitherto been equitable, yet these men, like the most inveterate of enemies, are abandoned to scheming, in order to prevent the same.

13th. – The general contest for merit at this time, is not carried on by civilians, but by military men, whose claws and fangs have increased amazingly. If you implore paternal mercy, you have to pour out your heart and bowels before a warrior. A teacup of opium compromises the life of people, whilst myriads of opium dens fill the camps of generals. They are averse to kill the peepers of the swine and the butchers of dogs. (T) Reflecting upon this I throw down my pencil in confusion, and ask for a string. (U)

(T) The most egregious culprits the mandarins. (U) To tie it, lest it might be lost for a future occasion.

14th. – If you see that day after day people are seized, and never hear that after examination, and torture they escape the doom of false accusations, can you then believe that this trio, entrusted with administration (V) do anything to make the law respected? Who has related the horrors perpetrated in the narrow and silent dungeons? When they execute the law they dare to set at nought the dreadful resentment of the people; but they continue spreading terrors and daringly meet the demon on the cocoa nut and elm trees. (W) A feeling prince would bountifully and generously have improved the manners of his people; but these men sneak about and drag their drug behind them like complete gamblers.

(V) The commissioner, governor, and admiral. (W) Two sturdy trees, that bid defiance to the storms.

15th. – Our mandarins run in pursuit (of smugglers) to the ditch where excellent stores are found; (X) they call after them until the very slaver runs down from their mouths, and becomes thick and shining like lumps of fat. In the meanwhile (opium) has already spread amongst the waves, and in vain will they follow the billows to try to extract it from thence: they will as little succeed as if they were going to drag forth the bright moon reflected in the water. They stop their ears against the whistling of the robbers, and console themselves with dragging slime and carrying water, and with amazing toil they level again the surface. If the monarch might hear of it, they pretend that they are daily washing the sand for gold-dust. (Y)

(X) A play upon the city wall. (Y) This seems to refer to the destruction of the drug and the great effects promised as [此处一字无法辨识] to accrue from measure.

16th. – The climate and nature of the people have, for considerable time, gradually changed, and misty vapours (Z) have brought on chronic diseases, against which the healing art can with difficulty provide. From the time, however, that he (Lin) came into power the injury has gone on increasing, and demons fill now the forest of brambles and thorns. (A) The cries and lamentations of the people resound every where, and their countenances show a livid hue. It would be a wonder if their starving condition could be hidden from the court. He alone is indifferent about the evil that is accumulating. Prosperity is it at an end, and who may know and speak about a phoenix (the harbinger of golden time.)

(Z) A play upon opium. (A) A play upon Lin's name.

17th. – There are now no trading vessels built to cross the celestial ferry (Teentsin); but you may stand there on the bridge and hear the moaning sounds of the cuckoo. It is difficult to take thither goods though the price has been raised threefold. Thousands of men have been scattered towards the four quarters of the wind (for sheer want): they crook their fingers, (B) and their very souls cry daily for bread. We regret that during the last two years the splendour and hustle of maritime Kwang-tung has faded; the cities and emporia are ruined and deserted, as if even smoke had been interdicted. (C)

(B) A sign of the height of despair with the Chinese. (C) Another allusion to opium; no smoke arises from the deserted hearties of the people.

18th. – His (Lin's) sole object is to curry favour, & reap honours, whilst he is utterly regardless of the national interests, & of the people at large; & supposes that by exciting terror and commotion he proves his ability. Can it supposed that by drawing a wall (around the land) peace can be secured? When he came to these regions, he claimed the support of the peoples high backs, and still the smoke has not for a single day cleared away.

How can my song fully describe this state of things: it is merely the plaintive cry of the wild goose.

说明

底本未附中文原诗。

52

[澳门十二月十七日新闻纸]

又

我等若由呢咘尔、西藏、阿三、缅甸，到中国之西边疆界亦不难。现印度有英国许多勇壮之兵，况印度本地之王亦甚是和爱，呢咘尔之王虽不甚亲爱之朋友，他啦洼地亦颇欢喜归附英国人，与[兴]度斯顿之回回人，亦诚心合会攻打中国拜菩萨之人，中国鞑子之回回人，亦想报复前在皇帝前凌迟张格耳之仇。现在中国之海岸及黄河口、洋子江等处，明摆与别国人水路攻打，如此中国保障何在？即如直隶总督琦善说，我等内地之炮台，皆有名无实。

The Canton Register, 17 December 1839.

The letter of an Anti-celestial is deserving of attention. The western borders of China are not, we presume, very difficult of access through Nepaul, Tibet, Assam, and Burmah. There is in India a large British army already flushed with victory; the native independent princes would readily furnish their contingents, the chiefs of Nepaul, and our now dubious friend Tharrawaddie himself would gladly become allies of the English, the Mahommedans of Hindostan would zealously join in a war against the idolaters of the land of Chin, and the Mahommedan tribes of Chinese Tartary burn to revenge the cowardly slaughter of Changkikir, who was cut to pieces in the emperor's presence a few years ago; whilst the whole coast of China and the two great arteries of the empire, the yellow river & the Yantszekeang are exposed to naval attack. Where, then, are the defences of China? In the words of Keshen the governor of Pechele, 'our forts on the land roads would be found mere idle contrivances.'

☙ 53 ❧

澳门十二月二十一日新闻纸 即中国十一月十六日

The Canton Press, 21 December 1839.

China News in England.

We have just been favored with the loan of a *Times* of 2nd August, and find in the report of parliamentary proceedings of 1st August, that Sir J. C. Hobhouse, gave the following answer to a question on the subject from an hon. member. 'That no official information whatever had been received by the government in relation to the late reported *outrage* on the British and other foreign merchants by the native authorities at Canton. He had seen a private letter in which these *outrages* were detailed.'

In the house of lords the following took place on the subject of the

TRADE WITH CHINA.

Lord Ellenborough wished to put a question to the noble viscount at the head of Her Majesty's Government, and as it was necessary he should introduced it with some preliminary observation, he would, for the sake of regularity, conclude with a motion. He wished to draw the immediate and serious attention of the noble viscount and of the house to the information which had just arrived from China. (Hear, hear.) The case was this: - The Chinese Government had determined at last to put an end to the trade in opium, and with that view had dispatched a Commissioner to Canton, with full powers to act in that behalf. On his arrival he intimated to the British merchants that the Chinese Government did not insist upon the punishment of those who had theretofore been engaged in that trade, but desired that for the future the trade should entirely cease.

Lord Brougham. – The trade in opium?

Lord Ellenborough. – Yes; that the trade in opium should entirely cease. The commissioner required from all the British merchants an engagement that they would not have anything further to do with that trade, and he also required the immediate delivery to the Chinese government of all opium in the possession of the British merchants in the waters of China. This demand was sought to be enforced by a cordon round the British factory, and thus preventing the introduction of provisions. The British superintendent came from Macao to Canton, but he was put in the same peril as the British merchants, and his arrival made no alteration in the condition of affairs: on the contrary, the blockade was kept more strictly enforced and at length Captain Elliot, the Superintendent, imagined himself justified in requesting all the British merchants to deliver to him all the opium in their possession, for delivery by him to the Chinese government, he undertaking on behalf of the British government that the merchants should be indemnified. The quantity of opium delivered up amounted to more than 20,000 chests, and he understood the value was estimated at more than 2,000,000*l*. sterling. (Hear, hear) It would be matter for the serious consideration of Her Majesty's government, when they were acquainted with all the circumstances of this case, how far they sanctioned the proceeding on the part of Captain Elliot. Until the case was fully before the house and the public, it would be improper to form any opinion upon it; but he must state, as a general principle, that any person in a civil situation, called upon to perform civil duties, was under as solemn an obligation to disregard every feeling as to his personal safety as any individual in the military service. But in what condition was the country practically placed by what had occurred? Whatever might be the conduct of Her Majesty's government – whatever might be their ultimate decision as to any negotiation or intervention for compensation for their losses from the Chinese government – it was impossible not to come to this conclusion – that the trade in opium was practically at an end. Now, the revenue of India derived more than 1,000,000*l*., he believed 1,200,000*l*., sterling per annum from the monopoly of that trade, and he

中国所失于官府手上之项如何赔补，此事不能不完结。鸦片贸易此时候亦已完矣。现今在印度之税饷，有一百万棒有余，鸦片之税饷有一百二十万棒，其出口到中国之鸦片税饷，有八十万棒。以此观之，鸦片出口到中国，至少者亦有一半之额。因此到英国之茶亦少，其价值亦高贵。中国禁鸦片贸易，亦不以为奇怪。

apprehended that 800,000*l*. of that was derived from the export of opium to China; indeed, that trade formed at least one-half the entire exports to China, and therefore the cessation of that trade would have the effect of reducing the imports of tea, and consequently of making that article much dearer, for its importation would be reduced, and by the reduction lead to great additional cost. He was not surprised at the desire of the Chinese to put an end to this trade, which tended to destroy the health and morals of their people, and he knew not what answer could be given to the somewhat lengthy but very able proclamation of the Chinese commissioners. Under all these circumstances, he desired to ask the noble viscount whether he would at once lay on the table the dispatch of the British superintendent? For the sake of regularity, he (Lord Ellenborough) would move that it be laid before the house.

Viscount Melbourne said, that no such dispatch had been received by the Government; in short, Her Majesty's Government had received no account whatever of the facts stated by the noble baron. He, therefore, should not make any observation on the matter until he was in possession of full information as to what really had taken place.

Lord Ellenborough said, he took his information from the accounts in the public journals, copied from the Canton newspapers, and he apprehended there could be no doubt of the circumstances he had stated.

说明

此则为《广州新闻报》向人借得一份1839年8月2日《泰晤士报》(*The Times*)后，转载其中关于8月1日英国国会上议院辩论中国贸易的议事。

ဢ 54 ဣ

[澳门十二月二十一日新闻纸]
又

The Canton Press, 21 December 1839.

To the Editor of the Canton Press.

Dear Sir, - Many months have now rolled on since I last had the pleasure of addressing you, and in the interim, events of great magnitude have taken place, worthy by their importance of being carried down 'to the last syllable of recorded time.' I have not been an idle or lukewarm spectator of these events, on the contrary, few people have perhaps viewed them with more attention, or taken a deeper interest in them, but sundry reasons forbade my utterance. Of these I have specify, my high respect for the personal character of the Chief Superintendent; my sympathy for him, seeing the exquisitely painful situation that circumstances compelled him to occupy: a wish not to set the community by the ears, thus betraying our intestine strifes and divisions to the enemy; and a strong dislike to annoy and embarrass a man by means of newspaper attacks, already chin-deep in 'a sea of trouble,' with quite enough to occupy all his time and attention. But the British Trade with China having now been brought *officially* to a close, these reasons weigh with me no longer, and it is my present intention to take a cool, clear, and dispassionate survey of the Superintendent's public conduct and correspondence (in so far at least as the latter is known to the public) from the day the High Commissioner arrived – till the present when the ports of China are declared shut to the British flag for ever, nothing extenuating, nor setting down ought in malice. As proof of the perfect correctness of my intentions, I may state that the writer of these letters is well known to Capt. Elliot, and should any mis-statement of facts, unfortunately find their way into these pages, that gentleman merely requires to point them out, and they will be instantly either amended or withdrawn.

Perhaps since the days of father Adam, no

man was ever placed in a more singular, a more embarrassing situation than Capt. Elliot. Called by an ignorant ministry to fill the post of Chief Superintendent here, he was commanded to open a communication with the Canton authorities, and yet do it in such a way as not to compromise the dignity of his country, while at the every moment the meanest mandarin of China claimed for his Emperor from England that homage due from an inferior to his feudal superior: - he was commanded to impress the Chinese with high notions of the power, honor, glory and integrity of the British government, at the very moment that the said government was meanly aiding and abetting a prodigious contraband Trade, which was nearly turning this vast Empire upside down; and he was to endeavor to gain the love and confidence of the Chinese authorities, while the English and their opium were the object of their curses, day, noon, and night! To steer clear of these impending difficulties was certainly no easy task. His path reminds me strongly of that of the chariot of the Sun, which Father Phœbus, when trying to dissuade his wayward son Phaeton, thus beautifully describes.

“第一路程艰难，新鲜马亦难用力，到天中路最高，我自下视海地，亦恐惧心跳，末路陡邪，我自节御，特地吐在水中接我，常恐怕我陨落，再者天常旋转甚速，当天中之星辰亦扳转甚速。”

‘Ardua prima via est: et qua vix mane recentes
Enitantur equi: medio est altissima cœlo;
Unde mare et terras ipsi mibi sæpe videre
Fit timor, et pavida trepidat formidine pectus.
Ultima prona via est; et eget moderamine certo.
Tunc etiam, quæ me subjectis excipit undis,
Ne ferar in præceps, Tethys solet ipsa vereri.
Adde, quod assidua rapitur vertigine cœlum;
Sideraque alta trahit, celerique volumine torquet.’

此系罗问国诗人呵威所作于克力斯顿教十九年。我所论之事，并非许领事义律行为，即以为是。但观其所行之事，我等须当记之，而领事义律所任之难，亦须常记在心。譬如在海上行船事务，虽在活动之沙以及石头之险处，须能设法闪避，始可免其危险。我知此法领

I make these preliminary observations, not by any means intending thereby to justify all Capt. Elliot's measures, but that, on the other hand, when compelled to condemn him, the difficulty of his position may always be borne in mind, and used as a *set-off* against that quantum of censure which, in an impartial review of his public conduct, we may feel ourselves compelled to award him. It is a trite observation, that tho'

事义律不能不用，我今亦不必多谈。

man cannot *control* the current of human events, he may nevertheless by the exercise of common prudence, so trim and steer his bark as to keep her free of many of those rocks and quicksands with which that current abounds. It is upon this head that when coming to be weighed, we fear Capt. Elliot may be found wanting, - but let us not prejudge the question.

若论在中国当官府交易须要奉承者，此法我却不取。但为领事者，亦当令官府知道系管理本国之人，亦须当与官府往来交易。然中国恶鸦片贸易是真事，领事义律亦应当先示谕自己本国人。现在之事，皆因领事义律不出声之故，才有此害。更又被中国人硬派为滋事之辈，岂不似平地兴波乎？中国人做事之强法，与船主在船上行事，以海例管理水手之强法无异。

I must in the first place totally dissent from that gentleman in the view he takes of the *modus* of corresponding with the Chinese authorities. Instead of endeavoring to keep as quiet as possible, and act merely on the defensive, which, bearing in mind the exceedingly delicate posture of our country as relates to the active encouragement she has given the opium trade, I maintain was his true policy; we find the Superintendent upon all occasions most anxiously bringing himself to the notice of the authorities as a personage specially appointed to control his countrymen, and actually *thrusting* his correspondence upon them to their unspeakable annoyance. This so far from gaining him the respect and esteem of the authorities, has induced them to class him among the *tsze sze che pooy* or business, breeders (anglice – people who make a mighty fuss about nothing) who are continually *ping tee hing po* raising billows when the sea is quiet, a class of persons whom the Chinese object to as strongly, as the Captain of a ship would do to a crew of sealawyers. As proof of this I may merely refer to the case of the Argyle's crew, the old rotten hospital ship, the formal hauling down of the British flag on the 1st day of December 1837, the firing upon the Bombay opium smuggler, the strangling of a man in front of the factories, &c. &c. &c. any of which events we thought at the time could surely never be allowed to pass over at less than a seven year's war, and *now*, where are they? *We* may have forgotten them, *our* government may have overlooked them with the contempt they merit, but all these 'untoward events' still live in the Chinese records, and they only 'bide their time' to be adduced at some future day, as proof, how that all the threats

又有一事可为证者，我今略说之。于一千八百三十七年十二月初一日，英国领事义律收旗之时，有一只旧船系与病人居住，又开炮打孟买之走私船，上年又要在外国人馆前绞人。所为诸事，我们想系逆理之事，必有七年打仗之兵戈，岂知至今并无是事。

我等需忘我等之国家不要管理此事，但中国人常存在心，隐藏待时而发也。外国人所说之大话，即如用漆封气，甚是不中用而乱说。在天朝太平之时，领事义律因怒气用笔，遂致有许多错行之事，不觉已成自食自言。中国甚是伶俐，无论有无差错，均行时常提防；即错行之事，亦以为真，常将此法，以为利器。凡人开口大言，前系声大，后即微细，如人一时高兴，声言必作此事，到底忽又冷淡不成。此等之人，中国谓之虎头蛇尾，此等之人，中国人待之甚轻，即与我等待中国之人一样。中国人又常用敬畏二字，我等亦不提说。我恐此事皆因自己所行之失错，而中国人作以为真，遂尽力而攻之。中国如此相待外国之人，从来少有如此，即近来在英国中，亦常以错事为真，而用强法治理，如旧日罗问国所云，系学敌人之教。领事义律未读过中国之书，故未知敬字之义，却似一熊尽力自游于海上。领事义律出谕并告示，说话太多反成失威，却似浪打石上，一响即散。然其所行不依英国之法律，现在已定局面，一边系敌人坐而得胜，一边系英国之旗号衰弱，在此海上飘扬，亦不能久矣！

and big words of the foreigners vanish into thin air before a trifling display of Celestial firmness and composure. But the evil does not end here. By the Superintendent's *furor scribende* he has committed several very gross mistakes and been compelled (as we shall have occasion to show hereafter) to eat in his own words more than once. The Chinese are too sharp-witted a people to neglect to profit by similar blunders. When a man talks big and afterwards sings small again, or when he makes threats which he either formally withdraws of has not the power to execute, they express this in their pithy language by *hoo show shay mee* and the idea is that of a man who *comes in* with a face likes a tiger rampant, and who *goes out* small as the wambling of a snake's tail. The Chinese view a person of this description in the very same light as we ourselves view him, and it is needless to say as *fear* or *respect* for such a character is just about the last sentiment which would enter into their imaginations concerning him. I very much fear that some of these *mistakes* have tended greatly to *coax* on the Chinese authorities to some of their later acts of violence and aggression. The Chinese are a people who seldom (i.e. heretofore) commit *positive* acts of violence towards foreigners. Their system always was that which has been put in force in England itself lately in reference to the collecting of tithes, and is very happily denominated *passive resistance*. Now acting on the old Roman maxim 'tas est ab hoste doceri,' Capt. Elliot might not have been above taking a lesson from the Chinese in this respect, he might have squatted on his hams like a bear at bay, he might have left the authorities to involve themselves in their own toils, he should have allowed them to exhaust all their eloquence in edicts, proclamations, theses and exhortations, while his replies (if he gave any at all) should have been brief, costive, and wrung from him by driblets. But on the other hand he said and wrote far too much, he has 'dash'd his proud foam like a wave on the rock,' and in conclusion, tho' he conducted his negociations according to the rules of the most cute European diplomacy, yet 'finis coronat opus,' there sits antagonist triumphant, and here droops the British flag, sentenced no longer to wave in these seas!

前时我曾读旧书，见所说一位圣人名啤他哦啦士在格罗多拿之书馆中，教其徒以静坐默思之法，不许出声，不许管理各事，如此修炼七年，然后可以做心舌之会，只以舌问心而已。又严戒之曰：字切不可多写，话切不可多说。我想领事义律亦曾在格罗多拿书馆中教授，何不能谨守其笔，又不能谨其语，将来打西打菩萨 系不出声之神 必带他到庙中，审问其不能谨守多写多言之过。

We read in the 'old books' that when the famous Pythagoras kept a school in the groves of Crotona, the first course of study which the sage proposed to his disciples was *the study of silence*, and to perfect them in that important branch, he permitted them to give attention to nothing else for the long period of *five years*. An excellent moral is conveyed in the plan thus recommended by the philosopher. In these words 'the study of silence' are included the art, secret, mystery, of keeping one's own counsel, of holding one's own tongue and the student is thus strongly advised never to *speak* or *write too much*. How many a time and oft, while watching the progress of passing events – have we wished that our superintendent too had studied at Crotona, or more elegantly to express ourselves, that he had served the full term of probation before the shrine of Tacita!

近今以来，领事义律于凡事已默默不语矣。而其同事之人与其相反，将领事义律暗默之事尽行说出，致被中国官府知道。我心痛之，不能不尽力咒骂，以消我之气。祈读新闻纸之人，恕我之愤怒，盖我此怒系发自心中，忽大叹曰：中国之官府之法度极严，何以领事义律不能如此之严？今我有话数句，愿朋友等、罗问人等、本国人等，可借耳而听之，中国官府真不以此事为紧要。

While upon the subject of his correspondence, there is another circumstance yet connected with it, that I cannot consent to pass bye without the strongest deprecation. What I allude to is – the mantle of mysterious secrecy with which he has endeavoured to envelope his correspondence with the Chinese government. This is a subject which I lament so deeply that my readers must pardon me if in the indignation which this feature never fails to arouse within me, I give vent too freely to the feelings of my heart. 'But the Foreign Office! The Foreign Office Sir!' exclaim some, the rules of 'the Foreign Office are *exceedingly* strict! Captain Elliot could not possibly —— ——.'

Friend! Romans! Countrymen! Lend me your ears! And I will show you in a few words that the Foreign Office has really very little to do with the matter.

第一件，尔可推想于一千八百三十九年正月初五日，领事义律所出之谕，亦有他同事之口语，皆系保护我等。但其同事人却系鸦片贸

1st. You have merely to refer to his declaration of 5th January 1839 when most condescendingly he favored us with some garbled extracts of his correspondence in re the River (Opium) Trade, he therein used words to the effect, that he would

易之河，义律所出之谕皆系用其同事人之言，而其同事人常将义律之事时刻通知我等，并说义律所行各事皆与他商议，分别有给我等知道的，有不给我知道的；即不理会中国官府，亦系义律同事人之摆弄，尤夸各谕皆用他之言语，以动人听。在他之意，不过令人想他以为第一好才之人，其告诉我等或多或少之事务，犹与我等告诉小孩子一样。

第二件，钦差谕上之谕甚佳，义律本不欲与人知道，被同时逼迫，不得已于未禀明英国管理外国贸易之官，即先已令人知道。

第三件，有零碎译出之谕，系尖沙嘴得一水手尸，各人在澳门皆以为不美之事。及奉到原谕，虽然谕中所说之事不美，然其语尚不警[惊]慌，使我等能以明白。我又知道义律业已问准英国管理贸易官，准各事该令与我等知道。

第四件，若前所说之事不能明白，我求列位前来会集，我今设以问答之语，说明领事义律与中国官府往来之事情以及品性令人无疑。譬喻有许多好人在远方，觉义律有尊贵之中国书记，又有一图并罗庚放在桌上。领事义律即禀中国官府曰："尔若不拦住我，准我到甲国做事，我即任尔中意至乙国行事。"中国官府即曰："尔若不拦住我，准我到甲国做事，我即任尔中意至乙国行事。"中国官府即曰："尔若帮我一万个红毛打丙国，我必给尔五万黑头打丁国。"

from time to time furnish us with such parts or portions of his correspondence as *he judged* fitting for us to know, thus making no reference whatever to the Foreign Office, and using language which would lead any man to infer that *he himself alone* was the person best qualified to decide how much or how little political information was suited to our infantine powers of digestion.

2ndly. When the High Commissioner was good enough to publish in the most amusing way possible *his* half of the correspondence, Capt. Elliot, in order to prevent such an odd document going before the public, found himself compelled to contribute *his quota* of the correspondence likewise, without asking permission from the Foreign Office – (of which more anon.)

3rdly. When a garbled translation of a document relating to the corpse of a Sailor having been found at Hongkong was being hawked about Macao, and men's minds were impressed with the idea that it was an *ugly* piece of business – the original document came forth, tho' slowly and ungraciously, to acquaint people how *the real facts of the case stood* (mind me this is just what I assert we have a right to know at all times) and I am yet to learn that he asked and obtained permission from the Foreign Office to make public any thing of the kind.

4thly. Should however these proofs he deemed insufficient, I beg the gentle reader to accompany me in canvassing the question, 'what is the *nature* of Capt. Elliot's 'correspondence with the Chinese authorities?' No doubt many good people at a distance imagine Capt. Elliot closeted with a Chinese secretary of state or other personage of the most exalted dignity; that a map and pair of compasses are put upon the table, that Captain Elliot thus addresses the mandarin: 'If you'll not object to our occupying the country A, we'll allow you to do what you like with the country B;' to which the mandarin growls in reply, 'Why, if you'll help us with 10,000 red bristles to drub C, most heartily, my dear fellow you shall have 50,000 black heads to play the very d-l with D,) and that between the two they form some most deep-laid

此系两边心中各有许多深谋，各人各防及国中紧要之事，远方之好百姓并不想到要知道中国官府与义律两边相通所行机密之事，其两边机密之事，犹如封固在墫中一样。我今解明诸事与读者知道，天朝之法律不准与外国人往来书信，若有中国官府与外国人往来书信，依法律定罪，名为大奸。我等必要再问领事义律书上来往之品性，并中国官府如何？在一边系云："恳求恩典，恳求恕罪。"在一边或云："恩准。"或云："不准。"恩典者，系恕罪也，又将命令示知，与各人知道遵守。我今再说，在中国官府，总无书信来往，将机密事通知外国之人，于领事义律不在澳门之时，有许多谕帖皆系写谕之人带来，从未见有一封谕不封口的，上面写着"持此交与某国各夷人知悉"，或用别样字义，亦系如此之意。观中国官府何等留神，总要令自己之文书俾众人俱各知道。中国官府常时所写之文与紧要之人，仍用好言语起头，如紧要告示用得多者，必刻板印刷出来，贴于我们夷馆墙上，并有摹印出来小抄，在街上发卖的。现今我等何所怨？只恐义律为同事人隔瘼不通，及如凡关英吉利国之谕，官府单交与他一人，在他有些字内中，想是必有些紧要事，有时都瞒着本乡人之眼目，既是瞒着我等平人之眼目，却不能瞒着米利坚人以及别国人之眼目。

schemes, and their bosoms actually distend with *secrets* of *tremendous* political importance. If the good folks afar off dream that state secrets of this kind are carried on between their representative and the Chinese officials, then right it is they should be well bottled and reserved as a *bonne bouche* for the Foreign Office. But let me assure my readers that the very reverse of all this is the case. It is one of the fundamental laws of the Chinese Empire that *no* correspondence of this kind be held with foreigners, still further, the mandarin who should dare to cultivate any intimacy with a foreign officer, would, by the law of the land, be considered guilty of High Treason. The question we then urge again, 'what *is* the nature of Capt. Elliot's correspondence with the Chinese authorities?' On one part it is merely begging for favors, or petitioning for redress of grievances: - on the other hand, it is the granting or refusing such favors, the redressing of or the explaining away of such grievances, the communicating of certain commands, that they be *known to*, and obeyed by, ALL. I repeat that it is quite *impossible* that any other kind of correspondence can exist! *Secrecy* or *mystery* is the last thing in this world intended on the part of the Chinese govern in respect to their communications with foreigners. When H. M. Commission was in abeyance at Macao, many of these documents passed thro' the hands of the writer of these pages, and never yet did he see one which did not conclude with 'take this, and show it to every one of your honorable nation' or 'let this be handed to every foreigner that *all* may know accordingly' or other words to such effect. Why, so very anxious were the officers of the Chinese government that their papers should be known of *all men*, that they used commonly to send copies to most of the influential people, still begging the same favor, that they might have the most public circulation, and if deemed of sufficient importance, they were printed in large characters and stuck up in the vicinity of our Hongs, where they were sure to attract the gaze of the passer-bye. Now, what we complain of is this, that Capt. Elliot has intercepted this correspondence, by requesting the officers of government to address their communications in so far as they respect the English nation, to *him alone*. In this he has partially succeeded, and some papers supposed to contain matter of importance are certainly, for a time at least, hid to the eyes of his countrymen. But if hid to *our* vulgar eyes, they are not concealed from the gaze of the Americans and others. The reasons by which the Hong merchants justify the showing of these documents to the Americans and others seem sensible enough too, and I cannot complain of their being unjust. They say that 'altho' these documents certainly interest the English *more directly* yet they also interest all other foreigners *by implication*, that A may make a huge bonfire on his own premises, but he must take care while so doing that he do not consume his neighbours B, C, E, D's hayricks: - he may dig about the foundation of his own building, but we the Hong merchants being landlords of the whole fabric, are bound to give notice to those who occupy the adjacent tenements, lest in your chopping and changes you not only bring *your own house* down about your ears, but also involve your neighbour in one common ruin. Therefore, while we may consent to bandage the eyes of the English as you say *you alone* are responsible for *them*; we find ourselves in common justice bound to communicate all to the other parties, over whom you confess you can exercise *no control*.' This reasoning of the Hong merchants I repeat seems to me perfectly reasonable and correct, and it will at once show the impartial reader the manifest disadvantage of our position. While the Americans and other foreigners contribute not one farthing for *protection*, they are admitted gratis to witness the celebration of these Anglo-sinican *mysteries*: we who pay so many thousands a year for the expenses of H. M. Commission, are accounted mere 'profanum vulgus,' and unceremoniously thrust outside. Or if my readers would prefer a theological simile – while the Americans and others in the true independent spirit of Protestantism, do each and every *in his own person* partake of this political *communion*, *we*, going back to the days of Mother Rome, tamely make a surrender of our

凡有给英国人之谕，洋商都给与花旗观看，亦是道理，不能说不公道。洋商有说，虽言此谕专与英国人，亦有别国人带连在内，因此给与英国人之谕，依公义之道理，亦该与各人观看，即经管不到之外国人，亦皆可看。我所说洋商之道理甚是。值英国有事之时，米利坚人并无人出个时令保护英国之人，英国机密之事，米利坚尚可知道，而我等送与领事之人用费，每年亦有几千圆，反不肯与我等知道，好像以我等为未入未数之人。我今即大声咒骂，算是我得罪领事之同事人，其不甚紧要之事，即与我等知道，若是机密公事及贸易之事，皆不与我等知道，将我等放在一边，以我为别国客商一样。钦差与领事义律的谕，皆系辛辣之语；义律之同事人代回的禀，皆系软弱之语；钦差所行机密事，即不与各人知道，义律所行机密之事，同事各人均皆知道，犹如诗翁洼治尔所说。钦差屡次谕领事义律之文书，多系议论各人机密之事情，无如所谕义律之文书，并无一直可到义律之手上，皆系先到其同事人之手中，若使洋商带结给我，我即具结。

understandings, and looking up with the eye of faith imbibe the virtue of the mystic *elements*, only as these pass thro' the alembic of our consular High Priest. Now I hereby lift up my voice, and solemnly protest against such a procedure. I protest against it as a British commoner, for I consider the making of a secret where no secret is intended, to be totally opposed to the free, liberal, and open character of our National Institutions; I protest against it as a British merchant, for in point of valuable political and commercial information, it throws me far behind my rival merchants of other nations, and I protest against it as a free-horn man, for where certain intelligence is intended for my guidance, and a third party steps in and intercepts it, I look upon it as defrauding me of that which I conscientiously believe to be my due! What a bitter satire did the Commissioner perpetrate upon the superintendent, when by publishing *his* half of the correspondence, he thus drew from Capt. Elliot the questions that dove-tailed into his replies! Here on the one hand was the minister of a Despot, acting for a country where the liberty of the press is unknown, who yet, uncalled for, lays his papers open to the public gaze: here on the other hand was the representative of a nation, where a FREE PRESS is acknowledged to be the *palladium* of her rights and liberties, and who yet feels anxious to cover the truth with the mantle of secrecy! The whole affair will remind the classical reader, of Virgil's celebrated charade, every line of which began,

Sic vos non vobis —— ——

and the remainder required to be filled up in order to make sense of it: - or we may make a more homely comparison, namely that of a man who has already clean-shaved one half of his face, while the other half is still in the suds, he is of necessity required to *finish* the operation in order not to appear positively, ridiculous. But the subject is too serious a one for joking: - other difficulties may be smoothed down, and mistakes may be pardoned, but upon *this head* I declare *le combat à l'ontrance*, 'war to the knife' with the superintendent. So much indeed did I take the matter to heart, that many times I felt an inclination to address the Commissioner in somewhat like the following terms. –

'Sir, many documents have passed between you and the English Superintendent which he insists on regarding in the light to *state secrets*, and knowing as I do by the genius of the Chinese Constitution, that Your Excellency cannot possibly have transmitted them to the superintendent for that purpose, but merely to communicate the same to the bulk of his countrymen whom they deeply interest – if Y. E. will graciously command the Hong merchants to furnish me with certified copies, I hereby pledge myself that they shall be forthwith published for the information of *all*.'

I solemnly repeat that but for my high respect for the superintendent (apart from his political foundations), but for a wish not to embarrass him, and but for the dislike I felt to betray the dissensions in our camp to the enemy, so help me God as I should have done it! Talk not about the Foreign Office! I boldly assert that if the Foreign office has given such instructions, the real circumstances of the case cannot by any possibility have been fairly laid before them ! but to our tale –

Lin Tsihseu, the High Commissioner, or Kinchai or Yumchae, arrived here on the 10th March, and on 18th of the same month issued —— but I find that my introduction has already trespassed too much on your columns, so I must reserve the rest for another occasion.

I am, Dear Sir, very truly yours,

BRITANNICUS.

Tongkoo, 12th December, 1839.

一千八百三十九年十二月十二日 即中国十一月初七日，铜鼓，没喱吨呢咭士印此。

说明

本则为一名读者投书，篇幅超过一整版。《澳门新闻纸》的译者从投书中引用罗马诗人Ovid (即Publius Ovidius Naso, 43 B.C. — *ca.* 18 A.D.)的诗作开始翻译。

꧁ 55 ꧂

[澳门十二月二十一日新闻纸]

又

所到之衣喱沙士地挖船，系八月初二 即中国六月二十三日 自兰顿开船。广东查禁外国人鸦片贸易，已缴鸦片二万零二百八十三箱之事，在兰顿于七月十三 即中国六月二十日 即已知道。中国[国中]之人皆各摇动，国中各大衙门甚是要知此事情，自律衙门以及甘文好司之官府，俱各相问，尚未有接到义律之信。盖义律之信系交阿喱尔船带到兰顿，大约此船总要十月间 即中国九月 才能到得兰顿。又有洼汉在兰顿接到孟买并在中国寄伊私信，有说及在中国缴鸦片之事。英国听闻此信到后，各皆警动，即买卖亦不甚好，银铺利钱亦长[涨]至六分，又有向佛兰西银铺借银四百万棒，又另有向花旗银铺借银的。中国新闻一到国中，茶叶价长[涨]至加二，虽然价长[涨]，各庄茶叶尚不肯卖。但现在约有二个月没有新闻纸来到，想带中国之货物，英国必然兴旺，货价自然高贵。

The Canton Press, 21 December 1839.

By the arrival of the *Eliza Stewart* from London 2nd August, we learn that the news of the imprisonment of foreigners in Canton, and the subsequent delivery of 20,283 chests of Opium had been received there on the 30th July, and that it had caused the greatest excitement. At the time of the *Eliza Stewart's* sailing, the East India Company alone had received their dispatches of 7th April from Canton; no private advices of any kind had then reached, nor was the Government then in possession of Capt. Elliot's dispatches forwarded from here for the *Good Success*. The desire to obtain particulars of the extraordinary events here was of course very great among all classes, and in the House of Lords as well as of the Commons ministers were asked whether they had received any particulars concerning the *Outrage* perpetrated by the Chinese Government upon British Subjects and property, to which Ministers replied that they had not received any dispatches from Capt. Elliot. Unfortunately these dispatches are not likely soon to come to hand, as we believe that they were forwarded from Aden by the *Ariel*, and will not therefore reach London before the beginning or even middle of October. Meanwhile however, Mr. Waghorn's mail containing the private correspondence from Bombay and China with full particulars of occurrences here were likely to arrive in England a very few days after the *Eliza Stewart* left. These accounts from China had necessarily not only created the greatest excitement among those immediately concerned, but had fixed the public attention in general, and aided in affecting commercial affairs unfavorably, which are represented as not so flourishing as may be wished, the Bank having raised her Discount to 6 per cent, and being, it was said to much pushed for money as to have obtained a loan of two or four millions sterling from the French bank; the accounts of money matters from the United States were besides by no means satisfactory. The China news had raised the price of teas about 20 per cent, though this may as yet be considered altogether nominal, no holder being will to sell – it is probable that prices will rise still more since for two months to come no later news than what they then had, would reach England, and thus the liveliest apprehension for the fate of the Chinese trade be kept alive.

56

澳门十二月二十八日上篇新闻纸 即中国十一月二十三日

中国算是在东边众蛮国之上，仅能招集下等之人当兵。古时雷吐第十四王最好兵，系威勇之人，兵丁强壮，诚如他欲打平天下之志。初时国富，故如是之强。仅过半年，其力衰败，诸事拮据。此亦可以解说，凡兵丁在敌人境内，须要散营居住，或多或少须要赏赐，营中之官不可离营，而营中又需要备办有银库。此数条中国全不得知，现今中国没有余剩钱粮，而所收之钱粮尚不敷国中平安之用度，若一动兵，所费更大，以过一月而论，亦得五十万员，所以只可暂时，不能长久。我等深信道光有满库藏，为自己私用，好似贮积起来，以备不虞，或者是为回满洲道路上之费用，缘数日即可到其王地，故大拉各省库中之银，以致各地方办理艰难，若此何能算是真贤智？只可算是第一个利害敌人，此方光景，将必至于非常之争斗，中国从来未曾与王化之国争斗，中国之人皆

The Canton Press, 28 December 1839.

[...] In this there is nothing singular; the Chinese are above many of the barbarian nations of the east, who just for the occasion collect a rabble. Long before Lewis XIV of warlike memory, they had a standing army, scattered over a large space of ground, and for all peaceful purposes quite adequate. In the first efforts the Government is vigorous, but scarcely half a year elapses, when its strength fails and its operations become clogged. This may also be easily explained. Unless the army can live in free quarters or levy heavy contributions in the country of the enemy, it cannot exist in the absence of quarter masters and other financial arrangements, to which the Chinese are utter strangers. At the present period the country has no surplus revenue, and the receipts do not even cover the current expences, and any military undertakings on a large scale, which might perhaps require about 5 lakhs of dollars per month, could only be of short duration. We fully however believe, that Taoukwang has full coffers for his own private use, which he is however likely to keep well stocked for emergencies, and perhaps for a tour into Mantchouria, whither his loyal countrymen one day or other are likely to emigrate no lens volens. To draw heavily upon

系蛮夷，虽然有勇，而兵法总不及我们。

the provincial treasuries would only throw the local administration into difficulties, and on the other hand to squeeze the rich and powerful, might not be exactly very prudent, especially when a fierce enemy is near at hand. The condition of this country in any serious struggle will be most extraordinary. There has never yet been a contest with any civilized foreign state, the enemies of China have been barbarians, inferior in point of tactics to themselves, though perhaps endowed with greater prowess. Since in all the pages of China's lengthy history not one similar instance of a collision like the present occurs, we shall be slow to predict the probable events, but cannot refrain from believing that the country is placed in the most fearful predicament of which the consequences cannot be foreseen by any human wisdom.

说明

《澳门新闻纸》本则仅译出原文内容最后的部分，约全部的三分之一。

∞ 57 ∞

澳门十二月二十八日下篇新闻纸 即中国十一月二十三日

The Canton Press, 28 December 1839.
Europe. Stoppage of the China Trade.
(From the *Spectator*, August 3)
From a Correspondent.

Strange news from China: which however strange, has the appearance of being authentic, and, at all events receives general credence among well informed persons. The accounts come down to the 7th of April, and those aware of the unwonted activity and vigour of the steps taken by the Chinese Government in the previous months towards suppressing the smuggling trade in opium, will have been prepared for some news like that which has just come to hand. The statement amounts to this – that the British superintendent, namely her Majesty's representative, has been seized and rigourously imprisoned, and with him the whole of the English merchants on the spot, that they have been compelled to deliver up opium to the value of 2,000,000 of taels, equal to near 700,000*l*., and that the entire trade of the trade of the British nation with the Chinese empire (of which the annual value now is about twelve millions sterling) is for the moment, and until the smuggling-ships depart from the coast, put a stop to. If all this, or one-half of it be true, there is ground, not for going to war with, but certainly for signally chastising an unsocial people, who conduct themselves, not like men, but spoilt and naughty children.

鸦片贸易，英国人带到中国，每年约有一千二百余万棒银 计六千余万员之数。

We hear it often said that opium is a poison, and that the Chinese have not only a right, but are fully justified, both in a moral and political point of view, in prohibiting the introduction of the drug into their country. Before adopting these views, it will be well coolly to examine them. Opium is the produce of the poppy, which acts as a stimulant, or produces inebriety according to the quantity taken; and Ale and Gin are the produce of barley, Brandy of the

鸦片系毕波[波毕]所作，即如我国中吡酒、仁酒，系薏仁所作，没兰地酒系额立所作。

grape; and these produce much the same effects. No man who by experience has and a proper opportunity of judging, will venture to decide that inebriety produced by opium is in any one respect worse than inebriety produced by Gin or Brandy. Both are bad enough, and so are drunkenness with champaigne or claret, or gluttony. This is all that any man of sense or experience can conscientiously aver; although our philanthropists preach on the subject as vehemently as if we were disseminating among the Chinese this poison of the rattle-snake or the juice of the upas tree. The Turks take opium in large quantities & yet are eminently a sober people: many persons take it largely in this country, without making beasts of themselves, - witness the late Mr. Wilberforce, whose health required its habitual use in great quantities, and who lived a virtuous life to beyond eighty. Did any one ever bear of excess in brandy, or beer, or claret, with so much impunity.

仁酒并没兰地酒，恶酒也，有智之人恐受其害，多不敢用，而用葡萄酒、白酒。然而用仁酒、没兰地酒之人亦不少，亦未见其毒害。以食鸦片之人亦不少，亦未见其毒害。都鲁机之人食鸦片甚多，人人皆勇壮。在英吉利国之人，食鸦片亦多，并未见变成禽兽。现在英国有一人可以为证，如威尔嘛果吐食鸦片甚多，一生壮健，寿至八十岁。

Next, as to the right of the Chinese Government to prohibit the vending of opium, or any thing else to its subjects. The abstract right is indeed unquestionable; but it is the right in the case to commit an act of folly; and the Chinese must take the consequences, in the same way that we are obliged to take the consequences of our folly in the shape of law-breaking when we put an inordinate tax on brandy and geneva, and thus hold out by law a premium on smuggling and immorality, while we lose much revenue. The Chinese folly is the greater of the two: for the Government not only loses all the revenue which might keep consumption within bounds, but it contrives to secure at the same time the largest consumption, and the greatest possible amount of smuggling & its concomitant demoralization. What the Chinese Government attempts, is equivalent to what in this country would be total prohibition of all foreign spirits and wines, and even to opium itself used for medicinal purposes; for to the tastes of the Chinese, opium is all that wine, brandy, geneva and rum are to us. [...]

我等本国定税饷，于没兰地酒、仁呢哇酒，不过照例征收钱粮而已。本国于中国人一样心性，亦必将外来之没兰地酒、仁尼哇酒、林酒以及各样酒，尽行禁绝乎？

中国系地上至弱之人，印度之人亦不似中国之弱，当日取印度，我等北边之兵没有多少，即可夺为属国。

How is it to be done? It is not difficult either to punish the Chinese or to make permanent arrangements for our future relations with the empire. China is the weakest nation on earth, and its people those of all others, the Hindoos not expected, the most docile and unwarlike, - as testified in their conquest by a few Northern shepherds, who still hold them in subjection, although in manners and conduct even now foreigners. [...]

—— *Bombay Times*, Sept., 25.

说明

此则《广州新闻报》转载自《孟买时报》，《孟买时报》又转载自伦敦《旁观者》(*Spectators*)。

《澳门新闻纸》仅摘译原文内容一小部分。

꧁ 58 ꧂

澳门正月初四日新闻纸 即中国十一月三十日

The Canton Press, 28 December 1839.

Our readers will find in another column a translation of the correspondence that has lately taken place between Captain Elliot and the Commissioner, nor can they fail to be astonished at such awkward attempts to renew, at the present moment, a correspondence from which it was impossible to expect any other result than an insulting reply. If such was the aim, it will be found from the Yumchae's answer, that H. M. Superintendent has succeeded to the utmost of his wishes. We cannot but admire the Commissioner's dexterity at special pleading; the art with which he turns all Capt. Elliot's acts into acts of enmity against the Chinese, and the apparent moderation and dignity with which he bestows his censure on the Superintendent. No allusion is made here to promises broken by the Yumchae as soon as given, nor to imprisonment of which the English complain; nor to the murder on board the *Black Joke*; nor to the burning of the Bilbaino; nor to expulsion from Macao; nor to the permission given to natives to kill the English wherever found on shore; nor to the poisoning of wells; nor lastly to the circumstance that it was the Chinese themselves who provoked the affair at Chuenpee. There is however another circumstance in this correspondence which cannot fail to be deeply resented by Capt. Elliot's countrymen, we mean, the keeping such important documents as the Yumchae's reply from their knowledge, and from their knowledge only, whilst American merchants are supplied by the Chinese with official copies, and whist, as will be seen from the Commissioner's answer, it was especially intended for the public eye. By this unnecessary secrecy the parties who are most concerned are kept in complete ignorance of what is passing, whilst merchants of other nations are under no such disability, and may consequently avail themselves of the information studiously withheld from the English to their great disadvantage. Our correspondent Britannicus has very ably remarked on this subject in his letter of last week, and we are perfectly agree with him on this point.

义律之行为，同乡之人深恨，其往来文书情节，皆不与众人知道。我们思想此刻紧要之文书，如钦差之回答，皆秘密不予人知觉。而义律之事独不与本乡人知，然米利坚之人却已早得中国官府之稿，因钦差之回答，有些事情特意欲众人目见，本乡之人有关乎此事，反瞒着不能晓得，而外国之商人到[倒]可知道，自己又可避害。在此一节，我等与没哩丹呢吉士在前礼拜论此事之信甚相符合。

ঌ 59 ও

[澳门正月初四日新闻纸]
又

我等力写广东三月二十三 即二月初九日 之事，前已说过。今写义律于二十四日午后五、六点钟到省之事，并略说海关十九日出告示缘由，系禁止夷人不准去澳门。于十三日已经断截省城与黄埔三板往来，彼时虽未带兵来围着我等，而我等在义律未到之前已被拘禁。义律到省，甫行上岸，即到颠地馆内，各外国人俱已知道，皆去见义律，于是即说皆到公司馆会议。中国管店工人围着颠地之馆，以防颠地逃走。看见许多夷人，以手拉手奔出馆来，义律头上戴着扁帽，手中拿着剑。围馆之人恐怕夷人用武，往船艇上去，围馆之人就跑到岸边截住。见众人进入公司馆，围馆之人虽未行强，却大声喊叫如雷，令我等好多人害怕，犹如上年十二月十二日之事一样。夷人入了公司馆，兵丁就来赶院内之人，西瓜扁船、渡船并各种船只，皆装满兵丁，围着夷人馆前，断绝夷人水上去路。凡到各夷馆之街道，俱已堵塞，并将各夷馆之后门，亦于前一日皆用砖砌塞了。壕沟内自桥至行后街口，皆系官船，周围屋顶上皆安置有人，看守各夷馆。地方官谋事甚能干，办这些事务甚是敏捷，约数刻之间，我等全被囚禁了，以致夷人都不能逃走。随即出告示，将夷人贸易尽行停止，并将我等之厨子、沙文、管店，皆即撤去。沙文人等避我们如避瘟疫一

The Canton Press, 4 January 1840.
To the Editor of the Canton Press.

Dear Sir, - In our last respects of 23rd instant we endeavored to give a sketch of what took place in Canton immediately previous to the arrival of Capt. Elliot on Sunday 24 March between 5 and 6 of the afternoon, We omitted however to mention that on the 19th idem. the Hoppo had issued an edict prohibiting all foreigners from going to Macao, and that on Saturday the communication between Canton and Whampoa was interrupted by the Chinese, so that altho' troops were not brought out and arrayed against us, yet we were *de facto* detained by force, even *before* Capt. Elliot's arrival in Canton. When that gentleman landed, his first act was to go to Mr. Dent's Hong and mustering as many of the foreigners as could be assembled at a moment's notice, these marched arm in arm from Mr. Dent's Hong to the British Factory. The Chinese coolies who had been placed around Mr. Dent's Hong to prevent his escape, seeing a large body of foreigners sally from the Hong, headed by Capt. Elliot dressed in naval uniform with sword, cocked hat, &c. &c, imagined that the foreigners intended to embark *vi et armis* in their boats, and ran to the shore to prevent them, if necessary, by an appeal to *physical force*. Seeing however that the party entered the British Factory, they offered no violence, tho' their shouts and yells mingled with those of the multitude sounded like thunder and made many of us apprehend another affray like that, or worse than that, which took place on the 12th December of the previous year. The foreigners then having entered the British Factory, the square was cleared by troops; - chop boats, ferry boats and other kinds of river craft were filled with soldiers, drawn across the front of the foreign factories and lashed together so as to cut off entirely our retreat by water; - all streets leading to the factories, excepting one, were

样。所有夷人各馆，倏时间即变成大监牢，内中之人好似未带锁链之犯人，外面俱有人看守。

blocked up (the back doors of the Hongs were built up with brick and mortar the day previous); - the creek was filled with mandarin boats from the bridge to the customhouse; - men were placed on the tops of the houses overlooking the Hongs on all sides – in a word – the local government laid their plans with so much ability, and had them executed with such singular promptness, that in the course of only a *very few minutes*, we were all completely caged! – so much so that the escape of a single foreigner was made physically *impossible*. Add to this, the whole Foreign Trade was immediately stopped by Proclamation, we and all belonging to us were placed under an interdict, our Chinese cooks, servants and coolies fled from us as if we had the plague, and in a few minutes more our Hongs which had now become one large prison, contained none, except (to use the language of Byron) those who *wore* the chain, and those who watched over them!

今将夷馆内事情按下，我等今宜先写义律在此时所办之公事。我等在三月二十二日接到义律告示两张，一张来自澳门，一张来自拉呢船上，两张告示皆是一样之意思，命凡是英国人民之船只，皆出去尖沙嘴湾泊，此处算是天下泊船最稳当之处，扯起国中旗号，预备拒敌中国人由各处前来攻打，吩谕先宜听拉呢船主没力的命，若没力不在船上，即听虾咕哩士鸦片趸船之船主吧喱的命，若吧喱又不在船上，即听嘛蔑趸船之船主瓦咧吐的命。此次所出告示，包含许多条紧要事务。

Before proceeding to relate what took place at the British Factory, let us first review Capt. Elliot's public conduct on this occasion.

We find that on Friday the 22nd March the Superintendent issued two Circulars or public notices, one from Macao, the other date on board H. M. S. Larne, but both to the same effect – viz. – enjoining *all* the ships belonging to H. M's Subjects to repair to Hongkong (*then* reckoned the best and safest anchorage in the world, but now? *oh! quantum mututas ab illo, Heetore!*) and there hoisting the national ensign, prepare to resist Chinese aggression to the uttermost: - to receive orders in the first instance from Capt. Blake, commanding H. M. S. Larne, and failing him from Capt. Parry, commanding the *Opium receiving ship*, Hercules, and failing him from Capt. Wallace, commanding the *Opium receiving ship* Mermaid. Now the issuing of these documents involved more important consequences than one.

旋又出命令，食鸦片本主数人及鸦片趸船数只，开身去新奇坡。义律出示之后，所有船只俱令聚集在尖沙嘴，即派兵船照守。遂令各船将船上趸贮烟土开列清单，交与义律，共计有二万零二百八十三箱，于三月二十七日 即二月十三日

1st. Some of the owners of Opium and Opium receiving ships had already given orders for these vessels to proceed to Singapore &c. &c., they having made up their minds to run the gauntlet in Canton. But when these circulars came out from

缴上，没得一箱可以逃避。

Capt. Elliot, they (the captains of Opium ships) thought the orders of their owners superseded by the orders of the representative of H. M's Government, more especially as these latter were backed by a man of war; they therefore listened to Capt. Elliot, tarried where they were, and the Opium on board their ships became part of the 20,283 chests delivered up on the 27th March which might otherwise have been avoided.

义律如此行事，真是奇怪，令人思想不到。即如上年十二月二十三日禀知省城官府，说有人在黄埔贩卖鸦片，有违英吉利国之例，并违中国之例，求中国帮助驱逐黄埔贩卖鸦片之人，我等不知义律其意何居？虎门以外、虎门以内，贩卖鸦片，均是一样，何以独禀黄埔？我等亦知因此一事，即需连累许多紧要事务。义律于上年十二月，将黄埔违禁贸易禀知官府，是中国官府要义律帮助，义律即献自己之旗号而帮助之。本年三月间，仍复扯起本国旗号而帮护中国，并出告示，若有人敢作声者，义律即以攻击之事而恐吓之。义律之待中国如此真实，而中国官府于诸事反连累于义律，请问看新闻纸之人，中国人行事之诈，何能令人行事始终如一乎？义律于上年十二月间禀官府之事，已经是错，而于今年三月间，复出告示两张，是错而又错之事。

2ndly. It appears to us a very strange proceeding altogether on the part of the Superintend. One can hardly suppose that these circulars of 22nd March 1839 were actually issued by the same Capt. Elliot, who on the 23rd of December 1838 addressed the Canton Government, telling them that the selling of Opium at Whampoa was as much opposed to the laws of the English government as to their own, and who begged the assistance of a Chinese force for the purpose of expelling the Whampoa dealers! We should be dealing very unfairly towards Capt. Elliot indeed, were we to say that selling Opium *inside* the Bogue and *outside* the Bogue was *precisely the same thing*; on the contrary, we are perfectly aware that on the 23rd December 1838, the one involved very important consequences which the other did not; - but let our readers if possible imagine the utter bamboozlement of the Chinese authorities, when on the 23rd December 1838 the Superintendent tells them it is illegal at Whampoa, and offers his flag to assist them if necessary, while on the 22nd of March 1839 the same flag is hoisted to protect the same kind of property in the Chinese harbours some 50 or 60 miles from the other place, and instructions given to knock his quondam Chinese allies to shivers, if they dared to make any noise about the matter! We ask our candid reader, what in God's name could the Chinese think of the man's consistency who acted thus? How could they possibly understand his conduct, or reconcile his acts on the one occasion, with his acts on the other occasion? This will show that he did very wrong to apply to the Canton Government *in the way he did* on the 23rd December 1838, or if he did properly *then*, he committed a still greater error by issuing his two circulars of 22nd March 1839.

Different opinions have existed and do exist to this day as to the propriety of Capt. Elliot coming up to Canton at all, at the time he did. Some people say that this question being one between certain dealers in a contraband commodity and the Chinese authorities, he ought not to have interfered in any shape or way (unless perhaps called upon as a sort of mediate or by both parties) as by doing so he placed H. M's Government in a very awkward predicament – viz. – that of aiding, abetting and protecting individuals notoriously violating the fiscal laws of the land they lived in, and further that an [此处一字无法辨识] of the kind could, generally speaking be much better arranged by the parties *themselves*, than by any government employee thrusting his finger in the pie: - the opposite party maintained that the British Factory at Canton was the Superintendent's Head Quarters, that in time of danger he ought unquestionably to be at his post, and that he was merely obeying his most clear and positive instructions in preventing British subjects getting Chinese *justice* (?) at any time or under any circumstances. We do not pretend to *decide* so knotty a point, nevertheless we confess a leaning towards the *former* line of argument. But under all the circumstances of the case, supposing it to be clearly proved that the Superintendent had in very deed 'shut his ears to the suggestions of Prudence, and listened to the whispers of Fancy,' and supposing that we were compelled to convict, yet such was the thorough good-heartedness that prompted him to the step, and such the personal gallantry with which he forced his way thro' every opposition and danger, that not only should we strongly recommend him to mercy, but we should honor him for the very thing for which we condemned him!

But having awarded this our meed of praise (faint as it may appear) we are under the necessity of speaking very differently of what took place almost immediately afterwards. We allude –

义律三月二十三日之告示，可以不必用愤怒之言，其愤怒言语大抵皆因中国官府可恶所致。中国人既将无军器、不会打仗之二百外国人监禁在百万居民之城内，遂有怒言，设若将此等示谕而被操行皇帝大权之人知之，岂不依其本国之言语，说义律是颠狗狂吠耳。

先日律唠碑到来之时，义律亦是同来，而律唠碑在没有钦差衔之官府前用愤怒之言，义律彼时尚使眼色，令律唠碑不要如此，并令律唠碑离开。事隔不久，义律岂即忘记乎？即倒运之律唠啤如何结果，义律岂不记在心乎？

此时义律含怒在心，致写此等愤怒之示谕，或因艰难道路甫经行完，又至危险之中，是以不由他不愤怒，言不自禁而出。义律愤怒之时，一动一静，已令人笑话三次，即在危急时而叱呼敌人，亦令人笑话。如此作事，大抵皆因义律并无容忍思量所致。

1st. To the subject matter of his Public Notice dated Macao 23rd March. The language used in it was unnecessarily strong and vehement. When we consider that this proceeded from a despised foreign officer, at the head of some two hundred unarmed and unwarlike fellow countrymen, enclosed in a city of a million inhabitants, and addressed to a man wielding *pro tempore* the full power of one of the greatest Monarchs in the world, can we be astonished if the Chinese authorities looked upon it like so much (to use a term of their own) *kwang fe*, or barking of a mad dog? What we call gently a *brutum fulmen*, or in plain English, mere stuff and bombast! Capt. Elliot accompanied Lord Napier to China, he could not be ignorant that Lord Napier too had used vehement language in his day; he had used it in respect to a person endowed with not a tithe of the power of the Commissioner, while he (Lord Napier) had at his back twice or thrice the physical force that Capt. Elliot had, that circumstances compelled him virtually to retract his vehement language, and beg for permission to get away, and has Capt. Elliot forgotten what was the end of that ill-fated, but most amiable nobleman? Could not our superintendent take warning (to use a Chinese simile) by the carriage overturned in the way before him?

2ndly. To the *manner* in which it was read. The impassioned gesture with which the Superintendent read it, agreed most happily with the fiery nature of the document itself. Great allowance must however be made for the agitation of the moment, the Superintendent had just completed an arduous journey, in which his life had been placed in imminent peril. What we were principally sorry for, was, that by his gesticulation, he elicited three cheers (they were rather faint it is true) from those whom our highly esteemed friend of the *Register* calls 'the juveniles of Canton.' Every thing in this world has its' own time and place. We don't object to 'three cheers' when mounting 'the imminent deadly breech,' or when gallantly boarding the enemy, but we appeal to any man of common sense, if a question involving such mighty interests, both commercial and financial, a question worthy of the coolest deliberation, of the most mature debate, ought to have been settled at once by three cheers from the Canton community, especially after most of them had had their Sunday's dinner? We do not mean to affirm that the Superintendent *himself* cheered, we rather think he did not, but we certainly mean to say that his vehement gesticulation elicited those cheers, which a little more coolness and moderation might have prevented. So far from cheering, we could hardly at the time refrain from a burst of sorrow, so well we remembered the cheers that were given to the ill-fated Napier in that very hall, when at the public meeting of 16th August 1834, he declared that he would never quit that spot 'except at the point of the bayonet,' and too well we remembered that *our* cheering, was none other than *his* death-knell! and yet Capt. Elliot had the example of Lord Napier before him!

义律到省时即扯起旗号，何异将古典挂起来？前在馆前正法冯阿□时，各国领事俱将其旗号放下，因各国领事以为旗号乃各国之体面，若扯于法场之上，即是受人凌辱。英吉利客商之中，多有欲砍倒旗杆，尽皆以为英国之旗号，不宜再见于广东省城。此事今已不必多言。

3rdly. Immediately on arrival Capt. Elliot *again* hoisted his flag, and thereby hangs a tale. Our readers may perhaps have forgotten, that after the execution of poor Fung-an-gan before our factories on the 26th of February, all the foreign Consuls *hauled down their flags*, considering that these national emblems would be disgraced were they to be hoisted any longer *in a place of public execution*. The British merchants went still further; many of them wished *to hew down the flag staff itself*, that our flag might never more beam a benignant look on the city of Canton. This it is true was overruled, but they were unanimous in begging Mr. Johnston not again to show his colors, until at least he heard from the Senior Superintendent. On the 2nd March Capt. Elliot thus addressed the British merchants in reference to the same subject. 'Gentlemen, I have had the honor to receive your letter of the 26th ultimo to the address of the Deputy Superintendent, and I beg to acquaint you that *it is not my intention to hoist the British Flag at Canton* in the present posture of circumstances, &c. &c.' This was written as we have observed on the 2nd of March, yet we find that one of his first acts on arrival on the 24th idem., was to adorn that Chinese *Accldama* with the British Union Jack! And why did he of all the foreign Consuls *alone* hoist his flag we should like to know? Is it because that ill-starved piece of bunting of ours, has been up and down, down and up again, *so many times* at Canton, that *it* of all the foreign flags is the only one at last *grown insensible to shame*? Or let us take a more cheering view of the picture. May there not be something so innately pure and spotless about the British flag, that neither time, place, nor circumstance can for a moment infect it with the taint of dishonour? And that it is *perfectly the same thing* whether it be hoisted *above or below* that of an enemy, whether it proudly wave from the Tower of London, or droop its head in front of the Old Bailey! We should not have said so much upon this point, only from our strong desire to do justice between man and man. We remember perfectly when the American Consul Mr. Snow went up to Canton to reside there again *after* his captivity to the Chinese, many of our good folks spoke about the American flag being guilty of an act of self-dishonour, and made very free in passing a number of remarks by no means complimentary to our Transatlantic brethren. It is then fair to state that the American Consul mourned for the insult offered his nation in the public execution of Fung-an-gan before his door for upwards of four *months*,* (*Though the American Consul resides in Canton, the American flag has not been again hoisted. – Ed. C. P.) while as we have shown above, our Superintendent was sporting his gewgaws within the four *weeks*! Is there no text in scripture that says something about 'casting the beam out of our own eye, before that' — but the saying is musty.

We have now then got the whole community prisoners in Canton, let us take a short view of what took place there.

The Chinese compradors, servants, Coolies &c. &c. on the whole behaved very well. Before leaving, they contrived to throw a good deal of provender into our fortress, altho' this was not quite fairly distributed. Some could have held

且说我等当日被困之事，彼时各卖[买]办之人所存下与我等之食物，虽不算好，亦可充饥。馆中之人，甚至一日一夜并无食物者，牲口尽皆饥饿。后来见了已死之老茂官 广利行，才得买草喂养牛羊。当时一见有人挑草到来，东西两边各行之人，互相争买，价值倏时昂贵。又是日住省馆者，有富商亦自行挑水、煮菜、宰鸡以及打扫等事。数日以后，食物始渐渐充足，并得白头人之摩罗沙文帮助，其在各馆巡察之中国人，从不稍离所巡之处，以致并未有失物。

out a month, while others had not belly-timber for four and twenty hours. The effects of famine first began to fell upon our cattle. These poor animals moaned, and looked most piteously around, but for some days we had no fodder to give them. At last on a representation to old Mowqua (since dead), food was obtained for the cows, these dumb animals having in no way infringed the laws of the Celestial Empire. We remember when the first load of grass was brought into the square, a regular scramble took place for it between the east enders and the west enders, the bearer was overturned in the melee, and the precious herbage carried off in triumph by a young gentleman belonging to the Paou-shun. Here of a morning might be seen a rich Canton merchant with a pail over his shoulder going to water his cows, there was another being instructed in the mysteries of sticking a pig or plucking a fowl, a third would be trying his hand at chopping billet wood, a fourth watching when the water would boil, and a fifth endeavoring to churn butter. But all these were nothing compared with the *horrcur des horrcurs* of cleaning one's own room, and emptying one's own *pot de chamber*! In the course of a few days however provisions began to be regularly supplied, the sailors were engaged to lend a hand in the different Hongs, and our Parsee friends kindly assisting us with their servants, matters began to go on much more smoothly. An attempt was made at first to establish a patrole in the different Hongs, but we found our Chinese guard to be the best patrole in the world, so the undertaking was soon abandoned.* (*A guard of the inhabitants of the British Hong, was organized, and kept watch day and night at the gate of the Hong during the whole time of our imprisonment. – Ed. C. P.) Nothing, we believe, was stolen from the foreigners during the whole time of our captivity.

前时被困之人，虽不知其详细，只略可说其大概，照海关部内共有二百零三人，除下澳门者十三人，仍有一百九十名，内英国一百

We are unable to state the *precise* number of foreigners shut up in Canton on the 24th March, but shall endeavor to give an approximation, viz. –

Number of foreign residents per Hoppo's

名、白头三十五名、米利坚国四十名、佛兰西、大西洋、荷兰等国共十五名。海关部内无名者，摩罗沙文五十名、三板水手二十五名、船上搭客人等，共有二百八十名。

book, 203; deduct for absent at Macao & other places say, 13; - 190; whom we class in round numbers as follows –

British merchants and their employés,	100
Parsee merchants and their employés,	35
	(135)
American merchants, Supercargoes, employés, &c.,	40
French, Dutch, Portuguese, and other foreigners,	15
	(190)
Add to these sundry Parsee servants, cooks, lascars &c. not included in the Hoppo's list, almost all of whom were British subjects, say,	50
Boat's crews detained in Canton, chiefly British,	25
Strangers, visitors, captains of ships &c, chiefly British,	15
	(90)
Making less or more a grand total of souls,	280

住在馆内洋行管店之人，在馆前看守我等，共有二百人，各带军器，只无鸟枪；水面船上又有广协兵三百名，俱带有军器鸟枪。据我看来，外国人若有逃走，立刻即皆齐集，在我等馆内，不过数人有军器。钦差亦曾遣人来查行内之军器，亦不过数枝鸟枪、一两把剑而已，但俱不能用。在馆内之军器不多，不过用以保护房屋而已。

To guard us there were placed at different stations in the front of the factories about 200 of the Hong merchants coolies, under the immediate command of the Hong merchants themselves. These were armed with sword and shield, short lances and long quarter-staves; we did, not observe any fire-arms among them. Stouter, cleaner-limbed, better tempered fellows we never saw, and there was not one among them, who if left to himsclf, would not far rather have done us a good-natured turn than an injury. In the boats before the factories, were about 300 of the Kwang heep's soldiers. These were better armed than the coolies, each man having at least his sword and match-lock. These were all that *we saw*, but in the event of our trying to make a sally, there is little doubt that their numbers would have been multiplied in a few seconds by ten or twenty. Of all the foreigners thus shut up, scarce a dozen had arms of any description. It is an amusing fact, that just before taking these steps, the Commissioner sent to make enquiry as to the arms we had in our factories. The return was a very pacific one, somewhere about half a dozen pistols, as many fowling pieces, a sword or two, and hardly a musket! At least not one that would go off! This fact speaks volumes as to the complete protection we used to enjoy from the Chinese government, and the efficiency of their police. We almost begin to doubt that this is the same China which it was! Why, two or three years ago we remember seeing little schooners daily arriving at the factories laden with specie from Lintin, say 50, 60 or 70,000 dollars, and defended by 3 or 4 lascars armed with half as many rusty muskets! Yet we do not remember that any of these boats were captured or even attacked! But now? Ah! The case is widely altered!

Among the *deteaus* at Canton, we remember a tough old fellow 'who had seen a little service,' and he said, that with twelve good English sailors he would have undertaken to cut thro' the whole concern. This however may be looked upon as mere bravado, and probably spoken because there was no chance of its being put to the proof. The plain fact is, we were not fighting men, probably not ten men among us had ever smelt gun-powder in earnest, we had been brought up to a very different *métier* from 'Spanish blades, and cutting men's throats.' Moreover, altho' the coolies who guarded us were as we have said very fine good natured fellows, yet both they and their masters were placed there to answer for our safe custody *with their lives*, and as the love of life is very much the same in a Chinese as in any other man, I humbly conclude that in choosing between the two difficulties, they would rather have cut *us* down, than have been hanged by the Commissioner *themselves*.

To our further proceedings when encarcerated, and what led to our being set at liberty again, we must devote another letter.

Yours' Truly,

BRITANNICUS.

Tungkoo Anchorage, 31st December 1839.

一千八百三十九年十二月三十一即中国十一月二十六日，铜鼓湾，没哩丹呢咭士印此。

ꩰ 60 ꩱ

澳门一千八百四十年正月十一 即中国十二月初七日

The Canton Press, 11 January 1840.

By the *Water Witch* from Calcutta 25th November, and Singapore 11th December, we have received the *Singapore Free Press Extra* of 9th December, and we have also seen Calcutta and English papers giving the news by way of Bombay to the 16th September from London. We have made copious selections, it well be seen, but the news are generally of little importance. It was thought that before the mail left, the Government had received Capt. Elliot's despatches, and Lord Palmerston was applied to, by the India and China Association, to learn the course government intended to adopt, to which application, however, when the mail came away, no answer had been received. We much doubt that the Superintendent's despatches could have reached England as early as the 14th or 15th of September, since they left *Alexandria* only on the 5th, and would therefore, in the regular course, not arrive in London before the 20th or 21st of that month. This mail consequently brings little or nothing of the intelligence most desired by the foreign community in China. The greatest portion of the Press in England seems to be decidedly in favor of using force to restore the now so many months interrupted trade with this country, and we have from the *Atlas* of 24th August copied an able article on the subject, in which we find however the singular statement that the Chinese take 'nothing from the English, but Opium.' – this we are inclined to suppose to be either a slip of the pen of the writer, or an error of the press, since the writer, who seems to be well acquainted with Chinese affairs, could not be ignorant that the value of British manufactures annually imported into China does not fall short of six millions of dollars; that of cotton from British India is about seven millions, and other articles from British possessions in India,

又云：[英]国土产呢、羽、哔叽、布等类，逐年到中国有六百万员；印度出产棉花，逐年到中国有七百万员之数；英国之铜铁并杂件逐年到中国，亦有四五百万员；共计有一千七八百万员。英国人之鸦片贸易到中国，逐年亦有一千七八百万员。英国之货物到中国贸易，鸦片居其一半。

英国扰乱之地方，已将近平定。大吕宋与咖唎吐之事，亦将近平定。英国设立条例，禁做奴仆贸易，各律衙门不甚要行。彼嘟呀尔 即大西洋人 甚怀恨英国人。但东廷之事有些可畏，因俄罗斯使者同英国人嘛沙尔往都鲁叽与衣吧说和，俄罗斯使者与嘛沙尔不和。现英国贸易甚是难定，因国中银价利息甚高，每百圆每年利息十二圆至十八圆。和鼎俄公司在吧列士 即佛兰西国都 开由乃斯跌银铺不肯会二十万棒银之单。此事已传到兰顿。孟买新闻纸上说，哦啊 即西洋属之大兵头已到孟买，此兵头系武官。

metals from England, &c. &c., may amount to four or five millions more per annum – thus shewing that Opium is just about one half of the total imports of the British trade.

It will be seen that the disturbances in England were nearly quelled. In Spain, the Carlist party, it was hoped, was nearly suppressed: the newly proposed measures in England for the suppression of the slave trade proposed by ministers but not carried in the House of Lords had caused a feeling of hostility to be entertained by the Portuguese against the English. In the East affairs still bear a very threatening aspect, and some rather angry communications are said to have passed between the Russian embassador, and Marshal Soult on the subject of Turkey and Egypt. Commercial affairs in England were much affected by the unsettled state of the money market, and discount was in some instances as high as 12 and even 18 per cent. It will be seen from our extracts that a report had reached London that Messrs. Hotinguer & Co., Agents in Paris for the United States Bank, had refused acceptance to £200,000, of that society's bills.

From Bombay papers we learn that the Baron do Candal, the new Governor General of Goa, had arrived at Bombay where he was received with the military honors due to his rank.

ꕥ 61 ꕥ

澳门正月十一日下篇新闻纸 即中国十二月初七日

现今中国人所行之事，我等与中国之贸易不得不弃去，而我等只得回到英国，享昔日郡嚜吐之世界，食牛肉、饮埃尔酒以当茶。

我等由中国带茶回英国，而中国所得我等之货物乃系鸦片。鸦片乃中国人必须之物，即我等不做鸦片贸易，中国人必由别国买来。在我等本国中有饱学之人对我等说，鸦片乃是一种迷人之物所生，此种迷人之物甚是不好。鸦片能败坏下等人之德行，我等亦无疑。若鸦片必须除去，即世上所有迷人之物亦应除去。在英国卖酒及煲酒之人，并未闻说是治以死罪之理，我等若不带鸦片到中国，佛兰西、荷兰等国亦必带来。

The Canton Press, 11 January 1840.

The Opium Question. (From the *Atlas*, August 24)

A great deal of nonsense has been talked and written about the recent events in China; and the press generally appears to hold that the Chinese are a very moral and a very ill-used people. We presume to think differently: and we apprehend that, unless the Chinese can be brought to do so also, our commerce with that country must be abandoned, and the good falks of England must be contented to return to the days of good Queen Bess, and drink ale and eat rump steaks for breakfast instead of tea and muffins.

We take tea from China, and they take nothing from us but opium, which is a drug that habit has rendered absolutely necessary to them, and which from some nation or other they must have. It is very well for a class of sentimented philosophers to tell us that opium is productive of a species of drunkenness, and that drunkenness is a very bad thing – no doubt it is. It would conduce, we doubt not, to the morality of the lower classes, if drunkenness, and all the materials of drunkenness, could be swept from the earth: but we never yet heard it proposed to be made a capital felony in England to build a distillery, or to retail gin. If we did not import opium to China, the French, or the Dutch or half a dozen other nations very quickly would do so; and all we should get by our chivalrous self-denial would be, that we should pay away millions of specie annually to these barbarians, and that they would pay it away to the nations who take up the trade which we abandon.

It is maudlin folly to talk of the evil which opium inflicts upon those who use it. Excitement of some sort, procured by some artificial means, whether by drugs or by alcohol, appears to be a universal necessity to mankind. There is no instance of a nation who has once known a means of procuring it, and has abstained from it.

However savage, or however civilized, whether from the juice of the grape, from the decoction of barley, the milk of the cocoa-nut, from the sap exuded from trees, or from the fumes of opium, the excitement will be procured; and that in spite of all the laws which can be made and of all the precautions that can be taken. The very fact that, in an absolute government, where the will of the prince is a law from which there is no appeal, where human life is held as a thing of little estimation, and where the most cruel punishments follow the slightest in fraction of the imperial edicts – the very fact, we say, that in such a country an article prohibited under pain of death is found to be in common use among the whole of the inhabitants, is fully sufficient proof that opium, or some equivalent for it, will always be procured, and will be always used so long as the merchants of any nation can be found to supply it.

凡饱学之人所谈者，无非良心之事，并不越己之本分以求利。如沙胡底没啦吐有云，凡人所行之事，虽无心害人，然若常做，即亦有罪等语。

So much for the *acgumcutum ad ececcundiam* with which we are surfeited by those scrupulous moralists, who are always especially strict in matters of conscience which in no wise cross their own interests – a species of moralists, who, like Sir Hudibras –

Compound for sins they are inclined to,
By damning those they have no mind to.

人若遵此言而行，即在地上已无卖酒之人。都鲁机可封港禁止鸦片进口，各国亦宜封港，不准茶叶、鼻烟、烟叶等项上瘾之物进口。凡饱学之人所讲之说，俱如梦中之言语，我等现今既不遵其言而行，岂不须用兵船保护，方能装载鸦片到中国乎？

It is plain enough, we think, that the same arguments which they use, properly carried out, would raze all distilleries to the ground; shut up every gin-palace in the kingdom; blockade Turkey, in order to prevent the importation of a grain of opium; prohibit the importation of snuff, tobacco, and make the whole world tea-totallers upon compulsion – establishing, in fact, a very fine system of laws for – an Utopia.

But does it follow because we do not agree with these ethical dreamers, that we insist upon England importing her opium into China by force of arms? By no means. These insolent barbarians, who effect to treat us with such utter contempt, have no doubt, an abstract right to exclude opium from being an article of import with them – if they can. But they have no right of any description to draw a line round the residences of the whole of the English merchants, to cut off their retreat by sea and to starve them into capitulation, simply because they suspect that certain individuals among them are engaged in the prosecution of on illicit traffic. If they find a man smuggling opium into their country, we can have no objection to their confiscating and burning the article, if they please, any more than we should object to their punishing an Englishman who was caught in the act of murdering a Chinese. But we should very much object to their making the whole of the English residents, responsible for a single act of murder, and executing one of hem every quarter of an hour until the murderer was produced – a plan which is altogether consonant with the ordinary principle of Chinese justice:- and upon the same principle do we object to their imprisoning the whole of the European residents, and cutting off all supplies of provisions from them until certain stores of opium were delivered up, over which a great number of the parties imprisoned had no more power than we have. The prevention of smuggling is their affair – the safety of our merchants is our; and, by a general imprisonment of all our English merchants, they have committed an undoubted breach of every law of nations.

If such is the case with regard to our merchants, much more so is it with respect to Captain Elliot, who, as the superintendent of trade, sent to Canton, at the express instance of the Chinese authorities, was, in fact, invested with all the sanctity of an ambassador. What right, we ask, had these petticoated, longtailed, tuft-bearing barbarians to imprison this English ambassador, to keep him without food, and to prevent his egress from the factory, until he had delivered over to them certain goods over which he had no more power than he had over the pagodas of Pekin? The principle is precisely the same as if we were to imprison the French ambassador in the Tower because our Custom- house officers had heard that a cargo of French lace had been lately landed near Dover, and as if we insisted upon keeping him there until these contraband goods were delivered

义律亦曾将此事禀知中国官府，所以义律好似英国之使者一样。我今请问此等之长衫长尾、头带缨纬之蛮夷，将英国之使者监禁，断其伙食，禁止他不准出行，前强逼缴上一大庄货物，有何公义？此货物亦非义律权所能管，如在北京之塔非义律权所能管一样。此理正如我等监禁佛兰西使者在炮台上，因为我等关口官府闻得佛兰西使者在近多洼之处，带佛兰西小带上岸，故将佛兰西使者监禁，待他缴上违禁货物之后方才释放，今在广东之事，亦似一样。

up! The rule in all these cases we apprehend to be plain enough; no nation is bound to perform the office of Custom-house keepers for another, and no nation is held responsible, as a nation, for the acts of individual smugglers. If, then, these tea sellers are in the wrong, as we are quite sure they are, we are altogether at a loss to conceive why we should submit to be bullied by them. A cowardly and a barbarous people construe every act of hesitation into a symptom of fear, and are encouraged to the most atrocious outrages by the hope that they can be inflicted with impunity. These brothers of the sun and near relatives of all the stars are by no means the sort of people to be influenced by quiet and civil treatment. In dealing with such persons a single decisive course is always the best and the most merciful. Either our merchants must reside at Canton holding their heads at the will of every mandarin who walks up and down the streets, or else these miserable Asiatics must be taught that if they touch the hair of an Englishman's head, they do it with the certainty of an English broadside rattling among their crockery houses within half a hour afterwards. Until we can bring our Assam tea into use we must continue to draw tea from China, and as long as we go to Canton we must insist upon being treated with proper respect.

62

[澳门正月十一日下篇新闻纸]
又

近来钦差围困外国人缴烟之事，在七月三十一日早上 即六月二十一日 已到兰顿之因底阿好司，都内各衙门及贸易与银店，俱有扰乱。是日在兰顿天色昏暗愁惨，在耕种之部落米价亦昂贵，英国甚苦于缺银，银价即已增长，所有银店尽皆欢喜。要国家赔补缴上与中国人鸦片之项，其在孟买贸易之鸦片客商，递与悖来非冈色尔衙门之禀，亦已接到。此禀甚感动国家之心，故国家甚恩厚之。

从来少有兰顿贸易之紧要文书得到此处，只此处论及在孟买之鸦片贸易之客商递与国家之禀，算是最紧要之文书。其禀内所说，系为前时首领事呈缴中国鸦片之事。鸦片带到中国，本亦如正经贸易一样，今反为鸦片一物，遂至英国人有身家性命之危

The Canton Press, 11 January 1840.
CHINESE AFFAIRS. –

The accounts of the proceedings of Commissioner Lin, which reached the India House on the morning of the 31st July, appear to have excited a very great sensation in the political, commercial, and monetary circles of the metropolis. The state of the weather, which on that day in London was very gloomy and cheerless, - the bad accounts from the Agricultural districts, and the gradual rise which about that period had taken place in the price of corn – the perilous state of the Bank of England, and general derangement in money matters, combined with the unfavorable accounts from China, produced a depression of ¼ per cent in consols, and occasioned great heaviness on the English stock market generally. The views taken of the crisis in China by practical men of business are highly gratifying, and it is to be hoped their greater influence will counteract any unfavorable impression in regard to compensation, which the late noisy and senseless clamour against the Opium trade may have made on the Home Government. The Memorial of the merchants of Bombay interested in the Opium trade to the Lords of the Privy Council had arrived, and has been published in all the London papers. From all we can gather, it appears to have been most favorably received, and to have produced a strong impression on the Home Government. It is thus noticed by the *Times*: -

'As a commercial document, there has seldom reached this country one of greater interest and importance than the petition of the merchants of Bombay to this Government, for indemnity against losses sustained by delivering up, on the requisition of the English superintendent at Canton, all the cargoes of opium sent thither in the regular course of trade

险。现在若欲赔补与各人，他们所亏之项为数甚多，恐难全补；况印度之税饷全靠鸦片，算是第一财源。现在各大官不特议论孟买客商之禀，乃亦为印度官府之事，盖印度之官府尽皆或多或少有干涉鸦片贸易，而鸦片贸易孟买已居其一半，现在英国各人缴与中国官府鸦片，所值价银约有二百万棒银 计一千万员，东印度公司每年所得之税饷，亦有自五十万棒至二百万之多。

according to practice from time immemorial, but now made a national matter of by the Chinese Government, and the lives and liberties of the English residents rendered dependent on such a sacrifice. Allowing the principle to be conceded that compensation ought to be made to the parties in this case, the immense amount at hazard would make it next to impossible to carry it into effect; and, as a secondary question, their will be the consequences to consider to the whole Indian revenue, if one of the richest sources of it is thus to be cut off, by the abandonment hereafter of the opium trade with China. It is not the petition of the Bombay merchants alone with which Ministers will have to deal, but similar appeals from the other Indian presidencies, who were all engaged, more or less, in the traffic. About one-half, however, it is stated, is owned in Bombay. The value surrendered to the Chinese is said to be about 2,000,000*l*. sterling, and the revenue to the East India Company from the opium duty to vary from 500,000*l*. to 2,000,000*l*. annually.'

—— *Bombay Times*, 25th September.

说明

本则转载自1839年9月25日《孟买时报》。

∞ 63 ∞

[澳门正月十一日下篇新闻纸]
又

现在广东省城之事尚未定夺，所以兰顿各样物件无不昂贵。工夫茶现在每棒比前贵一边呢至一个半边呢，平常工［夫］茶现在每棒卖一个时令零六个边呢又零四分之一，至一个时令零六个边呢 以一时令六个半边呢计之，得价银二钱五分二厘二毫。中等黑叶工夫茶，每棒卖一个时令零八个边呢，至一个时令零九个边呢 以一时呤九边呢计之，得价银二钱八分六厘二毫一丝。深色工夫茶每棒卖两个时吟，至两个时令零两个边呢 以两时令两边呢计之，得价银三钱五分四厘三毫五丝四忽。此等价钱比平常已贵了，然许多客商尚未肯卖。现在屯溪茶价钱甚贵，卖至一个时令零八个又零四分之三边呢，至一个时令零九个边呢 屯溪茶每棒价银与黑叶工夫茶同。武夷茶价银十分贵。熙春甚少，卖至两个时令零三个边呢，至两个时令零四个边呢、六个边呢不等 熙春茶每棒以二时吟六边呢计之，得价银四钱零八厘八毫七丝。其余所有别样茶叶尽皆起价。

在哩洼喃尔，棉花甚好价钱，每棒比平常价钱贵四分一边呢至三分一边呢。在数日间，卖苏辣 即印度部落名 棉花四万三千一百八十包，内米利坚棉花二千包。尚有吧丹 南咪唎坚部落名 棉花二百五十包、米利坚棉花四千五百包。苏辣棉花五百包，等候贩卖出口。

湖丝前时价钱虽不甚好，现今已大改变。

The Canton Press, 11 January 1840.
ENGLISH MARKETS.

Tea. – The unsettled state of affairs at Canton has caused buyers to come into the market more freely. For Congou a brisk demand has prevailed, and the merchants have obtained an advance on last sale's rate of 1*d*. to 1½*d*. per *lb*. common selling at 1*s* 6¼*d* to 1*s* 6½*d*. mid blackish leaf kinds 1*s* 8*d* to 1*s* 9*d*., and strong sorts 2*s* to 2*s* 2*d*.; the preference has been given to common descriptions, of which nothing is to be had under 1*s* 6½*d* per *lb*., and at these rates several of the merchants have refused to sell. Twankays have been sought after, and a good many sales have been made at rather higher prices, common fetching 1*s* 8¾*d* to 1*s* 9*d*. Bohea has sold to a fair extent at the rates quoted. Hysons have been much sought after at 2*s* 3*d* to 2*s* 4*d* and 2*s* 6¼*d*.; and in other kinds of tea several purchases have been made, and prices are improving. Company's Congou has sold free at 1*s* 7½*d* to 1*s* 8*d*, and there are no further sellers under the latter figure.

Liverpool. – Cotton at full prices. A considerable business has this week been done in Surats, the common and middle qualities of which have advanced ⅓*d* to ½*d* per *lb*. The sales of the week amount to 41,380 bales, including 2,000 American and 250 Pernams on speculation, and 4,500 American and 500 Surats for export.

Raw Silk. – Decidedly better, although it has been dull during the last week.

说明

本则《广州新闻报》未注明资料来源，经查系摘录转载自1839年12月9日《新加坡自由报》；而《新加坡自由报》又转载自1839年9月16日加尔各答*Hurkaru London Extra*。

ᘓ 64 ᘐ

[澳门正月十一日下篇新闻纸]
又

去年自正月至六月止 即中国自十八年十一月至十九年五月二十日 共卖出之叭哒拏鸦片一万一千三百六十五箱，默拏鸦片七千五百六十七箱，连叭哒拏共卖出鸦片一万八千九百三十二箱。以上之鸦片，每箱价值四百九十个鲁碑 计洋银二百四十五员，现在又起价，所有收贮之鸦片，并前次所存下之鸦片，俱留至下次出卖，所有之鸦片只卖与凡由水路带出口之人。

The Canton Press, 11 January 1840.

Calcutta. – It is decided that the Government Opium sales for the ensuing year are to take place in the following order: -

	Patna	Benares	
6th Jany.	4,000	2,000 chests	
10th Feby.	1,600	1,600 chests	
21st April	2,500	2,000 chests	
26th May	1,400	1,000 chests	
30th June	1,865	967 chests	
	11,365	7,567	= 11,932 chests

The upset price of the Opium at the sales is to be 400 Rs. a chest, and knocked down to the highest bidder above that, - the Government to reserve to itself the right to put up at the 2nd sale any portion remaining unsold at the 1st. The opium will be sold, for export by sea only.

说明

本则转载自1839年12月9日《新加坡自由报》。该报将共卖出鸦片18,932箱误为11,932箱，《广州新闻报》转载时沿袭其误，而《澳门新闻纸》译者则予以改正，但又将每箱价值400个鲁碑误成490个鲁碑。

65

[澳门正月十一日下篇新闻纸]
又

The Canton Press, 11 January 1840.
CORRESPONDENCE. THE IMPERIAL COMMISSIONER.
TO THE EDITOR OF THE CANTON PRESS.'
Sir, - Tongkoo, January 1st, 1840.

At the request of several gentlemen I send an account of our interview with the Imperial Commissioner Lin, by inserting which in your paper of Saturday you will oblige, Sir,

Your most obedient Servant,
JAMES HILL.
Late Surgeon of the Barque *Sunda*.

About two o'clock in the afternoon of Saturday the 14th Ulto. [...]

钦差又有东印度公司招牌五六张，写着一季内所卖鸦片之数。其中一张写着叭哒鸦片一万二千零四十六箱 未知何意。一千八百三十九年三月某字号系托律打。

In order to shew us the iniquity of the Opium trade and its increase during the last few years, he handed us Mr. Thelwall's pamphlet, and a work upon China from which the title-page was torn (Davis' I think) a few extracts from which he requested us to read. Several portions of both works were translated into Chinese and pasted on the corresponding pages. He also had five or six of the E. I. Company's cards shewing the quantity of Opium sold during the season. One of them which he handed us was marked Patna opium 12,046 (?) chests, March 1,839, and signed – TROTTER.

义律怕将其伙长水手人等正法斩首，及产业充公入官。在我等意见，义律真是自吓，盖我等现已在

He next adverted to the murder of his countryman Lin Weihe, and expressed his great dissatisfaction at the murderer's not having been delivered up. He could not conceive how we were unable to find out the murderer, especially as we knew five men who were engaged in the affray, and one of whom, be said, ought in justice to be delivered up to stone for the murder. He next alluded to Captain Warner's having come up to Whampoa in the Thomas Coutts, and asked, why others had not done so. His own impression was that Capt. Elliot was afraid of the officers and crews being beheaded, and the property confiscated, which we would perceive was entirely groundless, as we were then completely in

中国权下，而他们不但不加害于我等，反怜悯我等，平安送回我等给与本国之人。钦差说他甚欲见我等各船俱在黄埔，惟现在已封港，虽肯具结，亦不能进口，必须等待北京皇上旨意如何。钦差并非与英国人作对，只是攻敌凡做鸦片贸易之人而已。

his power, and he had not the slightest wish to do us any injury, but on the contrary had the greatest compassion for us and wished to deliver us in safety to our own countrymen. He would like to see all our vessels at Whampoa, but they could not now be permitted to go up, even although they signed the bond, until he received further orders from Pekin. He had not the slightest enmity towards the English, but only towards those of them engaged in the Opium trade. No distinction would be made between them and the Chinese, if caught with it in their possession. Hitherto we had been dealt leniently with, but now no mercy would be given, as he was determined to put a stop to it at all hazards. He then alluded to Capt. Elliot's conduct with which he was by no means pleased. 'at Macao' he said 'Capt. Elliot very proper man at Canton no proper.' He then asked if we had heard any reports in Canton as to the state of his health, as he had been informed that in Tongkoo it was currently reported of his being in a very bad state of health, and not likely to survive many days, upon which he laughed most immoderately, and asked what we thought of the state of his health? When we congratulated him upon his robust appearance, with which he was highly delighted. He then handed us a letter addressed to the Queen of England, written in their usual high flowing strain, at which I could scarcely command me gravity, which he observing, immediately asked if it was all proper? We said that it was only a few mistakes at which we smiled, whereupon he requested us to take it into an adjourning room and correct any errors we might find in it, and whither tea and refreshments would be sent us. The letter was a pretty long one, and written in a fair legible hand with a hair pencil. The subject of it was principally a lengthened disquisition on the Opium Trade and its evil effects, and a hope that H. B. Majesty would interfere and assist in putting a stop to it. Some parts of it we neither could make head nor tail of.

During the time we were engaged in the perusal of the letter, the crew got a blow out of

钦差即问产鸦片之地方，令我写之。我即写下与他。讲至都鲁机出产鸦片时，钦差即问都鲁机是否系米利坚地方？抑或系米利坚所属之地？我等回说不属米利坚，只离中国约一月水程。钦差同各位大官府尽皆似是惊讶。钦差同总督及其余各大官，斯时尽皆站立，甚谦厚，与我等讲话，戏笑英国人之装束打扮，小心细查我等之服色穿着。钦差似甚欢喜我等之伙长，令其书记将我等之伙长拉转周围察看后，钦差即脱下其眼镜说："哈也。"又对我等说，已预备船艇载我等至铜鼓，交与我等本国人，又望我等到彼传言其恩典，我等已应许他。钦差即令我等出来，我等即离庙回馆。

roast pig, &c., four of which we were presented with on our departure. On our return to the Hall of Audience we found the Yumchae and the other dignitaries seated round a circular table, having divested themselves of most of their insignia of office. They were amusing themselves with one of our boys (who was likewise a good deal taken notice of by several of the mandarins on our journey) and asking him a number of questions, such as the following: his name, age, were his father and mother alive, was he fond of the sea? &c. They likewise made him read a page or two of English at which they were highly pleased. He then asked the names of the places from whence the different kinds of Opium were brought, and requested me to write them down for him, which I did. On mentioning Turkey, he asked if it did not belong to America, or form part of it? and seemed a good deal astonished on being told that it was nearly a month's sail distant. During the rest of the time he remained standing, as also did the Viceroy &c., and conversing with us with the greatest familiarities and laughing and joking with his friends about the different parts of the English costume, which he minutely examined. He seemed highly amused with our chief officer, and desired his secretary to shew him round, first in one direction and then in another, in order to get a proper view of him, when he put on his spectacles and 'hey-yaad' at a great rate. He lastly informed us that boats were in readiness to convey us to our countrymen at Tongkoo, to whom he hoped we would give a favourable report of him, which we promising to do, he 'chin-chinned' us and bade us good bye.

说明

《澳门新闻纸》本则仅摘译原文一小部分。

ꕤ 66 ꕤ

澳门一千八百四十年正月十八日新闻纸 即中国十二月十四日

The Canton Press, 18 January 1840.

THE OPIUM TRADE.

TO JOHN HORSLEY PALMER, ESQ.

My dear Sir, - When resident in China in 1834, I wrote you a letter containing opinions on the events which occurred after Lord Napier's arrival there. I am now induced again to offer my views on the more momentous events which recent dispatches from Canton have brought to our knowledge.

中国官府强令首领事义律，将英国船上所有鸦片全数呈缴，计英国人之产业共有二万箱，每箱以四百员价值计之，不下二百万棒之银 计一千万员。

We have, as yet, no very detailed accounts, but it is sufficient for my object to know that, under forcible restraint, Captain Elliot, the chief superintendent of trade, and Consular representative of the British nation, was compelled by the local Chinese authorities to sign agreements to deliver up to them all the Opium belonging to British subjects, which was then in the vessels at several anchorages off the mouth of the river leading to the port of Canton. The quantity of British property is stated at about 20,000 chests, which at 400 Spanish dollars per chest, and at the exchange of 5*s*. per dollar, amounts in value to no less then 2,000,000*l*. sterling.

钦差自北京到广东，用兵围困夷馆，义律与英国各商皆被地方官围困，禁绝伙食，将贸易尽行停止。这些事情早已摆明在尔目前。领事义律所行之事，亦早已在尔目前。但义律所行必有许多人议论，因义律用英吉利国家之名，令英国各人呈缴鸦片。

To effect this compulsory agreement, the special commissioner sent from the Court of Pekin had caused the foreign factories to be surrounded by a cordon of troops. Captain Elliot, and all other British subjects, were 'forcibly detained by the Provincial Government,' 'without supplies of food,' &c., and, in short, were absolutely prisoners in their houses (hitherto deemed sacred whilst the British flag flew over them), and the general trade of foreigners was totally at a stand. The main features of the case are before you; but there is yet one – the act of the said superintendent – which must cause considerable discussion in this country as to its validity – namely, his promise of indemnification to the holders of the said opium, on behalf of the British Government.

我今回想，鸦片贸易系我等本乡人受害之缘故。现在英吉利并米利坚二国，亦已鼓动禁鸦片，并印出告示，定贸易鸦片及食鸦片之罪；又出赏格，求人做极好之告示而禁止鸦片。一千八百年间，中国准鸦片进口，以药材上税。及后皇帝有旨禁止，广东官府仍准鸦片趸船长湾在黄埔，以致各外国人船只装货卸货，因黄埔距省有十二里路。至一千八百二十年、二十一年间，鸦片进口太多，故令趸船出口，不准湾泊在黄埔，这些趸船即出口湾在伶仃及澳门急水门等处，以便中国人来买。是鸦片之贸易仍然尚在。又议定规银每箱若干，这些规银系与总督衙门以及水路文武官员，惟关口所得最多。此项银两皆预备存在英国或他国鸦片船上，以便分派。或在船上来取，或在省城交收，然亦有将鸦片准折，每次自一箱至一百五十箱为止，却无定数。中国官府于收取规银，不信自己本乡人，到期却是自己到船上收取规银，按每箱所议定之章程，船主逐月交清。此贸易之光景，着实可痛。

I will now advert to the opium trade, that being put forward as the proximate cause of all the evils our countrymen are enduring at Canton. Agitation has already commenced against it in England and America; publications have issued from the presses of both countries, loudly condemnatory of the traffic, and the use of the drug, and prizes are offered for the best essays against it. Until the close of the last century opium was admitted into China, paying duties as a medicine. It was then nominally prohibited by an Imperial edict, but still the Chinese authorities at Canton (with whom alone foreigners have any intercourse) permitted the warehousing ships to remain permanently at Whampoa about 12 miles below Canton, where all foreign vessels discharge and receive their cargoes. About the year 1820 or 1821, owing to the increased importation of opium, the warehousing ships were ordered out of port, but the trade was steadily continued; the ships anchoring at Lintin, Macao, Capsing-moon, Cum-sing-moon, or other places convenient for the Chinese purchasers. They having arranged the scale of bribes payable on each chest to the governor of the province, commander of the troops, commander of the fleet, and the chief officers of police, customs, &c., especially the latter, resorted in well manned boats to the British and other foreign ships having Opium on board, and having paid the cost, either on board or at Canton, received the drug in quantities, varying from a single chest to 150 at a time. When the said Government officers could not place confidence in their countrymen for the due payment of the fees, it was arranged that a mandarin should, at fixed periods, go on board the ships, when each commander stated the month's deliveries, and the mandarin received the amount of dollars agreed upon for each chest. It is lamentable indeed, that such a state of trade should have existed, but the Chinese local Government was the blameable party. Their ill-paid officers have made bribery and evasion of the law the rule – conformity the exception of their conduct.

盖吃酒烟之人，各有所好，如米利坚并欧罗巴人好饮辣酒，都鲁机人、印度人、无来由人好食生鸦片，印度人有时又用一种麻花代烟，其余他处之人，大约皆有用酒及烟等类。此等物件皆系害人身体性命之物，若教各人能尽去其所欲，亦系一件好事。前曾教过，但不能成。

在欧罗巴，好饮人多有凶恶强暴，其所犯之罪皆系豪气之罪，临死之日依法例定案。中国人食鸦片，却系梦睡无用之人，临死之日其光景实在可怜。饮酒与食鸦片，按此两等人，事虽不同而死无异，未免令人可轻可怜。

But, say the anti-opium party, that traffic is pre-eminently sinful, and all who aid in it are involved in the sin, as are all who use or abuse the drug. I do not intend to advocate the use of this or any other stimulant; nevertheless, scarcely a nation exists which has not one or more commonly taken by its people to exhilarate or inebriate, as their desires may prompt. Ardent spirits, of various sorts, in Europe and America; crude opium in Turkey, India, and amongst the Malays; hang (a preparation of hemp-blossoms) in parts of India; in most countries, tobacco, wines, &c., are used, to the injury, often, of the health and morals of millions. It would be a blessing, indeed, could all men be induced to forego such indulgences; but since that is not to be effected, I boldly assert, from the experience I have had of Chinese habits, that I prefer, as a national vice, the use of opium, prepared in the mode prevalent in China, to the use of any ardent spirit, and a happy thing would it have been, since stimulants we must have, had the British people adopted the opium in lieu of gin, whisky, &c. The abuse of either, no doubt, leads to disease and death, but a moderate use is quite compatible with the enjoyment of health and long life. The European spirit-drinking debauchee is a violent, often a furious madman. Crimes of all degrees of heinousness are committed by him, and he ends his days, perchance, under the just sentence of the law for those crimes. The Chinese opium debauchee is a dreaming, quiet, and useless member of society. He, too, ends his days in a pitiable state; but he does not superadd those violent crimes so injurious to others, which the former constantly does. Each dies beggared and despised, the former often causes the death or destruction of the property of his nearest relations. I have known many Chinese, who habitually used the watery extract of opium (the only preparation of it in their country) for smoking, without feeling the slightest injury. They were moderate men, like our gentlemanly wine-drinkers. As well, then, might we denounce our gentlemen, our wine and spirit merchants, for using or selling their commodities, because many low-minded creatures become drunken sots, as denounce the Chinese smoker or opium dealer because many of his countrymen took the drug in excess.

From the observation of Chinese customs, habits, and general system of trade, I have long since come to the conclusion that our trading in opium (which is there as great a national luxury as tea with us) is as little sinful as the trading in any other stimulant with other nations; and, could the British Government induce the Chinese to authorize its admission on payment of fixed duties (as was proposed by many of the members of the Imperial Council in 1836) we should, in my opinion, have no cause whatever for self-condemnation.

The opium trade have only by circumstances been made to appear more one of defiance to the Chinese laws than many other branches of trade which have been very extensively carried on by the vessels of every nation resorting to that empire. The law there prohibits the exportation of silver and of metals generally, and imposes such heavy duties on many articles, as cassia, camlets, ginseng, pearls, precious stones, cornelians, watches, mechanical curiosities, raw and wrought silks, &c., that established prices for evading regular duties have been openly agreed to between importers or exporters and the Chinese authorities to allow of the possibility of any trade in them being continued. In former years, before spelter was so largely sent from Europe to India, one of the chief returns for Indian cotton was that metal called tutenague to a very large annual value, and the whole was smuggled down to the ships. It would seem, then, that setting aside opium dealings, a considerable portion of the trade of China is conducted by setting at naught what are termed duties. The prohibitions and high arbitrary exactions on many things preclude the possibility of our merchants making returns for imports consigned to them otherwise than by the local Chinese authorities continually aiding in a shipment of Sycee, &c. The Hon. East India Company even, during the few last years of their trade with China, must either have inundated Great Britain with teas, or do as other foreigners – ship Sycee as returns for their cotton, &c. They did so extensively and profitably, receiving the Sycee silver, dollars, spelter, cassia, &c. Why, the very residence of any foreigner permanently in China, at least in Canton, and the mainland generally, is against the laws of the empire. To learn its language by the aid of natives, to employ them as servants, to build or possess houses, and many other things, constantly and of necessity done, are breaches of the law! Shall we condemn every one who has been by the peculiarly undefined state of international commerce compelled to such breaches? Rather may we cast blame on the natives of the world, who have so long submitted to that undefined intercourse. When a state refuses all treaties to bind and regulate her commerce with other states as China does, and, either by laxity or absolute connivance of her officers, induces and encourages other states to pursue a traffic with her subjects not strictly in accordance with her laws, or the maxims of her moralists, I do say that it is imperative on her at least to communicate officially and directly with the Governments of the offending state before confiscating the property of their subjects, so introduced for a period of nearly half a century, by connivance of her provincial authorities, the sole regulators of foreign trade in general.

The Chinese Government, after encouraging by various means an enormous foreign trade, including that in opium, suddenly, with a view to the annihilation of that branch of it, commits unprecedented outrages on our consul and merchants, by force compels them to yield up an immense value of property, causes the greatest derangement in the operations of all concerned in the China trade both in India and Great Britain; destroys a large item of the revenues of India; and wholly, without condescending to make known its intention to foreign states, wages a cowardly war upon their unprotected merchants and their commerce, on the plea of a revival of morality amongst the Chinese Ministers and people, and

中国官府及民人，只说纹银出

口太多之道理，纹银出口之太多，皆因鸦片，并因食鸦片人多，故其价值贵。鸦片价值已贵，而致印度公司所属之地方及嘛尔洼自主之国，各想争种，若想印度不栽种波毕，除非中国之人不食鸦片。中国之人不食鸦片，纹银即无出口。然此亦系错想，若与外国贸易，必有犯中国所禁之物，北京部中所议此事之时，内有一位御史名朱尊，系第一个拦阻开鸦片禁之事，我们又见他奏章内云，准六省广种波毕；又说云南省山上平地皆种波毕，每年所产鸦片不下数千箱，何能断绝人民快活之物？又说明为禁鸦片，而六省所种之鸦片实未停止，如此岂不与前说相反乎？若中国种鸦片多，外国所来之鸦片岂不停止乎？我等今即引生烟为证，能实在答之。此生烟起初之时，即与鸦片一样，想以为能害人，亦出严令禁食，又禁不准入口。因各款之艰难，致每百斤生烟价值三百员至四百员不等，官府禁止不准食生烟，全无应验。后又外国带烟子到中国，于是中国多种生烟，而今有何应验？其所禁之告示皆忘记矣。至今男妇老幼皆食之。其价值比前时不过一百分之一，每百斤之价值不过三四员而已。

a dread of the silver bullion of the empire being too largely exported as the balance of its general trade. The use of opium, and with it the export of silver, have certainly extended most widely since the great reduction of the former in price, which the competition of growth between the East India Company's territories and the free Malwa states has brought about; but it is erroneous to suppose that the abolition of the culture of the poppy in India would cause the disuse of the drug in China, or that Sycee silver would cease to be exported, should commerce with other nations be continued, and the balance remain on the general trade against China. Read what one of their great officers of state, Censor, &c., says in his memorial. He is named Choo Tsun, and was the chief opponent of the plan for legalizing the opium trade, when that question was agitated in the Pekin councils. He admits that in six provinces the poppy is extensively cultivated, and, speaking of Yun-nan province, he says, 'The poppy is cultivated all over the hills and open champaigne, and that the opium annually produced there cannot be less than several thousand chests.' How is it possible for any Government to destroy a confirmed taste in its subjects for such a luxury? Is not the contrary proven from the fact which he reports, that 'while nominally prohibited, the cultivation of it has not really been stopped' in those six provinces? Would not the cessation of the foreign import of opium merely cause a general culture of the poppy in China? We may reply affirmatively, and adduce tobacco as an example. It is not generally known that tobacco, which was not indigenous in any part of the East, was introduced into China and other parts by the early navigators. It was, like opium, deemed a noxious drug in China. Edicts were fulminated against its use, prohibitions attempted against its introduction, and the difficulties thus created caused the price to be from \$300 to \$400 per picul (133 *lb.*). No effort of Government could restrain the people from its use; it was found to grow luxuriantly in many districts of the empire, from seed imported by foreigners; and now what is the result? The edicts and prohibitions are forgotten; men, women, and children, use it universally; and the price is about one-hundredth part of the former period, $3 to $4 per picul.

其纹银出口之事，御史朱尊亦有论及。中国有四省愿意行使洋钱，所用洋钱以大吕宋钱比较纹银更为贵重，洋钱银色虽低，换用价值比纹银尤高，皆因无白铅出口之故。中国开银矿，系皇帝恩准，却有限制。若是时常出口，必觉有害。银少必贵，中国人以为多开银矿，又恐有累，但银矿别处亦多。

Then, as to the export of Sycee silver, the same censor, Choo Tsun, states that it is a passion with his countrymen, in at least four provinces, to use foreign money – meaning Spanish dollars, in preference to the native Sycee. 'Although of inferior standard, it is exchanged by them at a higher rate than the Sycee silver, which is pure.' It is true, that large sums in silver have, since the cessation of the tutenague export, been annually remitted to India, and occasionally to London, but the small demand for our goods for many previous years had necessitated the importation of dollars into China, to such an extent for the purchase of teas, silk &c., that even now, this great mandarin shows whole provinces use them as their currency. We may now be withdrawing a portion of the silver we formerly introduced. It is but an article of trade, and the Chinese must be made to know, that it is impossible for a trading nation to be always receiving bullion and never paying. The Chinese, so long as working their silver mines is a Royal privilege, used only very limitedly, may feel the export of Sycee temporarily injurious, but, as its value augments from scarcity, their superstitious notions against taking much out of the mines will yield to the necessities of Government, and abundance of that metal will be again found to exist.

I propose now to assign some causes for this unusual step of the Chinese Government in seizing foreigners, and their property, during a state of perfect quiet and peaceable intercourse, which had existed for many years without interruption. What can have created so sudden a degree of energy on the part of a Government hitherto so supine? Will any one gravely assert that the opium import, or the sycee export, after what has been shown above, can be the true causes? To such a belief I cannot yield, but rather attribute these aggressive acts to a determination of the Pekin government to bring about the exclusion of all foreigners.

现今其所说出骄傲之命令，不但不收回，还要出严告示，如日本国所行之样。

Should we, as on all previous occasions, offer no resistance to the arbitrariness and arrogance of her demands on the present one, unchecked, she will proceed to greater severities, in imitation of her neighbouring nation, Japan; and fortunate will be those foreigners resident in China if, unlike that nation, massacre prove not the last deed of popular fury, excited by the calumnious and insulting terms in which all foreigners are spoken of.

近来数年，国中御史在北京部中有许多议论外国通商之事，朱尊与许乃济二人之奏章，议论鸦片事务，互相攻驳，一个系准鸦片进口，但部中做大官之本地人议论，在广东之夷人，因常有骚扰，皆要赶逐，而英国人为最。

It is evident that of late years the state censors have brought before the Council at Pekin many arguments respecting foreign intercourse. The free discussion of the opium question is proved by the published memorials of Choo Tsun and Heu Naetse, the one against the other for, it's being made a legal import. We have but slight means of knowing what passes at Peking, but natives, in connexion with high offices of state, have at Canton asserted that in the Imperial Council parties were divided on the question of expelling all foreigners, and that it was not infrequently agitated, especially as regards the English nation.

我等闻俄罗斯之权柄阴谋，有大害于我等东边之权，即印度西边阿细阿、巴社、缅甸等国。但俄罗斯之阴谋，虽是我等不能实在知道，然据我等之所知，处处皆有害于英国人。盖北京官府最多，俄罗斯又有书馆在北京，中国有无敌人，俄罗斯人可以知悉，乃我等并无人与北京往来。而中国知道印度之税饷，皆由鸦片并茶叶，又知道英吉利、印度多得中国之利益，即如所消英国之羽毛、疋头、铜铁等货，又消印度之棉花、椒椒、米等货。俄罗斯亦欲灭我等之贸易，及印度所出之税饷，令公司所属之地方不能安静，亦已足矣，又何必再用别法来相害耶？我印度西北之力，中国害怕我等之立意，盖

We have heard much of Russian influence and intrigue against our power in the East. It has been pretty clearly shown to exist in many parts of India, Western Asia, Persia, Burmah, &c.; and, although the grounds for the belief of such intrigue may not be always well substantiated, we may admit that the spirit of her policy is to undermine the British supremacy everywhere. It is reasonable, therefore to infer that at Pekin, where a Russian college is maintained, and numerous functionaries, the same policy would be pursued, knowing, as Russia does, that there at least no counteraction of her hostile arguments could be exerted, we having no intercourse whatever with that Court. She knows too, full well, that a very considerable item of the revenues of India arises from the sale of opium, and a still more important one from the sale of tea in this country, whilst both the British and Indian people benefit largely by the demand of China for the woolens, metals, &c., of the one, and

我等在印度之行为，全与中国相等，故此令中国惊讶，此事亦皆是俄罗斯所说之故。我今引说于一千八百三十七、八年，我等所属印度各地方，多有预备军器，我等所属之印度西北出兵，新近多顺事，直到干拿哈，又至加咘尔，在英国之人亦已见得自己之兵马，已近中国西藏之西界，相距叶尔羌、戈什哈地方不远。边疆上驻札有大兵，在此几座城与打机吐吨并附近各国所做之贸易极大。想中国看我等系随便出兵，在一千八百十七、八年间，我等与尼布尔打仗，北京亦害怕我等英吉利人攻打之勇能，东方已知道多年矣。中国看我等先时在印度，不过只有贸易行而已，后来却全胜印度地方。又见我等再得新奇坡，又见我等好似有暗谋澳门、小吕宋，又见我等之贸易，于各埠头皆兴旺，这些埠头皆系中国人所知。又见好似有犯中国之意，故此中国将自己之各埠头塞闭，只准在广东做贸易。于今中国人已害怕，又兼有俄罗斯人挑动，故用此胆大之法。

the raw cotton, pepper, rice, &c. of the other. What more effective mode could Russian adopt to cripple our efforts in the north-west of India than by annihilating our trade and revenues in the East India Company's territories, and thereby causing discontent amongst the people under their dominion? It is probable that from the influence of Russia China may have had her fears excited as to our intentions, our acts in India having been quite adequate to cause her great alarm. I allude to the large armament and warlike preparations in all parts of our India territories in 1837 and 1838, and the progress of our army to the north-west of India, by the latest accounts successfully as far a Candahar, and in progress towards Cabul. It is quite overlooked in England that our army rapidly approaches the western boarders of the Chinese Empire in Thibet. Their chief military stations on that frontier are at Yarkand and Cashgar, and those cities carry on extensive traffic with the natives of Turkistan and contiguous states. Can it be suppose that China views with indifference such an army in motion from our possessions? The memory of our Nepaul war, in 1817-18, and the fears then excited at Pekin, would set aside such a supposition. For many years she has known England in the East as an aggressive power. She has seen us increase in India from a mere meroantille factory to become the conquerors of all Hindostan. She has seen us spread our settlements to Singapore – attempt the capture of Macao and Manila – forcing our trade with every port known to the Chinese, or visited by that people, and apparently willing to endeavour similarly to encroach in China. She therefore, as we advanced, closed the ports formerly frequented by our vessels, restricted us to the trade at Canton alone, and now urged by her fears, and probably by Russian influence, takes the bold measure of seizing and confiscating British property, millions in value, and imprisoning our countrymen under the national flag, which should have protected them, every insult having been previously offered to it and them by making the site of their dwellings a common execution ground.

It is too much to anticipate, that the next accounts from Canton may inform us of the seizure and execution of the Consul, or our leading merchants as has been already threatened, if all the demands of the imperial commissioner are not complied with punctually!

It remains to be seen what step the British Government will adopt on the present occasion. She has been passive hitherto under every insult offered to her by China, but now to endure patiently what has occurred, without demanding redress of all injuries, and relief from the existing oppressive system of the Chinese authorities, would be most unwise. Our former threats, and petty attempts against them, whether by chiefs of the Hon. Company's factory, or the lamented Lord Napier, lowered us greatly in the consideration of both Chinese and Europeans: but the time has now arrived when we must not bluster, but act – when we must insist on full indemnification for all losses sustained, and complete redress of the many grievances to which we, as well as other nations, are subjected in China. We must be content to forego all the existing advantages of our extensive trade with that empire – all the opening prospects of its indefinite extension to the many nations contiguous to its borders – if we tamely assent to the justice of her late aggressions – or, on the other hand, we may command and insure all those benefits by a proper exhibition of our national power and the enforcement of international rights. We have now justice on our side. The Government of Pekin has adopted force to compel compliance with her demands. We may, with equal reason, now resort to a similar policy in furtherance of our views. That Government has hitherto refused either to treat with us or to put us on terms of commerce, or in a position equal even to Portugal or Russia. We may justly demand to be, at the least, equally favoured. And surely it would not be unreasonable for Great Britain, through her Foreign Secretary, to declare to the Government of China that the ordinary rules adopted by enlightened states for the conduct of commerce between their respective nation being totally disregarded by China refusing all treaties, all courtesies, and all official communications with foreign Powers, it cannot

中国向来不肯以客商待我等，又不肯待我等与大西洋、俄罗斯一样，我等今当要中国须待我等与大西洋、俄罗斯一体相同。我等与中国人贸易之章程，只用一外国之书记，告诉于中国官府，英国实在不合理，英国只用书记，故此中国轻慢各样章程，并轻慢各样礼貌，又轻慢各国，不肯与文书相通，此事各外国甚苦之，第一即系英国。我想不久各国必要立定与中国通商之章程，以后由中国官府自己拣择，或是要人攻其内地、取其海岛乎？或是要保护我等人民之身家性命乎？若能如我等之所望，英吉利国家必须要中国赔补英国人民在中国所失之产业，又必须要令兵船带兵到广东海口，静到虎门，不可令岸上之人知道，兵船到虎门之时，即可出其不意夺取炮台，又攻打守港口之各师船，又将兵船封固各港口。此法人人从来未曾见过，真上等之好法度，若用此法，无有不胜之理。中国各炮台，官府以省城之门户，律劳碑在广东之时，令兵船二只进黄埔，经过虎门直进黄埔，通省城官府及人民皆畏怕惊慌。又有许多本地人议论说云，若炮台被英国人夺取，不久通省亦被英国所得。

longer be expected that those Powers, especially Great Britain, now so deeply aggrieved, should be bound by their ordinary conduct to reciprocating nations in regulating their intercourse with China, we must not be content with ever-varying commercial laws, enacted by provincial authorities, but demand, in the highest tone, defined treaties, both political and commercial, or the alternative to China of an aggression on her territory, or the occupation of an island, to secure the due protection of our subjects and their property. If, as is to be hoped, the British Government can be roused to insist on redress from the Chinese, let them equip a force promptly, to be sent under secret orders to the Canton river, and running directly (and without any communication whatsoever with the shore) up to the Bocca (or Bogue, as it is called), take possession of the forts, the men-of-war defending and blockading that entrance. No one who has seen that position but must assent to the facility of the enterprise, well conducted. Those forts are, by the Government, deemed the portals of Canton city and Province. The consternation in Canton was extreme when the two frigates in Lord Napier's time, passed them, and many natives asserted that if they had been taken possession of, the English might have commanded any terms; in short, that the city and province would be at their mercy.

中国已准俄罗斯在内地边界上贸易，又准西洋人在澳门贸易，造屋居住，并修炮台。此澳门系中国之地，何独英国之人不可住也？

Since Russia is admitted to trade with the land frontier of China, and to have representatives at the Court of Pekin, and Portugal has been allowed to colonize and fortify Macao and islands adjacent belonging to the Chinese empire, why may not Great Britain demand similar privileges!

* * *

今我请问西边诸国，如中国、日本国并中国之属国，不愿与别国往来，此等不仁之道理，诸国皆遵顺否乎？

In conclusion, I would ask whether the western world can any longer submit to the illiberal maxims of non-intercourse maintained by China, Japan, and their dependencies? If those nations deny to the other portions of the globe the natural rights belonging to all men, of peaceful intercommunion, let them reap the consequences of such a policy. But, on the other hand, how greatly beneficial would be to all parties the fair system of trade, as conducted with all other nations under defined treaties which insure peace and prosperity in lieu of aggression and plunder?

I have endeavoured to show that the trade in opium is only one branch of an extensive forced trade in China, connived at by the Chinese authorities, that the drug is produced to a considerable extent in their own territory, and therefore not more to be condemned than many other portions of our trade there and elsewhere. That the use of opium is as little, or less injurious than ardent spirits to those who use it in moderation, and that it is extensively used in many other parts of the east, consequently that it is not more criminal to use it than other stimulants; that China has never defined the system of trade to be conducted by foreigners; and, therefore, we are not bound to assent to her arbitrary and sudden enactments, to the deep injury of our merchants and commerce; that she has made virtual war on them and the nation, by confining and coercing them, under military force, deprived of food, and under threats of being executed, on refusing to yield up their property; and, finally, that British property of the value of 2,000,000 *l.* sterling has been seized, without any notice of such intention to the British government, or its representative, and on indemnity promised by the Chinese government. Much more might be urged on the various points contained in this letter, which you will readily perceive. I can, further, only hope, that the present opportunity may not be lost of placing our trade with China on a secure basis; and that the body of merchants of this country, so deeply interested in its prosperity, will lend their powerful talents and support in aid of those resident in our Indian possessions to induce Her Majesty's Ministers to adopt prompt and effective measures to obtain ample justice from China. Believe me your faithfully,

One Long Resident in China.

London, August 10.

说明

此则为《广州新闻报》主编向人借得1839年9月11日伦敦《泰晤士报》，即转载此篇读者投书。

∞ 67 ∞

[澳门一千八百四十年正月十八日新闻纸]

现今封港之事，害英国人之利，比害中国人之利更多，虎门算是出入河道口，虽然封虎门，尚有许多别河口，中国人可以出入。

The Canton Press, 18 January 1840.

Mr. Gribble was released from confinement at Canton on the 14th, and is expected to arrive outside in the *Thomas Coutts*. H. M. Ships *Volage* and *Hyacinth* are blockading the Bogue until, we presume, Mr. Gribble's arrival there. We are glad that there is thus a prospect of the blockade being soon terminated, since at the present moment it is much more likely to act to the prejudice of British than Chinese interest, the Bogue being the only outlet by which property in the shape of Export – cargo can be received, but only one of many mouths of the Canton river through which the Chinese may, notwithstanding the blockade, navigate as freely as before.

说明

《澳门新闻纸》将此文并入第66则最后，但两者底本虽在同日同页，位置却不同，各自独立。

本则原文被转载于1840年2月20日《新加坡自由报》。

∞ 68 ∞

[澳门一千八百四十年正月十八日新闻纸]

又

英国人到兰滚 缅甸港口 之时，啊洼王出令擒英国人，如在网中。我等想他亦是勇壮将官，他又说无知蛮夷来侵犯，煮饭之妇人一个都不要惊慌。嘉庆年间，闻有佛兰西拿波利稳兵船到中国，即下旨与广东、广西总督，总督即令各师船围住佛兰西兵船，如在浅沙中，同时用滚粥拨[泼]去，一齐去入佛兰西兵船上，如此佛兰西之兵船再无逃走之法。现今之事，亦必用一样夸奖之语而记现在之事，以惊吓天下。如此之久，只有此远方海角有炮声，故大皇帝不以此事为意。若有一只两枝桅之兵船到北河口，即立变音调。其变调者，即是先出严告示，剿灭大胆蛮夷，后必下严旨责林办理不善，我必将有见洋商通事之兵，奉差出来开导各纵横之蛮夷，各归安分，令其各船只回去。若洋商通事不能舌战，定必斩首。若变出大事，用洋商通事之法亦不中用，连贸易亦不顾矣。无他，只有敌人在岸上海面打仗而已，关闭强壮之兵在炮台内，又断绝敌人之火食，用此法子，可以驱逐敌人离去海岸，此法或者是最好之法，此系将来必行之法。然此法实在难行。盖因各处人烟布满，本地人只顾卖火食，所以尖沙嘴、铜鼓以及各处火食亦皆易得。各处官府之权柄，有英国人斗之，人民又有英国人保护，我如火食一事，甚属易

The Canton Press, 18 January 1840.

When the English approached Rangoon, the golden foot at Ava gave orders to take them all as in a net, and we believe it was the valiant viceroy who declared, that not one woman should be disturbed from cooking her rice by the invasion of these ruthless Barbarians. Kea king by some means or other had heard, that a French fleet had arrived in the China seas, and wrote to his worthy servant the Governor General of Kwang-tung and Kwang-se to take all the men-of-war with Napoleon to boot like a shoal of fish; and then sagely remarked, that once put into the boiling kettle there would be no chance of escape. The same language no doubt will be used on the present occasion with a great deal of bravado and a record of victories that will astonish the world. So long as the roar of the thundering omen is only heard at this distant corner of the sea, the great Monarch will little trouble himself about these matters, but when a single brig of war makes her appearance of the mouth of the Peho, the tone will be immediately changed. First a terrific edict, that will devote the daring Barbarians to immediate destruction, and then a fierce dispatch to Lin or his future substitute, upbraiding him for having managed matters so badly. And we shall behold the whole host of linguists and hong merchants marched forward to tutor of guide the refractory and misled Barbarians and bring them back to their duty. They will be threatened with the forfeiture of their heads, if they do not succeed in their mission to effect the recall of the vessels. When matters come to a serious issue, no trade being longer at stake, even this poor remedy will prove utterly useless, and there will nothing remain, but either to meet the enemy boldly on the waters of the Ocean, or fight in him a pitched battle on land. Perhaps however it will be deemed more advisable to shut up the invincible army in forts, and harras the enemy by cutting off the

得。领兵之将官滋扰人民，即不利于攻打之兵。若只好待平民，亦不足赞，须令兵丁各守规矩，好待本地人，如此方好。满洲人初得中国之时，不过几月之间，得尽各省分。中国人之品性，若不动他之财帛器具，无论推谁人一统天下，亦置之不理，人人皆是一样。但满洲逼着黑发中国人剃头留辫子，以为归附新主之规矩。虽然如此，中国至今日总无改变。满洲王可谓比明朝更好。

supplies and drive him thus from these shores by means of starvation. The latter is the more likely one of the measures that will most vigorously be followed up. Still it is very difficult to be carried into effect, for the country being thickly inhabited, and the natives only too anxious to sell their provisions, supplies may be obtained every where as easy as at Tungkoo or Hongkong. Wherever the power of the Mandarins is crushed, and the people are protected by the English, we perceive not the slightest obstacles to obtaining the necessaries of like. But if the officers are allowed to overawe the populace, the consequences will be most disastrous to an invading army. The liberal and good treatment of the common people can never enough be recommended. An army which keeps the strictest discipline and liberally treats the natives is sure to succeed well. Whatever may be our opinion respective the Chinese as a nation, they bear little good will towards their rulers, upon whom they do not look in any other light than oppressors. Despotism can never conciliate the love of its subjects, it must either rule by terror or cease to exist. Hence the ease with which such Governments have been overthrown, because there were only a very few ready to uphold its existence. Again and again has China undergone the same fate. When the Mantchoos at first overran the country, they would take possession of whole Provinces within a few months, for the mass of the people, if left in possession of their goods and chattels, did view such an event with the utmost indifference. But as soon as the Tatars insisted upon the whole bulk of the black haired Celestials to shave their heads, and let a tail dangle, as a token of servitude and their attachment to their new masters, the Chinese fought furiously and in several engagements routed their invaders completely. The country has not changed up to this very day, and the loyalty to the Mantchoos may be considered more equivocal than that shewn towards the Ming dynasty.

现今我等亦不想要得胜于全省，亦并不想欲在海上用力打仗。

We do however never expect that a whole Province could be overrun, or that the war could be carried on in good earnest on the main.

此两样事，于今我等见之分外顺遂，第一件道理就是要时常善待人民，总不要伤害人民头上一条发。

This we view at present as beyond the range of possibility. Still the fundamental principle, always treat the people well, never injuring a hair of their head, but always making them your friends, should never be lost sight of. To deal solely and exclusively with the Government, to ask redress for grievances and to offer liberally reparation for wrongs, to take on the very first onset, before even a single line is written, a good guaranty, and to be reasonable and stern in demanding, will no doubt greatly facilitate the adjustment of our claims.

We should be sorry to underrate the power of our opponents. The Celestial government is a mighty Colossus capable of the most powerful exertions for a short season, in time of need backed by the hordes of Mongolians, and able to march any number of soldiers in the field, if there is money sufficient to pay them. In fact China is the greatest Monarchy in the world, though less powerful than third rate states in the west. But the people are not accustomed to war, the soldiers have never met an enemy in the field, they consider the best tactics, cunning, they have had arms and are ill fitted to go through a long and hazardous campaign. The Mongol cavalry on the other hand is by no means to be despised, but to let them range through the country, should be to open the flood gates of the Yellow River in order to irrigate the fields. They are worse than wolves amongst sheep, when ever their horses hoofs touch China's soil, and might not so easily be sent back as they were let in. Though the faithful allies and auxiliaries of the Great Emperor, their aid has never yet been called upon, except when there was a struggle to be maintained in their own deserts or in the distant Songaria.

我等再问，我应由何处起手？我等在广东同钦差林自己难为自己，许久不能有一点顺事。中国尚有别处紧要之地方，我等亦可以到，我等水师兵船在此已久，中国人总没有胜仗，若我等之水师为中国人所败，我想断无此事，最好将铁链拉起来，拦阻甜士河口，勿令

The question has again and again been asked, where are our operations to be commenced, and the answer is easy. So long as we trouble ourselves with Canton and Commissioner Lin, success is impossible. But there are other regions more accessible, more important to the very existence of the Court, and tenable so long as our navy is not over-powered by the Chinese. Such an event we trust will never occur, and if

穿鼻英雄提督关犹如第二个地吻 人名，进到社呢士 地名、额领勿治 地名，夺取兰顿之炮台。

it ever might be anticipated, it would be the best to draw a chain across the Thames, lest the hero of Chuenpee, Admiral Kwan like another De Wit proceeded up to Sheerness and Greenwich, and took the celebrated Tower of London. In one sense of the word China may be considered entirely shut, in the other as open as any part in the world; there are places, where a blow judiciously aimed would vibrate throughout the whole body politic from the frozen frontiers of Siberia to the confines of Assam and Birmah.

69

澳门正月二十五日新闻纸 即中国十二月二十一日

道光十九年十一月初八日，军机大臣奉上谕：据林、邓、关等奏，与夷船打仗之事，我已深知英吉利夷人自后云云。

但吐密夷船胆敢在先放大炮，欲取官涌炮台，而打仗六次，我等兵丁六次陆续得胜，并将凡湾泊在尖沙嘴各夷商船只尽行赶出外洋，准伊等若肯在此时具结云云。一经出令封英吉利贸易，即将英吉利船只赶逐，亦不要伊等具结，亦不值要伊等交出杀死一林维喜之凶手。当郎一船亦不必再加查问。此时亦宜将此事示谕各国云云。

The Canton Press, 25 January 1840.

AMENDED IMPERIAL EDICT.

On the 8th day of the 11th moon of the 19th year of Taoukwang (13th December 1839) we (the Grand Council of War) received the following Imperial Edict.

Whereas, Lin, Tang and Kwan have sent up to me a memorial respecting the engagements they had with the foreign ships (of war), I, the Emperor on perusal thereof perfectly understand its contents.

The foreigners of the English nation, from and after the time &c. &c. &c., (see said Edict *Canton Press* vol. 5, no. 15. i.e. 11th January 1840) See said Edict 15th line, and read, as follows –

'But this time the foreign ship Smith (i.e. H. M. S. Volage) having again dared to be the first to fire off his great guns, and moreover having endeavored to seize a stronghold or fastness at Kwan-yung (in the neighborhood of Hongkong) in six encounters which we sustained, our troops gained six successive victories; and in fine we took the fleet of foreign merchantmen lying at anchor in the Hongkong waters, and drove every one of them outside! (The Emperor appears to be quoting here the language of the joint memorial.) Thus even granting that they (the English) were at this time to give the duly prepared bond &c. &c.' After the order given to stop the English trade, and drive away the English ships, read –

'There is no occasion to exact the duly prepared bond from them (the English), neither is it necessary to cause them to deliver up the foreign murderer who beat to death one of our native people (Lin wei-he); as for Townes single ship there is no occasion whatever to enquire what has become of her. Cause at the same time that it be clearly proclaimed and made known to all nations &c. &c. &c.' After the concluding sentence as it appeared in the *Press* of 11th instant, read –

着林等相机密遣文武官员及兵丁，到近海各处凡系紧要关隘及近夷人出入之岛，当此时候不宜稍为懈惰疏虞。此次与夷船打仗，见得堪任可受之水师提督关，奋勇身先士卒，所行之事，实堪赞奖，着赐法福灵阿巴图鲁名号，仍交吏部从优议叙，以为鼓励。其在事出力文武官员，着查明保奏，候我施恩。至各阵亡与及受伤之官员士卒，着林等查明咨部，照例奖赏，将此谕令知之。钦此！

'Let Lin and his colleagues consult together and watch the opportunity for sending secretly civil and military officers and troops to all places along the sea coast, to the most important passes and defiles, and to those islands nearest the foreign possessions: let there not on this head be the slightest sloth or remissness! In the engagement with the foreign ships on this occasion, it appears that our trusty and well beloved Admiral Kwan gallantly pushed forward into the heat of action before all his men! Most deserving indeed is his conduct of praise! Cause that he be forthwith greeted with the title of Fa-hac ling-oh Pa-too-loo and further let him be recommended to the Board of appointments that other honors be super-added to serve as encouragement. As for those other civil and military mandarins who have exerted themselves in this affair, let their names be reported to me in a special bulletin, that I, the Emperor, may award them suitable marks of my acknowledgment. Regarding those officers and common soldiers who have either fallen on the field of battle or been wounded, let Lin and his colleagues examine clearly and report them to the Board (of War) that they or their relations may be provided for according to rule and custom. Take this Edict and make them acquainted with the same. Respect this!'

70

澳门一千八百四十年二月初一日新闻纸 即中国十二月二十七日

我等闻说钦差林已调补广东、广西总督，其旧时总督邓已调补云南、贵州总督。如此调动，可见朝廷信林有才能，可以禁止鸦片及能拒敌夷人。现在钦差所行之事，俱是性急冒失及自傲。

The Canton Press, 1 February 1840.

We hear it confidently stated that the Imperial Commissioner Lin has been appointed to the Government of the Kwangtung and Kwangse provinces, and that Tang has been removed to that of Yunnan and Kweichow. This appointment seems to indicate the confidence the Peking Government reposes in the abilities of Lin for the suppression of the Opium-trade and the oppression of foreigners. The Commissioner will now at all events have an opportunity of himself being able to appreciate the consequences of his rash acts, and probably of feeling them also.

说明

《新加坡自由报》于1840年2月20日转载此则。

71

[澳门一千八百四十年二月初一日新闻纸]

又　现在中国人买甘米力治船，及设法恐吓要扣留黄旗船两只入官之事，不久即可以见开首之一番新世界。今暹罗、安南虽亦学别国船样制造兵船，以为保护本国。中国现在亦用此法，然有两样事情阻碍中国，缘驾驶此等船只，一系中国必寻别国之人驾驶，一系工价太贱，及中国船上之人愚蠢，甚难得明白精熟之人为中国所用。安南国现在亦少学别国之船样，仍照其旧制，只比中国人之师船稍为好看，然亦不甚利便。暹罗国人此时虽亦常有用此等船数只，惟不过只是以之做买卖而已，况其船舱制造不好，故亦少有合用之处。现在都鲁机人虽亦曾有人指点装造及学所有好船样，然装造船只总不及欧罗巴洲各国之船只。

中国人若欲学外国之船样装造师船，定必寻外国人指点如何驾驶。凡有外国人肯为中国所用，教中国人驾驶外国船只之法者，我甚可怜此等之人，初时中国人定必应许他有许多工价及各样之恩典，殆后必被中国骄傲官府骗其工价，并且凌辱。

The Canton Press, 1 February 1840.

The purchase of the Cambridge and the threatened confiscation of two Danish ships prognosticate a new era that is likely to commence very soon. Yet both the Siamese as well as Cochinchinese have been before hand in improving their respective navies by adopting other models of war ships. There are however two very considerable drawbacks upon rendering the possession of these vessels a sure means of defence. First, they must be commanded by foreigners, who have invariably been badly paid, and were by no means first rate men, and moreover much hampered in their proceedings by the ignorance of their employers. The Cochinchinese navy has thus become of no avail, and we see again the old fashioned junks, which though a little better in appearance than Chinese men of war, are equally unwieldy. The Siamese still employ a few ships, but almost exclusively as traders. They are moreover so badly found in ship stores and so miserably fitted out, that they prove of very little use. Even the Turks after all the instruction they have enjoyed and the fine models of ships which they have lately imitated, have never yet been able to cope with any naval power of Europe.

If the Chinese wish to maintain armed ships, they must either overthrow their whole system, which they are likely not to do, or give the command to foreigners. We pity those poor men, that may be induced by hopes of gain to enter their service. They will be cheated out of their wages, after many grand promises, and treated with insolence by supercilious mandarins, who know as much about navigation as on old woman at the distaff, and all this for the honor of fighting against their fellow men, with whom they are intimately connected by the common ties of religion and civilization. Were they Nelsons in bravery and seamanship, all their valour would fall to the ground, because their cowardly masters would render their efforts abortive. Nothing but ignominy and disgrace, whatsoever may be their talents await them amongst the Celestials.

荷兰在日本国之贸易，将已皆归于乌有。荷兰国之人欲得日本国人之好处，所有之事务与西洋人相反，甘愿遵从日本国各样法律，凡日本国人所欲之事，无不行之，又具许多结。然荷兰人行如此多事，遵从日本之人，而他们有何所得？日本人有何好处给与荷兰人？荷兰人剩得有何尊贵？荷兰人所得乃系自倒其行，先既帮助日本国家，捕捉陷害西洋人之后，而荷兰之人反被日本人所监禁，监禁荷兰人即前时监禁西洋人之处。现在荷兰在日本之贸易，已减至两只船而已，此乃日本人报答与荷兰人所行之好处。

We strongly recommend to the foreigners of every clime and nation the perusal of Kœmpfer's work on Japan, where he describes the manner in which the Dutch trade was reduced to almost nothing. Their nation endeavoured to gain the confidence of the islanders by conciliating their good will and acting against their mercantile rivals the Portuguese. They were willing to obey every law, to yield to every requisition, to subscribe every bond – in fact to be humble servants of the imperious Japanese. What did they gain – what were the prerogatives granted to them, what was the honor they reaped from their friends by their compliant disposition? They had to pull down their own factories, and after assisting the Government against the native Christians, they were banished to Dezima, a prison which the Portuguese had just left to make room for them. The whole flourishing trade was reduced to annually two ships and indignity was heaped upon their devoted heads, where they expected nothing but privilege, praise for their good conduct, and gratitude for so many signal services.

If there is any body who relies on the boasted friendship of the Chinese government, we request him to read the history of the Chinese missionaries during the last century. Whatever might be the principle by which they were actuated, we discover amongst them men of first rate talent, enthusiastically devoted to the rising Mantchoo Dynasty, the humble servants of the new Emperor, always dancing attendance, and never tired with his caprices and follies. The celebrated Adam Schaal spent the greater part of his life in Shun che's service, sacrificing all in behalf of his illustrious pupil. What was his reward? A dungeon. Even under the most enlightened of princes – Kang he – who favored Europeans more than any Chinese monarch had done before, what was the recompense that fell to the share of the Jesuits? After spending day and night with unceasing anxiety in cultivating his mind, assisting him with their counsel, and living only for him, they were watched closely, often treated as traitors, and finally on his death discarded as vagabonds and malefactions. Let this be a fair warning for the experimentalist of the present day.

But perhaps it might be said, the times are changed, our object is not religious, we merely aim at commercial advantages. We congratulate these reasoners upon their splendid condition. One bond has been signed, another is brought forward, a third, a fourth will be tendered for their signature, until they are bondsmen in the fullest sense of the word – whose life and property is entirely at the mercy of every native informer. Canton will become worse than Dezima, for there personal property is respected and no accumulating burdens press heavy upon the shoulders of the foreigner. Those glorious commercial privileges that are now to be granted we envy none; let every one enjoy them at his ease to satiety. But if there is any foreigner who asserts that entire submission is our sacred duty, that self interest dictates this course, we shall leave such a man to the tender compassion of the Great Emperor and his worthy imitator Lin.

ᘓ 72 ᘐ

[澳门一千八百四十年二月初一日新闻纸]
又

The Canton Press, 1 February 1840.
EMBASSIES TO CHINA.

The following is part of an article from a Correspondent to the *Chinese Repository* for March 1837, and we recopy it, thinking that it deserves to be read with interest, as these remarks apply particularly to present times, though written nearly three years since, and as the time draws very near now when the British and Chinese Governments must come into nearer contact than has hitherto been the case.

Whoever has been, for the last few years, but moderately attentive to foreign relations with this country, cannot but have noticed the rapid and general spread of the opinion that some appeal to the court of Peking cannot very long be dispensed with. Recent converts from an opposite opinion are many and frequent; and these who advocate, and those who deprecate, violence or threats, seem alike anxious to see the point fairly tried. The unsound and critical state of the great foreign trade with Canton seems to reader this unavoidable: and we have little doubt but that the spirit which has wrenched as under the shackles of the E. I. Company will not rest till a sound, fair, and just understanding is made to replace the wretched and rickety system of disgrace and chicane, with which their predecessors, for reasons best known to themselves, were content to put up. We do not shut our eyes to the fact that, up to the present moment, the subject has been one of singular unpalatableness to the British government. Justice to Ireland, abolition of sinecures, or real reformation of ecclesiastical establishments, harsh and unwelcome as each of these may sound, in the ears of a troubled and tottering ministry, could not be more uninviting than would be the demand that an attempt, at least, to effect a commercial treaty with China should be made: the pressure is however felt; the cry for it is began, and, though it may be put off for a time by subterfuge and equivocation, yet it must come at last. When the footing, on which England stands, in China, is fairly appreciated – when the unprotected and uncertain state of the trade is, as it must soon be, generally known, it will not, we trust, be in the power of any government to treat with scorn the demand that will be made; and the semblance of a commission in China, absurd and useless as it now is, will be laughed at, till, in very shame, it is withdrawn, and the expense of it, devoted to the attempt to ameliorate the condition of the trade, instead of keeping up the mere hollow pretence of authority.* (*At the time this article was written the cost of the Establishment of Superintendents was near the double of what it is at present.)

Impotent, useless, aimless – powerless to protect – notoriously inadequate to any, even the least useful purpose, for which it could be pretended that it is maintained, this unreal mockery exhibits a fair specimen of the sense, knowledge, and judgment, with which the first commercial nation of the globe has protected and advanced the interests of a trade even now yielding a revenue, wanting which the energies of the national executive must be most seriously affected, if not totally paralyzed. This last reason, cogent and intelligible as it is, must erelong, have its due effect, and may work out the end which claims, of greater moral strength, though not of such immediate expediency, might call for in vain. The direct amount paid into the British treasury, by the trade with China, may be estimated at not less than four and a half millions sterling per annum. The employment of shipping, and other less direct benefits to the country, we do not stop to consider. It may be worth an early and attentive consideration by the British ministry, or better still, by the thinking men of the people how a continuance of this enormous sum may be guarantied to the nation. Its sudden stop might, within a few months, be productive of the most serious embarrassment; and, in a political view, might have consequences of which the mere overthrow of a ministry would be but a trifling

贸易一事，国中税饷全倚赖之，若无贸易，税饷凭何而出？国中定必为之困乏矣！即不十分困乏，亦定必不能如有贸易时一样平安矣！税饷乃国中不可缺，又必常常有之，若一时丢弃，欲再得之即甚难矣！现在中国与英国贸易，而英国库中每年所得之税饷，不下四百五十万棒 约一千五百万员有奇。有此贸易，在英国之船只商梢及消流之货物，即复不少，大有利于国家。故我等亦当细思，中国与英国贸易，及英国各大官及英国民人中有智识之人，亦当及早思想，如此大注银恐不能长久。若一停止贸易，数月之间，国中定必困乏。在国中大官看来，似是小事，以我细想，一经停止贸易，即无税饷，而亦定必害及于官府矣！前时有公司之时，各大班亦常虑及停止贸易之事，所以常要蓄积茶叶，以备两年之需。因散公司之后，即无茶叶存蓄。散商贸易，如茶叶到国，有利可赚，无不立图急销，可[何]能存积？当现在之事势，若欲存旧茶叶，必先加重税饷，税饷已加，各商必须核计赀本，然后出卖，若价不敷本，自然存积。或于每年带回之茶叶，除国中消流之外，尚有多余茶叶，亦可以存蓄，以防不虞。然加增税饷之事，不宜太重，只可自七边呢至七时呤一棒而已。若加至太重，即人心皆有不服。以各行贸易客商中计之，茶叶之客商算是最紧要。

item. It should be borne in mind, that, during the time of the E. I. Company, this danger was, in some degree, guarded against, by the compulsory enactment for the constant keeping of a two years' supply of tea in the country. This does not now exist; and, partly in consequence of the effect which this very stock has been allowed to work on the speculations, under the new system – we wish we could, conscientiously, call it the free trade one – it is more than doubtful if, in future, a quantity of tea; much greater than required for the current year's consumption, will be henceforth kept in the country. The check to the consumption, caused by the grievous, impolitic, and enormous duties, originally established and the no less admirable absurdity of an equalized rate of duty, on an article, varying in value from seven pence to seven shillings, will tend to this. It seems however generally understood, that no profitable trade to the importers of tea, can be hoped for, *till the country is under-supplied* with this an article of general or nearly universal use; so that, through the wise arrangements of the English administrative, the interest of the merchant and consumer, which should run together, are now rendered antagonistic. The result of this will be felt, be the recoil of the evil, on the heads of its authors, in the shape of the immediate cutting off of this great source of revenue on the first quarrel or out-break of the traders with the local of general government of this province and empire. It will then be for the chancellor of the exchequer of the day to discover, if he can, some source whence so large and amount may, at once, be obtained, - a task, we suspect, in the present state of Great Britain, of no easy nature; and bitter then will be the regret that pusillanimity, ignorance, and procrastination, should have had so much the mastery as to prevent, the possibility of such a catastrophe; or at least, greatly to diminish the chances of it, by a well defined and understood arrangement with the court of Peking.

It may be foolish to look at British relations with this country as connected with national honor, or, more properly speaking, national pride;

- if glanced at, the retrospect would not be an agreeable one; but it may be as well, at once, to *envisager* this question, and to imagine the different attitude which England would, in such a case as we have supposed, have to assume, with that which she might now fairly claim, notwithstanding the absurdities and degradation which have marked her diplomatic connection with China, up to the present hour. Ignorant, as we yet hold the rulers of the nation, on the points which should be known, we cannot imagine the recurrence of the follies displayed in Macartney's embassy; though, whether the unpalatable humiliations of the country, in the person of Lord Amherst, might not be repeated or surpassed, we should not choose to assert. The fine cloths and gewgaws of the first might be more easily dispensed with than the tacitly acknowledged tributary character of the other; and, cunning as the Chinese are, and well informed, as we believe them to be, of the direct importance of this trade to Great Britain, the position, in which an envoy, sent to China after the occurrence of a rupture between the countries, would be placed, must be as difficult as distressing. If instructed to support, in any way, the honor and dignity of his country, his mission would be futile. It is true, it is possible, that this might not be a *sine qua non* with his directors; and that trade, on any terms, so as to obtain the revenue, might be the object; in which case he probably might succeed, at the cost of national honor, in purchasing a temporary license for the trade; but this, though we fear by no means unlikely, is a contingency which we do not wish to imagine. We will, therefore, suppose an embassy, after the twelfth hour. Is it not manifest that the Chinese feeling their advantage, would seize the opportunity to force terms, such as suited themselves, on 'the haughty and fierce barbarians?' That supplication, on the one side, would lead to insolence on the other, and the return of the defeated envoy necessarily force on war, or aggression on our part, the real cause for which, though gilded over with a fine show of dignity, &c., would be the cutting off

如当日律吗咖呢奉使到中国时，其所行所为俱是忠厚；即至律唵哈吐时奉使到中国，又行出不能谦卑之事。此等事情本是我等所应知，缘中国人若见英吉利贸易能获大利，定必设法转英人所护[获]之利益为己之利益，英人愈恳求，中国人即愈骄傲，此必激起英人之怒，遂致有打仗之事。若英国与中国打仗，又必将贸易尽行停止。一经停止贸易，所有之税饷未免失去。

of an important branch of the national trade – the very principle so much railed at by Sir George Staunton, and other advocates for passive obedience and non-resistance to the caprices of his celestial majesty, and all his functionaries, high and low? In thus arguing, on the possibility of a rupture, we are not imagining difficulties and dangers that may not occur – so far from this being the case, we may appeal to all, acquainted with the subject, if it is not so much within the bounds of probability as to be often dwelt on by all interested in the trade. One flagrant breach of the laws or customs, as laid down by the local officers – a pretence of it – a single act of violence – a mere accident – a chance scuffle or blow – any of these, or of many more possibilities obvious at the first reflection would be enough to bring on the dilemma which we have contemplated. That such has not occurred, during three seasons of an extended trade, is, as Dr. Johnson might say, an unprecedented and extraordinary combination of fortunate coincidences, to be retrospectively regarded not more with satisfaction than surprise; but which all analogy and experience of human nature alike forbid the rational expectation of, for an equal duration of futurity – it is a chance which the sanguine may desiderate, but which the prudent will refuse to calculate on.

That our argument is, in reality, a selfish one we admit; and we have only followed out the above line to show that the British government cannot, as it would seem fondly to hope, leave its merchants without due protection, while securing so great a profit, from their labors; that here as elsewhere, the real interests of governors and the governed are the same; and that wrong cannot be inflicted or permitted on the one, without bringing down at least equal suffering on the other. The prayer of the great bulk of British subjects in China, interested in the trade, sent home more than two years since, has been unheeded – the representations from some of the manufacturing and commercial cities of England most deeply engaged in this trade, in furtherance of these views, have produced no effect; the defeat of

公司散后，遣使到中国即属无用。自此以后，切不可再遣使者前来。须当记忆当日遣来尊贵之律唠啤，真是倒运，死于中国人之手。在英国官府，至今尚按着不理，然律唠啤一人之死，实有辱于全国，若一宣示出来，众人亦必要替律唠啤报仇雪冤。

the mission to this country since the expiring of the Company's charter, nerveless and inane as it was, has been allowed to pass by, in the hope that it might be forgotten, and the ignorance which engendered it overlooked; the memory of the unfortunate nobleman, who fell a victim to their folly, has been permitted by the ministry of England to remain under a cloud, lest the real causes of his failure, and the disgraces of the country in his person, should become apparent, and, as it ought, cry for vengeance: experience, argument, supplication, sense, prudence, and justice, have combined to persuade the English executive to shake off the dreamy indifference with which China and Chinese politics are regarded; and they have tried in vain. We know but of one more forcible argument that yet remains – it is hinted at above. We may be fortunate enough to escape the danger, for a time; but it is not in the nature of things that so anomalous a state can much longer subsist: it is barely possible that another season or two should pass over, without witnessing some such check as we have imagined, bringing with it, as it must dishonor to the nation, embarrassment to its finances, and ruin to many of its subjects, from the want of that protection which was their right, which they humbly appealed for, and which, with the wanton insolence of office, was, in contemptuous silence, refused them.

说明

此则为《广州新闻报》转载自《中华丛论》第5卷第11期(1837年3月)，页518-524，“Embassies to China”一文，作者为英人Arthur Saunders Keating。《广州新闻报》自页520起转载至结尾。

∞ 73 ∞

澳门新闻纸 补遗 己亥年(一八三九)十月二十九日(即中国九月二十三日)

中国人又出谕二张。一谕系禁止不准与在澳额之船贸易，倘有与澳额之船贸易者，依中国法律治死。次谕系要各外国船只于五日内进黄埔，如不要进黄埔，即速回国。其销化鸦片之事，皆要过钦差亲眼，每日发出三百箱，放下池内，叫工人用脚踏烂泡化。

又有外国商人到销鸦片之处，亲眼看见销化，回去澳门，又传与各欧罗巴人知道，说所缴鸦片系销化是真，并传说中国人销鸦片不贪财之德行。此外国商人系米利坚人，有此机会得见中国人之大德行。在米利坚人之意见，以为中国人有攻敌英国人走私利益，但中国人销化鸦片不贪利之德行，系恃其国中之强，并闻禁止鸦片，国中大减税饷，中国亦不甚紧要，亦不贪此款利益。中国人若可以倚靠，北京皇宫内亦不致有鸦片之污秽。

The Canton Register, 29 October 1839.

CHINA. –

Accounts have been received from China to the 28th of June. The state of affairs was as unsatisfactory as they have been since the imperial commissioner commenced his campaign against the opium; and the obstacles to a reconciliation of interests appear rather to increase than diminish. Captain Elliot had retired to Macao, at which place the Chinese authorities had placarded him; and he appears to have issued a proclamation in his own defence, addressed to the Chinese, in which the violence and perfidy which had marked the recent proceedings, were unsparingly exposed. An attack from the Chinese appears also to have been threatened, as the *Cambridge* had been chartered to act as a guard ship. Two edicts had been put forth by the Chinese; the one forbidding; any traffic with the vessels at Macao, under the usual Chinese penalty of death; the other, ordering the foreign ships either to return to Canton or to quit the country in five days. The destruction of the opium had commenced in real earnest. The commissioner superintended the process with his own eyes. Three hundred chests were brought out daily, and their contents cast into the pit, and trodden under foot by the coolies; and strange to say, some of the tracts which had been issued by the Missionaries, calling upon the Chinese to abstain from this poison, were destroyed with the opium. A merchant who proceeded to the spot, and witnessed the process, has certified to the European community that the opium was *bona-fide* destroyed, without any deception. He is evidently an American, and has taken the opportunity of moralizing on the superior virtue and disinterestedness of the Chinese, which places them, in his opinion, in an advantageous contrast with the English smuggling community. We heartily join him in thinking that the Chinese have read a great moral lesson to the

钦差开池埋英国二百万棒银之产业，其不贪财之德行，系平时有名做鸦片走私贸易之人，对我等说此事，我等亦信是真。

English: but brother Jonathan should be chary of moral contrasts, while he keeps two millions and a half of slaves in his own free country, - the freest under the sun. As to the disinterestedness of the Chinese, who have so virtuously destroyed the opium, they had obtained by an act of national violence, instead of selling it for two millions sterling, it is altogether so novel had unexpected a virtue; so extremely foreign to the national character and habits, that we scarcely know what to think of it. A large defalcation in the revenue, and a serious diminution of the circulating medium, is described by the Chinese themselves as having led to this act of most unaccountable caprice or disinterestedness. If the Chinese can be relied on, the Imperial palace of Pekin was not free from the pollution of this drug and the highest personage in the empire is believed to have had his interests hitherto enlisted in favour of it.

But even acquitting the emperor of any interested connivance at the trade, all the mandarins under him, through all ranks, and in all provinces, with here and there an honourable exception, have participated in the clandestine trade. The edicts couched in language so moral and so solemn, have been known to be mere waste paper. The very officers who promulgated them, were at the moment engaged in violating them. Even so late as the last year, the present viceroy of Canton kept no fewer than five smuggling boats in his own employ on the river. The Admiral on the station acted in the same manner outside. And for a considerable time the revenue cutters almost exclusively received the drug from the smuggling vessels. When the foreigners were confined at Canton, and the opium was on the point of being delivered up, the Mandarin junks anchored in front of Macao and smuggled opium, without interruption. Lin, the Commissioner, whose vigorous arm has dug the grave, in which are entombed two millions sterling of British property, is stated by the Chinese who know him to belong to a family notorious for their opium smuggling propensities. We must take the disinterested virtue of the Chinese therefore, with some small grains of allowance.

But what is to be done? The Chinese will have the drug; and the foreigners will sell it at the point of the bayonet, while it will yield them a profit. Whatever doubts existed as to the strength of this habit, and the possibility of eradicating it by the power of the state, they have been laid at rest for ever by the last intelligence. One might have supposed, that the tyrannical act of Lin in the seizure of the opium, and his firmness in destroying it, had put an end, at least for the present, to the trade. No such thing. While he was engaged in superintending the destruction of opium at that very same time was the traffic again rearing its head; and the drug was freely taken off at from seven hundred to a thousand dollars a chest. If so daring a violation of the Imperial edict was perpetrated while he was in the neighbourhood, armed with dictatorial powers, with what eagerness may we not expect the trade to revive when he shall have quitted Canton and resigned the government into the hands of those who before his arrival, were its most barefaced encourages? While therefore on the one hand it appears a physical, as well as a moral impossibility, to put a period to the trade and consumption of opium, the new law will not allow the legitimate trade to be re-established in Canton, unless the merchants will sign a bond making themselves responsible, with life and property, for the introduction of the drug; that is, unless they will sign their own death warrant. How this anomalous state of things is to be remedied, there is, perhaps, no man wise or hardy enough to inform us. The national pride of the Chinese has just received an unlimited accession of strength; and it is scarcely to be supposed, that amidst the intoxication of recent success, they will listen to the voice of reason and justice. Let the merchants retire, and close the trade for a year, say some, this will force the Chinese, by the distress it will entail on them, to open their ports on reasonable terms. That the empire would suffer to an incalculable degree by the cessation of the foreign trade, admits of no doubt; but

当林亲身看守销毁鸦片之时，亦有人将其鸦片成箱偷出，每箱卖银七百至一千员不等，鸦片之贸易似又复兴。林掌如此大权，尚有人胆敢违犯皇帝谕旨，若林一去以后，鸦片定必复兴。由此观之，可见鸦片贸易难以禁绝。

有人以为众客商宜退回本国一年半年之久，可令中国再开港与我等贸易。中国若无外国贸易，定有许多不便，而英国亦必苦于无茶叶，及失去许多税饷，亦必定逼出关乎国家体面之事。现在我等虽不做贸易，而米利坚人将英国人之本钱在彼做得甚是兴旺，除非我等写战书与北京，及将广东港口封起，方能断米利坚人之贸易。但现在若与中国人打仗，乃是冒失之事，只可后来或在加士比唵海 在俄罗斯与中国北边交界之处 或在天津海与中国打仗。在我等国中之有智人，俱见得我等与中国离间已远，难以挽回矣！

England would also suffer in the abstraction of tea and the loss of revenue, to an extent, which would force any ministry to put an end to this state of things, even at some sacrifice of national dignity. And while we were absent, the Americans would be present, and supplied with British capital to carry on the trade as briskly as ever; unless, indeed, we were to send a declaration of war to Pekin, and declare Canton in a state of blockade; but just at the present moment it would be found rasher awkward to engage in a new war which would extend the scene of our warfare from the Caspian to the Yellow sea. All that can be said by the wisest among us, is, that circumstances, have reached a crisis, at which it is impossible to perceive a distant opening of relief.

–*Friend of India*, Aug. 22.

说明

此则转载自1839年8月22日的《印度之友》。

ထ 74 ဃ

[澳门新闻纸 补遗 一八三九年十月二十九日]
又

在内河有走私艇出入，时常谓之快蟹，又曰扒龙，俱藏有军器火炮，多是无赖之徒驾驶，摇动其桨，好似有翼飞行。所经过之税馆营汛，尽皆送给大费。若遇有巡船，即相拒格斗。以我等想来，鸦片之贸易只有一法或可禁止，惟有不准印度地方栽种。

The Canton Register, 29 October, 1839.
The Iniquities of the Opium Trade. (From the *Times*, May 20)

[...] However iniquitous the trade, it is difficult to conceive any means by which a stop is to be put to it. The Chinese, with all their vigilance and prohibitory edicts, are 'helpless as infancy.' The customs' officers on the coast are notoriously bribed, and were they vigilant and honest as our own 'preventive service,' the lucrative traffic has brought into action a system of smuggling so bold and well organized as almost to set any laws at defiance. It could not be described better or more forcibly than in one of the native reports to the Emperor on the subject quoted in the work above-mentioned, which says –

'There are carrying boats plying up and down the river, and these are vulgarly called fast crabs and scrambling dragons. They are well armed with guns and other weapons, and are manned with some scores of desperadoes, who ply their oars as if they wore wings to fly with. All the custom-houses and military posts which they pass are largely bribed. If they happen to encounter any of the armed cruising boats, they are so audacious as to resist, and slaughter and carnage come.'

The only reliance for a remedy pointed out in the work is an appeal to the Legislature to prevent the cultivation of the noxious drug in India, in which, by the way, a mass of human evil seems to be produced nearly equal to that generated by its consumption. But it is needless to observe, that as opium has its use, as well as its abuse, being a medical agent of the most important kind, the cultivation must be permitted, and to limit the extent of production must therefore be an utterly hopeless attempt. The spirit, or rather demon of trade, which in spite of the efforts of all Europe to prevent it, keeps up and quintuples the horrors of slave capture and depopulation, will be, far less under control in the case of the millions of Chinese destroyed by the 'iniquities of the opium trade.' Some of the details of this work are no doubt by far too highly coloured, and derived from authority of a somewhat questionable kind, but enough remains after every deduction to justify the conclusions drawn. The object of the compiler (the Rev. A. S. Thelwall), and of those by whom he is employed, is worthy of the highest commendation.

– The Englishman, Aug. 22.

说明

此则转载自1839年8月22日《英吉利人报》，而《英吉利人报》又转载自1839年5月20日《泰晤士报》。

《澳门新闻纸》仅摘译本则原文一小段。

∞ 75 ∞

[澳门新闻纸 补遗 一八三九年十月二十九日]

又

钦差所定英国贸易章程，在穿鼻交易，各英国人尽皆不愿，即我等自己所定之章程，亦是鄙贱英国之名声国体，及有害于英国之利益。

第一件，义律应许同中国官府同去查船有无鸦片，若有鸦片，义律即允肯将船入官。第二件，义律禀说，必要各英国商人写明并有无做鸦片。第三件，义律又说，所有船只一到之日，无论船主、坐庄客，均须具英国字样切结，声明并无夹带鸦片到中国，不然即不准在此做贸易。英国法律未有说鸦片乃不合法之贸易，义律有何权能擅敢如此让中国人?

况所定在虎门外做贸易之章程，俱是有辱于英国。如谓丈量、引水、通事等规银，亦必照在黄埔时一样，而我等反不得引水、通事之护佑。又，英国船只若到阿娘鞋，必受中国官府查验，英国之船只先日虽须在外洋受人查验，不过有名无实，惟英国人亦不甘受此辱，英国人岂真无血性乎?盖英国人向来皆是强勇，今焉肯在外洋受此辱?

The Canton Register, 29 October, 1839.

We believe that no British subject regrets the breach of the agreement, on the part of the high commissioner, for conducting the British trade at Chumpe; for truth constrains us to confess that the whole arrangement was utterly derogatory to the British name and nation and injurious to British interests.

In the first place, captain Elliot promises to accompany the Chinese officers and search a British vessel suspected of having opium on board; and if opium is found on board, captain Elliot consents that the vessel and cargo shall be confiscated! In the second place, he offers to procure a declaration from British merchants that they have no concern, direct or indirect, with opium; in the third place, captain Elliot proposed that unless the commander and consignee of every British vessel, on the day of arrival, hand in to him a solemn declaration, in *Chinese* and English, that she has brought no opium to China; has none on board, neither will receive any, she shall not be allowed to trade! Now until the British legislature declare all British subjects engaged in the opium trade, 'to be unlawfully trading,' or declare the opium trade to be piracy, with what power or authority can captain Elliot possibly be invested to make these concessions to Chinese government?

Again, the arrangements for conducting the British trade outside are altogether disgraceful. The measurement charge, the pilot's charge, and linguist's fees are to be paid by the British merchants in the same manner as if the ships went up to Whampoa, thus paying for without enjoying the protection of the port! – and in the 4th article of agreement, the vessels proceeding to Anunghoy are to *undergo search by the Chinese officers!* A British merchant fleet to *undergo search on the high seas!* And this submission is 'on record,' although it is probable the search would be merely nominal. We do not think that any British functionary has ever granted such degrading concessions; nor do we think either the British government or people will approve of them: *the right of search on the high seas* has been conceded to *Chinese* officers: will not the blood of the people of England tingle in their veins when they hear of this? *Rule Britannia* is, in fact, becoming a melody of the days of old: *a fact that was! Fuimus Troes*.

说明

《广州纪事报》此则评论发表后，《广州新闻报》即发表反对的言论(第31则)。

꧁ 76 ꧂

[澳门新闻纸 补遗 一八三九年十月二十九日]

又

包揽制造鸦片，虽是孟啊啦国家，究是官府下人所为，而官府却并未有做此英国之榜样。若能令人不做鸦片，英国之权柄或能禁人不做鸦片，虽是钱粮不足，亦愿鸦片不要包揽贸易。设英国之人不做鸦片贸易，焉能保别国不带鸦片到中国？并难保别国之人，不假冒东印度字号及英国之旗号带鸦片到中国。又岂能保在印度自主之嘛尔洼及吧社、都鲁机、阿咪呢阿 在都鲁机西北 咖西咪阿 在兴都斯顿北边 依楫、依打里、佛兰西及欧罗巴各国分，与南米利坚、北米利坚、爪洼、小吕宋、台湾、文来、俄罗斯各国不种鸦片？[原文如此]俄罗斯系与中国皇帝会合为素好之国，俄罗斯近来欲攻击东印度之事，已可明见，所以攻击英国利息之事，大抵亦是俄罗斯之阴谋，在北京部内怂恿所致。果然如此，则鸦片贸易之财帛利息，岂不为别国做之？近四十年以来，中国皇帝官府所出告示上之公

The Canton Register, 29 October 1839.

We suspect that the high commissioner will soon find that he has pitched his politics too high; as to the success of his measures to crush, forever, the traffic in opium, how do the effects justify the causes? – Opium was *unsaleable*, except at ruinously low prices, when H. E. arrived in Canton; the price of a chest of opium in Canton is now between two and three thousand dollars! And then the admirable and discriminating justice of the Chinese statesman! Deliver up to me, says this representative of the greatly pure and heavenly dynasty, the five men concerned in the affray at Hongkong, for trial, and only one – *guilty or not guilty* – shall be responsible for the manslaughter of Lin Weihe.

With reference to the opium trade and the monopolized manufacture of the drug by the government of Bengal, a set of pseudo political moralists have urged the abandonment of the manufacture on grounds on which no political government has ever yet acted. We, also, might urge the abandonment of the monopoly, even though the public revenue would, for a time, be crippled in its resources, if either the example or the power of Great Britain could induce of compel the rest of the governments of the world to act likewise; but were the English government to surrender this source of certain revenue what security would there be that China would be freed from the importation by other nations, or private speculators of other countries, who would forge the E. I. Company's marks, and probably import the drug into China under the British flag? Would not the manufacture of the drug continue in Malwa and all the independent states of India, would not Persia, Turkey, Armenia, Cashmere, Egypt, Italy, France, and all other European nations, would not the independent states of South America, the United States of North America,

义道理，以待外国之行为，即已见得鸦片是本应禁绝，惟英国官府未将禁绝鸦片也。即如英国与各国同禁止贩卖黑奴贸易，其各国之人在来往书信上又何曾有信实乎？又若英国要米利坚人除去黑奴，及要俄罗斯除去其耕田之奴仆，并要中国除去妇人裹足之事，改换其法律，准人遵从各样教门，惩治溺死儿女，待外国人如本国人等事，他们肯从之乎？我想必然不肯。若我等禁止制造鸦片，益觉显得中国不能自行软弱之法律，天下各国之中，何人为此不明白之事，肯将其国家之钱粮丢去？况钱粮又是我国所必要，尔虽求敌人，彼时亦惟自己雇[顾]自己。

the colonial governments of Java and Manila, Formosa, Borneo, even Russia – the close friend and ally of the emperor of China, whose machinations against our East Indian empire have lately been exposed, & whose intrigues, we have no doubt, have a mighty weight & influence in the cabinet of Peking against British interests, - would not any or all of these states encourage the manufacture of opium, if money, if almost countless profits were to be the fruit of a traffic in the drug? – And would not an abandonment of the manufacture, on the grounds urges, by the British government, be an open acknowledgment of the truth and justice of the allegations, imputations, and motives attributed to foreigners in every sneering edict and proclamation issued by the emperors of China, and from their officers, of all ranks, on that and other subjects for the last forty years? Have the nations, parties with Great Britain for the abolition of Negro slavery, held their faith, either in letter or in spirit, with the treaties made with our government for that purpose? Will the Congress of the U.S. abandon slavery at our solicitation; will Russia free its serfs, or China cease to cripple the feet of the females, reform either its moral or legal code, allow the rights of conscience, and of civil and religious liberty, punish infanticide, and descend to an equality with other nations, at our solicitations? No. – In fact, the application that the manufacture of opium should be abandoned is only a confession of the weakness and corruption of the Chinese government, of her utter inability to enforce her own laws: what political government in this world ever has abandoned, or ever will abandon, a source of indispensable revenue – indispensable to the wants of and claims on the country – on ill-understood, ill-explained moral grounds? at the prayer, too, of an enemy, and without a *quid pro quo*?

௮ 77 ௯

澳门[一八三九年]十一月初五日新闻纸 即中国九月三十日

The Canton Register, 5 November 1839.

To the Editor of the Canton Register.

Hongkong, 17th October 1839.

Sir. – The tone in which you notice the 'Proceedings' of the British authorities, at Hongkong, in the Canton Register of the 1st to the 30th of September, greatly surprised me. Believe me so brief & partial a notice can only tend to mislead your distant readers. I had certainly anticipated that those 'proceedings' would have received, at your hands, a bold and clear *expose*. It appears I have miscalculated. Be it so. I must, however, say, you were not wont to be so cautions, vague, and laconic, in noticing proceedings so diametrically opposed to the mercantile interest of great Britain in China, as those recently prosecuted by the chief superintendent. It is not necessary, nor is it, perhaps, my province, to enquire what induced so brief and gentle a notice: were I to do so, it would be foreign to my present object, and a work of supererogation. But, as a British subject, I must claim – and I hope every one here will – the privilege of passing an opinion on the affair at Kowloon. I pass over the inconsistent, peddling, and absurd mass of regulations and notices issued by the British authorities, from the date you commence your 'few lines respecting the proceedings at Hongkong bay,' – viz. – from the 7th of July, to the 4th September, and come at once to your reflection on the 'proceedings,' under the latter date. You call it the '*little affair*.' This is a most pithy and apt appellation for designating that truly lamentable affair. I commend it to the attention of the chief superintendent for use in his own dispatches. I question his ability to coin so happy and cogent a term for that disgraceful affair; it has two evident claims upon his notice – Novelty and truth! I am glad to say you are correct in the main and leading features of your notice. Your are, however, in error in one instance, and entirely omit all mention of a circumstance, attending the '*little affair*,' which I deem most important, and one that ought to be clearly made known for the benefit of your distant readers. H. M.'s ship, the Volage, certainly weighed and ran down to Kowloon; but I most unequivocally deny the result was, - as unfortunately your remarks may lead the distant reader to imagine – that the junks were driven on shore. Nothing of the kind was effected! *She* never even fired a shot! Why she did not, or why *She* did not demand and *procure* satisfaction, for the disgrace which the silly mismanagement of this mad affair had drawn on the British flag, I cannot say. I leave those to answer who can.

The circumstance to which I allude above, as being omitted, has reference to Capt. Elliot's order to board & cut out (or destroy) the Junks. The particulars of the boarding and cutting out attempt are briefly these. In conformity to the instructions of Capt. Elliot, Capt [J. A.] Douglas, of the armed ship the Cambridge, took charge of one of the boarding boats and proceeded to the attack. He failed in the attempt. The boat was *beaten* off. Several other boats were pulling up to its aid, as it was retiring, one of which hailed it to go on and board; but this was objected to, & it continued its retreat: I believe Capt. Jauncey had charge of the boat that hailed the one retreating to go on and board. I have pleasure in bearing testimony to his honourable and courageous conduct. Of course, the leader's boat refusing to proceed left those advancing no option but to retreat also. The order of recall was given, and all the boats and armed vessels returned to Hong kong bay. Thus ended the first day's exploits at the *memorable and mighty battle* of Kowloon. The commanders of vessels in the fleet showed a laudable spirit and courage in the prompt and efficient manner they obeyed the requisition of Capt. Elliot to send boats well manned and armed, early the following morning, to renew the attack on the fort and junks. They felt the ignominy which must inevitably fall on the British name and flag were the defeat of the preceding day allowed to pass unnoticed. The activity and readiness to proceed to the attack was most commendable; the boats were on the move, and pulling away cheerly, long before day light, for Kowloon. But alas! All their exertions and preparations were in vain! The disgrace of yesterday

得忌喇吐系甘米力治船上之船主，遵义律之命，领三板一只出去攻打。正在出力之时，他已经衰败了。他的三板已被中国打退。又另有三板几只赶上前去帮助，见得忌喇吐三板已退，有嚷哂船主三板一只，叫各三板退回，如是皆陆续退回上船。我想嚷哂船主率领各三板退回上船，我甚欲证明义律光荣勇敢之事，而带领三板之人不欲上前，只欲退回，始出收兵之令，众人均各退归尖沙嘴洋面。此系九龙头一日之战完了。是日各船上之船主，皆遵义律之命，都有勇气，吩谕预备有兵器之三板，次日早晨再去攻打炮台师船，众船主也觉得当日之败若置之而不理会，英吉利旗号必定受辱。于天未明之时，将三板移动，前去九龙攻打，是一件可赞之事。岂知所预备出力之事皆属枉然。当日又出命令，各三板再回尖沙嘴，遵此命令，甚是可轻可厌。此一件事办理大错，无有一件错事可以比之。诸事可谓软弱之至，默然甘心受辱，全是可悲可怜之事。若准各船只上伙长水手去做事，或者英吉利光明旗号不致受辱，亦未可定。这些甚是明白，非是奇异之意见，除去数人所有船只，又何能有异样办事。实在无有一个英吉利人系真情之人，又无有一个人肯看顾自己本乡，看顾本国旗号之体面，他们皆能忍见此可痛哭之事。然我不欲张大其攻打之道理，在我之主意，也不欲义律生起攻打之情，我只笑义律意见错又能忍受也。再者，我要说明，攻打之事系保护我们旗号之体面，又为我们自己之声名，故义律理应究问诸害，该极力攻打，烧毁师船，拆毁炮台，不留余迹，以除我等旗号所受之凌辱，我已立意记载英吉利官府所受之辱，能容自己之旗号任人放炮攻打。

was *quietly* and meekly to be pocketed! Again return to Hong kong was the order of the day; it was obeyed but with universal contempt and disgust at such a base & vile submission to insult. Never was anything more glaringly mismanaged: - weakness & vacillancy characterized the proceedings throughout. The whole affair was a pitiful and miserable failure. Had the officers and crews of the boats from the fleet been left to themselves, they would have procured satisfaction, and the affair would have been terminated in a very different way to what it was. No stain would have been left to darken the bright flag of old England! These opinions are strongly expressed, still they are not solitary, Sir, but are, with the exception perhaps of a certain clique, those of the fleet. And how can they be otherwise? For surely no right feeling Englishman, who has a regard for his country and the honor of her flag, can view this lamentable affair with different sentiments. I will not enlarge upon the propriety justness, or humanity of that attack, neither is it my design to dwell or speculate on the motives that caused captain Elliot to make it. I freely make him the compassionate allowance of committing an error in judgment. But, on the other hand, I distinctly maintain, that an attack having been made – for the credit of our name – for the honor of our flag – he ought to have prosecuted it to the last extremity, and at all hazards. The junks ought to have been cut out and burnt! – The fort taken and dismantled, and not a vestige left to mark its site! It were well for the honor of our flag if a veil could be drawn over this ignominious affair. I had proposed to myself, Mr. Editor, the onerous task of noticing the blockade, and the insult which a British officer has submitted to in allowing himself and flag to be fired at; but my remarks have already extended to a length that will, I fear, trespass greatly on the space of your valuable pages. I therefore refrain from further comment at present. I may however, avail myself of an early opportunity of again reverting to these 'proceedings.'

ZOSTERIA.

♄ 78 ♄

澳门[一八三九年]十二月初三日新闻纸 即中国十月二十八日

中国之武备，普天之下为至软弱极不中用之武备，及其所行为之事，亦如纸上说谎而已，其所出之论，亦皆是恐吓之语。皇帝之官府办事，只有好斗气相争而小胆。其国中之兵，说有七十万之众，若有事时，未必有一千合用，余皆系下等聚集之辈。其炮台却似花园之围墙，周围有窗，在海岸远望，亦是破坏，炮架亦不能转动，却似蜂巢。其师船之样，若得一只我等或米利坚之私兵船，在一点钟之久，即可赶散各师船。中国敌外国人，不过以纸上言语，真可谓之纸王谕国矣！

说明

此则为《广州纪事报》转载1839年9月4日《孟买时报》一篇读者投书，但《广州纪事报》印刷极为模糊难辨。

《澳门新闻纸》本则仅摘译原文不到三分之一的内容。

The Canton Register, 3 December 1839.

The Anti-Opium Question.

To the Editor of the Bombay Times and Journal of Commerce.

[...] A word about 'rousing' the Chinese their courage, and so forth. From the most authentic accounts we know as respects its military powers, that nation is the most weakest and useless [一两字无法辨识] on the Globe. Everything it does is exhibited through a false medium. To read their edicts, which they are as [一字无法辨识] of fabulous [几字无法辨识], one would imagine that the imperial officers were perfect [一字无法辨识] in terms of being what it is proved they really are, a more compound of the bully and the coward. Their standing army is estimated at 700,000 men, yet in cases of emergency we find them struggling hard to muster from [一两字无法辨识] 1,000, and [一两字无法辨识] only worthy the name of rabbles. Their forts resemble to a range of garden walls, placed with windows, along the coast they are [几字无法辨识] ; the guns are [一两字无法辨识] immovable beds and [几字无法辨识], and for one who has ever beheld their war junks known right well, that a good well found British or American privateer would disperse the imperial combined fleet in an hour!!! The real strength of the Chinese government against foreigners lies in its bullying and blundering. It is a perfect paper monarchy: - an empire of edict. A good lesson from an armed steamer would tame their insolence for many a long year to come, and, in justice to British long suffering and forbearance, the sooner this is done the better; that our commercial relations in the land may be established upon a fairer and more honourable basis; ant that this lying, cunning, capricious people may be taught that respect for us which other nations entertain, infinitely their superiors in manly power, civilization and intelligence.

Yours &c.

Pedro Branca.

From the Bombay Times, 4th September 1839.

꧁ 79 ꧂

[澳门一八三九年十二月初三日新闻纸]

又 论鸦片包揽贸易。

在印度包揽鸦片之贸易,每年国家得孟呵啦之地税八百四十五万九千四百二十五鲁卑,计英国银九十八万一千二百九十三棒伸洋银四百二十二万九千七百一十二员半。又征收饷银,与地税比较,每百万即有三万零一百七十五棒之饷银 依此核算应收洋银九百六十八万四千余员。

现在印度地方此鸦片之税饷,国家实在难去,况此物又系出口流消外国,若去此税饷,又难寻别款以抵鸦片税饷之额数。现在印度包揽鸦片贸易,国家又于常例之外,再加四款税饷:第一款,种波毕之时,即须上税;第二款,于波毕成熟之时,以估价之多少计值上税;第三款,于取波毕汁之时,即须上税;第四款,于出口之时,又要上税。

现在印度地方,除包揽鸦片贸易之公司不禁外,余俱禁止,不准栽种,故设立加此四款税饷之法度,有谓设立此法亦尚公义,种波毕做鸦片之人,已不能走私,亦无偷漏国家税饷之弊,此规矩可谓尽善,亦系收饷之高着。又有人谓,增四款税饷于人民甚难,盖本土人在本地求食,地税已有一定之例,今要加此四款税饷,并须即交,种波毕之人尚未卖出货物,而先要出银上税,不亦难乎?欲行此法度,尤须识透本土人民之性情才可以行,切莫以加此税饷以为有益

The Canton Register, 3 December 1839.

EXTRACTS FROM THE REPORT FROM THE SELECT COMMITTEE OF THE HOUSE OF COMMONS ON THE AFFAIRS OF THE EAST-INDIA COMPANY: 1830.

OPIUM. [...]

OPIUM MONOPOLY. The monopoly of opium in Bengal, supplies the government with a revenue amounting to S. Rs. 8,459,425, or sterling money £981,293 per annum, and the duty which is thus imposed amounts to 301¾ per cent, on the cost of the article.

In the present state of the revenue of India it does not appear advisable to abandon so important a source of revenue; a duty upon opium being a tax which falls principally upon the foreign consumer, and which appears upon the whole loss liable to objection than any other which could be substituted.

Besides the present mode of collecting the duty by means of a government monopoly, four other methods have been suggested, viz. 1st, additional assessment on lands under poppy cultivation; 2nd, a duty to be levied according to the value of the standing crop when ripe; 3rd, an excise duty on the juice when collected; 4th, a custom duty on the exportations of opium.

The production of opium being at present prohibited, except under the government monopoly, the plan of levying an additional assessment on lands under poppy cultivation appears perfectly consistent with justice to the proprietors and cultivators; such a plan would also allow perfect freedom to the employment of capital and industry on the production of opium and it would not be liable to those evils arising from smuggling which necessarily altered a system of high custom and excise duties, but it is stated by some witnesses, that to levy the present amount of duty in this manner would be attended with great difficulties, arising from the nature of the tenure of lands, the

于国家。

conditions and feelings of the native inhabitants, and the magnitude of the advance which would be required; and as it is evidently impossible to decide the question of the practicability of this plan, without the most minute and accurate knowledge of the state of the country, your Committee can only recommend this suggestion as one well worthy the careful consideration of the government.

然欲收税于甫种波毕，以及波毕成熟估价纳税之法度，亦是难行。缘波毕甫种而收成丰歉已有不能预定，况取汁亦须时日，若天气一变动，取出波毕汁之多少亦不能定，如此能定其额数，岂能定准永久征收乎？

The plan of assessing the standing crop when ripe, according to its value, appears from the evidence impracticable, not only on account of the extreme uncertainty of the crop, but also from the circumstance that as the exudation and collection of the juice continue for several days, and are liable to be effected by every change of weather during that period, it would be impossible at any time to form a fair estimate of the probable produce.

若准本土之人民随便俱可栽种，俟取汁之时才定税饷之法，收税饷之费用亦不少，且又难免有许多走私而大漏税饷。

The plan of allowing the free cultivation of the poppy, subject to an excise duty on the juice when collected, would be liable to insuperable objections, arising from the expense of collection the duty, and the impossibility of preventing the most extensive smuggling.

惟收鸦片出口税饷，虽老练才能之人亦以为是。盖流销外国之物，又不能困束本土人民，税饷太甚，走私之人必多，不无大胆漏税，以致即不能足额。若将鸦片折少价值，或因税饷数少，自然无走私漏税之弊，定无缺少税饷额。如此而行，岂不比包揽贸易更大利益乎？

A custom duty on the exportation of opium appears, in the view of experienced witnesses, a desirable mode of taxation, inasmuch as it would leave the producer unfettered, and would fall exclusively on the foreign consumer; but it would be incompatible with the present amount of the revenue, on account of the encouragement it would offer to the smuggler. If, however, it should hereafter be found necessary or expedient to effect such a reduction in the price of opium as should prevent any serious interference on the part of the smuggler, the substitution of a custom duty in the place of the present monopoly would be productive of great advantage.

包揽国家鸦片贸易，亦与包揽别样贸易无异，专归包揽，则出产必然减少，而本土人民难免不少工作。若谓包揽鸦片之贸易，亦无甚大害，因

Although the government monopoly of opium must in all probability, like all other monopolies, be disadvantageous, in consequence of the want of economy in the production, and the restrictions which it

现种波毕之地尚不甚多，有一定之地，税饷虽多，亦尚易收。设或杂乱栽种波毕，土地分散，即难征收地税。

又种波毕做鸦片之地税，亦不能限定年年有如此之额数，以理而论，究竟不然。出产鸦片之地方，非只我们所辖之地方，如嘛尔唯地方亦有所出，栽种波毕日见其多，且制作亦好，外国销售之价值又为昂高。因此计之，岂不是包揽而致将来地税大减乎？若竟听其包揽，设地税已少，不久必加收出口税饷，以抵地税之额，又必再寻别样之项，以补包揽贸易所失之利。

先年嘛尔唯鸦片有包揽时，由孟买出口，于三分之中即有二分由西洋管辖之拿孟出口，只有一分由孟买出口而已。及于二年前去此包揽贸易之后，至今却有十分之九由孟买出口，只有十分之一由拿孟出口，因此国家逐年得孟买之鸦片税饷有二十万棒，此法度之好无疑，但当要另设法度，出于嘛尔唯鸦片之上，须搜寻别疑之例，与孟买彷佛相似之例。

imposes on the employment of capital and industry, yet it does not appear to be productive of very extensive or aggravated injury; and unless it should be found practicable to substitute an increased assessment on poppy lands, it does not appear that the present high amount of revenue could be obtained in a less objectionable manner.

At the same time it must be recollected that the revenue thus derived is of the most precarious kind, depending as it does on a species of monopoly under which we possess exclusive control neither over the production nor the consumption of the article: it has already been materially affected by the competition of the opium of Malwa; and from the continued increase of supply from that district, as well as from its improved quality, which has enabled it to fetch an enhanced price in the foreign market, it would appear that the same cause must in all probability hereafter produce a still greater reduction in the revenue. It would therefore be highly imprudent to rely upon the opium monopoly as a permanent source of revenue; and the time may probably not be very far distant when it may be desirable in substitute an export duty, and thus, by the increased production under a system of freedom, to endeavour to obtain some compensation for the loss of the monopoly profit.

Another source of revenue under this head, is the duties collected on the transit of Malwa opium through Bombay; the government having for the two last years abandoned their attempted monopoly of that article, and substituted a permit or transit duty, which has been attended with satisfactory results. It is in evidence, that previous to this regulation, two thirds of the opium of Malwa were carried by a circuitous route to the Portuguese settlement of Damaun, and only one third brought to Bombay; but latterly, no more than one tenth has been exported from Damaun, and the remaining nine-tenth have been shipped from Bombay, yielding to the government a revenue of £200,000 for the current year. Although there can be no doubt of the polices of this measure, it must be recollected that every additional facility which is afforded to the sale of Malwa opium, will eventually enable it to enter with increased advantage into competition with the opium of Bengal; a consideration which tends still more strongly to recommend either the adoption of the system adverted to in the preceding paragraph, or of some other equally calculated to meet such a contingency.

[批注]

此如中国盐场有一定地，以防透私。

说明

此则为《广州纪事报》转载1830年英国国会下议院东印度公司特别委员会关于鸦片与鸦片专卖(即包揽)的报告，但《澳门新闻纸》省略鸦片部分未译，只译鸦片专卖部分。

∞ 80 ∞

[澳门一八三九年十二月初三日新闻纸]

又

上文所论鸦片税饷之事，系在十年以前之事，特尔窝尔如何能知及一千八百三十九年之事？读者即能知大英国鸦片贸易之例。

甘文好司拣选事立事人所论，要除去印度包揽鸦片贸易公司之事，此论实在不好，必有害于国家之饷税。

此事须当记忆，自有鸦片之时，阿细阿洲之人已准食，为何中国皇帝与钦差林、密哈吐、阿厘文 阿厘文即米利坚经之庄口名，皆说是英国人所害？是一点亦无错。现印度地方皆种波毕，若将印度之本地王拉下，又将波毕栽在其地，此未必系公义之道理。若此不公义，岂有我等对已归附我国之人而攻打之理？中国如此之软弱，不能自禁其人民走私鸦片，中国现在即要别人如此做法，自以为中国系天下第一之国所云之话语，动云准保护尔国性命。但印度之人民与中国之人民亦不相上下，岂我国即肯弃去印度打仗强壮之兵丁乎？中国以外，通阿细阿洲之国皆在我国辖下矣，中国不过得本国之兵威，保护自己国家而已，岂中国人一出声，我国即肯将税饷除消，以累本国变成软弱乎？阿细阿洲各国岂有不知此道理，欲使英国除去税饷而满中国之袋，并免有漏出纹银之患。

The Canton Register, 3 December 1839.

From the foregoing extracts from the report which was made near ten years ago, and of which the reverend A. S. Thelwall M. A. was utterly ignorant in 1839, our readers will learn in what view the legislature of Great Britain regard the opium trade.

It will be perceived that the principal question that the select committee of the house of commons entertained was the conservation or abolition of the E. I. Co.'s monopoly of the manufacture of opium and this consideration was based solely on financial views.

It should be remembered that the use of opium has been indulged in from time immemorial all over Asia: then what is it that the emperor of China, his commissioner, Lin, the reverend W. H. Medhurst, the reverend A. S. Thelwall, Messrs, Olyphant & Co., *et hoc genus omne*, demand of the English people? Why, nothing less than this: by coercive measures to crush the manufacture of opium all over India. 'To bind down the native princes in alliance with us to discontinue the growth of the poppy in their own dominion.' But is this *possible*, and would it be *just* if it were possible? Are we to go to war with all our fellow subjects in India, with all the native powers, our allies, because the government of China is so imbecile and so corrupt that it cannot, or will not, prevent its subjects from smuggling opium into the country: was ever such a demand made before? And a demand is thus made by China, a country that claims universal supremacy, and spurns at all treaties guaranteeing either rights, or protection for life or property! We are to throw the population of India into confusion, whose numbers closely approximate to those of China, we are to surrender a large portion of the sinews of war – and India, all Asia, have ever been held in subjection by military dominations;

indeed, all Asiatic monarchies, China alone excepted, trust to their arms for preserving their sovereignty. – and we are to weaken our financial and, consequently, our political power, at the call of enthusiasts & *unfriends*! But it is not, for the above reason of political rule, to be hoped or expected that any Asiatic government will voluntarily & on grounds to them incomprehensible, impoverish their revenues to enrich the coffers of China – in other words, to prevent the Sycee 'from leaking out.'

说明

此则为《广州纪事报》主编对于第79则的评论。

81

[澳门一八三九年十二月初三日新闻纸]

又

我等国王之兵船，性好尊贵荣华。除此之外，任意能为管兵船之主，亦有走私银两，得收水脚。在我等国中，原许兵船自英国至米利坚西边海岸揽载银两，因银系商人贸易最紧要之物，故准兵船装带。以此观之，无论是否太平之时，兵船带饷是第一条稳当。

若在中国海岸装载银子，即为走私，以英国尊贵之兵船，却不相宜。若兵船在中国走私，何异于中国之本地人走私，岂不失英国之体面乎？

The Canton Register, 3 December 1839.

Without detracting from the love of honour and glory which is the ruling passion of our Royal Navy, it is well known that next to those pursuits, in which that passion can have its full and free scope, there is none other in which the commanders of H. M.'s ships are employed more to their own satisfaction than in convoying smuggled treasure, on freight, with the sanction of the British government, from the West coast of America. – This is as it should be: for such transactions yield important accommodation to the mercantile community, the promotion of whose interests is, in times of peace, one of the leading duties of our men of war.

But if to carry a smuggled article from the shores of a foreign country be a pursuit not incompatible with the honour of the British navy, where is the moral difference in being carriers to the shores of a foreign country, also with the sanction of the British legislature, of an article which is smuggled into it by the native? – And yet we hear of a disposition in certain quarters to browbeat and stigmatise the commanders of British merchantmen, for thus carrying on a trade which has not only the express sanction of the British legislature, but is one of the main sources of the revenue of the British Indian government.

We do not here enter on the *vexata questio* of the morality of that government in availing itself of such a resource; - but while the trade is recognised by the law of the land, we would ask the officers of H. M.'s navy, now here, whether it is consistent with the characteristic high-mindedness of their profession to give into the hypocritical cant of attempting to throw a slur on a branch of trade, which has only the difference between *smuggling out and smuggling in* to distinguish it from what is practised by the Royal navy itself with the sanction of the British government?

Some vexations & haughty enquiries have lately been made by the senior naval officer in China, as to the number of guns carried by certain vessels under the British flag. It should not be forgotten that all British vessels were ordered 'to be prepared to resist every act of aggression on the part of the Chinese government' on the 22nd of March (*vide* Public Circular, under that date) these orders have never been publicly rescinded.

The senior officer knows, of course, the old saying, - that if a captain in the navy were to be roasted, there would always be found a brother officer to turn the spit: - this turnspit feeling may be accounted for from various motives amongst aspirants for power and distinction; but how should the feeling exist between the golden epaulet and the tarry trousers?

第四册

1840年2月8日 至1840年4月25日

∞ 82 ∞

澳门一千八百四十年二月初八日新闻纸 即中国正月初六日

西洋兵头回士密信云：

本日内付来问我之信，

缘我乃系我等国王命来代理此处事情之人，我今明回答与尔。此处地方与我等国王所管之别处地方不同。管别处地方可以给别国人居住，若此处给别国人居住，此处地方之居民即不得安静，及受惊吓之事，即断断不能。中国人一封禁伙食，所有各样贸易事务皆已败坏矣。尔亦知道我等国家与中国相交之章程律例，除却破坏船只到来修理之外，从未有何等船只进至澳门港口。

The Canton Press, 8 February 1840.

'Official Correspondence with Regard to the Hyacinth's Entrance into the Port of Macao.'

[...]

Answer to the second note from Captain Smith.

To Capt. H. Smith, Commander of H. B. M. naval force in these seas.

Illustrious Sir, - With the clearness which it becomes the representative of Her Most Faithful Majesty's Government in this country, I shall answer the questions you put in your second note of this day.

This establishment is very different from all other possessions of H. M. F. M.; it is only under peculiar circumstances that it can admit strangers, and their simple toleration cannot furnish you with an excuse to expose that establishment to the horrible consequences that threaten it. Have not the English on various occasions of trouble gone on board their ships, and done this notwithstanding the decided protection which, according to my means, I was ready to afford them? This is most certain, and no gentleman will deny it, for on one occasion they did so under the recommendation of the British Superintendent of commerce, and on another occasion by your own recommendation, proceeding no doubt from an exact knowledge of the peculiar situation of this establishment, where every thing must perish if the Chinese were to withdraw our means of subsistence; nor need I mention the treaties entered into between the Chinese Government, and that of H. M. F. M., treaties well known to you, so much so indeed that no vessel of your nation ever entered the port except for necessary repairs.

我今以我等国家之名，请尔出令吩咐海阿新兵船离去此处港口，俾我可尽心保护我国家之人民，在此地方得以平安。英吉利人不要想我留他们在此处居住，我亦必守与中国人所定章程，定不肯违背之。只是中国与英国两边之事，我皆不理。如在尔之第一封信内所说一样，在尔不过系为尔自己所受之重任，故行如此冒失之事，以违犯我等之法律。在此等行为，岂得谓之好道理？

此封信乃我在议事亭与西拿底等会议时所写。在尔只是指出英吉利人不在澳门居住之难处，并不思及西洋五千人，为英吉利朋友之情，亦受重累。自首领事回到此处之后，所有之贸易皆要停止。所有之税饷，为西洋兵丁之费，以为保英吉利人平日之平安，尔亦当思念及之。尔若不念我对尔说之事，我即将近来九个月内所有之事，宣布与通天下知道，求各国依公义判断。

我又对尔说知，尔所行之事，不独犯我国法律，乃亦有犯于英吉利国家之法律。伏望上帝保佑于尔。

一千八百四十年二月初四日即正月初二日 在议事亭内，敦·阿特厘呵·阿加西呵·打·西尔威拉·宾多印此。

I therefore require, as representative of H. M. F.'s government, that you will cause forthwith the Sloop Hyacinth under your orders to leave the port, and, with the assurance that I shall afford to H. M. M's subjects such protection as I able, I shall not insist on their remaining in this city should they not think it efficient (and this besides would be very necessary for the quiet of the city) for I cannot consent to the treaties which bind us to the Chinese Empire being violated, in order to observe the strict neutrality of which you speak in your first note. The circumstances are delicate, and upon you will fall the weight of the enormous responsibility which must accompany the precipitate step you have taken in opposition to the laws of this establishment.

This is written in the Senate where I am in session with the members that compose it. You point out the hardships suffered by the few British subjects resident here, and do not weigh the heavy losses and great sufferings which have fallen upon 5,000 Portuguese inhabitants, to maintain their friendship with the English. Their Commerce completely stagnated since the return of the Superintendent, and the heavy duty that has fallen to the Portuguese soldiers to watch over the safety of the English, ought to deserve some consideration on your part, if indeed you do not remember expressions called forth by truth. This government will make known to the whole world whatever has occurred within the last nine months, and is certain that the whole world will do it that justice which it deserves.

I finally impress upon you, that the step you have taken is as hostile to the Portuguese as to the English.

May God protect you.

A. A. da Silveira Pinto.

Senate House, 4th February, 1840.

吐密回西洋兵头信

To His Excellency Dom Adriaŏ Accacio da Silveira Pinto.

士密回西洋兵头信云：

今我回答尔在本日内付来之第二封信。

初时在我意思，遣兵船进澳门港口，不过欲显示我等国家之威，今既是不合我等国家责任我之本分，及不合尔西洋国家之法律，及西洋国家在澳门之法律，我所欲之事已成虚空。

今接尔贵人之信，令兵船出外，我立即出令，着兵船于明日早上即起行出外。我见得我等兵船在港口内，今为尔之令，其兵船即出外洋，如此足可显出尔贵人之威能。

今请尔又准我所求，令中国兵速离。盖中国兵丁到澳，乃为拿捉陷害我等本国之人，大有辱于西洋国家，故尔亦当令他们退去，言语亦当切实，如令兵船离港口一样。

现在我见得在我手下之兵，尔若有用之处，亦可以提调。盖我十分哀怜澳门之人，因中国官府所加于我等外国人，未免欺负陷害不堪。

一千八百四十年二月初四 即正月初二日，在澳门洋面窝拉疑兵船上，吐密印此。

H. M. S. Volage,
Macao Roads, 4th February, 1840.

Sir, -

I have the honor to acknowledge your Excellency's second dispatch of this day's date.

I trust, Sir, that the motives and circumstances under which Her Britannic Majesty's Ship was ordered into the inner harbour of this settlement, will vindicate the measure in the sight of my government; a satisfaction which it would be vain to hope for, except it can be shewn to be consistent with my duty to my own Country, and with the sentiments of the deepest respect for Her most Faithful Majesty's just rights and Authorities at Macao.

Having now however received from your Excellency a demand that the vessel should proceed outside, I hasten to state that orders will immediately be issued to that effect, and she will move out tomorrow morning, but I entertain no doubt her appearance within the harbour and removal at your demand, will have produced the salutary effect of strengthening Your Excellency's hands.

Permit me to express the hope that the language in which Your Excellency will demand the immediate removal of the Chinese forces *declaredly* sent here to seize or destroy my countrymen (to the deep insult of the Portuguese Crown) will be not less stringent, and as successful in its operation as that in which Your Excellency has been pleased to require the withdrawal of the *Hyacinth*.

I will only make the further observation that H. B. Majesty's forces under my command are entirely at Your Excellency's disposal whenever and however you may see fit to require their services, and sincerely lamenting the sufferings of the settlement, and the injuries and insults cast upon it by the Chinese authorities.

I have the honor to be with the highest respect,

Your Excellency's
Most obedient humble Servant,
H. Smith, Captain and Senior Officer
of H. B. M. Ships in China.

ꕥ 83 ꕤ

[澳门一千八百四十年二月初八日新闻纸]
又

在英吉利新寻出做飞炮之法,欲与佛兰西人斗胜。盖佛兰西人初用飞炮之时,英吉利人即十分留心学之,而佛兰西人于打仗时,用兵船少而用人多者,皆因其火药之胜于人,而佛兰西人所以能胜英吉利人,皆因其火药好过英吉利之火药。现在喏咐厘亦说,英吉利之飞炮与佛兰西之飞炮一样。

在英国试飞炮之法,乃建一只大坚固之船,无论船只相距远近,俱可以施及。英国初寻出制造飞炮之洼拿,即亲手入药及放弹子,燃着飞炮,直飞至大船上,飞炮即裂开,将此船打成碎片,长不过两忽,宽三寸,不过仅剩船底,虽未被飞炮打坏,在片刻之间即已沉海矣。惟击碎之小板片浮在水面,并有许多小板片弹至远处而落在地上者。

如此利害之飞炮,用火药不过十一二棒,弹子内又包藏火药两棒半,亦少有烟,落下时亦无声,只在炮裂时,在附近之处闻得空中有声,在远方闻之,即如烧八十棒火药之炮一样。在经吐吨地方,闻飞炮之声,人皆惊惶,以为系烧着在寒士罗地方

The Canton Press, 8 February 1840.

Newly Discovered Power in Projectiees.

An experiment was tried early on Thursday last with a newly invented projectile, intended expressly to meet and set at defiance the improvements suggested by the various French commissions, for their navy, and which have attracted a greater degree of public attention in England, from their avowed object being 'to the advantage of the power which had the fewest great ships of the line, and the largest population; and, *consequently to the advantage of France over England.*'* (*See Reports of the experiments made at Breast. – From the *Foreign Quarterly Review*, No. XLVI, for July, pp. 442-443.) The recent report by M. Jouffry evinces the same jealousy and the same object.

A large and strong-built boat was the subject of the experiment: the distance was left to choice, with the single provision, that the object fired at should be in sight. The inventor, Captain Warner, launched with his own hand the destructive missile, which, reaching the boat at the water-line, exploded, fairly heaving her up, and scattering the plants into shivers. One plank alone of the whole retained a breadth of about three inches, and perhaps two feet in length; the rest, and the keel itself, as they fell after the lapse of some seconds into the water, presented a mere mass of floating splinters to the eye, and portions of the wood were carried into the neighbouring fields to a considerable distance.

The whole destruction was effected by the agency of two and a half pounds of combustible matter projected by an instrument of perhaps ten or a dozen pounds weight. There was no recoil whatever, nor any smoke or noise till the shell itself exploded against the vessel, and then the percussion of air was tremendous, as it threw down the nearest spectator, and was felt at a still

之火药局，后来一知是放飞炮，众人即尽皆奇异。有此等飞炮，无船可以避其害，不要说是多用火药，只照上文所说，用以试飞炮之火药斤两，即所有之船尽皆难免其害。我等并不知如何制造飞炮之法，盖此亦算是国中之新鲜强勇，故国家封密不令人知。

greater distance like the discharge of an eighty pounder at least. At Kingston it created great commotion, as the explosion was attributed to the powder-mills at Hounslow; and, since the fact has become known, the excitement has greater increased.

No vessel of the line probably could have resisted the shock, or escaped total destruction from even the small quantity of combustibles experimented with. The most singular circumstance perhaps is, that not the slightest discoloration was visible on any of the fragments. The power consequently is quite novel, and the secret jealously guarded.

꧁ 84 ꧂

[澳门一千八百四十年二月初八日新闻纸]

The Canton Press, 8 February 1840.
'Agriculture in the Philippines.'

(Communicated) From the *Singapore Free Press*.

The following translated copy of a Decree from the Spanish Ministry to the Local Authorities in Manila, although of an old date, may yet be new to many people who take an interest in the advancement of the agriculture of the Philippines. It is much to be regretted that the same energetic public spirit which dictated this decree, does not seem to have been followed up during the succeeding eleven years.

Probably the agricultural industry of the country would be more promoted by the publication and diffusion among the entire population, of short and simple treatises explanatory of the best modes of culture; and by the acquisition of information – of plants and seeds from other tropical countries, at the public expense, for general distribution; like the prizes in a lottery, to a lucky few.

One of the first Coffee prizes of Sp. Drs. 8,000, is understood to have been gained by a Planter in Laguna Province, and paid to him last year previous to his departure for his native land of France. The other first Coffee prize is said to be due to the heirs of a disbanded Spanish soldier who formed a plantation in Tagabas Province, but who died before he could claim the payment of the Sp. Dollars 8,000.

None of the other prizes have yet been claimed. It may be added that the public chests have been so much drained by drafts on them from the mother country – drafts caused by the deplorable civil war in Spain, - that they could not now pay all the premiums were they claimed: -

'To his Excellency the Governor and Superintendent of the Philippines.

Department of the Indies.

我国王以小吕宋地方耕种之事，甚不见起色，因前时所设之法子，俱不十分大行，故国王现立新法，令我等寄尔贵人，小吕宋各处地方耕种及栽种各样物件，务须俱要日见起色，又须要合国王令我等现寄尔之言语而行：

凡所有耕种之器皿进口，即免其税饷。

小吕宋地方凡可耕种者，若有人肯栽种洋靛等项贵重之物，尔贵人即与各官商议，将公项如何奖赏；又肯于空地开垦栽种各物之人，应如何赏给，尔贵人可与小吕宋各官商议定夺。

若有两家合栽种架啡树，数至六万株者，算是头等，即赏银八千员；能栽四万五千株者为次等，每家赏银六千员；能栽三万株者为三等，每家赏银四千员；其银在收成后照数给发。所栽架啡树必须株株皆有结实，若有人如此奉行，株株皆有结实，除赏银之外，仍将所出产之架啡，于出口时免其税饷。

凡栽种椰子树之人，栽种椰子能如栽种架啡株数，头等者赏格银一万员，次等者赏格银八千员，三等者赏格银六千员。

凡栽种玉桂、丁香，能如架啡株数全数活者，头等赏格银一万五千员，次等赏格银一万二千员，三等赏格银八千员。

Most Excellent Sir,

The King our Lord desiring to rescue the precious Philippine Islands from the state of inertia in which he found them, without prejudice to various measures already taken, makes known to your Excellency by the present:

That for the advancement of various important existing branches of Agriculture, and of others contemplated; to the end that the agriculture of the colony many flourish as much as it ought, has deemed it fit to decree:

That all machines and instruments for agricultural operations, shall be imported duty free.

That your Excellency and the Intendente with consent of the Superior Council, may grant from the public revenue, and from the funds of the Politico Economical Society, fit and proper premiums to the Cultivators who make most progress in the advantageous preparations of indigo; and in the advantageous cultivation of other valuable products, which the fertile land offers with little outlay.

That with consent of the same Council, you my grant a premium of Sp. Drs. 8,000 to each one, of the two first farmers of one complete and entire Coffee plantation of 60,000 trees each plantation; another premium of Sp. Dors. 6,000 to each of the two second farmers of two such plantations; and another premium of Sp. Drs. 4,000 to each of the two farmers of plantations of 30,000 coffee plants each. The premiums to be payable at the time of gathering the second crop from the entire number of trees planted. And the owners of the plantations to be forever free from tribute (the capitation tax).

That similar premiums, but augmented to Sp. Drs. 10,000, 8,000, and 6,000, shall be awarded for plantations of Cacao, on the terms above expressed for Coffee.

That similar premiums, augmented to the sums of Sp. Dr. 15,000, 12,000 and 8,000, shall be awarded for plantations of Ceylon Cinnamon, and the Clove Spice tree, in a state of perfect production.

凡栽种桂皮、茶叶、桑树、养蚕者，赏格亦予架啡一样。

That premiums of equal amounts shall be awarded to those who make equal progress (as in Coffee) with plantations of China Cassia, and of Tea, and of Mulberry plants, and in the rearing of the Silk worm.

凡栽种糖、洋靛如上各物之耕种人，准其自开斗鸡场，作斗鸡场之处不须纳税，传至其子亦毋须纳税。

That the large planters of Sugar and Indigo, and the other aforenamed products, shall be allowed the privilege of having on heir estates, a Cock-pit for their workmen, free of duty, during their own lives and the lives of their children.

无论印度、中国及本地之人，会合不过二十家专做耕种，所管业之地，产上好糖不过二万棒，或产洋靛不过一万棒者，当其栽种两物之时，即不要地税。

That to Indians – Mestizos and Chinese – who, joined together to the number of not exceeding twenty families, maintain in a good state of culture, an estate capable of producing 20,000 piculs first quality Sugar,* *(There is not one plantation in the Philippines at present that produced over 2,500 piculs of Sugar annually, and probably not more than four or five plantations producing over 2,000 piculs annually.) or 100 quintals of Indigo, shall be conceded the right of exemptions from tribute, so long as such plantation exists.

若有本地人或印度人，代官府尽心耕种各样物件，五年之后不但免其地税，反将五年所纳税饷加三倍给回。若本地人或印度人自耕己地者，可给他照理其本村事情之人。

That each Indian or Mestizo who labours for five consecutive years on a plantation to the satisfaction of the owner, shall be for ever free from Tribute; and the proprietor of the estate may guarantee to such Indian the payment back not only of the 5 years tribute money, but also of an amount equal to 15 years tribute money; Indians and Mestizos, cultivating on their own account large pieces of ground, shall be preferred to fill the public offices of their respective villages.

尔贵人若查察行赏格之事，必拣择殷实之人，然后才好行，以免有从中作弊。此乃国王令我等与尔贵人之言，尔贵人可尽心办之，伏望上帝长久保佑于尔。

That you will adopt such measures as, without restricting the liberty of competition and selection of the aforenamed premiums, will prevent the abuses and frauds which may arise out of them.

This Royal order I bring to your Excellency's notice, that it may be duly fulfilled. God keep your Excellency many years.

一千八百二十八年四月初六日在特力 地名 因底士衙门印此。

Madrid, 6th April, 1828.

说明

《广州新闻报》未注明此则英文底本日期，经查系转载自1839年10月31日《新加坡自由报》。

ꙮ 85 ꙮ

澳门一千八百四十年二月十五日 即中国正月十三日 新闻纸

前时传说林调广东、广西总督之事，今已知道系果然不错。闻林初次所做湖广总督，好过此处；次调江南江西总督，乃中国最尊贵之缺。凡得两江缺者，即如大臣一样，与六部无异。在江南缺内，林每年食俸禄银二万四千两；广东之缺，每年食俸禄银一万五千两。江南管辖九千七百万人、地方十六万四千方里，算是国内最繁盛之处；广东缺所管不过二千七百万人、地方十五万七千方里。以大调小，林不但失权，更失体面，我等现在可以互相庆贺矣！如此对调，大抵不是皇帝施恩，乃系北京之官见他条陈法子，故令他自己试之。现在似是自受自己所预备各样难事之尊贵，及受他前时所行过各样事情之棘手。过数月即可以定他之造化。我等现在并讲论后来之事，但依正直议论而已。

林在广东所行之事，得各官府帮助，立意欲禁止鸦片，及用心禁本地人食鸦片之事，见得甚好。只其一人如此诚心，要禁止污秽之物，人人心中尽皆欢喜。在我等国中之人在此处者，当林初到时，亦有些人看所出各示谕上有权之言语，尽皆以为在世界上惟林可以扫清鸦片。

The Canton Press, 15 February 1840.

The report that Lin is appointed to assume the government of Kwang-tung and Kwang-se has been fully confirmed. Hoo-kwang, the first governorship that Lin held, is superior to this, the second appointment to Keang-nan and Keang-se confers the highest provincial rank in the whole Empire, and whosoever holds it does not differ much from a minister of state or a president of one of the six boards. In Keang-nan Lin's emoluments would have been 24,000 Taels per annum, in Kwang-tung they are only 15,000; he there ruled over 97 millions of human beings on an area of 164,000 square miles of the best populated part of the country; here has 26 millions subjects, on a surface of 157,000 square miles; in every respect this is therefore a sad falling off both in power as well as dignity; and so we must for this time withhold our congratulation. A favor could not have been conferred upon him by this change, and we rather believe, that his friends in Peking were anxious to put his wish, of carrying all the proposed measures, to the test. He will therefore have the honor of bearing the brunt of all the evil which he has prepared, and of standing the consequences of his previous acts. A few months will decide his future destiny; we shall not foretell what is to happen but merely review the past with impartiality.

The appearance of Lin at Canton, his determination to put a total stop to the drug, his great endeavours to wean the natives from smoking and the hearty cooperation he met with from the local authorities, augured well. To see a man so sincerely bent upon the extirpation of one of the most fearful evils that ever contaminated a land, was matter of joy to every breast where humanity had still a voice. Such is likely the impression of many people at home, such was at first the idea which many of us entertained, and the edicts issued by the plenipotentiary were calculated to prove to the world that Lin was resolved to make a clear sweep.

惟初次所行之事已经错了，又将中国人前时待外国人之章多有改换，第前时之官府尽皆依着旧章办事，林不但不能照行，反轻视耻笑旧章。自己已做外国人之敌人，将外国人围禁，以待各外国人缴上鸦片。此乃十分大差错，但亦犹可原谅，因为不知两国相交法律以及没有思量，始冒失行事，致令两国俱有灾难之事。今我等按此理论，算是他之错处。然初次既错，即不可再错。

One thing however was striking from the very outset; he reversed the Chinese policy respecting foreigners, changing a mode of treatment sanctioned by ages and always found adequate to answer all purposes. Instead of managing them adroitly, to compromise themselves, he himself became the aggressor, and with a sneer at the law of nations, he kept them in confinement until the opium was surrendered. This was a very gross mistake. Still it might be said in excuse, that he was quite ignorant of international law, that it was a mistake to which his impetuosity of counteracting a national calamity, led him. We grant this for argument's sake, though it was certainly a blunder, which ought not a second time to be repeated.

当销毁鸦片之后，我等以为他不过用心设法，以禁止鸦片而已，及后他立意系要败坏正经贸易，我等即十分惊异。林定非如此老实，肯信一张结即可以阻止后来不合法之贸易。盖他过先试行此法，若众人一经具结，即又生出别样坏法子，以待所有之人尽皆具结，俱在官府权下之时，他又要众人具心中情愿之结，必致外国商人虽有一百样法子欲避律例，亦已不能。他所出之结式，实是令人奇异，凡肯具结者即是好人，不肯具结者即是走私之人，此算是从来最奇怪分别良歹之法子。

After the destruction of the opium, however, we might have imagined that still greater efforts would have been made to counteract its baneful influence. How great however was our surprise, when we saw the whole energy of the great man concentrated to ruin the legal trade. He certainly could not have been so stupid as to believe for one moment, that a mere bond would prevent all future illicit traffic. The system had been tried previously amongst the soldiers, government officers, and people at large, all had given bonds and security, but still persevered in their vicious courses. If those under the immediate control of the Mandarins could not be restrained by pieces of paper, which they reluctantly subscribed with many mental reservations, how much the less the foreign dealer who had hundred ways of evading the law. But still the bond, and the bond alone, was to effect wonders; whosoever subscribed the bond was a good man, whosoever refused to do so, declared at once that he was a smuggler. This is perhaps the most extraordinary division of good and bad that has ever been made, but still Lin will adhere to it to the last.

有人说，林之意见亦不过如此而已，恐无别的法子。惟我等切不可忘记，

Many will say his ideas did not extend any further, he had no other means but this. But let it never be forgotten, that he is a shrewd man and cannot be a dupe to his own folly.

Let us however waive this, excuse it as best we can, and then refer to another mistake, which is really unpardonable. Lin is anxious to put down the Opium traffic as much as it is in the reach of human power. Suggestions are made to him upon this subject, cooperation is offered repeatedly and most earnestly, wary argument is brought forward to make him adopt a rational course and to concert measures that would ultimately lead to realize such a desirable object. – What does the Commissioner do? He rejects all propositions with the utmost contempt, he spurns to adopt the only practicable method, he heaps insult upon insult, to prove to the world at large that he is not a reformer but a dictator.

In the meanwhile no step was taken against the suppression of the opium. Absurd ways of proceeding were either intentionally or awkwardly put to work to give new vigour to its introduction. What are pompous edicts, what the most excellent designs, if an opposite conduct marks all our endeavours to do good. Form the month of July up to this date, no man throughout this Chinese Empire could have done so much to raise the price and increase the consumption. This is a most woeful result, but too true, and we warn our distant readers never to put again any faith in the professions of Chinese Mandarins, they do not mean what they pretend to say.

The mischief in the meanwhile done to the country is incalculable, a matter well known to Lin, on account of the defalcations of the revenue, the frequent cases of piracy or robbery, and the groans of the populace which even his ire cannot stifle Ten years of the most flourishing commerce and abundant crops cannot heal the wounds that he has inflicted during the short space of about eleven months. The people are ripe for all misdeeds to which despair may prompt them.

The foreign policy of Lin needs scarcely any comment. A statesman who is wanton enough to involve his country in deadly strife with foreign powers does certainly not deserve the thanks of the government the interests of which he pretends

林所行之事，拖累其本国与外国死斗，在他心中本欲有利于国家，然现在国家亦不多谢于他。除林之外，无人可用如此巧法以开阔其堑，初即凌辱外国官府，陷害无辜之人，灭向来兴旺之贸易，不认邓所知之债，赶逐英国船只离中国海岸，出示恐吓，遇见即拿，所有平安章程尽皆不理。此皆关系重大之事。

to have at heart. Nobody except he himself could have widened the breach with such consummate skill. First he insults the national representatives, then he persecutes innocent people, afterwards he does his best to annihilate a flourishing trade of long standing; again he denies the debts and claims acknowledged by Tang, and finally, he insists upon all the British ships and subjects leaving the outskirts of China under pain of seizure, and disdainfully rejects all peaceful proposals. These are serious things, and still we read in a Bengal paper to send a diplomatist, to talk friendly to the great man. Such an application would likely be answered with powder and shot from the new fangled navy.

林今在此省施展其权，我等甚怕他将人民之灾祸牵长，在前时有数百万人望林之去，北京若有旨到即可速离此地。惟现在众百姓所望已失，而可怜之本地人已垂头丧气，他所行之灾害，已布满此省及近海之处，日日更甚，不久必令天下各国尽皆知之。

This hero however is now in future to exercise his sway over this province. We tremble at the very idea of protracted human misery. Millions waited for the removal of Lin, and every new dispatch from Peking rekindled the hopes of his speedy departure, the joy is now damped, and the poor natives hang down their heads in mournful silence. An awful and portending gloom has spread over this province and communicated its baneful influence to all maritime China; the consequences are more deeply felt every day, and they will soon be manifest to the world.

大抵林亦不使中国地方有扰害情事，虑到将来地方不平安，其罪归于本人身上。林欲胜夷人乃系难事，不过系速图败坏而已，我等可称林名害。

We trust Lin will pause and refrain from disturbing the peace of the country, the crisis is fearful, and sooner or later it will break down upon his devoted head. The imaginary triumphs over Barbarian obstinacy are dearly bought, and all measures of the same stamp will only hasten on inevitable ruin. Well has Lin deserved the epithet of 'the destructive.'

86

[澳门一千八百四十年二月十五日新闻纸]

又

在此两日间，有谣言传说，广东省城各大官立意欲全禁外国之贸易。大抵此传闻未必真实，各大官立意欲行此事之道理，乃系因为钦差即今日广东之新总督欲禁绝鸦片。因见鸦片贸易若准与外国通商，即难以断绝，一日有外国贸易，即一日有鸦片带来等语。然依我等看来，中国若一停止正经合法贸易，各处海岸走私之人必多，即要生出许多大罪及行强之事，总督若仍旧固执于其自己之意见，定必拖累其本国受不测之祸，以致禁止鸦片之法，亦不必望其有成。若中国一日有人吸食鸦片，即一日有人接济。设欲停止正经贸易，不与外国人通商，如日本国近来二百年不与外国往来之事一样，此事更是不能。盖日本国断绝贸易后，人皆俱已全忘记日本之贸易，兼以识日本人之品性，恐怕危险多过利益，所以人皆不十分着紧日本之贸易。然中国即与日本大不相同，我等知道中国之人尽皆爱做贸易，虽有违禁，尽心设法以避法律之严，若有人肯冒险带货物到来出卖，中国人即肯接受。中国国家毫无情分待外国之人，即百姓有违背法律与外国人相交，各官府必定查办，恐后来定然生出意外之事。或有人问曰："何以中国一停止贸易，即有如此多危险，而日本国反能永断外国贸易，亦无危险乎？"

The Canton Press, 15 February 1840.

There has been a rumour afloat these last two days, said to be on the authority of a letter from Canton, but which we think, needs confirmation, of the intention of the Provincial Government for the present *to stop all foreign trade*. The reason for this new violent measure is said to be the conviction at which the Commissioner, now Vice Roy of Canton, has arrived of the futility of all his former measures to stop the Opium-trade, and that so long foreign intercourse is at all permitted, so long will Opium be brought. This we believe will be the case, but after the law shall have closed China against all lawful traffick, the coasts will be overrun in a far greater degree by smugglers, and will probably become the scene of the greatest crime and violence. The headlong measures of the Viceroy threaten to involve the country in misery unknown before. It is altogether impossible to expect whatever laws may be made against the use of Opium to be effectual, so long as the taste for that indulgence exists, and so long as the people have wherewithal to obtain it. As to closing China hermetically against foreign enterprise, as Japan has been during the last 200 years, is now altogether impossible; Japan during its long seclusion has nearly been forgotten, and a mercantile enterprise to her coasts, unacquainted as we now are with her people's tastes, promises greater risk than profit – with China the case is different – we know that her people are essentially commercial, that they will evade as much as they can the restrictive laws of the government, and we know that they have the means to pay the adventurer handsomely for his risk; Her government shewing no sympathy for other nations, these will not for a moment hesitate to act in contravention of her laws, and thus will a state of continual irritation be kept

我等即答曰："二百年来，西边各国行船之法、勇敢之心及国中财帛，俱已大加增，兼彼时日本人之才学机智，与欧罗巴各国相等，即中国之强勇，亦与欧罗巴各国相同。况在彼时欧罗巴人已得中国贸易之利益，欧罗巴人初到中国贸易时，不过数人而已，今历重洋到中国求利者，已有数百之多，中国人得其利益不少。欧罗巴各国在日本贸易之日浅，而中国贸易之日久，故所有之人无不望复得此利益。外国人若与中国人理论起所有之事，及要中国人算清帐目，中国即难停止贸易。"

up, probably ending in rebellion or revolution. We may be asked why, if such seclusion threatens China with so much danger, Japan was so successful in excluding all foreign contact?

We answer that in the last 200 years the navigation, enterprise, and wealth of the western nations have increased immensely; that the Japanese *were* in education and sciences on a par with Europeans of that time; and that therefore no disparity of power did exist. The advances, however, made by Europe have given her great advantages over China; for one man who 200 years ago left his country in quest of adventure and riches in these distant climates, there are now hundreds, every one of whom is probably provided with greater means than were his few adventurer forefathers. Besides, foreign commerce had never taken such deep root in Japan as it has done in China. An immense population exists through it alone, and well ever be anxious to preserve or recover it. Besides these considerations, before the Chinese will be allowed to become exclusive, foreigners have to settle accounts with them which will to all appearance not allow them to be the only lawgivers on this occasion.

∞ 87 ∞

澳门一千八百四十年二月二十二日新闻 即中国正月二十日

The Canton Press, 22 February 1840.

Local News. –

The Taou left this week for Canton, it is said with the intention of asking for new instructions to act in accordance to Lin's wishes. About 15 days ago a proclamation from the Lin and the Lieut. Governor was sent to Yih in order to be published at Macao, but the Taoutae was too wary to compromise himself by promulgating such a paper, and it was put forward on the 20th instant. As a translation of this document is subjoined, we merely remark that it unique in its kind. Because a certain number of English remain in Macao, a neutral settlement, and up to this day considered the common resort of foreigners, and as such described in a number of edicts, the Portuguese trade is to be stopt, and the place to be put in a state of siege. — Of all the acts of folly committed by the famous Lin, this is perhaps the most egregious. Can any object thereby be accomplished, or will Lin or the Emperor, or any body on the wide face of the globe gain any thing by the departure of a few Englishmen from Macao? Consider on the other hand the misery, that such a measure will occasion to poor, innocent people who live from hand to mouth, how detrimental it will prove to the native farmers around this settlement, and to what bitterness and enmity it must give rise. The threat of extermination, though an empty boast, on account of a few individuals remaining in the place, is atrocious in the extreme. Say whatever you like about Lin's justice, about his sincerity and determination, this manifesto will convince the world, that he is one of the most truculent characters that ever trode on China's soil. If a momentary ebullition of wrath or a mere whim can lead a man to take such steps, what will he not do if he is really pushed to extremities. It is also rumored, that it is the wish of Governor Lin to see the native population evacuate this settlement, in order that he may be enabled to carry on his plans against Barbarians with still greater rigour. We much doubt the practicability of this plan. But whatever mischief may accrue from this mode of acting, let all the credit fall to the share of the author, and let us not vainly imagine, that compliance at the present juncture would lead to happy results. Lin has further views which he will develop whenever it suits his convenience. Only try to please him by tamely submitting to his behests, and you may be sure, you will be treated with compassion a la Chinoise. Reasoning is of no avail, for the governor is deaf to all remonstrances; firmness alone can save us; but from the moment we shew a vacillating spirit, a series of calamity and of unprecedented misfortunes will necessarily befall us.

现在事势，惟要顺服，即可得平安，须要顺服，即可得中国之怜悯。然亦恐无益之事，总督乃如聋人，不肯听人所讲之话。而我等现在只可自立主意，不然即恐怕灾难立至矣。

There is a new feature in the present crisis, perhaps without a parallel in the history of trade. To prevent all supplies from reaching Macao, it has pleased Lin to order the blockade of some of the adjacent points, amongst which Keang-mun is the most important. Now we really believe that there was never a government, that blockaded its own ports. This is carrying matters with a high hand, and no doubt a pledge, that such a course cannot long be persevered in. The more wild this great man's proceedings, the sooner there will be an end to this play, the cure from all absurdities is the unreasonableness of these extraordinary freaks.

现在又出有一样新法子，禁止澳门伙食，乃从来贸易书上所未见过。今总督将近澳各港口封起，第一江门算是最紧要之港。此真奇事，从未闻有国家自封其港口之事。今事情既已弄成如此大，恐怕此封港之法不能长久，此大人所行之事若是更野，这本戏更易完局矣！

∞ 88 ∞

[澳门一千八百四十年二月二十二日新闻纸]
又

The Canton Press, 22 February 1840.
'*Difficulties between the English and Chinese; the Position of the American Residents, &c., by C. R. Chinese Repository for January.*'

We have in our last number considered the 23 opinions advanced by C. R. and now are arrived a the other part of his article in which he gives his advice to: first, the American Consul, next to his own countrymen; then to the British Community, and finally to the British Superintendent of trade. C. R. blames the American consul for having refused to deliver to the Chinese authorities petitions from American subjects; we presume that in such cases the Consul is allowed to exert his own discretion, and either to support or not, as he shall think fit, the prayer of his countrymen. His countrymen, C. R. would use the influence of his opinions, to recall to their own regular commerce and to a more becoming position toward the Chinese government. We cannot perceive that the Americans by acting as general Agents during the expulsion of the British, have exposed themselves to any danger greater than they are otherwise in, of bad treatment from the Chinese: that these, to excuse the intended exclusion of all foreigners from China, may bring forward the Agency of Americans for the English, is very possible, but had such agency not existed, the Chinese would have found no difficulty in justifying their acts by some other sophistry. This blame of his countrymen makes us almost disbelieve the common voice which attributes the article under review to the pen of an American merchant who has often been before the public as general censor, under his own name and that of his firm: should however this article be really from the pen of this merchant, which there is much internal evidence to believe, then we cannot but lament that in his case lesson and practice should be so utterly at variance, for he is well known, not only to have transshipped goods outside for Canton, (they may have been *bonafide* American property) but also to have applied to English merchants for consignments! This is another lamentable proof how the *auri sacra fames* 'the accursed thirst of gold' will neutralize principles based upon conviction, and defended upon *paper* with no mean ability. Speaking of the signature of the second bond, C. R. says: 'Yet, even in the signature of this bond, the American merchants went to the very verge of dishonor,' and contends that the Americans should have resisted it to the very utmost, that the signature of such a bond should have been resisted, we perfectly agree, but cannot see why the signing of the first bond was less objectionable; it involved in exactly the same penalty, in death, such as should be found smuggling Opium, as we have already observed in a former part of these remarks, and the eagerness for transacting business, alone, overcame all scruples, as it did subsequently in the signing of the other bond. But, says C. R. in a letter which he proposes his countrymen should address to the Chinese authorities, be it remembered, *after the advantages from signing the bond had been obtained,* 'It was ever our intention on the expiration of these periods (of 4 and 8 months for vessels from India and Europe) to come before Your Excellency with out frank petition against the full enforcement of those regulations.'

我等朋友又欲如此禀钦差，并说：

C. R. further proposes to tell the Imperial Commissioner:

"虽已具结，亦是无用。因为众人皆非诚心具结，众人所已肯具结者，皆因大人强、众人弱，故不得已遵令具结而已。具结之后，若犯出有事，其具结人定必不交出其船上之人，因船上之人或船上之货物，具结之人无权可以交出人，又或因船或船中货物皆非具结本人之物，是以不能

'The bond, even if given, is of no value: no man signs it sincerely. He submits, because you are strong and he is weak, but he utterly denies the obligation. He neither means to give up his crew nor his vessel, nor his cargo. He has no right and no power to do either. He regards you as an oppressor, for demanding it, and is determined to act, just as if he had signed no bond whatever. His rulers too will disown the certificates so soon as they hear of them.'

交出人，彼时若问其要人，定必谓大人欺凌他们，他们立意仍行其自己之事，虽具结如未具一样，而船中之本主人及货物之本客人，一闻此事，亦不肯招认具结。”

若果然系如此，所具之结俱是无用。咪唎坚人何不将实言禀知钦差，乃反顺钦差之命令具结进口，致引错钦差之心，以为他之权柄可以管治凡有犯法之人。咪唎坚人何不明说具结乃系无用乎？盖众咪唎坚人尽皆知道，若一递此等之禀，即必令正经贸易之利益更为艰难。虽然如此，后来或者再递切实之禀，即可免于危险矣！我等朋友切当记忆，乃系其本船船主为欲做贸易，故最先具结进口。

Why, if such is the case, did the Americans not honestly state this to the Commissioner, instead of, by complying with his orders, mislead him into the most fatal belief that he had power over the lives of American offenders? The answer is plain, such an objection would have endangered the profits of the trade, and could only be ventured on at a later period, which the object had been gained, and a *frank* petition could no longer be dangerous. If C. R. and the American merchant, above alluded to, are the same person, it will be remembered that the Captain of his own ship was the first to sign the bond which gave the momentary advantage of being able to transact business.

说明

本则以下紧接第89则，均为《广州新闻报》对于《中华丛论》第8卷第9期(1840年1月)页446-478所刊文章“Progress of the Difficulties between the Eng. & Chinese; the Position of the American Residents”的评论。

꧁ 89 ꧂

[澳门一千八百四十年二月二十二日新闻纸]
又

论及我等之朋友责备英吉利人要在外洋出卖货物之事，又以为首领事吩咐英吉利船只抛泊在外洋，乃系不合法之事，因各英吉利船抛泊之处，系在中国官府所管辖之地方。我等现在不必计较此事，因为我等之朋友必要如此说，故此我等虽与他辩驳，亦是无益。惟于去年三月尾之时，中国人所行与英吉利及各外国人强霸事情，令所有在广东省城贸易之外国人，尽皆十分危险。因为在广东省城时，中国人将英吉利及各外国之人围困，而彼时各外国之人，各人俱各尽心设法保护自己。故当现在之事势，各英吉利人实宜用心设法，保护泊在虎门外洋之英吉利船只，及尽我等所能行者，以期在船平安。而我等之朋友，在其信内反以为不应如此行，真令人不明其意，岂不思当日中国人在潭仔烧毁大吕宋船之事？英国船只若

The Canton Press, 22 February 1840.

The advice given by C. R. to the British community is of too general a nature to leave much to remark, but may we ask C. R., who censures the consigning their property for sale to Canton, were any other means of realizing such property available? Was it not the duty of Commercial Agents, a duty they owed to their constituents, to realized that property in the best and, in fact, the only manner they could? If the Americans are excused by the duty they owe their constituents, for having remained in Canton after having suffered imprisonment and many other insults, surely the British merchant after having rendered a repetition of such acts, as concerns himself, impossible, by withdrawing his person, is not to be blamed if he incurs some risk of property only.

In expectation of answers from the home government the British merchant fleet remained anchored outside the Bogue. C. R., in his strictures on the Superintendent's conduct contends, that this was unlawful, the Chinese having a perfect right of jurisdiction over those waters where the fleets were anchored. We allow that this may be the case, but their claim would be much strengthened had they the means to enforce it. At the same time the Chinese had, since March last, assumed a hostile position towards the English, so as to render their trading at Canton in the highest degree dangerous. The Chinese having them in their power in Canton, scrupled not to avail themselves of it to the fullest extent, and surely nothing but the want of that power protected the merchant fleet, which whatever C. R. may say to the contrary, was fully justified in taking what defensive measures it could for it's safety. How necessary this was, the burning of the *Bilbaino* in the Typa has proved – British vessels alike unprotected and alike unoffending would have

无保护，亦已如大吕宋船矣！

论及后来西边国家当如何行事，我等朋友以为育乃士跌 即米利坚大部落 国家定必无打仗之意。在其信内有云：无论咪唎坚人在中国如何吃亏，如何艰难，育乃士跌国家总不肯有打仗，定必尽心调停平安而已；前因欧罗巴洲各国时常打仗，大吕宋各部落复有扰乱之事，所以咪唎坚育乃士跌国家凡事俱能忍耐，不肯同别国打仗等语。然我等以为未必如此。若咪唎坚人被别国欺凌，育乃士跌国家未必能如此忍耐，未必肯尽心调停平安。我等今且引一事，即可见育乃士跌国家即不能如此忍耐。先日育乃士跌国家因国中之人在苏麻答拉岛受麻嬄人之欺凌，即不分好歹，将麻嬄人杀死大约有四百名，报复麻嬄人之欺凌。盖麻嬄人所行之事，未必有如中国人之暴虐，未必有如中国人抢劫没啦作三板、烧毁墨尔咩娜船之事。在苏麻答拉岛之麻嬄人并不能打仗对阵，尚且如此，何以我等朋友信中，又说咪唎坚人能忍耐？大抵我等朋友未必不知苏麻答拉岛之事，今看如此行事，不过欲夸示咪唎坚人之忍耐而已。

shared the same fate.

In asking a view of the 'action to be expected and desired, on the part of western governments,' C. R. observes, after instancing the reluctance the United States have ever felt to violent or warlike measures: - 'unquestionably the United States will exhaust every peaceful recourse, rather than leave their citizens resident in China longer exposed to loss and contumely. But all their efforts will be deliberate and pacific. Their neutral position, during the long wars of Europe, and the succeeding disturbance of the Spanish colonies has taught them patience.' We deny that the U.S. Government has always shewn so much patience, and so great a disposition to a peaceable settlement, where citizens of the U.S. have been insulted. We may, to prove our position, instance the punishment, and indiscriminate punishment too, of the Malays at Quallubatu in Sumatra, on two occasions, on the first of which the Americans took, by the slaughter of about four hundred natives, ample revenge, for whatever they had suffered from them. These Malays had done nothing more atrocious than what the Chinese have been guilty of in their attack on the *Black Joke* and the *Bilbaino*. That the parties in Sumatra were too weak to oppose force to force was we hope not the reason why in this instance the Americans deviated from the rule laid down for their conduct by C. R., who in praising the virtue, the wisdom, the forbearance, and the patience of his own people, is to expect a special pleader, not to forget occurrences like those at Quallubatu.

C. R. next advocates the cooperation of foreign nations in preventing the introduction of Opium into China. W e suppose that in subsequent treaties some such clauses as C. R. instances as existing in those between Russia and Great Britain and the United States, against the providing of the North American Indians with spirits, may be introduced with regard to Opium in China, but, if we can trust the reports of travelers, the Indians, even in the remotest settlements, are as addicted as every to drunkenness, and frequent scenes of debauch witnessed by these travelers attest but too plainly the futility of such enactments. The idea of dividing the jurisdiction, so as to reserve all offence (of Opium smuggling) on the 'high seas' to foreign, and to leave all committed in harbors to native, tribunals, is too visionary to deserve to be earnestly debated. Are the English, Americans and others to give employment to their navies by doing the preventive service for the Chinese, or even if they were so employed, have they the right to warn off a single ship not under their own flags because she may have Opium on board? C. R. thinks that such preventive service would not meet with opposition, but however peaceful on other occasions, he seems inclined to show fight for the upholding or spreading of his own particular tenets, as will he seen from the following threat. 'Let the two great powers most interested in the matter make the concession, and let time tell, if *any other dare* violate what they untie to respect, or refuse what they have conceded.' Thus the man who professes maxims of universal peace and benevolence, is not loth, for the advancement of his own schemes, to bully others into compliance.

说明

本则底本紧接在第88则后，为同一篇。

꧁ 90 ꧂

[澳门一千八百四十年二月二十二日新闻纸]

又

兰顿一千八百三十九年十月十八即九月十二日 新闻纸上说，有没力底时郡的火烟船，于十月初一 即九[八]月二十四日 由纽育 米利坚大部落名 回到兰顿，说纽育钱银尚是甚紧，不久爪顿借有银八十万棒，交予银店支交，真是从来所未闻过有如此之紧。

The Canton Press, 22 February 1840.

'Latest Europe Intelligence.' London, 18th October, 1840 [1839].

The advices by the British Queen, steamer from N. York the 1st inst., if not more unfavourable than the preceding, show a tightness for money, which is said to be greater than ever was known, and we are anxious to learn the effect of the accounts that would be subsequently received from this side. In the meantime, Mr. Jaudon here has obtained the loan of £800,000, and there has been considerable business done in U. S. Bank shares at £20, though sellers at that price appear to preponderate.

说明

此则转载自1839年10月21日英国报纸《地球报》(*The Globe*)。

꧁ 91 ꧂

[澳门一千八百四十年二月二十二日新闻纸]

又

在我等之银店，现在无银支交十月兑会之数，因为银店紧急，所有众人尽皆用心设法，欲筹画接济，若银店无银，生意即更难做，现在开张银店者，惟望别处会来之银稀少。

The Canton Press, 22 February 1840.

'Latest Europe Intelligence.' London, 18th October, 1840 [1839].

Our own money market has experienced no relief from the payment of the October dividends, and apprehensions increase as to more stringent measures on the part of the bank of England becoming necessary, which would press most severely upon trade. The hopes of our foreign exchanges coming round have also been checked by their having again shown a downward tendency. The accounts from Manchester and the manufacturing districts generally continue very gloomy, though the Liverpool cotton market is more firm than could be expected.

说明

本则上接第90则，为同一篇底本。

꧁ 92 ꧂

[澳门一千八百四十年二月二十二日新闻纸]

又

现在中国人大抵已灰心，不复再想买外国商船以为师船之用，因为前时中国人欲将在黄埔湾泊之黄旗娜领船拿去充公，各洋商用银四万五千员买去充师船。数日前，有官府到娜领船上看验，回覆所买之娜领船又小又浅，不过系白白费去银子而已。

The Canton Press, 22 February 1840.

The Chinese seem to have given up, for the present, the idea of strengthening their navy by the acquisition of foreign merchant ships. The *Norden* under Danish colors, which the Hong merchants had bought for £45,000, was surveyed the other day by Chinese officers who declared the sale null and void, giving as reason that the ship was unsound and too small.

꧁ 93 ꧂

[澳门一千八百四十年二月二十二日新闻纸]

又

近日中国人在关闸又新建一座炮台，闻说其中有大炮十八门，兵丁不知多少。又闻说在各处近海地方皆设有礮台，即如在尖沙嘴，亦建有几座新炮台。又有谣言传说，有省城兵丁到来香山及到前山等处，现在关闸已经搭盖许多兵丁居住之营帐，未知实否？

The Canton Press, 22 February 1840.

The Chinese have lately erected a battery at the barrier, with, it is said, 18 pieces of Cannon. Other fortifications are being erected on other parts of the coast, and we are informed that several strong forts have been built about Hongkong. Rumours of soldiers on their way from Canton to Heangshan and Casa Branca are afloat, and a good many soldier's tents have again been pitched at the barrier.

꧁ 94 ꧂

澳门一千八百四十年二月二十九日新闻纸 即中国正月二十七日

The Canton Press, 29 February 1840.

Insufficiency of Laws.

Laws against the use of Opium and against its importers have long existed in China, but it was possibly the apprehension of their insufficiency that made them slumber for a long while, until, now about four years ago, the subject was brought to the attention of the court, and in the discussions whether the importation should be legalized or altogether prohibited, the opinions of many men of influence were divided. The party in favor of prohibition and of summary punishment against all offenders at last gained the Emperor's ear, and the result was an extraordinary commission by which Lin was vested with all but absolute power, and sent to Canton to drive Opium from the land. With the laws, local as well as imperial, made during the last year against Opium smugglers and smokers, our readers are familiar, and if we are to believe Chinese *official* accounts (but who will?) a number of people, repenting of the use of the drug came voluntarily forward and delivered to the magistrates their pipes and the Opium in their possession, and left off the bad habit henceforward. Supposing that there is some truth in this, we yet fear, that a very small proportion of the smokers relinquished their favorite indulgence, and the flourishing state of the smuggling trade must convince every one that Lin's measures have altogether failed in their effect, whilst they have produced evils probably far greater than that intended to be suppressed. Not only has the foreign trade, which affords subsistence to millions of industrious natives, been reduced to less than one half, but all the native maritime trade has suffered greatly by the continued interference and vexations regulations of the government. Complaints of poverty are heard every where, and we are credibly informed that, contrary to Chinese custom, an immense number of accounts remained unsettled at the last

Chinese New Year. But this commercial distress is but a small part of the misfortunes in store for China, since her treatment of foreigners has been such that she cannot expect to escape without punishment, and it is dreadful to think what may be the consequences to China of a war with England.

现在中国人设立禁止鸦片之法，正如英国设立禁止人饮浓酒之法一样，不但系无用，乃更生各样灾害。因我今抄出英国禁止饮浓酒，以论现在中国禁止鸦片之事。

The machinery of the British government, is, it will be allowed, fully as effective as that of China, and yet it was found that the penal statutes for the suppression of the vice of drunkenness were productive of many evils of different descriptions, while they were altogether inadequate to the object proposed. We may be allowed here to quote from MacCulloch a passage concerning the English laws made with a view to diminish drunkenness, and their inefficiency, which we think is peculiarly applicable to China at present.

英吉利、嘶噶兰、嗳伦消流浓酒及浓酒税饷之事，在英国各样税饷之中，惟酒税算是最好，因酒乃快乐之事，人所共好。设若税轻，吃酒之人必多，即日更消流矣。因饮浓酒在害于人之身，故不得已加重其税饷，俾其价值昂贵，贫穷之辈饮之者少。现在各国之中，以浓酒一项莫不加增税饷，一来可以多收税饷，二来酒价昂贵，或可禁止贫穷之辈少吃。现在税饷虽是加重，惟吃者更多，浓酒日更消流。法律虽严，及有官府用心查禁，亦不能令街市奉官准卖之酒店纳饷，售卖皆已归于私行卖酒之人，查禁愈严，私卖之人愈多，而酒醉之人更多，兼至毫无忌惮，而饷日益少矣。

'1. *Spirit Duties: Consumption of British Spirits in Great Britain and Ireland.* – There are, perhaps no better subjects for taxation than spirituous and fermented liquors. They are essentially luxuries; and while moderate duties on them are, in consequence of their being very generally used, exceedingly productive, the increase of price which they occasion has a tendency to lessen their consumption by the poor, to whom, when taken in excess, they are exceedingly pernicious. Few governments, however have been satisfied with imposing moderate duties on spirits; but partly in the view of increasing the revenue, and partly in the view of placing them beyond the reach of the lower classes, have almost invariably loaded them with such oppressively high duties as have entirely defeated both objects. The imposition of such duties does not take away the appetite for spirits; and as no vigilance of the officers or severity of the laws has been found sufficient to secure a monopoly of the market to the legal distillers, the real effect of the high duties has been to throw the supply of a large proportion of the demand into the hands of the illicit distiller, and to supperadd the atrocities of the smuggler to the idleness and

当英吉利国王渣治第一管国之末年时，及渣治第二管国之初年时，饮毡酒之事大行，酒店亦多，浓酒亦便宜，各大官即陈说，酒乃害人品性德行之物，各大官遂立章程，除用作药材无禁外，余皆禁止，概行不准吃浓酒。一千七百三十六年，遂立定例加重税饷。凡读此例者尽皆满身流汗，其例之大略云："现因饮浓酒之事大行，于下等之辈尤甚，若常饮此等浓酒，定必坏人身体，以致不能做工办事，已害人品性，尤复引人无恶不作，现在若不禁止，后必有因此而亡国。"若欲禁人吃酒，必先定立章程，欲禁止各人饮浓酒，立例先须断绝饮浓酒之源，其故莫要于加重税饷，令每棒酒收税饷时呤两个半，只准人领牌零卖，不准设有大间蒸酒馆。又出赏格，凡人有小点酒未纳足税者，虽系出于无心，亦必罚银一百棒，给与报信之人。各有体面之人，因见酒系犯禁之物，遂不复开酒店，众人俱以为所立之法，可以禁止吃酒之事，岂知不但不能禁止，乃更与此事相反，而卖浓酒之贸易，已落于下等不堪之人手上。此等之人已不畏法，又无产业可失，不过只图衣食而已，各人民亦皆帮助走私及私开酒馆之事，与兰吨等处征收税饷之人相斗，报信之人亦被若辈满街赶逐，好似赶逐野兽一样，而醉酒之案件罪过亦日更加增，行此例不过两年之间，即已将此例变为所可恨、可恶、可轻之事，以致各官府不得已复减浓酒税饷，及减所有之严例。自加重税饷之后，两年间之案件共有一万二千人，或有犯专卖

dissipation of he drunkard.

'During the latter part of the reign of George I., and the earlier part of that of George II., gin drinking was exceedingly prevalent; and the cheapness of ardent spirits, and the multiplication of public houses, were denounced from the pulpit, and in the presentments of grand juries, as pregnant with the most destructive consequences to the health and morals of the community. At length, ministers determined to make a vigorous effort to put a stop to the further use of spirituous liquors, except as a cordial or medicine. For this purpose, an act was passed in 1736, the history and effects of which deserve to be studied by all who are clamorous for an increase of the duties on spirit. Its preamble is to this effect: - "Whereas the drinking of spirituous liquors, or strong water, is become very common, especially among people of lower and inferior rank, the constant and excessive use of which tends greatly to the destruction of their health, rendering them unfit for useful labour and business, debauching their morals, and inciting them to perpetrate all vices; and the ill consequences of the excessive use of such liquors are not confined to the present generation, but extend to future ages, and tend to the destruction and ruin of this kingdom." The enactments were such as might be expected to follow a preamble of this sort. They were not intended to repress the vices of gin drinking, but to root it out altogether. To accomplish this, a duty of *twenty shillings* a gallon was laid on spirits, exclusive of a heavy license duty on retailers. Extraordinary encouragements were at the same time held out to informers, and a fine of 100 *l.* was ordered to be rigorously exacted from those who, were it even through inadvertency, should vend the smallest quantity of spirits which had not paid the full duty. Here was an act which might, one should think, have satisfied the bitterest enemy of gin. But instead of the anticipated effects, it produced those directly opposite. The respectable dealers withdrew from a trade proscribed by the legislature; so that the spirit business fell almost entirely into the hands

浓酒之罪，或因被卖浓酒而牵涉者，惩办虽有如此之多，不但不能禁止，卖浓酒之事反见日多，即如征收税饷官、各处地方官，亦皆无法可以禁止浓酒走私之事。依律好司衙门内之大官左尔门底里阿尔所说，见得贩卖浓酒系不合法之事，及禁止人不许贩卖浓酒之后，每年在兰吨及邻近地方所消流浓酒，共有五千六百万棒。虽然如此，国家仍旧禁止。一千七百四十二年，始准人领牌开浓酒馆，减少税饷。税饷虽然减少，而所收之税饷比前时所收更多。当时在律好司及比阿士等大官辩驳此事，尽心设法，欲禁止吃浓酒，皆不能行。众人因见此事虽系有害于人，因费尽心机尚不能禁止，故只得任人吃之。当禁止之时，有犯吃浓酒之案甚多，及至一改转法律，减少税饷之后，即大有益于国家，走私之事亦日减少，而犯醉酒之案亦已大减，并不闻有走私日见其多，及犯醉酒案件之事。

of the lowest and most profligate characters, who, as they had nothing to lose, were not deterred by penalties from breaking through all its provisions. The populace having in this, as in all similar cases, espoused the cause of the smugglers and unlicensed dealers, the officers of the revenue were openly assaulted in the streets of London and other great towns; informers were hunted down like wild beasts; and drunkenness, disorders, and crimes, increased with a frightful rapidity. "Within two years of the passing of the act," says Tindal, "it had become *odious and contemptible*, and policy as well as humanity forced the commissioners of excise to mitigate its penalties." – (*Continuation of Rapin,* vol. viii, p. 358, ed. 1759) The same historian mentions (vol. viii., p. 390), that during the two years in question, no fewer than 12,000 persons were convicted of offences connected with the sale of spirits. But no exertion on the part of the revenue officers and magistrates could stem the torrent of smuggling. According to a statement made by the Earl of Cholmoudely in the House of Lords – (*Timberland's Debates in the House of Lords*, vol. viii., p. 388), - it appears, that at the very moment when the sale of spirits was declared to be illegal, and every possible exertion made to suppress it, upwards of SEVEN MILLIONS of gallons were annually consumed in London, and other parts immediately adjacent! Under such circumstances, government had but one course to follow – to give up the unequal struggle. In 1742, the high prohibitory duties were accordingly repealed, and such moderate duties imposed, as were calculated to increase the revenue, by increasing the consumption of legally distilled spirits. The bill for this purpose was vehemently opposed in the House of Lords by most of the bishops, and many other peers, who exhausted all their rhetoric in depicting the mischievous consequences that would result from a toleration of the practice of gin-drinking. To these declamations it was unanswerably replied, that whatever the evils of the practice might be, it was impossible to repress them by prohibitory enactments; and that the attempts to d so had been productive of far more mischief than had ever resulted, or could be expected to result, from the greatest abuse of spirits. The consequences of the change were highly beneficial. An instant stop was put to smuggling; and if the vice of drunkenness was not materially diminished, it has never been stated that it was increased.

至渣治第二管国时，禁酒之事已不必讲论。即此可以见得，加重税饷亦难除去人所好之物，并难减其消流。现在中国人禁止鸦片走私及吸食鸦片之事，略与此事相同，故特抄出于众人看。

'But it is unnecessary to go back to the reign of George II, for proofs of the impotency of high duties to take away the taste for such an article, or to lessen its consumption. The occurrences that took place in the late reign, though they would seem to be already forgotten, are equally decisive as to this question.'

❧ 95 ☙

[一八四〇年]三月初七日澳门新闻纸
庚子二月 即中国二月初四日

在二月二十八 即正月二十六日 系礼拜五日十点钟时，有中国师船两只，及有许多小船，满装引火之物，烧燃向着金星门之船只吹来。幸得被风及流水淌近岸边，以致岸边有许多中国小艇被火烧毁数只。至外国各船，只有底威尔大三板一只被烧着头桅，不久即已救息。又有哥洼支麻里船因为避火，被搁在浅水上，不久亦已驶脱，并未有损伤。时窝拉疑兵船上，当遣三板将火船拨至岸上，离去各船，以免于危险。闻说各火船上装有竹筒，而竹筒内又载有火药、玻璃、碎石片等物，并不见有开炮。是日晚上又有火船到来，皆不得顺遂，所喜是晚潮水甚小，风色亦甚好。中国人若放得各火船得法，各船定必大受其害，此系算是第一次，后来恐怕中国人若一练熟，驶火船有准头，即更有危险之事，故我等切当小心提防之。

The Canton Press, 7 March 1840.

Attempt to fire the fleet at Tungkoo. On Friday night the 28th of February at about 10 o'clock two junks on fire, to which a number of smaller boats filled with combustibles were attached, were seen to drift towards the shipping from the Cap-sing-moon passage, but wind and tide carried them clear of the shipping, nearer in shore, among a number of small Chinese boats, some of which we hear were burnt. The only damage sustained was by the Schooner *Devil* having her jib and bowsprit set on fire, which was however soon extinguished, and by the *Cowasjee Family*, in slipping her cable to avoid the fire ships, having got aground, but got off again without sustaining any damage. We hear that the boats of H. M. S. *Volage* were employed in towing these fire ships out of the line of danger. They burnt out, after having drifted on shore, without explosion, though it is said that they were filled with bamboos stuffed with gunpowder, broken glass, small stones &c. On the following night another attempt at firing the fleet was made but without success. The tide on Friday night was very slow, and the weather fine, two circumstances much in favor of the fleet, which might have suffered considerably, had the attempt of the Chinese been on a larger scale and better managed. As it is however, this first trial will but too likely be followed by others which may possibly be more dangerous, the Chinese from experience being enabled to give a truer direction to their fire ships, and it is hardly necessary in us to recommend the greatest vigilance.

❧ 96 ☙

澳门一千八百四十年三月十四日新闻纸 即中国二月十一日

兰顿十一月初四 即九月二十九日 新闻纸又云，因为鸦片之事，以致所有东边贸易之货物逐一起价，比前时益更消流。茶叶亦是如此。于十一月所卖之茶，共计四百四十九万七千一百八十八棒，分为六万四[一]千三百二十六包，比十月间所买[卖]之茶多至一百八十九万二千一百三十棒，计二万七千六百三十一包，其价钱比以前更好。次等工夫茶亦卖时呤一个边呢十个半，合中国银二钱七分。如此好价，买者尚难到来。屯溪茶卖时呤一个边呢十一个，合中国银二钱七分六厘。十月尾，里洼布尔茶叶市价甚是不好，近此数日间，已经比前略好。

次等工夫茶每棒价银时呤一个边呢十一个，合中国银二钱七分。

屯溪茶每棒价银时呤二个，合中国银二钱八分八厘。

熙春茶每棒价银时呤二个边呢七个，合中国银三钱七分二厘。

现在丝发价尚是照旧一样。

七里丝每棒价银时呤二十六个，合中国银三两七钱四分四厘。

大蚕丝每棒价银时呤二十二个，合中国银三两二钱四分。

黄丝每棒价银时呤十七个，合中国银二两二钱四分八厘。

广东土丝每棒价银时呤十八个边呢六个，合中国银二两六钱六分四厘。

泉州土丝每棒价银时呤十七个，合中国银二两四钱四分八厘。

The Canton Press, 14 March 1840.

Latest English News. To 4th November.

[...] Associated with the opium trade, as is more or less every branch of our Oriental commerce, and more especially Tea, it has excited some surprise, that it has not experienced greater fluctuation and advanced to higher prices. The declared sale for this day (November 4th) is nearly double the quantity offered at the October sale. The total being in packages 61,326, or in weight 4,497,188 *lbs*. the difference over that of the October sale being package 27,631, or *lbs*. 1,892,130. The market is evidently improving, and while low Congous can only with difficulty be obtained at 1*s*. 10*d*. and 1*s*. 10½*d*. per *lb*., Twankay has advanced to 1*s*. 11*d*. to 1*s*. 11¾*d*. per *lb*.

Tea. – Although to the 31st ult. the Tea Market was dull at Liverpool, yet it is expected to improve in the present week. Prices are quoted at, for the lowest Congou, 1*s*. 10½*d*. to 1*s*. 11*d*.; Twankey, 1*s*. 11*d*. to 2*s*.; Hyson, 2*s*. 7*d*. upwards; in other sorts little doing.

Raw Silk. – Prices since the public sale have continued without alteration. Tsatlee, 22*s*. 6*d*. a 26*s*.; Yuun-foo, 21*s*. a 25*s*.; Tayssam, 22*s*. a 22*s*. 6*d*.; Yellow China, 15*s*. 6*d*. a 17*s*.; Canton, 15*s*. a 18*s*. 6*d*. and Chin Chew, 14*s*. 6*d*. [a] 17*s*. per *lb*.

说明

此则为《广州新闻报》转载自1840年2月3日《新加坡自由报》。但《澳门新闻纸》仅摘译原文最后的一小部分。

꧁ 97 ꧂

[澳门一千八百四十年三月十四日新闻纸]
又

The Canton Press, 14 March 1840.

BOMBAY. COMPENDIUM OF NEWS FROM CHINA.

News of considerable interest and importance having just reached this to the 9th September, from China via Singapore and Calcutta, we have been induced to publish the same in a connected form, for the convenience of our friends, to transmit to England by the Steamer, and have added the remarks which have appeared in our columns on Chinese affairs, since the departure of the last Steamer.

It will be seen from the extracts we give from private letters, circulars, and Macao and Singapore Papers, that the Chinese Authorities, having in so threatening a manner demanded the expulsion from Macao of the English and the Portuguese Governor there having frankly declared he was unable to protect them. H. M. Superintendent and all the Europeans and Parsees finally quitted Macao, and embarked on board the ships at Hongkong on the 26th August, and intended, we understand, eventually to proceed to Manila.

It also appears, that Captain Elliot had gone in an armed Cutter to remonstrate with the Mandarins about the severe measures they had adopted, for preventing all supplies of provisions being furnished to the English, and that, though after much evasion and delay, he finally succeeded in obtaining a supply, and while the same was actually being sent to him, the Mandarins in a most insulting manner, most deliberately seized such and so otherwise irritated Captain Elliot, as to have compelled him to fire on the Mandarin Boats, which was returned by them and a fort , but without any thing decisive having resulted.

Matters would thus appear to have reached a crisis in China that calls for some immediate, strong and decisive measures.

By letters received in the last Mail, we

understand H. M. Ministers have decided that they will interfere in some vigorous and efficient manner, but they are not prepared to say how. Delay, however, will be most dangerous, and be productive of the most serious loss and distress, not merely to the Trade of India, but to that of the English as well as India Governments. Already have distrust and want of mutual confidence commenced in this Bazar, the evil effects of which are becoming felt more and more every day.

在此季内，要到中国鸦片、棉花，存下未去者，合共算起，此季贸易亏银六百万棒，真是大有害于利益，未免令此处地方穷困，若再迟延不理，必到倒榻[塌]许多人。此地方时常买卖日见其减。

We have seen a calculation that makes the amount of capital, locked up in Opium and Cotton in China, and in contracts for that market, withdrawn from the usual circulation in trade at this season, to reach to little short of Six millions sterling. This alone must convince the most uninterested observer what serious embarrassments must be occasioned in this place. Delay will aggravate the evils, and if prolonged, must ultimately cause ruin to many, check trade, and greatly diminish the usual business of this port.

在我等国中，皆喜孟买贸易之兴旺，凡为客商者无不夸羡，以孟买兴旺不独有益于众人，并且国家厚得税饷之大利。然孟买之兴旺，由与中国交易常护 [获] 贵重利益。设若一经停止，不与中国贸易，即觉得有许多不便之处。所以国家以及官府速议贸易归于平稳妥当地步，不可迟延。此等事情已与我等毫无干涉，本不应越分议论，因我等思想，如此迟延岂不于此处贸易大有损伤矣！现在我等国家反听信人之虚言，不肯招认义律担承之数。此等行为于公义道理。[此处译文有缺漏]

The great increase of the trade of Bombay has been the admiration of all, and the proud boast of our resident Merchants. This increased trade has greatly tended also to the prosperity and improvement of the whole Presidency, and given an impulse to its revenues that has largely benefited the Government as well as individuals. This increase is, however, in a great measure owing to the valuable trade we have enjoyed with China: any stoppage to it, therefore, is most severely and widely felt, and thus calls from the Government and the Community the strongest representation against delay, in again placing so important a trade on a sure, stable, and proper footing. We have no interest in advocating the question as we have done, but the conviction we feel of the dreadful injury that may be done this Presidency by continued delay, or by the British Government yielding to false notions, and doing an act of the deepest injustice, which the refusing to recognize Capt. Elliot's solemn pledges will be,

论及鸦片贸易合法不合法之事，我等现在暂不评论。

惟英吉利之代理人，被中国欺凌暴虐恐吓，因为救其自己之命及本国人之命，故不得已用国家之名，令各英国之人将其产业缴与中国，以为救赎各人之名。因义律系国王之代理人，当即应许，后来国家定必赔补众人所失之项，明对众人说知定必赔补。后来令立法之人，依所应赔之数立定禁止之严法，后来不准人再做鸦片贸易，是以无人敢违抗此例，如此方可谓之行好及施平安于天下之人。

we think.

We maintain, the propriety or impropriety of the Opium trade is not the question to be now decided.

The duly constituted Representative of the British nation has been outrageously insulted, and under threat of starvation placed in restraint, and compelled, in order to save his own life and that of his countrymen, to require of British subjects (enjoined by the British Government to obey him) to deliver up the property the Chinese stipulated for, as the only ransom they would receive, promising, as he was in duty bound, that the British Government, whose representative he is, should in demnify them for that sacrifice of their property. Let not evil be done that good may come. The British nation must, and will support its Representative, recognize his guarantee, and publicly declare to the owners, we shall see you paid. Then let the Legislature make such prohibitions and restrictions as may seem fit, against trading in opium for the future, when no foul or dishonorable spot would stain or sully the purity of an act that claims to itself, motives of the high character of peace and good will towards mankind.

— *Bombay Times*, November 28th.

说明

《广州新闻报》此则转载自1839年11月28日《孟买时报》。

꧁ 98 ꧂

[澳门一千八百四十年三月十四日新闻纸]

又

加尔吉打十二月十六 即[道光十九年]十一月十一日 新闻纸内载：水师官马他伦在为尔里士里兵船上染患痢疾身死，共[其]管辖之兵丁无不十分痛哭。以马他伦系熟谙事情之人，今已身死，若于中国打仗，即为不幸。在我等意见，甚不信与中国打仗必定要用水师官。然我等接到由英吉利最后付来之信，国中大官议论鸦片之事，生出许多奇怪不好之事，此来我等即不必望有在中国虎门打仗之事。在各大官议论，因为茶叶之故，不宜造次，我等岂可为中国人禁止茶叶不准进我等港口，而报复中国乎？

The Canton Press, 14 March 1840.

The death of Sir F. Maitland will be regarded by such of our quidnuncs as have decided on a war with China, as extremely unfortunate. His loss we are fully satisfied will be deplored by those especially, who have experienced a thousand acts of kindness while under his command; the Society in which he moved, and of which he was an ornament, will mourn over his loss; but our opinion is that, as we do not as yet believe in the possibility of hostilities with the celestial empire, the services of an Admiral will not be required. Our last advices from England, relating to the *energy* displayed by the Ministry on the Opium question, out of which sprung the other more offensive feature of our position in China, is such that we cheerfully *despair* of any immediate warlike demonstration in the Bogue or Bocca Tigris. While the Cabinet of St. James have a reason to offer for not precipitating matters, Commissioner Lin may 'go the whole hog' in his own way. But what shall we do regarding our tea? Shall we retaliate on the Chinese by prohibiting the introduction of tea into our ports?

— *Calcutta Commercial Advertiser*, 16th December.

说明

此则转载自1839年12月16日《加尔各答商业广告》。

此则底本并未提及英国海军提督马他伦(Admiral Sir Frederick L. Maitland, 1777—1839)在为尔里士里舰(the Wellesley)上染患痢疾身死，但同日《广州新闻报》另页有此报导，《澳门新闻纸》的译者必然是据此而添加此项内容。

ঌ 99 ও

[澳门一千八百四十年三月十四日新闻纸]

又

现在停止英国贸易之事，大有利益于中国贸易之船，因为他们在中国买茶叶，已占价值便宜，而带到此处，茶叶卖价又贵。

The Canton Press, 14 March 1840.

THE JUNKS. –

We noticed the arrival of the first China Junks of the season, in our number of the 9th instant; three others have since arrived, and we hope to see the average complement in, before the usual season for their arrival closes. According as they come from different ports on the Coast, they give different accounts regarding the state of affairs arising from the prohibitory measures against Opium. In some places it appears that all is quiet, and that smuggling goes on smoothly – but a Nakhoda from Chonglim *complains* that the prohibitions against Opium are rigidly enforced, and seems in no very good humour with the Emperor in respect of his proceedings against the drug.

The junks now arrived have already imported about 10,000 chests of Tea, and as they paid less for it in China than in former years, and are obtaining unusually high prices for it here, their profits will no doubt more than indemnify them for the losses which, according to their own account, they sustained last year on their returns in *Straits Produce* from this. The existing state of affairs in China thus tells in two ways in favour of the Junk traders to this part – for while it enables them, in consequence of the state of trade at Canton, to purchase Teas at their own ports at low rates, the effect of the same state of affairs upon the English market reacting upon this, enhances the price of the article here, and secures it a higher market than it probably ever before obtained in Singapore.

— *Singapore Free Press*, 23rd January.

说明

此则《广州新闻报》谓转载自1840年1月23日《新加坡自由报》，事实应是1840年1月30日。

∞ 100 ∞

兰顿[一八三九年]十二月初二日 即[道光十九年]十月二十七日 新闻纸

前时到来出卖之茶，共有七万包，当卖去五万八千包，存下一万二千包未卖。所存下之茶，内有一半系带茶叶进口之人贮起，索价甚贵。卖出之茶叶价值，比十月间之价更贵。平常工夫茶比前时长边呢二个，上好工夫茶长边呢三个，上好小种茶长边呢三个，屯溪茶长边呢四个，熙春茶长边呢二个，大小珠茶长边呢四个。此时买茶叶之人甚多，因卖主立定贵价，遂至买者甚少，茶叶价钱即已减落。在前月十六 即十月十一日，接得由印度付来之新闻纸，并有论及中国之事情，内说自七月间广东已将英国贸易停止，遂至茶叶价值又复长价。至前月下旬，因而谣言传说国家要与中国打仗，茶叶价银忽更增长。自此以后，市头上卖茶之人皆欲囤积不卖，买茶之人到处购买，毫不能得，皆因带茶叶进口者，俱各囤贮不卖。现在国中茶叶如此畅消，以致下等之黑茶、绿茶，价值亦如时常好茶叶，并工夫茶之价钱一样。平常工夫茶已经长至边呢三个，上好功夫茶长至边呢三个半，平常屯溪茶长至边呢三个半，平常熙春茶长至边呢三个有多，东印度公司带来之平常工夫茶长至边呢五个。在今日早上共卖出茶叶四万九千包。下文再将价钱列明，无论前日立定之贵价钱行与不行，只是牵算起来，总有加一利息。虽时常次等工夫茶、次等屯溪茶、次等熙春茶，俱甚易消流。依官府之税饷数算来，在本年 己亥年 自正月

The Canton Press, 21 March 1840.

COMMERCIAL.

At the public sales of Tea referred to in our former report, comprising about 70,000 packages, about 12,000 were withdrawn, and of the remainder nearly one-half was taken, being held by the importers at very extreme prices. For the portion realized there was a good competition, and in almost all descriptions an advance was established, which, on a comparison with the sales in the early part of October, may be quoted in common Congou 1½ d. *a* 2d., good and fine 2d. *a* 3d., good and fine Souchong 2d. *a* 3d., Twankay 2d. *a* 4d., Hyson 1½ d. *a* 2d., Imperial and Gunpowder 2d. a 4d. Of the quantity thus disposed of a very considerable proportion was purchased on account of speculators and the demand from the dealers not being equally active, the market for some time subsequently was rather dull, and in order to effect sales lower prices were in some instance accepted. On the 16th ultimo, however the arrival of the Overland Indian Mail with intelligence from Macao that towards the close of July the trade with Canton had not been renewed, gave a fresh impulse to the demand, which was increased in the following week by a report very generally credited that the British Government had threatened hostile measures against China. Since that period considerable excitement has prevailed in the market: the dealers have shewn greater desire to increase their stocks, whilst speculative buyers continue their operations, and purchases by all parties would have been still more extensive, had not the quantity offered consisted chiefly of parcels in second hands, importers generally having withdrawn their stocks from sale. The principal demand, however, has been directed, as for some time past, to the lower qualities, both of black and green, and although good

十五日起，至十一月初五日止，茶叶税饷收有二千九百七十一万棒；而在上年 戊戌年 全年计之，所收茶叶税饷只有二千五百七十[五]万棒。在上年全年消流之茶叶，只有二千九百万棒；而在本年所消流之茶叶，即已有三千一百五十万棒。上年全年带回出口之茶叶，只有二百三十万棒，在本年十个月之间，出口茶叶即已有三百五十万棒。本年之茶叶尚未定夺，现在尚望由中国有船到来。自去年十月初一起 即十九年九月二十六日，至停止贸易时，共消流黑茶二千六百万棒，绿茶四百七十万棒，所得价值即可以抵一千八百三十七、八年所消流之黑茶二[三]千二百万棒，绿茶一千零二十万棒之价值。

and fine descriptions of Congou are more in request than previously, the value of this is still relatively low as compared with ordinary kinds. According to the most recent transactions last week common Congou of free-trade import was quoted 3d. *a* 3½ d., good and fine 2d. *a* 3d., common Twankay 3d., and common Hyson 2d. *a* 3d. higher, whilst in common Congou of East India Company's import, which has been much in request, an improvement has been obtained of 4d. *a* 5d. A series of public sales commences this morning, comprising about 49,000 Packages, of which some particulars will be given in a postscript. – Notwithstanding the advance which has been established lately, amounting on the average to about 100 per cent, in common qualities of Congou, Twankay and Hyson, consumption in this country does not appear to have been interfered with. According to the official returns the quantity on which duty was paid from 15th January to 5th November 1839 was 29,710,000 *lbs*. against 25,750,000 in the same period of 1838, and allowing for the larger proportion of Bohea previously cleared at 1s. 6d. duty taken in the latter, the deliveries for home use to that date may be estimated in the present season at about 31,500,000 *lbs*. against 29,000,000 in the last. The exports also continue to exceed that of 1838, having comprised in the first ten month 3,500,000 *lbs*. against 2,300,000. Several vessels being yet expected from China, the particulars of imports and stocks at this period do not afford a correct criterion of the season's supply; in regard to this however, it may be mentioned, that the shipments from Canton from 1st October, 1838, up to the closing of the trade, were estimated at only 26,000,000 *lbs*. black, & 4,700,000 *lbs*. green, against 32,000,000, and 10,200,000 respectively in the season 1837-1838.

Postscript. 4 o'clock. – The Tea sales today have proceeded with great animation, the attendance of buyers being very full, and the bidding unusually spirited. About 8,000 packages were gone through, and nearly all realized at prices establishing an advance on the currency of previous sales in November of 6d. *a* 7d. in all descriptions of Congou, 4d. *a* 6d. in good Souchong, 2d. *a* 3d. in Flowery Pekoe. 7d. *a* 8d. in Twankay, and 9d. *a* 1s. in Hyson. Very ordinary Congou brought 2s 6½d. *a* 2s 7d., fair common 2s. 7¼d. *a* 2s 8d., middling 2s. 8½d. *a* 2s. 9d.; good Souchong 2s. 6¼d. *a* 3s.; fair to good Flowery Pekoe, 3s. 8d. *a* 4s.; good common Twankay 2s. 10d. *a* 2s. 10¼d.; common Hyson 3s. 5d. *a* 3s. 9d., fair to good 4s. 3d. *a* 4s. 7d.

— *Corrie & Co. London Price Current*, December, 2.

ꕥ 101 ꕤ

孟买[一八三九年]十一月十六日 即十月十一日 新闻纸

中国人若以鸦片贸易同英国论讲，英吉利国家定肯禁人贩运鸦片到中国，即印度地方栽种波毕之事，亦定必停止。如此改变，印度国家之税饷定然大为减少。然无论国家之税饷及众人之利益如何，即不栽种波毕，定必另行栽种别物，而国家之税饷及众人之利益，仍可以再得。在印度鸦片贸易之本钱，亦可收起，而至别处港口做贸易。即在此处地方而论，论栽种别物亦可以为中国之利益。况现在鸦片贸易不十分大行，以致各处贸易之利息亦皆减少。以此事之事势看来，惟有等候中国之事情定夺而已。

今将缴与中国以及存下鸦片之数目开列在下文：

义律缴与中国人之鸦片，共计二万零二百八十三箱，值鲁碑

The Canton Press, 21 March 1840.

BOMBAY.

The prosperity of the General Trade of Bombay is a good deal dependent on the free prosecution of the Trade with China, and any interruption to the latter, such as at present exists, if continued for a length of time, will produce ruinous consequences. [...]

Under any circumstances, a change must take place as regards Opium, and it may not be uninteresting to anticipate the nature of it. The stocks at present in existence will likely supply the demand, and should the Chinese be brought to terms, it is not improbable that the British Government may undertake to prevent a further introduction of Opium into the Celestial Empire, and the cultivation of the Poppy in India would in a great measure cease. By this change the Revenue of the Indian Governments would suffer considerably, but independent of the direct falling off of duty and profit, the ground hitherto used for the cultivation of the Poppy must be turned to other purposes, and both the Government and cultivator would for a time lose from that cause. The large Capital hitherto invested in Opium, and which on this side of India is all Commercial Capital, would seek employment in other channels, and probably, in the end, prove a blessing to the country, by fostering the growth of other products. The stagnation of so large an amount of capital deranges Trade, and is felt here by an inactive intercourse with the producing countries, and we see no prospect of immediate relief until the China question is disposed of. The total funds locked up in the Drug may be thus estimated.

Quantity surrendered to Captain Elliot, and by him to the Chinese Government, 20,283 chests. Rs. 25,000,000

Old Malwa here and to the Eastward, say 12,000 chests. Rs. 7,200,000

二千五百万个；

麻尔洼旧鸦片一万二千箱，值鲁碑七百二十万个；

麻尔洼新鸦片二万三千箱，值鲁碑一千一百五十万个；

孟阿拉旧鸦片八千箱，值鲁碑三百二十万个；

孟阿拉新鸦片二万二千箱，值鲁碑八百八十万个。

总共值鲁碑五千五百七十万个，该五百五十万棒有多。

New Malwa 23,000 chests probably outlay. Rs. 11,500,000

Bengal old Drug, 6,000 chests and to Eastward, 2,000 chests. Rs. 3,200,000

Bengal new Drug 22,000 chests, Cost Rs. 8,800,000

Rs. 55,700,000

Exceeding 5½ millions sterling – a glance at the effect of such a lock up of property, will suggest the crippling of many other Branches of Trade, and the prolonged adjustment of the China rupture will lead to further difficulties.

[...]

To conclude, the Government at home may have many difficulties to surmount, but as the British mercantile community of China have willingly followed the orders of the Superintendent, and made sacrifices of no ordinary nature, their claims are entitled to a priority, and the Government ought to sink all considerations of revenue, for the sake of putting our intercourse on an honorable and permanent footing.

— *Bombay Times*, 16th November.

说明

此则《广州新闻报》转载自1839年11月16日《孟买时报》。

《澳门新闻纸》所译仅略多于原文内容的四分之一。

102

孟阿拉[一八四〇年]正月十一日 即十二月初七日 新闻纸

新奇坡新闻纸内载，兰顿十二月初四日 即十月二十九日 新闻纸，于十一月二十二 即十月十七日 布来吻冈色尔 系管理机密事 衙门内各官员，在脉经含王宫内聚集，大约有八十五人。女王传谕：

"我今传集尔等，系为定夺事情。此事有干涉我国人民之平安，及关乎我自己将来一生之大事，乃系我立意与色西哥麦俄打王之子阿尔墨成亲，此事我并非未有细察，乃已尽心思想过，方敢立有此意。已恳求上帝暗佑，致此事不独有利于我家，乃亦有益于我之国，今我之意已定，故将此事预早谕知尔等，致尔等可尊重之。"

The Canton Press, 21 March 1840.
(*From the Singapore Free Press Extra*)
LATEST EUROPEAN INTELLIGENCE. (*From the Bengal Hurkaru London Extra, Dec.* 4)

THE COURT.

QUEEN'S MARRIAGE. – A Privy Council, summoned without regard to any political party, assembled at Buckingham Palace on the 22nd November, to the number of eighty-five persons; to whom Her Majesty the Queen was pleased to make the following declarations, viz: -

'I have caused you to be summoned at the present time, in order that I may acquaint you with my resolution in a matter which deeply concerns the welfare of my people and the happiness of my future life.

'It is my intention to ally myself in marriage with the Prince Albert of Saxe Cobourg and Gotha. Deeply impressed with the solemnity of the engagement which I am about to contract, I have not come to this decision without mature consideration, nor without feeling a strong assurance that, with the blessing of Almighty God, it will at once secure my domestic felicity and serve the interests of my country.

'I have thought fit to make this resolution known to you at the earliest period, in order that you may be fully apprised of a matter so highly important to me and to my kingdom, and which I persuade myself will be most acceptable to all my loving subjects.'

Whereupon all the Privy Councillors present made it their humble request to her Majesty, that her Majesty's most gracious declaration to them might be made public, which her Majesty was pleased to order accordingly.

C. C. GREVILLE.

Prince Albert Francis Augustus Charles Emanuel, born on the 26th of Augusts, 1819, is the second son of Ernest, reigning Duke of Saxe Cobourg and Gotha. His Highness is in stature rather above the middle height, exceedingly well proportioned and of very manly appearance for his years; his general manner is easy, unaffected, and graceful; his features are regular, well defined, and exceedingly English; his countenance is open, its expression mild and there is a certain inexpressible something about his light smiling eyes which seems at once to inspire esteem and confidence.

说明

此则为《广州新闻报》转载自1840年2月20日《新加坡自由报》号外，《新加坡自由报》又转载自1839年12月4日加尔各答Hurkaru报伦敦号外。但《新加坡自由报》原文称英国女王召集会议在23日，并非《广州新闻报》所称22日。

ꙮ 103 ꙮ

[一八四〇年]四月初四澳门新闻纸
庚子三月 即中国三月初三日

自海岸来侵之敌人，在史书上罕见；中国有勇猛之水师，虽亦曾欲航海取胜，却都系危险之事。在元朝第一代皇帝令姑布列坎统领水师征服日本国，在中国开身之时，虽是顺遂，即至半路，将近比士加多里士海岛，遇着敌人，将船只失去一半，其余一半虽然平安到日本，又为日本所败，以致水手兵丁或被杀戮，或被掠去为奴，传言只有数人保护姑布列坎回中国，而许多水师尽皆败亡。姑布列坎又欲再兴兵征日本，海贼又起，需用水师剿捕海贼，而征服日本之心遂死。当明朝之时，国家最弱，日本时常前来报复，扰害中国以及高丽各处海岸，常常顺遂劫夺而去，故谓日本人俱呼海贼。又传言中国人火枪系由日本学来。在大清国初之时，日本国中断绝各国之交易，故伊等亦不出海游奕，中国与高丽各处海岸被扰之事遂止。自此中国海岸无有敌人，只有广东、福建海岸上，有郑成功同其子与满洲兵打仗多年，并将在台湾之荷兰人尽行赶逐，自立为台湾之王。北京官府以郑成功父子为海贼，而中国之史记即以为最著名之英雄，随后即率其从人皆归服于康熙皇帝之旗下。虽然郑成功曾为前时敌人，而康熙喜悦，给以官爵，死于北京。记载郑成功及其子反叛之史记，即发明中国海面上之水师软弱，而当时两边所显之才能，就是设法以避战，嗣

The Canton Press, 4 April 1840.
THE CHINESE NAVAL POWER.

As there is good reason to suppose that the coasts of China will soon be subjected to attack, it may not be uninteresting to enquire what means the Chinese possess to repel such attack, or whether they are likely to render themselves formidable as a naval power to an assailant from the sea-side. In ancient history the Chinese do not figure as enterprising mariners, nor, though they have at times aspired to ultramarine conquest, have such attempts been otherwise than disastrous. The greatest naval expedition fitted out from China was by Kublai Khan the first Emperor of the Yuen dynasty, intended for the subjugation of Japan, but though uniformly successful on land, the conqueror found the new element hostile to him. His fleet was partly dispersed and lost near the Piscadores islands, and the remainder which reached Japan in safety was taken possession of by the Japanese, and the crews and soldiers either massacred or made slaves of. It is said that only three individuals of this immense armament returned to China to carry to their master the account of his failure. Kublai Khan is supposed to have intended another attempt upon Japan, but had to employ what naval forces yet remained to him in the suppression of piracy, and the wish to subdue Japan seems to have died with him. During the mostly weak and dissolute reign of the Ming dynasty the Japanese in their turn frequently harassed Corea and the Chinese coasts, and were successful in carrying off booty. They were however mere pirates, but through them it is said the Chinese were taught the use of the matchlocks. About contemporaneous with the accession of the present Tatsing dynasty, is the utter seclusion of Japan from all foreign intercourse, and the attacks of her pirates upon China have consequently ceased; her coasts would therefore have been free from enemies had not the hardy population of the

后除粮食过有些小海贼而已。是以中国海岸久无敌人。至一千八百年以后，广东收割谷米少，价钱昂贵，以致广东省城河口与附近澳门洋面，海贼极多，虽调齐水师兵镇压这些海贼，而海贼年年增长，越更凶猛。至一千八百零七、八、九、十等年，海贼更多，船只皆系坚固，人又强壮，可以拒敌水师，官兵屡不能胜，终得澳门西洋人帮助，始得胜仗。闻其以后平服海贼之法，亦是照常用钱，令人设法收复著名贼头之张保仔，给予水师官职，遂令海贼党羽消散，各归本业，种地者种地，打鱼者打鱼，走私者走私，海岸从此遂安，虽有小海贼，然亦甚少。看以上之事，见得中国之水师向来不惯打仗，不过恃有智谋，算是他们一半勇气。中国水手不谙驾船，略微操演，即为师船上之好水手，以欧罗巴最少小队之兵，即可以攻敌他们之水师。他们将必引用西边之学问而造师船，去年英吉利兵船到虎门，中国偶示威武，攻打英国兵船，在中国告示上，即夸扬其打仗。按平复海贼之后，亦有数十年，此次算是第一仗。于去年九月间，在九龙与英吉利船只打仗之时，两边俱有受伤，中国水师禀报，系形容胜了英吉利两只兵船，遂得升官。于十一月初三 即九月二十八日，提督关带领师船围攻阿拉疑、海阿新两只兵船，英国兵船上放炮，中国水师亦有回炮，约有一点钟，中国师船即有沉水，并有杀死中国兵丁，英国兵船只受有一点轻伤，回至铜鼓。奏闻皇帝，言是胜了英吉利人。皇帝轻信，亲笔褒赞。关在此事甚奋勇。

sea coasts of the provinces of Kwang-tung and Fohkeen waged a long war against the Mant-choo tartars, and their leaders Ching-ching-kung and his son Coxinga rank among the most renowned heroes of Chinese history, although the Peking Government affected to consider them as pirates. Coxinga succeeded in making himself master of Formosa, whence he drove a Dutch settlement, and it was only after most of his followers had been prevailed on, by bribery, to enlist under the Imperial banners, that Coxinga, finding himself daily more deserted, listened to offers of peace from Peking, and delivered himself into Kanghe's power, who contented himself with conferring some titular dignity upon his former enemy, who finished his days at the Capital. The whole history of the rebellion of Ching-ching-kung and his son affords abundance of proof of the weakness of the Imperial forces at sea, the chief ingenuity of both parties being generally displayed in devising the best means to avoid a fight. For a long time, with the exception of petty piracy, particularly in times of agricultural distress, the coasts of China were free from enemies, foreign as well as domestic, but towards the end of the last century piracy on the Canton river and in the neighbourhood of Macao increased to a most alarming degree, produced probably in the first instance by the exorbitant prices to which rice had risen during several years of scanty crops. The Imperial navy was called in to suppress the pirates who year after year grew more bold, and so rapidly did their forces increase that during the years 1807 to 1810 they far outnumbered the regular navy; their vessels were better manned and defended, and obtained several advantages over the Imperial dragon: who had recourse to the assistance of the Portuguese at Macao to suppress the evil. It was however found that by means of fighting no impression could be made on the pirates, and the usual means of bribery and corruption were had recourse to, which soon produced defection, and the bands of pirates were finally suppressed by giving to their Chief, the famed Aposae, a military rank and a command in the navy, and by providing

然中国人之师船，自此以后少

in a similar manner for many of his followers. The multitude took again to their former occupations as tillers of the ground, fishermen, or smugglers, and the coast continued in a state of peace ever since, although individual acts of Piracy are by no means of rare occurrence. It will be seen from the foregoing that hitherto the Navy of the Empire has not been accustomed to hard fighting, that discretion has been considered as the better part of valour, and that it will probably take a long apprentice-ship before the Chinese sailors will make good men-of-wars-men, and western science must be brought into play to remodel their present war-ships into something more effective, before they can with any success be opposed even to the smallest European force. The first sea fight, such at least it was called in the pompous Chinese edicts, in which the Chinese have been engaged, except an occasional *shew* of valour to oppose British ships of war entering the Bogue, since the above mentioned suppression of Piracy, was at Kowloon in September last, against an English cutter and small schooner, in which little damage was done on either side; but this the Chinese commander had the address to represent as a signal victory obtained over two English Frigates; he was raised in rank, and there can be little doubt that it was his success which emboldened the Admiral Kwan to surround with 29 junks H. M. S. *Volage* and *Hyacinth* with demonstration of hostility on the 3rd November last, upon which H. M. Ships opened their fire and disabled the whole flotilla in about an hour's time, destroying and sinking five junks and killing a great many men, whilst the English ships, although the Chinese fired a good many shot, did not sustain the slightest injury. Although thousands of Chinese did witness this affair, it was reported as a victory over the English who had been driven away, to the Imperial Court, and the Emperor, good credulous man, in his own imperial hand-writing praises Kwan for the intrepid and successful courage shewn on this occasion.

Since then the war junks have seldom ventured within sight of the English ships of war, although

有敢在英吉利之兵船前露面。近日又闻得，福建省有许多师船，命其来广东，传言此等师船比广东师船造得更为坚固，即师船上之人力亦胜于广东师船之人力，然游福建海岸之人，前时曾将福建师船描画出来，亦与广东师船无异。以我等看来，无论中国出何等样兵，皆可以攻打，而本地人毫无畏惧。总督林深知自己之师船不足以打仗，新近始买港脚船数只，以代师船。此条意见，后又不行。但我等想中国人在侵犯之事，以力斗力，总有不能。他们必然用回旧时之法子，如郑成功父子侵犯之时，惟有将其各海岸之人民赶入内地十里，在彼时若有不遵命者杀。我等想此法于今难行，因遍处海岸皆系富厚城池，当时之所以能遵行皇帝命者，有满洲兵得胜之威故也。

it is said that a great number of them have been ordered down from the adjacent Province of Fohkeen: these are said to be better manned and built than those of Kwangtung, although visitors to the Fohkeen coast describe them to be very similar in all respects. It would therefore appear that whatever force may be sent out against the Chinese, it will have nothing to apprehend from the navies of the Empire; indeed the Governor Lin seems to be aware of their inefficiency and began lately to purchase some large country-ships: this idea has however again been abandoned, and we suppose that in case of an invasion the Chinese will, instead of attempting to repel force by force, which they are in no state to do, have recourse again to that singular measure which was attempted to be carried into effect during the time of Ching-ching-kong and Koxinga, of driving the whole coast population 10 miles into the interior. At that time any one, not complying, was ordered to be put to death. We doubt much that such means could at present be employed when so many wealthy towns are scattered all over the sea board, and when the orders of the Imperial Government are no longer backed by the terror inspired by the then victorious Mantchoos.

꩜ 104 ꩜

[四月初四澳门新闻纸]
又

The Canton Press, 4 April 1840.

CHINESE ARMY. –

The arms and accoutrements of this formidable host are of the most simple nature. A soldier wears an ordinary jacket with a border around, the color of which determines the division to which he belongs, whilst the name of the division is written in front and on his back. If he can afford it, he buys gaiters and a pair of shoes and stockings, but these are no indispensable articles of wear; Instead of a knapsack, he only encumbers himself with a canvass bag, into which he puts all his valuables and provisions, and the cartridge box, a small cotton pouch, he wears in front, so that during the firing he is in great danger of explosion, a misfortune which has happened very frequently. His cap, if he has any at all, is of a longitudinal shape with a small red tassel. The jackets are of all possible colors, blue, red, yellow and white, nor are they so very nice in these distinctions, as the European barbarians. The ancient Chinese were very fond of wearing armour, and in modern times a few of the elite have retained the custom, it is only however on occasions of great state, that they appear fully dressed. The uniform of the cavalry does not differ from that of the infantry; they ride on very clumsy saddles and use immense stirrups without spurs. As for the officers, they wear long robes either of silk or fur, and their dress is distinguished from that of the civilians solely by the embroidery in front and behind of some fierce animal like a tiger, lion or griffin. All have a ring on the thumb to assist them in drawing the bow, and this may be considered as the generic badge of their profession. Every one of them on occasions of state slings a bow around his neck and girds on a sword, the former being the natural companion of every warrior. They delight in the grotesque, and are fond of painting tiger heads on the gates of forts, their signboards vessels, and in fact where a place is found which can be garnished with a head. Whosoever can procure a tiger skin sleeps and sits upon it; they grind the bones, which are imported from southern Asia in great quantities, and make a jelly of them which is a most delicious repast, whilst the greatest tidbit a brave officer can partake of is the gall, and all this is for the sake of inspiring him with tiger like courage. They even dress the privates in imitation of the terrible animal, but in this case they do no use real skins but only dotted cloth. Such a corps looks really formidable, and would perhaps inspire terror to whizzing grapeshot, if the latter could be stopped in its flight.

The arms are the pike, lance, spear and half moon with hooks and various other implements, double swords, the bow and matchlock. Of the former there exists a very great variety, and they become dangerous weapons in a close engagement. The swords are badly tempered and next to useless, yet the sons of Han have an advantage over all barbarians, for they fight with two. Not satisfied with carrying on the work of slaughter with one hand, they draw both and go on fencing till their antagonist is out of breath. They are very great adepts in the use of the bow and opposed to any archers of the nomadic tribes they have invariably in a drawn battle gained the advantage. The matchlocks are of the worst description, the barrel being cast and the touchhole very large, so that no reliance can be placed upon their hitting qualities. The soldiers are averse to their use on account of the many accidents that continually occur, and a brave man looks behind him whenever he takes aim to preserve his eyesight for a future occasion. Notwithstanding the reiterated orders of introducing firearms generally, the bow is still retained as the principal implement of war. Shields made of rattan wicker work are universally in use, and afford excellent protection against arrows. Soldiers do not encumber themselves with a variety of arms, there are pike-men, swords men, archers and matchlock men, each of whom has only one weapon and no other. When drawn up in full array they look

中国之火枪，系铸成之枪管，常有炸裂之险，是以兵丁多有厌恶施放。

the most motley group upon which the eyes can be set. We have heard them compared with the military of the middle ages; but if the knights and their retainers made as sorry an appearance, as the warriors of the Celestial Empire, all the glowing descriptions of helmet, breast plate and lance, with which the chronicles of chivalric lore abound, seem sadly misapplied.

中国又铸有大炮，一门可敌我们之大炮四十八门，尚有许多大小不等炮火。惟中国只知道用铁铸成炮身，不知道做炮膛，且铸成炮身又多蜂眼，所以时常炸裂，又引门宽大，系全无算学分寸，所以施放不能有准头。又用石头铁片以及各物为炮弹，并用群子、封门子等类，然皆粗笨无力，大约不能危害于人物。

The cannons are of the most varied calibre. Some are so small that they are carried on men's shoulders, and placed on a stand, whenever they are to be used. This is the flying artillery of the Celestial Empire. The Chinese have managed to cast immense pieces, which would match with our 48 pounders, and have in fact manifold variations of this instrument of destruction. They do not understand to bore them, but the body is ready cast of iron with many pores and often honeycombed, to that they frequently burst. The touchhole is moreover too large and the whole without mathematical proportion, and of course not able to maintain a well directed fire. Instead of balls they often use stones or pieces of iron of every possible shape. They also avail themselves of grapeshot rockets and grenades, which an account of their clumsy make prove almost harmless.

The gong and a small drum are the principal instruments for encouraging the soldiers to making an attack. The latter emitting a deafening noise is well calculated to rouse martial ardour. They have also horns which sound like conches but are not frequently blown.

兵丁或以五人、或以十人为一排，百人为一队，不同我们分派之法。又中国兵丁行路，亦不同我们队伍密密而行，中国兵丁行路，由兵丁自己行走，若遇有不甚好走之路，就不肯行。不紧急之时，谁人向前趋走得快者，就是极勇之人。

The army is divided into 5, 10 and 100 – and these again in battalions – camps – brigades and divisions, rather different from what we are accustomed to. They do not march in closed ranks, nor wheel round and draw up like our soldiers, nor can they properly be said to march. In fact they walk as they best can, without putting themselves to any inconvenience, and in time of need they run in a trot, and whoever is the foremost is the bravest.

The Chinese have a great variety of works upon tactics, and they have the advantage of

中国行兵之大才，只有将兵丁分派十人为一排、百人为一队，周围运动，能使前后攻打，以害敌人。又以官兵分为前军、中军、后军。三军中即有无数小营，每一队伍又有数人掌旗，以旗指示动静，如兵丁一伏一起、一跳一喊、一打锣，皆视掌旗人之号令。如此至再至三，方呐喊而出，以为是恐吓敌人也。

中国之兵丁全系招募兵丁之子充之，一经当兵，好似嫁出婆家一样，以当兵为污辱，故老将之名目，人甚恶之。所以正经人少有当兵。按兵丁之钱粮甚少，不得已而当兵，是以时常更换。如遇真正出去打仗，又乘此机会勒索抢劫，恃其人多，保得自己不致受罚，所以安分之居民，一见保护地方之兵丁到来，无不惊恐，因他们系奉命之贼。

凡兵丁皆可做官，有许多武

containing the experiments made during the space of 2,000 years, and if the officers by studying them do not become the first rate tacticians, there will never another be formed any where. The great art consists in drawing up from 10 to 100 men in a circle, and making them move about in all possible directions so as to annoy the enemy in front and rear. The whole army is divided in van, centre, and rear, and each part consists of a number of these subdivisions. At each of these circles stand several standard bearers, who indicate the movements by their flags. They fall down, rise again, jump forward, yell, strike the gong, form again, then hollow out, and thus proceed to intimidate the enemy. It is also customary, that the bravest ride before the ranks and after having soundly abused their antagonists, they challenge the strongest to single combat. This offer decides the whole battle: and the party whose champion is beaten, things it only proper to retreat in disorder, to be cut up piecemeal. Engagements where masses fight are unknown, and the whole art of extermination is reduced to mere skirmishing.

The army is raised from the offspring of the soldiers, who are almost all married. It is rather an opprobrium to be a soldier, and the very name of Laou tseang is enough to fill people with aversion, so that no honest man would enlist. As the army is very badly paid, the privates are obliged to shift for themselves as well as they can. They generally understand some craft or other, and are frequently engaged in husbandry. Every province has some lands which are either cultivated by the military or let for their own advantage. The most propitious time however for these heroes is, when they are on actual service. Then they find some opportunity for squeezing and robbing, and their numbers ensure to them always impunity. Hence the terror awakened amongst the peaceful inhabitants at the sight of the defenders of the country, for they are privileged marauders.

Every private may become an officer, and the greater part of the military Mandarins have risen from the ranks. The qualifications

官，皆是由行伍升起，其升官之才能，只要善射善跳，并无学问，虽立有考较之法，而他们亦得升官。初次得官，即可慢慢推升，虽说需论功劳，首重银钱，只要有银就可以买差使，即最无利息之缺，亦俱留着以待，谋干推升之人，多用钱买之，按中国之兵丁，处处皆然。

for advancement are a thorough knowledge of archery, running, jumping and a general knowledge of tactics. It is surprising how ignorant the officers in general are, though there are regular examinations instituted, to enable them to obtain a degree. Once advanced, they are promoted by slow steps, and though merit constitutes the sole cause, yet money is a still more important article, and one may buy a commission at ease. As however the situations are by no means very lucrative, and are retained with considerable risk, there is little ambition shewn to rise in the service by paying heavy sums.

As a whole the Chinese army is unique in its kind, and time will shew of what stuff the men are made, who according to their own statement keep all nations in subjection.

∞ 105 ∞

澳门一千八百四十年四月十一日
即中国三月初十日 新闻纸

我等抄出孟买正月十五 即十二月十一日 新闻纸，内载近来之信书及新闻纸上，见得中国[国中]各官府不肯招认中国[国中]各客商缴出鸦片烟之项。盖交出之鸦片，乃系众人遵英国国王差在中国代理人之命而行，因为义律应许中国官府，要交出所有之鸦片，英国各人得释放。现在国家若不招认此项银两，必令国家之名大有损失，即后来在天下万国之中，无人肯信英国之诚实。人民因遵从代理人之命，国家亦应招认其代理人所担承之项。况英国领事与别国之领事不同，英国之领事系巴厘满所给之权，比别国之领事总商更为显明，虽同事之人亦必须遵顺其命令，故当义律以王后之名出示令缴烟，是以在中国各英人不得不从其命。第一次得权到来此处者，乃系律劳碑，后又交与罗宾臣，近来即已交下与义律。故此众人尽皆欢喜，所行之事莫不凛遵义律及其前时官府之命令。今众人为遵领事之命大受亏失，似此岂不是国家言信相违？岂不是令义律之权柄尽皆归于乌有？大有害于事情，令人民起疑惑之心。况英国中所得之体面，皆由办事之时一言为定，今若如此，以后即难令人信重矣！而后来若再有事情，要多费钱财，以为公众须用之时，众人亦皆自己先行察夺，方

The Canton Press, 11 April 1840.

BOMBAY. From the *Bombay Times*, of 15th January.

The course pursued by Her Majesty's Government, as communicated by the last Mail, in refusing to acknowledge the Indemnity claims for Opium delivered over at the special command of Her Majesty's Representative in China, and the refusal, also, to accept the Bills drawn by Capt. Elliot for Opium purchased by him to make good the deficiencies promised the Chinese Government, in order to effect the release of British subjects, will inflict a severe blow on the high character which has ever attended the British name, and destroy all confidence in the acts of the accredited Agents of England in every part of the Globe. We consider the question merely with reference to the liability of a Government for the acts of their Subordinates, and the obligations imposed on British subjects to obey the Representatives of their Sovereign's authority. In mercantile usage Principals are held responsible for the acts of Agents duly constituted, and how a Government can cavalierly throw off such responsibility is a question which we should like to see settled in a Court of Law. The Superintendent of the British Trade in China is placed in a much more distinct position than any ordinary Consul or other authority subordinate to an Ambassador. His powers are clearly defined by a special Act of Parliament, and British subjects in the Chinese Empire are made liable to punishment for disobeying his orders. There is no ambiguity in the Act, nor anything left open for misconstruction as might be adduced in consular instructions. The British Legislature, by an Act especially applicable to British Subjects in China, empowers this officer, and his colleagues to control them, and the latter are deprived of the use of their own judgment, and have no other course but obedience. Now what was the position of British subjects in China, when Capt. Elliot, in the Queen's name, demanded from them the delivery of the Opium. On the arrival of Lord

肯遵顺。倘若一经交出，而为公众费用，恐国家亦照样不招认，又推辞不肯赔补。按上文之道理，后来使及各人与及总商俱成无用。在此次中国所出之事，英吉利各人费去如此多银，以助义律职分所为之事，全靠英国国家之尊贵及好信实，并不思疑义律以国家之名致担承之项落空。因有此数事，当义律以王后之名，严令缴上鸦片，众人方肯缴出。若不是义律之命，众人已经立心，预备安受中国所出之事。律巴尔麻士顿以为义律所行之事皆系甚着，所以国中管库大官不肯赔补义律担承之项，与律巴尔麻士顿之意甚不相合。现在我等惟有望得中国人赔补，如中国又不肯赔补，不久定必令此处生出许多大害矣。

Napier, the first Superintendent, he duly published the Act of Parliament and the order in Council following thereupon, which was what the law required of him, and although many opposite opinions were entertained as to the power of Parliament to control British subjects in China, still there was so doubt of the intention which was clearly expressed. However, to render the matter more clear, we give the clause of the Act. —

'Clause VI. — And be in enacted, that it shall and may be lawful for his Majesty, by any such Order or Orders, commission or commissions, as to His Majesty in council shall appear expedient and salutary to give to the said Superintendents, or any of them, Powers and Authorities over and in respect of the trade and commerce of his Majesty's Subjects within any Part of the said Dominions; and to make and issue Directions and Regulations touching the said Trade and commerce, and for the Government of his Majesty's Subjects within the said Dominions; and to impose Penalties, Forfeitures, or Imprisonments for the Breach of any such Directions or Regulations, to be enforced in such Manner as in the said Order or Orders shall be specified; and to create a court of Justice with criminal and Admiralty Jurisdiction for the Trial of Offences committed by his Majesty's subjects within the said Dominions, and Ports and Havens thereof, and on the High Seas within one hundred Miles of the coast of *China*; and to appoint one of the Superintendents herein-before mentioned to be the Officer to hold such court, and other Officers for executing the Process thereof; and to grant such Salaries to such Officers as to his Majesty in council shall appear reasonable.'

The order in the Council stipulated for the due publication of all additional orders, but since Lord Napier's first publication, the only Official announcements from England have been the transfer of authority first to Sir G. Robinson, and latterly to Capt. Elliot, who of course was to be considered in the full enjoyment of the power conferred by the act, and the whole tenor of his own conduct and public notices shew the feelings entertained by him and his predecessors. What conclusion therefore can we draw from an impartial review of the whole circumstances. The Legislature of England make a law, investing certain parties with power, and British subjects are commanded unreservedly to obey such rules as the Superintendent may lay down, yet their very obedience in this instance, and following up the spirit of the act, will prove their own ruin by the makers of the law repudiating their own acts, and by such conduct virtually depriving Capt. Elliot of every atom of authority. Such a precedent will have a most pernicious influence, for once introduce a doubt as to the power, or weaken the authority, vested in a Public servant, and you shake to the very foundation those principles which have hitherto made the British name a password for probity and honor, and established unlimited confidence in her Representatives throughout the world. In any case of emergency which may hereafter arise, instead of implicit obedience, British subjects must rely on their own judgment, for once deceived, how would they be justified to those whose interests have been confided to them, in making any sacrifice for the Public service, when the acts of the Government authority may be disavowed and a claim for indemnity under his seal coldly rejected. The consequences of such wide-spread feelings can readily be foreseen, and with such examples before our eyes the whole of our expensive diplomatic and Consular Establishments are a mere farce, and may at once be abolished as utterly useless. In the late crisis in China, the British community have made noble sacrifices to support Capt. Elliot in his course of policy, confidently relying on the honor and good faith of the British Government, and never doubting the fulfillment of Capt. Elliot's pledges in their name. Under such impressions was the Opium given up on the earnest demand of Capt. Elliot, in the name of his Queen, for had it not been for his interfere, there were may prepared to abide by the issue of events. There is an inconsistency in the late communications from Lord Palmerston, who expresses his approval of Capt. Elliot's measures, while the formal Lords of the Treasury plumply announce there is no intention of redeeming the pledges. We can only express an earnest hope that the intended reprisals on the Chinese will secure ample amends, although, in the meantime, the refusal to make indemnity, or to acknowledge the claim must be productive here of many evils.

说明

此则转载自1840年1月15日《孟买时报》。

꧁ 106 ꧂

[澳门一千八百四十年四月十一日]新闻纸

又

钦差林、两广总督邓、广东抚院怡，会同具奏皇帝，望乞圣鉴。

今奴才等暂驻虎门，将不遵法律之英吉利人赶逐至尖沙嘴外洋，如此即永绝祸根。自赶逐之后，各国船只来广东贸易，颇得利息。伊等自应垂首死心，而伊等仍不死心畏惧，尚望以木钩钓鱼。故在六月间，有英吉利三板潜近虎门左右时，提督手下巡察河面之黄琮，放炮杀死十余人，余皆逃走。嗣后又有该国商人丹耶喱、当啷，俱诚心遵守法例，准其进黄埔湾泊，又准百姓与其交易正经贸易，其余各船主见此两人恭顺，欲照样痛改前非，故来恳准进虎门。谁想于九月二十六日，伊等胆敢发三板两只潜入虎门，被提督关放了一边炮，杀死数人，其余理当逃命，岂料伊等胆敢回炮，伤及提督官舱数块板，提督面上为木片所伤，不幸又有四人失脚随[堕]于船外淹死。提督即时换过师船，立在大桅侧边，督率自己官府兵丁，皆遵令放炮，其自己奋勇手执一刀，督击不衰，实在光荣其美名。放一边炮甚好，杀死英夷数十名。自是之后，英夷永不敢近虎门左右。

The Canton Press, 11 April 1840.

JOINT MEMORIAL.

Lin, High Commissioner, &c. &c. Tang, Viceroy of the Two Kwan Provinces, and E, Fooyuen of Kwang-tung, &c. &c. &c., conjointly address this joint memorial to the Emperor, hoping that he will bestow upon it one Holy glance.

We, your Majesty's faithful servants, while dwelling temporally at the Bocca Tigris, took the English foreigners who would not obey the Laws, and drove them out to Tseem-sha-tsuy on the High seas; thus eternally cutting off the evil by its roots! and the ships of every country that came to Canton to trade, having all alike reaped a handsome profit, (it appeared unto us) that those being now driven out, they would infallibly hang their heads, and their hearts would die within them. But it would seem, that their hearts have not yet died within them for fear; and that they yet cherish hopes of catching fish with a wooden hook (i.e. they entertain foolish ideas of obtaining a certain object without employing the means necessary to obtain it): for during the course of the sixth moon there was an English sampan stealthily approaching the forbidden precincts of the Bocca Tigris, when Wang Chung, a cruising officer on the river under the Admiral, opened a fire upon her and killed more than ten men, while the rest fled away and concealed themselves. Afterwards there were two merchants of the same nation Daniell and Towns whose ships having duly submitted to the Laws, (everything with them being straightforward without any clandestine proceedings whatever) we permitted these ships to proceed to Whampoa and anchor and the people to transact their lawful business. The rest of the Ship Captains, seeing those two submissive and obedient, wished in like manner to repent of their faults; and came begging and praying that they might be permitted to enter the Bocca Tigris, but who would have thought it! on the 26th day of the 9th moon (1st November

1839) they had the hardihood to send two sampans (or small vessels) which came stealthily entering the Bocca Tigris, where they received a broadside from Admiral Kwan, which killed several of their men! the survivor's after this, ought undoubtedly, to have fled for their lives, but strange to say! such was their impudence that they dared to fire off their guns in return! (tho' it merely resembled so many eggs beating themselves against a stone) and destroyed some of the planks of the Admiral's state-cabin or round-house! The Admiral himself was wounded in the check with a splinter; and four men unluckily missed their footing and falling over board were drowned! The Admiral immediately changed his war-ship for another, and standing up by the side of the mainmast, directed his soldiers and others to fire off their guns and observe discipline: he himself keeping cool and collected and not qrudging to put his shoulder to the wheel: really and truly did he support the luster of his glorious name! Then they gave one good broadside, by which they killed several tens of the English foreigners; and after this the said English foreigners will never to all eternity dare to approach the forbidden neighborhood of the Bogue!

再者，提督关及其巡察官黄琮，协力帮助国威，显自己之威猛，故我等敢仰望圣主格外施恩，俾得鼓励他人照样行为。

And moreover the Admiral Kwan and his cruising officer Wang Chung, having unitedly supported the dignity of the Empire, and proved themselves to be hardy and valiant; we dare to look up to our Holy Emperor, and pray that he would bestow some mark of his compassion, in order to stimulate others to do the like!

上谕："提督关奋然站在大桅前，手执一刀，督击不衰，足显其有该祖上之才能，所以今给与巴图鲁名号，巡察官黄琮准其升都司，其余兵丁着照例给与体恤，以示鼓励，钦此。"

Imperial Edict. The Admiral Kwan having gallantly stood up by the main-mast, and not grudged to put his shoulder to the wheel, shows that he inherits the talents of his great Ancestor, and forasmuch we now bestow upon him the title of Pa-too-loo. As for the cruising officer Wang Chung, let him forthwith be made a Too-sze or Post Captain, and let the soldiers (those who perished?) have compassion shown them according to rule and custom, to serve as encouragement to the others. Respect this.

Taoukwang, 19th year, 9th moon, 26th day.

Bocca Tigris, 1st November, 1839.

107

澳门四月十八日新闻纸 即三月十七日

The Canton Press, 18 April 1840.

CHINA AFFAIRS. From the *Calcutta Courier*, 20th January.

The opinions of the *Manchester Guardian*, conducted as it is by a gentleman of no common talent, and being the paper supported by the chief merchants of that town, are always deserving attention. Of our approaching collision with China the views taken by our western contemporary seem so rational that we transfer them to our own columns.

'DIFFERENCES WITH CHINA. –

[...]'We find it still alleged, in many quarters, that the conduct of the Chinese government in imprisoning the English residents, was perfectly justifiable; and that no good grounds exist for requiring redress on the part of the English government. This view of the subject has been taken by a Mr. King an American merchant at Canton, who has written a pamphlet of eighty odd pages, with the view of proving the right of the Chinese government to seize and imprison Englishmen, in order to put down the traffic in opium. With respect to that traffic considered *per se*, we like it as little as Mr. King, believing, as we do, that it seriously interferes with the export of our manufactures to China; and therefore, if the Chinese government can put it down by any means consistent with the general usages of nations, barbarous or civilized, we shall certainly not complain of their conduct; but if they find, - as all governments who have tried the experiment have found, - that they cannot exclude a commodity which their subjects are determined to possess, and which foreigners are willing to supply, we cannot be easily persuaded that they ought to be permitted, in the course of their futile contest with the smuggler, to offer violence to the persons of an English officer and English merchants wholly innocent of any participation

在经之实意诚心，因为见鸦片乃系有害于中国人之身体品性，所以见得中国官府禁止鸦片，乃系一件公义之事。此等行为，若果然见得系好，即英吉利国家亦可以任意行不公义之事，以禁止人走私。佛兰西之罢兰地酒，亦系有害于英吉利人之身体品性，而英吉利国家亦必将佛兰西出使在兰顿之人及领事，并所有之佛兰西客商一概拘禁，以为禁止走私罢兰地酒乎？

in the traffic which they are endeavouring to suppress. Mr. King, who is apparently a zealous tee totaller, seems to think that the injurious effects of opium on the health and morals of the Chinese people justify some excesses of power on the part of the government, with the view of suppressing the traffic. If any such argument as this were to hold good, the English government, would be justified in adopting measures otherwise unwarrantable for suppressing the smuggling of French brandy, which Mr. King, and all other members of temperance societies, would pronounce to be most decidedly injurious the health and morals of the people of England; but we imagine, that the locking up of a French ambassador or consul, and of a number of French merchants, would hardly be considered a legitimate, any more than it would be an effectual, mode of putting a stop to the smuggling of brand. The Chinese government had an undoubted right to prohibit the importation of opium, and to seize it if they found it within their territories; but to talk as Mr. King does of their confiscating the opium in the vessels anchored at Lintin, - in the outer waters, as the Chinese call them, - is ridiculous. The Chinese could not confiscate what was not in their possession, or subject to their power; and, if they had a right to seize and imprison Englishmen until it was brought into the country and given up to them, they would have an equal right to require that any opium which was shipping at Bombay or Calcutta for the Chinese market should be also brought and delivered up, and to hold their prisoners until that demand was complied with.' [...]

说明

此则为《广州新闻报》转载自1840年1月20日《加尔各答信使报》，而《加尔各答信使报》又转载自英国《曼彻斯特卫报》(*Manchester Guardian*)。

《澳门新闻纸》所译仅是原文内容的一小部分。

108

[澳门四月十八日新闻纸]

The Canton Press, 18 April 1840.

To the Editor of the Canton Press.

[...] Yet with all this was Opium selling one hit a more immoral act in 1840 than it was in 1838? – Not a word is said against Opium, by Chinese or Foreigners, for 40 years, until it happens to interfere with the monied interests of some merchants, and the consciences of some religious – and then you and the side you support very coolly ask of me and such as me who go on *consistently* in a Trade that we have followed for many years – to *grant* its immorality! its illegality! and to destroy our ships, dismiss our sailors, and abandon our livelihood, when it is your business to prove its immorality, and its illegality, *neither* of which you have done! – In cases where the Law is not clearly defined, conscience is a fair test, so I take your mention of it well – there I am strong! my inward monitor and are on good terms. – But did even Conscience point to a doubt against at all times obeying the dictates of the tyrannical government of China – the operation and the opinions of Tang, late Governor of *this* province, and the supreme magistrate here, and the practical corollary of his acts as to Opium would go far to sooth the conscience if startled: and, truly, conscience would be a most unruly member if he object to the crime of *illegality* in *breaking Chinese laws*, when the said conscience is *acting with him* in the most direct violation of Chinese laws, every propagator of the Christian religion in this Empire! Roman Catholic, Protestant, Independent Baptist, and Ana-Baptist – the whole servants of the Propaganda Fide, the amiable and industrious gentlemen of the U.S. missions – the servants of God from Britain – the liberal and clear headed members of the Society for the propagation of useful knowledge – the Morrisonian institution whose patronimical

又　人之良心，亦并非系一定。人若犯中国之法律，行不合法之事，其自己之良心，亦跟随他犯中国之法律乎？即如由我等国中之法，克力斯顿教之人，乃系比我等本国贩卖鸦片之人更多，而在中国禁止克力斯顿教之法律，亦与禁止鸦片之法差不多。何以我等之朋友，并不说他们不遵中国之法律？

name is alone a test of moral intentions; - these forming a more numerous band than all the foreign Opium-dealers in China, deliberately acting against statutes more biting, and until lately far more strictly enforced than any existing against Opium, would perfectly satisfy my friend conscience had he a doubt about the morality of *dis*obeying Chinese statutes which the Government cannot enforce! or of the immorality of acting contrary to the institutions of a *brutal* force which says *sic volo sic jubeo*! without offering a single reason to the human mind! Or allowing you even to know what they do really *will* – and in return for their *volos* and *jubeos* afford no security for life or property.

[...]

Macao, 11th April, 1840. DELTA.

说明

《澳门新闻纸》所译本则只是原文内容的一小部分。

℘ 109 ♋

[澳门四月十八日新闻纸]
又

特尔达所说，零丁各处之洋面，系中国官府平常并无保护，如荒弃之地方等语，亦系真实。然忆在一千八百二十八年，娜威额打船之水手为人所杀，后来中国亦将凶手捉获而施刑罚。又在一千八百三十五年，英吉利多罗顿

The Canton Press, 18 April 1840.

Delta has favored us with an answer to our remarks to his first letter in last week's paper. The chief difference between our Correspondent and ourselves seems to be, that we consider the Opium-trade illegal and immoral, both of which he denies. Though we do not expect that our remarks will have any salutary effect upon Delta, whose conscience we are told, is on the very best terms with its owner, and therefore not likely to take the alarm, yet we have some hopes that persons uninterested and unbiased will concur in them. As to the illegality of the *trade* then we need only point to the late Viceroy's proclamation issued in January last year, which being addressed to foreigners direct, without coming as had been usual until then through the Hong merchants, and to the Edicts subsequently issued by Lin, as well as to the measures of that officer which were all intended to suppress the dealing in, and the use of, Opium, all which must have convinced even the most prejudiced and incredulous, that the Chinese Government had at last sincerely resolved on driving the drug out of the country. If the Imperial Government at Peking has the right to legislate for China, and that is possesses this, we presume no one will deny, then its Edicts against the Opium-trade are the law of the country, and therefore the further prosecution of it becomes illegal for the all such as live in the Chinese Empire. That the Chinese navy is not powerful enough sufficiently to guard and protect its coasts, cannot invalidate the legality of the Government's enactments, but if Delta's statement that 'the waters claimed by Chinese, Lintin etc., are always repudiated where protection and redress has been applied for' were true, we might perhaps be inclined to take his view of the matter, but the contrary is the case, of which all who remember the murder of the crew of the *Navigateur* in 1828 and the consequent punishment of the perpetrators must be convinced.

船被劫之事，亦系一件证见。如此，中国人在近其自己之海上，施行其政治，以保护其朋友之国之旗号，所以他们亦可以在彼处地方行其所立之章程，所以各鸦片贸易之人亦不能说，他们在中国洋面贩卖鸦片乃系合法之事，只好说贩卖鸦片人之船只，比中国遣来攻敌他们之船只布置更好，格外坚固而已。

鸦片贸易在前时并无人说是不好，乃反赞美之。惟在今日时势看来，即人人尽皆恨恶之矣。

大吕宋历来之政事，自己以为焚烧各由士人及摩罗人，足可以令所有之神欢喜，啡立第二为王之时，其政事虽是奸猾，当其管国之时 有二句未谙文义未译 致拖累在欧罗巴各国陆续兴兵打仗之事。我等思想，加底拿尔西米呢同啡立王二人，杀数万人，太抵在其良心亦并不见得有一毫疼痛之处。在纽耶兰地方，食人之人于未与欧罗巴人相交之时，一捉到了人，即时食之，在他们并不以食人之事为不著，所有他们之良心，并不发显。奴仆贸易，前时有人曾到巴厘满，引出经典来诉说之。我等有几个做此等可

The robbery committed on board the English Ship *Troughton* in 1835 is another case in point. The Chinese having therefore exercised acts of sovereignty for the protection of friendly flags over the waters immediately contiguous to their shores, have an undoubted right to enforce their fiscal regulations there also, nor can the Opium-traders consider these dealings in those waters as legal merely because their ships are well armed and stronger than those the Chinese have hitherto sent against them, for to that ultimately is Delta's argument in favor of the legality of Opium-trading reduced; it is a trial of strength between the Opium-dealer and the preventive service – may those that are in the right prosper!

Having thus disposed of the question as to whether Opium-trading is illegal or not, we shall now consider the trade in its moral bearings, requesting at same time that our readers will not allow themselves to be led to form a premature judgment in favor of its morality because Delta, who confesses being a *dealer* in the drug, is on that score at peace with his conscience. There exist so many standards of morality and virtue, so much influenced by precept, example and habit, that the same actions which in former times were considered not only irreprehensible but highly laudable, would be looked on with horror at the present day. Cardinal Ximenes, one of the best men of his age, established the Inquisition in Spain, and there is every reason to suppose him to have been sincere in his belief of pleasing the Deity by burning Jews and Moors; Philip II, however treacherous in policy, whose ambition during his reign involved Europe in a succession of wars, hoped to propitiate God by Auto dafés, and we suppose that neither he nor Ximenes ever experienced a pang of conscience for the hundreds of thousands of heretics whose deaths they caused. The New Zealand cannibal, before he came in contact with Europeans, fed upon his captives without suspecting that he did wrong; *his* conscience therefore was silent. The slave-trade has in parliament been defended by quotations from scripture, and if we put any

恶之奴仆贸易，在他们之意思，以为用黑奴替白人耕种糖、咖啡荳、棉花，乃如用马拉车、用牛犁田一样。此等讲论道理之人，在暗中又将良心发显。然在近日明白者，见得欧罗巴之人，如此欢喜用阿佛里加洲无罪之人，莫不为之惊异。即如厨子皆系活剥海鳗之皮，而凡有做此贸易者，其良心即并不理会所做之事即系暴虐之事。

faith in the sincerity of many of the friends of that abominable traffick, from their professions it would appear that they had no doubt that, as the horse was made to draw our carriages, and the ox to plough the field, so the negro existed only to grow the white man's sugar, coffee and cotton. These reasoners were at peace with their consciences, however the more enlightened humanity of the present day may shudder at the misfortunes entailed by the European's cupidity upon the unoffending African. The cook who said, when skinning a live eel, that they were used to it, was probably unconscious of committing an act of cruelty. We might instance a great many more cases where by precept, ignorance, usage and habit moral rectitude has been perverted, but the few we have given are sufficient for our purpose. If an enlightened humanity consists in teaching how to improve the social condition of man by doing to our fellow beings as much good as we can, and by inflicting the least possible evil, we shall have to consider whether, measured by this standard, the tendencies of the Opium trade in China are such as to improve the condition of its inhabitants, or whether on the contrary they are thereby injured, and whether, if the latter, the introduction of opium into the country be not immoral.

Looking upon Opium as a commercial commodity only, intended for human use, the trade in it must naturally, as commerce generally does, increases in the ratio of its commercial value, the commercial enterprise of this country and foment its industry by producing new wants. Thus far therefore it would appear that the trade in Opium was beneficial, but thus far only, and we fear that its benefits are by much outweighed by its attendant evils. Opium at best serves but as a sensual and idle gratification when used in moderation, a gratification even then calculated considerably to abridge time much better spent in useful employment; it is a gratification or amusement which never is useful or wholesome to body or mind, it on the contrary insensibly demoralizes both, and hence it is that the moderate Opium smoker is little by little seduced into increasing the daily portion, until the habit so grows upon him, that what caused before but the idle waste of a few moments, now grows into necessity until he at last becomes so thoroughly a slave to that taste as to live solely for it, and to become careless of every duty of life, to the utter ruin of his character and health. That such is the effect of Opium, and such its insinuating and almost insensible seduction we can not longer doubt, and we need only refer our readers, for the truth of this, to the published testimony not only of many travelers and eminent medical men, but also to the official and non-official publications of the Chinese on the subject, with which, considering that they smoke upwards of 30,000 chests per annum, they certainly are well acquainted, and their evidence is therefore deserving of the fullest attention. In China generally an Opium smoker is looked upon as a 'mauvais sujet,' nor do we think would any of the foreign dealers in Opium retain servants in their houses of whom they knew that they indulged in Opium-smoking, it being generally thought that this habit once confirmed, must be indulged at all hazards, and if their own means are not sufficient, the temptation of continual gratification, would soon get the better of their honesty. It would therefore appear, that though never beneficial, the smoking of Opium is very frequently hurtful both to soul and body, ruining alike the health and the moral character of the victims to that passion, and for that reason ought the introduction to be discouraged, nor can we think that the importers of Opium are blameless of the misfortunes caused by its use. If the moral perception and courage of the Chinese themselves are not sufficiently acute to make them shun the evil, nor active enough to withstand the temptation, that is no excuse to others who administer to this vice; - when a child cuts his finger, we blame the nurse for having given him the knife.

吸食鸦片乃系有害于人之身心，乃亦有坏于人之品性精神，凡带鸦片进口到中国，诱人吸食之人，亦难辞其责，而吸食之者亦系大有不幸。若中国人之品性、智识勇敢之心，自己不足以离吸食鸦片之恶，并无机巧以避人之诱惑，所以凡设法以助他们之恶者，亦断难宽恕。正如小孩子若割其手指，我等即责备乳母给刀与他玩弄。

But the Chinese have not only to complain that the trade in opium demoralizes their people by its use, it likewise does so by the manner of its introduction, from its being prohibited and therefore only carried on by contraband. Thousands and thousands of people who make their living by it, have withdrawn themselves from the restraint of the laws, and are in fact outcasts from society, hiding from the law that pursues them, and ready to offend it much more seriously whenever opportunity offers. Fights between the preventive service, the native smugglers and foreign *traders* are by no means of rare occurrence, and bloodshed has been the consequence. Is then, seeing what the results are, the prosecution of the opium trade not immoral?

We have in the above remarks studiously abstained from using the word smuggling with relation to foreign dealers or traders, because our correspondent Delta objects to it. Be it so;

"that which we call a rose
By any other name would smell as sweet."

说明

此则为《广州新闻报》主编回应与反驳第108则 Delta投书中的说法。但《澳门新闻纸》所译不及原文内容一半。

ꕤ 110 ꕤ

[澳门四月十八日新闻纸]

又

The Canton Press, 18 April 1840.

Peru.

The following is the law passed in November last by the Peruvian legislature, and which was published in the Gazette of Peru, and forwarded to Capt. Elliot, by the British Chargé d' Affaires, in a letter we published in our last, together with Capt. Elliot's note to the Chamber of Commerce. Destitute of a Commercial navy as Peru is, such a law, calculated for its protection, seems to us to be at least premature, nor do we think will its framers derive from it the desired benefit, whilst it will probably act but as a new incentive to smuggling, already too much encouraged by high duties on the South American coasts. The translation we take from the *Register*.

The General Congress of Peru has decreed the following:

1. That it is the duty of a nation to promote by the most efficacious means the Public Wealth.

2. That as one of those means the national commerce merits particular attention

3. That in its actual decayed state, the native Merchants cannot undertake such lucrative speculations as are required to form large capitals without being protected and assisted in their enterpirzed.

4. That the privileges now conceded with this object are in conformity with the principles which serve as a base to our political system, the adoption of which by great nations, has been the foundation of their present opulence. It is therefore decreed:

一、今立一公司，取名阿细阿的公司，用本钱五十万员，按一千股分，每分出本银五百员，必须当公众面前交出现银。

(1) A company shall be formed under the title of the Asiatic company with a capital of $500,000 – to be divided in shares of $500 each which shall be open to the public.

二、在设立公司之第一年，每一人极多亦不得过十股。一年以后，在公司内若有无人买受之股

(2) No individual can have more than ten shares during the first year; but, that term being expired, and the whole of the shares of the company not having been taken up, any of the

份，凡有股份之人皆可以任意出赀承受增添。

三、股[设]立公司之意，乃系为国家之利益，令庇鲁与阿细阿洲各处并在小吕宋各处之海岛之贸易兴旺。

四、公司之股分，只是庇鲁国之本地人可以买受。

五、设立公司十五年。在此十五年间，所有阿细阿洲各处之土产，以出示之日始，定限八个月后，只准公司船只装载入口。

六、公司收足本钱之时，即当禀知官府。

七、虽在紧急之时，公司要用别国船只，亦必官府允准。

八、公司之产业不必当中国[国中]之公务。

九、别国人总不能买公司分子。

十、公司若设立章程，必须禀知冈色尔，由国家允准。

以上新例乃我等在议事堂会集议定。合行晓谕施行。

一千八百三十九年十一月二十一 即己亥年十月十六日 在胡唵加岳部落总领鲁加士毕尔渣、副总领沙洼西阿阿尔哇里士、书记拗吴士丁牙里阿娜印此。

说明

英国驻秘鲁代办将此公司章程寄给义律，转知在华英商，义律除知会在华英人商会外，又请《广州纪事报》与《广州新闻报》刊登此项章程，前者于1840年4月14日刊登章程英译本，后者于本(18)日刊登，其内容取自前者英译本，但《澳门新闻纸》的译者仍从《广州新闻报》译出中文。

shareholders will be allowed to purchase the number of shares they desire.

(3) The object of this company will be to favor the national interests, causing a direct traffic between Asia, the Philippine Islands, and Peru.

(4) The citizens of Peru only can be shareholders of this company.

(5) For the term of fifteen years all importation of Raw or Manufactured merchandize is prohibited from the places expressed in article No. 3, unless said importations are made in vessels belonging to the company. This prohibition to take effect in eight months from the publication of the present law.

(6) When a sufficient capital is obtained for the commencement of this enterprise, the first expedition, shall be gone into, the company having previously produced to the executive government, the necessary documents in proof of competent capital.

(7) Foreign vessels can only be made use of by the company in ceases of necessity, and with permission from the government.

(8) The properties of the company will be exempted from the public service.

(9) Foreigners cannot, on any account, become shareholders.

(10) The company will form its laws, and these, having previously been passed by the council of the state, will be approved of by the government.

Let notice of this be given to the executive that this law may be fulfilled, published, and circulated.

Given in the Sessions Hall of the Congress at Huancayo, the 21st November 1839.

Lucas Pelligen – President.

Servasio Alvarez, Augustin Galiano,

Deputy Secretaries.

To the Sec. for home affairs. Infulfilment of the above, let it be published and circulated.

Augustin Gamara.

ꕥ 111 ꕥ

澳门四月二十五日新闻纸 即三月二十四日

我等抄出孟买正月二十五 即己亥年十二月二十一日 新闻纸，内载一千八百三[二]十五年，有鼎高士机 人名 禀俄罗斯王之时，讲论几件事情，内有论及中国之军兵，以现在事势看之，亦颇有趣，故特抄于下文。

中国之兵丁以数计之，即为甚大，以勇计之，即皆不足畏惧。平时听闻中国有步兵一百万、马兵八十万，此说甚是虚假。中国之兵丁各有不同，分为四等。第一等系满洲兵，算是最好之兵，受恩亦重，共有六万七千八百名。第二等系蒙古兵，共计有二万一千名。第三等汉军，本系中国人，因其祖宗前时曾帮助满洲人攻打中国者，亦有二万七千人。第四等亦系中国兵，皆不甚十分贵重，其数有五十万人，分派国中各省炮台上。除此之外，又再加上兵丁十二万五千名。合共算起，中国之兵丁不过七十四万人，内有马兵十七万五千名。除以上兵丁数目之外，内有一种马兵，乃系如俄罗斯在乌拉尔之兵一样，闻说亦有五十万之多，然不能得知其详。中国之兵丁尽皆娶妻生子，兵丁之子于初生时即报官，写在兵丁名单上(此满洲马甲)，以为日后补其自己之缺分。其第一、二、三等之兵丁，每人给有军器、马匹、屋、米，及每月得银三、四两，衣服即系自己置买。中国制度，令所有之

The Canton Press, 25 April 1840.

Mr. Timkowsky's report to the Russian Government in 1825, among other things contains the following particulars respecting the Army of China, which at the present juncture will possess some interest.

The Chinese Army, in a numerical view, is very great, but, in reality, its strength is not by any means formidable; it is generally stated, that the number of troops amounts to 1,000,000 infantry and 800,000 Cavalry. This statement he considers as exaggerated. The regular troops are divided into four divisions, according to the different nations. The first division of 67,800 men is composed of Manjours, it is the elite of the Army, and those who serve in it enjoy great privileges. The second division, of 21,000, is composed of Mongols. The third division consists of 27,000 Chinese: the ancestors of these men cooperated with the Mandjours in the conquest of China – the fourth division, and that which is held in the least estimation, is formed from the Aborigines, to the number of 500,000 men; they are distributed in the garrisons in the interior of the Empire. To these must be added 125,000 militia, forming a total of 740,000, of which 175,000 are cavalry. There is besides, an Anglo [Mongol?] Cavalry, which may be assimilated to the Russian irregular troops of the Don and Oural, the number cannot be exactly ascertained; it is said to amount to 500,000. All the Chinese soldiers are married and their children are inscribed, at their birth, on the Army List, and serve to recruit the corps to which they belong. Every soldier of the 1st, 2nd and 3rd division, is provided with arms, horse, house, and rice, and receives, as monthly pay, three or four lanes (six or eight rubles,) his clothes are supplied at his own expense. The consequence of this regulation is that the men wear all the colours of the rainbow, and great confusion frequently arises. Government allow the 4th division to cultivate

兵丁穿着各样颜色之衣服，然亦常有杂乱。第四等兵丁(屯兵)，国家并无别的支给，不过有些地方准每人耕种，所产之物即做工食矣！中国兵丁少有短少者，皆因贫穷之人欲藉当兵以免受饥寒之苦。国家在每年所支出之兵饷银，亦有八千七百四十万员。然中国之兵，尚不甚谙练行阵之事。近来俄罗斯之皇帝底西阿仁，于一千八百年曾经有谕，唤醒满洲各人前时之勇猛，已攻胜了中国，现在之军马渐已不整，又告诉满洲各人，中国军马虽更勇壮，而前时数个满洲人之祖宗即可克之。

certain lands, appropriated to that purpose, and no other provision is made for the soldiers; they live on the produce. The army is never in want of recruits, the poor are always glad to enlist, in order to avoid hunger and misery. The expenses incurred by government, in keeping up their forces are said to amount to 87,400,000 (600 millions of rubles) and yet is it impossible to conceive an army to be more in want of discipline than that of the Chinese. The late Emperor Dziazzin issued a proclamation, in 1800, in which he recalls to the memory of the Mandjours, their ancient exploits, and reproaches them with their want of discipline and military talent, telling them that the Chinese are absolutely better troops, and yet, adds the Emperor, a few of your ancestors conquered the whole of this mighty Empire.

— *Bombay Times*.

[批注]

此所说兵饷数又太多，皆不确。

说明

1. 译文中“汉军”、“此满洲马甲”、“屯兵”，及最后一行“此所说兵饷数又太多，皆不确”等，为《澳门新闻纸》译者或阅者添加语。

2. 此则《广州新闻报》转载自1840年3月19日《新加坡自由报》，而《新加坡自由报》注为转载自同年2月《孟买时报》。也有可能是《广州新闻报》直接转载自《孟买时报》。

112

[澳门四月二十五日新闻纸]
又

由广东省城有谣言到来，传说总督林因为恐怕英吉利人攻打取去虎门，立意拆毁城外之房屋，以为城池之保障。广东省城有城墙围绕之，高有十忽，周围亦有炮眼，并无城壕及别样保护之事，如欧罗巴各国无城墙之城一样。在广东省城外之居民，更为蕃庶，为城中机巧紧要之处，所有之外国贸易，及各样工作、手艺、栈房，多系在城外。故我等不足信此谣言，因为若行此法，即受害之人比受未定保护之人更多。

[批注]

何不筑外郭将关厢民居圈围在内?

The Canton Press, 25 April 1840.

There is a rumour come from Canton to the effect that it is the intention of Governor Lin, in case the English should attack and take the Bogue, to destroy the suburbs of Canton, and to put the City itself in a state of defence. The city of Canton is surrounded by a wall about ten feet high, with small turrets at short and equal distances, without ditches, or any other works of defence – in fact it is, to European art, an open town. The suburbs of Canton contain a population probably larger than that enclosed within the walls, and there lives by far the most important, as the most industrious portion of the inhabitants. All the foreign trade, and the manufactories, the warehouses, etc. etc., that supply it, are in the suburbs, and we can therefore give but little credit to a rumour, according to which one half of an immense population is to be sacrificed in order to increase the very doubtful safety of the rest.

说明

最后一行字体笔迹完全不同，当为《澳门新闻纸》抄校本完成后他人添加语。

❧ 113 ☙

[澳门四月二十五日新闻纸]

又

中国钱粮中之最大者，乃系田地之钱粮。此项钱粮令中国之财源不绝，为官府兵丁之费，并为各项事情之用。征收钱粮乃系官府设立，有一定之时候，或系各处之地方官自行征收，或系由粮道遣其下属去到各处征收。

在天朝可以征收税饷之地方，共有七百八十七万五千一百二[四]十九顷七十四亩，以英吉利之埃加算来，即有四千一百六十二万二千八百五十七埃加。除此之外，尚有花园及栽种物件之地方五万二千零九十五顷，在蒙古南边又有草地八万零二百四十八顷，以上各处地方共计所出之钱粮，有五千七百三十三万零二百一十八两，并谷三千八百二十三万四千一百二十三石，以每石价银一两五钱算之(中国例价每石一两)，即有五千七百三十五万一千二百零七两。此项分为四[三]分：第一分乃系贮起谷三千三百七十九万二千三百三十石，在各省之仓内，以为荒年之用，并为各人播谷种之用。我等深知，凡放谷于公众之仓内者，管仓之官给有一凭据，持此可以到仓中要回其谷。但若谷主不要回其所放于仓内之谷，依法律即当公众卖之，将银买回其所放在仓谷数，

The Canton Press, 25 April 1840.

Land Tax.

The most productive part of revenue is the land tax. It supplies the state with an inexhaustible source of riches for the maintenance of all public bodies, and is a never failing expedient to provide for the necessities of the administration. The assessments are arranged by officers appointed for the purpose at stated times, and the collection is either made directly by the local magistrates, or by the underlings of the inspector of the grain department (Leang taou).

The whole taxable area of the Celestial Empire is 7,875,149 king 74 mow, reckoning one English acre to 6 32/37 mow, or 141,622,857 acres, besides 52,093 king in gardens, parks, and plantations, and 80,248 king in lands and pastures in the southern districts of Mongolia. From this the total amount of land tax in specie is 53,730,218 taels in kind 38,234,138 Shih in rice and other grains, (each Shih about 130 catties) and reckoned in money at the rate of 1½ tael per shih, 57,351,207 taels. This is divided into three parts. The far greater part of the tax in kind, viz. 33,792,330 shih, is kept in the provincial stores, as deposits from whence the land-holders may draw grain in time of scarcity or obtain their seed-corn. It is perfectly understood that in storing a given quantity in the public granaries, they have a claim upon the same, and the officers of the grain department furnish them with tickets for that purpose. Should the original owners however not stand in want of this corn, nor the exigencies of the state require its possession, the law orders that it be publicly sold, and the proceeds returned to the farmers. At the same time it is the duty of the magistrates, to have always a certain quantity of grain at their disposal, to give succour in times of scarcity. 2. The soldiers and public functionaries are paid their rations from these stores. It is the principle of the Chinese Government to provide

其多余之出息银，即交回与其谷主。各省之官府应当贮起一定之谷数，以为荒年之用。第二分，国中兵丁之口粮及官府之养廉，皆给各仓中之谷，中国国家为其臣民预备谷米，以防他们若费去其所得之银，即可藉其所得之谷以养活。第三分，各省之中必须解谷二百五十六万一千二百六十八石到北京。除谷之外，又必须解银二千七百四十四万八千七百零一[四]两到北京，为各大官之费。各省所解之谷，或全交上与仓，或交与在京之大官，或交与八旗。每年解粮到北京之船，有六千九百六十九只，其中有三千零八十四只系由洋子江南边之省分而来，到黄河后，在淮安地方与山东之粮船会同，由运河进京。

中国之皇帝全靠由各省运来之粮食，而各省解来之粮食，养活许多在蒙古居官之人，此等人若一短少粮食，即准[惟]有仰望朝廷之济助，若一无济助，至三、四个月之久，其头目即惟有劫夺而已。况满洲各官府及有爵之人，亦系全赖平常定例之俸米，若稍为停止，即觉得十分艰难，他们不能做工，而所有之官府不过系虚衔而已。

all its servants with the necessaries of life, lest their pay in money failing, they might be exposed to starvation. 3. The Provinces that have an abundance of grain send 2,561,268 Shih of rice to the Capital for the use of the supreme government and moreover 27,448,701 Taels in money. The former is either placed at the immediate disposal of the Court, or bestowed partly upon the titled nobility living in the precincts of the palace, or made over to the eight standards. The number of boats employed annually in the transportation amounts to 6,969 vessels. Of these no leas than 3,084 come from the south of the Yang tsze keang, and all but those of Shan-tung, fall near the junction of the Yellow River, at Hwae-gan into the Great Canal.

The very existence of the Supreme Government depends upon the uninterrupted transportation of these supplies. The state has to feed an immense number of satellites in the steppes of Mongolia, when if destitute of the very necessaries of life, look up to the Celestial Court for support. If this fail for three or four months, the chiefs having no other resource must have recourse to plunder. Moreover the whole Mantchoo nobility is kept in such a state of dependence, that the slightest interruption in the delivery of their customary rations would have the most disastrous consequences. Unused to labour, and possessing nothing but their title, they are with their retainers entirely at the mercy of the Great Emperor, who in his turn looks forward to the annual tribute, which is delivered to him at the end of the harvest. No pains therefore are spared to accelerate the transportation of the grain. There are officers appointed in every direction, whose sole duty it is to urge on the vessels; and who are punished severely, if any delay occurs. Last year when the shallowness of the great Canal retarded their progress, the Court was in consternation, lest it should not be enabled, to satisfy at the appointed time the clamorous multitudes, and spared neither threats nor punishments for obviating the evil in future. Hitherto these supplies have never yet failed, their arrival at Tungchow, where the boats are unloaded, is hailed with raptures, and a time of general rejoicing. The officials, numerous as ants, crowd around the carts to speed them in their way to the Imperial granaries. Much roguery, as almost in every branch of the administration, exists also in this department. Notwithstanding the utmost vigilance, large quantities are subtracted by the underlings and the masters of the boats are occasionally obliged to make good the deficit, being charged with the loss. Hence the frequent collision between the Mandarins and the transports, and the quarrels and conflicts, that claim so often the Grand monarch's attention.

The vessels themselves are of the best description of river craft, for which this Country is so very famous. They are not only well built, but kept in excellent order, and affording as good accommodations as the best boats on the Chookeang. Their cargoes are rich, for besides the imperial stores, consisting in rice and all the rarities found in the provinces, the sailors carry on a very lucrative trade in silks and other articles; their private speculations paying no duties. Towards their arrival, the merchants from various parts of northern China flock in crowds to Teen-tsin, and the most busy commerce commences, and enlivening the scenes of this famous Emporium. It is no trifle to see more then 6,000 vessels in port, each of which carries its merchandize, and about 120,000 sailors of whom every individual to the very women carry on their small traffic. The importance thus accruing to the port of Teen-tsin is so considerable, as to render it during the trading season the most crowded town in all China. As soon as the maritime and river craft is departed, its streets are deserted, and it resembles more a large village than an emporium. It may be a question of policy to the Chinese Government whether the payment of taxes in kind, would if commuted into money not be far more advantageous to the state. So long however as the officers are paid in rice, perhaps a change in the system would not answer.

☙ 114 ❧

[澳门四月二十五日新闻纸]
又

近来已经有人立意考察黄海及各处之海岛，故我虽系不能知其详细，然今亦略讲数句。今将各海岛分为六分：一广东之海岛、二台湾、三海坛、四舟山、五高丽、六日本。

[一、]广东各海岛之中，其最大者乃系在省之西南，即有海南；在省城之极东，即有南澳。除此之外，各处尚有无数之海岛。曾有人名罗士，到海南岛之岸边考察过，其内地即不得而知。即现在附近此处之海岛，我等行船之人，俱已细心考察其中之港口路迳[径]，并已详细注明在行船之书上。在各处船只湾泊地方之中，并无一处可以好过尖沙嘴。南澳岛我等亦已小心考察过，并已注明在于书上。

二、台湾，即少有人到过此岛，自中国人得了之后，即不留心在彼处贸易。我等闻说此岛甚是富厚，为其对岸省分最紧要之处，在其西边有一港口名淡水，又在极北有一海湾名为鸡笼，其东边之地方我等即不得知道。我等国中遣来考察地方之人，若曾到过此岛，我等即可以知其详细。又我等若于前时要得此岛，即现今已变为大贸易之处矣。在台湾之东边，乃系合支果麻支八小海岛，彼处居民之温柔斯

The Canton Press, 25 April 1840.
ISLANDS NEAR THE COAST OF CHINA.

As great attention has lately been attracted towards the islands with which the Yellow Sea and other parts are sprinkled, and it has moreover been stated that we know next to nothing of the same, we wish to say a few words upon the subject. The whole mass may be divided into the following groups. 1, The Canton, 2, the Formosan, 3, the Haetan, 4, Choosan, 5, the Korean, 6, the Japanese.

1. The largest of the Canton group are Haenan and Namo, the former at the southwestern, the latter at the eastern extremity of this Province whilst the Canton Archipelago is thickest studded with them. The Coasts of the first island are well known, and have been partly surveyed by Ross, the interior is a terra incognita. The numerous islands in our neighbourhood have been again and again visited by our mariners, and both the harbours between them, as well as the passages, are well described in the directory. No anchorage however is so convenient and for all purposes of trade so well situated as Hongkong. Namo has been traversed in every direction and the places of shelter about that island have carefully been noted down.

2. The Formosan group has been less visited. The Great island itself has since its repossession by the Chinese scarcely ever fixed the attention of the mercantile adventurer. Of its riches we have frequently heard, its importance to the opposite continent is very great, but there is only one harbour on the west coast, viz. that of Tan shwuy, and another on the northernmost point, the bay of Kelung. The eastern coast is an unknown territory, and we are even less acquainted with it, than with Spitzbergen. Had some of the ardour which prompted our most hardy seamen to visit the polar regions, been directed to these quarters, the result would have been more satisfactory; and

文，俱如琉球国之人一样，惟其中有无港口，我等即不得而知。在台湾与福建之中，又有一岛名为澎湖，此方之地甚是瘠瘦，惟港口甚好，为台湾所必要之处。

if we had information about the said island, we do not doubt, but a flourishing trade might have been carried on by this time. To the east in the Hat chi ko matchi group (eight islets) inhabited by as gentle and civilized a race as the Loo choo islands, but we are not able to tell whether there are any harbours amongst them. The Pang koo (Pescadores) between China and Formosa are remarkable for their sterility and good harbours, and their possession is indispensably necessary to the land of Formosa.

三、海潭之各岛。即不及以上所说两岛之多，又不及两岛之紧要。其最大之岛亦名为海丹，人民居住甚多。离此海丹岛稍远，即是可苏南益[南日岛？]，地土虽是瘠薄，惟人民居住在彼处者颇多，并不是海贼，如平常众人所传说，乃系耕种及打鱼之人。湄洲地方甚是雅致，此处各海岛亦如在闽海各港口之海岛，我等皆已深知，惟在福宁府直连至浙江之各海岛，即少有到过，故不能知其详细。间有偶然至其处者，见得亦有许多好湾泊船只之处，而彼处居民之行为，见得似是甚好。

3. The Haetan group is less numerous and important than the preceding. The principal island known under that name is well inhabited, those that are situated at a considerable distance out to sea, like Oksu Nan yih (Lam jit) are exceedingly sterile, nevertheless inhabited, not by pirates as some would lead us to believe, but by industrious farmers and fishermen. Me choo is a very delightful spot. These as well as the islands around the entrance of the Min river are tolerably well known; but the whole chain that stretches from thence to Fah ning foo and the frontiers of Che keang, has scarcely ever been visited. Some very good anchorages have been found by occasional visitors, and the natives bear a high character for orderly behaviour.

四、舟山之海岛甚小，惟其中之耕种甚是著名。按此岛之布置，若以之作贸易，即定必比别处更兴旺，因在此岛之邻近，即系中国中央之地方，并国中最富丽之城池，如宁波、杭州、上海、苏州等处，为中国南北贸易往来所必经之路，故亦算是最近要之处。

4. The Chu san group is small, but remarkable an account of the high state of cultivation, in which the islands are found, whilst their situation in a commercial point of view is the most advantageous, that possibly can be found anywhere. Close to central China, in the neighbourhood of the most flourishing cities of the Empire, as Ning po, Hang choo, Shanghae, and Soo choo, and many more, and being the general thoroughfare between the Northern and Southern trade of China, they are the most important of the whole.

五、高丽之海岛乃系无数，而我等之中不过曾有人到过一二次而已，故我等所知乃系甚少。高丽之海岛，其中之树林甚多，少有人到彼处居住，惟所产皆系上等之木

5. The Korean group is countless in number, little known however, and only the outer ones have been twice visited. They are richly wooded, but scantly inhabited; the timber that grows there is of the best quality. Some of this chain stretch out to the Gulph of Chih le and near the Coast of

料，其海岛有通至直隶及山东之海岸。于一千七百年间，曾有被打坏船之荷兰水手到过高丽南边最大之海岛，并名之为鬼尔钵。

六、日本之各海岛算是最大，其中之琉球岛，乃系我等各国中行船之人所常见。日本北边一带地方，在我等行船之图上已有载明，日本北边及自支娜[江户]湾至摩宁[小笠原]岛一带地方，其中之山顶上常出火焰，彼处各岛上之居民，尚未十分归入王化，保守不准别国人到其地方甚严。

欧罗巴人若要在此处各海岛居住，处处俱可以做得，惟摩宁岛即更为易得。盖中国人之船只，少有敢历如此危险之海而至彼处，及或百中有一二只，不过亦系好来而已。我等若得如此一处地方，不服别的国分所管，自立官府管理，即系平安妥当之处，而现在有如此多地方，任随拣择一合宜之处，即可以在彼立定。我等必要再得一处地方，如新奇坡一样，致可招集邻近地方之人到来贸易，又必须其地所产足敷居民之用，若既有此等地方，即必须得一买卖来往必经之港口，有此等一块地方，我等所获之利益不少。

Shan-tung. The largest is situated to the South, called Quelport, which was made known to us by some shipwrecked Dutch sailors, who lived there at the beginning of the 17th century.

6. The Japanese islands are the most considerable; the principal of the Loo choo group has often come under the observation of our navigators; the chain that runs in a northerly direction to Japan is well laid down on the charts; both this and another stretching down from the bay of Jedo to the Bonin islands, are of volcanic construction, and several have craters. The whole is an archipelago in itself, inhabited by semi-civilized races with strong prejudices against foreign intercourse.

Of all the propositions made for the establishment of a European settlement, none is less feasible than at the Bonin islands. No Chinese junk would ever venture so far in a boisterous sea, and if one in hundred reached, it would be mere good luck. The policy itself of having an insular establishment beyond the control of the adjacent despotic governments is a very sound one; and as there is such an extensive field for making a proper choice, we do not doubt, but that a suitable spot will be fixed upon. We want another Singapore, which shall attract the neighbouring nations to its market, with a good harbour, and sufficient arable soil to feed its own inhabitants. These are two indispensable things, and the island must moreover be situated on the highroad of the trading craft: under such circumstances we may promise ourselves great results from such a colony, and though if this measure does not contain a panacea for healing all wounds, yet a great many evils will be counteracted and almost insurmountable difficulties obviated. Time will shew how far this important object can be realized and also prove whether our anticipations have been fallacious or true.

第五册

1840年5月12日至1840年7月25日

115

五月十二澳门新闻纸 即中国四月十一日

加尔吉打二月二十九 即正月廿九日 新闻纸内载，我等接到国中之书信，见得我等国王之婚期已是择定本月二十 即正月十八日，所以现在已过了数日矣。我等在兰顿之新闻纸上见得其中说云："奉到国家示谕，国王与王子阿尔麦成亲之事，已择定于罗压尔先占士庙内行成亲之礼。各衙门之大官府俱已到罗压尔先占士庙内，备办各样行礼之事，及铺设定夺各事，大抵此事必须在二月初一 即十九年十二月二十八日 即要预备停当。我等又闻说，国家曾写信与哈娜沣国王，论及我等国王婚姻之事，而哈娜沣国王已经回信说，甚愿到来观看此等大礼。"

The Canton Register, 12 May 1840.

THE QUEEN'S MARRIAGE.

The marriage of our sovereign probably took place more than a week since, as the latest day specified for its solemnization in our advices is the 20th of the present month. *The Windsor and Eton Journal* says: -

'We see that it is stated in a government paper that the marriage ceremony of the Queen and Prince Albert will take place at the Chapel Royal St. James, and that the heads of the various departments in the Royal establishment have been to the chapel to make preliminary arrangements. This we believe to be substantially correct, and we are enabled to add, upon good authority, that all things are ordered to be in readiness as early as the 1st of February. We have heard, also, that the King of Hanover has been written to on the subject and that his Majesty has expressed, in reply, his earnest wish and full intention to be present at this interesting and august ceremony.'

[...]

— Cal. Cour. 29th February.

说明

此则《广州纪事报》转载自1840年2月29日《加尔各答信使报》。

∞ 116 ∞

澳门五月十六日新闻纸 即中国四月十五日

The Canton Press, 16 May 1840.

To the Editor of the Canton Press.

Please do me the favour to insert the following in your next paper —

With all deference to the sagacity and good feeling of the Editor of the Register, which qualities are so extensively manifested towards the Americans in his columns, I desire, for the information of his distant readers, to correct some evident misapprehensions contained in his remarks in the Register of the 5th instant, not that I believe for a moment, that the Editor is ignorant of the true state of the relations existing between the British and the American residents of the 'Celestial' sphere, not, that I believe him ignorant of the object of the late petition of the American merchants, nor that I believe that he really harbours any very unfriendly feeling towards the American merchants of Canton, but simply to place the matter of the petition under notice, in as proper a light as it can be placed without exposing private and important interests, through the press, to the local authorities.

The Editor of the Register alludes to the American Vice-Consul as one of the petitioners in his official capacity, when it is clear from reading the petition that he acted only as the presenter of the document; it does not appear that he participated in any way in framing the paper itself. The idea that the 'information volunteered to a government inimical to England,' should be a matter of reproach to the signers of the petition is perfectly ridiculous. Admitting that the prospect of a blockade, at an early day in June, is a mere matter of rumour, I think the public will generally admit that the petition of the American merchants was not only well timed, but that the effect has conclusively proved it to have been a very judicious and prudent measure, which the Editor cannot well see through because he does not choose to. The Editor of the Register must suppose the American merchants of Canton very much wanting in that sagacity with

咪唎坚人在前只欲两边俱不管等语。观去年咪唎坚人缴鸦片时，当系英吉利人之物，惟被林识破，说天下之人尽皆知道咪唎坚人亦有做鸦片贸易。如此我等并不知我等朋友因何如此说？难道英吉利国家不问中国人赔补咪唎坚人所代缴之鸦片价值乎？

如此，足可以见得我等朋友在好情分之中，亦有不好意待咪唎坚人。无论前时后来，咪唎坚人皆不欲作两边不理之人，若果言如此，咪唎坚人即应停留在虎门外洋，方可得平安。又，咪唎坚人若在外洋观望时，倘滚额里士以为不宜遣兵船到中国，而英吉利人之利息比咪唎坚人之利息为更好，咪唎坚人若果能两边长长不理，即可免却许多忧愁之事。

which he is so abundantly supplied, to believe that they would wait for an official announcement from Congress, when they firmly believed that a blockade would be established prior to the receipt of any such official notice.

In reply to that ridiculous attempt of the Editor of the Register, to fasten on the Americans any real desire to be, in all respects, neutral *in the past*. I would merely remark, that the Americans in March 1839, gave up the Opium entrusted to them, *as British property*: but Mr. Lin expressly understood that it was given up by Americans and not by Englishmen, and he knew, as all the world knows, that the Americans, with some exceptions, were acting as agents for the Sale of Opium as well as other merchandise; I cannot well conceive why the Editor of the Register should wish that his country men should suffer by having said Opium, their property exclusively, excluded from the general claim on the British Government; is it only because American Agents held it?

This indeed shews that I have given the Editor more credit for good feeling than he is entitled to, he must have some rancorous feeling towards the Americans: They do not desire to be placed on neutral ground in respect *to the past*, but while they are in Canton attending to general interests, (I will not say whose interests are extensively at stake) and while they are in the power of the Chinese, they do certainly desire to be considered neutral *in the future*, I mean just enough of the future to place them and the interests confided to them, in safety outside the Bocca Tigris; so far they certainly desire to be considered neutral and no further; if Congress does not think proper to send a naval force to China, the Americans will undoubtedly remain passive spectators during the impending crisis, and it will probably be better for British interests that they should remain so.

The second paragraph of the Editor on the subject of neutrality, is truly amusing, if the Americans, are no further debased than by the opinions, or publications of the said Editor, they will not suffer much from remorse.

The Editor as well as Governor Lin fall into

the same mistake in regard to that part of the petition alluding to losses; both these gentlemen know perfectly well, that the paper speaks of *future losses* to be sustained, provided the petition should prove of no avail in expediting the business of ships and property daily entering the river. The American petition, instead of being returned with contempt, was replied to more promptly and more civilly than usual, and the terms were considered favourable. I think, that any man reading the reply to the petition with the right spirit in him, will admit that its effect on the merchants, if not on Mr. Lin and the Editor of the Register, was excellent. It is not to be wondered at that one of the most stubborn of this bombastic people (Mr. Lin) should not desire to put on record the idea that the ports of the 'Celestial Dynasty' could be shut by a power occupying so small a space on the may of the world as Great Britain!

That the distinction drawn by the signers of the petition, was 'uncalled for and unjustifiable,' the public has the Editor's word for, and nothing more; the public will give his expressed opinion its due weight.

If the Americans are acting exclusively for themselves, and the British have no stake in Canton, still the intimation contained in their petition was a proper one, whether the prospect of blockade was founded in rumour or on due official warning. The petition fully convinced the Chinese merchants that the Americans were anxious to get out of Canton by the first of June, and when they get out of it, if their Government shall have turned a deaf ear to their memorial, forwarded nearly a year ago, they will doubtless remain neutral. But they will certainly wish success to every act of Great Britain, either in castigation for the past, or as security for the foreign community in future.

One of the Signers of the Late Petition.

Canton, 10th May, 1840.

说明

1840年5月5日《广州纪事报》先批评在华美国人，于是有此则一位美国读者投书《广州新闻报》辨正。

ஐ 117 ௸

[澳门五月十六日新闻纸]

又

中国原自称为天朝，故我等今在下文将各国分与中国比较。若论人民之多，即无一国可以与中国比较。在万国之中，并没有一国之人民臣子可与中国相等。即如俄罗斯在一千八百二十八年，有一百四十一万四千四百四十六方里，户口不过系四千一百九十二万五千名；而在国中[中国]，只湖广地方宽不过十四万四百七十七方里，即已有户口四千五百零二万。然俄罗斯之城池亦颇宽大，人烟亦稠密。佛兰西地方宽有二十一万三千八百三十八方里，户口三千二百零五万二千四百六十五名；而江南地方宽九万二千九百六十一方里，户口即有七千二百万名。欧色特厘阿宽二十五万八千六百零三方里，户口三千二百一十[万]名；河南、山西两省宽十一万方里，户口三千七百零七万名。英咭唎国宽十二万七千七百八十八方里，户口二千二百二十九万七千六百二十一名；广东一省宽不过系七万六千四百五十五方里，户口即已有一千九百十四万七千名。如此看来，中国一省即可以抵三国之人民。我等常看比我等更知道详细之人所做之书，尽皆不同，故亦不明其中之意，亦难知何人之意为是。今我等又将各国之钱粮再为比较。在英吉利国地方，每年所出钱粮等银有二万二千八百万员；佛兰西地方，每年所出钱粮等项有

The Canton Press, 16 May 1840.

COMPARATIVE VIEW OF CHINA.

In comparing the Great Colossus called the Celestial Empire with other states, we have come to the following results. In points of population it exceeds every other realm, there never did exist a kingdom that numbered so many subjects, and there will never be a state equally populous, unless we anticipate an universal monarchy. Russia had in 1828, 41,925,000 inhabitants, upon 1,414,446 square miles, the sole province of Hookwang upon 144,770 square miles, has no less then 45,020,000, yet the former has large cities, and thickly inhabited tracts. France on 213,838 miles, 32,052,465 inhabitants, Keang-nan on 92,961 miles, 72,000,000! Austria on 258,693 – 32,100,000, Honan and Shan-se on 120,000 – 37,030,000. Great Britain on 117,788 – 22,297,621 – Kwant-tung on 76,455 – 19,147,000. Thus this single province amounts to nearly the number of inhabitants in the three kingdoms. With all respect for the Imperial statistics and deference for the opinion of more able reasoners than ourselves, we are indeed often staggered about the correctness of the census. The revenues stand thus in Dollars – England 228,000,000. France 157,750,000. Russia 52,000,000. Austria 52,000,000. China, including the imperial, provincial, and public revenue in money and kind, 138,073,921 Taels, by 24 millions nearly on a par with England, and holding the second rank. Land forces, peace establishment – Russia 600,000 men. France 281,000, Austria 271,000, Great Britain 90,000, China 764, 000; thus, numerically, China maintains the largest army, and actually ranks in military power below Denmark. Of sea forces we can draw no comparison, because a junk differs from a ship of the line and frigate, and there are sundry other distinctions, that will

一万五千七百七十五万员；俄罗斯地方，每年所出钱粮等项有五千二百万圆；欧色特厘阿地方，每年所出钱粮等项亦有五万二千圆[五千二百万圆]；中国地方，每年所出钱粮等项有一万三千八百零七万三千九百二十一圆；比英咭唎国只少二千四百[万]圆，即差不多同一样相等，而中国只可算是第二等多钱粮。当太平时节，在俄罗斯设立陆路兵丁六十万名，佛兰西设立陆路兵二十八万一千名，欧色特厘阿设立陆路兵丁二十七万一千名，英咭唎国设立陆路兵丁九万名；惟在中国即设立陆路兵丁七十六万四千名。在数国之中，中国有陆路兵丁最多，不过次于领脉 即黄旗 而已。论及海上之兵威，我等即不能比较，因为师船与兵船、战船不同，在师船之中，有些师船不独不能比较，乃令人一见遂即起憎恨之心。我等在上文所写皆系一千八百二十八年之数，自然彼时以来已经大为改变，欧罗巴各国之钱粮、人民已大加增，而中国之人民尚是照旧时一样，惟税饷已经大为减少矣。

[批注]

所说中国钱粮全不对数，不知何据？

not admit of a comparison, which is moreover always odious. The only tables to which we could refer in drawing this parallel were those of 1828, since which time great changes and an increase in both revenue as well as population will have taken place in Europe, whilst China, in all but inhabitants, is stationary, and in revenue has considerably fallen off.

说明

最后一行为《澳门新闻纸》译者或阅者添加语。

ꕥ 118 ꕥ

[澳门五月十六日新闻纸]

又 孟阿拉二月二十七 即正月二十五 新闻纸，内载现在中国阻止贸易，致人皆尽心在阿山地方栽种茶叶。我等可以庆贺，众人尽心之事已得顺利。当中国人未有扰害我等事情之先，即已查出阿山地方可以栽种茶叶，亦算是一件好采之事。大约栽种茶叶，全靠人力尽心及要本钱而已。当钦差未到广东办事以先，阿山栽种茶叶之事尚未十分尽心。惟于后来众人已经诚心栽种，我等可以不必害怕半途丢弃，倘若印度地方所出之本钱不足，即由英咭唎拨来，以助此事。现在已经设立一公司，有本钱四百万圆。我等又知道，地方官府已经奉到国中示谕，尽心设法鼓励此事。而在我等所接到阿山付来之信，见得已经鼓励没鲁士已经做出茶叶一百九十箱，付来加尔吉打转寄至英咭唎船主。然近又云，国家若尽心鼓励，加多本钱，茶叶发生可以多至百倍。近来英吉利攻服的模定地方，乃系最好种茶之处，不久熟谙制造茶叶之中国人到时，即可以制造出许多茶叶，不久各人所出之本钱，俱可得回。曾有能干之人对我等说，在阿山地方，每株茶树头一年所产茶叶，可值先士六七个，自此递年加增，及至六年后即递年减少。如此看来，每年只五万二千六百忽地方，所产之茶叶，可以值劳碑银二百二十个。然各处地土不同，故所产之茶叶亦有多寡不等，在阿山地方所产

The Canton Press, 16 May 1840.

Assam.

Tea. —

The obstruction of our commercial relations with China has naturally given an extraordinary impulse to the plans which were formed for the cultivation of Tea in Assam; and it is gratifying to find that the project is about to be prosecuted with a degree of vigour which holds out the fairest prospect of success. It was a fortunate circumstance that the capability of Assam to furnish Tea was discovered before the occurrence of those disturbance which threaten to interrupt our supplies from China for an indefinite period; in as much as we are now enabled at once to direct our efforts to a locality were nothing appears wanting to success, but adequate exertion and capital. It is a fortunate circumstance for the prospects of Assam, that just after its natural adaptation for the growth of Tea had been established by experiment, circumstances should have arisen to draw public attention so imperiously to the advantages which it holds out. But for the measures of the Imperial Commissioner at Canton, the cultivation of Tea in Assam might long have been conducted with languid zeal and by isolated and irregular efforts. But the period of animation has been accelerated by recent events, and we no longer fear that the idea of looking to Assam for our Tea, will be suffered to die out through lukewarmness. Whatever capital is required beyond that which this country can supply, will be furnished in abundance from England. A Company, with a capital of Eighty Lakhs of Rupees, has been already formed, and it is understood that the Local Government has received and acted upon instructions from home for giving every possible encouragement to its operations. The intelligence which has been recently received from Assam, is also encouraging. Mr. Bruce has succeeded in manufacturing one hundred and ninety chests of Tea, which is now on its way to Calcutta, to be dispatched to England. Captain Jenkins

之茶叶，俱系上等，大抵不久即可如众人所望矣！

states, that the supply would be increased a hundred fold, if the operations were at once transferred by Government to the Assam Tea Company. A large tract of territory, called the Muttink Country, has recently fallen into the hands of the British Government, a portion of which is described as better adapted for the cultivation of Tea, than any part which has yet been discovered. Chinese labourers, well acquainted with the manipulation of the leaves, have arrived, and will be soon employed in preparing them, and our own latest information from Assam gives the prospect of a very large and remunerating return for the capital which may be employed. We have it from the best authority, that 'one tolah, - the eightieth part of a seer, - may be safely allowed, as the produce of each plant every year. For instance, one tolah for the first year; after cutting and burning, two tolahs the second, and so on until the sixth year, when the plant, will be in its prime. One Poora of land after it had been cut down the first year, might produce one tolah each plant, or 18 seers, 1 pun, and 6 tolahs; the second year, 36 seers, 2 puns, 18 tolahs; the third year, 1 maund, 15 seers, and 7 tolahs. The sixth year, 2 maunds, 20 seers, and 14 tolahs. This statement refers to the average produce of one Poora. One hundred Pooras would give 11,000 seers, at 2 Rupees the seer, 22,000 Rupees the year, or 1833 Rupees the month; but it should be borne in mind, that all soils are not alike. In some tracks, the produce may be more; in others, less. One Poora in Assam land measure is equal to 52,600 square feet, or about three beegahs and a half, which is a little less than one and a quarter of English land measure.' The produce appears to be estimated high; and, possibly, it may be found, on experience, to fall short of these expectations.

— *Friend of India*, February, 27.

说明

1840年4月9日的《新加坡自由报》也有本则内容，亦注明出自1840年2月27日的《印度之友》。

☙ 119 ❧

[澳门五月十六日新闻纸]

又

我等甚欢喜，见得马牙列船载了九十箱阿山茶叶已经到了，众人皆甚欲细察其茶味之好歹，致可以定夺我等在孟阿拉朋友信中所说之言语是否真实。

东印度公司曾递禀与国家，论及此紧要之贸易，今出产于国家所属之地方，欲求国家减少税饷，东印度公司又欲此语禀知巴厘满，当中国现在此等时势，今我等既可以不必倚赖中国人之茶叶，大抵国家亦肯准东印度公司之禀而减少税饷。

The Canton Press, 16 May 1840.

Assam Company.

We are glad to find that 95 chests of tea shipped in the *Margaret* have arrived. The public is looking with anxiety for the examination of their contents, and we hope soon to be able to ascertain whether the favorable opinions, as to the quality, which were given in Bengal, are supported by those of the leading houses in the trade in this country.

It will be observed that in the Petition of the East India Company, which we have inserted elsewhere. East India tea is alluded to as likely to become an important article of commerce, and the petition prays for a remission of some portion of the duty in favor of the produce of our own possessions. We are informed that the Assam Company intend to petition Parliament to the same effect; and looking to recent events in China and the increased importance of our endeavouring to render ourselves independent of that country in this essential article, we cannot doubt that these applications will receive the most favorable consideration.

The share-holders in the Assam Company are much gratified that the Court of Directors have taken the lead in bringing the matter under the consideration of Parliament. We are informed that their Committee of Management had some time since, in an interview with the Chair, expressed a hope that the subject would receive their attention, and that Sir John Hobhouse has also promised to give it his consideration. We trust that this, as well as the other important points referred to in the petition, when brought before Parliament, will not pass without receiving the attention which it deserves.

Mr. Bruce's Report has excited much interest in the country. The extent of the indigenous Tea and the small degree of cultivation which it would appear to require to render it fit for manipulation, make it clear that capital, and due encouragement on the part of Government to employ capital, on this important production, are all that is required to make Assam within no distant period, as fine a Tea Garden as any province in China, and capable of furnishing an almost unlimited supply of Tea. The extent of country, over which the wild Tea plant has been found, shows how vain were the fears of monopoly which have been entertained by some persons in authority. If the exertions of the Assam Company are crowned with success, numerous other companies, we doubt not, will be formed for Tea cultivation: and it is not improbable, that private individuals may also be induced to embark capital in the same undertaking: nevertheless, being convinced that in the infancy of this important cultivation, success can only be attained by joint capital subscribed by numerous individuals, interested in the object, and equally sharing in the risks and difficulties by which the commencement of the undertaking must necessarily be attended; and to the Assam company – the only body of this sort that has been really formed and organized hitherto – we must look to lead the way in opening to the British public this immense field for enterprize.

We observe some of the correspondents of the *Hurkaru* in Bengal appear to entertain a notion that several companies have been formed in England for Tea cultivation in Assam. In this way they are mistaken. It is true that attempts have been made to form other similar companies, but they have proved abortive; nor do we believe that any money was ever really paid by the parties interested in these attempts for the furtherance of the object.

说明

此文转载自1840年3月26日《新加坡自由报》。

❧ 120 ☙

澳门五月二十三日新闻纸 即四月二十二日

我等新闻纸之人大抵尚未知道，在耶麻呢地方各博学之人，如此专心学中国人之文字。在一千六百六十年间，在麻岭 普鲁士部落名 有一士人学中国人之文字，颇有进益，得有许多中国文学之本事，著有些书，现贮在国库之内。又，在摩希米阿地方，有教师曾繙译出一套中国四书。在般果罗呢 普鲁士一部落名 有一最闻名之人名阿担士渣尔，写出有些书，论及中国人之风土人情，俱是用其本国之文字。又有人名格拉悖罗，系此一千八百年内之人，如此熟谙中国之文字，致令人人惊异，评论事情又甚能干，然好找人过失。近来百年复有哈牙等有大文学之人，亦皆识中国文字。

The Canton Press, 23 May 1840.

Study of Chinese Literature in Germany.

Our readers are perhaps not aware with what zeal the study of the flowery language is pursued by the literati of the country of lexicographers and grammarians. As early as 1660 there lived a scholar at Berlin, who cultivated the Chinese with considerable success and made a good collection of native works, which are still to be found in the Royal library. A translation of the four books were published in Latin in Bohemia about the same time, by some missionaries, and the celebrated Adam Schaal, a native of Cologne furnished his native land with notices about the Central Empire. Klaproth, Hager, and other learned men made in the beginning of this century a great noise about the wonderful characters, in which the Chinese are pleased to convey their ideas, and the former was very celebrated as a critic, but too fond of finding fault with every body. Most attention however was attracted by a visit of two Chinese, we believe in 1823. At first great doubts were entertained, whether they were real sons of Han, but a professor of anatomy having proved to the world that their origin as proved by their physiognomy and structure of bones, was truly Tatarian, all the learned faculties hailed their arrival as very auspicious. When they were exhibited at Berlin, the King of Prussia took them under his protection, and sent them to Halle, in order to communicate their language, and to receive an academical education, under the celebrated professor Gensenius. Having been instructed in Christianity, they were baptized, and the King himself stood sponsor. The result of their study was a translation of some of the gospels in Chinese, whilst their tutor published a translation of part of the four books, which has been severely criticized by the Parisian doctors. One of these celestials returned here in 1837, but has kept aloof from foreigners, so that we do not

纽曼乃系到广东省城游行之人，人所共知，于回到英咭唎之时，即著有一本讲论佛教道理之书，又在耶麻呢着有书两本，此外所著之书亦复不少；曾到麻岭，然麻岭人不十分厚待之，遂往摩匿沼麻洼里阿部落 与饱学之人为朋友，将带去许多书籍，同耶麻呢诸国之人互相考究，学所难学之音语，又仿历来各教师之人，著出有些书，说中国地方甚好，与别国不同。又繙译出有一套诗经，只不过系照其原文，并未有译得十分明白。又有力打者，著中国地理志一本，令耶麻呢之人尽皆惊异，书中载说中国乃如极乐之国，又以为中国人所尊崇阴阳之道理乃系甚著，五千年以来屡代之圣贤，皆以为此理甚正。在纽曼所说中国之书，亦颇与力打之书相彷佛，只在阴阳一节，纽曼所论亦颇明白，所以纽曼可以算为系耶麻呢诸国之中最饱学之人。

包底阿现在巴利士 佛兰西首部落 雕刻中国活字板，他原系耶麻呢人；又有一人麻压好士，亦系巧手雕刻之人，帮助包底阿，立意要雕刻出一套全套的中国活字板，他二

know what became of him.

Professor Neuman's pilgrimage to Canton is well known. On his return he published in England a catechism of Buddhism, and subsequently in Germany two other works with instructive notes. The library he had collected was very considerable, but on his arrival at Berlin, he was by no means received with that kindness, which his ardour in this branch of literature deserved, and he retired therefore to Munich, where a Chinese professorship was purposely instituted. Part of the works he had purchased remained in the Royal library, the other he took with him to Bavaria. This was the general signal for rendering Chinese fashionable, and the various universities emulated each other in encouraging the study of this difficult language. Works were pouring forth from the press, giving an account of the country, mostly in the manner of the ancient missionaries, representing the empire as an abode of virtue and happiness far beyond any other part in the world. A Latin translation of the Sheking was likewise edited, but this was made by an ancient missionary, and conveys the meaning of the original very vaguely. Ritter's geography of the Central Empire filled all Germany with admiration, and were every thing true what he stated, China would be a paradise. Strange to say, the pantheism of their nation obtained many adherents amongst the philosophers, who shaped the system of Yang and Yin according to their own fancies. As it speaks much in favor of the correctness of ones sentiments, if the most ancient and wisest nation entertained the same 5,000 years ago, a better proof of the truth of their principles could perhaps not be adduced. Neuman however endeavoured to form a just estimate of the nation, and whilst speaking freely of its defects, he was not blind towards its virtues, and he is doubtless the most learned amongst the German Sinologues.

When Pauthier was engraving his elegant types at Paris, a German engraver, Bayerhaus, happened to be at the capital, and being a man of very high attainments in the art, he set to work himself, in order to furnish a complete set of

人即又合齐到麻岭，彼处人待之甚厚，现在已经做了一大半中国活字板，普鲁社国家费许多钱财，帮助鼓励此事。在威引拿 欧色特厘阿部落 有一人庵里渣，亦做出有一套讲论中国银钱之书。如此看来，现在有多少人学中国之文字，我等即不得而知，大抵其数定必不少。十年以内，不久而中国人之书籍文字，必致如阿拉比阿国之文字一般。

types. His representations at Berlin met with a favorable reception, and he has by this time finished the greater part of it, so that the first complete fount is likely to come from Prussia, because the persons engaged in the work are unwearied in their exertions, and possess a considerable zest for the execution, and the government has advanced sufficient funds. Under such circumstances, Vienna could not remain idle, and Dr Endlicher therefore composed and published a work on Chinese coins. He is said to be well versed in the language, and it is the wish of the Imperial government to found a library. How many there are at present engaged in deciphering the hieroglyphics of the sons of Han, we are not able to say, but there is no doubt of their number being very considerable. Within ten years after this we may expect, that Chinese works will become as common as Arabic ones, and that the learned community will be enabled to put a proper value upon the literary treasures, which this country contains.

121

澳门五月三十日新闻纸 即四月二十九

王后于二月初十 即正月初八日 正午时婚配，各大官议拨阿尔墨王子银五十万[三万]棒，许米议拨二十一万[二万一千]棒，均未免有太过不及，遂从西多尔比议拨三十万[三万]棒。

The Canton Press, 30 May 1840.

The Queen was to be married on the 10th February at noon, and £30,000 per annum are settled on Prince Albert: Ministers proposed £50,000, Mr. Hume, £21,000, and Col. Sibthorpe £30,000, which was carried.

说明

此则《广州新闻报》转载自1840年5月4日《新加坡自由报》号外，《新加坡自由报》又转载自1840年3月27日*Bengal Hurkaru*号外。但《澳门新闻纸》译文每项金额皆错。

꧁ 122 ꧂

[澳门五月三十日新闻纸]
又

The Canton Press, 30 May 1840.

PIRACY IN THE CHINA SEAS. ATTACK ON THE HELLAS.

Our readers will of late frequently have seen the increase of piracy on the shores of China noticed in our paper, but the depredations of Chinese pirates have hitherto been confined, with one single exception, (the plundering of the Troughton) to native craft. The measures of the Government have lately however deprived so many of the trading community of their usual employment, that they are driven to seek a livelihood by piracy, and emboldened by numbers, fly at higher game than before. This must have been more the case on the coast of Fokeen, than in the other maritime provinces, the people there being more impatient of control more enterprising, and from the greater press of population, poorer than elsewhere. Hence the frequent rebellions, at all times; and it is said that at the present moment, many parts of the province are in a state of insurrection.

于五月二十二 即四月廿一日，有希尔拉士船主穰西，在南澳岛之西北，遇见八只中国船，三只大柁船，望见外面全似买卖船，毫无分别。直待其向希尔拉士船渐渐驶近，船主才起疑心，吩咐船上预备等候，尚未曾预备停妥时，中国船业已贴着希尔拉士船之右后梢，即向着船施放鸟枪，而希尔拉士船亦照样施放鸟枪回答。此时风静，船不能离开，以便开炮。再者，船又在打鱼洞中，虽欲船动，非风不能为力。希尔拉士船所放去之枪火，全不中用，因为中国船用草席遮蔽甚好，故其船上之水手在席后面施放枪火，甚稳定有准头。中国人又用引火之物，数次烧着，皆救灭

On the 22nd of May, the *Hellas*, CAPT. JAUNCEY was becalmed not far from the Brothers, to the northward of Namo, in company with 8 junks, and three large pulling boats, to all appearance trading vessels, and no particular notice was taken of them on board until their moving nearer to the *Hellas* roused the suspicions of the Commander, who gave orders to clear for action. Before everything could be got in perfect readiness the junks had approached the vessel right astern, and immediately opened a smart fire of musketry upon her, which the *Hellas* could only answer with a similar fire, the calm preventing her to bring her guns to bear, besides which she had got entangled between the fishing stakes, which rendered motion without the aid of wind altogether impossible. The fire from the *Hellas* proved ineffective, the Junks being well defended with mattresses and mats, from behind which their crews fired with great steadiness,

了，不致烧延船上绳索。经历许多时刻，风才起，希尔拉士船方能转动，用炮伤害中国船只甚重，杀死海贼甚多，约打四点多钟始行逃去。希尔拉士船上之水手有五十名，系欧罗巴人，内有十五人受伤，或轻或重不等，而我等闻得船主穰西受伤甚重，心中甚是忧愁，其两腿与周身皆有伤，比他人更重，其下腮腴又被子弹打折骨，其眼亦受重伤。然我等后来又闻得这些伤皆不甚重，颇平安。按，希尔拉士船上之伙长、水手等打仗，各人皆奋勇，然于众人中，又当以麻尽之丁打尔为最，实堪指说。中国船贴近希尔拉士船之时，他见一人拿一鸟枪指准欲放，即跳过船去，劈开一人头颅而回，自己并无受伤。海贼无炮，伊等不过欺敌，不然希尔拉士船亦被他们打败了。希尔拉士船放完炮之后，亦复将船驶近中国船边，麻皿呢士系大火[伙]长，同两个水手跳过船去，则中国船上之海贼皆跳下水去，惟有一海贼自舱内施放鸟枪，打伤水手头一人甚重，在海贼复驾驶其船之时，又放许多炮，所有思想海贼死亡之人甚多。

taking such good aim, that they generally wounded whoever for a moment exposed himself to their fire. The Chinese besides made use of hand grenades, by means of which the vessel was fired several times, but the flames were fortunately extinguished before they could communicate to the rigging or sails. At length a breeze sprung up which enabled the *Hellas* to make use of her guns, and after having done considerable damage to the Junks, and killed, it is supposed, a great number of pirates, these after a fight of four hours, sheered off. Of a crew of 50 the *Hellas* had all the *Europeans*, 15 number, and 10 lascars more or less severely wounded, and we are sorry to report that Captain JAUNCEY was of all most badly wounded, having besides several flesh-wounds in the legs and other parts of the body, been struck by a ball on the chin, which broke his jawbone, and also received a dangerous wound in the eye; the wounds are not however considered dangerous and we are happy to hear that he is doing well. From all accounts the Officers and crew of the *Hellas* have behaved most gallantly and an act of bravery by the First Tindal, a Malay, deserves particular mention, who when one of the Junks had got foul of the *Hellas*, jumped on board the Junk and cleft the head of a fellow whom he saw just taking aim with his matchlock, and then returned unhurt again to the vessel. Had the Pirates had cannon it is more than probable that in spite of the most gallant defence, the *Hellas* would have been overpowered. After the guns of the vessel had been brought to bear, she again got foul of a Junk, when Mr. MacMinnis, the first officer, followed by two sailors jumped on board, on which all the crew on deck leaped into the water, but one of the pirates fired his matchlock from the hold, and badly wounded a sailor in the head. On trying to regain their Junk many were shot, and it is supposed their loss must have been very severe.

说明

《广州新闻报》此则全文被转载于1840年6月2日《广州纪事报》，又被转载于同年7月9日《新加坡自由报》。

∞ 123 ∞

五月十五澳门新闻纸 庚子五月即中国四月十四日附新奇坡

The Singapore Free Press, Extra, 15 May 1840.
'China.

Though her Majesty's Government have, neither in nor out of Parliament, made any statements of their intention, there is no doubt it has been determined upon by a warlike demonstration, and if need be by active measures, to bring to a speedy adjustment our differences with China. Orders have been sent to Admiral Elliot, directing him to take the command vacant by the death of Sir F. Maitland, and that of the armament, which is to proceed against the Celestial Empire. He will be joined by all the corvettes on the Cape station, and the *Blenheim* 72, *Blonde* 42, *Nimrod* 20, *Wanderer* 18, and the *Pylades* 18, which have sailed; and it is believed also by the *Pique* 42, *Inconstant* 36, and *Andromache* 36, which are said to be in orders for China.

传言已经预备了印度本地兵丁一万六千名，要载到中国，马军之马匹，俟到了海南才买。若一经据了广东省城，为屯兵之处，或将广东省城毁灭，中国人必驱其北边地方之兵丁到来保护其国。必须兵丁即可立刻上船，乘着南风直到北直隶海港，上岸到大沽。彼处离北京不过一百里，如此我等即可得由皇帝亲口定夺后来所行之事矣。

It is also stated, that a military expedition consisting of 16,000 men – native of the Indian army – will be embarked for China, the horses for cavalry being to be procured at Hainam. That having laid the city of Canton under contribution, or destroyed, if it necessary, and drawn thereby all the Chinese from the northward for the defence of their empire, these troops will suddenly embark; and, taking advantage of the southerly monsoon, dash on to the Gulf of Petecheelee, and landing the forces at Takoo, which is within 100 miles of Pekin, they will exact, what is termed, decency of behaviour in future from the Emperor himself.

现在人皆信，国家立意要中国一处海岸为贸易之地，又有谣言传说，欲得舟山为贸易之处，舟山在离黄河、洋子江港口之南边不远，欲得舟山，即在彼起建炮台。

There is great reason to believe, that it has been determined upon to establish a trading depôt upon some part of the coast, and it is rumoured, that for this purpose the island of Choo-sam, situated 30 N. and a short distance south of the Kevang-ho and Yang-tsze-keang rivers, will be seized upon and fortified.

说明

此则译自1840年5月15日《新加坡自由报》号外。在《澳门新闻纸》中，本则译文与第124则译文交互参杂合并。

ꕤ 124 ꕤ

五月十五澳门新闻纸 庚子五月即中国四月十四日附新奇坡

又

论及与中国相交之事，由育奈士跌 即米利坚 有一紧要之事知会到来，乃系在广东省城之米利坚客商，欲帮助英吉利国家与中国立定贸易章程，致米利坚、英吉利两国与中国之贸易，可得一稳当的基址。曾递禀向滚额里士衙门，请米利坚国家帮助英吉利国家，试行此等众人所欲之事，我等今在下文讲明。米利坚人此事，乃系由洼声顿 即米利坚国都 付来之信云：

"时我等之在广东省城有几个客商，做中国贸易之利益者，曾禀滚额里士衙门，讲及近来中国之事，并禀请育奈士跌国家协同英咭唎国家，与中国立定平安妥当尊贵之相交贸易章程，更当要得到下文所说之数款事情：

第一，乃系要准设立外国使者，在近广东省城官府之衙门居住，好似别的官府一样。倘地方官府若有难为我等，即准使者控告北京，理论我等贸易的道理。第二，要将出口入口货物之税饷列明挂出，以免有藉端作弊等事。第三，要设一妥当栈房之法，并设立章程，或有要将货物再带出口，亦必须准搬回船，或搬运过船，载在中国别处市头出卖。第四，除广东之外，凡中国埠头俱要准外国人任意贸易。第五，必须要中国人赔补停止所有此处之正贸易，及阻延船只

The Singapore Free Press, Extra, 15 May 1840.

United States.

Trade with China. –

An important fact, connected with the state of our relations with China, is communicated from the United States. It is that the merchants of Canton are disposed to assist with those of Great Britain in obtaining from the Government of China treaties of commerce, by which the trade of both with the latter may be based on a solid and satisfactory foundation. A memorial had been presented to Congress for the interference of the Government of America in aid of the attempt which is about to be made by Great Britain to effect this desirable object. The following is a detail of what has taken place in America on this subject: It is from a communication dated Washington, 24th ult.: -

'Several of our merchants, at Canton, interested in the China trade, have memorialized Congress, setting forth the recent proceedings at Canton, and soliciting a cooperation by the Government of the United States with that of Great Britain, in establishing commercial relations with China on a safe and honorable footing, and especially in obtaining the following concessions: -

Permission for foreign Envoys to reside near the Court of Canton on the terms and with all the privileges accorded at other Courts, through whom appeals may be made to the Imperial Government, in case of difficulty with the local authorities in the prosecution of our commercial pursuits. Second – The promulgation of a fixed tariff of duties of articles both of import and export, from which no deviation shall be allowed on any pretence whatever. Third – A system of bonding warehouses or some regulations permitting the transshipment of goods, as may be desirable to re-export for the market in China. Fourth – The liberty of trading to other port of ports in China than that of Canton. Fifth – Compensation for the losses caused by the stoppage of the whole legal trade of the port, and the consequent detention

产业之项，立定以后不得任意行事，又必要担保无论何时，若有犯出事情，凡系不干涉此等所犯出事情之人，皆可随便来往办事。第六，我等要将中国之法律讲明与众人知道，俾可遵行，不然外国人若有犯法之事，所治之罪不能重过英咭唎或育奈士跌之法律，中国官府若未曾问明外国人所犯之罪，不得乱用刑法。”在禀帖内又再陈说，中国钦差所行之事皆系不公义，与强盗之行为无异。中国若不准英咭唎国家所求之事，即必会合各国，封禁中国所有之大港口，而中国之人若见英咭唎、佛兰西、育奈士跌之水师兵船，皆在中国之海岸上，即不用流血，而中国之人亦必肯设立章程，为外国贸易平安有利益之地步。禀内又恳求育奈士跌国家，立意若不肯干涉在广东之米利坚商人同英吉利人之事务，即请派设一代理人或使者，带领兵船同水师兵到来广东居住，以为保护米利坚人及其贸易，以免后来若有不合法之事，即行强霸要将外国人及其船只抵受，并免有纸上封港、不准贸易等事，又中国人若有好处与别国之人，致米利坚人亦可得分受其好处。

of vessels and property with a guarantee against the recurrence of similar arbitrary acts, and security for the free egress from Canton and other ports of all parties not guilty of crime or civil offences at any and at all times. Sixth – That until the Chinese laws are distinctly made known and recognized, the punishment of wrongs committed by foreigners upon the Chinese or others shall not be greater than is applicable to the like offence by the laws of the United States or England nor shall any punishment be inflicted by the Chinese authorities upon any foreigner until the guilty of the party shall have been fairly and clearly proved. The memorialists (Americans) avow their opinion that the course pursued by the Chinese Commissioner was unjust, and no better than robbery; that if satisfaction is not yielded to the demand of the British Government a blockade of the chief ports and rivers of China ought to be resorted to and that the appearance of a naval force from England, the United States, and France, on the Coast of China, would without bloodshed obtain from the Chinese Government such acknowledgments and treaties as would place the foreign commerce upon a safe and advantageous footing. The memorialists further ask, that should the Government of the United States determine not to interpose in the affairs of American and British citizens in Canton, then they ask for the appointment of an agent or commissioner to reside at Canton with a sufficient naval force to protect American commerce and the persons of American citizens from being held responsible for the acts of lawless traders and for the hostile operations of a foreign fleet, or at least prevent any paper blockade from interfering with the commerce, and also to secure a participation of such privileges as may be granted by the Chinese to other powers.'

说明

1. 在《澳门新闻纸》中，本则不知何故被拆成两半，一半插入第123则中。

2. 1840年6月9日《广州纪事报》与同月13日《广州新闻报》先后刊登此则消息。先登的《广州纪事报》同日又说已收到刊登此则消息的1840年5月15日《新加坡自由报》，因此广州两报应该都是转载自《新加坡自由报》，而且《澳门新闻纸》的标题开头为“五月十五”，正是《新加坡自由报》的出版日期。

❧ 125 ☙

[五月十五澳门新闻纸]
又

现在有许多仁爱之人，已留心于英国同中国所做之鸦片犯禁贸易，立为一会，试欲禁止此贸易，因为此贸易乃系有害于英吉利之名声，及其贸易之利益与英国之教化，又令在中国人之中生出无数艰苦秽恶。

于二月三十日 即正月十一日，此会之人聚集在一处，说有数款事情，今列出在于下文：

第一，英国客商带鸦片到中国，乃系违犯中国之法律，鸦片乃系出产在英属之印度地方，大有害于本国之名声，并本国之教化，有阻我等与东方之相交。

第二，在此等地步之中，鸦片贸易之最堪咒骂者，乃系有害于贸易，不独有害于本国与中国之正经合法贸易，乃亦令此贸易危险，而此合法之贸易所出与英国之税饷不少，工作手艺亦大。

第三，今设立一会，系为主意禁止英咭唎所属之地方栽种鸦片，并禁止在中国做不合法之贸易。

第四，乃系要设立一个有才能之人为主理此会，将此会之意讲明与众人知道，又设法感动国中之良心，然

The Singapore Free Press, 15 May 1840, Extra. (From the *London Mail*, 4th March).

Opium. – A number of philanthropic individuals having directed their attention to the contraband trade in opium carried on between British India and China, an association has been formed, for the purposes of endeavouring to suppress the traffic, under the conviction that it is discreditable to this country, prejudicial to the commercial interests, and injurious to the cause of Christianity, as well as productive of an enormous amount of vice and misery among the inhabitants of China.

A meeting was held on the 13th Feb., at which it was resolved,

1. That the introduction of opium into China by British merchants in violation of the laws of that empire, and its growth in British India for this avowed and express purpose, are discreditable to this country, and injurious to the character of Christianity, presenting one of the greatest barriers to its progress among a large proportion of the heathen nations of the east.

2. That, whilst on these grounds chiefly, the opium traffic is to be deprecated, it is at the same time highly prejudicial in a commercial point of view; not only interfering with the legitimate trade between this country and China, but endangering its very existence, a trade producing a large revenue to Great Britain, and furnishing a most important outlet for its manufactures.

3. That a society be now formed, for the discouragement of the growth of opium within the British dominions for this objectionable purpose, and to prevent its illegal introduction into China.

By the fourth resolution a committee of influential persons was appointed for the purpose of carrying out the intention of the association, and measures have been taken

后或递禀，或面求律好司、甘文好司及巴厘满衙门各官府，帮助主理此会之人立定章程，此事律山顿同沙渣治士当顿将代此会行之。现哲付厘士系此会最著名之人，哲付厘士乃系前时在孟阿拉建立医馆之人。

to organize a prompt and general movement throughout the kingdom, in convening public meetings, petitioning the Houses of Lords and Commons, and urging upon members of parliament, by correspondence and personal communication, the duty of supporting a motion for a committee or a resolution embodying the objects and principles of the association, which will be brought forward by Lord Sandon and Sir G. Staunton. Mr. Jeffries, inventor of the inspirator and formerly of the Bengal Medical establishment, is one of the mot prominent members of this association.

说明

1840年6月9日《广州纪事报》与1840年6月13日《广州新闻报》都刊登此则消息，其内容也一样。

126

澳门六月初六 即五月初七日 新闻纸

孟阿拉三月二十七 即二月廿四日新闻纸内载，我等王后在巴厘满衙门对各大官说云：

"列位宾客，现在中国所出之事，令我等本国人民与中国人相交贸易之事已经停止。我曾细心思想，并将再为细心思想此事，因为在此事大有干系于我等之人民，并亦有干系于我国家之尊贵，所以我等定必细心思想之。"

The Canton Press, 6 June 1840.

Latest English News.

From the *Bengal Hurkaru* of 27th March.

The Queen in person opened the Parliament in the following speech from the Throne. In her progress to and from the House her Majesty's reception was enthusiastic: -

My Lords and Gentlemen. – Since you were last assembled, I have [...]

Events have happened in China which have occasioned an interruption of the commercial intercourse of my subjects with that country. I have given, and shall continue to give, the most serious attention to a matter so deeply affecting the interests of my subjects and the dignity of my crown.

说明

《广州新闻报》此则转载自1840年3月27日加尔各答*Bengal Hurkaru*报。

《澳门新闻纸》所译只是原文的一小段内容。

127

[澳门六月初六 即五月初七日 新闻纸]
又

现在此处地方如此多人恨敌鸦片，而众人所议论之事皆不合道理，只特尔洼尔所说之意颇似有理。其意谓若欲禁止鸦片，必须要巴厘满开口吩咐东印度公司，禁止他们不准栽种鸦片，如此或者可以断绝矣。

The Canton Press, 6 June 1840.

Opium – The views of the Anti-Opium Association in this country are by no means so unreasonable as the public might be led to imagine from the overcharged statements of Mr. Thelwall's pamphlet, which was supposed to emanate from that body. Its only aim appears to be an Act of Parliament, prohibiting the government of the East India Company from the cultivation of Opium; and this seems so reasonable, that we have little doubt the end will be obtained during the present session.

说明

1840年3月27日加尔各答*Bengal Hurkaru*报，及1840年5月4日《新加坡自由报》号外，都有和此则同样的内容，应是各报相继转载的关系。

☙ 128 ❧

[澳门六月初六新闻纸]
又

中国禁止鸦片，乃系因为纹银之走漏出洋所致。盖在中国内地之银矿，若肯尽力开垦，足可以济天下万国相交贸易所用有余，然中国人并未思虑至此，遂以为纹银走漏出洋，乃系大有害于国家。在北京之各官府，

The Canton Press, 6 June 1840.
Suspension of the Trade with China.

The suspension of the trade with China is exciting the deepest interest throughout every part of the United Kingdom. Independently of what appears in the Newspapers, the Press teems with pamphlets in which the views of the most practical merchants and the ablest lawyers are respectively developed and enforced; thus manifesting that there is hardly any class of her Majesty's subjects by whom this question is regarded with indifference. From the several pamphlets on the opium question now before us, we select two, which appear to us to place it, as regards China, upon a right footing. The first is from the pen of Mr. Warren, a Barrister, and the author, we believe, of the 'Diary of a Physician,' and very powerfully advocates the right of the owners of the destroyed opium to compensation at the hands of the Imperial Parliament; the second is in the form of a letter to Lord Palmerston by a Resident in China, and is worthy of attention from the writer's practical knowledge of the way in which the Chinese Trade has been conducted before and since the opening of that Trade, and the steps which ought to be taken with a view to the effectual chastisement of the Chinese for the outrages committed against our flag. Mr. Warren labours hard to exonerate Capt. Elliot from all blame, but the letter of the 'Resident in China' demonstrates as clearly as light that the British Superintendent wanted the requisites for the proper discharge of the duties of an officer placed in such a situation. In both the pamphlets before us it is very satisfactorily proved, by reference to the Imperial Edicts, that the alleged injury done to the morals of the Chinese by the use of opium has nothing at all to do with the prohibition of the drug, but that the Celestial Government is solely actuated

亦难免无吸食鸦片之事，并在中国有六省地方，皆有栽种波毕，所以我等切不可信禁止鸦片有害于人之品性行为等语。我等又已知道，中国官府因为在内地栽种及贩卖鸦片之人，与在广东贩卖鸦片之人，互相争图利益，恐防其中生出扰害，所以禁止其贸易。中国人只开一个港口，与外国人相交往来贸易，除此之外，其余在别的地方，皆不准与其本地之人往来，所行之事与别的国份大不相同，待各国之人如仇敌，如此而犹望外国之人替他禁止走私之事，所以我等切不可遵我等本国之好道理而行。若依道理而行，算系一件愚蠢之事。只惟有用兵威与中国贸易，必要将与洋商贸易之法除去，三十年以来，我等所受之凌辱欺负，真系难以比较。中国人不独不准我等与中国官府相交，乃除洋商之外，亦不准我等与中国之人民有一些来往，即各洋商因系与我等贸易来往，所以亦被中国人之轻忽鄙贱，即在中国人之示谕上，亦以红毛、夷人、番鬼等名号轻贱我等。

by an absurd dread of the injury which the country must sustain from the 'oozing out of the sycee or native silver,' of which the mines of China, if properly worked would supply more than would suffice for the commercial wants of the whole world. When this question was first mooted we were of quite a contrary opinion but after a careful and diligent inquiry into all the details of the subject accessible to us, we are inclined to agree with Mr. Warren and the British resident in China upon this point. Having ascertained that opium is openly smoked by Mandarins of the highest rank in Peking, and that the cultivation of the poppy is encouraged by the government in six provinces of the Empire (?), we can no longer place any reliance upon the moral pretexts urged by the High Commissioner Lin, the more especially as we have learned that they were probably suggested to the Chinese authorities by certain rivals of the opium-traders at Canton, as the surest means of raising a religious clamour in this country. The original cause of quarrel has been long since lost sight of by the Chinese, and insults heaped upon us which we cannot submit to without the total destruction of our influence in the East. We cannot deal with China as with any other Power with whom we have political or commercial relations. She acknowledges no international law, and holds all other countries in contempt, either as directly her vassals, or as too obscure to be so recognized. In the language of the 'British Resident in China,' she will make no treaties, nor admit any intercourse with her own people, excepting at one port, and that subject to such restrictions as no other nation ever thought of imposing. She treats the whole human race as enemies, and therefore has no right to impose upon any other Government the duty of enforcing her laws for the prevention of smuggling. The Christian feeling, or rather prejudices, of our people have been appealed to, and we have been gravely told that any attempt to coerce the Chinese must prove fatal to the spread of Gospel truth in that great empire. But this is a gross fallacy – a fallacy the clumsiest that could be invented. How, except by coercing by force the trade with China, and by utterly abolishing the system of trading through the agency of Hong merchants, can we so much as hope ever to open a door for our missionaries into the interior of the Celestial Empire? After the patient endurance for upwards of 30 years of the most unexampled indignities, we are not so much as allowed to hold the slightest intercourse with the people or Government of China, save through the agency of the Hong merchants, whose connection with us degrades them in the eyes of their fellow-countrymen. Even in their public documents we are contemptuously spoke of as ‘red-bristled barbarians,’ ‘foreign devils,’ and the like, while, to legalize the popular hatred of us, a placard is stuck up on the foreign factories every year, accusing the Europeans of crimes too atrocious and revolting to be names, and yet all this has been meekly and submissively borne by the gain-seeking Government of the West. But our passiveness under insult has only increased the insolence of these faithless and cruel barbarians. Being called to no account for the blood of the unfortunate Lord Napier, they fancied that there was no outrage which they might not perpetrate against us with impunity. The time has, however, come to convince them of our power, our energy, and our acute sense of wrong; and, above all, to establish on a quite new and liberal footing our commercial relations not only with the port of Canton, but with such other ports as we may deem suitable for traffic on the coast of China. The Resident in China, in his letter to Lord Palmerston, recommends the sending a strong naval force to Canton, which by suddenly detaching parties of men to seize upon the heights that command the forts of the Bogue and Tiger Island, could easily take possession of them without exposing the ships to the fire of a single gun from the shore. These forts, by being kept, and the guns preserved, would enable us at once to blockade the port against the shipping of all nations. Not a junk could pass up or down the river without the permission of the Commander of the blockading squadron. Canton could be easily seized, but this is a step the writer does not recommend, as it would inflict upon an over-crowded population the greatest misery, and create a prejudice against the British name. He, however, advises the seizure of all the coasting vessels including the junks trading in salt; and the entire stoppage of the trade with Amoy, Formosa, and Japan. This would soon bring the Chinese Government to its knees; and we might then, besides exacting payment for the whole of the seized opium, and the expences of the blockade, exact from the celestial government such conditions for the trade with European nations as would be consistent with justice, and beneficial to the whole of the civilised world. This is a view of the question which we have no reason to suppose has been overlooked by her Majesty's government. Our ships of war are already on their way to China, and we have not now no fear, save that half measures will be adopted, and that concessions, of which the Emperor will never hear a syllable, will be accepted. If we strike at all, it is of the utmost importance to strike so as to leave a lasting impression of our power behind us. The Chinese must be made, not only to confess, but to feel, and to tremble at our power. If a less decisive course is adopted, we may soon expect to hear of the plunder of the factories, and the murder of all the European and American residents at Canton.

— *Sun*, February 2; *Bengal Hurkaru*, 27th March.

说明

此则相继转载自1840年3月27日加尔各答*Bengal Hurkaru*报及同年2月2日英国《太阳报》(*The Sun*)。

ꕥ 129 ꕥ

澳门六月十三 即中国五月十四日 新闻纸

在礼拜二日早上两点钟时，有十只火船乘着猛流，向金星门之船冲来，时在金星门湾着有许多船只，尽皆起椗，以避其害。兵船上即预备器械以防打仗，并放下在兵船上所有之三板，将火船驱至岸上时，虽闻得火船上有炸裂之声，惟已被驱开，致不能危害。当火船冲来之时，有许多中国官艇拢来，欲望有着火之船，即将该船之水手杀死，后因见火船不能成功，遂即驶回，并未为大害，只不过跳过两枝桅之特威尔船上，杀死一两个人，其余船上之人见此，遂即跳下水去。

The Canton Press, 13 June 1840.

ATTEMPT AT FIRING THE FLEET AT CAPSINGMOON.

On Tuesday morning last at 2 A.M. ten fire-ships were discovered to be drifting, favored by a strong tide, towards the shipping at Capsingmoon. Many of the vessels at anchor there got immediately under weigh, to avoid coming in contact with them, whilst the boats of the ships of war, which had all been lowered, (in fact the attack was expected, and everything consequently prepared) took the fireships in tow and run them ashore on one of the Brothers Islands. There were explosions from several of them, which however, from their having been towed out of harm's way, did not damage whatever, nor did any of the shipping come in contact with them. During their drifting towards the shipping, numerous mandarin boats are said to have been pulling about in all directions, no doubt ready to take advantage of the confusion they had hoped for, and probably to massacre the helpless crews of such vessels as had taken fire, but they were soon, seeing the failure of the fireships, obliged to get away again, without having done any other damage, than beaten one or two men in the Schooner *Devil*, which they boarded, when the rest of the crew escaped ill treatment by leaping over board.

说明

此则与以下第130与131则都出于同一篇底本，先后衔接。

∞ 130 ∞

[澳门六月十三新闻纸]

又

上文所说，乃系中国人欲烧毁英船不能成之事，大抵系林总督之坏心，而此次所费之银，大抵比前次欲烧英国之费更大。火船样子皆系甚好，满载引火之物，一对一对用链链起。

The Canton Press, 13 June 1840.

ATTEMPT AT FIRING THE FLEET AT CAPSINGMOON.

Thus another attempt of the Chinese at destroying the English fleet has proved a total failure, no doubt to the great chagrin of Governor Lin, who must have been at considerable expense in fitting out this expedition which as to magnitude far exceeded the former attempt. The Junks were of good size, two and two chained together, and filled with combustibles. They now remain a no doubt acceptable prize to the ships of war, not on account of what they contain, for the powder found in their holds is of bad quality, but for their bulls which will furnish a good stock of firewood, an article somewhat scarce in China; the chains also which fastened them together have proved a very valuable acquisition for grapnel cables; they were of English manufacture, and a considerable quantity has fallen into the hands of the captors.

∞ 131 ∞

[澳门六月十三新闻纸]
又

传说广东省城之官府，欲剿灭在金星门之水手，遣有一艇装载毒茶，包成小包，到来湾泊，卖与各船之人。幸得此艇于未到金星门之先，在半路被海贼所劫，败其诡计，各海贼又将毒茶出卖，转毒死许多中国之人，致令香山县并在各处邻近之官府出告示，警戒百姓不要误买毒茶。又传言在官府示内，说是因有些恶言之人，近来出卖毒茶，致死许多人等语。

我等曾用尽心力，欲得一张此等之告示，惟皆不能，所以只可当此谣言为半虚半实。因想起去年九月间，中国官府毒尖沙嘴泉水之事，时彼在岸上亦出有告示，警戒人民汲饮毒水。如此看来，乃系性情所出，能做毒水，亦能做毒茶，我等甚觉可惜，因为不能查出此等大恶事之是否真实，以为日后报复他们之词。

The Canton Press, 13 June 1840.

Coupled with this attempt, we may mention a report that has lately obtained currency here among the Chinese, though we are by no means willing to warrant its truth, and we must confess, besides, that our endeavours to obtain authentic information on the subject have been without success. This report then is that the Government of Canton, desirous to exterminate the sailors of the fleet at Capsingmoon, sent a boat load of poisoned tea in small parcels to that anchorage, there to be sold to the shipping, but fortunately some pirates, by taking the boat before she reached her destination, defeated this scheme, and, by selling her cargo, became the means of poisoning a great many Chinese, in consequence of which it is said that the Magistrate of Heangshan, or of some other town in this neighbourhood, has issued a proclamation warning people against the purchase of certain qualities of tea as poisoned, which he says, some evil minded persons have lately been selling, thereby causing the death of many people.

Though we have made efforts to obtain this proclamation, we have not succeeded, and it is probable that this whole story may be a fabrication, but at same time a possibility exists of there being some truth at bottom, when it is recollected that in September last the Mandarins caused the water at Hongkong to be poisoned, which is a well authenticated fact, since by placards found on shore, the natives were warned against the use of that water. There is certainly no greater moral turpitude in poisoning tea than in poisoning water, and those capable doing the one, may not hesitate to attempt the other. It is much to be lamented that such great difficulty exists of obtaining full proof of such enormities in order condignly to punish them when the day of retribution shall have come, and we hope it is at hand.

ॐ 132 ॐ

[澳门六月十三新闻纸]

又

阿打拿船带有兰顿三月间之新闻，于四月初十日 即三月初九日 已到孟买。由英吉利到孟买共行了三十七日，复由孟买开船至新奇坡，共行十七日，至四月二十八 即三月廿七日 到新奇坡，在彼并未停留，遂即由新奇坡开船，行了七八日，至五月初五 即四月初四日 到了中国。我等已得接兰顿三月初四 即二月初一日 之新闻纸，此船由英吉利开船，共行了六十二日即到此处。大抵在二十年前，亦曾有一只船由英吉利行了两个月即到中国。

[批注]

由兰顿至孟买行三十七日，由孟买至新奇坡行十七日，由新奇坡至中国行七日，共行六十一日。

The Canton Press, 13 June 1840.

The *Atalanta* with the March mail arrived at Bombay on the 10th April: the mail arrived there therefore in 37 days from England; had the *Atalanta* proceeded immediately to Singapore, instead of on the 28th April, and making, as she had done, a passage of 17 days, the mail would have reached Singapore on the 27th of April, and if a steamer had then without loss of time brought it on to Singapore, seven or eight days more only would have been taken up before its reaching China, and we might thus have had dates of 4th March from London, here on the 5th of May, after only 62 days passage! Who would have thought it possible, only twenty years since, that one might travel from London to China in two months!

ꕤ 133 ꕤ

[澳门六月十三新闻纸]
又

我等在印度付来之信上，见得俄罗斯已带兵攻打机注 系自主之打打里城名，曾经打了数仗，皆系俄罗斯得胜。我等又知道，俄罗斯之使者在二、三日内已离比特革到北京，然我等并不得知，此使者系照十年一换之例，到来替换学习中国字之俄罗斯人回家，是否我等皆不得知道。然有人思想，或者系为讲论国家之事。纵然系讲论国家之事，亦必须数月可能到得。所以大抵于俄罗斯使者未到之先，英吉利与中国人之事已经闹开矣。凡中国人之思疑俄罗斯，比思疑别国更甚，断不肯听从俄罗斯人之言语，然我等亦必提防俄罗斯人之阴谋诡计。

The Canton Press, 13 June 1840.

We perceive from the papers received from India that the Russians are proceeding rapidly on their march to Khiva; several skirmishes have already been fought, which are said to have been favorable to Russian arms. From our extracts it will also be seen that a Russian Embassy was about to leave St. Petersburg in February or March, for Peking. We are not aware whether this Embassy is the usual mission repeated every ten years, for the purpose of exchanging the Russo-Chinese students, but supposing even that it be one having political objects in view, it cannot well arrive in Peking before the end of this year, and before that time we trust, the question now at issue between the English and Chinese will have advanced considerably towards a settlement. Besides Chinese suspicion, which is more alive in regard to their Muscovite neighbours than with any other nation, is not likely so far to give way, as to allow the Government of this Country to be swayed by Russian advice. It is the fashion now-a-days to attribute all and everything to Russian intrigue – it must be active indeed to have to answer for all it is charged with!

∞ 134 ∽

澳门六月二十日 即中国五月二十一日新闻纸

在中国人所存之意，尽皆以为英吉利人有水上打仗之利益，若在岸上，即已不能得打仗之利益矣。大抵在不久，中国即可以见得他们所存之意乃系差错。盖中国之人因为尽皆以为英吉利不过系海涯之国，以荷兰人比英国之人，以为不过系一小点地方而已，此外即在别处没有地方矣。于一千六百五十五、五十六两年，当荷兰使者在北京之时，荷兰人对各官府说，本国攻得有别国地方等语，令官府大为惊异，不肯信之。各官府即往问在北京之西洋教师，此事是否真实？西洋教师答说，荷兰人果系攻得有属大吕宋王之地方。

The Canton Press, 20 June, 1840.

A singular fancy obtains among the Chinese which is, that though the English have greatly the advantage over them when fighting at sea, the reverse must be the case on land. Possibly there may soon be occasion to undeceive them, but this notion has probably gained ground from their knowing the English only as a seafaring nation, and they may possibly class them with the Dutch, of whom they were convinced, that they had no terra firma of their own, but were a sea born nation. When the Dutch Embassy, in 1655-6, was at Peking, the Mandarins were astonished to hear them speak as possessing a country, and disbelieving the assertions of the Embassadors, asked the Missionaries then residing at Court concerning them, who allowed that the Dutch were then really in possession of a country, which however of right belonged to the King of Spain.

∞ 135 ∞

[澳门六月二十日新闻纸]

又

《依湿杂记》原系士罗所译转之英咭唎字，今在本礼拜内印出为中国字，可为学中国字之英咭唎人所用。所差者，乃因为此次系初试以中国人之木板，会合英吉利活字板，而同印在一篇纸上，所以不见得甚好，然在后来再陆续细心印之。

此书之序云：

数百年前，在我等国中初用英吉利言语之时，有一和尚将英吉利同讷体那言语同印在一篇纸上。而我等现

The Canton Press, 20 June, 1840.

Esop's Fables in Chinese, with a free and a literal translation into English, by Sloth. This book has during the week been published at the Canton Press Office, and though we ourselves are not a competent judge, being ignorant of the Chinese language, we may yet repeat that we have heard others say, that this publication forms a very valuable addition to the scanty stock of books which now facilitate the study of the Chinese language to the English student. As regards the getting up of the book, we may be permitted to say that is imperfections in that respect are principally owing to this being the first attempt at printing with wooden blocks and English types on the same page – subsequent trials will probably succeed better.

As to the objects of the book the Compiler (Mr. Robert Thom) explains them at length in the preface of which we copy the following:

'The following Fables were selected indiscriminately from Esop – Phedrus – Ananius – Barlandus &c. &c. &c., but all published under the general name (used for the sake of briefness), of Esop's Fables. These were delivered orally at different times, in Mandarin Chinese, by the Compiler to his native Teacher: who being a good penman, found little difficulty in writing them off, in the simple easy style in which they are composed. This Style comes under the class of *tsă-luh*, being the *wăn-tszé-che-mŏ*, or lowest and easiest style of Chinese composition. (By making himself master of this style, the Student will find little difficulty understanding the various *seaou-shwŏ* or popular novels of the day, and it may serve as a steppingstone to much higher literary attainments.) This method of dictation employed towards our Teacher, may remind the reader of what was the custom in our own country some centuries back, where the person so dictating would speak in the native English

做出之杂说，亦仿其法。此书中之言语，皆系中国人之文字，少用虚字浮文。

of the period, and the transcriber (commonly a priest) would write the substance of the same in Latin. Composing in Chinese after this manner, has both its advantages and its drawbacks. The advantage consists in – that, the document thus produced will purely *idiomatic Chinese* – free from those blemishes of style, redundancies, and other mistakes – into which even our best Sinologues sometimes fail. The disadvantage is – that it encourages slothful habits on the part of the student, and by accustoming him to rely upon his Teacher for assistance – renders him almost impotent when cast on his own resources.

于一千八百三十七、三十八两年，当此书初出之时，中国人甚赞美之，后又入之官府手内，官府因见其中所说之事，多有刺他们之恶规矩，遂出令禁止之。

'When first published in Canton 1837-38, their reception by the Chinese was extremely flattering. They had their run of the Public Courts and Officers – until the Mandarins – taking offence at seeing some of their evil customs so freely canvassed – ordered the work to be suppressed. It is not the first time that we have elucidated a disputed point – by referring to one of these Fables having analogy to the question in hand – nay, we remember once stopping the mouths of a party of Mandarins – who insisted that England *desired* to quarrel with China, by reciting the story of the Goose that laid the Golden Eggs. The application was at once perceived – and the justice of the remark admitted immediately. No man can help feeling an interest in the progeny of his brain as well as in the posterity of his body – and we plead guilty to a certain feeling of pride and satisfaction in relating this anecdote of our Chinese offspring; - for tho' certainly not the principal party to whom it owes its being – we may nevertheless justly lay claim to a share in the ushering of this Græco-Sinico compound into the world. The good natured Reader may thus even feel disposed to admit – that, it is quite possible for so paltry a publication to be useful in its way.

我等与中国历来相交之事，皆系为贸易之故，惟在如今各样事势，大抵似要改变，虽甚有智识之人，亦难

'Our relations with this vast Empire have been hitherto purely commercial. The scene however is about to change – and we are now on the eve of a crisis, of which the wisest

以预料其后来之事，惟打仗之声，已经在远方闻之。大抵此本书亦可以得成，而东边与西边之权势亦得相交，又必致阿细阿洲各处直地中央亦皆震动。我等向来皆以为中国系半入王化之人，我等不过卖羽呢与他们，又由他们买茶叶而已。惟在后来，我等将知道他们乃系大而有能之国，居天下人中三分之一，其国又居阿细阿洲地方之半，为强盛之处，其周围东边之国分，尽皆认识他们之文字，为贸易聚会之处，及为教师尽心之地。其古时之法律经典，皆可以为圣人之利益，其文学亦为读书之人所喜悦。中国人虽不能算是最勇敢之人，然亦可以与高加萨人相等，其性情温和，遵顺法律，办事灵巧，孝敬父母，尊敬年老之人，可为欧罗巴有王化国分之榜样。惟在中国与我等之中，有一深渊，即系中国人难学之言语。

among men cannot foresee the results. The din of war is already heard in the distance – and perhaps ere this little work shall have seen the light – the powers of the East and the West may have come into collision – and a shock may have been given causing all Asia to vibrate to its centre! Heretofore we have known the Chinese merely as a semi civilized nation – to whom we sell broadcloth – and from whom we buy tea. Hereafter we shall know them as a great and might people – forming a third part of the family of MAN; - a nation, whose territory occupies nearly a half of the immense continent of Asia; - whose influence prevails with – and whose written character is understood by – many of the surrounding nations of the Far East; - a people, whose Country opens up an unbounded field to Commercial enterprise – and Missionary zeal – whose ancient laws and maxims may form a subject of interest for the Sage – and whose lighter literature may delight and instruct the general reader; - and a people – who altho' perhaps inferior in that daring energy of character – the peculiar attribute of the Caucassian race alone – are yet in mildness of demeanor – submissiveness to the laws – industry in their vocations – honor to their parents – and respect for the aged, - capable of setting a bright example to the most polished countries of Europe! Yet a gulf exists between them and us – a gulf to cross which long time and unwearied application are requisite – and that gulf is their impracticable language!

在马礼逊之意，即以为若略学中国之字，即为甚容易，但若要深识中国言语文字，即为甚难。马礼逊有云："在我自己，若说是深晓中国文字，即系甚远，只不过系略识而已。"马礼逊尚且系如此说，谁人敢说是容易学之乎？请看中国本地之人，费多少时刻，如此尽心，尚且在许多人之中，亦不得数个系著名之人，我等外国之人，若欲读中国之

'It would be amusing to sum up all the opinions which have been given from time to time – on the nature of this laborious study. While some have glibly asserted that there is no great difficulty in the matter – others have represented the difficulties as almost altogether unsurmountable. Dr. Morrison has recorded his opinion – that, tho' a smattering of Chinese may be easily acquired – yet he considers it *very difficult* to attain to a *perfect* knowledge of the language, and adds – that "such a perfect knowledge of the language is what HE views as

书，写中国之字，致能如饱学之本地人，乃系一件最要长命之事。

an object yet afar off!" If this be the language of a Morrison – who is he that shall presume to call it an *easy* study? Judging from the length of time that natives themselves require to give it their attention, and that few among the many rise to any celebrity at all – we cannot but come to the conclusion – that *for any foreigner to read, write, and speak the Chinese language like an educated native – is indeed the business of a long life!*

学习中国人之言语，虽系一件极难之事，又无人可以设法令人易学，然我等亦当要尽心设法清除阻塞。

'But tho' we admit the perfect acquirement of the Chinese language to be a matter of extreme difficulty – and further – that no efforts of our's or of any man's can ever render it easy, - yet much may be done to clear away those superfluous difficulties which continually beset our path – and to make the outset of his career, less discouraging to the young student than it has hitherto been.

依中国人之文字做出有此等一本书，或可以为我等国中之人所用，所以我等并不计较有利有失，甘愿费去时刻，以为成全此等心切欲做之事。在天下万国之中，留心于中国之人，并其史记言语者，在英吉利人之中，共计不满十二人，然我等现在做此本书，并不是为贪赚钱，又不是为贪名。盖在著名之人之庙内，做此等工夫之人没有坐位。

'It is partly to fulfill this object – and partly from having observed during our residence in this country – that a knowledge of their language is a ready introduction to the confidence of the natives – that we have resolved to publish a series of elementary works (of which this is the first), comprising the various styles in which the Chinese language is written. Looking upon it as a work that may perhaps be of service to our country – we shall not stop to consider the relative chances of gain and loss – but shall willingly submit to give up a very considerable portion of our time and slender fortune, towards the accomplishment of so desirable an object. When it is considered that scarce a dozen Englishmen in the world care a straw about the Chinese, their History, or their Language – we shall readily be exempted from the charge of having undertaken such works with any motive towards pecuniary emolument. It is then the desire of Fame that prompts us? Also no! a man is hardly likely to earn for himself a niche in temple of Fame by attending to such labours as these. To us who have proposed to ourselves this ungrateful task – the words of Johnson may with a slight difference too truly apply.

'It is the fate of those who toil at the lower employments of life, to be rather driven by the fear of evil than attracted by the prospect of good; to be exposed to censure, without hope of praise; to be disgraced by miscarriage, or punished for neglect, where success would have been without applause, and diligence without reward.

凡做字典之人，乃系算是人中之不幸，即做杂说者，亦难免不为不幸之人，然我只欲以此为文学之开路，经过此等无望之坑堑而已。

'Among these unhappy mortals is the writer of Dictionaries; (and may we not add the Compiler of Elementary Works?) whom mankind have considered, not as the pupil but the slave of science, the pioneer of literature, doomed only to remove rubbish and clear obstructions from the path through which Learning and Genius press forward to conquest and glory, without bestowing a smile on the humble drudge that facilitates their progress. Every other author may aspire to praise; the lexicographer can only hope to escape reproach, and even this negative recompence has been yet granted to *very few*.

'We repeat – it is only from a conviction of the importance of the matter, and a strong desire to serve our fellow-countrymen – that we are now induced to stop short in our own studies, and go back again on our journey, to help our brother-pilgrims thro' this Slough of Despond.'

136

澳门六月二十七日新闻纸 即中国五月二十八日

The Canton Press, 27 June 1840.

On Sunday last, 21st June, arrived in the Roads here, H.M.S. *Wellesley*, Capt. Thomas Maitland, bearing the broad pennant of Commodore Sir J. J. Gordon Bremer, accompanied by the H.C. Steamers *Queen*, and *Atalanta*, and by several of the Transports, which to the number of 21 all arrived on that day and the day after, but were anchored most of them outside among the Islands so as not discernible from Macao. The following are the vessels of which this expedition is composed, inclusive of the four first named ships of war, previously in the China Seas.

H.M.S. *Druid*,	44,	Capt. H. Smith.
H.M.S. *Alligator*,	28,	Capt. Kuper.
H.M.S. *Hyacinth*,	18,	Capt. _____
H.M.S. *Volage*,	28,	Capt. Warren.
H.M.S. *Wellesley*,	74,	Capt. Maitland.
H.M.S. *Larne*,	20,	Capt. Blake.
H.M.S. *Cruizer*,	16,	Capt. Giffard.
H.M.S. *Rattlesnake*,		Capt. Brodie.
H.M.S. *Algerine*,	18,	Capt. Mason.
H.M.S. *Conway*,	28,	Capt. Bethune.
H.C. Steamer, *Queen*,		Capt. Warden.
H.C. Steamer, *Atalanta*,		Capt. Rogers.
H.C. Steamer, *Madagascar*,		Capt. Dicey.

TRANSPORTS.

Rahmauy,	Landers,
Ernaad,	Hills,
Defiance,	Evate,
Indian Oak,	Rayne,
Edmonstone,	Macdougal,
Sulimany,	Macfarlane,
Blundell,	Trail
Isabella Robertson,	Cole,
Stalkart,	Dixon,
Eagle,	_______,
John Adam,	Eales,
Rustomjee Cowasjee,	Gallie,
Victoria,	Potter,

Medusa,	Purdie,
Mermaid,	Sedgwick,
Fully Salam,	Gillett,
Marion,	Pope,
Mahomed Shah,	Ovenstone,
William Wilson,	Hawkins,
Elizabeth Ainslie,	Lister,
David Malcolm,	Malcolm,

在礼拜二、礼拜三两日 即五月二十四、二十五等日，除特鲁噎、窝拉疑、海阿新、拉呢四只兵船，及马打牙士加火船之外，其余所有之兵船、运载船、火船，尽皆向北驶去，现在大抵立意去舟山。

On Tuesday and Wednesday last, the whole of these vessels, with the exception of H. M. S. *Druid, Volage, Hyacinth*, and *Larne*, and of the H. C. S. *Madagascar*, set sail again and proceeded, it is supposed to the northward, where their destination for the present is thought to be the island of Chusan.

The troops on board the transports and H. M. S. *Rattlesnake* consist of H. M. 26th (Cameronians) the 49th, a regiment of Sipahi volunteers from Calcutta, and a detachment of sappers and miners from Madras. The 18th Royal Irish had arrived at Singapore from Trincomalee, and are daily expected.

说明

此则原文以下紧接第137则，为同一篇底本。

137

[澳门六月二十七日新闻纸]

又

现在所做之大戏已经开台，中国乃系英吉利兵丁及英国官府之新战场。论及兵丁驻札之处，众人之意见不同。大抵舟山岛乃系现在兵丁驻札之处，因见此岛乃系在中国之中，邻近之处皆系富厚省分，又与产茶叶、丝发之省分相近，即在其内地之港口，亦系甚好，可为外国贸易之大市镇。我等若由中国人手内夺得此岛，

The Canton Press, 27 June 1840.

Thus then has the first act of the grand drama that is to be enacted, opened, and hitherto on the passage out the expedition has sped fortunately and happily; may it thus continue, and may it be the means of securing the objects it has been sent out to attain. China being a field altogether new to English soldiers, and nearly so to English diplomatists and statesmen, great difference of opinion naturally prevailed, as to which point being made the first resting place of the expedition, was likely

即定必令此岛比广东省城更为紧要。其路程虽系略远，而经过台湾之港口，大半年虽系有暴风之险，惟舟山之天气甚好，地土肥美，而居民亦甚稠密。在此岛上有定海城，即在于今亦是大贸易之处。此岛之样子，正与新奇坡相同，大抵比新奇坡更宽大，若系好南风，此处到舟山不过系四五日间而已，若系北风，即稍微迟慢。我等若有时刻地方，即必详细讲明此岛，与读新闻纸之人知道。

to cause the most salutary impression, so as soonest to obtain the objects in view. Nor are opinions now reconciled, but we cannot but suppose, that the island of Chusan, which is now generally believed, will be occupied for the present, was not fixed upon by the Government without having previously well considered all circumstances, nor without having on the subject consulted the opinions of men most entitled to confidence. From the central position of that island, from its vicinity to the richest provinces and greatest emporiums of trade, from its being near the provinces which produce the greatest quantity of Tea and Silk, the latter both raw and manufactured, and from its being provided with fine harbours, it seems to be particularly adapted to be made the great Emporium of foreign trade, and in fact if possession of it can be obtained from the Chinese, we have no doubt that it will soon become more important than even Canton has ever been, although it cannot be denied that the navigation to it is considerably longer, and that during a great part of the year the Formosa Channel is a stormy and dangerous navigation. The island is situated between the 30th and 31st degree of latitude; the climate is very fine; the soil fertile, and the country densely inhabited. The town of *Tinghae* is the chief town on the island, and even now a place of very considerable trade. The island is similar in size to Singapore, perhaps somewhat larger. In the favorable monsoon, (at present), a ship sailing hence, may reach Chusan in four or five days; during the northerly monsoon the navigation will be of course much protracted. We shall, if space will permit lay before our readers a more circumstantial description of the island and its position, than the above.

ஐ 138 ଓ

[澳门六月二十七日新闻纸]

又

我等繙译出一张中国人之赏格，乃系由广东省城得来。在此赏格上，我等见得，准令此处之兵丁及人民捉拿并毁灭[英]国之兵船或商船，尽力杀各英吉利人。凡系如此行者，尽皆得赏。在此赏格上，亦不见有广东官府之名或官衔，又并无日子，所以实系令人思疑，不知是真是假。然若细察广东官府所行之事，不独广东官府，即在北京御史曾望颜之意看来，我等切不可不信此赏格系官府所行之事，又切不可以为英吉利人尚未有行一些强霸之事，而于未打仗之先，各官府亦尚系相交而已。谁人岂肯为数员银，而学战场上之野兽，乱将无罪之人杀死，而众人尚系平平安安望着两国所出之事。况此赏格正如在前时闻说所出之赏格一样，在前即为捉拿义律、士密而已，现在所为之事情，即比前更多。我等无疑，有许多中国人尽皆甚欲得二万员洋银之赏格，若有法子，他们即欲捉拿八十门炮之兵船，及各小兵船或商船，并欲得各船之船主。我等甚是思疑，恐怕他们照曾望颜所说“凫水至船”之法而行。大抵林亦曾教其人民以更容易之法，而他自己若可已行之，即不必失去银两在赏格上，其余之事足令我等恼怒，兼又有害于我等。若捉得活英人，不过赏银一百员，若杀死一人，所值不过二十员。然我等切不可不理论之，因为虽是勇猛大胆之人，亦

The Canton Press, 27 June 1840.

We give in a subsequent column a translation of a Chinese document lately procured from Canton, with which a friend has kindly favored us, according to which the soldiers and common people of this land are summoned to capture, and destroy English shipping both Naval and mercantile, and to seize or kill all the English they can, rewards being offered them for so doing. It will be observed that this document bears neither the names of the high officers of Canton, nor any date, circumstances which may certainly raise doubts as to its authenticity; but whoever has watched the spirit lately displayed by the Canton authorities, and not by them only, but even by the Emperor's councillors,* will not long hesitate to pronounce this document to be genuine, and find indeed by acts of the Chinese Government, before even a single hostile demonstration has been made by the English, who it is now supposed will communicate with the authorities before a blow is struck, that the unarmed and unoffending subjects of Great Britain, peaceably awaiting the issue pending between the two Governments, are condemned and ordered to be run down and killed by whosoever is in want of a few dollars, like the wild beasts of the field. This new proclamation is similar to former ones which were said to exist, offering rewards for the taking of Captains Elliot and Smith, only now considerably extended in their application. We doubt not that there are many among the needy Chinese population, who would very much like to obtain the $20,000 reward, and even the other much smaller ones, for *taking* eighty gunships, smaller ships of war and merchants vessels, as well as the commanders of the former, did they only know how to do it, as we much doubt the practicability of Wang-yen's plan of sending divers to the ships; but we suppose that Lin is ready to teach his people some more feasible means, for if left to their

难免暗中行刺之事。盖中国人并不以一百或二十员洋银为小钱，亦肯做各样事情。中国官府如此引动其人民，竟成一班行刺之人，是可以见得其中国软弱之凭据，不得明明攻打，又足可以见他们没有好正经法子，以为保护本国，皆由他们不能倚赖其兵丁之勇猛，又不敢再遣师船与英国兵船打仗矣。

own resources, he will probably save his money. The other part of this proclamation, while it may rouse our indignation and hurt our vanity at being valued at a hundred dollars only; if taken alive, and twenty dollars if dead, may at the same time not be disregarded, for the strongest and boldest can never be safe from the assassin's knife, and for a hundred, or even twenty dollars there are thousands of Chinese who would attempt doing anything. This attempt of the Canton authorities of converting the common people into a band of assassins, is another proof of the extreme weakness of the country in case of attack from without, for it is an avowal of the absence of the regular means of defence; that they cannot trust to the valour of their soldiers, and that they dare not again venture their navy into a conflict with the English.

我等定设法再得一张真实之赏格，致可以知道是否系官府所出，以免众人之疑心。

We shall try to obtain a more authenticated copy of this proclamation, in order that we may be able to dispel any doubts that may remain of its really having been published by the Government.

(*See *Canton Press* of 7th March, for the Memorial of Tsang Wangyen, who proposed, after having enticed the English Ships of war to within near the shore, then to get several hundred expert swimmers and divers, to divide them in groups, and send them on board the foreign ships, and taking the foreigners unawares, massacre every individual amongst them. This most amiable councillor also says, 'Only let a plan be laid for a general massacre and these said foreigners cannot but fear and tremble, and come to implore us.' The above proclamation is quite in the spirit of Wangyen's memorial, and it is a matter of congratulation to us that their intention against foreigners are but ill seconded by their means. The poisoning of the water at Hongkong, and a former proclamation from the local magistrates there enjoining on the people to murder every Englishmen that should come on shore, is evidence in corroboration of the genuineness of the document in question.)

꧁ 139 ꧂

[澳门六月二十七日新闻纸]

又

新奇坡六月十一 即五月十二日 新闻纸内载，说暹罗国中之事情云：在本礼拜内，由曼果 暹罗首部落名 到来之法里船，系在初一 即五月十二日 由彼处开船。我等闻得有谣言，传说我等预备攻敌中国之事，今暹罗国家颇有奇异害怕之意，在暹罗国家之意，耻笑轻忽我等攻打天朝无数之兵丁。然我等可以思想，在暹罗国王之意，在此等可怕之事不知如何猜想其御兄，倘他若记念起在数年前，暹罗国有如此多人马，亦常败走于缅甸些少强勇兵丁之前，而不久暹罗国王尚未遣其第二次之金花到龙座前之时，即可闻得英吉利人已在北京城门外轰击，或闻得英吉利人之旗号，已在北京城上飘扬矣。论及在曼果之中国人，他们俱如在新奇坡之中国人一样，尽皆戏笑我等以一撮之多，欲到来攻打中国，又以为虽尽将中国之人杀死，而皇帝尚是如常。曼果之中国人云，即使所有之英吉利人自幼到中国杀中国人，而中国人并不还手对敌之，如此直杀至他们尽皆白发，尚且杀不得中国人四分之一。即此已足可已见中国人如何恃着其人民之多。不久，暹罗国王将所有做中国贸易之船，尽皆放在船厂，恐怕他们在中国岸上被擒捉，而在曼果之中国人，载有茶叶、米、咸蛋，皆以千数，到来接济兵船。

The Canton Press, 27 June 1840.

From the *Singapore Free Press*, 11th June.

SIAM. –

The *Fairy* has brought us letters during the week from Bankok to the 1st ult., from which it appears that the rumours of our preparation against the Chinese had created some sensation there mingled with no small share of vague apprehension on the part of the Court – a feeling which it was endeavoured to veil over or disguise by an affected ridicule of the insignificance of the force we were about to employ against the countless hosts of the Celestials. We may be allowed to suppose, however, that his Siamese majesty entertains a profound feeling of anxiety as to what may befall his imperial brother at the hands of these terrible *Ingresis*, when he reflects how a few years ago they humbled, with such inferior numbers, his own formidable and dreaded foes the Burmans; whom even his numerous and *invincible* armies had so often fled from – and before he dispatches another 'golden flower,' to the foot of the Dragon throne, he may chance to hear that the English are thundering at the very gates of Pekin, or the British standard actually floating over its walls? As regards the Chinese in Bankok, they, it seems, like their countrymen in Singapore, really laugh in all sincerity at what they consider the absurd idea of our hoping to effect any thing against the central land with such a mere handful; apparently entertaining the full conviction that we shall find it necessary to put every man in China to death before the emperor can be reduced to any real extremity. They say that if every individual of the English nation were to go to China in their youth, and to commence cutting off the heads of unresisting Chinese as fast as they were able they would find themselves greyheaded old men before they had got through one fourth of its enormous population! So much for the confidence of the Chinese in their numbers – in the meanwhile the King of Siam has ordered all his junks engaged in the China trade into dock; not at all liking the prospect

说明

转载自1840年6月4日《新加坡自由报》，但《广州新闻报》的编者误写成6月11日。

of their being peradventure captured on the Chinese Coast, in spite of the emperor and his myriads – whilst the Bankok Chinamen are loading vessels with Tea, Rice, and *salted eggs* in thousands for the supply of the expedition.

140

[澳门六月二十七日新闻纸]

又

沙葛吾没里麻 即布林麻 所出讨广东港口之示谕，虽不是官府知会，然我等已先行印出封港之两张示谕，见得已是定于明日即六月二十八 即五月二十九日。因此处之河口甚多，我等不能全得知之，即在中国人亦名之为万岛，各色本地船只出入不少，我等诚望封港之兵，足可以保守之。虎门乃系本地船只到广东省城最近之路，河道亦宽大，直通至塾头，为外国船只到省之独一条路。又有一河道名为澳门道路，为外国人坐驾本地船，在广东省城所必由之路。此外在各岛中，尚有河道甚多，珠江所分之枝即系不少，其河口多系在澳门之西，内有一河，直通至广东省城邻近最富盛之佛山镇。珠江河之最大河口，多系在虎门东边，大约有七八十里长，所以必须要大兵严守之。

The Canton Press, 27 June 1840.

Though not officially communicated to us we give a prominent place to the two Official Notices of Sir J. J. Gordon Bremer, notifying the Blockade of the river of Canton by all its entrances, to take place tomorrow the 28th June. Imperfectly as we believe the estuary of this river to be known, and affording as it does, by means of passages through the many islands, called by the natives the 10,000 Isles, access to the river to native boats of all sizes, we suspect the blockading squadron will have quite enough to do to guard them sufficiently. The Bogue entrance is, we believe, generally preferred by native vessels as the *nearest* way to Canton, through the main channel of the river, which runs in a perfectly strait course from the Bogue to first bar; and by that entrance alone foreign ships are allowed to approach Canton; but besides that arm of the river, generally called the Macao passage, by which foreigners are obliged to go between Canton and Macao, if in native boats, and to which there are many entrances by channels formed by the many islands, there are other navigable arms of the Chokiang river, the mouths of which are we believe considerably to the westward of Macao, one of which connects the wealthy town of Fa-shan in the neighbourhood of Canton with the Sea. The width of the whole estuary of the Chokiang, taking the Bogue entrance to be the most easterly, cannot fall short of 70 to 80 miles from N. E. to S. W., and will therefore require a numerous flotilla to guard it strictly.

ॐ 141 ॐ

[澳门六月二十七日新闻纸]
又

The Canton Press, 27 June 1840.
COMMERCIAL TREATY WITH CHINA.

The time being now at hand when probably the proud rulers of this land will grant to their subjects a less restricted intercourse with foreigners than their seclusive policy has ever yet permitted, it is important to enquire what are the objects to be attained by the present demonstration of the British Government, and to watch that advantages, adequate to the exertions made, be obtained in favor of Western Nations generally, from the reluctant sons of Han, for it cannot for one moment be supposed that England contemplates to secure to herself exclusively privileges of trade from which other nations are to be excluded. The liberal policy of late pursued by England, in which for superior advantages she seems to rely solely on her superior industry, stipulating in all her commercial treaties concluded within the last twenty years, to be treated on the same footing as the most favored nation, is a pledge that she will not abuse the advantages which her having come forward as the champion for the, by the Chinese, so long insulted rights of all the rest of the world may give her. The cause which indeed the English are now about trying is one in which not only England, but the whole of Asia, Europe and America are like deeply interested, and we doubt not that the sympathies of the whole civilized world will be enlisted for the success of the present expedition, as long as redress of the grievances so justly complained of by the English, and guarantees for a safe and honorable commerce for the future, are the objects in view.

英吉利国家虽不望得有许多地方，然亦难免要占夺在近海岸地方有些海岛，为一平安地步，致可问中国人要所有之事情，此乃系开手所做一定之事。我等与中国之贸易

We doubt not that these are at present the only aims of the British Government, to whom acquisition of territory, at probably a vast expense, cannot be desirable, although possibly the occupation of some spot or island on the coast may, in order to give them a safe position, whence to make their demands, be at the outset indispensable. We will however in these remarks confine ourselves to the commercial question, which is in fact of the greatest importance, for valuable as the Chinese trade has hitherto, been confined as it was to one small corner of the empire, there cannot be a doubt that it is capable of ten-fold extension. The population of this immense empire is probably the most industrious on earth, and is decidedly of a commercial turn – we shall therefore not experience any opposition from the people themselves, but rather expect that they will be overjoyed at seeing the trammels broke which have so long prevented them from seeking the best market for their industry. The jealousy of the Government against an unshackled commerce will be less easily overcome, and it is much to be feared that, altho' treaties of a free-commerce may be hereafter entered into, the mandarins will find means to render them nugatory, if the influence they now exert upon the people remains unshaken. Whether any provisions of a commercial treaty can obviate this, remains to be seen, we fear that more powerful agents than mere words on paper will be required.

虽系贵重，然因不过系在国中[中国]一小角地方做之，所以不得十分兴旺。

然大抵纸上之言语亦系无用，乃必须要派设有权之代理人。

We see that the East India and China Association have during the past year addressed the Government, recommending the following:

我等见得在国中与东印度及中国贸易会，递与国家之禀有云：

'That a commercial treaty be obtained permitting: 1st, admission, not only at Canton but at other ports to the northward, near the Silk and Tea district; 2nd, trade with the natives generally, but if limited to the Hongs, the Chinese government to guarantee their solvency; 3rd, that British subjects in China shall not be treated by the government as inferiors, but left free to possess warehouses, have their families with them, and be protected from insult by the Chinese laws; 4th, that a tariff of duties be fixed on by both governments; 5th, that the Queen's representatives as superintendents of trade, be allowed direct communication with the Emperor, his minister and the local authorities, and also to reside at Peking, or a given port; 6th, that in case of an infraction of Chinese law, each British

设立贸易章程之事，心[必]要中国人准有数款事情：第一，除广东省城之外，在北边近出产茶叶、丝发之地方，亦准开埠头。第二，可以任意与本地人贸易，若如前限定设立洋商，中国国家即必担承他们所欠之账。第三，在中国之英吉利人，官府不能以下流之人看待；任英国人设立栈房，准带家眷同住，若有凌辱欺负等事，中国官府即必遵依中国人之法律保护他们。第四，中国与英国之国家必要立定税饷，张挂出来。第五，我等王后之代理人，如贸易领事等，俱准一直奏本与皇上，及递禀与各大官地方官府；又准代理人在北京或给一埠头居住。第六，英国人若有违犯中国法律等事，只是各人所做之事，自受其责治，不得拖累及无辜之人。第七，中国人若不肯多开港口与外国人任意贸易，即必须给一海岛，或用银买，或如何得之，致可设立一英吉利行云云。

在我等看来，设立贸易章程，若已立定上文所说之七款事，我等与中国之贸易，即可得一心足之地步，而大抵我等别无所欲。我等在前两次之新闻纸，抄出在前新奇坡之新闻纸上所载，米利坚客商禀求育奈士跌国家，问中国人立定保护贸易之数款章程，与此七款差不多。

subject shall be responsible for his own acts, and that the innocent shall not be confounded with the guilty; 7th, that in case of a refusal by the Chinese to open their ports generally, the grant of an island be obtained (by purchase of otherwise) for the establishment of a British factory.'

We think that a treaty of commerce based upon the above seven recommendations, would certainly put the commercial affairs of England in this country upon a most desirable footing, and little perhaps remains to be wished for. We also recopy again from the memorial to Congress of the American merchants the concessions which they wish their Government to obtain from the Chinese for the protection of their commerce, which are as follows:

'Permission for foreign Envoys to reside near the Court of Canton on the terms and with all the privileges accorded at other Courts, through whom appeals may be made to the Imperial Government in cases of difficulty with the local authorities in the prosecution of our commercial pursuits. Second – The promulgation of a fixed tariff of duties of articles both of import and export, from which no deviation shall be allowed on any pretence whatever. Third – A system of bonding warehouses, or some regulations permitting the transshipment of such goods, as may be desirable to re-export from the market in China. Fourth – The liberty of trading to other port or ports in China than that of Canton. Fifth – Compensation for the losses caused by the stoppage of the whole legal trade of the port, and the consequent detention of vessels and property with a guarantee against the recurrence of similar arbitrary acts, and security for the free egress from Canton and other ports of all parties not guilty of crime or civil offences at any and at all times. Sixth – That until the Chinese laws are distinctly made known and recognized, the punishment of wrongs committed by foreigners upon the Chinese or others shall not be greater than is applicable to the like offence by the laws of the United States or England, nor shall any punishment be inflicted by the Chinese authorities upon any foreigner

我等现在此处不必讲及本国近年以来与别的半蛮夷之国所立贸易之章程，因为在别国之事情，与天朝大相悬远，所以不能以之比拟，况中国地方见得乃系可为贸易之处，与别国地方大不相同。

until the guilt of the party shall have been fairly and clearly proved.'

We need not here enter upon the various treaties of commerce concluded of late years with other semi-barbarous nations; their circumstances generally differ so widely from those of the Celestial empire, that no parallel can be drawn between them. Besides, the importance of this Country is so immeasurably greater in a commercial point of view, than any other existing, that it well deserves the most serious considerations, how the advantages to be derived from its trade can be best secured and extended, so as not to be threatened, as has hitherto been too often the case, with interruption or even entire cessation. With a wish therefore to see this all important subject canvassed freely, we offer to our readers the use of our columns, and invite them cordially, to communicate for the benefit of the public their views of the subject, convinced as we are that, from their long acquaintance with the Chinese trade, and consequent great experience, many will be able to give valuable hints on the framing of a Treaty of Commerce between England and China, which we think it not improbable those charged with obtaining it from the Chinese, will be glad to avail themselves of.

꧁ 142 ꧂

[澳门六月二十七日新闻纸]
又

里同摩顿即说云，在被告之供内，见得义律有大权可以出告示，义律之权，即系在前代王威廉第四所做法律书之第五、第六款所载之权，故所出之示谕，好似国王之言语一样，金麦尔公司不得不遵之而行。按平常之例，若人受记[托]些事情，但另有别样事情阻止他不能行之，即亦系无可原谅，而现在被告人所缴之烟，乃系中国国家拏去，所以依法律不知可能原谅否？

The Canton Press, 27 June 1840.
Supreme Court. – Tuesday, March 17. Second Term of 1840.
(Before Sir E. Ryan, Sir J. P. Grant, and Sir H. W. Seton.)
Ramsabuck Mullick v. De Souza and others.

[...] *Mr. Leith and Mr. Morton*. – The plea shows, that Mr. Elliot had full powers to issue the proclamation, by virtue of the Act 5 and 6 Will. IV., and Gemmell and Co., were bound to obey as British subjects, as much as if it had been a proclamation by Her Majesty herself. The general rule, no doubt, is that where a party has expressly and unconditionally bound himself to perform a certain act, it is no excuse that the act of a *third party* has prevented it or even rendered it physically impossible. *Mederos v. Hill*, S Bingham, *Gosling v. Higgins*, 1 Campb. 451. If therefore, in the present case the defence had been that the *Chinese Government* had seized and confiscated the opium, it might well have been doubted whether this would have furnished any excuse in law. But if the performance of the contract be prevented by an act of the *British Government*, the defendant stands excused. In *Hubbard v. Touting*, 3 Bos. and Pull. 301, Lord Alvanley, C. J. says: Where the policy of the state intervenes and prevents the performance of the contract, the party will be excused.' And in *Atkinson v. Ritchie*, 10 East, 535, Lord Ellenborough thus lays down the law: 'Neither can it be questioned, that if from a change in the political relations and circumstances of this country with reference to a contract lawful at the time of making, such contract becomes incapable of being carried into effect without derogating from the clear public duty which a British subject owes to the sovereign and the state of which he is a member, the non-performance is not only excusable but matter of peremptory duty and obligation.' [...]

— *Bengal Hurkaru*, March 19.

说明

此则转载自1840年3月19日加尔各答*Bengal Hurkaru*报。但《澳门新闻纸》所译仅是原文很少的一部分内容。

꧁ 143 ꧂

澳门七月初四日新闻纸（即庚子六月初六日）

现在要往纽育之呢眼得船，在船上搭有医生伯驾，要回其本国一转。在此处地方凡系知道医生伯驾好处之人，莫不祝他在路上平安，并速速回来。医生伯驾系于一千八百三十五年到来此处，是年十一月开设医馆，专医眼科之症，不久即有无数之人到来求医。医生伯驾即尽心救痊之人不少，又并不拘何等病症，尽皆医治。因医生伯驾之妙手，就医者多得痊瘉。至近来一二年间，医痊重症之人约有四千五百七十五名，其余轻症之人甚多，难以数计。医生伯驾亦系育奈士跌国中医学会之妙手，其医馆亦得国中之善心人签题资助。至去年三月间，官府拘禁外国人在广东省城之时，官府即出令将医馆关闭，此后即未有复开。然医生伯驾于复开贸易，在广东省城居住之时，亦在其所住之屋内接着各样病症，至去年年尾之时，所医痊大小轻重病症之人约七千名。

The Canton Press, 4 July 1840.

By the *Niantic* the Revd. Doctor Peter Parker is, we learn, about to take his passage for New York to revisit for a short time his native country, his private affairs rendering this visit necessary. Every one here acquainted with the Doctor's benevolence, and the extent to which it was exercised in his profession, will, we are sure, wish him a prosperous voyage, and speedy return. Dr. Parker came to China about five years since, and in November 1835 opened the Ophthalmic Hospital, chiefly for the treatment, as its name denotes, of diseases of the eye. Here the number of Chinese applicants for medical and surgical relief, soon became very great, and in fact Doctor Parker devoted all his time to this establishment, relieving thousands of Chinese with great skill and kindness. The cases which he treated were by no means confined to diseases of the eye very frequent among the Chinese, but comprised many of the most difficult surgical operations, in most of which he has been perfectly successful, and such was the confidence reposed in him by the Chinese on account of his surgical skill and kind and conciliating manners, that at the end of two years after the opening of the Hospital no less than 4,575 patients had been treated by him, and such was the number of applications for relief that it became necessary to refuse to many admittance on the sick list. This institution, incorporated with the Medical Missionary Society continued to prosper until March last year, when with the imprisonment of foreigners in Canton, it was ordered to be closed by the Chinese authorities, nor has it since been reopened, but Doctor Parker continued to receive patients at his own house in Canton, and we see from his last periodical report that up to the end of last year he has treated afforded relief of 7,000 sick.

ꟾ 144 ꟾ

澳门七月十一日新闻纸 即六月十三日

我等闻得本地人说，令中国兵民毁英吉利船只，并杀英国人之赏格，在各处邻近村乡尽皆贴满，我等在前两[三]个礼拜亦已经印出，即在广东省城亦已传遍，并饬令洋商张挂于洋行会馆之前。总督林见得似是已经知道恐吓他之危险，责备洋商纵大英吉利人之胆，令洋商招集壮丁，以为保守地方。现招集之壮丁共有五千名，内二千名归洋商出银、二千名归盐商出银、一千名归潮客商出银，致洋行会馆已满于壮丁，每人每月费用银六元、安家银六元，俱用渔船装载出海，与封港兵船打仗。若杀得白人一名，将头带回者，即应许赏银一百元。打仗时若壮丁有被杀死者，每人给回其家眷银二百元。又已预备许多船只，以为打仗之用。

The Canton Press, 11 July 1840.

We learn from natives that the proclamation offering rewards to soldiers and common people for the destruction of English vessels and killing Englishmen, which we published three weeks since, has been published in all the villages in this neighbourhood, and in that of Canton, and that the Hong merchants have been ordered to hang it up in front of the Consoo house. Governor Lin seems at last to have become aware of the danger threatening him, and the Hong merchants, whom he affects to blame for the boldness of the English, have received orders to enlist men for the defence of the country (5,000 in all, 2,000 to be at the charge of the Hong-merchants, 2,000 at that of the Salt monopolists, and 1,000 at the expense of the Chinchew merchants). The Consoo house is consequently filled with expectant recruits, whose pay is to be $6 per month, and $6 bounty per man. They are to be sent outside the Bogue in fishing boats to attack the blockading squadron, and are promised $100 for every white man's head they bring home, and $200 to the families of such as should themselves lose their lives. Junks in great numbers are also fitting out for this service, [...]

说明

《澳门新闻纸》本则仅译出原文开头一小部分内容。

☙ 145 ❧

[澳门七月十一日新闻纸]
又

The Canton Press, 11 July 1840.
THE OPIUM CLAIMS.

A SUPPLEMENTARY series of parliamentary papers, containing some correspondence of the agents of the British merchants at Canton, who delivered opium to Captain Elliot, for 'the service of her Majesty's Government' with the Lords of the Treasury and the Foreign-office, discloses the particulars of a case of much injustice, if not of absolute cruelty, committed by Government on the respectable firm of Dent and Co. It appears from these documents that Captain Elliot was unable to deliver up the amount of opium he had engaged to surrender to the Chinese authorities, in consequence of one of the vessels laden with the drug disobeying his injunctions, and sailing away with its cargo from the coast of China. The Chief Superintendent would, therefore, have, from necessity, been obliged to forfeit one of the terms on which Commissioner Lin had consented to allow the trade with Canton to be re-opened, and the immense quantity of opium previously delivered up would have been surrendered to no purpose, had not the opportune arrival of a vessel laden with opium, belonging to Messrs Dent and Co., given him the opportunity of relieving himself from this awkward position. To make up the deficiencies of parties surrendering opium, Messrs Dent and Co., relying upon the authority and powers of Captain Elliot as the agent of the British Government, and doubting not for an instant that the Government would, with that good faith which has always hitherto characterized it, perform the engagement entered into on its behalf, without hesitation delivered to Captain Elliot 523 58-100 chests opium. For this opium Captain Elliot 'engaged to indemnify them in the fullest manner' – giving them the option of taking his receipt for the said opium, or requiring the parties, whose deficiencies they thus made up, to replace the opium there or in India, at their option: or, in

此等鸦片义律立意赔补之故，给有收单于他们，遂对交鸦片之人说，凡系如此补足鸦片数目者，可明说或要在印度收回鸦片，或要会单在国家库内收银，系依着众人所说之好价钱赔补。时鸦片客商即愿得会单，为补足数目之鸦片。义律写了会单十七张，寄与国中管库库官支银。颠地公司所缴鸦片之数，系六万三千三[二]百六十五[六]棒零时令十八边呢四。在下文义律去年付回与国中管理别国来往事务官之文书，乃系讲论此事。

文书内云："我今在艰难之地方出此限十二个月之会单与管库官，给与颠地公司六百八十一箱鸦片，价值六万三千二百六十五棒零时令十八边呢四，系颠地公司遵着我在三月二十六 即二月十二日 所出之示谕，为国家之事交出鸦片，以足满应许缴上之数。"

"除颠地公司之外，尚有拉士原治已交出鸦片一千八百六十箱，后为满足应许所缴之数时，复交出五百六十四箱。法敦治已交出鸦片六百十四箱零四分之一箱，后为满数缴出一百一十七箱。倘此各会单一至，即祈国家将此项银支给与他们。"

"为中国新近所出之事，我已与他们立定章程，限以十二个月还清。"

"当我未离广东省城数日之前，刚刚颠地公司新到鸦片船一只，然后方能满足所应许缴出之数。致在省之外国人得释放，其余所有到中国之鸦片船只，尽皆泊于新奇坡等候此处之信音。"

the event of their not doing so within a reasonable time, by bills upon her Majesty's Treasury, of such price per chest as circumstances may show to be fair to all persons concerned. The latter alternative was adopted; and for the opium so obtained, Captain Elliot drew bills of exchange, seventeen in number, and to the value of 63,266*l.* 18*s.* 4*d.* on the Lords of the Treasury in favour of Messrs. Dent and Co. In the following despatch he duly informed the Foreign-office of the transaction: -

'Macao, 3rd July, 1839.

'Sir, - I am placed in the most responsible and embarrassing situation of issuing bills this day at twelve months upon the Lords Commissioners of the Treasury in favour of Messrs. Dent & Co. for the heavy sum of £63,265 18*s.* 4*d.* being the amount of 523 58-100 chests of opium supplied by that firm to make up the deficiencies of parties surrendering opium for the service of her Majesty's Government, in terms of my public notice of the 26th of March last.

'The individuals thus supplied, however – Herjeebhoy Rustomjee with 406 58-100 chests, and A. and D. Furdonjee with 117 chests – have respectively surrendered, the first 1,720 37-103 chests, and the second 614¼ chests; so that her Majesty's Government will have ample means of replacing the advance at present drawn for from the amount of indemnity hereafter payable to them.

'With the purpose to afford time for the public arrangements consequent upon the late transactions in this country, I have drawn the bills at twelve months' date.

'It should also be explained that Messrs. Dent & Co. were enabled to furnish these means of fulfilling my public obligations, and to release the foreign community from their confinement at Canton, by the opportune arrival of a single ship from India with opium to their consignment a few days before my departure from Canton. The rest of the shipping coming on to China with opium had remained at Singapore, to learn the result of the late crisis.

"外付有令颠地缴烟信稿一纸，并各不能满足应许缴数之众人所签名，声明不能缴足之数，他们尽皆允肯此等价钱，倘国家若欲减少，他们亦皆允肯。"

"现在因本职事情太多，待有机会即当速将所缴之数单付来。"

"中国官府收到鸦片之单，等候释出时一齐送来。"

'A copy of the letter which led Messrs Dent & Co. to supply the opium is transmitted; and the deficient parties have also signed a declaration that they were unable to furnish it within a reasonable time; and further, that they have agreed to the price now fixed upon it, and consent that it should be abated from their general claim upon her Majesty's Government.

'The whole accounts connected with the surrender of this immense mass of property shall be transmitted by an early occasion; and I trust the great increase of detail business it has cast upon this office will be a sufficient excuse for the delay.

'Official receipts were taken from the Chinese officers for the respective parcels; and at the close of the transaction a general official receipt for the whole, of which a translation will be duly transmitted with the accounts. – I have &c.

CHARLES ELLIOT, Chief Super't.

'To John Backhouse, Esq. &c. &c. &c.'

The bills were duly presented at the treasury for acceptance, and the following brief memorandum shows the resolution of 'My Lords' on the subject:

'Viscount Melbourne and the Chancellor of the Exchequer suggest to the Board, that Mr. Ramsey should be directed to inform the parties who presented the bills that my Lords can give no authority for their being accepted.'

说明

《广州新闻报》主编说明此则转载自向人借来的一份《孟买时报》，但未注明日期。《广州纪事报》接着于1840年7月14日刊登和此则相同的内容，可能转载自《广州新闻报》。

∞ 146 ∞

[澳门七月十一日新闻纸]

又

在七月初二 即六月初四日 香山县会同澳门官府出有一张十分紧要之告示，我等只不过得知其大概而已。

香山县说，他奉两广总督林大人之喻[谕]，英国兵船近来离出海岸，足见不敢攻敌中国兵威，不过系为保护鸦片走私贸易。今林大人出谕，令所有师船把守封禁大小河口，以免英国兵船进来。省中官府又出示与百姓，应当与官府同心协力攻敌夷人，除船只装载火炮器械，出外洋毁灭英国兵船之外，所有之船只尽皆不准出口，并令渔船、蛋家出洋攻打夷船，其家属即系官府资给房屋、衣服、饮食，所赏给之银亦比前时赏格上所说更多，又应许赏银与凡杀死英国之人，惟必须小心分别西洋或别的不是英国之人，若有误杀别国之人，即照杀死人之罪惩治责罚。毁灭船只，即要船上有船名为凭，杀死英人，即要其头为凭。若毁灭船只或杀死有英国之人，即可带船或头到地方官领赏。若见有英国三板，即可速向前攻打，杀死其中之人。凡杀死英国人之人，即可得尊贵，得赏，得平安。在示谕上又鼓励人做此等事。林说云，尔等岂欲常安于贫贱乎？孰不思尔若一得成功，即不独得赏，乃亦可望得皇上更大之恩典矣。

The Canton Press, 11 July 1840.

New and Very Important Proclamation. –

We have been kindly favored with an abstract of the contents of a Proclamation lately issued, dated 2nd July, by the *Heangshanhien*, or Chief Magistrate of the district of Heangshan to which the Chinese authorities of Macao are subordinate.

'The Heangshanhien states that he has received a communication from H. E. Lin, Governor of the two Kwang Provinces, according to which it has been discovered that lately English ships of war have appeared off the coast, which, however, no daring to attack the Government forces, are merely there to protect the Opium smuggling trade; H. E. Lin has therefore commanded the Imperial cruizers to station themselves outside the mouths of the large rivers, and those of the smaller to be blocked up, in order to prevent the English ships of war entering them. The high provincial officers call upon the people, this being a cause in which all are equally concerned, to unite heart and hand with the Government in opposing the barbarians, and order that no Chinese vessels be allowed to proceed seaward, except such as are laden with combustibles wherewith to destroy the English vessels. Fishermen and other seafaring people are called upon to go out and destroy foreign vessels, and whilst thus engaged are promised that their families will be housed, clothed, and fed in the public offices, and at the public expense, and, says H. E. Lin, they will be entitled to even higher rewards than have already been offered them in a former proclamation (thus authenticating the document of which we published a translation on the 20th June). The people are again told that rewards will be given them for killing Englishmen, but they are cautioned not to mistake for such Portuguese, or individuals of any other nation not English, as such mistake will be punished according to the existing laws against murder. The proof required of having destroyed a ship is the board with her name, that of having killed an Englishman, his head; either of which, on being delivered to any district Magistrate, will entitle the bearer to receive the promised reward. Englishmen sailing or pulling in small schooners or boats are ordered to be attacked, and exterminated. Honour, rewards and happiness will be the lot of him who kills an Englishman. The document winds up with an exordium to the people, representing to them that now is the moment for improving their condition; why, says Lin, will you continue poor and servile, when by one effort you can become rich and honored, for not only the rewards now promised will be given, but you may expect still greater favors at the hands of the paternal imperial government.'

We have elsewhere already stated that a similar document published previous to this, had incited the people in Canton to insult foreigners there, and this neighbourhood having ever been renowned as the haunts of idle and lawless people, we much fear that the rewards held out will not be without their influence upon many idle vagabonds, who may take advantage of the circumstances to rob and murder undefended persons, nor will their not being Englishmen be any protection to them, well knowing from the case of the Bilbaino that any proof, however clear, brought forward by foreigners to invalidate Chinese evidence, is of no avail whatever. We would therefore recommend all foreigners to be on their guard and not to ramble alone and unarmed into the environs of this town. The proclamation, though not stuck up in Macao, has been privately and extensively circulated among the Chinese population.

ꕥ 147 ꕥ

[澳门七月十一日新闻纸]
又

中国之人民，平常尽皆恨恶我等，不与我等往来，况又有官府之严禁，致我等虽用尽法子，欲解除中国人恨恶我等之心，惟总不能得之。在我等各样事业之中，只有医学乃系中国人颇肯信之。向来有公司之时，公司医生虽亦有医治中国之人，惟因他们不甚识中国人之言语、品性，况又不是专心，所以就医者少。然斯时以来，中国人亦颇信欧罗巴各国医道之妙手，即已稍肯就医。

The Canton Press, 11 July 1840.

Medical Practitioners in China.
From Medhurst's *China*.

Amongst the individuals most essentially needed, to aid in the introduction of the Gospel into China, must be enumerated, pious physicians and surgeons, who, combining science with benevolence, will be able to make both tend to the diffusion and establishment of truth and righteousness in the world. The healing of human maladies has frequently been connected with, and rendered subservient to, the spread of Christianity. In evangelized countries, gratuitous medical assistance to the poor, has often been of essential service to religion; but in heathen lands, where prejudices and obstructions abound, the co-operation of pious surgeons with devoted missionaries, is very desirable, and would be most effective. The vast population and debasing superstitions of China, are calculated to affect the sympathies of the Christian mind. That land is, however, fenced round by restrictions, so that the disciples of the Saviour can hardly gain access to the mass of the population. Missionaries have laboured assiduously among the Chinese emigrants, and have spread divine truth extensively along the shores of the mother country; but they have not been able to secure for themselves the privilege of a quiet residence in the interior, to propagate the Gospel through the length and breadth of the land. It has occurred to them, that an amicable intercourse might be cultivated, and existing restrictions more speedily removed, by the employment of benevolent efforts, in conjunction with pious endeavours to diffuse the Gospel. They have, therefore, attempted on a small scale, to relieve the more common maladies of the heathen around them, and have availed themselves of the opportunity thus afforded, to inculcate moral and religious truth on the minds of their patients. But these desultory efforts have been circumscribed and ineffectual, owing to the limited knowledge of the missionaries, who have longed to see persons better qualified employ their time and talents to the undertaking. Happily such individuals have been found, and the results of their well-directed efforts have been such, as to encourage others to engage in the same duties. The Chinese have begun to esteem our medicines, and to place themselves willingly under European treatment, while the character of English physicians, for skill and benevolence, has been firmly established, and native prejudices gradually removed.

至一千八百零五年，在广东省城有啤臣医生教人种痘时，就种痘之小孩子不少，十二个月间，种痘之小孩子约有数千。亦有本地人到来学习种痘之法，传至邻近省份，时就医之人即少有到来外国人之处。后又有里温士敦到来医治中国之人，至一千八百二十七年，有加里治医生在澳门开设眼科医馆，五年之间，医痊之中国人约有四千余名，费去银一千八百余棒，皆系签题所得，医痊之人多有写信到来感谢，致医道之名传遍各处。

In 1805, Dr. Pearson introduced vaccination into Canton, which the natives readily adopted; in the course of twelve months thousands were vaccinated, the practice spread to the neighbouring provinces, and Chinese practitioners undertook to disseminate the vaccine matter for their own reputation and emolument. The next effort for the temporal benefit of the Chinese was made by Dr. Livingstone, followed by T. R. Colledge, Esq., surgeon to the British factory, who, in the year 1827, opened an ophthalmic hospital in Macao, and within five years from its establishment relieved about four thousand indigent Chinese, while upwards of one thousand eight hundred pounds were contributed towards the object, by the European inhabitants of Canton and Macao, aided by the subscriptions of several respectable Chinese. Some very delightful letters of thanks were received from those who had been restored to sight and health, shewing not only the gratitude of the Chinese for the benefits conferred,

一千八百三十五年十一月，复有米利坚人名伯驾，在广东省城开设眼科医馆，两年之间医痊三千余人，肉瘤、烂脚及各样症候皆来就医。有一人在手臂上近肩膊之处长有肉瘤一个，医生与他将此手割去，而人亦得痊瘉生活。遂即有由各省到来就医之人，莫不欢喜感谢。中国官府虽已知之，亦不禁止。曾有广州府之师爷到来医治眼科，至得复明之时，写有一首诗，颂扬医生伯驾。两年之间，在广东省城之人，亦已签题出三千银为医馆之费。医生伯驾虽亦有医治各样症候，然只是他自己一人，亦难多医，故必须另寻别人帮助于他。

所寻之人必须以医生伯驾为榜样，必要学医生伯驾之真实诚心，不贪势利，不图安乐，能忍受各样之艰难辛苦，常存爱人如己之心，必要熟谙医道，方可以到中国医人，必要自己心愿，切不可勉强，因为此乃我等为人之本分事情而已。

but the extent to which the physician's fame had spread throughout the empire.

The last attempt to benefit the Chinese physically, and thus to pave the way for their moral and spiritual amelioration, was made by the Rev. Dr. Parker, an American missionary and physician, who, in November, 1835, opened an ophthalmic hospital in Canton; at which, within the space of two years, three thousand patients were relieved, including many cases of opthalmia, amaurosis, cataract, and entropia; besides some very distressing and alarming instances of tumours, which were removed with success. One man had his arm amputated at the shoulder joint, which was the first instance in Canton of a native's voluntarily submitting to the removal of a limb. The people have been remarkably eager to avail themselves of the benefits of the institution, and have been very grateful for the assistance imparted. Persons from different provinces have applied for relief. No opposition is excited; while the hospital has been known to, and approved of, by the native government. One of the private secretaries to the chief magistrate of Canton has been restored to sight, and has indited a poem to the praise of his benefactor. Dr. P. is still prosecuting his important labours, and the Canton public have testified their sense of the importance of this mode of operation, by contributing three thousand dollars to the object. In addition to the ophthalmic hospital already established, other departments of surgical labour are equally needed, each, of which would fully occupy the time and talents of one individual, while wider fields are still opening, where the most skillful and devoted may find full scope for all their energies.

'The men who go forth on this enterprise,' observes Dr. Parker, 'should be masters of their profession, conciliating in their manners, judicious, disinterested, truly pious, and ready to endure hardships and sacrifice personal comforts, that they may commend the gospel of our Lord and Saviour, and co-operate in its introduction among the millions of China. Exclusive as that country is, in all her systems, she cannot exclude disease, nor shut up her people from the desire of relief. Does not the finger of Providence then point clearly to one way, which we should take with the Chinese, directing us to seek the introduction for the remedies of sin itself, by the same door through which we convey those which are designed to mitigate or remove its evils. At any rate, this door seems open; let us enter it. Loathsome disease, in every form, has uttered her cry for relief, from every corner of the land. We must essay its healing. None can deny, that this is a charity that worketh no ill to his neighbour, and our duty to walk in it seems plain and imperative.'

说明

此则《广州新闻报》引自麦都思(Walter H. Medhurst, 1796—1857)的书*China: Its State and Prospects* (London: John Snow, 1838)，页534-537。

☙ 148 ❧

澳门七月二十五日新闻纸 即六月二十七日

印度五月十四 即四月十三日 新闻纸内云：我等接到朋友付来之信，讲及俄罗斯国家之狡诡，我等今略讲之。俄罗斯欲攻打印度之事，现在已经少有说及。盖英国人因为有许多缘故，方才攻取兴都哥士山 在巴社 南边一带地方，而俄罗斯人系在此山之北。三年前尚有许多自主国分，隔着英吉利与俄罗斯之属国，约有数百里远。今只隔一大山而已。多有人以为，我等不应令俄罗斯人得以直攻机洼 系挞挞里国内南边部落，近阿付颜呢士坦、打打里 东界西北口外地方，西界加士比唵海并巴社，南界阿付颜呢士旦，北界阿细阿洲俄罗斯。第此事皆因我等攻打阿付颜呢士旦 东界印度，西南俱界巴社，北界打打里，原属巴社，今为英国所占。所以俄罗斯人才得攻至呵萨士河 系挞挞里国内西南近机洼之河道名。现在俄罗斯已经在目哈拉 系挞挞里国内南边部落，近阿付颜呢士旦。只有英国人阻止他们不能攻打阿付颜呢士旦。在他们本意，亦欲收复阿付颜呢士旦，即可取得英属之印度地方。惟其诡计已被沙阿力山打摩拿士同马约里治所识破，故不能成就。俄罗斯人已在希辣 系巴社国内东边部落，近阿付颜呢士旦 与巴社人立约，而欲收服阿付颜呢士旦人之心，所以攻打印度之地步。惟因律屋兰之防御，遂不得成。然他们又再设法先取巴社 东界阿付颜呢士旦，南界海，西界都鲁机，

The Canton Press, 25 July 1840.

May 14. – Russian Policy.

The publication of a Correspondent, on Russian craft and policy, leads us to offer a few brief remarks of our own. The practicability of a Russian invasion of India has now ceased to be a problem. The English have been led by the impulse of circumstances to occupy the countries at the southern base of Hindoo Kosh, and the Russians have established themselves on the plains to the north of it. The outposts of the two powers, which three years ago, were separated from each other by independent kingdoms, of many hundred miles in extent, may now be considered as divided only by a chain of mountains. It has been said that we have ourselves only to blame for the Russian expedition to Khiva; and that but for our occupation of Afghanistan, the Russians would not have been on the Oxus. This latter assertion is, doubtless, the truth. If we had not made a movement in advance, they would not have been on the Oxus, simply because they would have been a little nearer to us, on the Indus. They are in Bokhara, only because we have prevented their coming into Afghanistan. Their original plan, and which but for the providential discoveries of Sir Alexander Burnes and Major Leach, they would long since have accomplished, was to have obtained possession of Herat, under the mask of their Persian Alliance, then to have established a predominant influence in Afghanistan, and thus to have quietly crept up to the gates of our empire on the Indus. Baffled in this project, as their own European organ at Frankfort acknowledges, by the energy of Lord Auckland, they have lost no time in adopting another line of operations, and have dispatched an army to Khiva, under pretence of liberating their salves. They have thus succeeded in bringing both Khiva and Bokhara into the same state of subservience to their views, to which they had previously reduced

北界打打里，后假说带兵到机洼收取他们之奴仆释放，遂攻得机洼同目哈拉。人皆说俄罗斯既得此二处地方，即必退兵。俄罗斯人亲对我说，凡依例系属俄罗斯人之地方，俄罗斯人之地方[衍文]，俄罗斯人尽皆要在彼处设立法律。若果如此，未知各俄罗斯人要到何处地方才肯歇手？大抵必要过许多年，方能成全此言。俄罗斯王倘既得了他所得之地方，岂肯立即收兵乎？人皆知其必然不肯，只不过加增他们之贪心而已。现在俄罗斯使者已由比特革起程，经由挞挞里到中国，以壮中国人之心，致可与英国争斗，挑动中国皇帝攻敌我等。俄罗斯人现在已学习印度事务，设法欲得北京国家出谕与缅甸人，前来攻打我等，然何时各俄罗斯大官方能到得北京，致可出此等命令，我等不能得知。我等切不可闭目不理，各俄罗斯人预备兵威以广阔其国分，各俄罗斯人曾见此等兵威，攻得自黄海至黑海一带地方。我等更要提防各俄罗斯人在呵萨士河驻札之兵，他们已在彼处将印度人之法律改变，我等切要提防北边之兵到来攻打，所以必要驻札兵丁在阿付颜呢士旦地方。倘一将该处之兵丁招回，俄罗斯即必要带领目哈拉之兵，一同攻打阿付颜呢士旦。我等在今年若能将阿付颜呢士旦之王复立于加模尔 系阿付颜呢士旦首部落，我等即应带兵经过兴都哥士大山，前取攻取沙苏渣所属之滚都士、麻尔格、摩特散 三处系在阿付颜呢士旦之北，目哈拉之南 三处地方，然我等若带兵到彼处之时，定必遇着俄罗斯使人，带有与目哈拉王所立一同攻打印度之约，彼时我等之兵即或

Persia. But it is said they will retire as soon as their objects are attained? Their own manifesto tells us; to establish in that portion of Asia, the influence which ought legitimately to belong to Russia. Of the extent of that influence, they are, of course, to be themselves the judges. It is not easy, then, to foresee, that many years must elapse before that object is sufficiently accomplished, in the judgment of the Russians, to require the fulfillment of their promise? And when that influence has been fully established to such an extent as to satisfy the ambition of the Emperor of Russia, will he abandon all that he has gained, and withdraw his troops? It requires no profound knowledge of human nature to answer this question in the negative. If we needed any corroboration of the ambitious views of the Slavonian, we have it at once in the magnificent embassy which is now threading its way through Tartary from Petersburg to Pekin, to give heart to the Chinese, in the approaching struggle with England, to explore those unknown regions, and to organize Eastern Asia against us, through means of its Lord Paramount, the Emperor of China, as they have already endeavoured to organize Western Asia. The Russians have studied the affairs of India to little purpose, if they have not learned, that the most effectual mode of bringing down the Nepaulese on our plains, is by a mandate from Peking. And how long will the Russian Minister have been at Peking before such a mandate is issued? It would be an act of folly to shut our eyes upon those mighty preparations which Russia is making for the extension of her influence and dominion, and which embrace the whole length of Asia, from the Black to the Yellow Sea. But our more immediate care is with the Russian army of observation on the Oxus which will *not* be withdrawn. Its arrival in that locality has altered the politics of India; and all our measures must hereafter be governed by the necessity of guarding against a northern irruption. For this purpose it will be indispensable to keep up a large force in Afghanistan. If any of our present troops were withdrawn, that country

扰乱而回，或与俄罗斯人打仗。细看起来，俄罗斯与英国在阿细阿洲打仗之事，断系难免，大抵时候不久将至，所以俄罗斯王未出命打仗之先，我等即宜预备出兵矣。

[批注]

查六幅大图上，并无挞挞里、比特革、目哈拉、机洼等地名，所以只按着《地理志》之图，并夷字大图参考而已。至比特革到印度之道路，并其道路之远近，《地理志》书上没有详载，所以不能知其实。只按《地理志》之图看来，有两条道路可以到得印度，其一系在出了俄罗斯国之后，经过萨加社 系俄罗斯国在加士比唵海岸所属之地方 即到巴社，过巴社即系阿付颜呢士旦，过阿付颜呢士旦即到印度，过印度即系西藏、缅甸矣。

又于出了俄罗斯国之后，经过阿细阿洲俄罗斯，即到打打里，过打打里到阿付颜呢士旦，过阿付颜呢士旦即系印度矣。

would immediately fall a prey to Dost Mahomed, aided, as he would be by an army of Tartars from Bokhara, under the direction of Russian skill; nay, it is doubtful whether an attempt will not be made even if the present year, to reseat him on the throne of Cabul. It is doubtless, in our power to demand Koondooz, and Balk, and Buduksan, beyond the Hindoo Kesh, as part of the dominions of Shah Soojah, and we might even march an army across to enforce the demand. But we should probably be met by a Russian Envoy, with a copy of some treaty concluded with the Khan of Bokhara, guaranteeing those conquests beyond the Indus; and we must in that case, either retire with confusion, or engage in hostilities with Russia. Considering that the struggle between Russia and England for the sovereignty of Asia cannot be avoided, however long it may be postponed, perhaps it would be as well for us, if the period which is gradually approaching, was shortened, and the question brought to an immediate issue before the web of Russian diplomacy, and the cordon of Russian posts, is completed.

— *Friend of India*.

说明

1840年6月25日的《新加坡自由报》亦刊登此文，且注明转载自1840年5月14日的《印度之友》。

149

[澳门七月二十五日新闻纸]

又

在兰顿付来之信内，见得有讲及新出印地理图，并上颜色之法。云在格劳之馆内，现用有数人，布置钢铸之字于木板上，以为印地理图，并涂颜色，此法甚是便利，国中已大行之。

古时我等国中所用之图，皆系以人画之，后虽刊之于铜板，然于上颜色之时，亦必以笔涂之，故其费甚大，价值亦昂贵，而贫寒之人，纵或欲教子弟识地理，而亦难买之。

今格劳所出之法，不独可以用木代铜，乃亦不必人力以涂其颜色，图内之城池河道尽皆显明。我等今且略陈其法：

一进其工作房内之时，即见有放墨之架甚多，遥望之似尽皆黑色，惟若近观，即见其中分出有红、黄、蓝等颜色矣。此处有三四句不认识 房内中央设有木箱一个，箱口之东西南北四面有盖，尽皆可以开合，另又有各样机关。

The Canton Press, 25 July 1840.

NEW MODE OF COLOURING MAPS.

(From the *Quarterly Review for Dec*[r].)

In one of the compartments of Messrs. Clowes establishment, a few men are employed to fixing metal-type into the wooden blocks of a most valuable and simple machine for impressing coloured maps, for which the inventor has lately taken out a patent.

The tedious process of drawing maps by hand has long been superseded by copper engravings; but besides the great expense attendant upon these impressions, there has also been added that of *colouring*, which it has hitherto been deemed impossible to perform but by the brush. The cost of maps, therefore, has not only operated to a considerable degree, as a prohibition of their use among the poor, but in general literature it has very materially checked many geographical elucidations, which though highly desirable, would have been too expensive to be inserted.

By his beautiful invention, the new artist has not only imparted to woodcut blocks, the advantages of impressing, by little metallic circles, and by actual type, the positions, as well as the various names of cities, towns, rivers, &c., which it would be difficult as well as expensive to delineate in wood; but he has also, as we will endeavour to explain, succeeded in giving, by machinery, that bloom, or in other words, those colours to his maps, which had hitherto been laboriously painted on by human hands.

On entering the small room of the house in which the inventor has placed his machine, that attention of the stranger is at once violently excited by seeing several printer's rollers, which, though hitherto deemed to be as black and as unchangeable as an Ethiopian's skin, appear before him bright yellow, bright red, and beautiful blue! 'Tempora mutantur,' they exultingly seem to say, et 'nos mutamur in illis!' In the middle of the chamber stands the machine, consisting of a sort of open box, which, instead of having, as is usual, one lid only, has one fixed to every side, by which means the box can evidently be shut or covered by turning down either the lid on the north, on the south, on the east, or on the west.

印图之时，先放白纸一张在于箱内，箱口四面之盖上，尽皆安置有钢铸之板。放纸之后，即将箱口北边之盖盖下，此盖之钢板乃系蓝色，拨动机关压之；后即将北边之盖揭起，复将南边黄色钢板之盖压下，再拨动机关如前，次即将东边红色钢板之盖压下，复又将西边黑色钢板之盖压下，如前拨动机关压之。在西边黑色钢板之上，只惟有开列城池之名而已。

The process of impressing with this engine is thus effected. A large sheet of pure white drawing paper is by the chief superintendent, placed at the bottom of the box, where it lies, the emblem of innocence, perfectly unconscious of the impending fate that awaits it. Before however, it has had any time for reflection, the north lid, upon which is embedded a metal plate, coloured *blue*, suddenly revolves over upon the paper, when, by the turn of a press under-neath the whole apparatus, a severe pressure is instantaneously inflicted. The north lid is no sooner raised than the south one, upon which is embedded a metal plate coloured *yellow,* performs the same operation; which is immediately repeated by the eastern lid, the plates of which are coloured *red*, and lastly, by the western lid, whose plates contain nothing but *black* lines, marks of cities, and names.

如此四面箱盖俱已压下之后，即已印成一幅可爱之地理图，其上之大小城池、河道、山岭、湖海，莫不全具，即图内之经纬度线，亦皆详明。印图之法亦系甚容易，不过一息之间，即已印成一图矣！在图内共分出有颜色七样，

By these four operations, which are consecutively performed, quite as rapidly as we have detailed them, the sheet of white paper is seen successfully and happily transformed into a most lovely and prolific picture, in SEVEN colours, of oceans, empires, kingdoms, principalities, cities, flowing rivers, mountains (the tops of which are left white), lakes, &c., each not only pronouncing its own name, but declaring the lines of latitude and longitude under which it exists. The picture, or, as it terms itself, 'The Patent Illuminated Map,' proclaims to the world its own title: it gratefully avows the name of its ingenious parent to be *Charles Knight.*

初将北边蓝色钢板箱盖压下之时，印为海水者即轻轻压下，遂即浅蓝色。印为地方城池者，即用力压下，遂成深蓝色。如此即已成为两样蓝色矣！

A few details are yet wanting to fill up the rapid sketch or outline we have just given of the mode of imprinting these maps. On the northern block, which imparts the first impression, the oceans and lakes are cut in wavy lines, by which means, when the whole block is coloured *blue*, the wavy parts are impressed

盖南边黄色钢板箱盖之时，印于白纸者即为黄色。若印于蓝色之上即成绿色。如此又已变为黄绿两色。盖东边红色钢板箱盖之时，印在白纸上即成红色，印在蓝色上即成葡萄青色，印在黄色上即成栗色，如此又已变为红色、葡萄青色、栗色三色矣！

既印出七样颜色之后，白纸即已略湿润，即将西边之盖压下，在西边箱盖钢板上所刊，乃系城池、河道、经纬度数，各处地方之界限等黑色。如此印出之后，即已成一幅美画，图上亦已分出浅蓝色、深蓝色、黄色、绿色、红色、葡萄青色、栗色七样颜色，见得甚是好看。

quite light, while principalities, kingdoms, &c., are deeply designated, and thus by one process *two blues* are imprinted.

When the southern block, which is coloured *yellow*, descends, besides marking out the principalities, &c., which are to be permanently designated by the colour, a portion of it recovers countries, which by the first process had been marked *blue*, but which, by the admixture of the *yellow*, are beautifully coloured *green*. By this second process, therefore, *two* colours are again imprinted. When the eastern lid, which the paper, *red*, turning upon its axis, impinges upon the paper besides stamping the districts which are to be designated by its own colour, it intrudes upon a portion of the *blue* impression, which it instantly turns into *purple*, and upon a portion of the *yellow* impression, which it instantly changes into *brown*; and thus, by this single operation, *three* colours are imprinted.

But the three lids conjointly have performed another very necessary operation – namely, they have moistened the paper sufficiently to enable it to receive the typographical lines of longitude and latitude, and courses of rivers, and the letter press, all of which, by the last pressure, are imparted, in common block printer's ink, to a map, distinguishing, under the beautiful process we have described, the various regions of the globe, by light blue, dark blue, yellow, green, red brown, and purple.*

*We ought to observe that an analogous invention has already been brought to great perfection, by Mr. Hulmandell, in the department of lithography. By using consecutively six, ten, or a dozen stones, each charged with its separate colour, the effect of a fine water-colour drawing is reproduced in most wonderful lightness and brilliancy, while (the colour used being all oil-colour) a depth is given to the shadows which the cleverest master of the water-colour school cannot reach in his own original performance. A set of views of French scenery and architecture, done in this way may now be seen in the shops: they are in fact, beautiful pictures; and you get, we believe, twenty-six of them for eight guineas.

说明

此则转载自1840年7月2日《新加坡自由报》，而《新加坡自由报》说明转载自英国《评论季刊》(*The Quarterly Review*)的1839年12月号。经查此则印刷地图新法的内容出自该期《评论季刊》页16-17。

꧁ 150 ꧂

[澳门七月二十五日新闻纸]

又

在兰顿新闻纸内载，鲁衣士非力比王每日所做之事，云：

鲁衣士非力比王清早起来之时，即看各处官府及各使人付来之禀。至十一点钟时才食早饭，所食乃系馒头等物。食完早饭之后，即召见各大官，后又召见各项有才艺之人，讲论国中之贸易工作之类，此等贸易工作之事，他无一不晓。下午三点钟时，即进其机密院内，看日间所来之禀，并批谕之。五点钟时，即驾车出门，到花园内游行。六点钟时，即更衣食晚饭，常于其家眷将近食完之后方才到来，亦不准其家眷等候。来时即坐于王后及比林些士 即公主 之中。食毕饭，茶一盅，取些果子在手，即去同各有才艺之人谈论。晚上即进王宫内，考察其王子日间所学之才艺。与人谈论之时，并不甚拘礼貌。剪发、剃须俱系自己做之。晚上十点钟时，复进机密院内看书，除紧要事情之外，不准人烦扰。至夜半时即合书办事，常在机密院内办事至天亮才睡。吩咐各服事之人，早上未七点钟即必换[唤]他起来。日中闲暇时，或亦睡一两点钟。于出街在车上时，常常酣睡。饭后若不到花园游行，即倒在胡床上略睡数刻而已。

The Canton Press, 25 July 1840.

Louis Philippe.

The following account of the mode of life of Louis Philippe is given by one of the journals: -

He is called very early, and is no sooner up than he begins to read the diplomatic dispatches and the secret and confidential communications of the Ambassadors. He works until 11 o'clock, and, than breakfasts upon plain bread and a pitcher of beer. He rarely indeed indulges in the luxury of butter. After his breakfast he transacts business with his ministers, and prefers receiving them individually; and these interviews over, other visitors, with whom he converses familiarly on trade, manufactures, building, mechanical, inventions, &c., all which subjects he understands thoroughly. At three o'clock he shuts himself up in his cabinet, reads the journals, and the reports from the police, on which he makes notes, and gives audience to intimate and devoted friends. At five o'clock, when he is at Neuilly he goes out; and when he is at the Tuileries, walks in the balcony which overlooks the garden. At six o'clock he dresses himself for dinner, but seldom arrives until it is nearly over, for he will not allow his family to wait for him. He is his own barber, and dresses with the greatest simplicity. When at dinner he sits between the Queen and his daughter the Princess Clementine; helps himself to soup, cuts up a *poulet au riz*, nearly the whole of which he eats, takes a cup of tea, and jumps up from the table with some dried fruit in his hands, which he eats whilst conversing after dinner with architects and builders. He returns to pass a part of the evening with his family and examines his sons as to their scientific studies. The visitors who arrive are received *en famille*, and politics are generally avoided. At ten o'clock he retires to his cabinet, and then, except on very important occasions, he does not allow himself to be disturbed. At midnight he closes his books, and commences his correspondence. He frequently remains in his Cabinet till day-light, and then goes to bed, but is invariably called at 7, and sometimes 6 in the morning. Sometimes he sleeps for an hour or two in the day, and when on his journey to and from Neuilly sleeps soundly in his carriage. When in the country, if he does not go out after dinner to look at his masons or his gardeners, he stretches himself out on a sofa, and sleeps for an hour.

— *Globe.*

☙ 151 ❧

[澳门七月二十五日新闻纸]

又

现在麻打 系依打里国内部落 所出之新闻纸甚多，有一月出一次者，有七日出一次者，有十日出一次者，亦有十五日出一次者，其中亦有英国字与依打里字印出者，惟全篇皆系依打里字之新闻纸居多。

The Canton Press, 25 July 1840.

STATISTICAL ACCOUNT OF THE PRESENT JOURNALS OF MALTA.

Mediterraneo, (Italian and English), published up to No. 88, weekly: liberal politics. *Portafoglio*, (Italian), pub. up to No. 100, weekly: politics of the Commissioners of Inquiry into the affairs of Malta. *Corriere Maltese*, (Italian, English, and French.) pub. up to No. 9, *second series*, every 10 days: Sicilian politics of the English constitution of 1812. *Clown*, (English), pub. up to No. 18, weekly: politics, *anythingarian*. *Filologo*, (Italian), pub. up to No. 10, every 15 days: politics of the Malta priesthood. *L' Amico della Patria*, (Italian), pub. once a month, one number is only yet pub.: politics Maltese. *Malta Penny Magazine*, (English), pub. up to No. 29, weekly: literature and science.

152

[澳门七月二十五日新闻纸]

哈罗尔船乃系七月十三 即六月十五日 在加尔吉打开船。在船上所装只有啐并领色油 字典上无此字，故不知啐同领色油系何物 而已。此两

The Canton Press, 25 July 1840.

SPONTANEOUS COMBUSTION.

Letters from America, received by the last Overland Mail, inform us of the loss, by spontaneous ignition, of the *Harold*, from this port; the following extract from a private source will give our readers the particulars, as far as they can be obtained, of the melancholy occurrence.

'*Boston, January* 14. – I received yesterday from Pernambuco, the melancholy intelligence of the loss by fire of the Ship *Harold*, in latitude 4 south, longitude 26 west. Five persons, lost their lives, and I am sorry to say that Mr. Parkman and Mr. Erving were among the number; also Mr. Bell, a passenger, and one seaman (an Italian) and the first mate Mr. Nash, who all perished by drowing. They, with Mr. Austin and two seamen, got into the stern boat, which was so much injured by the fire that she sunk under them; Mr. W. Austin and two seamen were saved by the long boat, which, with the Captain, Second Mate and the rest of the Crew, arrived at a place 30 miles north of Pernambuco, after being at sea seven days without chart or compass. I am daily expecting some one of them from Pernambuco, when further particulars will be had. This is a sad affair for the friends of those who were lost. Mr. Parkman, in particular, was a very promising young man, and his loss is deeply felt by his relatives: our old friend Mr. Erving you will observe perished also. This, I believe, be intended as his last voyage to Calcutta, and indeed it has fatally proved so.'

'They write that they could not possibly account for the origin of the fire by any other cause than that of spontaneous combustion.'

'There is no vessel now up for Calcutta.'

The *Harold* left Calcutta on the 13th of last July, with a cargo consisting principally of jute and linseed oil – two most inflammable substances, and the junction of which in a ship's hold are known, from past experience, to be almost always

样物最系引火之物，若将此两样物同放在一船舱内，即必自然起火。前因曾经试验，若将油与棉花与苎麻或啐同放在一处，乃系一件最危险之事，所以在兰顿禁止各客商无论水上岸上，俱不准将棉花等物与油同放在一处，所以近来各船都不肯搭附油与棉花，只除非应许多给银与之，或可允肯而已。前时曾有俄罗斯国之船，将油与苎麻同放在一处，遂至火起焚烧船只。后又有别处之船只，亦曾受过此等灾害。如此看来，在我等国中已经如此防备，所以我等在此处亦宜小心，故特请无论米利坚及其余别国人，凡系船只之坐庄客，当禁止其船只将油同棉花等物一齐附搭在船，即各保船馆亦不宜保承凡装载此等货物之船只，以为该船只并船上各人性命之平安。

attended with spontaneous ignition. Indeed, so dangerous is oil considered as forming part of a cargo with cotton, hemp, or jute, that many of the leading mercantile houses in London have prohibited altogether the transmission of oil with either of the articles, and we know that some underwriters never insured vessels with these articles on board, except at a very heavy premium. We could quote instances, in further proof of what has been often advanced before on this subject, of Russian vessels where the junction of oil and hemp produced ignition; and similar were the results on board of other vessels from this port and elsewhere. Seeing, therefore, the great precautions that are used in respect to these articles at home, we regret that no similar precautionary rule obtains in this country. Instructions should be sent out by owners of American and other ships not to allow their vessels to carry such a mixed cargo, and the insurance offices here should not be allowed to take any risks on those ships which may export such cargo, in defiance of all rules for the safety of the blocks, or the lives of those on board of them.

— *Calcutta Courier*, April 24.

说明

此则转载自1840年4月24日《加尔各答信使报》。

第六册

1840年8月1日至1840年11月7日

153

[一八四〇年]八月初一澳门新闻纸
即庚子七月初四日

我等今在下文又再抄出由舟山七月十一 即六月十三日 付来之信，内云在城之周围，皆札有营盘，出入之人皆要有路票，并不准人拿产业出城，因为难分谁人系本主。现我等虽尽心引诱人民回来居住，惟至今亦并未能行，因为他们尽皆害怕，与昔日大不相同。前时即骂我等，拾石掷击我等，现在一见外国人，即做出各样恭敬礼貌。

据人民说，因定海城大兵头腿上受了一炮弹，以致身死，众人遂弃城逃走。港口内大约有师船三十只，俱被拿捉。

港口虽少[小]，甚好避风，可容船六十只。惟港口之处水深、潮紧、流猛，船只甚是难走。

在港口外现有鸦片船数只，惟水师督不准他们进口。

此岛甚是美丽蕃庶，各港口河道到来之贸易亦甚多。惟现在已经荒芜，于我等初到时，所见之打鱼船数万只，今已一只皆不见。我等官府所出之章程，本地人皆不肯信，中国官府之示谕，已满于岛内各处。

说明

《广州新闻报》此则消息被转载于1840年9月10日《新加坡自由报》号外。

The Canton Press, 1 August 1840.

Extracts from a letter dated Chusan, 11th July.

'There are sentries posted all round the City, and no one can enter without a pass, neither are the people allowed to take out their property as it is impossible to tell whether the actual owners, come for it or not. We have been doing everything in our power to induce the people to return to the city, but at present have not succeeded. They are dreadfully frightened, and the contrast is very great compared with their former behaviour. They now, instead of abusing us, and pelting us with stones, actually tremble when they see a foreigner, and make all sorts of salaams.'

'The Governor of the city of Tinghae received a shot in the thigh which killed him on the spot, and the people say that is the reason why the city was given up. The number of war-junks taken, and none escaped, I should suppose to be about thirty.'

'The harbour, though small, is good and sheltered from all winds; 60 sail of vessels might ride here well, but the entrance is bad, on account very deep water, and strong tides and eddies rendering the ships quite unmanageable.

Several Opium-vessels are lying outside, but the Admiral will not allow them to come into the harbour.'

'These islands are very beautiful, and populous; much trade must pass through the numerous channels, but they are now completely deserted, and of the myriads of fishing junks which met us upon our arrival, not one is now to be seen; the arrangements made by our authorities do not appear to have given confidence to the natives, and the mandarins are fulminating edicts all over the islands.'

154

[一八四〇年八月初一澳门新闻纸]
又

又有朋友在舟山七月十八 即六月二十日 付来信，说云：我等初到之处，乃系水井岛，由此直驶至舟山港口时，因船只众多，常致互相冲撞，遂有断去其头鼻之半节者。在舟山港口当中之处，有大石一块，港口又窄小，此石乃系在和士麦书上所说，海图上所无，遂遣火船阿打兰打同水师官里前去细察。此船刚在石面走过，并未有害。次日早上，阿打兰打同为尔里士厘船一同在此石面走过，惟尽皆无害，遂即安置三板一只在石面，又安置三板一只在此石之东头，致各兵船、运载船可以平安走过。至初四 即六月初六日 所有兵船尽皆走过，水师大官即请中国船上之官员到为尔里士厘船上，令他们将此岛献上。惟他们对水师大官说，此系断断不能之事，并又布置出各样兵威，以为拒敌。水师大官即定以次日午时取回信。即至次日过午之后，尚不见有回信，水师大官即出令向着官府衙门施放一炮，时师船及城墙上尽皆回炮。各兵船俱已装定炮，对着城池，水师大官之号旗一举，号炮一响，各兵船即一齐放炮。不过两秒[分]之久，师船及炮台上之炮尽皆无声，而各兵丁已东奔西跑。时城外之兵亦不多，兵船之兵遂立刻上岸，见城池尚不肯献上，等至炮械上岸之时，直至城濠边，中国人即放炮攻敌我等，我等即回炮攻城，并放有飞弹四个，俱皆打在城上之兵丁内，致各兵尽皆惊骇。次日早上即欲攻城，惟见城内已经丢

The Canton Press, 1 August 1840.

Chusan, 18th July, 1840.

On the first we were at anchor at Buffalo island, whither we have got without any accident, but from there to Chusan-harbour there were a good many, such as carrying away jibbooms, ships falling foul of each other, etc. In the channel into Chusan harbour there is a rock under water in the middle of a very narrow passage (which Horsburgh mentions in his directory) but the charts are not to be depended upon. The *Atalanta* steamer with Capt. Rees was sent in to survey it, and in running in under easy steam, went right on top of it, but without sustaining injury. The next morning the same vessel towing the *Wellesley* got on top of it again, and the *Wellesley* after her; both got off easy without any damage. They then stationed two boats, one on the rock, and the other on the point to the eastward of it, for the transports to pass between. We got in here on the evening of the 4th with all the men-of-war. The Commodore sent for the mandarins of the junks and troops on board of the Wellesley, and demanded the surrender of the Island, but they told him they would not do so, but make every resistance in their power to prevent him from taking it. He then gave them till noon next day, and when the time had expired, he fired one shot at the mandarin-house, which was immediately returned from all the junks, and the guns they had mounted facing the town, which was a signal for the whole of the men of war to open their fire on them, and it was a capital sight, for in two minutes, junks, guns, and the whole of the fortified place were deserted, and soldiers flying in all directions, (they were not very numerous outside the city.) The troops were then immediately landed and found the city not surrendered, so waited till the artillery was landed and drawn up before the walls

弃，不独官府逃去，乃连人民亦已搬迁，遂行进城内居住而已。此地甚坚固，惟我等若要修整设防，亦要费许多心力。城中只有旧炮数门，内有长铜炮一门，乃系一千六百零一年里渣非立所造。此炮正安置对着兵船阿厘牙打，惟中国人不敢施放，若一经施放，阿厘牙打船即难免不受害矣！水师督至次日方才来到，即遣火船前往迎接，留麦尔威厘船在外洋。过两三日后，遣火船带麦尔威厘进口时，麦尔威厘船忽被搁在石上，在船底穿了一孔洞，遂立即将船上之炮火及伙食等物起清，不停提出舱内之水。没伦底船于来北边之时，奉水师督命到厦门港口，遣一三板扯讲话旗到岸。惟中国人开炮打三板，三板即回船，船上立即回炮，攻打城池炮台，至两点钟之久，即扬帆而去。城池炮台大抵俱已打破，当没伦底到舟山之时，即奉命同火船郡，并兵船于威、故鲁沙、阿疑来一齐到宁波，并请中国官府转递与皇上之本章，若官府不肯，即立意荡平城池。依我看来，各官尽皆恐怕有舟山之事，故立即应许转递，并给凡兵船所要之物。然我等不知中国官府如何行，只不过见他们点头，遂已[以]为系害怕而已。然大抵水师督必要好好攻打一仗场[场仗]，方才得成。论及舟山之事，有谣言传说，皇上说云，我等不必管他，只将中国各处与舟山所有之相交割断，即可以复得之。依我看来，此不过是谣言而已。

before the outskirts of the place were taken charge of. The Chinese fired one or two shot at them, which were returned by some shots and shells from four pieces that were landed, which must have astonished them a little, as they were thrown beautifully right amongst the soldiers on the walls. The next morning, when making preparations to storm it, it was found deserted, not only by the mandarins but all the inhabitants, so they had only to walk in and take possession. It is a strong place, and if well fortified, would have given us some trouble; but they had only a few old guns in it. There is one very fine long brass gun made by Richard Phillips in 1601, but the Chinese were so frightened they did not fire it, although it was pointed right at the *Alligator*, and would have done her some harm, as it had a tremendous charge in it. The Admiral did not arrive till the next day – one of the Steamers went out for him, and left the *Melville* outside, but sent the steamer out for her two or three days after, and in coming in run upon the sunken rock, and knocked a hole in her bottom; they, are now discharging all their guns and stores and going to heave her down, pumps constantly going to keep her free. The *Blonde* frigate, in coming up, went into Amoy with some instructions from the Admiral, and on sending a boat on shore with a flag of truce she was fired at, so the boat returned, and they cannonaded the city and forts for two hours, and then left them all knocked in pieces. On her arrival here she was sent in company with the *Queen*, *Conway*, *Cruiser*, and *Algerine*, to the city of Ningpo-foo with a chop to the Emperor for the mandarins to forward to him, and if they would not do so, they intended to level the city. But I suppose they were afraid of getting the same benefit as Chusan, so immediately promised to forward it, and supply the men of war with anything they wanted. No one knows what is going on, except the Nobs here, so we can only make surmises. But I think the Admiral will get no satisfaction till he gives them a good thrashing. As for Chusan, the report is that the Emperor says we can keep it, and has cut off all communication with it and the rest of the empire, but I think this a mere report. There were not more than 30 or 40 men killed at Chusan. The troops were all landed the first day, but the 49th has been sent back on board again; all the other troops are on shore, except some of the 18th which arrived only a few days ago in the *Bremer* and *Allalevie*, Brigadier Burrell, has been appointed Governor of Chusan, and has taken up his quarters in the head mandarin house; there have also been made a good many other appointments. I have no more at present to say about Chusan, except that we have very pleasant weather here.

说明

《广州新闻报》此则消息和第153则一样,都被1840年9月10日《新加坡自由报》号外转载。

155

[一八四〇年八月初一澳门新闻纸]
又

有谣言传说，有些中国船只由虎门出来，被兵船拉呢同兵船哥揽买断截，中国船只遂向离伶仃北边数里之处驶去。现在拉呢船已杜着各船以免逃脱，故遣兵船哥揽买到来，邀海阿斯[新]同去，欲将此数只中国船夺捉。此等谣言不知可能准信否？然中国人预备攻打封港兵船之事，甚是勇壮。又闻说有许多船艇，约有一百之

The Canton Press, 1 August 1840.
THE BLOCKADING SQUADRON. –

H. M. S. *Nimrod*, 20, Capt. C. A. Barlow, arrived in the roads on the 25th, and on the following day proceeded to Cap-sin-moon. We hail this fresh arrival of one of H. M. Ships with so much more pleasure since it is generally understood that she will for the present at least remain here, thus strengthening the blockading squadron, which now, it is thought, is of sufficient force to blockade the Broadway also, indeed the rumour was pretty general that the *Hyacinth* was about proceeding thither, when the day before yesterday H. M. Brig *Columbine* arrived here from the Bogue, in company with a large Chinese trading junk, at first supposed to be a prize, but which from here enter into the port of Macao on the following day, no longer under the control of the *Columbine* it is now supposed was merely prevented by that vessel entering the river of Canton by way of the Bogue. In consequence of the *Columbine's* arrival and of information brought by her it is supposed that H. M. S. *Hyacinth* left this anchorage; she proceeded in company with the *Columbine* towards the Bogue early yesterday morning, and speculation is rife as to what news of sufficient importance can have prevailed on Capt. Warren to leave the Macao roads, whilst Capt. Smith, the commanding officer of the squadron, also has left for his ship the *Druid* at Cap-sing-moon. Nothing is known, but it is reported that a number of men-of-war junks, proceeding from the Bogue and cut off by H. M. S. *Larne* and *Columbine*, took refuge behind Fansyak a few miles to the northward of Lintin, and that whilst the *Larne* is preventing their escape thence, the *Columbine* has gone in quest of the *Hyacinth* so as to enable the three completely to cut off their escape and to capture them. We give this report merely on

多，由虎门出来，至虎门外不远，即又复回去。并不敢向前攻打。在广东省城，各样事情尽皆安静，在黄埔存下两只米利坚船，尚未有起清货物，而中国官府已出令驱逐此两只船出口。平常按期带书信往来之船只三板，亦已停止，所以我等与广东省城来往书信不能得定。现存下在广东省城之外国人四名，乃系米利坚人二名、西洋人一名、荷兰人一名。

hearsay, without being able to vouch for its truth. It is certain however that the preparations of the Chinese for an attack on the blockading squadron have of late been carried on with considerable energy, and it is even said that a great many boats, to the number of upwards of 100, ventured a little beyond the Bogue, but soon after withdrew again within, without venturing any attack. In Canton everything remains quiet, though the Government threatens to expel the two remaining American ships, although their cargoes are only partly discharged. The regular mail-boats have ceased to run, and communication between this and Canton is very uncertain. Only two Americans, one Dutch, and one Portuguese, now remain there.

说明

《广州新闻报》此则消息被转载于1840年9月17日《新加坡自由报》。

156

[一八四〇年八月初一澳门新闻纸]
又

The Canton Press, 1 August 1840.

In spite of the predilection for it of the Chinese, we must say Opium *is* a nauseous drug; the discussion concerning it have at least been carried on *ad nauseum*; one cannot now take up a paper, particularly from this side of the Cape of Good Hope, but Opium Question, Opium Indemnification, Opium a Poison, Opium a Tonic, Opium Versus Malt, and in fact Opium in all shapes and under all considerations, meets one's view, and the periodical press of England is nearly equally filled with this soporific drug. Whilst however we cannot but admit the importance of this merchandise, both to commercial and moral interest to be great, we at same time think that people who argue that *all* the differences with China have arisen from a trade in it, and who consequently make the deduction that to the Opium alone the war with China is owing, either are egregiously mistaken themselves, or wish to mislead others. We may admit the Opium-trade to have been the agent to accelerate the rupture between England and China, but many other causes have long existed which in the end could not have failed to bring about the crisis in which we are not involved, and by means of which it is to be hoped our relations with this vast empire will be put on a footing of permanent security.

我等与中国久已有不合之处，复因鸦片之缘故，遂致有今日之事。然因此事或者我等与中国相交之事可以得一平安地步。

It is well known that the Chinese have hitherto affected to look upon the intercourse with their country, by foreigners, as an act of compassion of their Emperor, and that they considered that they might cease this indulgence whenever they pleased. They though deriving by the sale of their tea and silk, as well as other productions of less importance, great advantages from the foreign trade, yet affected to consider it as of no consequence whatever, and late events have shewn us that they really have the power entirely to paralyze the trade, at least for a time, without the *paternal* government of this country ever taking into consideration the misery

盖中国人皆谓与外国相交之事，乃系皇上之慈悲，他们若不欢喜，即可任意停止断绝。中国人所得外国人出卖茶叶、丝发及各样贸易之利益不少，然他们并不以为意。观近来之事势，即见得中国人任意封港，虽说是暂时，惟他们并不比较有数十万本地人皆系干涉此贸易者，尽皆已无事业，所以凡到中国之外国人，不过系到来破费其产业，并受各样难苦而已。当东印度公司之时，所有贸易皆归十[于]一人手内，致在英国中卖货之价钱，亦任他们之意定夺。彼时各大班亦尽皆十分忍耐，贸易方能得顺遂，他们所受之委屈亦复不少。然他们曾奉了国中底力多衙门之命令，他们只可忍耐受勒索凌辱，不可被中国人停止贸易。所以公司各大班常常贿赂各中国大官，此等贿赂皆在带回国中之茶叶加增价钱所得。然在有公司之时，钱财甚是容易，故外国人在中国居住者，尽皆不得不忍耐受辱，倘有事情阻止，遂即立刻花钱，故各样事情俱由官府摆弄，所以我等总要除去此等法子，不得再任中国官府施行。我等今在下文印出数款中国皇帝严禁凡到中国贸易之外国人之律例，内云：凡外国人到中国贸易者，皆须拘禁在十三行夷馆内，不得擅离夷馆。有事只要见洋商，亦必要买办一同前去，该买办、工人等，虽受夷人工食，亦必要由洋商分派，以为探察夷人所行，以为提防如细作一样。除洋商、通事及其余各工人之外，外国人不准任意与本地人相交来往。每夷人只用工人一名，不能任意多用。又不准他们离开十三行，并不准他们到城外一带游玩。洋商必要担承各夷人之好行为，所以各洋商不得已亦要派人看守各外国人，以免夷人有违犯中国人之法律。因为监禁外国人之法律皆甚严密，又恐怕各外国人在中国住落，所以不准各外国带妻子到广东省城居住。他们之贸易船只等事若已办理明白，即当或回本国，或到澳门居住，等待来年船只到时，方才再到广东省城居住办事。即此乃系一件我等所受之委屈，若果常常如此

it thus brings upon millions of the laboring poor. Foreigners, therefore, hitherto have been upon sufferance in China only, liable at any moment, to be sent away and despoiled of their property. Whilst the China trade was a monopoly of the East India Company, the extent of the trade all accumulated in one hand, and the absolute control over prices in England, enabled the Supercargoes here for a long time to carry things on smoothly though often their patience was sorely tired; but they had the most positive instructions from the Board of Directors to submit to extortion and even insult rather, than allow the trade to be interrupted, and the consequence naturally was that they frequently paid bribes to the local government, which were however no loss to them, such bribes being charged on the teas sent home for sale, the upset price of which was raised in proportion. We may ascribe to the liberality of the Company in money matters, that many of the laws made at different times to restrain foreigners, and which if really observed, would have made a residence in China the most irksome and humiliating, were allowed to be dormant, but nothing guaranteed foreigners that on the slightest dispute, or by the mere whim of a mandarins, these laws might not again be enforced. The following are some of these restrictions which the compassionate ruler of the middle Kingdom orders to be enforced against barbarians coming to trade in his country. A foreigner on arriving at Canton must live in, and confine himself to one of the houses in the 13 foreign Factories, which he is not allowed to leave, except on business visit to the Hong merchants, but on such excursions he ought to be accompanied by his comprador or servant, who though in his pay, is appointed by the Hong merchants, and ought to act as a spy upon his actions; the foreigner is not to deal with any one nor have intercourse with any native whatever, but the Hong merchants, linguists and his servant; nor is he by law allowed to keep more than this one servant: he is not allowed to move beyond the 13 factories, not even to recreate himself with a walk into the suburbs; the Hong merchants are answerable to government for his

行为，实为艰难之至，惟我等前时已经渐渐减去，至去年林到时，方才复兴回大半此等律例。当我等离开广东省城之时，贸易之严禁比当日有公司包揽贸易时更为严密，遂致人皆恨恶怨骂。众人皆知道，我等在中国贸易不过只准此一港口内，亦禁止外国人不准与本地人相交杂处，各中国官府在此等贸易尽皆倚靠各洋商，凡来广东做贸易之外国人，俱不准自行设立栈房，致其产业不得自行提理。若不出卖，即必要信赖各洋商，或将货物卖与洋商，至两三个月之久尚不能得其价值，而洋商之品性在贸易事务实系难以信赖。当外国人将货物托各洋商之时，各洋商亦常受官府之勒索，洋商纵或赚得有大注钱财，官府亦不准他们回家安享，所以凡系做洋商之人，皆不是富厚之辈，只不过将贫穷之人充满已死或倒塌之洋商缺。若有人要充洋商，即必要在粤海关衙门花钱，大约要五十余万两之多，此项银多系到处借来的，所以洋商将要开洋行，受外国人百千万银信托之时，即以[已]先欠下许多帐目，此事人皆甚易明白。然在各洋商之中，亦常有一二个系富厚之人，常常将所有之上好贸易进行包揽，只存下各项次等之贸易与其余各洋商，而各本钱微小之洋商，亦不得不拉东补西，各洋行之坏规矩，已经常系如此，当时东印度公司反鼓励之，因为各富厚之洋商不肯做利钱微少之买卖，惟其余各洋商虽见得系亏本之贸易，他们亦肯做之。自一千八百三十四年 即道光甲午年 散公司之后，此等坏规矩即已日更加增，因洋行之不谙贸易事务，及所有无论中国外国

good conduct, and it is therefore their duty to surround him with their own agents to prevent his contravening any of the laws made to restrict him; fearful that he should settle in the country, his wife and family are not allowed to live with him at Canton, but as soon as his business for the season is ended he must leave it, either to return home or to wait at Macao for the next year. These are some of the personal grievances, which would be found irksome enough, were they all enforced but, as we have said before, they had many of them little by little been forgotten, until in great part reinforced last year by Lin. The commercial restrictions, as being more immediately connected with the monopoly, have been always much more rigidly enforced, and those we are going to enumerate were really existing at the time of our expulsion from Canton, as well as the abuses resulting therefrom. The trade, as is well known, was restricted to one port only of this immense empire, and the better to restrain barbarians and prevent their mixing with the natives, the government of this country entrusted this trade to the exclusive management of the Co-hong. With these every one coming to Canton had to deal, and as foreigners were not allowed to have their own property under their own control, being denied the privilege of warehouses of their own, such property, if not immediately sold, had to be entrusted to the safekeeping of these mandarin-merchants, or to be sold to them payable in two or three months, though their character or circumstances were not such as to entitle them to much commercial credit. The Hong merchants, at the time that foreigner were obliged to trust property to their safekeeping, were at same time exposed to continual extortions from the government officers, and if they were supposed to have notwithstanding amassed property in successful trade, they were hardly ever permitted to retire to enjoy the fruits of their industry. The consequence naturally was that instead of wealthy and trustworthy individuals being made Hong merchants, only poor men, frequently totally unacquainted with business, could be found to supply the places of such as by death or insolvency had left vacancies to be filled up.

客商之不忠厚，遂致有数间洋行皆已倒塌，欠下之帐目亦系甚多，遂致有分年摊赔。在摊赔之项，不过亦系在出口入口之货物加增税饷而已。我等若任随有摊赔之银为各行之费，不久必致日更重大，而中国外国所有之贸易，尽皆价钱日增，大受阻碍，不得消流矣。现在中国包揽贸易之法，不久必致所有之外国贸易尽皆不保，中国国家虽说以怀柔待外国人，而税饷反日更加增，又不准外国人复带货物出口，又不准有囤积货物之栈房，即于搬运货物之时，外国人亦不得亲行提理，只信托洋商及所雇之工人而已。

The fees paid to the Hoppo and others on entering the Co-hong amounted to 50,000 Taels or more, these were frequently borrowed, so that a Hong merchant, who was about to be trusted with millions of property, actually was deeply in debt before even he could begin business. The consequences of such a system are obvious; there continued to be in the Cohong one or two rich merchants who by the weight of their capital tyrannized over their poorer brethren, who monopolized all the best branches of the foreign trade, leaving to the others only the more adventurous ones, and driving them to transact business at all hazards, merely to enable them to keep up a circulation of capital by which they might pay Peter with what they owed to Paul. This abuse of the Hong-system has long existed, and was rather encouraged than otherwise by the East India Company, who found the poorer merchants more willing instruments, and who by their means in some measure counteracted the too grasping disposition of the richer ones, and could at same time afford to run the risk to which it thereby became exposed. But these abuses have increased much since 1834 the trade was thrown open, and ignorance of business, extortion of mandarins, and perhaps dishonesty, against which the system hitherto followed provides no check, soon caused several of the poorer hongs to fall to an enormous amount. Their debts it is true were, after some delay, acknowledged by the Cohong, and several installments have already been paid, but to raise funds for such payments new duties have been laid on both imports and exports, and if the system as described, were allowed to continue, those duties for Hong uses threaten to grow so heavy, as materially to interfere not only with the consumption of British manufactures in China, but also with that of Chinese produce in foreign countries. The system of Chinese monopoly therefore, while it offered no security to the foreign merchant for his property, also threatens to circumscribe, within very little time too, the amount of the general foreign trade with this country, already too much hampered on all sides by the jealous government. Whilst foreigners in China are ordered to be treated with compassion, and whilst they are not thought worthy to have any *rights* secured to them, the natural consequence has been that the taxations of the foreign trade have been continually increased by the almost irresponsible mandarins, and thus the duties on ships as well as on merchandise have been gradually growing, nor is the merchant allowed to re-export his goods, no entrepot being allowed. In shipping his property, the foreign merchant has no control over it, but must trust altogether to the honesty of Hong merchants and their servants.

在广东省城各外国人，为与中国官府来往，尚有许多委屈之事，各外国人必要遵守不宜于他们之法度。此等法度亦并不是中国国中之律例，乃系各样事情俱由洋商主意，若有不好看待，亦不准他们告官。无论示谕禀帖，皆要经过洋商之手。倘有殴毙人命之时，无论有意无意，皆要以命抵命。倘不能查出真实凶手，亦必要乱寻一个外国人抵命。若有外国人到中国官府台前审问，即不依公义判断，只任意将他治罪结案。此外即不准外国人见中国官府，所有之外国领事总领，中国人尽皆以为系管理外国人之官，无论大小事件，俱为领事总领是问。当钦差未到之时，领事总领所有之文书，皆要经过洋商之手，若欲求见官府，乃系断断不能之事。

These are some of the chief commercial disabilities under which the large trade of Canton was conducted, and we shall find those of an international or political nature to be fully as onerous. Foreigners being in China only on sufferance, not by right, they are expected implicity to obey the laws, not those of the country, but others especially framed for or rather against them; they must in all things obey their guardians the Hong-merchants, nor have they any redress against them in case of ill-treatment, no representation of theirs to even the local government being allowed to reached it, except through the Hong-merchants. In case of homicide, however accidental, life is demanded for life, and if the guilty party is not to be found, then any one of his countrymen is to be punished in his stead. The Chinese in all cases where foreigners come before their tribunals, arrogate to themselves exclusively the right of judging and punishing them, and against their award there is no appeal, foreigners being denied all access to the higher officers of the Empire. Even where the Chinese acknowledge a Superintendent or Consul, they consider such only in the light of Police officer over his own countrymen, and as an additional means of controlling them, by holding him answerable for their deeds. Before the arrival of the Imperial Commissioner, all the communications from the Chief Superintendents to the local government, as well as those from Consuls of other nations went with an occasional exception, through the Hong-merchants, and an appeal against oppression to the Imperial government was altogether impossible.

有如此许多缘故，我等切不要

Under these circumstances it is not to be

怪公司各大班屡次与中国人不睦，必等候许久，或是中国人或是外国人想起贸易之利益，方才罢手。间有与中国官府不睦，致恐吓以打仗之语，方才罢手。为此等缘故，国中曾屡次遣使到北京，自一千七百九十三年即遣律马加呢，一、二年之后在葛拉巴地方又遣跌星，一千八百一十四年又遣律唵哈士，惟各使人不但不得此等事情之利益，乃反起中国人骄傲之心，夸说外国遣使进贡，遂更兴起他们欺负我等之心。律劳碑所受之凌辱，乃系人所共知，大抵至今尚未遗忘。如此足可以见得，我等与中国人争论之事，并不是只为鸦片贸易。自散公司之后，英国领事为与中国官府相交之事甚是忍耐，此等事情若系在我等本国行于别国之人，即已早早声明打仗矣！惟中国人好似有许多朋友在英国，以为不宜惊醒中国人之睡梦，因他们乃系万国中最啰唝之人，所以在他们所行与外国人之欺辱，我等不必责备等语。此皆在国中帮助中国人之人所说之话。

wondered at, that differences arose between the Company's supercargoes and the Chinese at different times, which were however always settled after more or less delay, before coming to extremities, by either one or the other party, both being fully aware of the advantages mutually derived from this trade, giving way, but at times the quarrel even in those time rose so high as to threaten immediate hostilities. To improve their situation in the country Lord Macartney was sent from England as Embassador to Peking in 1892; a year or two afterwards Mr. Tittsing from Batavia in the like capacity, and in 1814 Lord Amherst again from England. But these different embassies, so far from being advantageous to those who sent them, proved rather the reverse, for they only served to flatter the inordinate vanity of the Chinese, by making the ambassadors appear as tribute bearers, and by giving the Chinese an opportunity of insulting to their hearts content men of high station in barbarian lands. The insults heaped upon Lord Napier are yet too fresh in the recollection of every one to need to be enumerated here, but we hope our remarks have gone to shew that there are many reason besides the Opium trade for a rupture with China. Since the abolition of the Company's monopoly the British Superintendents have in their occasional correspondence with the local authorities been treated with the greatest insolence and overbearing contempt, which, had they been evinced by the government of any civilized nation to the accredited agents of another, would have called for condign punishment. But it seems that the Chinese have many friends in England who judge that they may with impunity insult and maltreat other nations, and that it would be highly unjust to rouse the celestials from the dreams they have so long indulged of being the bullies of the world. To us it appears that the sooner this state of things is mended the better. But it is not the already mentioned grievances alone, which are part and parcel of a vicious system, but the late acts of the Imperial commissioner for which the Opium trade served as a pretext, that have exposed the Chinese in full justice to be called to a strict account. There can be no doubt that the local authorities connived at the Opium-trade, and it is as little doubted that the many Edicts that have from time to time been issued against it, were mere matters of form, and until lately, never acted upon. It is therefore not astonishing that the importers, when these Edicts in the end of 1838 and beginning of 1839 became more numerous and threatening, thought that the storm would blow over as so many others had done. However, the Imperial Commissioner arrived, and to be certain to obtain possession of such as had been guilty of dealing in Opium and as still had control over it in the outer sea, he immediately surrounds *all* the foreigners in Canton with soldiers, and under threats of death not only to the opium-dealers, but to H. Majesty's representative, contrives to despoil them of their property, keeping the whole foreign community imprisoned during two months, and breaking besides, immediately after delivery of the Opium, the promises he had previously given that the trade should again be conducted as formerly. British subjects, though promised that no notice of their having dealt in Opium, should in future be taken, were ordered to leave the country, and the necessary consequence was that all the English, deeming themselves, no longer safe while they continued under the power of so perfidious a man, by leaving Canton, withdrew from under it. Since then, the Chinese have forced the English even to leave the neutral settlement of Macao, because of a Chinese having been killed at Hong-kong, for whom the Commissioner demanded an expiatory victim; the trade with the English has been declared as for ever at an end, whilst that of other nations is allowed to continue; English vessels and men have been attacked, murdered, and plundered, and yet we hear the friends of the Chinese in England exclaim that a war upon China is altogether unjust and unwarrantable, whilst, had any other nation been guilty of only the tithe of which the English justly complain, no such outcry in case of war would have been raised.

157

[一八四〇年八月初一澳门新闻纸]
又

腮呢三月十三 即二月初十日 之新闻纸上，所说考察出南极地方之事。见得向来所有考察之艰难，皆已无用。此处有三四句不晓得

考察出此处地方者，乃系米利坚船，而佛兰西人阿威厘今亦已考察出此南极之地方矣。

于一千八百二十三年，有捉拿海骡之人名物特厘，曾驾船直驶至南极之七十四度，并无险阻，并说于七十四度之处，其天气比离南极稍远之处更为温煖。于一千八百三十九年六月十九 即十九年五月初九日 阿威厘曾写信付与在噶拉巴之才艺馆，辩驳此事，云吻特厘所说之之话若果真实，何不驾船直向南极驶去云云。

The Canton Press, 1 August 1840.
Antarctic Discovery.

The following remarks on the discovery of Southern Continent, as stated in the Sydney Herald of 17th March, extracts from which will be found below, have been kindly given us to do with as we though best, and we therefore hasten to publish them certain as we are that we could not entertain our readers on a subject of more general interest.

'As we are still without the May mail or any intelligence from the northward of the operations of the squadron, the accompany extracts from the *Sydney Herald* of the 13th March last may prove a relief to some of your readers from the Editorial sparring with your brother of the *Register* and from the discussion of what the squadron could and should have effected, while all these blockade – manifestoes, etc. would appear but much ado about nothing.

'The discovery of the Antarctic land must be a source of great satisfaction and just pride to the commander of the American Expedition, but we sincerely congratulate M. Dumont d'Urville on his equal success, when failure would have been a severe reflexion, however unjustly; the discovery depending so much on the season and accidental state of the weather.

'His own experience will no doubt render this eminent navigator more liberal in his strictures of the statements of others, than are conveyed in his address to the meeting of the Society of Sciences and Arts at Batavia on the 19th June 1839. – as for instance. "In 1823 however, *a simple seal fisher* named Weddell, *pretended* to have reached the 74 degree without difficulty, and even added that in those high latitudes the sea was free from ice and the temperature much milder than in regions less close to the Pole. If what Weddell reported were true, it was natural to conclude by analogy that it would be practicable to approach nearer and nearer the South Pole." etc; and again, "We then directed our course towards the Polar regions,

阿威厘信内又云，于二月十五即十九年正月初二日 我等已驶至纽耶兰岛同山威治岛之间，尚未到吻特厘所说之处，即见有冰山阻着去路，一望无边，试欲寻一缝隙致可到吻特厘所说之处，亦不能得。如此看来，吻特厘所说之言若果真实，即于吻特厘到彼处时，彼处之天气不同，或于吻特厘到时，彼处之冰山尽消，故得无阻碍，可以直到七十四度，亦未可定，然于此事甚难令我信吻特厘曾游行考察至此处矣云云。阿威厘、吻特厘并不是有意游行到来考察，不过系为取海骡直至七十四度而已。况每年在额连兰岛出海捕鱼之渔船不少，岂无间或遇着冰消，致可直至七十四度乎？即在阿威厘所论天气之话，亦甚不通。依道理看来，愈近南极天气即愈温煖，此事不待言亦可知矣！所以在阿威厘耻笑吻特厘直到七十四度并无阻碍之事，实系不着，因吻特厘不过说出他自己偶然所见之异事而已。岂不知天气之冷煖，并不是全赖乎度数之远近，况船主巴厘曾说，他驾船已到过南边七十五度之墨威厘岛，而船上伙长人等，亦可以在船面上行走二、三点钟之久，始觉微寒而已。如此看来，船主巴厘所到之处，比吻特厘所到更近南极一度，而天气亦不觉十分寒冷，更见吻特厘所说之话颇足准信，今幸阿威厘已经亲行到过，可以释其疑惑矣。

within the space comprised between the New Shetland Islands and Sandwich Land, the theatre of the *pretended* discoveries of Weddell."

'The sneer at the *pretended discoveries* of the *simple seal fisher* might have been spared, indeed he assigns grounds in a subsequent paragraph why Capt. Weddell might have been more successful than himself, but will not give the Captain credit for them. "On the 15th February (says M. d'Urville) after having stood along this bank of ice for 200 leagues, without discovering a single opening, having traversed the whole space which Weddell pretended to have made his way through without difficulty; it becomes evident that in admitting the statements of Weddell to be true, we must naturally suppose him to have fallen in with a much more favorable spring than had fallen to our lot, or rather that the state of the ice changed singularly its form and nature according to certain seasons of the year, unheard of in these regions. For my self, I am induced by many causes which it would occupy too much time to detail here, to believe that Capt. Weddell *has abused in a very extraordinary manner the privileges so readily accorded to travelers*." Now, Capt. Weddell was no traveler, but a simple seal-fisher, and reported what he had seen, and M. Dumont d'Urville cannot be ignorant that in the Greenland trade, vessels fish one season, without difficulty where the next they are blocked up for months by impenetrable barriers of ice. The ridicule with which he attempts to combat Weddell's statement is also misplaced; that because Weddell found the temperature in that particular place more mild than further from the Pole, by analogy it would be milder the nearer you approached the Pole. It is on the other hand well known that temperature is not so entirely dependent on latitude; as to its sheltered position or otherwised, and its nearer or further approach from land. Capt. Parry indeed reports that at Melville Island, 75°N. (one degree nearer the Pole than Weddell) that altho' the thermometer averaged 60° below the freezing point, the officers of the ship were able to walk in the open air for two or three hours, when there was no drift. This much appeared due to Weddell the simple seal-fisher.'

☙ 158 ❧

[一八四〇年八月初一澳门新闻纸]
又

腮呢 南边海岛名 三月十三 即二月初十日 新闻纸，内载考察南极地方之事云：我等在本日细查本日所到之船只，见其中有新回来之阿米利坚洲育奈士跌国温先呢士船，船主名威厘机士。此船离腮呢已八十日，前往考察南边之地方，今幸得成就而回。正月十九 即十九年十二月十五日 早上，温先呢士船已直驶至南极之六十四度二十分，在彼处即见土地矣。

时又有比各船一同前去，已至南极，后因不能抵受风浪，至二月二十二 即正月十二日 已经回来，所以并未知南边有无地方。惟温先呢士船幸得无害，致可成全考察之事。此船曾绕着南极地方之海岸游行七百里之远，因离岸稍近，故常致搁浅。斯时此船常为冰山所环绕，并所历之暴风不少，幸得船未被打破。现在此船带有南极地方之石回来，其中有重至一百余棒者。

曾有人议论考察出此处地方有益于贸易之事没有，然依道理看来，船主威厘机士同该船上之人如此奋勇，考察出此处地方，致可成全其本国人派设他们前往考察之事，又可以释众人欲知南极有无土地之疑心。我等诚望此次米利坚国

The Canton Press, 1 August 1840.
From the *Sydney Herald*, of 13th March.
DISCOVERY OF THE ANTARCTIC CONTINENT.

Amongst the arrivals to be found in our shipping list of this day, is that of the United States ship *Vincennes*, under the command of Charles Wilkes, Esq. The *Vincennes* has been absent from the port almost eighty days, most of which time has been spent in southern exploration, and we are happy to have it in our power to announce , on the highest authority, that the researches of the exploring squadron after a southern continent have been completely successful. The land was first seen on the morning of the 19th of January, in latitude 64°20' south, longitude 154°18' east.

The Peacock, (which ship arrived in our harbour on the 22nd ultimo, much disabled from her contact with the ice,) we learn, obtained soundings in a high southern latitude, and established beyond doubt the existence of land in that direction. But the *Vincennes*, more fortunate in escaping injury, completed the discovery, and run down the coast from 154°18' to 97°45' east longitude, about seventeen hundred miles, within a short distance of the land, often so near as to get soundings with a few fathoms of line, during which time she was constantly surrounded by ice islands and bergs, and experiencing many heavy gales of wind, exposing her constantly to shipwreck. We also understand that she had brought several specimens of rock and earth procured from the land, some of them weighing upwards of one hundred pounds.

It is questionable whether this discovery can be of any essential benefit to commerce; but it cannot be otherwise than highly gratifying to Captain Wilkes and the officers engaged with him in this most interesting expedition, to have brought to a successful termination the high trust committed to them by their country, and it is hoped that so noble a commencement in the

国家成全考察南极地方之事，或亦可以引动别国国家亦遣船前往考察之。

温先呢士船在礼拜或礼拜一日即要到纽耶兰岛去，在彼处与波拜士、佛来因非士两船会合，此两船亦系往南极考察之船，若幸得回纽耶兰，即在纽耶兰会合。温先呢士船等候比各船修理完好之后，即一同再往南极考察。我等惟有诚望他们此次得成全此事回来而已。

cause of science and discovery, will induce the government of the United Stated to follow up by other expeditions that which is now on the point of termination.

We understand that the *Vincennes* will sail on Sunday or Monday next for New Zealand, where the *Porpoise* and *Flying Fish* will rejoin her should they have been equally fortunate with their two consorts in escaping from the ice. The Peacock will follow as soon as her repairs are completed; when they will all proceed in furtherance of the objects of the expedition.

We will only add, that we wish them God speed.

ꕥ 159 ꕤ

[一八四〇年八月初一澳门新闻纸]
又

我等今接到由佛兰西付来之信，内载有佛兰西船二只，一名阿士多罗拉米，一名西厘，前往南极考察地方，系船主阿威厘统理之。正月十九 即十九年十二月十五日 晚上，此两船已直至南极之六十六度，遥望已见有地方。二十一 即十九年十二月十七日，离南极之地方不过五六里而已，遂遣三板二只，向着无冰之处摆近岸上，拾取彼处之石等物。此片地方甚是宽大，一望无边。阿威厘本再细心考察，至二十三 即十九日 忽见离岸一带皆已成冰，不得已即回来。二十四 即十二日[二十日] 忽遭暴风，西厘船险些被风打破，所以两船更不敢向南极驶去。此次虽不能尽心考察，然亦足可以加增我等地理学之才智。在此处南极之地方，甚是寒冷可畏，并不见有走兽等物，即海骡亦并不见一只，海上之大鱼亦无一样系有用。阿威厘今既考察出此处地方，遂令其本国国家更为体面，而阿威厘之名亦已列于学行船之馆矣。

The Canton Press, 1 August 1840.

'Discovery.' – We have to acknowledge the receipt of a French letter, containing a succinct account of the expedition of the two French corvettes, the *Astrolabe* and *Zelee*, under the command of commodore D'Urville, which, from its length, and the late hour at which it reached our office, we are unable to give in type this week. Our readers will be pleased to learn, that the exertions of the French Commodore have been crowned with success. On the evening of the 19th January, in latitude 66° 8', and about 130°east longitude, land was described; and on the 21st the two corvettes approached to within five or six miles, and two boat's crews put off to collect specimens of rock from a point which was clear of ice. The land is described as stretching from the south to the W. S. W. as far as the eye could discern. Commodore D'Urville was desirous of continuing his discoveries, but was stopped on the 23rd by a bank of ice stretching out from the land directly north to an immense distance, and was consequently compelled to alter his course. The following day the vessels encountered a most furious gale of wind, during which the *Zelee* very narrowly escaped being wrecked. Further progress was prevented by (*la banyuise*) which blundered any further progress towards the south. Although not much will have been gained by this enterprise in point of utility, it will add greatly to our geographical and scientific knowledge. It does not appear that any living being or animals exist in these cold and dreary regions, not even a seal was seen, nor any very useful kind of whale. Capt. Dumont D'Urville has by this discovery, earned an additional title to the honors of his country, distinguished as his name has already been in scientific navigation. — *Hobart Town Courier*. (The *Astrolabe* and *Zelee* had arrived at Hobart Town.)

∞ 160 ∞

[一八四〇年八月初一澳门新闻纸]
又

统领在前山札营之官传，由领香山县兵管理南边水面之官惠，奉到两广总督林、广东抚院怡之谕。念晓谕众人知悉：

省中居民尽皆知道英夷之狡诈，以鸦片害我等人民之生命，诓骗其财帛，因激怒我等之人民，虽已将该国贸易断绝，然该夷尚不肯速行回国，又不肯痛改前非，今反说有兵船到来，虽不能知他们到来之缘故，或好或歹，后来或恭顺或扰害，皆不得知。

故特出示禁止英国兵船进内河。为此已经将石船阻塞河道。况有如此多中国人，若将此数英夷杀灭，乃系容易之事。所以先断绝该夷之接济，而中国人民应知该夷之衣服紧缚，难以逃走，而各中国人尽皆可以杀他们若羊犬。在总督抚院之示谕云：

The Canton Press, 1 August 1840.

Proclamation. – Increased rewards for Englishmen's heads.

Tseuen, commandant of the encampment at Casa Branca, &c., having received through *Hwuy*, the acting commandant of the district of Heangshan, in control of the southern waters, the orders of Lin, the governor of the two Kwang, and E, the lieut. Governor of Kwangtung province, proclaiming for the information of all –

It is well known to all classes of the inhabitants of the provincial city that of late the English foreigners have been extremely crafty and deceitful, and injuring the lives of our people by their opium, and defrauding them of their wealth; and although they have thus highly excited the indignation of our people and occasioned eventually the cutting off of their trade, still the said foreigners have not hastened to return to their country; further, they have not evinced any sincere repentance for their crimes. Now report speaks of ships of war arriving in the Canton waters; although it cannot be accurately known whether the intention of their coming be for good or evil, and whether for the future they intend to be favorable or adverse – i.e. *submissive* or *rebellious*.

The proclamation then alludes to the probability of the English war ships entering the inner waters, and the means taken to prevent their egress, such as sinking junks laden with stones in the passages; the facility with which the *many* Chinese can *exterminate* the *few* English; that the provisions of the latter will soon be exhausted: that the latter can be easily known by their cloths fitting tight to their waists and limbs, which prevents their running: that all classes of Chinese may slay them like so many dogs and sheep, &c. The governor and lieut. governor then proceed as follows:

若英国兵船进口，各项人民俱准杀英夷。

尔若杀死白鬼子一名，赏银一百员；若杀死黑鬼子一名，赏银五十员；凡系杀死鬼子者，即可拿其首级前来领赏。又赏给凡捉拿鸦片并捉拿英国官府之人。不准英国人进夷馆内，若有进馆者，杀死勿论。

又有文书到来，说无论在内河外海，杀死英国人带首级来者，皆可领赏，决不食言。六月二十日告示。

If the English war ships enter, all classes of Chinese are allowed to kill the English.

'If you kill a white devil's son you shall be rewarded with $100; for a black devil's son, $50; whoever brings in a head of these shall instantly receive the above reward.' – Rewards are then offered for seizing opium and killing English officers. Orders are then given to guard the foreign factories and prevent the English from entering, if they do so they are to be put to death.

A postscript, adds, that the rewards for Englishmen's heads will be paid, wherever they may be killed, either in the inner waters or the outer seas; and the officers declare they certainly will not eat their words, - which means, they certainly will. - The proclamation is dated 6th moon, 20th day – 18th July.

说明

《广州纪事报》先于1840年7月28日刊登此项示谕，英译文和《广州新闻报》所刊相同，可知《广州新闻报》转载自《广州纪事报》，但《澳门新闻纸》本则却译自《广州新闻报》。

∞ 161 ∞

澳门八月初四日新闻纸 即七月初七日

The Canton Register, 4 August 1840.

We republish the foregoing account of the capture of *Chusan* from the Chinese Repository; and from a few private letters we have seen we are able to add the following particulars of intelligence.

[...]

英国人虽已夺得舟山，惟依我等看来，北京官府断不肯为失去一岛而即允肯我等所要之事。大抵各官府尽皆欲中国海岸所有之岛尽皆沉下水去，而我等虽封港，若不将各大运河之船只抢夺，亦系无益于事而已。

From the fact that sir J. Bremer captured Chusan without waiting for the admiral's arrival, we conclude that he had equal powers and instructions to capture and garrison the Bogue forts, Tiger island and Canton: if so, why were they not captured? Chusan is admirably situated for the head quarters of the English forces, but the cabinet of Peking will not, in our opinion, be brought to any concessions by the loss of an island; they would rather every island on the coasts of China were sunk in the ocean; blockading the rivers, without the transits on the great canal are captured, will, we think, be equally unavailing.

[...]

说明

此则为《广州纪事报》转载《中华丛论》所印英军占领舟山的号外内容并予以评论。

《澳门新闻纸》仅译出原文评论部分的一小段文字。

☙ 162 ❧

[澳门八月初四日新闻纸]

兰顿四月十一 即三月初十日 新闻纸内载，新近又有帮助国家要打仗之人，与帮助人民不欲打仗之人，互相争论，议了三夜，说了许多言语，至昨日早上四点钟时方止。各大官得有九分纸阄帮助，方才免了众人争论。

在礼拜一日早上，在甘文好司议论为鸦片事情打仗之事。

沙额拉罕说出他自己之意，欲得众人写阄定夺，因为众人中有些不肯打仗，遂不得成。复又将各帮助国家各人之意说明，同时各大官又出有一张库单，以免众人害怕。此处有四五句不认识 他们亦不敢实说，本国逼中国人改鸦片贸易为合法，并要中国人赔补各走私人为违犯中国人法律所失之产业等等事乃系公义。不独仁慈之人说，鸦片系迷人物中之最甚，乃亦责备东印度公司等鼓励鸦片贸易之人。此处有五六句不认识

我等并未有说，鸦片比平常烟叶更好品性，或更不好品性之事，只不过责备英吉利客商及英国国家为税饷及利息之故，违中国法律，走私鸦片到中国。此处有八九句不认识

The Canton Register, 4 August 1840, Extra.
Spectator, April 11.

Another Whig-and-Tory fight, on new ground – prolonged throughout three weary nights, with enormous waste of 'words, words' – terminated at four o'clock yesterday morning in the escape of ministers; saved once more by the 'measuring cast majority,' now diminished to nine.

The week opened with an elaborate apology by the Times, on Monday morning, for the conservative tactics on the opium war question.

A visible consciousness that the form in which Sir James Graham proposed to shape his motion was ill calculated to secure votes, which could not have been withheld from a manly protest against the war, pervaded the attempt of the leading journal to place the Tory resolution in the most favourable light. On the other hand, the Ministerial Globe of the same day put forth a treasury brief, as palpably exhibiting alarm lest, through a change in the terms of the motion, ministers should lose the support of a class of members who, albeit eager on all occasions to 'curry favour' in Downing St., must yet have a pretence to fall back upon, and who, would not venture to affirm the monstrous proposition that this country is justified in compelling China to legalize the opium trade and compensate the smugglers, who lost their property in the act of violating her laws. Not only the sentimentalists, who profess horror of opium beyond other means of excitement and inebriety, but they who condemn the encouragement of illicit commerce by a great public body like the East India company, would have been obliged to support, or at any rate refrain from opposing, a motion which deprecated hostilities with China on account of her measures taken to suppress that trade. This is our ground: we have never canted about the morality or immorality of opium-smoking, more than of cigar smoking; but have entered our protest against the conduct of the British government, and of the British merchants, accomplices in the systematic violation of the Chinese laws, for the sake of revenue and profit from opium smuggled into China. The support which might have been gained by a distinct declaration against the justice and policy of such a war, the opposition leaders deliberately repudiated. Their aim was merely to damage the ministers, but keep them in office, with all the responsibility attached to the management of affairs in Asia. In these tactics the success of the opposition has been complete.

Sir James Graham's resolution censured the government for neglecting to supply the superintendent in China with sufficient powers and proper instructions, in circumstances, of extraordinary difficulty. First, as to his powers. If any reliance is to be placed on captain Elliot's own opinion, the government at home could have furnished him with sufficient authority to avert much of the mischief that has occurred. This is disputed. Mr. Macaulay and Sir John Hobhouse ridiculed the notion of suppressing the opium traffic. It is easy, however, to conceive that powers less than what so extensive a service would require, might have enabled the superintendent to preserve order and prevent irritating collisions between the British subjects and Chinese. For instance, he might have been invested with sufficient authority to stop the voyage of the Thomas Coutts to Canton; the master of which vessel disregarded an order that he could disobey with impunity without going into the details of this part of the question we ask, in the first place, whether if such powers as Captain Elliot desiderate could have been procured who ought to have furnished them or applied for them, if not the government? and secondly if any addition to those powers would be useless or impracticable, is not the case hopeless for the future as well as the past; and must we not either abandon the trade in opium, or be prepared to maintain it by war without end?

又义律若得足权柄，倘在后来亦成为无用之时，我等抑或应将鸦片贸易丢弃乎？或应与中国长打仗，以为保全鸦片乎？

Whatever doubt may exist on the question of powers, the charge of neglect to forward instructions to the superintendent was fully made out. Indeed, the attempt to rebut it scarcely deserves notice for it could not have been serious. One member ingeniously suggested that no instructions were the best instructions; another, that because India was best governed in India, therefore Capt. Elliot – uninstructed and unempowered – ought to be left to his own devices in China: and lord Palmerston could only support an assertion that he had never failed to send instructions when needed, by the childish repartee, that he had written two letters during the time in which the duke of Wellington had written one, and therefore deserved twice as much praise as the duke! As a set-off to this self-applause, the reader may consult Sir Robert Peel's striking demonstration, from the printed correspondence of the foreign secretary's 'gross and intolerable neglect' of the most pressing applications from captain Elliot for assistance and advice. Not only in his correspondence with the superintendent is lord Palmerston chargeable with misconduct – he concealed from parliament matters of the utmost, importance; and when he introduced his China courts bill, two years ago, laid papers on the table calculated to produce an impression that our affairs in China were in a satisfactory posture, when he knew the very reverse.

The retort to the charge of neglect and omission was – 'What would you have done?' and ministers affected to triumph in the inability of the opposition to point out a specific mode of action by which the existing difficulties might have been avoided. The defence is not exculpatory. The opposition was not responsible for the conduct of affairs. The Tories were not upon their trial. The Whigs were; and they are not entitled to acquittal on the plea that their prosecutors might have been guilty of a similar offence under similar circumstances.

But, said ministers to their opponents, 'What would you do now and *in future*? You must adopt our policy. We defy you to change it, should we be driven out.' The conservatives submitted to the taunt: they had shaped their course to give

见得在东印度各英国所属之地方，尽皆预备船只，即在国中各部落内，亦已出令各船只装定军器等物，前往东印度会合彼处之兵船。国中船只到东印度时，即下兵丁一万名，船上又装载有飞弹等物，尽皆为带到中国所用。观此等布置，我等难再说没有打仗，况马干里同沙壳好士亦说，本国要与中国打仗之事，乃系无此紧要，致人皆难以预料如此结果。律巴尔麻士顿亦吩咐，不准胡乱扰害中国地方。沙渣治士当顿即劝谕甘文好司云，打仗之事宜长久不宜短速。

the ministerial party this advantage, of which that party, one and all, eagerly availed themselves in the debate.

Although not mooted in Sir James Graham's motion, the justice or injustice of the war had necessarily a prominent part in the discussion. And we apprehend, that all doubt as to war being intended, is at an end: even Mr. Hawes, who excused his vote for ministers on the no-war hypothesis, probably knows better now. The convenient falsehood implied in lord Palmerston's term 'communications,' will no longer serve its turn. When a large fleet is equipped in the English ports and ordered to join a squadron in the east indies, there to take on board an army of ten thousand men – when immense quantities of bombs, shells, and other implements of destruction, are prepared, and the entire armament is destined for China – it would be too stupid for a joke, and too impudent for diplomacy itself, to pretend that any thing short of open war is expected. To remove all doubt on the subject, Mr. Macaulay and Sir John Hobhouse admitted that England was about to engage in a war with China, and one of so serious a character that it was impossible by declamation to exaggerate its importance. Lord Palmerston hoped that the Chinese territory would not be 'ravaged' more than the occasion absolutely required; and Sir George Staunton warned the house that it would not be a short, but a 'protracted war.' Sir George Staunton's testimony to this point is valuable as he possesses statistical information, bearing upon it, which very few others have acquired. His opinion on the policy of the war belongs to a different category: it will pass for its reasons, and nothing more. It is however due to Sir George Staunton to remark that while other supporters of government, and ministers themselves, talked vaguely about the re-establishment of trade, reparations of wrongs, and national honour, and reproduced the sickening slang of the 'life and fortune' men of the last French war, Sir George said the war with China had become necessary to the safety of the British domination in the east,

各大官虽亦明白他们所立打仗意[立意打仗]之事，要攻打异国地方，胜负难以预料。又必要多费钱财。况国中众人只知道英国要攻打一处国分，此国之人民有三万五千万之多，离英国海岸有一万五千里之远，兼以在中国之事势如何，我等尽皆不能得知。又并没有接到北京付来之文书，所以打仗之事，即在巴厘满亦不能知道，他们所知之事是否真实，亦系暗黑之中行事而已。在我等所知，中国人所行之事，最凌辱我等者，乃系中国人示谕上之言语。然依我等看来，不过亦系不恭敬而已。此外，在我等所以欲要打仗者，乃系因为中国人置毒于井中，此事不独人所共恶，乃亦系有违上天之道理。然此等行为，乃系东边各国防守之法，我等岂可因此而用欧罗巴各国最强勇之烧红炮弹，将中国各城池毁破乎？况我等本国之人，并未有一人被毒死，此处有一两句不认识 即在禁止英国人不准带家眷到城中居住之事，不过亦系为杜绝免致有不法之人到中国人国中生扰害而已。如此看来，中国人并没有行过一样事情，足可以为我们攻打他们之缘故矣。

and for that reasons he supported it.

Ministers, though pressed for a distinct and intelligible statement of their intentions, shielded themselves in sounding generalities: and it may safely be asserted, that hostilities against a foreign nation, never were undertaken with a less definite object, or with greater uncertainty as to cost, duration, and results. All that is certainly known seems to be, that England is going to attack a nation of three hundred, and fifty millions, distant fifteen thousand miles from her shores, and with very imperfect information as to the real nature of the dispute. For be it remembered, the case against China is *ex parte* – no counter-statement has been sent from Pekin. Parliament is acting in the dark, and may be assuming that to be true which is utterly false, or which would appear in a very different light if all the circumstances connected with it were developed. Much stress is laid on the insulting language of the Chinese functionaries but it is known that some of the apparently offensive expressions have not even a disrespectful meaning. Again, it is alleged that the Chinese 'poisoned the wells,' (an old oriental means of defence against invasion;) and this was repeatedly mentioned as a fair ground of hostilities, and proof that the Chinese regarded neither the laws of God nor man. But the fact rests on the most slender authority; and were there no doubt of it, we cannot view it as much more atrocious than setting a town on fire with red-hot balls, and other approved modes of warfare in Europe. It is not pretended that any one person was treacherously poisoned: on the contrary, public notice was given, if the whole story is not a fabrication, to prevent the English families from going to the wells; and the object was the legitimate one of expelling a set of lawless and reckless invaders of their country, without recourse to personal violence. The importance attached to this apocryphal poisoning story shows the weakness of the opium war party's case, even in the absence of the Chinese version of the occurrences.

But, on which ever side justice may be,

England is at war with China; and the important question is asked – who is to blame for bringing the country into this difficulty? The reply is '*Nobody!*' Nobody has done the mischief. Read the three nights' debate, and that is the most satisfactory answer the collective wisdom of the House of Commons will be found to supply.

Some inquisitive persons may perhaps be disposed to search a little closer into the matter, and they may come to the following conclusions. 1st. That the government and parliament of 1833 laid the foundation of difficulty in their slovenly legislation on matters of which they were supremely ignorant. 2nd. That the government of 1834 made a most improper selection of a superintendent in the person of Lord Napier, and betrayed their incapacity by impracticable instructions. 3rd. That the ministers who have held office since, with the exception of the Duke of Wellington, neglected Chinese affairs. 4th. That Capt. Elliot, though deserving commiseration for the embarrassing circumstances of his situation, and occasionally exhibiting vigour and discretion, has too frequently been vacillating and inconsistent, and has contributed much to embroil parties and perplex the question. 5th. That the British East India Company, and the British merchants engaged in the contraband trade in opium, have been the most actively guilty.

Thus, although 'nobody' will confess misconduct, there are, we think, many parties to blame. All these will escape punishment and close scrutiny into their proceedings, by war – and some of them will probably gain in other ways: no wonder, therefore, the opium war has strong supporters.

说明

1. 此则原文以下紧接第163则，为同一篇底本。

2. 《广州纪事报》此则转载自1840年4月11日英国《旁观者》。《广州新闻报》1840年8月8日亦报道下院同一辩论，但内容文字不同。1840年7月30日《新加坡自由报》亦转载《旁观者》此则内容，但以日期而言，《广州纪事报》不可能转载自《新加坡自由报》。

꧁ 163 ꧂

[澳门八月初四日新闻纸]

又

我等在上文已讲明此事，今且再略讲数句。各大官已得有九分人帮助，此处有四五句不认识 此次议论事情，初时即有人帮助大官，亦有人责备大官，如前次议论沙模拉之意一样。后因有数个能言之人走去，大官方才输了，及后方得九分人帮助，在甘文好司共有人五百八十三名，多有责备巴厘满拖累国中打仗等言语，时大官并不望有人帮助他们，如前次议论沙模拉之意一样，后来方才得有九分人帮助。

The Canton Register, 4 August 1840, Extra.

Spectator, April 11.

Having noticed most of the principal points suggested by the debate, we now come to the division. Ministers escaped censure by the miserable majority of 9 – the numbers being 271 to 262. In the majority were 37 placemen: deduct their own votes, and ministers would have been condemned by a majority of 262 to 234. On Sir John Yarde Buller's 'no-confidence' motion, the numbers were 308 to 287 – difference 21; so that the vote of Thursday exhibits a decline of 50 percent on the ministerial majority. Both questions were intrinsically the same – censure and want of confidence – and were treated as such. The decline of the ministerial majority was not occasioned by any liberal members changing sides, but by the absence of several who used to be stanch voters.

A majority of 9 on such a question, in a house of 583 members, would have been fatal to the existence of any preceding administration; and it argues a contempt of the opinion of Parliament, and a degree of assurance never equalled, to persevere in plunging the country into war on the strength of such a vote. Ministers dare not ask for a vote *approving* their policy, any more than they could have ventured to meet Sir John Buller's motion with a resolution of 'confidence.'

说明

上接第162则，为同一篇。

ꕤ 164 ꕤ

澳门八月十五日新闻纸 即七月十八日

我等今在下文印出讲论考察北极地方之事。在乞臣海汉 北阿米利坚洲之海汉名 之公司，遣船主特西同船主新循，驾船前往考察北极之地方。至去年十月十六日 即十九年九月初十日 乞臣公司即接到船主特西同船主新循由活新循地方付回之信，讲论去年夏天时考察北极地方之事。见得尚未曾考察出自北阿米利坚洲东边可能通至北阿米利坚洲之西边不能。船主新循于一千八百三十七年之时，曾驾船到此处考察。船主罗士亦已考察过此处地方。

六月二十二日 即五月十二日 特西等已到比拉地科尔。七月初三日 即五月廿三日，冰雪已稍微消解，特西等即奋力向前。十八 即六月初八日 到峡麻罗，二十日 即初十日 到峡佛郎领。在此处地方，海汉海岛甚多。最难行船。惟因有此等海岛，所以特西等方才没有遇着冰山之险，遂留下三板在此处考察。至八月初五 即六月廿六日，特西等已到威麻般地方，初十日 即七月初二日 到一海汉，宽不过十里，连日又到厘渣臣，并有到沙百所考察出之呵格厘，又到比治厘等处。至十六 即七月初八日 到满特列尔岛，又到打拿凝。如此即已经过凡沙百在一千八百三十四年、并船主新循于一千八百三十八年所考察出之地方。又已考察出船主罗士所说之模底阿地方，见得并不是与北阿米利坚洲全行相连，乃在此处之西有一记列非士河隔断。船主特西同新循即齐到岸上游行。

The Canton Press, 15 August 1840.

ARCTIC LAND EXPEDITION.

The Hudson's Bay Company have received dispatches, dated Fort Simpson, 16th Oct. 1839, to the effect, that the expedition under Mcssrs. P. W. Dease and Thomas Simpson had, during the previous summer, realized its objects, if not established completely the existence of a North-West passage, by connecting Point Barrow, to the west, which was reached by Mr. Simpson from Point Beechey in the summer of 1837, with what great probability may be considered, the Gulf to the south of Fury and Hecls Straits, described to Capt. J. Ross by the Esquimaux.

The expedition, which descended the Coppermine River and reached Bloody Fall on the 22nd June, seized the first slight opening of the sea ice on the 3rd July, and, after laborious exertions, reached Cape Barrow, on the 18th, Cape Franklin on the 20th, and doubled Cape Alexander, in 63 deg. min. N., 106 deg. 40 min. W., encountering great peril on the 27th, 28th, from whence to a remarkable point in 63 deg. 33 min. N., 98 deg. 18 min. W., the Arctic coast forms one spacious bay, stretching as far back as 67 deg. 40 min., indented by an endless succession of minor bays, separated by long narrow projecting points of land, enclosing an incalculable number of island. These islands rendered the route most intricate, but at the same time protected the expedition from the crush of seaward ice, in a degree that can be best estimated by the fact, that the boats were detained fro the 1st to the 5th August in doubling a point which was called White Bear Point, in 68 deg. 7 min. 85 sec. N., 103 deg. 6 min. 43 sec. W., which jutted beyond the insular chain. On the 10th August the expedition entered a strait ten miles wide at either extremity; on the 15th it passed Point Richardson and Point Ogle of Sir G. Back, and arrived at Point Pechel, from whence Montreal Island was reached on the 16; thus connecting the discoveries of Captain Sir G. Back in 1834 with Point Turnagain of Mr. Simpson in 1838, and demonstrating the fact that the Boothia of Sir John Ross is separated from the American continent to the westward at least, of the Great Fish River. Messrs. Dease and Simpson here breakfasted on the identical spot where the tent of their gallant though less successful precursor stood on his return from Point Ogle that day five years.

一到此处地方，特西等因见到孚厘同西格拉海港之路，乃系甚远，所以不往前去。遂即经过威多厘阿及峡苗活等处。又到有一处地方，特西等即名之为峡没厘打呢阿，乃系在峡黑之东北，特西等在此处设立石一堆，高约十四忽。在此处忽遇大风，至十九日 即七月十一日 方才略开行，过一海港，至二十日 即十二日 即进一小河内避风，时船上所带之海图难以准信，船主罗士所见之地方，大抵乃系特西等上岸时所望见之处。

Here the immediate purposes of the expedition closed, as it has always been deemed impossible to reach the Fury and Hecls Straits from a point so distant as the Coppermine River; yet the gallant leaders persevered in the face of difficulties which would have justified an immediate return. They passed Victoria headland, Cape Beaufort, and, on the 17th, reached a bluff headland, in 63 deg. 3 min. 56 sec. N., 94 deg. 35 min. W., which they called Capt Britannia, and which lies to the northeast of Cape Hay, the extreme eastern point seen by S. G. Back, where they erected a conical pile of stone, 14 feet high. At Cape Britannia the expedition was wind-bound till the 19th, when it crossed a fine bay, and ran forty miles to the north-east, beyond which three miles only could be accomplished on the 20th August, when it was compelled to take shelter in the mouth of a small river, the furthest easterly point gained, which lies in 63 deg. 28 min. 27 sec. N., 97 deg. 3 min. W. As a reference to the map published by the Society of Useful Knowledge would scarcely justify the belief, that the bay described to Capt. J. Ross could be seen from the point here given, supposing its position correctly ascertained; and as upon the fact of its West Passage; it is but just to give the very words of the dispatch: -

在特西等付回之信云，我等上岸至一带石山上，遥望见在东北角上有一片地方，好似青绿色，大抵乃系模底阿南边之地方，离此片地方不远有

'From a limestone ridge, about a league inland we obtained a view of some very remote blue land in the north-east quarter, in all probability one of the southern promontories of Boothia. Two considerable islands lay far in the

两大岛，又望在极远之处，复有地方高而且远，俱系在东边同东北边。

望见在东边之地方，只不过在四五里之远；行四五里之后，即又见得更远。然我等大抵已经到了依士归毛士种类之人对船主罗士说有许多海岛之海汊。在此处之海岛，直通至南边之厘巴尔士、洼牙等海汊。前时打拉船为因欲考察此处一带海岛，遂至此船受害，所以不得不等至第二次考察之人到来，再考察之。然我等现在亦不宜再拖延，只宜速速回头，不然恐防所费之功夫俱成无用，因为此处地方乃系船主罗士遭难之地，故此我等之船亦不敢停留云云。

offing, and others, high and distant, stretched from E. to E. N. E.

'Our view of the low main shore was confined to five miles in an easterly direction, after which it appeared to turn off greatly to the right. We could, therefore, scarcely doubt our having arrived at that large gulf uniformly described by the Esquimaux as containing many islands, and with numerous indentations stretching down to the southward, till it approaches within 40 miles of Repulse and Wager Bays. The exploration of such a gulf, which was the main object of the *Terror's* ill-starred voyage, would necessarily demand the whole time and energies of another expedition, having a starting or retreating point much nearer to the scene of operations than Great Bear Lake; and it was quite evident to us, that any further foolhardy perseverance could only lead to the loss of the great object already attained, together with that of the whole party. We must here be allowed to express our admiration of Sir John Ross's extraordinary escape from this neighbourhood, after the protracted endurance of our ships, unparalleled in Arctic story.'

特西等回头之时，于八月二十三即七月十五日 已回到厘渣臣，二十四即七月十六日 到模底阿，特西等在此处上岸，沿着海岸行了六十里，在威多厘阿之海岸即行了六十里[此句衍文]，在威多厘阿之海岸即行了一百五十里。至九月十三[十六]日 即八月初六[初九]日 回至比列地科尔，九月十四日 即八月十三日 已经到了活新循，沿途所历之艰难不少，至此众人方才安乐。

On its return the expedition reached Point Richardson on the 23rd August, and on the 24th crossed over to the southern shore of Boothia, which was traced for 60 miles. 150 miles of the coast of Victoria Land was subsequently explored; on the 16th Sept. the Coppermine was re-entered, and after intense suffering, Fort Simpson was reached on the 14th Sept., after all hope of the gallant party's arrival had been given up.

฿ 165 ශ

澳门八月二十五日新闻纸 即七月二十八日

论及关闸打仗之事，当英国人上关闸岸之时，师船上之兵立刻开炮攻敌我等，我等亦回以火械，甚是凶恶，多有中国兵丁跌下水沉死，或凫至青洲，或被火械所伤。时在关闸之营帐、炮台皆已烧毁，其中之大炮亦已钉起。

时在莲峰庙之中国人亦开炮攻击我等。惟我等兵船上之官，因见莲峰庙系在澳门地面，而澳门乃系两边不理之地方，所以兵船上之官不肯开炮。中国人开炮攻击了一点钟之久，拉呢兵船及关闸之兵即回炮攻打了许久，中国人方才歇炮。

时士密领兵在岸上，他因不肯扰害两边不理之澳门地方，故不欲抢劫湾泊在澳门内洋之师船。然我等闻说各师船已被海阿新、拉呢两兵船打坏，恐不堪用。

在西洋字之新闻纸上说，中国兵丁共死三百人，此数未知是否真实？即在中国人所传讲之言语，亦难准信。我等曾问与中国人打仗之官，依他们说，中国约死去一百人。是日晚上，本国之兵即回到兵船上。

当打仗之时，在澳门之中国人与西洋人俱已在山上观看，见得甚是可怕。当英国同孟阿拉兵丁并各师船施展兵威之时，即甚好看。中国人说，只见在关闸一带，满地皆系兵丁。关闸之墙高不过二十忽，在关闸之路，只见满路皆俱败兵，向各处逃走，即中国官府之营亦皆拔起。

在英国人之中，受伤者不过四

Supplement to *The Canton Register*, 25 August 1840.

When the English manned the barrier wall the junks reopened their fire, which was soon silenced by a severe fire of muskets, from the former; the remaining crews of the junks jumped over board, and were seen swimming towards Green Island; many must have been drowned here and killed by the musket shots from the barrier wall. The fort and encampment at the barrier were burned and the guns spiked.

After the fort had been silenced a fire was opened by the Chinese from the *leenfa* temple, situated on the neutral territory of Macao; great forbearance was shown by H. M's officers on this occasion for they suffered the fire from the temple to continue for nearly an hour before they returned it, but when driven to the alternative, the beautiful practice of the Larne and the musketry of the marines &c. from the barrier soon silenced this unhallowed fire.

Captain Smith, who commanded the party on shore, was so careful and delicate in his observation on the neutrality of the port of Macao, that he would not burn the deserted junks simply because they were lying in the Macao waters. But we understand that most of them were so shattered by the shot from the Hyacinth and Larne that they are not seaworthy.

The newspaper, *Portuguez na China*, says three hundred of the Chinese troops were killed; on what authority this is said we know not, for the Chinese will not give any creditable report on the subject; but it is, we are informed, the opinion of officers engaged in the affair that the Chinese may have lost about one hundred men. The English troops re-embarked at 7 p.m.

During the attack the hills of Macao were covered with Chinese and Portuguese, to whom it must have been a novel spectacle. Apart from the accompanying horrors the sight is

人，内有一名系都鲁益船上之水师兵，系于上岸拥挤之时，忽被一火枪打着其手臂，一回到兵船上立刻将手割去。又有水手三名，虽系甚重，惟皆不怕性命危险。此外我等又闻说，中国人囤积物件之处烧着之时，亦烧死两三个英国人。

在下文我等所印出之图，乃系一位朋友曾从头至尾细看打仗之事，故绘出此图，详明兵船、师船及炮台之处。

此处打仗之事，令道台、军民府同左堂并各中国兵俱离澳门。我等闻得在前山又已聚集有兵丁六十[千]名，已由关闸搬回所有被钉之大炮，保守前山之要路，又恐吓以不久即要攻打澳门，所以在澳门之人已齐心协力，日夜防守各处之要路矣。

declared by some to have been beautiful; but this expression of admiration can only apply to the landing and manœvuring of the English and Bengal troops and the precision of the fire of H. M. ships. The Chinese say *their* officers were the first to *decamp*, and the poor wretches were seen pushing each other over the barrier wall, a height of almost twenty feet, the gateway being choked with the fugitives.

There were four casualties on the English side; a marine of the Druid was shot through the arm by a ball from the musket of a comrade which went off by accident; the arm was amputated immediately he got on board; and three sailors were wounded, severely but not dangerously. We have heard also that two or three men were scorched by the accidental explosion of the Chinese magazine.

We beg to refer our readers to the engraving, which has been made from a drawing by a friend, who had an excellent view of the affair from beginning to end.

The immediate effects of this attack have been the retirement of the *taoutae*, *keunminfoo*, *tsotong*, and all the troops from Macao. It is reported that fresh levies are assembled at Casa Branca to the amount of 6,000 men; that they are fortifying that post, where they have transported all the spiked guns from the barrier, and an attack on Macao is threatened shortly. The citizens of Macao have formed themselves into a city-guard, and they keep a nightly watch of their several parishes.

说明

1. 《广州纪事报》的确附有此战形势图一张。

2. 《广州新闻报》先于1840年8月22日刊登比此则内容更为详细的作战经过，但《澳门新闻纸》的译者选译《广州纪事报》的报道。

ꕥ 166 ꕥ

澳门八月二十九日新闻纸 即庚子八月初三日

在舟山之兵不服水土，常染疾病，染肚泻之疾甚多，疟疾亦不少。舟山地方之居民实是胆小愚蠢，虽用尽法子引诱他们，惟他们总不敢回来居住。所以我等在舟山之朋友，俱已心灰，尽皆说观此等事势，断不想在舟山居住。

The Canton Press, 29 August 1840.

CHUSAN. –

On Saturday last, the 22nd instant arrived the *Isabella Robertson* from Chusan the 6th August, but without bringing much addition to our stock of information received from that quarter by the *Enterprize*. But very few private letters have been received by her, and the following are the few particulars we have been able to gather. The troops were encamped near the town and we are sorry to learn that a good deal of sickness prevailed among them, particularly dysentery caused, it is said, by the bad quality of the water. Fever also was frequent, and both Messrs Gutzlaff and Thom had been attacked by it, but had recovered when the *Isabella Robertson* left. The Admiral on the 30th July proceeded to the Peiho, in the *Blonde* accompanied by the *Volage*, *Modeste* and Steamer *Madagascar*, and it was supposed would be about one month absent from Chusan. The port of Ningpo and Amoy are blockaded, and some of the transports have been armed to form part of the blockading squadron. The inactivity in which people at Chusan are kept, and the little advance yet made towards a settlement of the question, seem to have somewhat soured the temper of our friends at Chusan, and they all agree in speaking of if, in its present state at least, as by no means a desirable residence.

꧁ 167 ꧂

澳门九月初五日新闻纸 即八月初十日

The Canton Press, 5 September 1840.

LATEST ENGLISH NEWS.

From the *Sing. Free Press* of 13th August.

兰顿五月十二 即四月十一日 新闻纸内载云，律士丹合递禀与国王，讲论中国停止贸易之事，皆由鸦片贸易起见，请国王将鸦片贸易停止。

MAY 12. – PEERS. – Lord Stanhope presented an address to her Majesty, expressing the deep concern of the House on learning that an interruption had occurred in our friendly relations with the Chinese empire; representing that it has been occasioned by the perseverance of British subjects in taking opium to China; and praying that her Majesty would be pleased to take measures for the prevention of such proceedings.

无论中国人禁止鸦片，系为风俗、或为政事、或为税饷起见，惟鸦片乃系中国犯禁之物，外国人即应遵其法律而行。现在众人皆说禁止之例不过有名无实，皇帝旨意虽严，惟人皆不理，官府亦受规不管等语。孰不思受规乃系官府之事，一经被皇帝知道，遂即立行究办，如此焉能说禁止之事乃是有名无实？ 此处有数句不识其意

Whether the motives which had actuated the Chinese government were moral, political, fiscal or capricious, be apprehended that it was still incumbent upon every foreigner to render absolute and unconditional obedience to the laws of the country in which he resided, and whether therefore the importation of opium was prohibited because it debased the intellect and depraved the character of the Chinese, or because it produced a scarcity of the circulating medium, we were equally bound to respect their laws. It had been said that the prohibition existed only in theory; while the opium was in practice freely admitted, if not subjected to a stated impost, and that the edicts of the Emperor were mere waste paper. Venality and corruption were indeed as prevalent in China as elsewhere; even in this country, contraband goods could be insured for 10 per cent; but the villainy of inferior mandarins by no means proved the connivance of the imperial government, whose policy had been always most decided, who had imposed the most rigorous prohibitions on the trade, and had punished most severely those officers who had neglected their duty. It had been stated that the superintendent was only bound to prevent smuggling within the Canton river. He was unaware of any such nice geographical distinction, but he thought we could not permit a fleet of smugglers to rendezvous at Spithead although their boats were not allowed to land at Portsmouth. The disposition of the Chinese had always been to conciliate; edicts had been passed to prevent exaction of the Hong merchants; Captain Elliot spoke of the increasing desire to come to an amicable arrangement; and their humane treatment of shipwrecked seamen proved that implicit confidence might be placed in their good feeling. A corresponding policy was not, however, acceptable to the English residents, who had repelled all advances by the most insulting and offensive conduct, and by threats of an appeal to force.

人皆说中国拘禁我等之使者，然义律并非使者，只不过系代理人而已。至监禁之事，亦系义律自己强行请牌到省，与各客商同受此难。若按中国律例，各鸦片客商即应正法，惟若按英国律例，即应按各客商所有之鸦片，更加三倍罚银。今中国人只不过将其鸦片收缴而已。

A great deal had been said of the imprisonment of our ambassador; but it would appear that it was at most but a short detention; that he was at best but a consular agent, with none of the privileges of an ambassador; and that he had only been detained because he choose to force a passage up to Canton to join the merchants who were most justly imprisoned there, and who had no reason to complain of their treatment, as by the Chinese law they would have been capitally punished, and by the English law they would have been fined treble the value of the contraband goods, which were simply confiscated.

现在鸦片贸易已如贩卖奴仆贸易一般，虽不能禁止，然因此事致累我国之贸易，受如此大亏失，所以亦不能任人再卖。

It might be impossible to suppress the opium trade and it was so in the case of the slave trade; but no exertion should be wanting to restrain a traffic which had already proved so detrimental to our commercial interests.

律麦尔摩呢说，论及别国人到别处做贸易，即必遵该处律例之事，在我之意，与律士丹合之意相同。

Lord Melbourne entirely agreed with the noble Lord as to the duty of foreigners to obey the laws of the country, to which they traded; but although it was unquestionable that a country should not abet its subjects in infringing the laws of another, it was by no means necessary that it should take upon itself the charge of enforcing them. It had been for some time clear that matters were coming to a crisis in China, but it was impossible to foresee whether the importation of opium would be legalized upon payment of a duty, or whether it would be altogether prohibited; and, in fact, circumstances were such, that at no period could the Government at home have sent out instructions which would not at the time of their arrival have found matters in a state wholly different from that to which they were intended to apply. The noble Lord had only attacked the Government through its agent, Capt. Elliot; but he thought that, considering the difficulty of the circumstances he had to deal with, the novelty of his situation, and the danger to which he was exposed, he had acted with the greatest prudence and resolution. The firing on the junks had been complained of, and it was not perhaps the most prudent course he could have adopted; but making allowance for the want of supplies and the circumstances of irritation, his error should be overlooked both in this case and the blockade. The address proposed by the noble Lord would only have the effect of embarrassing all operations, whether of the nature of negotiations or of hostilities, and would hold out to the Chinese expectations which could not possibly be realized of the suppression of the trade. We possessed, more over, immense territories, peculiarly fitted for raising opium, and though he would wish that the Government were not so directly concerned in the traffic, he was not prepared to pledge himself to relinquish it.

[...]

说明

此则《广州新闻报》转载自1840年9月13日《新加坡自由报》，而《新加坡自由报》则转载自同年7月21日加尔各答《英吉利人报》。

ॐ 168 ॐ

[澳门九月初五日新闻纸]

又

The Canton Press, 5 September 1840.

To the Editor of the Canton Press.

Dear Sir, - To all who are desirous of gaining information concerning China, in this eventful period of her history, and of learning the present state of affairs with particular reference to her foreign relations, it must be a source of great pleasure to find the means of acquiring such knowledge increasing as the demand for the same becomes more urgent. It is no less important than interesting, to become acquainted with the mind of the Chinese to examine into their sentiments, their feelings, conclusions, and modes of thought and action, - and to compare these with those of the more civilized nations of the West.

现在我见一本新书，其中所载多系去年中国官府所出之示谕。

In prosecuting this enquiry I am glad to see that we have a valuable aid in the 'Portfolio Chinensis,' - noticed in your last, - a collection of recent, authentic state papers, illustrative of the present position of affairs in this country; comprising copies of original Chinese documents with translations, notes and introduction.

The papers are the production of some of the most eminent statesmen of the Empire, and treat of subjects of vital interest to the whole internal and foreign policy of this nation.

第一篇乃系朝廷颁下钦差所陈禁止鸦片之法。

The first is entitled 'Prohibitory regulations against Opium, proposed by the high Commissioner and sanctioned by the Court,' and relates to the internal policy of the country.

其次即系南海县刘所出之示谕，讲及设法一所地方以为收缴鸦片烟膏烟具。

The second is 'a Proclamation by Lew, chief officer of Nanhai, and was attached to the preceding document when it was first issued, it relates particularly to the establishment of a Depôt for the delivery and destruction of the drug and the implements concerned in its use. This is followed by that memorable document 'the first Proclamation of the high Commissioner to foreigners demanding the surrender of their Opium.

再即系钦差令外国人缴鸦片之示谕，钦差论应缴鸦片之四款道理后，又载出钦差林、总督邓、抚院怡奉旨永绝英国贸易之示谕。

The next is a Proclamation by the high Commissioner to foreigners detailing four reasons why they should obey the injunctions contained in the preceding paper. Then follows a Proclamation by Commissioner Lin, Tang, Governor of Kwang-tung and E., Lieut. Governor, containing the Imperial decree which declares the English trade with China for ever at an end.

钦差与英国王后之信，曾望颜之奏章，示谕在澳门居住各西洋人之谕，俱皆印上。

The Letter from the Commissioner to the Queen of Great Britain comes next in order, and is followed by the Memorial of Tsang Wangyen to the Emperor, recommending plans for the entire suppression of all foreign intercourse and the extermination of foreigners; with a supplement having special reference to the Portuguese of Macao.

其中间有难晓之事，亦有注解详明。最后又印出总督林大人所出杀英国人之赏格，此赏格大有关系居住中国各英国人之平安，为此赏格，致在前数礼拜有一英国人被捉到广东省城。

The notes are explanatory of many points which to one perusing the papers remote from the scene of action, or previously unacquainted with Chinese idiom and custom, might otherwise be obscure. As an Appendix we have the late edict of his Excellency Governor Lin, offering rewards for the arrest and murder of the English; a document which has an important bearing upon the safety of Her Britannic Majesty's subjects resident in China; and in obedience to which one has been seized and abducted to Canton within a few weeks past.

在此书中所载，多系中国大官之言语，所以读此书之人并非无益。

此处有数句不认识

To the Philologist this 'Collection' is a valuable acquisition as illustrative of the language and literature of a nation constituting one third of the human family.

The student will here find a useful aid in the arrangement of the original and the translation; having presented to the eye at a single glance eight columns of characters, seventy two in all, neatly printed from blocks; and an accurate version of the same in English occupying the lower part of the page.

书中又分为四段：其第一，讲论栽种鸦片之恶处；第二，吸食鸦片之法；第三，鸦片进口中国之事；第四，去年钦差禁止鸦片之事。

The Introduction is divided into four Chapters.

I. The localities, mode and extent of the cultivation of the poppy.

II. The preparation and use of the inspissated

juice.

III. A brief outline of the history and extent of the importation of the drug into China.

IV. An epitome of the commissioner's efforts for the suppression of the traffic in 1839.

A volume of important papers is thus presented in a neat, convenient style, to all who are in the least degree interested in the subjects which elicited them and an opportunity of preserving the original in suitable form for reference is afforded to those who may feel disposed to do so.

I have the honor to be your's most respectfully,

D.

此书所载多系中国官府示谕之类,所以凡欲知道中国事之人并非无益,又可以保全中国大官所出之各示谕。

[批注]

此书应向澳门寻觅。

说明

此则为读者投书介绍美国在华传教士淑未士(Jehu Lewis Shuck, 1812—1863)英译新书 *Portfolio Chinensis: or a Collection of Authentic Chinese State Papers* (Macao: Printed at the New Washington Press of F. F. de Cruz, 1840)。

译文最后一句文字应为林则徐的批语。

❧ 169 ☙

[澳门九月初五日新闻纸]

又

现在英吉利在中国地方居住各人之地步实系可怕。其灾害皆由各兵船到时，并未定下章程所致。此事大有关系于英国人民，并英国、印度与中国之贸易。

我今略说。义律与其同僚所做之事，多系古板固执，现在义律已经升为有大权之人，我等虽欲感动他之心，大抵亦系无用。

The Canton Press, 5 September 1840.

To the Editor of the Canton Press.

Sir, - The alarming condition to which the British residents are reduced, and the calamitous consequences that may result from the irresolute policy pursued since the arrival of the fleet, involve questions too fearfully important to be contemplated with any other than the deepest anxiety by this community, and the mercantile interests of England and India, connected with this vast empire.

In taking a hurried glance at our perilous and conflicting position, and the imbecile proceedings so pertinaciously pursued by Capt. Elliot, and his subalterns – since he merged from the humble duties of Master Attendant to the high office of Plenipotentiary – we are actuated by the wish of rousing – in some degree, however trivial – our countrymen's attention to their present unprotected state; and into taking *some* precautionary measures to guard against any insidious machinations which Lin may adopt to revenge the defeat at the Barrier, rather than by the hope of propounding a solution to the existing difficulties: for, having so much matter to compress into the short space that we have any right to expect you will allow for a letter, in your valuable columns, we must content ourselves at present with a general view.

There never was, perhaps, displayed by any minister greater ignorance or more reckless indifference to the foreign commercial relation of Great Britain than, by Lord Palmerston and his colleagues, in allowing the management of our affairs in China to fall into such hands as form the present commission. A commission constituted 'for the purpose of protecting and promoting' the trade to China. *They have protected and promoted* it with a vengeance!

The proceedings of the Chief of his charlatan legation are characterized by signal tergiversation.

Look at the Blue Book – or his opposition to the Opium trade. He has exerted his influence to injure it: this too, whilst it was a *lawful* and *recognized* article of commerce by the Government he served, and from whom he was receiving £3,000 per annum 'for *protecting (?)* and *promoting (?)* the interests of British subjects resident at, and resorting to, the empire of China.' How to account for his pertinacious interference with this traffic we know not – we beg his pardon, we had nearly forgot to say, perhaps it arose from another fit of irritation.

国家每年给银三千棒与他，乃系为保护在中国居住之英国人并他们之贸易，理应派一个能干之大臣，何以反交与一个无能之人手内？

At a moment requiring the guidance of an able statesman to steer us safely through these stormy times, we are thrown into the hands of a man proverbially incompetent. The appointment of this man to the highly responsible office of plenipotentiary at such a crisis as a collision between Great Britain and the Celestial Empire, fills us with melancholy apprehensions for the future. Where, we ask, has he even exhibited the slightest evidence of diplomatic talent to warrant his appointment to such a post? Has he ever evinced a depth of thought, a power or strength of mind, in any of his measures to lead us to suppose that he is capable of grappling or surmounting our present difficulties, or to entitle him to any pretensions as a statesman? No, but he has given irrefragable proof of his incompetence, and that he possesses as little energy as sagacity. Why Capt. Elliot, in the face of these notorious facts – in the face of the Blue Book – should have been elected as Plenipotentiary, or *even allowed advice* in the 'communications' we leave our readers to answer.

况又系中国与英国争斗之时，在他有何才能致可派为此等职分？各人思想义律堪为大臣不堪？

The expedition arrived: no steps however, were taken to chastise the lying, dastardly, braggart Lin; unless the preposterously memorable declaration of a Blockade, that would now appear was never intended to be enforced, be considered as such.

Few, very few can now he found who do not feel convinced, that the fleet committed a fatal error in not adopting stringent measures, and effecting the destruction of the Bogue Forts,

兵船初到之时，并不能将虎门炮台打破，直进内河，乃系一件大差错。

immediately on its arrival within the precincts of the inner waters. This unfortunate mistake is now generally – even we believe, by Capt. Elliot himself – regarded as an event deeply to be regretted. At the time we prognosticated that evil would arise from not striking at once a vigorous blow at the scene of all our disastrous humiliations and the ruffian spoliation of Lin.

Capt. Elliot seems doomed to meet with opposition, disappointment, and misfortune at every turn.

由舟山付来之信，虽系甚好，然已经耽搁日子，况兵丁又患病症，致怨言四处皆有。各运载船已经起清所载之物者，亦不准离去，所以各船亦有怨言。

The reports from Chusan are any thing but cheering. Procrastination appears to be the order of the day. The troops are languishing in inactivity and sickness. Some rumours of discontent are rife on all sides. We have heard that dissension is springing up amongst the masters of the transports, some of whom have tendered their resignation, and applied to be discharged, but were refused. We are not in possession of sufficient details to enable us to judge on the merits of these grievances; we trust, however, if any just grounds of complaint exist, to hear of their removal. If, on the other hand, they are – as we take them to be – a perverse opposition against the regulations of naval discipline, we hope they will be summarily dealt with, and not allowed to play such disobedients prank as they were last year by Capt. Elliot at Hongkong &c. &c.

The *Blonde*, *Volage*, *Modeste*, and the Steam ship *Madgascar*, we perceive are dispatched to the northward. We think it bad policy to send so small a force. What can it accomplish? Nothing. Is it to be supposed that at this late period, it will be productive of any very great or good results? Certainly not. That it will even *intimidate* the Chinese is questionable. It will certainly, however, be a demonstration, as a movement of the men of war is now somewhat facetiously termed. We have never heard what good they have done. Now we are to have one at Peking. If it is thought that a conciliatory line of procedure will succeed, we tell them they labour under a fatal delusion. The day for conciliation has passed. They must be up and doing. Much valuable time

现在贵重之时候已过，北风将近到，我等行兵之事定必艰难矣！

has already been wasted. The winter is rapidly approaching, the change of the monsoon is at hand, and will be found very serious impediments to carrying on hostile operations.

The late proceedings lead us to infer that Capt. Elliot's voice *still* preponderates in our councils. We know not how it is, but we dread some catastrophe from his predilection for negotiating. The Chinese are subtle diplomatists, and will readily perceive all the advantages to be gained by 'fooling him to the top of his bent.' They will foil and wear him out at every point as they have hitherto invariably done, and he will find at last that, to establish our intercourse with this isolated race on an honourable, a secure, and a permanent basis, it can only be accomplished by coercion. Yes, it must not be obvious to the most careless observer of passing events, that energy and decision must predominate in our councils ere the momentous differences pending between England and China can be brought to an honourable termination. It is impossible for any one to be so blind as not to foresee that, unless a course of policy be adopted widely different from that which has been pursued by Capt. Elliot, a gloomy morning will dawn on our relations with this might Empire when we shall find then[?] river asunder, and violently changed, not for the better but ruinously for the worse.

现在兵船已往北边，反令我等没有保护，现在我等之人影已经短了，因为林出赏格买我等之头，所以人影短了。现在人皆以为英人被捉之事，皆由义律疏虞之过，致各样危险日生。

The departure of the fleet to the northward without, in the slightest degree, ameliorating our condition, or even intimating that any measures were provided to secure our safety, was a most gratuitous piece of cruelty. We were left to the tender mercy of Lin, and the *very agreeable* prospect of some of us getting our shadows shortened, or of being kidnapped for the sake of the reward offered for our heads. The seizure of a British Subject, by the Chinese in open violation of the laws of neutrality, proves that *one* risk was not so remote in consequence of Capt. Elliot's cruel neglect, as some might have supposed. It remains to be seen whether an unfortunate countryman is to lose his life, and to verify the other risk. Allah protect us from Celestial beneficence, say we, or such a delightful prospect of euthanasia!

The supreme indifference of the English to recent events is to us wholly inexplicable. Truly, they possess wondrous meekness and forbearance. Do they imagine the calm which has succeeded the affair at the Barrier will continue? Can they place any reliance in a Chinese chop? Are they not convinced from practical experience, that the Chinese mandarins are immeasurable liars from the spreezing rascal with a Peacock's feather down to the lowest vagabond with a gilt button? The large force collecting at Casa Branca is without a motive, or has no hostile intentions? Or do they suppose that Lin will not seek to revenge the defeat at the Barrier? Why, the veriest tyro, possessing a knowledge of the heterogeneous elements composing the Chinese character and policy must feel convinced that he will not remain idle, but will, so long as we remain inactive, endeavour to drive us from Macao. Lin must be checked at this point: the Bogue forts must be taken and destroyed. We will venture to assert that unless offensive steps are soon taken, the storm gathering around them will burst, when least expected, with a crash that will make them with startling celerity from their present lethargic dream of security.

岂不知前山聚集之兵，皆系为打仗之事乎？岂不知林常欲报复关闸之事乎？盖中国人并非懈怠不理，乃常欲驱逐我等离去澳门。

* * *

Capt. Smith acted nobly in driving the Chinese force from the Barrier, and we think a firm yet respectful requisition to him to take some means for our protection would meet with attention. He has displayed great decision and energy in a most trying, a responsible juncture. We say responsible, inasmuch, as we suspect, judging from Capt. Elliot's well known irresolution and leaning to the Chinese, that he was left with limited powers to act on the offensive.

船主士密赶逐中国兵丁离去关闸之事，实是可赞，是[足]见他留心保护我等，勇敢办事，实堪胜任。盖义律全赖中国沿海之人，所留下本国之兵乃系甚少。

The Chinese are incapable of appreciating our merciful leniency – having the power to destroy yet sparing. This is so totally different to their murderous feelings that they attribute our late defensive measures to a want of power to

中国人并不知我等有能毁能存之力，只以为我等兵力不足而已。当义律留下兵丁与士密之时，尔若问他因何留如此少兵丁，独不怕中国人攻打澳门乎？若不是士密将运载船拿萨勒收停留在此处，我等已不知往何处去矣？

act on the offensive. Seeing us inactive and that Capt. Elliot's half and half policy still prevailed, they became so much emboldened as to make very serious demonstrations of attacking this city. They have hastened on a crisis which Capt. Elliot, in all the wisdom of his generation, never dreamt of. This is a fair inference; or why did he not leave some soldiers for our protection. We guess what he said – oh! no fear. The poor harmless Chinese won't interfere with Macao. But for the opportune arrival, and prudent detention here by Captain Smith, of the transport Nazareth Shaw where should we now [此处一字无法辨识], where indeed. Echo, answers where indeed!

The affair at the Barrier has gives a blow to Lin's influence which he will not easily repair.

中国自谓系最强勇之国，所以我等必要令中国人知道，他们乃系各国中之最弱，只会舞弄自己之法律，乱说谎话而已。

The Celestial Dragon crouches before the British Lion. The long vaunted courage of the invulnerable Dragon heart Legions has oozed out. They have shown themselves a miserable and pitiful gang of poltroons before a handful of British soldiers. The dogma held by western nations of China's cast resources, the prowess of her swarming hosts, is solved. Numerically, she is the strongest nation on earth – physically and morally the weakest. China's power lies in her diplomacy – in the admirable skill with which she avails herself of her equivocal laws – in her unscrupulous lying, and use of any means in her power, of delusion and chicanery.

我等亲见关闸打仗之事，中国人之兵丁约有二千余名，俱系强健兵丁，据着坚固之地方；我国之兵不过四百名，勇敢上岸，将中国兵丁驱逐得胜回来，此事只可见之于英国兵丁之中用。

We witnessed the engagement at the Barrier. It was a spirit stirring sight. We watched with breathless interest the landing of our gallant troops – doubtful of the result of so daring and hazardous an enterprise as attacking an enemy upwards of 2,000 strong, occupying a naturally strong position, with barely 400 men. It was with a thrill of pleasure, such as can only find an echo in English bosoms, we saw the Barrier taken, the complete rout, 'sauve qui peut' flight of the Dragon hearts, and the triumphant success of our arms. The whole affair was well timed, well planned, and nobly executed. It reflects great credit on the officers and troops; for however much we may despise the Chinese soldiery, we must not allow that to detract from the merit due to them for this affair. Thc coolness of the Jacks was admirable – we could have 'hugged the rogues:' they pleased us so when we saw the careless, steady easy, way they behaved.

This community owes to Capt. Smith a deep debt of gratitude for his bold and prompt decision to dislodge the Chinese forces at the Barrier. For we do not hesitate to say had he not acted thus vigorously, a few days would, in all human probability, have witnessed an appalling tragedy.

* * *

士密此次之勇敢实是堪赞，得此人保护我等，实与义律之行为不同。

Capt. Smith has, in his late proceedings, given us cause to congratulate ourselves on having him for our protector in an eminently critical crisis. We hope they may prove an earnest of his future acts, and the commencement of more firm and energetic measures. He is evidently cast in a different mould to Elliot. When he gets an accession to his force we trust that he will continue the good work he has so ably commenced, by attacking the Dragon in his lair and destroying it – the Bogue. That success, honor, and glory may crown his attack on these strong forts is the fervent hope of his countryman.

一千八百四十年八月二十五日 即七月廿八日 在澳门加罗拉士印此。

Macao, 25th August 1840. CAROLUS.

☙ 170 ❧

澳门九月十九日新闻纸 即八月二十四日

在下文我等印出之信，乃系泉州地方付来之信，并无时日。其信云：兵船布林麻帮同兵船阿厘牙打，在厦门与中国官府打仗。时在阿厘牙打船上有副兵头一人，在来拉船上亲眼见所等兵船上之弹子，打在中国人师船上，即穿过师船，直打至岸上，共打沈师船十六七只，所伤之人谅亦不少。我等兵船上并无一人受伤。中国人因见各师船不能抵当兵船上之火炮，遂连夜将各师船驶至沙滩之上，以为防守，直将师船驶至湾泊中国船只之港口内。现在中国师船已复装上大炮二百零四门，其中有极重之大炮，再与我等打仗。我等兵丁因为不能上岸，遂将兵船驶开，至中国人炮弹所不及之处，然中国师船上打至兵船之弹子亦不少，其中之炮弹有重至十八棒 十二两为一棒，兵船大桅之帆竿已被打折。亦有弹子一枚跌在船舱面上。中国人又在港口南边之海岛上，建炮台一座，又在港口一带建立炮台数座，以为防守。大抵各兵船已经向北边驶去，因为我等在近来数日间，并未所见有何动静。前时兵船对乌特罗船说，派设兵船没连欣封厦门港口，惟现在兵船遇了勇敌之后，大抵必然去再请兵帮助矣。

The Canton Press, 19 September 1840.

Amoy. – The following extract from a letter from Chinchew (without date) has been kindly sent to us:

'The Amoy Mandarins, have at last met their match, in the Alligator assisted by the Braemar. A Lieutenant of the Alligator was on board the Lyra, and described the effect of their shot on the junks as splendid, passing clean through them and then going on shore. They sunk 16 or 17 junks, and there could not have been such destruction among the vessels, without a very great loss of life; they had nobody hurt on board the ships. When the Chinese found that their junks could not stand the fire from the ships they threw up a breastwork in one night on the low sandy beach, fronting the channel into the junks harbour, and there they have now mounted 204 guns, some of them very heavy. The ships not having force sufficient to force a landing, retired out of reach of the shot, many of which had struck them, some they have got of 18 lbs. The sloop of war's main yard arm was shot away and a shot lodged in her hull. They have also built a fort on the Island on the south of the channel leading into the Harbour, and several other forts on projecting points of land in the harbour, and are making active preparations for defence. I rather think the ships have again gone north, as we have seen nothing of them for some days. From what they told Woodrow the Blenheim is to be stationed at Amoy to blockade, and they seem to think from the resistance they had, that troops would also be sent down to assist.'

ꕤ 171 ꕤ

[澳门九月十九日新闻纸]
又

The Canton Press, 19 September 1840.

To the Editor of the Canton Press.

Sir, - Your reply to our demand for proof of your assertion, that it was the avowed intention of the Americans to leave Canton with the English is as we expected.

At this distance of time nor at any time could you have produced it, simply because it was not the fact.

You urge in extenuation of your charge, that possibly we may not be aware that it was at one time seriously contemplated, this removal of the Americans from Canton. We do not deny the fact, for certainly it was so contemplated. Let me ask, Sir, when are men seriously to contemplate, if not at that time, when their property already destroyed, their lives are threatened. Most strange would it have been had such not been the case. You assert, that 'several individuals so expressed themselves to you.' We do not question your assertion, for we know that many were so inclined. But, Sir, that it was the avowed intention of the Americans as a body to leave Canton with the English, we do deny. That they seriously contemplated the possibility of so withdrawing, is true, but that that contemplation ever ripened into a fixed, much less an avowed intention, is false.

You complain our inference from your premises is scarcely just. In a crisis such as occurred in Canton at the time to which we refer, demanding as it most imperatively did, mature deliberation, and determined energy, the infringement by one part, of an avowal influencing, as it might well have done, the councils of the other part of the foreign community, justly exposes them to a charge, of a fickleness of purpose, or a dishonesty of expression, alike disgraceful to any body of men. The inference is a true one, but the charge does not attach, solely because your assertion is as unjust in spirit as it is false in fact. In one of his dispatches, Captain Elliot complains that the Americans did not leave Canton, with the English. Do you think, Sir, that if we had deceived him by the infringement of one word, he would not, in seeking for facts to our prejudice, have seized upon this most disgraceful truth to array against us? He does not, only because it is not true.

To come to the other charge involved in the terms. 'But seeing one part of the foreign community quietly sit down under insults which the other part resented &c.'

在尔之新闻纸上，又说有些夷人甘受别国夷人所嫌弃之凌辱等语。惟在我看来，我等并未有受责罚。若我等在一国做贸易，即必要遵该国之律例，但若我等不肯遵守，方系凌辱。乃我等领事凡所做之事，皆系依着道理，若为一人之害而失公众之利益，岂不是有违于各国之律例乎?

Not to enter upon the broad question, how far punishment received, in accordance with the law of that nation under whose authority we have chosen to reside, for disobedience to those laws, is to be considered an insult, let us admit it as such and enquire how it became us to resent it. Was it by the discountenance of our representative? He did discountenance it. He did for that reason, and only for that reason, withdraw from Canton. Unarmed with that authority claimed and exercised by Captain Elliot, what more could he do. Unauthorised by the Government, to promise indemnity for loss sustained, he could not call upon his countrymen to withdraw. And we, were we as merchants called upon to resent public wrong? Mr. Editor you are not aware of the strength of that argument if you assert it. If private interests, are to measure the resentment due to public injury, there is at once an end to all law. The chief object every government is, to protect individual rights, or avenge private wrongs; if such be the duty of individuals for themselves, there is at once an end to all government. In our individual capacity of merchants, we did all that could be expected, and more than could be demanded from us, by memorializing our home government. Hoping and wishing as we were, that our Government would protect our future interests, we had but to bury ourselves in performance of our present duties: bound by all the ties of good faith to our constituents, abroad, we should have been chargeable and justly chargeable, with want of honor, had we thus withdrawn from the care of property entrusted to us, nay, more, we should have forfeited our character for that common prudence and sagacity, which every man is supposed to possess, in protection or advancement of his own interests. We could not retire Sir, because the duties we owe to others, are no less sacred than those we owe to ourselves.

说明

本则原文以下紧接第172则，为同一篇底本。

♪ 172 ♪

[澳门九月十九日新闻纸]

The Canton Press, 19 September 1840.

'TO THE EDITOR OF THE CANTON PRESS.'

But Sir, in admitting that the confinement of our representative was an insult, demanding lasting, and active resentment, we may have admitted what you in behalf of a part of the foreign community, may not be disposed to allow. In proof that it was not so considered by Captain Elliot, we have only to refer to his published communications. In reply to the assertion of Lin, that Englishmen residing in China are subject to Chinese laws, he said, 'It is beyond dispute then that those who will come to Canton to trade, are bound by the laws. But the new regulation regarding these bonds, is incompatible with the laws of England. *If therefore its observance be imperatively insisted upon, there remains no alternative but for the Englishmen and vessels to depart.*' Was this the language of a man, smarting under a deep insult which demanded most unqualified resentment? Written as it was during the confinement of Captain Elliot in Canton, at a time when cooler considerations had not softened resentment for wounded honor, does it, or does any of his documents, give vent to this indignation? No, Sir, the whole spirit, and if words have meaning, the whole expression of his feelings, go to prove that he withdrew and called upon his countrymen to withdraw, from Canton, for two reasons, of which one was his *opinion* that the lives and liberty of his countrymen and himself were not safe in Canton, the other was, that their honour might not be compromised by *signing the Bond*. With the first we have nothing to do, the second will engage our attention in a moment. We need not glance at the negotiations at Chuenpee, negotiations with that party from whom he had received such deep insult, an insult which had not then met with the slightest punishment, for corroboration of our position. If then an insult had been given we resented it in a becoming manner, or if our representative is chargeable with being willing, we know that yours attempted to forget it. So far your charge Sir, is unjust in spirit, as it is false in fact.

Admit as we willingly do, that Captain Elliot had cause to feel himself insulted, by the proposals to sign the bond; allow that he refused to sign, or permit his countrymen to sign the bond, because it was dishonorable to have signed it. What has this to do with us? Did *we* sign it; no sir, we did not; nor would we have signed it, as it was at first presented to us. But we did sign a bond of which you have talked sufficiently, without any other conclusion, than founding upon it a most unjust and calumnious falsehood.

又 尔屡次争论，不过结上有云，若查出船上有一两鸦片，甘愿将犯人交中国官府，依天朝律例正法，船货入官等语而已。

Let us examine the terms of this bond, and enquire what it expresses, and what those expressions mean. In this much talked of instrument, we find the only clause to which any possible objection can be made, written in these words, 'If one little bit of opium is found in any part of my ship by examination, I am willing to deliver up the transgressor and he shall be punished with death, according to the correctness of the laws of the Heavenly dynasty. Both my ship and my goods are confiscated to the Chinese officer.'

尔岂不思英国国家屡次示知义律云，凡到中国贸易之人，应皆遵守中国法律之言乎？盖依中国法律，带鸦片进口者死。若我等不肯夹带，中国人亦不能加以刑法，若人甘心犯此等法律，始将他交上治罪，不肯包庇于他。我等不能为一人之产业，而害众人之产业。倘我等船只人民到英国，若有违犯英国法律，按英国法律治罪。何以我等本国有人在中国犯罪，按中国法律治罪，即以为系有辱本国之尊贵。此事我实在不能明其道理。

We need not urge upon you sir, the often repeated avowal of Capt. Elliot, confirmed by the highest authorities at home, that he who comes to China to trade is bound by Chinese laws. Death is the penalty by the Chinese law, for the introduction of opium, and if we choose to infringe that law, we must suffer the penalty. It matters not, sir, if the penalty is disproportionate to the offence, so long as we cannot incur that penalty, but with our own consent. We promise to deliver up the transgressor. Let me ask sir, are we called upon to shield individuals, be there only one or many, from the consequences of that crime which they have chosen to commit? Are we called upon to forfeit our property and our means of subsistence, in order to do that, which by the laws of your own country, would subject us to the same punishment, as abettors of the crime? We cannot understand sir, why the performance of an act, which in England would make us a criminal, in China is the criterion of a man of honor. We promise to deliver up the offender. But how is that offender to be known?

Simply from the assertion of the Chinese authorities? Most assuredly not. We promise no such thing. The offender once known, once convicted by the rules of evidence in his own country, the premise which was made in good faith, in good faith would have been kept. But on bare suspicion only, no man would have been surrendered. Where then the dishonor or where the insult submitted to in signing this bond! There is none, nor can the most curious discrimination of the casuist point out any. If we complain that the Chinese penalty is severe, for the committal of an act, which is spreading misery and poverty through the whole of the broad land of China, what would a Chinaman say, if you should tell him that in that land, for which you claim such honor for its distinguished justice, the same penalty has been inflicted for stealing a ship? Nay, at the present day, that men are deported from their homes and their country, for shooting a bird. We can find, and if *you* will *allow* yourself to reason, you can find, no ground for your assertion. We wish not to enter into any comparison, of the susceptibility to dishonor, of the two people, which constitute this foreign community, tho' you have challenged such comparison. We rest satisfied with a vindication of ourselves. [...]

In conclusion, sir, for ourself, we ask no favor, we claim no leniency. If you can fine one fact, upon which to found just charges against the honor of the Americans, publish it. Undermine, if you so can, the commercial good faith of this portion of the community; degrade, if you justly so many, that which every man holds dearest to himself, but let your charges be founded upon some more just motive than dark insinuations, and calumnious assertions, against that character, which no man has a right to despise.

An American.

ஐ 173 ௐ

澳门九月廿六新闻纸 即庚子九月初一日

The Canton Press, 26 September 1840.

CHUSAN. –

The following is extract from a letter from Chusan, dated 20th August. It presents a gloomy picture of affairs there, but our readers will make the necessary allowance for bad health of the writer, and for the impatience consequent on inactivity of nearly two moths.

[...]

舟山之天气，乃系在我平生所未见过。况舟山离内地太远，断不成为大贸易之市头。我等若将国中土产之物带到此处出卖，其价值定必比广东更贵。又我等若欲引诱中国人带茶叶来卖与我等，中国人定必宁可带到零丁或澳门等处出卖。所以中国皇帝纵肯任我等据有舟山，亦系无用，而况皇帝常欲攻复之乎？如此看来，舟山已不如厦门，而况广东乎？盖广东省城久已为外国贸易之处，其人民亦已熟谙我等之言语，所以广东定必为后来所有外国贸易之处矣！前时尔欲到舟山印书之事，现在大抵已经心灰矣。设若尔已离澳门到来此处，今尔已经大为懊悔。若非我心高，欲到中国内地，我亦久已回澳门，因此处毫无安乐。

Sickness has been making a sad inroad upon us, the 26th Cameronians have 240 men in the hospital, and other regiments in proportion. Dysentery is the common complaint, and a few cases have already terminated fatally. There is scarce one among my numerous acquaintance who has not suffered more or less from it. Gutzlaff has been very ill, but is now better. A man of the 26th died of scurvy three days ago. So much for the beautiful (?) climate of Chusan! It is the most dreadful climate that I ever lived in! As regards Chusan being a place to carry on a great trade, we are still further off the scent than ever. Chusan never can be a *large* mart for trade, and the reason simply is that it is quite out of the way. We may bring our produce and manufactures here for sale, but the Chinese will be able to get them cheaper and better at Canton. We may encourage them to bring their black tea here, but they could convey it much more conveniently to Lintin or Macao. This is even supposing that the Emperor gave us permission to hold Chusan, and how much more must this apply if he interdicts all communication between us and his subjects? Depend upon it that Chusan must *always* remain a place of comparative insignificance. Amoy would perhaps be better, but Canton, having been the centre of Trade for many years, a market being already formed there, and the people knowing our language, disposition taste &c. &c., Canton must yet remain the centre of foreign commerce for many years to come. I hope that you have given up all idea of shifting your establishment to Chusan? Were you to abandon your business at Macao for this place you would have reason bitterly to repent of it. Were it not that my hopes are high of seeing the interior of China, you should very speedily see me back again at Macao. Anything in the shape of *comfort* exists not here!

阿厘牙打同布林麻两兵船，现已带领运载船到福州府封港，此处封港比虎门更好，因为中国官府自己封禁不准船只出入。中国官府如此行为，实系我等之好运，因为他们若与百姓同心协力，攻敌我等，我等封港愚蠢之法即为无用。在别国地方即系外边封港，惟在中国即系自封其港。所以我等只可将封港之兵，改为更有用之法，不必白白费去时候。

The Alligator and Braemer transport are gone down to blockade Fuh-chow foo. Our blockades here get on better than your's at the Bogue, for the local government have stopped up the rivers and won't allow *their own* vessels to go out or come in! How lucky it is that the mandarins are thus playing their cards into our hands! If *they* and the *people* were only to unite against us, they would very soon make light of our foolish system of blockade. It is worse than useless to blockade a nation whose resources like the Chinese are *internal* not *external*. It is *impossible* for us to keep up a blockade of this kind for a *twelve month*, and the sooner we give it up for some more *effective* method, the better.

说明

《澳门新闻纸》本则所译约是原文三分之一的内容。

174

[澳门九月廿六日新闻纸]

又

在兰顿付来之新闻纸内载云,现在甘文好司派设甘密底去查察仓库,并立定仓库之法,管仓库之官即将向来所行之法,摆列于甘密底之前,又对各甘密底说,因为仓库内所行之法,大有干涉税饷等事,所以必要依着向来之法而行。又将去年所得之税饷,并去年国中之费用,摆列于甘密底之前,又将民间所拖欠之税饷,一并列明。又将现在国家示知巴厘满衙门所欲行之法,写出与甘密底看。管库官又对各甘密底说,仓库之事原系一件难事,所以现在我将去年所收之税饷、所用出之银列明,甘密底一看即可以明白,不必费心,在我亦不必逐条讲明所收税饷钱粮之来源。只是在一千八百四十年,按大概情形看来,所收之税饷钱粮,约有四千七百六十八万五千棒,另在印度公司所收之税饷钱粮,已有十五万七千棒,合共算来已有四千七百八十四万二千棒。后又将一千八百四十年国中费用之银列明,致免甘密底逐条清算。计开本年还帐之银二千九百四十三万九千棒,此外别样大庄使费银二百四十一万棒,其余各官俸银之类,约有一千七百四十五万一千棒,总共算来,约费用四千九百三十万棒。若将所收钱粮税饷之数,与费用之数比较起来,即见得所入不敷所出。查前任管库官为国中费用不足,故

The Canton Press, 26 September 1840.

ENGLAND. THE BUDGET.

The house having, on the motion of the Chancellor of the Exchequer, resolved itself into a committee of Ways and Means.

The CHANCELLOR of the EXCHEQUER rose and said that in laying before the committee the financial statement which it was now his duty to make, he proposed to follow that course which not only had been usually adopted on these occasions, but which the nature of the subject, independent of custom naturally dictated. He proposed first to state to the committee the amount of income and expenditure of the past year, then to lay before it his estimate of the income and expenditure for the current year, and to detail the expectations which he entertained as to the prospect of the revenue as it now stood, and having compared the estimate of expenditure with the estimate of income, it would then be his duty to explain to the committee those measures which her Majesty's government were prepared to recommend to the adoption of parliament. (Hear). He was well aware that he might have to appeal to the indulgence of the committee, as the subject would necessarily require the reading of figures in order to render a subject naturally intricate more clear. He had, with a view as much as possible of saving the time and trouble of the committee, caused to be laid on the table and printed such figures as he should have to refer to in respect of the income and expenditure of past years, and if the committee would refer to the printed paper distributed that morning, they would see in detail the amount of income and expenditure of the past year. It would, therefore, be unnecessary for him to go into a detail of what income the Customs, the Excise, and other sources of revenue produced: it would be sufficient for him to state that the ordinary income for the year 1840 would be £47,685,000, to which if there was added the

由库中出单揭下银一百万棒，以为文学馆之费用，此项已归于杂项大庄费用之数内，所以我亦不必解明是否真系亏空。再，去年库中曾出单揭下银二十六万棒，以为在嗳伦地方各和尚之费用，此项亦系前任管库官拖欠下来之帐，俱已归于杂项费用数内。除此两项之外，尚差一十九万八千棒，此数系归在本年费用之数内，现在尚未查清，所以不能得知是亏空不是。在管库官因为恐怕甘密底所见亏空之数太多，定必要费心追究，所以不得不将各款数目讲明，其余各样事情，管库官可以不必逐条列明。因为前任管库官在去年已将各款事情讲明，今我不过只再略说其大概与甘密底看，在管库官本不应提及去年之钱粮税饷及费用之项，然必须要将前任所交下之数详明。在去年七月间，前任官已将库中之数列明印出，存在甘文好司内，见得在去年所收得之钱粮税饷，约有四千八百一十二万八千棒，去年费用银四千九百九十八万八千棒，除去所揭下为文学馆用之项，短少银八十六万棒。后又提出为军需费用七万五千棒，合共算来，短少费用银九十三万五千棒。在去年共计亏空银一百四十五万七千棒。然除却在上文所载，为在嗳伦地方各和尚费用银二十六万棒之外，亏空银一百一十九万七千棒。又除却为付寄书信费用银二十五万棒之外，亏空银九十四万七千棒。又除去为军需等项费用短少银九十三万五千棒之外，实亏空银一万二千棒，并无着落。此系去年所收税饷并费用之数。在本年所算清之数，论及各款费用，即有赔还帐目利

receipts from the East India Company £157,000, the total income for the year 1840 would be found to amount to £47,853,000. [*sic*. 译文改为£47,842,000] The details of expenditure for the year 1840 appeared in the printed return, and he, therefore, need not trouble the house with the items. The charge for the funded debt was £29,439,000; the other charges upon the Consolidated Fund amounted to £2,410,000 making total charge upon the Consolidated Fund of £31,839,000. The other annual grants, with one or two other trifles, amounted to £17,451,000, making a total of expenditure of £49,300,000. Such undoubtedly was the apparent deficit in income as compared with expenditure, but it would not be supposed – indeed it was hardly necessary to explain, that this would not be the actual deficiency to be provided for, inasmuch as it would be remembered that a provision had been made by his noble friend, whose duty it was last year to make the financial statement, for the deficiency he contemplated, and that he had taken a vote of £1,000,000 on Exchequer-bills for that purpose. Then there appeared among the miscellaneous charges an item which was properly inserted as one of expenditure, and upon which the right hon. and learned member for the University of Dublin (Mr. Shaw) had just now asked a question of his noble friend the Secretary for Ireland. It would be remembered that in the course of last year the £260,000 determined to be applied to the relief of the clergy of Ireland was issued in Exchequer-bills, and that these, together with other Exchequer-bills, funded for the same service, had been provided for by an act passed last year by his noble friend who preceded him in the office he (the Chancellor of the Exchequer) now held. Therefore if that sum was deducted, as it must be, from the deficiency of £457,000 it left as the balance unprovided for during the year the sum of only £197,000. He thought it necessary to make these observations, because the balance appeared in the return to be £1,457,000 unprovided for, and that the committee would have to meet that difficulty. (Hear, hear.) He did

息银三千四百八十七万七千棒。奉两好司衙门之命，给出兵费银，为水师用六百万棒，为军器库用五百六十五万九千棒，为武备杂项费用银一百八十八万五千棒。其中多已出了银单，只存二百七十三万六千棒未曾出单，为各官俸银一千六百八十八万棒，总共费用银四千八百七十五万七千棒。此外尚有数款费用银，管库官必要对甘密底说明，乃系前次开堂议事之时，水师督之书记论及水师费用之时，曾提起所用之水师兵数并各兵之工食，哥罗呢士 官名 之书记即答云，兵丁之工食定必要丰，致可令兵力强勇，为此项已经提出一千万棒。后又为派设官府费去银七万五千棒。复有加拿打 系在北阿米利坚洲英属地方 之费用，因本年查仓库之时候，比往年更早，所以尚未得知。前年加拿打之费用银系五十万棒，去年加拿打费用银一百万棒，本年加拿打之费用银虽未得知，然就最少之数看来，且算三十五万棒。前时不欠在监密力治 英国内部落名 之文学馆内，曾于议事时论及与中国行兵之使费，在两好司衙门大底亦已知道，国家并印度国家立意定夺所行之事，所有各项使费，皆系印度国家先支，然后国中给回。前时与爪洼 系葛拉吧地名 打仗时，尚可以预料所用之银，故能先出银单，大抵此事必须要好司衙门思议之，若欲思议定费用，乃系一件最难之事，因为与中国行兵之事，未知何时方能歇止，管库官若可能猜度其费用，即早已猜定，摆列于好司衙门之前，然惟因不能得知何时可以息兵，所以不能定夺之。况因为印度兵丁之

not intend to go into the particular figures of income and expenditure last year, but it was only just to the committee, and to his noble friend who opened the financial budget last year, that he should compare he estimates his noble friend had given when he made that statement with the results which now appeared on the paper which was in the hands of hon. members. That statement, made in the month of July, 1839, had been called for and printed. The estimated income was then stated at £48,128,000, and the expenditure, including the million estimated as the extra expense for Canada, was stated at £49,988,000; so that the deficiency on the year was at that time calculated at £860,000. There had been, however afterwards, in the course of the session, a subsequent supplemental vote for the army of £75,000, which raised the whole deficiency estimated by his noble friend to £935,000. The actual amount, however, of deficiency was not £935,000, but £1,457,000; but, deducting from that the sum of £260,000 to which he had already alluded, and which could not be properly charged upon the year, the deficiency was reduced to £1,197,000. But it must be borne in mind that no calculation had been made as to the deficiency likely to arise from the reduction of postage. The deficiency upon that head had been considerable, it amounted to £250,000; and if this were added to the other item he had mentioned, and both being deducted from the actual deficiency, they would make the actual loss £917,000 [译文改为£947,000]; and as the estimated loss was £935,000, this would reduce the difference between his noble friend's estimate and the actual result to the sum of £12,000. (Hear, hear,) Having now glanced at the income and expenditure of last year, and at calculations of his noble friend and the actual result of the year, he now proceeded to deal with the more immediate subject for present consideration – the expectations he held as to the income and expenditure for the current year. He would first state those sums of expenditure for which provision had already been made. The interest on

兵力费用甚大，所以更不敢预先乱行料定，现在按东印度公司付来之数，自起兵后至五月初一 即三月三十日，已经费去银五万四千棒。若再行兵六个月之久，其费用必致有一十六万二千棒，连以上所用五万四千棒，算来即有二十一万六千棒。然其中有运载船之费，若打仗得久，即不必用运载船。如此看来，大抵一十五万棒即可以足余为打仗之费。除却自起兵后至五月初一 即三月三十日 所用之银外，即可留下一十万棒以为再打仗六个月之费。此项兵费乃系东印度公司先行支给，待至再查库时，即当依东印度公司所开列来之数给回。

the debt charged upon the Consolidated Fund would amount of £29,443,000, the other charges on the Consolidated Fund amount to £2,434,000, making a total charge on the Consolidated Fund of £34,877,000. The vote for the army which had already received the sanction of the house, was £6,000,000; for the navy, £5,659,000; and for the ordnance, £1,885,000; for the miscellaneous estimates, some part of which had been voted, and for the remainder of which the estimate had been laid on the table, £2,736,000. The grants for the year, therefore, so far as appeared before the house, amounted to £16,880,000. Those sums, therefore, estimates for which had been laid on the table, or which had been already voted, or which had to be provided for, amounted to £48,757,000. There were, however, some items of expenditure which it would be necessary for him to state to the committee and to make allowance for in the calculations which he was about to submit. The committee would remember, that at an early period of the session, when his honourable friend the Secretary to the Admiralty moved the navy estimates, a question was put as to a discrepancy between the number of men voted and the amount proposed for their pay. His noble friend the Secretary for the Colonies stated there was such a discrepancy, and that it was possible a further sum might be required to make the force efficient. For that purpose his hon. friend the Secretary to the Admiralty would have to submit a further estimate for the navy, which would amount to £100,000. There was another item of expenditure for which he was sure the committee were prepared. Hon. members were aware that a naval and military commission had been appointed. That commission had made its report, and it was the intention of her Majesty's government to advise her Majesty to adopt the suggestions which it contained, and it was because of that intention that the additional sum was called for. He had placed the amount in one sum, and would take it at £75,000. He also had to propose the vote relative to Canada, but, having brought forward the estimates this year at an earlier period than usual, he found some difficulty in making himself safe upon that vote. He was, however, desirous of naming a sum which he thought would fairly meet the case – making the estimate neither too large on the one hand, nor too low on the other. He would, therefore, propose to take for Canada the sum of £350,000. The vote last year was £1,000,000 and the year before it was £500,000. The right honourable gentleman the member of the University of Cambridge had put a question to him on a former occasion with regard to the expenses of the China expedition. The house was aware of the arrangement which had been made by her Majesty's government and the government of India. The extra expenditure required for the expedition would be charged on her Majesty's government. That sum would be advanced by the government in India, and repayment would take place of what, in the examination of the accounts, should be shown to be the extra expenditure occasioned by the expedition. Upon former occasions specific votes were not taken, as in the case of Java and the Mauritius; when that course was pursued, the sums were repaid without any specific vote being taken for them; but for the satisfaction of the house, and in a constitutional point of view, it was better that the subject should come in the shape of an estimate to show that it had been under the consideration of the house. To make an estimate was not, however, so easy a matter (hear, hear, from the opposition), because it was impossible to make a calculation as to how long the expedition might continue. He had the means of laying on the table of the house, as far as he could ascertain from India, the rate of expenditure at which the expedition would be charges to this country, but he had not estimated nor was it possible to do so, the period for which the expedition would be required. He would not impute anything unfair to the East India Company, but they were all aware of the great expenses attending any India expedition. He would state the present expense, as taken from the financial auditors of the East India Company, when calculating the

如此，既已将去年并本年查库各款开明之后，管库官即再推算下半年国中费用之大概数目与甘密底知道，计开：

为还帐目利息银约要三千一百八十七万七千棒；

为水师并军器库各项零碎银约要一千六百八十八万棒，合共费用银四千八百七十四万七千棒；

再加上水师费用银一十万棒；

武备及水上派设官员费用银七万五千棒；

为加拿打费用银三十五万棒；

为中国行兵事费用银一十五万棒；

如此大概看来，下年查库时，其费用必致有四千九百四十三万二千棒之多。此系一定必须之数，其余尚有许多未曾列出。

extraordinary expenses incurred in India. The amount of expenditure according to that calculation up to the 1st of May 1840, was £54,000, and it was considered by the auditors that if the expedition were to last for six months from the 1st of May, the expenditure would amount to £162,000 more, making in the whole £216,000. There were other considerations also which should be taken into account, for it must be admitted that there would be found in the items some sums, such as the account for transports, etc., which it would not be necessary to continue for the whole period, and which would perhaps reduce the sum to £150,000. With the view, however, of bringing the matter before the house he would take a vote of £150,000 on account, which would defray all the expenses incurred in fitting out the expedition up to the 1st of May 1840, and leave a balance of £100,000 to meet the current expenses of the expedition to be paid after the accounts of the East India Company should have undergone an examination. (Cheers, cheers.) Having said thus much upon that point, he would now restate, the estimate of the expenditure for the coming year: -

The amount of the interest on the debt, and the other charges on the consolidated fund, would amount to £31,877,000

The army, navy, the ordnance, and other items in the miscellaneous, amount to £16,880,000

Making a total charge on the consolidated fund £48,747,000

The additional expenses of the navy £100,000

For the military & naval commission £75,000

The vote for the expenses in Canada £350,000

The vote on account of China £150,000

Making the total estimated expenditure of the year ending 5th April 1841 £49,432,000

∞ 175 ∞

[澳门九月廿六日新闻纸]

又

尔所说米利坚国之旗号已被鸦片贸易所污之话，我亦甚欢喜见之。因为在数月前，我亦曾闻得有走私鸦片之船，扯米利坚国旗号，在中国海岸来往。然我等亦知道有一个久住中国之英吉利人对一米利坚人说，在他必要尽心尽力行事，以为陷害米利坚人等语。所以难怪中国官府闻得有米利坚旗号之船在中国海岸贩卖鸦片，然幸得中国官府早已识破其奸计，米利坚人方免受害。我今请问，尔英吉利船扯米利坚、佛兰西、黄旗各国旗号，系为公众之道理乎？抑或为不顾私利乎？在噶船、罗压尔色循船进口之事，大抵亦系为公众道理。又阿罢格罗米罗拔循船，若不是义律不准，亦已具结进口。又如各国人被围在广东省城之时，鸦片价值每箱不过洋银二百五十员，何以各英国人将鸦片卖与义律呈缴之时，又索价每箱五百员之多，欲望英国国家赔补之。现在我等并非欲揭出英国人之短处，如果系如此，即更有许多不堪说之事，然因此时并非默然之时，又若说浮泛之话，如色循各人所说，亦系无用，所以不得不略陈之。色循亦已愤怒起来，常有议论，尔勿以我等现在愤怒起来之事，乃系奇异。再过些日子，尔若照尔现在所说之话，对米利坚人说知，他们亦愤怒起来。

The Canton Press, 26 September 1840.

To the Editor of the Canton Press.

Sir, - You assert without qualification, in your paper of the 19th instant, that the American Consul (meaning Mr. Snow, I presume) applied for passports for his countrymen to leave Canton. Mr. Snow (with whom I have been intimate for many years) assured me that he never did apply for passports for his countrymen, tho' most earnestly solicited by Mr. Elliot so to do; and gave his reasons for declining, which were that; he had no authority – Mr. Snow will unquestionably, if called on, confirm my statement, and the public can draw such inference as is correct, on the subject, and decide on the colour of the 'Blush.' - Your remark, or rather the common one, that 'no act wrong per se, can be made right,' is quite apropos; and I leave its application to your superior judgment. I am glad to see that you confirm the *rumour* of the American flag having been contaminated by contact with the Opium trade. I heard months since, that the said flag had been displayed on smuggling vessels on this coast. And the threat held out to an American merchant by an old English resident, that 'he would do all in his power to injure the Americans,' is another confirmation of the rumours which reach the ears of the mandarins, but, as they had been forewarned, the bolt fell harmless. Allow me to ask you if the English shipped their merchandise to Canton in French, Danish, American and other ships, and put English ships with their crews under Danish and American colours (thereby virtually signing the bond) in support of the boasted 'Great Public Principle,' or was it done merely as an 'abandonment of pecuniary interests?' Did the Thomas Coutts and the Royal Saxon go in, and was the Abercrombie Robinson to have gone in (had her agents matured their plans)

一千八百四十年九月二十三日 即八月廿三日 在澳门遮印此。

on the 'Great Public Principle too?' Is the bonded crew of the ship Kosciusko, * * * Was the sale of Opium to Mr. Elliot, made from principle, or in the hope of obtaining from the British Government 500 dollars per chest for an article worth about 250 dollars at the date of its surrender? The majority of the Americans now in China are no desirous to force from the Public (by which word, you of course, designate the English only) an *approval* of their conduct, inasmuch as, that which is utterly worthless is not sought for – and as this is not the age of silence (nor of wisdom either, to judge by some of the latest effusions I mean the letter of Solomon the 2nd alias, 'A Saxon,' &c. &c. &c.) I learn that the said Saxon is getting up a list of the smugglers for you paper; and upon *Principle* too, for he has suddenly become a moral man, as he says; you must not be surprised if the American cannot submit now, any more than they did some sixty and odd years since, to a gag act, so kindly recommended to them. – I am with the most profound respect,

Yours,

Sept. 23rd, 1840. J.

⸙ 176 ⸙

澳门十一月初七日新闻纸 即中国十月十七日

英吉利大官在舟山过了二十五日，于七月底开船，离舟山往北而去。所同去之兵船五只，即威哩吐哂，炮七十四门；喃啷底，炮四十二门；窝拉疑，炮二十八门；啤啦底吐，炮十八门；摩底吐底，炮十八门；吗打呀吐咖火船一只，衣哪、呵吗尔哥运济船两只。于八月初五日 即七月初八日 俱过了山东海中山，于初九日 即七月十二日 威哩吐底兵船湾泊在北河口外。退潮之后，尚有三丈余深之水。

于初十日 即七月十三日 义律坐吗打呀吐咖火船前往岸边，于十一日 即七月十四日 湾泊在河口内，中国即看守着。直隶总督琦系皇帝第三位满相，亦来大沽地方，等火船到来，即收其禀。

火船须要行一丈一尺深之水，但河口内有一沙滩，潮满之时有一丈二尺深水，潮退之后只有三四尺深水。河口间之船只日日往来不绝，其大者须要等候潮水，若潮水前欲要过此沙滩，必须卸清其货物。天气清明，进河口之炮台、佛塔，在所泊船之处皆望得见，相去不过十三四里远。

于十三日 即七月十六日 琦派官来到船上，赐牛羊牲口、火食等物，送来甚多，初时给以价值，推却不收，后来议定价值，乃照价受之。

The Canton Press, 7 November 1840.

PROCEEDINGS OF THE BRITISH AT THE PEI-HO.

From the Chinese Repository for October.

The plenipotentiaries, having been 25 days at Chusan, and in its vicinity, left that group about the end of July, and proceeded northward – with the fleet named above* (**H. M. S. Wellesley, 74, Blonde 42, Volage 28, Pylades 18, Modeste 18*, H. C. Steamer *Madagascar*, and Transports *Ernaad and David Malcolm*.) Passing the promontory of Shantung on the 5th Aug., the *Wellesley* anchored on the 9th off the mouth of the river *Pei*, in lat. 38°55’ 30” N., long. 118°E., with six fathoms at low tides.

On the 10th, the steamer Madagascar, with Captain Elliot on board, proceeded towards the shore; and the next day, the 11th she anchored within the mouth of the river. The Chinese had been watching her movements; and Keshen the governor of the province, the third member of the emperor’s cabinet, a Mantchou, had come down to Takoo, and there awaited her arrival, in order early to receive any dispatches of which she might chance to be the bearer.

The steamer, drawing 11ft. 9 inches, found 12ft. water on the Bar at spring tides. At low water, there were only from 3 to 4 feet. A great number of junks were daily passing in and out at the mouth of the river, the largest of which were obliged to wait for the spring tides, and some of them had to discharge a part of their cargo, before they could go over the Bar. In clear weather, the forts and a pagoda, near the river’s mouth, were visible from the anchorage of the fleet, distant 12 or 14 miles, due east.

On the 13th, an officer was dispatched by Keshen, to the squadron, with orders to supply the ships with provisions; and cattle, sheep, &c., were brought off plentifully. Pay for the same was offered, but refused in the first instance, subsequently, however, it was agreed that pay

于十五日 即七月十八日 须要约定章程，总督琦打发一位诚实白守备，到威哩吐哩船上来收禀。此禀即系律吧尔嘛吐吨之文书，前时在厦门、宁波两处，皆推辞不收。

次日系八月十六日 即七月十九日，谨将英吉利国王大臣之文书，交于白守备手内。此守备系琦之诚实下属，而琦乃皇上之亲信大臣，遂将此禀奏递于皇上台前。

于交禀之日，即恳求琦十日内就要回批。其余兵船即往满洲海岸驶去，来到章兴岛[长兴岛]。此岛在辽东海之东边，近内地，到此为取水，并欲多买些牛羊伙食等物，虽是不容易，然咘啷底、衣哪、摩底吐底皆相继买回许多伙食牲口。又见得此岛上有许多煤炭，传言系对岸福州附近载来。又有数本地船，见之好似皆装满煤。

威哩吐哩船为暴风所逼，驶到多吉[砣儿]岛避风。此岛系妙岛中之最大者，而妙岛乃辽东海之门户。在此岛中又买许多牛羊，但百姓皆系勉强卖之。

窝拉疑兵船未曾到妙岛、章兴[长兴]岛等处，在其回转之时，看

should be received, which was done accordingly.

On the 15th, the needful arrangements having been made, the governor sent his trusty aid-de-camp, *showpei Pih*, alias Captain White, to go on board the Wellesley, there to receive, from the plenipotentiaries, lord Palmerston's communication, the same document apparently, or rather the original of that which had twice before been presented and refused, first at Amoy, and again off Ningpo.

The next day, August 16th, the letter of H. B. M.'s principal foreign secretary was duly delivered into the hands of the aforesaid showpei Pih, a right trusty servant of H. I. M's most faithful minister Keshen, by whom it was to be laid before the emperor.

The same day, the 16th – ten days having at Keshen's urgent request been allowed for an answer, - the squadron started for the coast of Mantchouria, intending to make the island of Changhing (Changhing taou) near the mainland, on the east side of the gulf of Leaoutung, with a view to obtain there additional supplies of water and cattle. (In the second volume of the Repository, page 24, this place, or a part of it, is called Tungtsze kow, and is put down in latitude 39°28' north, and longitude 121°7' east.) The Blonde, Modeste, and Ernaad, succeeded in reaching it, and in obtaining supplies, though not without some difficulty. A few specimens of natural history were brought away from there, and among them some small pieces of coal, said to have been obtained from a place near the town of Fuhchow, opposite the island on the mainland. Some native boats were seen loaded with coal.

The Wellesley, a gale coming on, was driven southward to Toke, one of the Meaou taou, - that group of islands which forms the door of the gulf of Leaoutung. Toke is one of the largest islands of the group; and from it, cattle and other stock were obtained, the people being compelled to sell them.

The Volage failed to reach either the Meaou taou or Chanhing; but on returning, found the Pylades in communication with the shore, on the

见啤啦底吐同吗尔哥尔运济船、吗打吐咖火船，皆在海西岸经和[减河]地方交易。经和[减河]乃在沙垒田之下，此处并无沙石，系俗名之讹。在经和[减河]又买了许多牛羊。后来威哩吐哑兵船于二十七日 即八月初一日 出命令，令各兵船仍旧湾泊回北河口上。

于二十八日 即八月初一日 尚未接到琦之批回，但见坚壮师船兵丁排列如攻打之势，皆调转船头向着岸，以为带到了恐吓之文书来与总督琦。传言此文书系二十三、四日 即七月廿五、六日 之批文，而外国人却不曾接着。

于三十日 即八月初五日 英国大官、义律与皇上大官琦相见，近在北河口之南岸间出一块地方，用布绳竿围着，在内有两座大帐房，一座为英吉利大官，一座为皇上之大官琦，另有数座小帐房，系侍从随人等退身之所。盖两边相见俱系在琦帐房内相见，义律有数个少年体面人吗礼逊通事等跟随着，而皇上之大官琦只有一两个可靠之侍从跟随。中国人全不骄傲，极其文雅礼貌。虽然如此，但不见得即允从英吉利国所请求之事，又不见回答一句定决之言。如是者连过二日，皆毫无应验。总督琦定要候北京之主意，言六日后定必有批回。

于九月初四日 即八月初九日，有些人坐火船就向北边驶去，拢近

west side of the gulf, at Keen-ho, (having arrived there with the David Malcolm and steamer Madagascar,) under the Sha-lay teen, Sand-hill fields – not thunder-and-lightning sands, as they have often and erroneously been called. Here also, at Keen-ho, cattle and sheep were obtained. These vessels having been joined by the Wellesley, they all together regained their former anchorage, of the mouth of the Pei ho, on the 27th.

On the 28th, no reply having been received from Keshen, a strong boat-force, in hostile array, carrying a menacing letter for the cabinet minister, was proceeding towards the shore, when, lo, it was ascertained that the reply had been sent off on the 24th and 25th, but no foreigner was found at the anchorage to receive it!

On the 30th, a conference was held on shore between H. B. M.'s plenipotentiary, Capt. Elliot, and H. I. M.'s cabinet minister, Keshen. Near the mouth of the Pei ho, on the southern side of the channel, a plat of ground in the form of a parallelogram was marked off by a light fence of cloth, stretched on poles and cords, like a Tartar encampment. In this were two large tents, one for the plenipotentiary and suit, and the other for the cabinet minister, with several smaller ones for their attendants and servants. The conference was held in Keshen's tent, where Capt. Elliot was attended by Mr. Morrison and another young gentleman both as interpreters: the cabinet minister also had but one or two confidential attendants presents on the occasion. All Chinese assumption of superiority was laid aside, and the utmost degree of urbanity exhibited – this however was done apparently without manifesting any readiness to meet the demands of her majesty's government, or even to give definite answers thereto. Thus, this and the next day both passed, without any satisfactory results. At length, reference to Peking was again desired by Keshen, which was granted, and six days, dating from the 3rd of September, were allowed for a reply.

On the 4th, a party went northward in the steamer, and approached the coast at the point

长城尽头之岸边。有一些人说，此长城经过许多高山大岭，然后下落平地二三里，入辽东海与水相连。

where the Great Wall terminates, in latitude 40°04' N., longitude 120°02' E. Judging from a sketch, which was taken of it by one of the party, the wall, after descending from the highlands, which are remarkably precipitous and very rugged in their aspect, stretches northward two or three miles across a narrow plain to a ledge of rocks, with which it seems to unite, and there loses itself in the waters of the gulf of Leaoutung.

于初九日 即八月十四日，未知有批回无批回。即有批回，又未知如何批语，我等俱不能知道。中国人之谣言说，英吉利大官所呈有二十六条，除去十条，其余须要计议过。除办理此事人之外，而我等诸色人等， 俱不能知道律吧尔嘛士吨文书内所说何事，纵有批回，亦必不知道如何批语。

What answer was returned on the 9th, or whether indeed any came or not, we are unable to state. Among the Chinese, a rumor has obtained that twenty-six propositions were brought forward by the plenipotentiary, of which ten were at once set aside, the others were to be considered. No confidence can be placed in this rumor; nor, so far as we know, are any parties (except those immediately concerned) at all aware what may be the contents of lord Palmerston's letter, or the nature of the answer to it, if indeed it has been answered.

于十五日 即八月十五日，闻得此文书全与中国人意思相反，兵船亦各开船在海中山北面过数日，即扬帆于九月底回到舟山。

On the 15th – and, we are told, contrary to the wishes of the Chinese – the squadron took its departure; and after spending a few more days north of the promontory, late in September arrived again at Chusan.

说明

此则为《广州新闻报》转载自《中华丛论》第9卷第6期(1840年10月)，页419—421，“Journal of Occurrences”。

177

[澳门十一月初七日新闻纸]

又

英吉利、欧斯特里阿、俄罗斯、普鲁社四大国，已经同都鲁机国立定章程，又将此章程写寄与依揖国之巴渣官，但未曾会合佛兰西国。恐此事将来令佛兰西与英吉利两国不相睦。巴厘满衙门已命水师添二千水手，又命急速整理船只，佛兰西亦多增添其兵丁。此事系两边错会了意，我等望其相友爱而定夺之。

The Canton Press, 7 November 1840.

[...]The Turco-Egyptian question was when the mail left the subject of all absorbing interesting; particulars will be found amongst our Extracts. It is thought that the four great powers, England, Russia, Austria, and Prussia, having concluded a treaty with the Porte, without the concurrence of France, and having prescribed conditions to the Pashaw of Egypt, may bring on a rupture between France and England. 2,000 sailors to encrease the strength of the British Navy have been allowed by Parliament, and ships were busily equipping, whilst France on the other hand was increasing her army. We sincerely hope that this misunderstanding may be settled in a friendly manner, of which indeed there seems to be every prospect. [...]

[邓邦述跋]

此六册乃中国译外国新闻纸之嚆矢。疑是官中译笔，故间有批驳语，遇钦差亦抬头写，彼时不独中国不知外情，即外人对于中国亦极隔阂。海通以后，外人进步日猛，吾国则弱荼如故，可胜叹哉！然当时通晓西文者甚少，大吏已留心于此，犹想见老辈临事之不凡也。丁巳[1917]正月廿五日灯下正闇阅记。

六册中记鸦片事甚多，正先曾祖与林文忠公同事粤中，后文忠移粤，先曾祖移两江，词集中有换巢鸾凤一阕，即指此也。先曾祖请回避，不许。过庾岭，而朝命改云贵，未行，而舟山之役起，又改闽浙，御英国船于厦门，盖朝廷倚任二公甚笃。直至琦善主和，不得已始有伊丽之谪。外人以两江调粤为左迁，实深憾于文忠，而不习当时情势。独先曾祖于鸦片一役始终其间，而不免为文忠所掩，岂所谓主客之势不同耶？余收此书，亦以与余家有关耳！越日又书。

册中所记种茶及制铅版，皆始萌芽。国王初婚即指维多利亚也。六十年来，沧海变迁，已成陈迹。今则欧战方剧，而吾病夫亦欲起而奋争矣，是又一谈柄也！丁巳正月记。

贰

华事夷言

《华事夷言》的底本与翻译

一、绪言

《华事夷言》是林则徐在广东禁烟抗英期间着人翻译的作品之一，经魏源收入《海国图志》而流传至今。历来研究林则徐探求西方世界的论著几乎都会提及《华事夷言》，但也都只能简略而模糊地带过，无法进一步讨论。造成这种现象的主要原因，在于《华事夷言》究竟译自何书一直没能确定，以至于只有译文而无原文，难以进行比较深入的研究。本文旨在厘清《华事夷言》的底本并讨论相关的翻译问题。

二、《华事夷言》的底本

关于《华事夷言》的底本，较早的学者齐思和在 1957 年时认为并非译自专书，而是摘译西洋杂志和日报有关中国的议论而成[1]；但另一位学者陈原在 1961 年时认为，可能是译自英国汉学家德庇时 (John F. Davis) 1836 年出版的《中国人》(*The Chinese*) 一书[2]。近年的研究者大致倾向于陈原的说法，但并没有进一步的考证，只是现成方便地认为就是如此[3]。

事实上，《华事夷言》既不是摘译自各杂志报纸，也不是译自《中国人》一书，其底本是1838年在伦敦出版的《番鬼在中国》(*The Fan-Qui in China, in 1836-7*) 一书[4]，作者为唐宁 (Charles Toogood Downing)，本书封面上

1　齐思和：《鸦片战争书目解题》，收在中国史学会编《鸦片战争资料》(上海：上海人民出版社，1957)，第6册，页415-513。此说见于页440，“华事夷言”。

2　《人民日报》1961年5月4日第7版，陈原：《林则徐译书》。此文后来收入其《陈原散文》(杭州：浙江文艺出版社，1997)，页182-188，文字略有改动。
John F. Davis, *The Chinese: A General Description of the Empire of China and Its Inhabitants*. London: Charles Knight, 1836. 2 vols.

3　例如林则徐全集编辑委员会编《林则徐全集》(福州：海峡文艺出版社，2002)，第10册编译卷，页4774，“本卷编辑说明”。

4　C. Toogood Downing, *The Fan-Qui in China, in 1836-7*. London: Henry Colburn, 1838. 3 vols.

印着他是皇家外科医学会的会员 (Member of the Royal College of Surgeons)，也就是领有行医执照的合格外科医生，这是本书唯一关于他生平的记载。

唐宁生于 1811 年，卒于1873年，他的家世及早年学医经过不详，只知道他在 1835 年获得皇家外科医学会的会员资格，第二年来华，1837 年返英后随即在同年又取得伦敦药剂师公会 (London Society of Apothecaries) 的药剂师资格，进入以穷苦病人为服务对象的私立伦敦慈善医院“首都免费医院”(Metropolitan Free Hospital) 担任医生兼药剂师；从1846年起唐宁在伦敦自行开业行医[5]。

唐宁对于科学研究颇有兴趣与心得。1839 年他在著名的《每月评论》(*The Monthly Review*) 刊登《光的波动理论》(*The Undulatory Theory of Light*) 长篇论文，连载了四期[6]，引人瞩目的是他在这篇论文的作者姓名及医生头衔之后，不忘加注自己是《番鬼在中国》一书的作者。1850年他获得皇家外科医学会这年的“杰克逊论著奖”(Jacksonian Prize Essay) 而声名大著，这是英国外科医学界的一项崇高的荣誉，他得奖的著作是《神经痛：其型态、病理与治疗》(*Neuralgia: Its Various Forms, Pathology, and Treatment*)[7]，于 1851 年出版，并获得各医学专业书刊的大量报道与推崇。1851 年伦敦举办第一届世界博览会 (Great Exhibition)，他又以治疗疼痛的发明作品参展[8]。

关于唐宁在 1836 至 1837 年来华的经过，他在《番鬼在中国》的序言中，只简略提及自己是在一艘来华贸易的商船上担任医生，但没有说明船名、抵华和离华的日期，只在序言中简略地感谢船长伊理士 (Eyles) 让他有充裕的写作时间。

由船长姓氏 Eyles 这个线索下手，在当时伦敦和广州两地出版的书刊中追索到了一些相关的讯息。船长伊理士的全名是 James Eyles，他的船只名为“马尔康号” (the Malcolm)，载重量并不大，只有六百吨，而船主 R. W.

---

5 *The London Medical Directory, 1846* (London: John Churchill, 1846), p. 44. 由于这份名录的1845年版并没有唐宁的资料，因此他应该是1846年起才自行开业的。

6 Charles Toogood Downing, ‘The Undulatory Theory of Light.’ *The Monthly Review*, vol. 1 (1839), pp. 219-227, 256-262, 564-569, and 675-684.

7 Charles T. Downing, *Neuralgia: Its Various Forms, Pathology, and Treatment.* London: John Churchill, 1851.

8 *Official Catalogue of the Great Exhibition of the Works of Industry of All Nations 1851* (London: Spicer Brothers, 1851, 2nd edition), p. 70, no. 634, ‘Downing, C. T.’

Elyes 应该就是伊理士的家人长辈。“马尔康号”一向出租给英国东印度公司 (East India Company)，专门行驶从伦敦到印度马德拉斯 (Madras)、加尔各答 (Calcutta) 和中国广州间的航线。唐宁来华的那次航线也不例外，1836 年 4 月从英国出发后，沿途泊靠马德拉斯、加尔各答、新加坡等港口，1836 年 8 月 26 日离开新加坡北上，同年 9 月 6 日终于抵达了中国，在卸货及装货之后，“马尔康号”于 1837 年 1 月初驶离黄埔，于同年 4 月 26 日返抵英国[9]。

从“马尔康号”到离中国的日期可知，唐宁在华停留的时间就是四个月 (1836 年 9 月 6 日至 1837 年 1 月上旬)，这也是他唯一来华的一次。其间他的足迹所至就是从珠江口、黄埔以至广州的十三行一带，却能写出三册、九百五十页的《番鬼在中国》一书，估计十七万字左右[10]，其内容则不仅仅是他个人所见所闻的游记而已，还涉及了中国人生活的各方面，如政治、经济、社会、文学、艺术、宗教、教育，甚至陆海军的兵力等叙述与讨论，这不是一件容易的事，令人惊讶于他竟能在短时间内了解吸收如此多的主题与内容，加上他自己的见解或感想后，以通俗流畅的文笔传达给他的读者。他在序言中表明撰写本书的目的：

> 本书目的在以平易通俗的方式描绘目前外国人和大汉子孙交往的现状，本书将带着读者从虎门直到广州省城，要比前人所写更细致、更叙述性地展示双方如何交往、双方的生活情形、贸易如何进行，以及彼此友好的前景。[11]

事实上唐宁来华时已决定写作此书，他有备而来随时随地勤写见闻的笔记，累积了大量的素材，同时又参考引用许多既有的论著，他在书中列举了大约三十位自己参考引用的作者 (有的作者不只一种书)，大部分都是十九世纪的人，这符合上述他期许的其书在于描绘中外交往的现状。唐宁引用最多的作者是第一

9　以上的讯息是从东印度公司出版的1836、1837两年的各期《亚洲纪事月刊》(*The Asiatic Journal and Monthly Register*)，以及广州出版的《广州纪事报》等刊物的报道中获得。关于“马尔康号”离华的日期，1837年1月10日的《广州纪事报》只刊登该船已离华的消息，而无确切日期，而同年1月3日该报刊登前一批离华的船只名单中，并没有“马尔康号”，可见该船是1837年1月4日至9日间启航的。

10　本书的版式较小，每页的字数略少于两百字。

11　C. T. Downing, *The Fan–Qui in China*, Preface, p. vi.

位来华的基督教传教士马礼逊 (Robert Morrison),至少有八次之多,其次引用马礼逊儿子马儒翰 (John R. Morrison) 的著作也有四次,此外被唐宁引用两次以上的当代作者还有德庇时、郭实猎 (Karl F. A. G ü tzlaff) 、马煦曼 (Joseph Marshman)、纽曼 (Karl F. Neumann)、斯当东 (George T. Staunton)、阿伯勒 (Clarke Abel),以及十八世纪的钱德明 (Jean J. M. Amiot) 等人。除了专书,唐宁也经常引用当时广州出版的报刊内容,例如《广州纪事报》(*The Canton Register*)、广州新闻报 (*The Canton Press*)、《中华丛论》(*The Chinese Repository*,又译为《中国丛报》),以及美国传教医生伯驾 (Peter Parker) 所办广州眼科医院的季报 (*Report of the Ophthalmic Hospital at Canton*) 等等。唐宁引用上述这些书刊的内容有时长达三页的篇幅。

《番鬼在中国》一书于 1838 年出版后,同一年便在美国费城出版了美国版 [12],三年后 (1841) 进一步登上欧洲大陆,出版了德文版 [13]。欧美一些报刊也陆续登出评介文章,大部分是介绍性的文章 [14],却有两篇是褒贬对比非常强烈的书评。极为推崇的一篇刊登于美国的《绅士杂志》(*The Gentleman's Magazine*) 月刊 1838 年 12 月号 [15],开宗明义就表示"此书远比所有关于中国的其他书都令人感到兴趣",接着又说:

> 唐宁医生成功地触及中国社会最深邃之处,他具有罕见其比的观察精神与愉快的笔调,写出我们读过的一部最令人读来欣然愉快的讯息性图书,我们完全忘我地沉浸在其书页当中,正如同小学生第一次阅读《鲁滨逊漂流记》或库克船长的航海记一样的大喜过望,本书每页都有着令人着迷的新奇,但是我们却不会怀疑每样细节的真实性。[16]

---

12 美国版书名不同,称为*The Stranger in China; or, the Fan-Qui's Visit to the Celestial Empire, in 1836-7*. Philadelphia: Lea & Blanchard, 1838. 2 vols.

13 *Fan-Kuei oder der Fremdling in China*. Tr. Carl Richard. Aachen & Leipzig: Jacob Anton Mayer, 1841. 2 vols.

14 例如*The Literary Gazette* (28 April 1838), pp. 263-264, 'The Fan-Qui in China, in 1836-1837, by C. Toogood Downing;' *Chambers's Edinburgh Journal* (20 October 1838), p. 310-311, 'Chinese Sketches.'

15 这份杂志在费城出版,由William E. Burton主编,刊名模仿英国著名的《绅士杂志》(*The Gentleman's Magazine*)。

16 *The Gentleman's Magazine*, 3:6 (December 1838), pp. 420-422, 'The Stranger in China: or, The Fan-Qui's Visit to the Celestial Empire, in 1836-7.'

《鲁滨逊漂流记》与《库克船长日记》都是脍炙人口的经典名著，这篇书评将《番鬼在中国》和这两本书相提并论，可说是推崇备至。

但是，另有一篇非常负面的书评刊登在广州出版的《中华丛论》1838年10 月号[17]，评论者只署名“M.”，根据《中华丛论》主编裨治文 (Elijah C. Bridgman) 和卫三畏 (Samuel W. Williams) 所记，这位评论者正是唐宁书中参考引用了多次的马儒翰[18]。在这篇评论中，马儒翰一开始先表示，西方阅读大众对于中国主题的书很有兴趣是令人欣慰的事，但他感到悲哀的是此种兴趣竟不分优劣地让唐宁这样的书得以出版。马儒翰说作者写了一部自己完全没有能力写的书，作者声称本书要描绘的是目前外国人和中国人交往的事实现状，结果他让读者阅读的却是小说一样 (novel-like) 的一部书，其中“对于中国习俗、语文等等许多主题充斥着细微末节的观察、粗糙的想法、无益的想像，以及空虚的猜测等等”[19]。马儒翰批评《番鬼在中国》根本就是以一种茶余饭后的消遣风格杂凑而成的涂鸦作品，并挑出本书第一册前几章中不少与事实不合的错误叙述，作为上述批评的佐证。

以上这两篇书评对于《番鬼在中国》的评价可说是南辕北辙，这说明了鸦片战争前夕在欧美各国与在华外人的一些不同态度。距离中国遥远的欧美读者所期待的关于中国的书，显然是充满异国风情的新奇事物与人物，所以才会有人将阅读《番鬼在中国》的心情类比于阅读《库克船长日记》，甚至还类比于小说《鲁滨逊漂流记》；而就在广州十三行日常得面对中国人生活的英国读者，则以现实的观点对待旨在展现中外交往情况的本书，希望书的内容能符合当下的形势，一旦作者描绘的情况与事实相去太远，即使书中一再参考引用自己和父亲的著作，马儒翰也毫不留情地严加批判了。

尽管有非常了解中国的马儒翰对于《番鬼在中国》极为负面的评论，绝大多数的欧美读者毕竟对中国的印象是充满了想象的模糊与期待，而且刊登马儒翰书评的《中华丛论》出版于广州，这对欧美一般读者的影响力恐怕是

---

17 *The Chinese Repository*, 7:6 (October 1838), pp. 328-334, 'Review: The Fanqui in China, in 1836-37.'

18 Elijah C. Bridgman & Samuel W. Williams, *General Index of Subjects Contained in the Twenty Volumes of the Chinese Repository* (Tokyo: Maruzen Co., n.d., reprint), p. xxi.

19 *The Chinese Repository*, 7:6 (October 1838), p. 330.

很有限的。

三、《华事夷言》的翻译

《华事夷言》没有单行本，一向收在魏源的《海国图志》书中，题为《华事夷言录要》，也被转收在后出的一些丛书中。《海国图志》最早的版本，是道光二十四年 (1844) 仲夏魏源排印的古微堂聚珍版五十卷本，其中卷四十九为《夷情备采》，含《澳门月报》《华事夷言》和《贸易通志》三种，《华事夷言》在叶三十九至四十九，每半叶九行、行二十一字，卷端著录为“华事夷言录要”，以下小字双行注：“此书两广总督林则徐译出，曾见于两江总督裕谦奏折”。魏源于道光四十七年(1847)增补《海国图志》为六十卷，《华事夷言》在卷五十二；咸丰二年(1852)魏源重刻《海国图志》，又扩充为一百卷，《华事夷言》在卷八十三；光绪二年(1876)魏光焘重刻《海国图志》一百卷，《华事夷言》仍在卷八十三。以上六十卷本与两种一百卷本的《华事夷言》内容和五十卷本对照，都各有一些文字的歧异，本文讨论《华事夷言》依据的是最早的五十卷本内容。

魏源说《华事夷言》为林则徐译出。但林则徐以钦差、总督的地位和力量着人翻译《华事夷言》在内的各种文献，是居于发动、组织和主持的角色，他也无力翻译英文，在他手下则有四名专职的中国译者。当时在华的美部会 (American Board of Commissioners of Foreign Missions) 传教医生伯驾，在撰写该会的中国 (广州) 布道站1839年上半年报告中，简介了林则徐这四名翻译：一是曾在孟加拉的雪兰坡 (Serampore) 向英国传教士学习英文的Âmân (阿曼)，二是曾经就读位于马来半岛的马六甲 (Malacca) 英华书院 (Anglo-Chinese College) 的Shaou Tih (小德，即袁德辉)，三是曾在美国康乃迪克州 (Connecticut) 的康沃尔 (Cornwall) 就读外国传教学校 (Foreign Mission School) 的Alum (阿伦)，四是在广州跟随美部会传教士裨治文读英文的Atih (阿德，即梁进德) [20]。那么，《华事夷言》是哪一位翻译的呢？

---

20 ABCFM/Unit 3/ABC 16.3.8., vol. 1A, Peter Parker to Rufus Anderson, Macao, July 4, 1839. 关于这四名译者，参见Carl T. Smith, ‘Commissioner Lin’s Translators,’ in *Chung Chi Bulletin*, 42 (June 1967), pp. 29-36; 此文又收在Carl T. Smith, *Chinese Christians: Élites,*

在林则徐的这四名译者中，梁进德的父亲是追随马礼逊的中国第一位基督教传道人梁发，因此梁进德从小就和马礼逊一家熟识，并在 1841 年 11 月 4 日从澳门写了一封英文信给已回到英国的马礼逊遗孀，马氏遗孀将信的内容发表在 1842 年 6 月号的英国《传教杂志》(*The Evangelical Magazine*) 上，其中一段文字如下：

> 过去两年我被林钦差雇用为译者，我通常是为他每周翻译《广州新闻报》，也完成了一部《番鬼在中国》的翻译，以及百科全书的一部分。林钦差从澳门获得《广州新闻报》，百科全书是勃朗先生 (Mr. Brown) 卖给他的，他除了这两种以外还有许多别的书，是从西班牙船"墨尔咩哪号"(the Bilbaino) 得到的。[21]

这段话很清楚地说明了梁进德自己就是《番鬼在中国》的译者[22]。但是，收在《海国图志》中的《华事夷言》内容是否就是梁进德所译的《番鬼在中国》呢？

《华事夷言》共有四十段文字，每段少者仅二十字出头，多者三百二十余字，全文共 4270 字。就这些文字的翻译和《番鬼在中国》的内容进行比对，笔者发现至少有以下四种明显值得讨论的现象：

（一）《华事夷言》的内容只是《番鬼在中国》原书的局部。

《华事夷言》共四千余字，只是《番鬼在中国》大约十七万字内容的四十分之一左右而已，两者篇幅的差距何以会如此悬殊？在上述梁进德写给马礼逊遗孀的信中，他表示自己"完成了一部《番鬼在中国》的翻译"，

Middlemen, and the Church in Hong Kong (Hong Kong: Oxford University Press, 1985), pp. 52-62.

21 *The Evangelical Magazine*, June 1842, pp. 295-296, 'Letter from the Son of Leang Afa, the Chinese Evangelist, to Mrs. Morrison, Macao, 4 November 1841.' 梁进德将百科全书 (Encyclopædia) 写成Encycropania，指的应该是Hugh Murray的*The Encyclopædia of Geography*，即《四洲志》。

22 关于梁进德的生平及参与林则徐组织的翻译工作情形，参见苏精"林则徐的翻译梁进德"一文，收在苏精《中国，开门！——马礼逊及相关人物研究》(香港：基督教中国宗教文化研究社，2005)，页219-239。

这么说应该是全书都译了，否则梁进德若仅选译四千余字，却声称已完成三册、九百五十页、约十七万字的翻译而交差了事，两者相差实在过大，林则徐及其幕僚尽管不识英文，但恐怕是无法置信的。《华事夷言》这种译文远少于原书的情形，应该是梁进德虽然身为译者，却无法控制自己的译文，《华事夷言》和其他译作都经过了林则徐的幕僚、林则徐本人，以及魏源等人之手，并在转手的过程中遭到增删、润饰、修改、挪动、合并、重组、编辑的命运。以下的事例可以说明梁进德译文遭人删除的现象：

1841年初，江苏巡抚裕谦先后两度在奏折中引用《华事夷言》的内容："查有粤东抄本番鬼录，系英夷商人用夷字记载见闻，近年粤东通事用汉字译出，改名《华事夷言》。"[23]"又考其自行记载之《华事夷言》一书，亦有船上所食皆咸肉，一见鲜肉，如同珍宝之语。"[24]

裕谦两次奏折中的名称都是《华事夷言》，可是三年后魏源于 1844 年第一次印行的《海国图志》及以后的版本中，却都题为《华事夷言录要》，这多出来的"录要"两个字是关键所在，显示了林则徐将梁进德的译文交给魏源后，魏源自己决定只选择局部内容刻入《海国图志》，而裕谦第二份奏折中提到船上食肉的事，在《海国图志》中竟然消失不见了，这显然是魏源自己决定不收录这部分内容[25]。很可能就是魏源大加删除的结果，造成《海国图志》中的《华事夷言》篇幅只是《番鬼在中国》原书的一小部分而已。

（二）《华事夷言》的译文经常取原书的各处内容拼凑成段。

在《华事夷言》的四十段内容中，有十四段是由两处以上的《番鬼在中国》内容拼凑而成。这种现象可以第一和第八的两段文字为例说明：

---

23 文庆等纂《筹办夷务始末 道光朝》(台北：文海出版社，1970影印本)，卷24，叶34。中国第一历史档案馆编《鸦片战争档案史料》(天津：天津古籍出版社，1992)，第三册，页220-221，"钦差大臣裕谦奏请招募水勇以资攻剿片"。众所周知，林则徐屡次将翻译所得抄送相关官员参考，而裕谦手中的《华事夷言》应该也是来自林则徐，只因裕谦奏上此折时林则徐已经革职，因此折中不便明言。

24 文庆等纂《筹办夷务始末 道光朝》，卷27，叶30-31。中国第一历史档案馆编《鸦片战争档案史料》，第三册，页382-383，"钦差大臣裕谦奏为遵旨据实奏闻诱擒英兵情形折"。

25 齐思和在《鸦片战争书目解题》的"华事夷言"条下，已提到裕谦所谓食肉的事不见于《海国图志》，但齐氏只说"今所流传者亦非足本"，没有进一步论及不见的缘故。

1. 第一段

火药外国未用时，中国已有之；罗针亦由中国海船行至西洋。瓷器则近日西洋各国亦设窑仿造，而普鲁特之墨林部落尤多，终不及中国之泥细而精洁。惟种牛痘一法，系由西洋传至粤也。

经比对原书后，发现此段文字是由第二册的三处内容凑成：

(1)“火药外国未用时，中国已有之；罗针亦由中国海船行至西洋。”

“The knowledge of gunpowder, for instance, which had been in use in China many centuries before it was known in Europe, may have found its way hither by means of the Arabians, who formerly carried on an extensive traffic to that country. The mariner's compass too, has with great probability travelled westward in a similar manner.” (p. 60)

(2)“瓷器则近日西洋各国亦设窑仿造，而普鲁特之墨林部落尤多，终不及中国之泥细而精洁。”

“In former years, porcelain was the commodity [...] Of later years, there has been a great deal of competition in Europe in the manufacture of the article, and a very considerable degree of perfection has been attained. Frederick the Great of Prussia took a great interest in this branch of industry, and instituted an extensive manufactory for it at Berlin. In most other countries of Europe the art has been encouraged, particularly in England. Notwithstanding these efforts, the porcelain of China is considered superior to that of the rest of the world, [...]” (p. 73-74)

(3)“惟种牛痘一法，系由西洋传至粤也。”

“[B]y the philanthropic exertions of Mr. Pearson, the Chinese had adopted the plan of vaccination as a preventative of the small pox, [...]” (p. 60-61)

2. 第八段

中国最重文墨，多由寒微至贵。纽曼译出中国之书，言其政事极好，通阿细亚州无此善政，即欧罗巴洲之罗问克力斯顿各大国，政均不及，故称王化之国。惟武勇不如西洋，若中国而兼西洋之武勇，我等敬中国尤当不同。

此段文字由原书第二、三两册的三处内容拼凑而成：

(1)“中国最重文墨，多由寒微至贵。”

“All these, and the greater number of the other government appointments, are filled by those persons who have distinguished themselves by literary attainments. Thus promotion in this country is, or is intended to be, the reward of merit, and the state secures for its own service, if not the most virtuous, certainly the most gifted individuals. Talent and industry meet with their rewards in the Celestial Empire, and the meanest peasant may eventually become the most trusted counsellor of his sovereign.” (vol. 2, p. 253)

(2)“纽曼译出中国之书，言其政事极好，通阿细亚州无此善政，即欧罗巴洲之罗问克力斯顿各大国，政均不及，故称王化之国。”

“Neumann gives the following opinion in the preface to his very interesting little work: ‘The translator of the History of the Pirates ventures to affirm, that the Chinese system of government is by far the best that ever existed in Asia; not excepting any of the different monarchies founded by the followers of Alexander, the government of the Roman Prætors and of Byzantine Dukes, or that of Christian Kings and Barons, who reigned in various parts of the East during the middle ages. The principles of Chinese government are those of virtue and justice; [...]’”(vol. 2, p. 256)

(3)“惟武勇不如西洋，若中国而兼西洋之武勇，我等敬中国尤当不同。”

“The brave and strong naturally feel contempt for the weak and pusillanimous, especially if they are at the same time conceited and over-bearing. If the Chinese were as courageous and powerful as they are intelligent, they would be regarded in a very different light by Europeans.” (vol. 3, p. 324)

造成《华事夷言》此种拼凑成段的原因难以确定。若说这种现象是由译者梁进德自己所为，固然不无可能，但更可能的是他交出译稿后，出于林则徐或其幕僚或是魏源之手所为，他们阅读时可能认为有些性质相同的内容最好放在一起，于是予以挪移合并整理而成。其中最可能的是出于魏源之手，因为在《海国图志》中的《澳门月报》，也有从《澳门新闻纸》的各处译文中拼凑成段的现象。《华事夷言》和《澳门月报》这些拼凑的现象应该和译者毫无关系，译者也无从干涉或阻止。

（三）《华事夷言》的译文有时增添原书没有的内容，并且导致错误。

例如第三段谈论中国的灯笼：

外洋有歌舞而无演戏，有火燎而无灯笼。兰墩国都街市皆以媒火通于墙筒，互相贯通，光明如昼，绝无纱灯、纸灯。前此贡使律马加尼至北京，回经运河各镇市，灯光灿若繁星，归国夸述，以为大观。

其中，“兰墩国都街市皆以媒火通于墙筒，互相贯通，光明如昼”“归国夸述，以为大观”这两部分内容是原书没有的，也不知道究竟是梁进德或林则徐等人从何处取来添加的字句。

再如第四段谈论中西医理：“又，中国药材多是草木，外国药材草木仅居十之一二。”其中的“外国药材草木仅居十之一二”是原书没有的。又如第十段论中西宗教的最后：“我思佛教之道理，未必能胜于加特力教、额力教之道理。”[26]也是原书没有而不知何人增添的字句，等等。

《华事夷言》译文有些增添的文字甚至导致严重错误的结果，例如第二十六段谈论中国与印度的人口与食米，最后说：

按央马礼逊之数 马礼逊，官名，非人名也，父子世袭汉文，其子曰秧马礼逊，秧者小也，中国幅员一百三十万方里，户口三万六千四十四万三千人，其地之辽阔，人之蕃盛，自古鲜有。

其中的小字注文：“马礼逊，官名，非人名也，父子世袭汉文，其子曰秧马礼逊，秧者小也。”此段不知是何人加上的注解，但绝不可能是译者梁进德添上的，因为他在 1823 年三岁时由马礼逊给予洗礼[27]，此后就跟着父亲梁发和马礼逊、马儒翰父子往来，到 1839 年时已将近二十年，学习英文也近十年，他无论如何不可能加上“马礼逊，官名，非人名也”这样令人啼笑皆非的注解。

又一个不会是梁进德译错而是被人改动而错误的例子，是第三十四段谈论鸦片：“鸦片[…]由葛留巴之船载至伶仃洋，过载趸船，即卸载回帆。”依《番鬼在中国》第三册、页 167 原文，葛留巴为 clipper，即快速帆船，

26 加特力教即天主教，额力教即希腊东正教。

27 马礼逊为梁进德洗礼的事，见Eliza A. Morrison, *Memoirs of the Life and Labours of Robert Morrison* (London: Longman, Orme, Brown, Green and Longmans, 1839), vol. 2, p. 226.

这在《华事夷言》第十九段同样论鸦片时已出现过两次，分别音译为“恪粒巴”与“格拉巴”[28]；至于葛留巴一词，在《华事夷言》第二十六段论食米时也出现过，依《番鬼在中国》第二册、页 24 原文，葛留巴为 Batavia，即爪哇岛上的巴达维亚 (今雅加达)，另在第三十一段论茶叶时，在爪哇 (Java) 一词下以小字注解“即葛留巴”，这是清代华人对爪哇一地的通称。不论是Batavia 或 Java，梁进德怎么可能分辨不了 clipper 和 Java (或Batavia) 这两个拼字大为不同、属性也不一样的英文字，而在译稿中将 clipper 译成葛留巴？这种情形正和马礼逊是官名的前例如出一辙，是由不懂英文但有权更改的某人大笔一挥，便将“恪粒巴”或“格拉巴”改成了“葛留巴”，造成连自己都不知道的错误。

(四)《华事夷言》大都为意译，并经常扭曲原文之意或造成错误。

例如第十二段论孔子:

孔夫子之书，系耶述用拉提纳字体译出，甚少精理。我等若信其不甚明白之书，以为中国儒教道理止于此，恐为耶述所误。

原文是:

“The life of Confucius, thus Latinised by the Jesuits from Kung-tsze or Kung-foo-tsze, has very few striking incidents in it, if we strip off the fabulous portions which have been laid on with an unsparing hand by his admirers.” (vol. 3, p. 37)

原文除了说明 Confucius 一词是耶稣会士将孔子或孔夫子拉丁文化而成的名字，主要说的是孔子生平若去除了敬仰者极力加上的传说之后，其实并没有多少惊人的事迹。但译文先是完全误会了原文之意，又自行增添了后半评论之语。本段可说是《华事夷言》四十段译文中最严重的误译。

再如第十四段论世界人种的最后部分:

中国人之聪明灵变，除英吉利外，他国皆不及。

原文是:

“[I]t will be allowed that the Chinese deserve to rank at the head of those, so called, interior human beings.” (vol. 3, p. 323)

28 “恪粒巴”与“格拉巴”字形近似，有可能是出于手民之误而成为两种音译。

原文之意以中国人位居于各次等人种之首，译文则是中国人仅次于英国人。

又如第六段记广州大火：

粤省火烛一起，将夷馆及各街道烧成白地，与道光二年兰顿国都之火烛无异。

原文是：

> "The foreign Hongs have once been completely burnt to the ground, together with the greater part of the suburbs. This extensive conflagration, equal in magnitude to that of the Fire of London, occurred in 1822, and was finally repressed by the most active exertions of the foreigners." (vol. 2, p. 226)

原文之意是道光二年 (1822) 广州大火的规模同于1666年的伦敦大火，译文却误为伦敦大火发生于 1822 年。只是目前已经难以分辨这究竟是梁进德不知伦敦大火的年份所致，或者是他的译文本来是"道光二年粤省火烛一起，将夷馆及各街道烧成白地，与兰顿国都之火烛无异"，却被不知何人将"道光二年"往后挪移到伦敦大火之前了。

以上所举的四种现象，都是导致历来的研究者无法确定《华事夷言》究竟译自何书的主要原因，也造成本文作者比对译文和《番鬼在中国》原文的极大困难。所幸最后除了《华事夷言》增添的部分当然无从查考以外，总算从《番鬼在中国》书中找出了和《华事夷言》对应的全部内容，包含《华事夷言》十四段拼凑而成的小段落在内，也包含意译或略述大意而扭曲误译的部分在内，因此应该可以确定《番鬼在中国》一书就是《华事夷言》的底本。只是，魏源收入《海国图志》的《华事夷言》在篇幅上和原书有非常悬殊的差距，最多只能说是《番鬼在中国》的选本或选粹 (extracts) 了。

四、结语

林则徐主持进行的翻译工作，是近代中国翻译史上非常重要的里程碑，但是这项翻译工作还有不少需要深入探讨和了解的问题。其中长期以来被人误会其底本出处的《华事夷言》，如今总算获得了厘清，不再只有译文而无原文，以致难以进行研究。不过，厘清底本只是一小步，《华事夷言》仍有些问题有待探讨，例如林则徐是如何获得《番鬼在中国》的？他又是如何决定要翻译此书的？以及在《华事夷言》定稿的过程中，梁进德、林则徐及其幕僚，尤其是魏源等人的角色和确切的作为等等，这些都还有待更多的相关史料出现才能澄清、解决。

《华事夷言》的原文与译文

译文依据1844年 (道光二十四年) 魏源古微堂聚珍版印《海国图志》50卷本。其卷 49 为“夷情备采”，含《澳门月报》《华事夷言》与《贸易通志》三种，《华事夷言》在叶39–49。断句标点为本文作者所加。／表示英文原本不同出处。英文段落后数字 (2:60) 表示出自 C. Toogood Downing, *The Fan-qui in China* (London: Henry Colburn, 1838) 一书第 2 册第 60 页。

꩜ 1 ꩜

火药外国未用时，中国已有之；罗针亦由中国海船行至西洋。／瓷器则近日西洋各国亦设窑仿造，而普鲁特之墨林部落尤多，终不及中国之泥细而精洁。／惟种牛痘一法，系由西洋传至粤也。

The knowledge of gunpowder, for instance, which had been in use in China many centuries before it was known in Europe, may have found its way hither by means of the Arabians, who formerly carried on an extensive traffic to that country. The mariner's compass too, has with great probability travelled westward in a similar manner. (2:60)

In former years, porcelain was the commodity [...] Of later years, there has been a great deal of competition in Europe in the manufacture of the article, and a very considerable degree of perfection has been attained. Frederick the Great of Prussia took a great interest in this branch of industry, and instituted an extensive manufactory for it at Berlin. In most other countries of Europe the art has been encouraged, particularly in England. Notwithstanding these efforts, the porcelain of China is considered superior to that of the rest of the world, although its exportation from that country is considerable diminished. (2:73-74)

[B]y the philanthropic exertions of Mr. Pearson, the Chinese had adopted the plan of vaccination as a preventative of the small pox, [...] (2:60-61)

ꕤ 2 ꕤ

中国之画，惟重写意，虚多实少，不如西洋之工细。／而洋画人物，又是一片黑影，不独中国人嫌之，即西史载，英国前代女王伊来西麻于写容时，亦不许写此黑影。

The greatest defect which we notice in examining the state of the art in this distant country, and which is most repugnant to our notions of propriety, is the total ignorance of the artist with regard to the effect of light and shade. (2:103)

[T]hey object to the European pictures, as they look upon the shaded parts as so many portions smeared over and obscured with black paint. Thus, when shown at the time of one of our embassies to the capital, a portrait of George III, they said that it would have been all very well if the face had not been obscured by that dirty patch: meaning the dark shades on one side of the face. (2:105)

Another still more striking illustration of its occurrence even in a highly cultivated and exalted personage, is to be found in the history of England's queen, Elizabeth, who, when her portrait was to be painted, insisted that no shadow should appear upon the countenance. She considered that the painter would offer a personal affront to her if he allowed the least obscurity to be seen on the face of majesty. (2:106)

ꕤ 3 ꕤ

外洋有歌舞而无演戏，有火燎而无灯笼。兰墩国都街市皆以媒火通于墙筒，互相贯通，光明如昼，／绝无纱灯、纸灯。／前此贡使律马加尼至北京，回经运河各镇市，灯光灿若繁星，归国夸述，以为大观。

The lantern may be considered almost peculiar to the Chinese, and, as a national ornament, does not give place to any thing to be found in any other country. (2:124)

The brilliant appearance of these illuminations has always attracted the attention of foreigners, and especially of those belonging to the embassy of Lord Macartney, when they saw them beaming over and reflected from the water of the great rivers near the capital. What a splendid state, therefore, must the whole country be in during the Feast of Lanterns, when it is computed that no less than two hundred millions of these gorgeous lamps are exhibited at one time throughout the empire! (2:126)

꧁ 4 ꧂

又中国药材多是草木，外国药材草木仅居十之一二。／西洋医不诊脉，而中国及回回医皆信脉理，有二十四样脉，诊之即知其病何证。／又西洋不择日，而中国钦天监凡举事必择吉日，西洋绝无此说。

The greater number of Chinese medicines are derived from the vegetable kingdom. (2:145)

Another very singular doctrine is founded upon the knowledge of the circulation of the blood, so long, although imperfectly, possessed by the Chinese. It is called the doctrine of the pulse. Duhalde, who has written very largely upon this curious subject, informs us that the Chinese physicians profess, by merely feeling the pulse in different parts of the body, to be able to ascertain the seat of a disease, with the symptoms and mode of cure. (2:164)

It would appear as if the Turks and other Mahommedans in Europe and Asia entertained a similar belief: [...] (2:164)

They say they can distinguish twenty-four different kinds of pulse by the touch, such as the hard, soft, the wiry, &c; [...] (2:165)

In addition to these fantastic theories, the Chinese physicians place great reliance upon the choice of fortunate days and hours, and mix their art up with all the superstitious notions of the vulgar. (2:165-166)

꧁ 5 ꧂

前此西洋耶密等在京作钦天监，曾带西医与各官府往来，借行克力斯顿教，是以教师必先晓医道，方能为人所说。

The natives of the Celestial Empire have for a very long period allowed the superiority of the Europeans in medicine and surgery. They have constantly sought aid from the foreigners, and have always received it with the greatest liberality. There is little doubt that many of the Jesuits and other early missionaries understood the art, and made it the stepping-stone to rank and distinction at the court of Pekin, as a prelude to the propagation of Christianity. Perhaps it would be difficult for them to have devised a more judicious plan, or one more likely to ensure success. (2:175)

꧁ 6 ꧂

粤省火烛一起，将夷馆及各街道烧成白地，与道光二年兰顿国都之火烛无异。

The foreign Hongs have once been completely burnt to the ground, together with the greater part of the suburbs. This extensive conflagration, equal in magnitude to that of the Fire of London, occurred in 1822, and was finally repressed by the most active exertions of the foreigners. (2:226)

꧁ 7 ꧂

西洋夷皆短衣窄袖，惟白头夷长衣宽帽，时常薙发，与中国人无异。

The foreigners form a strange contrast to the other pedestrians, as their dresses are totally different. The Parsees, however, look very well: their loose flowing robes and high caps harmonizing with the clothing of the natives. But the Europeans do not appear at all to advantage, in my opinion; as their tight, fashionably-cut clothes, and formal black hat, seem paltry by the side of the flowing garments of the Chinese and Mussulmans. (2:235-236)

꧁ 8 ꧂

中国最重文墨，多由寒微至贵。／纽曼译出中国之书，言其政事极好，通阿细亚州无此善政，即欧罗巴洲之罗问克力斯顿各大国，政均不及，故称王化之国。／惟武勇不如西洋，若中国而兼西洋之武勇，我等敬中国尤当不同。

All these, and the greater number of the other government appointments, are filled by those persons who have distinguished themselves by literary attainments. Thus promotion in this country is, or is intended to be, the reward of merit, and the state secures for its own service, if not the most virtuous, certainly the most gifted individuals. Talent and industry meet with their rewards in the Celestial Empire, and the meanest peasant may eventually become the most trusted counsellor of his sovereign. (2:253)

Neumann gives the following opinion in the preface to his very interesting little work: 'The translator of the History of the Pirates ventures to affirm, that the Chinese system of government is by far the best that ever existed in Asia; not excepting any of the different monarchies founded by the followers of Alexander, the government of the Roman Prætors and of Byzantine Dukes, or that of Christian Kings and Barons, who reigned in various parts of the East during the middle ages. The principles of Chinese government are those of virtue and justice; but they are greatly corrupted by the passions and vices of men. The greater part of their laws are good and just, though the practice is often bad; but unfortunately this is generally not known to the 'Son of Heaven.' (2:256)

The brave and strong naturally feel contempt for the weak and pusillanimous, especially if they are at the same time conceited and over-bearing. If the Chinese were as courageous and powerful as they are intelligent, they would be regarded in a very different light by Europeans. (3:324)

9

前时有罗问国之耶密奉使至北京，授钦天监，著有许多书籍，道中国之风俗，现在拂兰西各国多有藏贮，我我[衍文]等得知中国之风俗，皆应感耶密也。中国音语最难学习，近有波罗士特之教师勤力学习，是以马礼逊、米尔尼、麻士文三人，俱能通中国语言文字。

It is universally allowed, that for the greater part of our knowledge of the manners and customs of the Chinese, we are indebted to the indefatigable exertions of those Romish missionaries, who some time back were well received in China, and even held high offices in the imperial cabinet. The Jesuits were as usual very active in this service, and wrote voluminous works on these subjects, many of which are to be found at the present day in the Louvre at Paris, and elsewhere. Of late years, the Chinese language has been much studied by foreigners, and is becoming so extensively known, that it is supposed by Dr. Marshman, that in a short time it will be universally understood throughout the East, and be as useful for the traveller as English or French is in Europe.

In facilitating the student's progress in this, which has always heretofore been considered the most difficult of all languages, the Protestant missionaries, and those chiefly from our own country, have exerted themselves of late years; so that by the labours of Morrison, Milne, Marshman, and others, it is rendered much more easy of acquisition. (2:285-286)

꧁ 10 ꧂

佛教与回回教、克力斯顿教亦有分别。中国称为佛，日本称为释迦，蒙古称为剌麻，印度称为密他，缅甸称为偶麻，西藏称为麻哈毋尼，暹罗称为波那分教，其实一也。佛生于加治麻国，在克力斯顿教一千年之前。／如谓人死复生，为禽兽鳞介，互相轮回，皆各教所无。而克力斯顿教中又分出二教，曰额力教、曰加特力教，皆以净水教化，视仙佛鬼魔及地狱皆一例观之，我思佛教之道理，未必能胜于加特力教、额力教之道理。

The sect of Buddha, or as it is called in China, of Fohi, [...] the Budh and Shaka of Japan, the Fohi of China, the Buddha of Hindostan, the Gaudma of the Birmans, &c. The Son of God of the Tibetians is named Mahamoony, also Schaka; he was born of a virgin in the country of Cachemir, and came into the world, according to the Tibetian chronology, about a thousand years earlier than Jesus Christ. (3:21-22)

The first of these laws, it is well known, is most strictly adhered to by the Brahmins and others of this sect, and no doubt arose from their belief in the doctrine of the transmigration of souls. Their tenderness towards the inferior orders of the creation is thus explained; as in depriving an animal of life, they might by the same act be slaying a relation of their own who was dead, and whose soul had passed into the body of the brute. The professors of this creed make vows also of poverty and celibacy, which the strictest rules of the order oblige them to keep sacred.

However much we may be struck with the great similarity of many points of this creed with that of the Romish profession, the external rites and practices of the two sects appear to form much more curious coincidences. These cannot be better expressed than in the works of an author before quoted. 'As we have already observed, the religious ceremonies of the Tibetians are to us more remarkable than their creed; for it would appear that the oriental primitive idea had here assumed the dress of the Christian church. Their doctrines concerning God and his Messiah, the devil and hell, the Trinity, and the like, are of themselves sufficiently striking; but still more so their belief in purgatory, their prayers for the souls of the deceased, their use of the rosary, of holy water, of extreme unction, and many other practices, which remind us of the tenets and ceremonies of the Greek and Catholic churches.' (3:24-25)

ꙮ 11 ꙮ

昔年多麻士至中国传加特力教时，中国从教者仍信奉鬼神，以加特力教中不禁人奉鬼神之像也。及耶密至中国，观前所行之教，皆非正道，始删去许多敬奉鬼神之事。

According to some people, St. Thomas is made to have travelled hither; while others accuse the degenerate Nestorian Christians of having amalgamated their faith and practices with those of the Chinese. Many of the Catholic priests gravely asserted their belief, that the *devil* had got up the whole affair in order to frustrate their good intentions; but Father Premère insisted, that his Satanic majesty had practised the trick in order to annoy his friends the Jesuits in particular. (3:30)

It appears to me very probable, that some of the *titles* belonging to Teen-how may have been derived from the attempts of the earlier Catholic missionaries. Unable to overthrow the pagan deity, and rear up another image of the same kind in its place, they may have begun the work of conversion by *altering the name*, that thus the transformation of the one type into the other might have been gradually produced. (3:32)

ꙮ 12 ꙮ

孔夫子之书，系耶述用拉提纳字体译出，甚少精理。我等若信其不甚明白之书，以为中国儒教道理止于此，恐为耶述所误。

The life of Confucius, thus Latinised by the Jesuits from Kung-tsze or Kung-foo-tsze, has very few striking incidents in it, if we strip off the fabulous portions which have been laid on with an unsparing hand by his admirers. (3:37)

ೱ 13 ೲ

中国有回回之马夥墨顿教,各处建庙礼拜。又有由教,其人甚少,只散在乡间,单身修炼。

Mahomedans are to be found in considerable numbers throughout the provinces, but as they remain very quiet, and their ceremonies do not interfere with the customs of the people, they are allowed to perform their devotions publicly. They are not permitted, however, to make converts. One of the mosques belonging to these people is situated within the walls of Canton, and may be seen as you approach the city by water. In it daily service is performed by the native followers of the prophet.

The Jews of China are in small numbers and dispersed over the country, often retaining but the outward form of their peculiar rites and ceremonies. (3:53-54)

ೱ 14 ೲ

中国人以欧罗巴为夷,皆由不通欧罗巴之语言文字,是以于麻六甲设书院、教师,以教化中国之人。/中国人之聪明灵变,除英吉利外,他国皆不及。

The grand object aimed at, however, at this present time, is to open the eyes of the Chinese to the attainments of Europeans, whom they now consider barbarians. If this could be accomplished, it is probable that our relations with the Celestial Empire would be very much improved, and a proper field be opened for the exertions of the missionaries. For this purpose the Chinese language and literature is now extensively cultivated. Dictionaries and grammars of the language have been formed, and a college has been established for some years at Malacca, for the education of Chinese and European missionaries. (3:68-69)

If it be true, but to me it appears very doubtful, that the dark races of mankind are naturally inferior to the light-coloured in intelligence and moral feeling, it will be allowed that the Chinese deserve to rank at the head of those, so called, inferior human beings. (3:323)

꧁ 15 ꧂

各洋商名浩官、茂官、启官、教官、经官、明官、海官、三官、贞官。各通事名亚担、亚东、亚江、亚兰细、亚周、亚钦。

It may be interesting to know the names of the Hong merchants, who are such important personages in the China trade. They are, therefore, subjoined, and nearly in the order as they rank in importance: - How-qua, Mow-qua, Pon-khe-qua, Go-kwa, Fat-qua, King-qua, Sun-spring, Ming-qua, Sao-qua, Pun-hoy-qua, Sam-qua, Ching, and Fuk-sune.

The linguists are the last of the natives whom it will be necessary to mention, as connected in an official capacity with the foreigners. They, like the Hong merchants, have to pay largely to the authorities for their situations, and are equally responsible. By a curious coincidence, all their names begin with an A, like those of the Tanka girls on the river; the linguists now in office being called A-tom, A-tung, A-kong, commonly named Young Tom, A-lant-sei, A-heen, A-chow. (3:120-121)

꧁ 16 ꧂

十三间夷馆近在河边，计有七百忽地 每忽八寸。内住英吉利、弥利坚、佛兰西、领脉、绥林、荷兰、巴西 即巴社白头回、欧色特厘阿、俄罗斯、普鲁社、大吕宋、布路牙等国之人。

Within the narrow precincts of the thirteen Hongs, the whole frontage of which does not exceed seven or eight hundred feet facing the river, are crowded together, Englishmen, Frenchmen, Americans, Danes, Swedes, Dutch, Parsees, Austrians, Russians, Prussians, Spaniards, Portuguese, and 'various other tribes of barbarians, who inhabit the Great Western Ocean.' (3:123-124)

∞ 17 ∞

广东走私之船曰快艇，曰蜈蚣艇 以其多桨形似得名，排列枪械，每于黑夜由小河鱼贯而出，分赴各岸售私，专与官船相避。粤东汊港纷岐，熟习港路，易于趋避。倘遇官船邀截，不及走避，即持械拒捕。

The smug-boats have been called centipedes by the Europeans, on account of the great number of oars, with which, like legs, they walk the water. (1:122)

The opium is transshipped from the clippers into the Jane, the Agnes, or the Bombay, according to the house to which it is consigned, and is then sent up the country, in the night-time, by native boats, called, from the number of their oars, centipedes. The many-footed smugglers, have to creep and steal through the narrow channels, between the forts, and fight their way if opposed by the mandarin-boats, which are lurking in every corner. Desperate affrays sometimes take place between them, but, in general, they go in a body of twenty or thirty, and brave all opposition. (1:53-54)

∞ 18 ∞

鸦片船皆下碇于伶仃洋，其岛高尖独峙，颇有居民，山可御东北风。若风暴将起，则驶往对面之金星门，否则被风吹出大洋外矣。

As vessels employed in the contraband trade cannot go up the river to dispose of their goods at Canton, they must have some place on the coast, where they may quietly discharge their cargoes; and, at the same time, be ready to start immediately, in case any hostile movement should be directed against them. Such a place is Lintin. It is merely a roadstead, where the ships anchor, and are protected by the peak of Lintin from the violence of the north-east monsoon. When there is an appearance of threatening weather, or any great repairs are required, they run over to the opposite shore, and enter the haven of Cum-sing-moon. This place is looked upon as good winter quarters when the typhoons prevail, and which would almost literally, blow them out of the water if they were exposed to them on the open sea. (1:50)

19

西洋种罂粟花曰波毕，其上等者在麻哈、默那，次等者在麻尔洼。孟买、加尔吉达 即孟阿腊首部落，皆英吉利所辖东印度地。每箱载两满，每满各重六十七棒 十二两为一棒，合中国秤，每箱百斤有零。其价自一千三百鲁卑至一千五百鲁卑不等 五十五先士值一鲁卑，二鲁卑值一番银。装箱后，用恪粒巴船运至各国售卖。除印度外，又有回教之都鲁机亦产鸦片，每年亦有千余箱运至中国，多是弥利坚船运之。凡装载鸦片之船，每船约载三百趸 每千六百八十斤为一趸，俟过七洲洋后，到伶仃洋，即有军器之船在彼湾泊，将鸦片移入有军器船内，至夜有内地蜈蚣艇来接，载运至省城。此等船常有二三十只，与官船抗拒。其格拉巴船在伶仃洋守候，鸦片卖完时，扬帆回去。中国始由穿鼻洋跟至老万山，空放响炮，回称夷船尽已驱逐远扬。

The monopoly of the opium trade was nearly the only thing reserved by the East India Company, when every thing else was thrown open to the public. The cultivation of the poppy is confined to certain districts in the provinces of Bahar and Benares, and an inferior article is also manufactured at Malwah. At stated intervals, the Company's Godowns are thrown open in Bombay and Calcutta, and sales of immense quantities of this valuable drug take place. All the speculative people in India look upon these times with interest, and there are few, who have any enterprise, who have not at one time or other made purchases. The opium is put up in chests, containing two maunds of sixty-seven pounds each, and each lot for the auction consists of a certain number of these boxes. There is some difference in the quality of each chest, according to the sample, the place whence it was procured, and its age; so that it ranges in value, from 1,200 to 1,500 rupees, according to the variation of the market.

When the sales are concluded, the opium is shipped on board a class of vessels, expressly built for the purpose of transporting it to China, called clippers. A few chests are, occasionally, sent by the Indiamen, who do not charge so high a freight, but this is considered a very inferior mode of conveyance. About a thousand chests of Turkey opium are also consumed yearly by the Chinese. The depot for this article as at Smyrna, whence it is transported, for the most part in American vessels, to Lintin. The opium-clippers are, in general, about 300 tons burden, barque-rigged, and fitted up in the first style. They are often perfect models of naval architecture, are manned with lascars, and are reputed to sail like the wind. (1:51-52)

Constantly moored in the roadstead, are armed vessels, which were formerly employed in the same manner, but which are now kept as receiving-ships for the others. The opium is transshipped from the clippers into the Jane, the Agnes, or the Bombay, according to the house to which it is consigned, and is then sent up the country, in the night-time, by native boats, called, from the number of their oars, centipedes. The many-footed smugglers, have to creep and steal through the narrow channels, between the forts, and fight their way if opposed by the mandarin-boats, which are lurking in every corner. Desperate affrays sometimes take place between them, but, in general, they go in a body of twenty or thirty, and brave all opposition. (1:53-54)

Accordingly, as soon as the clippers have got under way, twenty of thirty Chinese men-of-war junks are seen creeping slowly out from Chuen-pee and other places in shore, and making towards them. Those on board the European vessels understand this movement well enough, and get the sail on the ships as quickly as they can, and manage matters so as to appear much frightened. The lumbering junks, some of them more than 600 tons burden, follow them as far as the Ladrones, but never close enough to be within reach of a cannon-ball, and if, for the sake of the joke, one of the clippers heaves to, in order to allow them to come up, they never accept the invitation, but keep at a respectful distance. After they have seen them fairly away, and almost out of sight, they then begin their warlike manœuvres, and keep up the cannonade until the report of their guns can be no longer heard. In a few days after this farce has been performed, a proclamation is issued to the whole nation, stating that 'His Celestial Majesty's Imperial fleet, after a desperate conflict, has made the Fan-quis run before it, and given them such a drubbing, that they will never dare to show themselves on the coast again.' (1:54-55)

20

粤省与外国交易番银，俱是用大吕宋之达剌洋钱，故外夷各带达剌番银，以买中国之货。近则出口之银比入口更多，以鸦片年增一年，烟价多于茶价也。

The ordinary coin made use of in the traffic with foreigners at Canton is the Spanish dollar. Great quantities are brought hither to exchange for the native productions, on account of the difficulty of finding out commodities which the Chinese are in want of, in sufficient quantities to make a suitable exchange. This is a defect in the fair trade which it is to be hoped is becoming every year less apparent, but at present the exports are of greater value than the imports. The opium trade has increased, however, so very much within a short period lately, that the value of that commodity alone rather exceeds that of the tea exported. (2:34)

21

广东炮台外砌有围墙，以防敌人上岸，攻我炮台后路，而墙皆硫薄，只好圈其兵丁，不令外走，若以御敌即不能。

Each of the forts at the Bogue has a high wall, extending in a semicircle behind it up the hill. This is, no doubt, intended for the purpose of preventing the place being taken by assault in the rear, by a party landing at a little distance from the fortifications, but considering the present unwarlike disposition of the Chinese, they seem much more fitted for the purpose of preventing the soldiers running away from their guns. (1:61)

22

夷船禁烧酒，同于中国之禁鸦片；水手好酒，同于中国之嗜烟。盖水手在船，尽受炎热，夜卧风露，加以烧酒之力，一饮则必醉，醉则必发寒热，往往不治。禁令虽严，而水手以酒为命，时时盗买，多藏于水桶，船主望见，但见是水，不知皆酒也。

When, to the sailor, in this state of inactivity and exhaustion, the cold weather makes its appearance, the change cannot be supposed to operate favourably. Cooped up in a ship for months together with little or nothing to do, the mind becomes depraved and every excess is indulged in. No provision is made against the change of temperature, very often without sufficient clothing for the cold weather, after residing so long in a hot climate, the careless sailor stretches himself upon the deck amidst the dews and frost, in the same manner that he did during the calm, hot nights of summer.

But the principal cause of the mischief is to be found in the indulgence in spirituous liquors. The Chinese manufacture a kind of arrack, made chiefly from rice, and which is called Sam-shu. (1:196-197)

Every precaution is taken for the same purpose on board the Indiamen, but with very little success. Jack will have his grog cost what it will: [...] (1:198)

A clever plan which they have adopted now and then to obtain a sea-stock of grog is to fill the ballast-kegs with it. The captain's gig is generally supplied with two or three small painted barrels which lie at the bottom of the boat, and are usually filled with water for ballast. When not wanted the water is emptied out, and they are then very conveniently moved about. These men have sometimes to return by themselves from Canton, at which time the place of the water is supplied by sam-shu, which is taken into the ship without suspicion. (1:202)

☙ 23 ❧

黄埔在水中央，周围皆洋货船。／而内地尤帆樯如林。以外国贸易船比之，外国所纳税饷，不过本地百中之一，所以中国不甚希罕外夷在粤之贸易。

Whampoa is a small village situated on an island of the same name, somewhat similar to our Isle of Dogs in the middle of the river Thames. This is, however, more properly speaking, a piece of land, cut off from the surrounding parts by the union of three different streams. It is a wretched, straggling place, and does not even derive importance from its vicinity to so numerous and rich an assemblage of vessels from the most powerful nations on the face of the globe. (1:75-76)

These vessels are without any paint, and are the vehicles by which the great inland navigation, the interprovincial commerce, is carried on, which is the great source of the wealth and prosperity of the country. For however great the foreign commerce with China may appear in our eyes, still it brings very little money into the Imperial treasury compared with that which is derived from the inland traffic. The Emperor, therefore, may have reason, individually, to be careless as to whether the foreigners bring their trade to Canton; [...] (1:235)

ഀ 24 ഀ

外夷雇中国人供役曰沙文。故华夷有事，官府辄先以禁买办火食及撤退沙文为首务。嘉庆十二年夷兵头特鲁厘带兵上澳，及嘉庆十九年英兵头那列士到澳门时，道光十九年律劳卑到省城时，均即封港停止贸易、驱逐沙文、打破夷馆、提拿通事，必待事定，始开舱发沙文也。

[A]s one of the grand means of annoyance when any quarrel or misunderstanding has taken place between the Chinese and the foreigners, these servants have been withdrawn, and sometimes so suddenly as to produce considerable inconvenience. [...]

In the latter end of the year 1808, when the troops were sent out and landed at Macao under Admiral Drury; and in 1814, when the British ship Doris brought the Hunter into the Macao roads, the trade was stopped and the Chinese servants recalled from the Company's service. In the latter instance, they broke into the factories to seize them, and even arrested the accredited linguist. These circumstances were so very annoying, that in order to guard against them for the future as much as possible, the unmolested use of native servants formed one of the chief demands upon the authorities. These matters appears since that time to have gone on pretty steadily, and these independent domestics were not taken away from their foreign masters, until the time when Lord Napier made his unfortunate visit to the capital of Quantung. Then the trade was again stopped; but it was renewed upon his departure, and these men were again restored to their usual routine of employment. (1:274-275)

∞ 25 ∞

中国户口之数难考，即征收地丁人数亦难信。完钱粮时，只家长一人出名。中国以六人为一户，西洋以五人为一户，如广东省城众即百万。古时户口，炀帝时共有八百九万户；一千一百二十二年海壮帝时，有二千零八十八万二千户；一千二百九十年急赖间为帝时，有一千三百十九万六千户；一千五百零二年，有五千三百二十八万二千户；一千六百四十四年清朝初，减至二千七百二十四万一千户；乾隆间会共一万五千万人。以孟阿拉之户口方里比较中国，中国约二万二千八百万。阿弥于乾隆四十二年住燕京，依官书计算中国户口，连无钱粮之人，共二万万人。佛达阿拉士译出部钱粮户册，亦有一万四千八百二十一万四千余人。与前二数比较，尚不甚相远。至近年人数日增，更可想知。

There have been various and very contradictory estimates as to the amount of population in China; the cause of the discrepancy of opinion arising no doubt from the very uncertain nature of the data upon which they have been founded. Very little reliance, I should think, can be placed upon the generality of those accounts, which are said to have been derived from official authority; such as those calculated from the list of the people who pay duty to the government. The authorities in these cases altogether overlook those hosts who are exempted from the taxes, such as the mandarins, literati, stragglers and outlaws of all sorts, and the vast numbers of those who take up their abode on the water. Besides this, the heads of families alone are subject to the poll-tax, and it is a matter of opinion how many individuals are to be included in one of these family circles. The Chinese reckon six on an average to each, while our countrymen consider that five is quite a sufficient number.

The latest estimate which has been made on this interesting subject is that by Mr. John Robert Morrison, the son of Dr. Morrison of Macao, and published by him in the Companion to the Anglo-Chinese Calendar for 1832. [...] The learned doctor's statement was taken from an official work, entitled, 'A Complete Statistical Account of the Empire of Ta-ts'ching,' which was published in the reign of Kien-loong, in the year 1790. This account appeared in 1817, and the amount of the population, including those who dwell upon the water, was under 150,000,000. (2:3-5)

In the reign of Yang-ti, A.D. 609, an enumeration was made, in which 8,900,000 families alone were mentioned. In 1122, under the Emperor Hoei-tsong, the census amounted to 20,882,000 families; from whence was inferred very little more than double the number (46,734,000) of individuals. In 1290, in the reign of the great Kublai Khan, the heads of families who were subjected to a poll-tax amounted to 13,196,000; while in the reign of Hiao-tsong, in 1502, there were reckoned to be 53,282,000 individuals. The very reduced amount of 27,241,000 was given as the return, at the accession of the Tartar dynasty in 1644. These early statements appear to have been drawn up at times of internal commotion, before the empire was sufficiently reduced under the sway of a single monarch, and are, therefore, not deserving of much attention. (2:3-6)

A calculation by analogy has been made, in which China has been compared, in the productiveness of the people, to the fertile Presidency of Bengal in Hindostan.* (*Edinburgh Cabinet Cyclopædia) Allowing the same number of inhabitants to each of these countries, in proportion to the amount of square miles contained on their surface, nearly 228,000,000 of inhabitants would be contained in the Celestial Empire. This account agrees very well with that given by Amiot, in 1777. This gentleman, who was in high favour at the court of Pekin and resided for a long period in that capital, drew up a statement collected from official documents, by which the population would appear to be about 200,000,000, when the individuals exempted from the tax are included in the account. In confirmation of the two last statements, Father Allerstain has translated a manuscript found in the Chinese Board of Taxes, showing the result of a census which made the population amount to 198,214,624; a sum very near to the two former. (2:7-8)

ჯ 26 ☙

中国产米不敷日食，故准洋米进口，并免米船之税。近年米利坚、英吉利由小吕宋、葛留巴、新奇坡运至米不下二万二千八百十六趸 每趸一千六百八十斤。 而鸦片货物寄放伶仃洋，则不仅米船也。 印度之人民极多，不须外米接济，而反运米出口接济东西洋各埠，何以彼有余而中国反不足？ 且工作则中国更勤苦，饮食则中国更爱惜 印度凡食余之物，他人即不食之，设印度地面而以中国人居之，获利尤倍，可见中国之蕃衍稠密，更胜于印度矣。 按央马礼逊之数 马礼逊官名，非人名也，父子世袭汉文，其子曰秧马礼逊，秧者小也，中国幅员一百三十万方里，户口三万六千四十四万三千人，其地之辽阔，人之蕃盛，自古鲜有。

The importation of rice bears again upon this question, as it shows that the resources of the land itself are not sufficient for the wants of the people. Great encouragement is given to the importation of this commodity by the authorities. Every ship which comes into port with a cargo of rice is exempted from the usual port-charges, so that it is a very common practice for Americans, and sometimes our East Indiamen, to call for a cargo at Manilla on their way to Whampoa. Batavia and latterly Singapore have furnished ship-loads also of this staff of life, so that in the year 1834 no less than 22,818 tons of rice were imported in China by British and American vessels. [...]

No plan, however excellent, has yet been found which has not its corresponding disadvantages. The importation of rice under the present regulations is the vehicle of many underhand transactions, by which the revenue from foreign commerce is materially lessened.

Most of these latter circumstances are opposed to what may be observed in India. In that country the population is very great, but the number is not so enormous as to oblige the government or the people to have recourse to such extraordinary expedients, as we have mentioned. Neither infanticide nor emigration is resorted to as a means of lessening the number of the people, or is there need of importation to increase the supplies. On the contrary, almost every ship which leaves India carries away a certain number of tons of rice, and the markets of Europe are chiefly supplied from that quarter. This grain, which is the general food of the natives, and often the only one, must therefore be in greater abundance than is required by the people, and in this particular it forms a striking contrast to China, where all means are taken to secure a larger quantity than the ground of the country itself produces. Besides, we cannot suppose that Hindostan is more productive than the other country, as it is subject to the same mountainous tracts and has as extensive swamps and morasses. Allowing that the nature of the soil is the same, it cannot be denied that the Chinese turn it to much more advantage. They are a more ingenious race of people, and their industry and prudence are highly conspicuous.

There is one single fact which would of itself be sufficient to show the difference that exists between the natives of Hindostan and of China, with regard to the supply of sustenance in the two countries. This is the kind of food which is eaten by the two people. Setting aside the peculiar customs enjoined by religion, which I suppose would not stand out long against the craving of the stomach, we find that the Indians are the most particular race of people on the earth with regard to the kind and cleanliness of their food. Rice is in general the only pabulum, and even this will not be eaten, if it has been touched by an individual of any other caste than that to which the proper owner belongs. The poor Chinese, on the contrary, eat whatever they can get hold of, and care little whether it be clean or dirty. They scoop the rice off the surface of dirty streams, and mix it with vegetables which are often the refuse of the more wealthy. Every kind of fish which they can catch, every animal, dead or alive, of which they can get possession, cats, dogs, rats, hawks, owls, and serpents, are boiled in a common pot and are served out at table as an olla podrida. We cannot suppose that these viands are eaten from choice, or that, as some people have asserted, the Chinese are perfectly indifferent on the subject. They feel the necessity of placing something inside which will sooth the gnawing pangs of hunger, and they take whatever will produce this effect, in the same way that a person really sick swallows his medicine with eagerness and apparent satisfaction. The upper classes in China are as fastidious and difficult to be pleased as any other great people, and lay out large sums of money on the pleasures of the table. Thus, we find the grandees feasting on their soups and jellies, the middle classes regaling on the flesh of hogs and ducks, while the poor Chinaman has to feed himself upon fish, and the offal and refuse of his superiors.

Taking everything into consideration, it appears highly probable that China contains a much more dense population then Bengal. The latter country is well known, and therefore the number of persons who reside in it can be estimated with considerable accuracy. By the statement mentioned above, Mr. Hamilton allows to this region 328,000 square miles, and 57,000,000 inhabitants. According to Sir George Staunton, the area of the Empire of China may be taken at 1,300,000 square miles; and if this rate of population is extended to it we shall obtain nearly 228,000,000. Believing this calculation by analogy to be inaccurate for the reasons mentioned above, we should be more inclined to believe that the account brought back by Lord Macartney from his embassy to the Court at Pekin was not at all exaggerated.

That nobleman received, as is well known, from Chow-ta-zhin, the mandarin who attended him in 1793, a statement taken from one of the public offices in the capital. This man appears to have been a person of great intelligence and respectability, and possessed of all the precision and accuracy of calculation for which the Chinese are so famous. According to his account, the population of the Empire amounted to 333,000,000. The latest statistical account may perhaps be a little above the mark, as the generality are below it. It is that of Mr. John Robert Morrison mentioned above, of 360,443,000.

Whatever may be the opinion of individuals with regard to the credit due to these estimates, by the very lowest computation a mass of human beings appear to be collected together in a single bond of society, much greater than any with which the world has ever before been acquainted. One government and one code of laws serve to keep this immense family together in the bonds of the strictest fellowship. Great crimes are very rarely perpetrated, and there is as little roguery committed in any portion of this extensive region, as in any petty state of Europe which is governed by the most watchful care. The institutions of such a country are not, therefore, to be despised, especially when we know that they have continued unchanged for hundreds of years; have served to rear up a gradually increasing and now enormous population, to bring to perfection a system of agriculture the most likely to answer the demands of the people; and which have been respected even by the conquerors of the country, and in their hands have served to keep the Empire in a state of profound peace, and of steadily increasing prosperity. (2:23-29)

27

中国商欠固多，亦有外夷不清粤店之帐，即开帆回国者，粤店既不能禀官追还，而外夷不法，亦不能禀官处治。

The strangers, too, frequently treat them with a great deal of suspicion and rudeness, and sometimes leave the place without settling their accounts. No justice can be obtained from the authorities under the latter circumstances; especially if the transaction has been conducted at all contrary to the laws. They have, therefore, to do with, on the one hand the foreigners in whom they cannot repose confidence, and on the other their native superiors, who are watching every opportunity of despoiling them of their gains; and who force them, by their ordinary exactions, to raise money in almost every way they are able. (2:33-34)

The fact is, they are entirely at the mercy of their debtors, and are frequently reduced to ruin by the deficiency of their payments. These poor fellows have no way of obtaining their money except by solicitations, as the mandarins will not interfere in the affair, and the usual plan of security can not be had recourse to in these small matters. They therefore watch the ships very closely to prevent their customers going away without settling their accounts, which still, I am sorry to say, frequently happens. (1:282)

꧁ 28 ꧂

俄罗斯不准船到粤，只准陆路带茶六万六千箱，计五百万棒。因陆路所历风霜，故其茶味反佳，非如海船经过南洋暑湿，致茶味亦减。然俄罗斯亦托外国船只带货到粤贸易。

The Russians are the only people of Europe who are forbidden by the Chinese government to trade to the empire by *sea*. This is a singular prohibition, especially when we consider that a regular treaty of commerce exists between the two nations; and is only counterbalanced by their being allowed to send a number of caravans yearly, over the northern frontier, by the way of the city of Kiachta. By this conveyance, tea is supplied to the Russians to the amount of about 66,000 chests, or 5,000,000 lb. per annum. It is of a very fine quality, by reason of its travelling through a dry and cold country, instead of being subjected to the heat of a tropical ocean by the ordinary passage. Notwithstanding their prohibition from the southern port, their vessels also occasionally run up the river to Whampoa, and take in cargoes like the rest. (3:124-125)

꧁ 29 ꧂

每年中国与各国贸易，并中国出口与外国贸易者，约值银八千万圆，以英吉利、米利坚为最大。

But the great mass of the foreign trade of China, a trade which, including that of the junks, is valued at the enormous amount of eighty millions of dollars yearly, is chiefly carried on by the British and Americans. (3:127)

꧁ 30 ꧂

自公司散后，无人管事，洋商有再着大班来粤之请。英国遂派领事一人，律劳卑于道光十四年至粤管理贸易，欲在粤设立审判衙门一所，并如英国设主里十二人以助审案。七月二十四日，律劳卑并未经洋商通报，突然闯进省河。中国总督大怒，遂停贸易，禁火食，预备火攻，于是委船押同律劳卑下澳。律劳卑到澳，即气忿死。道光十六年，英国义律至澳，由广督奏称，各国贸易惟英吉利设有公司，四首商管束，曰大班、二班、三班、四班。其船定于七、八月到广，以货换货，至次年二月出日[口]。维时各大班请牌下澳，至七月间请牌上省。自公司散后，事无专责，前督卢曾奏请 敕令夷商寄信回国，再遣大班来粤管理贸易。今十六年十一月，接据夷人义律携一妻一子至澳，约束商人水手，惟不管贸易。

They [Chinese Hong merchants], therefore, when they were informed that the Select Committee was about to leave China, requested that some other *taepans* or responsible persons might be sent out to supply their place.

The Superintendents of British Trade in China were appointed by our government for this purpose. They were to replace the supercargoes of the East India Company, to have all their powers, and the entire control and regulation of the commerce. In addition to this, a Criminal Court was to be established at Canton, the same as that of Oyer and Terminer of England, with a jury of twelve Englishmen. In this court the First Superintendent was to be Chief Judge. This part of the establishment was designed for the purpose of trying those cases of manslaughter which might probably occur, as the Chinese law with respect to homicide was considered unjust and barbarous.

The lamented Lord Napier's appointment as chief superintendent, his reception at Canton, together with the melancholy details of his retirement from thence, and his death, are well known to the public. He arrived at Canton, on the 25th of July, 1834, in rather a sudden and abrupt manner, and without obtaining the permission of the local authorities. His request to communicate directly with the viceroy as his equal, without the intervention of the Hong merchants, was met with a decided refusal. The Chinese could not understand the nature of his office, and were highly indignant at the preparations for establishing a court of justice within their dominions. The authorities, therefore, required him to leave immediately for Macao, until the matter should be properly investigated.

There is little doubt that the arrangements had been made in rather a hasty manner, and sufficient attention had not been paid to the habits and feelings of the natives, who are the most ceremonious people in the world. On Lord Napier's refusal to leave the Provincial City, the trade was stopped, the native servants withdrawn, and the supply of provisions withheld. Preparations of a warlike nature were also made, and however contemptible these might appear in the eyes of the Europeans, it showed that the Chinese were in earnest in their feelings of resentment.

After firmly holding out until he saw that there was no prospect of a more amicable feeling, and without resources at hand to support him, the Chief Superintendent resolved to go down to Macao. The whole of the resident merchants it appears were not friendly to his cause; but one party of them petitioned the mandarins to reopen the trade, even at the time he was there. However, the unfortunate Lord Napier set off on his journey, accompanied by a train of natives, who acted rather as guards than attendants, [...] This amiable and spirited nobleman made, a tedious and uncomfortable journey down the river, sick and dispirited, and finally terminated it and his life together, disappointed and broken-hearted. (3:134-137)

He [Captain Elliot] arrived at the Provincial City in April last (1837). The object of his residence there, and the feelings of the native government with regard to him, cannot be better illustrated, than by a quotation from the memories which was sent to the emperor by the viceroy of Quan-tung, '[...] During the eleventh month of the current year (the 16th of Taou-kwang), I received a petition from the English barbarian Elliot (Eluh), at Macao, in which he stated: "[...] I have been engaged in signing the passports of the English ships bound homewards. And now the Company's factory is not re-established, and no taepans arrived; but, having received a despatch from the great ministers of my king, directing me to control the merchants and seamen, and not to manage their commercial affairs, and also credentials; [...] Moreover, the said barbarian, Elliot, brought with him one wife and a child, and that they all were then resident in Macao; [...]"' (3:140-146)

ꕥ 31 ꕥ

西洋饮中国之松萝茶、熙春茶，颇觉有损，疑中土人以害人之物，转绿茶为黑茶，何以我等饮此种茶，便觉右[有]损？／安南、日本、爪洼 即葛留巴等，亦产茶而不多，近则印度公司所辖之阿山 在缅甸北、云南之西、西藏之南，产茶颇旺。

How shall we account, then, for the injurious effects which are universally allowed to arise from drinking Hyson or Twankay? It appears to me, that it is not necessary to suppose that any deleterious ingredient is *generally* used in the manufacture of green teas, in order to give them their colour, although it is well known that such nefarious practices are sometimes resorted to. (3:151)

In Cochin China a large quantity of an inferior kind is manufactured, and may be there procured for 1d. or 2d. the pound. In the island of Java a considerable quantity has been raised with success; and it is to be found in smaller quantities, and of various qualities, in Japan, the Brazils, and Paraguay. Latterly, however, it has been discovered to be growing naturally in the East India Company's dominions of Upper Assam, in India, and great hopes are therefore entertained that the plants cultivated in that district may be highly productive. (3:160)

꧁ 32 ꧂

广东洋货税饷甚重，夷商屡禀官宪，且洋行会馆抽分，每百两抽内地卖家三分，公贮以备洋行倒塌欠款无着者，即以此代偿。近因洋行欠项太重，公项不敷，遂仍各欠各还。第公项代赔之例虽改，而抽分如故，名为抽内商，而内商必增货价，则亦仍出自外夷贸易中矣。夷船进黄埔，装载七百趸者，计其官费及引水通事一切使费银，将近五千圆，故非大船不能堪此重费。

The imposts laid upon the fair trade at Canton are very heavy, and have always been the subject of complaint from the Europeans to the native government. In fact, the exactions of the Chinese have sometimes been so unreasonable, as to render it necessary to threaten them with a total suspension of the commerce. One of the most vexatious of the burdens at the present time is the Consoo tax, amounting to three percent on all goods. This was originally levied, at the time when the whole of the native merchants were united into one Co-hong, for the purpose of providing a fund, from which the deficiencies of any of the members were to be supplied. As this association is now at an end, and the Hong merchants are no longer responsible for the debts of each other, no such provision is required. But still the tax continues, and, although it forms no separate item in the bill of charges, it is added to the price of the goods, thereby rendering them much more expensive.

The port charges are also considered so heavy, that none but vessels of a large size find it convenient to come up the river, unless by any means they are able to evade them. The amount paid by a vessel of 700 tons at Whampoa, in addition to the fees to the pilot, linguist, &c. &c., is nearly £1,000. These heavy exactions, together with the facilities which are afforded for their evasion, have given rise to a system of underhand transactions of such magnitude, as materially to affect the revenues of the country derived from the foreign trade. (3:163-164)

꧁ 33 ꧂

康熙初，鸦片准作药材进口，每担纳税银三两，后又每包加税银二两四分五分。至乾隆年间，吸食日多，广督奏请奉旨严禁入口。嘉庆间禁益严，初架[枷]杖，后军流。

It appears that opium was formerly allowed to be imported into China as a medicine; that it was then inserted in the tariff of goods brought by foreigners to Canton, and subject to a duty of three taels per hundred catties; with an additional charge of two taels, four mace, and five candareens, under the name of charge per package. At this time its use was confined exclusively to the sick, and it was considered a very valuable medicine.

Subsequently, however, a memorial was sent to the Emperor Keën-loong, by the governor of one of he southern provinces, representing the inclination which the natives of his district had to smoking the drug, and using it otherwise in an immoderate manner. He showed that the evil was rapidly spreading, and that it was necessary to devise some plan for the purpose of putting a stop to such practices. This memorial caused the emperor to have the matter thoroughly investigated; when it was found that the people were likely to be so much injured, both in health and morals, by opium-smoking, that its use was utterly interdicted. The importation of the drug was at the same time prohibited under severe penalties, and the Hong merchants were ordered to see that no vessel entered the river with any of it on board.

The seductive habit, once acquired, could not easily be put down. During the reign of the succeeding emperor, Kia-king, the number of opium-smokers greatly increased, notwithstanding all the efforts of the government to repress them. Those convicted of the offence were subjected to the bamboo and the pillory, and eventually, as the evil increased in importance, the severest penalties were inflicted. At present time, transportation in various degrees, imprisonment, and even death by strangulation, are occasionally resorted to. (3:165-166)

ஐ 34 ஐ

鸦片私趸船，初在澳门，后因住澳之布路亚人索费大[太]多，业此者遂议改他地。于道光二年设立趸船，安设军器，抛控伶仃洋。由葛留巴之船载至伶仃洋，过载趸船，即卸载回帆。商人在省讲定价值，即先交银，写立发票，付与快蟹船、扒龙船，赴伶仃洋运入省城，所过地方水师官均已收贿放过，故近数年多至数倍。

Since the importation has been prohibited by the authorities, the natives have been supplied with opium by means of smuggling. The chief depôt for this illicit commerce was for many years at Macao, until, on account of the exactions of the Portuguese, some other station was deemed necessary. The roadstead of Lintin was fixed upon for this purpose in the year 1822, and thither all the clippers assembled during the season, and sent up the chests by means of native boats to Canton and elsewhere. Since this time, the trade has increased so rapidly, and become so regular, that Lintin is now a place of considerable importance. Armed vessels are stationed there during the greater part of the year, as receiving-ships, for the purpose of warehousing all the opium from the clippers, upon their arrival, and thus enabling them to proceed homewards immediately. The chests are then sent up the river at the earliest convenience.

All the sales take place at Canton; and when they are concluded, and the money paid to the merchants, written orders are sent down to Lintin, to deliver the chests to the smugglers who bear them. These men, as already mentioned, are a daring, desperate race of people, and are very much feared by the government. Their boats, which the mandarins oddly enough call 'fast crabs,' and 'scrambling dragons,' are also equally hated, but cannot be suppressed, on account of the well-known corruption of the local authorities. (3:167-168)

ꩰ 35 ꩱ

嘉庆二十三年，印度鸦片进口者只有三千二百十箱；道光六、七年，九千九百六十九箱；道光十二、三年，有二万三千六百七十箱；道光十六、七年，即多至二[三]万四千箱。计印度接济中国鸦片居其大半，虽亦有销售别处者，总不若此地之多。此外，都鲁机亦有千箱，能以入口。

The growing fondness of the Chinese for opium may be estimated, by the rapid increase of the importation within these few years. In the time of Lord Macartney's embassy, scarcely any mention is made of it, except as a medicine. In 1816-17, twenty-one years back, 3,210 chests of the Indian opium were imported. In 1826-27, it had increased to 9,969; in 1832-33 to 23,670; and lastly, in the season 1836-37 no fewer than 34,000 chests were brought by the clippers.

This enormous importation is from India alone, and although that country is the source from which the greater part of the opium is supplied to the Chinese, they consume a considerable quantity which they procure elsewhere. In some of the southern provinces of the Celestial Empire, the poppy is cultivated to some extent, but the extract produced is of a very inferior quality. Turkey opium is also imported by sea in considerable quantities, and it is now known how much is introduced overland. (3:168-169)

꩜ 36 ꩜

除鸦片外，亦有他税重之货，亦泊于伶仃洋，由快艇潜运货物至岸，偷漏税饷。此由道光五年加增海口税饷，始有此有[弊]。后因广东洋米接济，奉旨免米船进口之税，因此鸦片及重货多暗寄于未甚满载之米船入口。

Advantage is likewise taken of the station of Lintin, to smuggle other goods besides opium, which are subject to a heavy duty. The vessels which bring them anchor outside, and send up their cargoes by the fast-boats, and thus avoid all port customs and charges whatever. The practice of evading the harbour dues, which, as we have already mentioned, are very heavy, has much increased since the year 1825. At that time, there was such a great scarcity of rice in the provinces of Quan-tung and Quang-see, that, in order to encourage its importation in future, an edict was passed, allowing all vessels laden *with rice alone* to enter the harbour without paying the ordinary fees.

Such advantage has been taken since that time of this law, that many ships laden with this grain have been anchored at Lintin, for the purpose of supplying other vessels. Upon the arrival, therefore, of a small ship at the station, her cargo is trans-shipped into one of the receiving vessels, and afterwards sent up the river by fast-boats, or by other ships not fully laden, while she takes in a sufficient quantity of rice to enable her to come within the regulation. (3:184)

꩜ 37 ꩜

有人言，情愿断止鸦片一物，另开南边港口贸易，可乎？我恐未必能行。盖天朝只准在粤贸易者，畏恶外夷，拒而远之，不许深入腹地也。

The probability of the opening of other ports on the southern coast to our trade, is not, I should imagine, at this time very great, as nothing but opium is received with willingness. The foreign commerce was restricted to Canton for two or three reasons. Its distance from capital is considered an advantage, as the emperor and his court are thus separated as far as possible from the foreigners, whom they both fear and dislike; the duties arising from the transit of the goods through the canals of the interior are thus increased; and the dreaded traitorous intercourse of the native with the Fan-quis is in a great measure prevented. (3:193-194)

❧ 38 ☙

蒙古在西北之地，与欧罗巴相近，故饮食性情颇近欧罗巴之人。

In the division of the human species into five varieties by Blumenbach, Lawrence, and others, the Chinese are classed with the Mongols, Calmucks, Burats, Siamese, Kamtschadales, Laplanders, Esquimaux, &c. &c., under the title of the Mongolian variety. The general characteristics of this race, are – '...The stature, particularly in the countries near the north pole, is inferior to that of Europeans.'* (*Lawrence's Lectures, p. 555.)

These characters, which are intended to describe the Mongolian race generally, are not equally observable in all the people who come under that head. There are usually peculiarities, by which those of each separate nation may be distinguished, while there are many individuals who are so dissimilar from the rest of their countrymen, that they appear to belong to one of the other varieties. Thus among the natives of China, there are a few who, if they were suitably dressed, might easily be mistaken for Europeans, and although the subjects of His Celestial Majesty are not in general remarkable for their beauty, yet there are many amongst them, both males and females, who would be considered very good-looking even in England. (3:318-319)

ꕥ 39 ꕥ

中国文字，天下闻名已数千年，才能迭出，甲于天下。许多道理规矩，皆与欧罗巴之国略同，只是罢懦不善于战，故为外国人所轻。若以中国人之才能，而兼外国之刚强，则欧罗巴人视中国人又不同。想因承平日久，刚气已退，自知不善战，故每事只用柔治。其防守之兵，有事只闻炮声而已。水师船遇西洋并无军器之商船，尚抵当不住，何况兵船？且军器亦多废铁造成，年久并未修理整新，火药则烟方出口，子即坠地矣！

China has produced as great statesmen, legislators, and moralists as most other countries, and stores of wisdom will doubtless yet be discovered in the, at this time, almost unexplored regions of their literature. They possess also a great number of institution which in some measure rival those of Europe. As a nation, they may be considered extremely learned, and although a very unfavourable specimen is exhibited in the neighbourhood of the Provincial City, the state of morality, according to their notions, is tolerably high throughout the empire.

How then shall we account for the disdain which is, in a manner, unjustly entertained towards the sons of Hân by the people of the West? It is, in my opinion, founded almost entirely upon their unwarlike, cowardly character.

The brave and strong naturally feel contempt for the weak and pusillanimous, especially if they are at the same time conceited and overbearing. If the Chinese were as courageous and powerful as they are intelligent, they would be regarded in a very different light by Europeans.

The art of war in the Celestial Empire is probably at as low an ebb as it possibly can be. The system of warfare is bad. The General aiming more to overcome by intimidation and corruption, than by force of arms. The military tactics seem to consist mainly in placing the soldiers in curious positions, and at every evolution to make them 'pousse un grand cri' to the sound of the tambour. The navy is even more contemptible than the army; the whole fleet of men-of-war having been known to fly before a single, unarmed, foreign merchantman. The arms are in addition badly made, the cannon formed of base metal and ill cast, and the gunpowder so weak that the cannon-balls appear often to fall out of the mouths of the guns. It is doubtful even, whether every soldier does not manufacture this explosive material for his own use. (3:323-325)

40

水师之无用，亦由不善调度之故。我见广东岸上粗工力作之人，甚是勇壮，即如中国水上之人，欧罗巴人尚不能及，若以欧罗巴人与岸上粗力人比，自更不能及。若拣此等强壮之人充当兵丁，真可谓精兵。昔有大吕宋人到广日记云，中国之人若善调度，即为第一等勇壮之兵。言诚不谬矣！

The present system of national education and manners is the very worst to rear a hardy and courageous soldiery; but in my opinion, proper training would effect a great deal in this way in a short space of time. A Spanish writer, quoted in the Canton Register some time back, says, 'that the Chinese, if properly trained, instead of being the worst, would make some of the finest soldiers in the world.' The labouring classes of people whom you meet near Canton, are remarkably fine-made men, and are muscular and active to a degree.

Although seen in their very worst phase up the Canton river, the stranger cannot help thinking highly of the Chinese. (3:325-326)